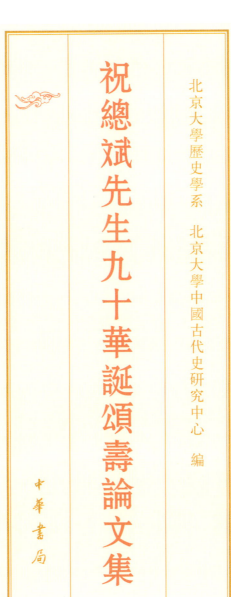

祝總斌先生九十華誕頌壽論文集

北京大學歷史學系　北京大學中國古代史研究中心　編

中華書局

圖書在版編目(CIP)數據

祝總斌先生九十華誕頌壽論文集/北京大學歷史學系,北京大學中國古代史研究中心編. —北京:中華書局,2020.1
(北京大學中國古代史研究中心叢刊)
ISBN 978-7-101-14357-7

Ⅰ.祝… Ⅱ.①北…②北… Ⅲ.中國歷史-古代史-文集
Ⅳ.K220.7-53

中國版本圖書館 CIP 數據核字(2019)第 300896 號

書　　名　祝總斌先生九十華誕頌壽論文集
編　　者　北京大學歷史學系　北京大學中國古代史研究中心
叢 書 名　北京大學中國古代史研究中心叢刊
責任編輯　孟慶媛
出版發行　中華書局
(北京市豐臺區太平橋西里 38 號　100073)
http://www.zhbc.com.cn
E-mail:zhbc@zhbc.com.cn
印　　刷　北京瑞古冠中印刷廠
版　　次　2020 年 1 月北京第 1 版
2020 年 1 月北京第 1 次印刷
規　　格　開本/710×1000 毫米　1/16
印張 38½　插頁 2　字數 540 千字
國際書號　ISBN 978-7-101-14357-7
定　　價　168.00 元

出版弁言

北京大學中國古代史研究中心，自 20 世紀 80 年代初一路走來，已經將近而立之年。

中心創立伊始，我們的前輩鄧廣銘、周一良、王永興、宿白、田餘慶、張廣達等先生曾經共同制定了“多出人才，快出人才；多出成果，快出成果”的方針。全體同仁在這片清新自由的學術天地中勤勉奮勵，從容涵育，術業各自有專精，道並行而不相悖。

爲有效凝聚學術力量，積極推動中國古代史研究的持續發展，並集中展示以本中心科研人員爲主的學術成果，我們決定編輯《北京大學中國古代史研究中心叢刊》。《叢刊》將收入位於前沿、專業質量一流的研究成果，包括中心科研人員、兼職人員、參加中心項目成員和海外長期合作者的個人專著、文集及重大項目集體研究成果等。

致廣大，盡精微，這是中心學人共同的方向。我們將爲此而努力。

北京大學中國古代史研究中心

2010 年 5 月

目　録

祝總斌先生九十華誕頌壽論文集
編集説明

2020 年 1 月 13 日是祝總斌先生九十華誕,我們特編此書爲他賀壽。

祝先生是江蘇蘇州人,少年隨家人居於湖北武漢。後移居北平,在華北文法學院中國文學系學習。1949 年北平解放後參加工作。1954 年調入北京大學任教,先在法律系,後轉入歷史系。歷任講師、副教授、教授、博士生導師,還擔任過中國古代史教研室主任、歷史系副主任。1998 年離休。

祝先生主要從事中國古代法制史、政治制度史和秦漢魏晉南北朝史的教學與研究。開設的本科和研究生課程有"中國古代史"、"中國古代政治制度史"、"中國古代史學史"、"中國古代法制史"、"魏晉南北朝史"、"魏晉南北朝史料學"、"兩漢魏晉南北朝宰相制度研究"等,並指導魏晉南北朝史方向的碩士和博士研究生。他的學術專長主要在中國古代政治制度史和法制史領域。代表性著作《兩漢魏晉南北朝宰相制度研究》,自 1990 年出版後,兩次再版,已成爲相關專業學生和研究者的必讀書。在各種刊物發表論文數十篇,其中大部分收入《材不材齋文集:中國古代史研究》、《材不材齋文集:中國古代政治制度研究》和《材不材齋史學叢稿》三部論文集中。

祝先生治學勤謹,除其專業領域外,在目録學、文獻學、音韻學、歷史地理等方面也下過功夫,對思想史、文學史也有所涉獵,由此形成寬廣的學術視野和深厚的學術功底。他研究問題堅持論從史出,從史料解讀考證入手,先在史實層面有所發現和突破,然後分析歸納,故常能提出新穎獨到的見解。他的研究成果,特别是對宰相制度和門閥制度的論述,全面、紮實、深入,受到學界的普遍重視。他指導學生,以耐心細緻著稱。研究生的史料研讀課都在他的書房裡上,遇到問題需要查書時,他馬上就到書架上找出相關書籍,迅速翻到相關内容,和學生一起討論。他告誡我們,讀書不能老坐著,要站起來去查。他給研究生講授史料課,每次都將要講的書,包括從圖書館借出的線裝書帶到課堂,下課後讓學生帶回去翻閱。學生們在他身邊,不僅學到了專業知識和治學方法,也被他的治學態度所感染。

祝先生年事已高,且爲人謙遜,不希望大家爲他舉辦慶生活動。爲此,我們仿照學界通行的做法,由祝先生教過的學生及受到祝先生影響的學者提交文章,出版這部賀壽文集。所收文章大多是中國古代史學術論文,我們按文章内容所涉時代先後進行排列。也有幾篇對祝先生著作的評介文章和回憶性文章,排在後面。祝先生的簡歷和著作目録附在書末。

最後,我們衷心祝願祝先生健康長壽!

北京大學歷史學系

北京大學中國古代史研究中心

2019 年 6 月

酒尊與席次：前行政化時代的原生等級標識

閻步克

一　尊與爵：前行政化時代的原生等級標識簡論

“尊”字是手持酒尊之形，“尊”是盛酒器的通稱；同時“尊卑”之“尊”，又是最悠久的身份用語；“爵”字本是手持酒爵之形，“爵”是飲酒器的通稱；同時封爵之“爵”，又是一種最古老的位階。這兩個一詞二義現象，透露了什麽歷史信息呢？商代的酒器在青銅禮器中已占到了 2/3 以上，顯然是當時最重要的禮器。在商周時代，尊、爵二者在標識身份、展示地位上曾發揮過特殊作用，成爲一種權力和財富的物化標識。在漢語史上，這就造成了上述的一詞二義，酒器之名成了身份、位階之詞；在制度史上這又提示人們，前行政化時代的等級秩序，曾更多蘊藏或體現在物化的、可視的原生形態之中。酒尊之“尊”兼指身份，酒爵之“爵”兼指位階，便是歷史早期的原生等級標識所留下的胎記。

我已寫成了《一詞二義：酒之尊與人之尊》及《禮書五爵的稱謂原理：容量化器名》二文（待刊）。前一篇文章論述“尊”一詞二義現象的社會生活背景，即酒尊標識尊貴的各種方式，如酒尊之精美外觀與高聳的外形，酒器使用的“以小爲貴”；設置酒器稱“尊”，奉酒敬人稱“尊”；與“尊”相對的“卑”字，其本字也許是“椑”，“椑”是矮小粗陋的酒器。後一篇文章論述春秋時飲酒器的使用上，所形成的一種獨具特色的“五爵”禮制。“五爵”即爵、觚、觶、角、散，五者外形無异，僅以容量爲别，其容量分别是一升、二升、三升、四升、五升，尊者用其小者，卑者用其大者，由此具體落實了“以小爲貴”，貫徹了等級精神。此外，我還發表了《飲酒慶功禮與班位、命數——周代的品位形態及功績制》一文[①]，認爲在春秋時代，功次與飲酒慶功禮上的爵次、席次之間，進而與班位、命數、命服之間，已形成了一定的必然聯繫，即，較高的功次可以獲得較高的爵次、席次，進而是較高的班位、命數、命服。以上諸文有一個共同點，即通過飲酒禮器探討周代等級秩序的物化可視形態。

本文計劃對飲酒禮上“人—尊關係”，即典禮各種參與者與酒尊的相對空間關係，繼續推進深入。但在具體討論之前，前面所揭舉的“原生等級標識”、“前行政化時代”等概念，涉及了方法論的問題，我們藉此之機，先對它們略作闡述。

侯外廬有一個獨到看法，他認爲尊、彝、鼎、爵這樣的禮器，本身就有制度意義：“‘禮’是一種特别的政權形式，即所謂‘禮不下庶人’，‘禮所以别貴賤’，‘禮者别貴賤、序尊卑者也’。這一種制度，藏在尊爵彝器的神物之中，這種宗廟社稷的重器代替了古代法律，形成了統治者利用階級分化而實行專政的制度。這種權利義務專及於一個階級的形式，完全是爲了周代氏族貴族而設的一套機械。禮器的名稱的總概念叫做尊、彝、鼎、爵，所謂‘唯名與器不可假人’就指貴族的專政。……其實‘器’表示古代的專政制度，‘道’表示統治者的權力思想。‘道’、‘器’一源，‘道’更在‘器’中。”[②]

---

①文刊《北京大學學報》2018年第2期。

②侯外廬、趙紀彬、杜國庠：《中國思想通史》，北京：人民出版社1957年版，第78—79頁。

侯外廬把"禮"視爲一種特別的政權形式、制度形態,其特徵之一是"道在器中",即,貴賤尊卑之道藴藏在青銅禮器之中。這個"道在器中"很有啓發性,對"周禮"的特徵是一個很好的揭示。我曾從"社會分化"的角度提出,古代制度的發展經歷了一條由"俗"而"禮"、由"禮"而"法"的路綫。原始風習是"混沌未分"的。"法"則是政治法律領域業已充分分化和專門化了的産物。而在這個"俗—禮—法"的模式中,"禮"仍保留了"俗"的一個特點:它在相當程度上,仍是風習、道德、禮儀、宗教、政制、法律的混融物。"禮"中含有道德正義,但它不同於"抽象"的思想體系①;"禮"中含有制度,但它也不同於"抽象"制定的正式法規②。"形而下者謂之器","禮"有形有象,它更多地通過禮儀、禮器、禮數及禮儀行爲,來發揮功能。作爲禮器的尊、彝、鼎、爵,寄托了權力思想,等於是具象的制度。"尊"又指身份,"彝"又指法律,"鼎"又指政權,"爵"又指位階,權力思想和等級制度,藴含於這些青銅禮器的物理形態和使用方式之中。

在這一視角中,日人西嶋定生的一份研究就有特殊意義了,他對"爵"字兼指酒爵與封爵這個現象,很早就有討論。西嶋考察了周漢鄉里飲酒之禮,看到其坐席和行爵嚴格依照長幼尊卑,遂提出:"坐席序列成了爵的巡行序列,亦即爵列、爵次,這個次序本身就叫做爵。"漢朝賜民爵的同時又賜一里百户以牛酒、令其"酺五日",可見賜爵就應置酒,賜爵本身就指明了飲酒禮的舉行,那麽"賜爵原來的意義,是否就是飲酒禮本身呢!"③由于"爵"本即飲酒禮上的爵次與席次,所以,賜民爵時讓鄉里行飲酒禮,目的就是讓晋爵者展示其新席位,由此確認其社會地位之上升。這有點兒像到銀行兑現支

①梁治平曾指出,所謂"禮"不能視爲自然法,因爲自然法是一種具有普遍意義的抽象體系,"禮"卻是"一種具體繁複的規則體系",它與實在法頗爲接近了。見其《尋求自然秩序中的和諧》,北京:中國政法大學出版社 1997 年版,第 330 頁。

②梅因指出:早期的制度法律通常都混融於禮俗之中,這樣的法典"都混雜著宗教的、民事的以及僅僅是道德的各種命令";"至於把法律從道德中分離出來,把宗教從法律中分離出來,則非常明顯是屬智力發展的較後階段的事。"《古代法》,北京:商務印書館 1996 年版,第 9—10 頁。

③西嶋定生:《中國古代帝國的形成與結構:二十等爵制研究》,北京:中華書局 2004 年版,第 429 頁。

票,舉行了飲酒禮,"爵"便兑現了,落實了。

在研究商周爵制時,人們通常是從"爵號"入手的。即立足於公侯伯子男或公卿大夫士兩套爵列,考察相關爵號的起源、發展與用法。西嶋卻從飲酒禮入手,把酒器、席位、行禮方式等引入了"爵"的討論爵次、席次與長幼尊卑秩序是一體化的,這種秩序本身就是"爵",是一種原生形態的"爵"。這就點燃了一個靈感:古人所謂的"爵",最初指的是一種特殊形態的東西,它跟行政化時代之封爵尚有距離。由此可以引申出一個分析模式:"原生性等級形態"vs."行政化等級形態"。

什麽是"原生性等級形態"呢? 貴賤貧富差异可以是自然萌生的。想象一個"自然"社區,并無行政編制。經一段互動,在聚會上自然會出現中心人物和邊緣人物。衣履富麗、用品高檔或衣衫簡樸、用品簡陋,相形之下便會成爲身份標識。魯迅小説裏的那位孔乙己,穿長衫但站著喝酒,跟站著喝酒的"短衣幫"、跟穿長衫在隔壁坐著喝酒的人,都不相同。這個三等之差,是通過服飾、空間與姿態體現出來的,這就很"原生態"。歷史早期的等級標識,更多地體現於空間關係、行事方式、用品差异、服飾差异之中,往往是直觀可視的。這在人類學的研究中存在很多例證①。

跟"原生態"構成兩極的是"行政化"。這裏用"行政化"指這樣一種政治體制,它已具備了如下三個特徵:1. 合理分科分層的職官體系;2. 系統的法規與完善的文檔;3. 選賢任能的文官制度。通過戰國變法而發展出來的列國政治體制,可以視爲中國史上的"行政化時代"之發端。這個過程中,行政化的位階——爵級與秩級——出現了。秦的軍功爵多達 20 個爵級,采用"斬一首者爵一級,欲爲官者爲五十石之官;斬二首者爵二級,欲爲

①隨手舉兩個服飾等級的例子。菲律賓棉蘭老島的巴戈博人,其一生的渴望就是通過殺人獲得特殊裝飾:第二次可使用朱古力色的領帶,第四次可穿著血紅色褲子,達到六次便可穿著全套血紅色衣服,帶一個紅色袋子。共三等。林惠祥:《文化人類學》北京:商務印書館 2011 年版,第 237 頁。又如非洲南羅得西亞的恩德貝勒酋長國,國民分三等:第一等贊西人可戴鴕鳥羽毛頭飾,贊西人和第二等恩拉人可穿猿猴和山猫皮與尾巴製成的短裙,第三等洛兹維人則不能。倫斯基:《權力與特權:社會分層的理論》,杭州:浙江人民出版社 1988 年版,第 201 頁以下。

官者爲百石之官"之法;依爵級而授田宅之法整齊有序,爵位的繼承也有複雜規則。由"若干石"的俸額發展而來的秩級,始於燕、秦,至秦統一已有了八九級,漢代逐漸固定爲十六七級,不同秩級對應著不同的權責、俸禄、車服及禮遇。居官任職便有秩級,同時就被授予相應的等級權益禮遇。這樣的爵級、秩級就可以用作標杆,來評估等級秩序的"行政化"程度。

在戰國之前,科層體制、法規文檔、文官制度僅在萌生之中。新近研究顯示,西周存在"五等爵"的傳統認識,其實非常可疑。至於公、卿、大夫爵,我認爲在西周尚没形成。在西周時期,公、侯、伯、子、男及公、卿、大夫、士那些名號倒是存在的,但還没有組成一套可供升降黜陟、明確獨立於職官的爵列。這兩套爵列,應是春秋以來才逐漸形成的。所以,當學者説西周某一等墓葬屬大夫一級、某一等墓葬屬士一級,某種物品屬大夫一級、某種物品屬士一級,這時的大夫、士概念,在我們看來均屬"借用",借用了春秋以降的爵稱。

然而西周早已是一個貴族社會了,大小貴族的權勢財富差异,肯定是存在的;圍繞其權勢財富之差,也形成了一些展示與標識的方式。在最初,這些展示和標識的方式帶有濃厚的原生性,還很粗糙散漫,而且更多地借助於物化的、可視的方式。"抽象"規定的品秩勛爵是看不見、摸不著的,"原生等級標識"卻是直觀可視的,直接訴諸於視覺形象與心理感受,一望即知,一目了然。這裏重點關注如下兩點:

Ⅰ. 集會或典禮上的坐席次序和行禮次序。可稱"位次中的可視化權勢"或"動作中的可視化權勢"。

Ⅱ. 占有物或賜予物的質、量、樣式與用法。可稱"用品差异中的可視化權勢"。

戰國秦漢以後,朝堂班位依爵秩品階而定,賜予物或占有物也依爵秩品階而定,這樣一來它們便都"行政化"了。而在爵秩品階充分發展之前,位次差序與賜物差异先已發揮著類似"爵"之功能了。概而言之,原生等級標識早於行政化的爵秩品階而出現,它們是貴族權勢財富的物化體現。

春秋時期的等級秩序,看上去介於西周與戰國之間。這時候若干名號、職名逐漸序列化、品位化,在春秋進化出了兩套爵列。公、侯、伯、子、男之號,是列國國君在外交場合使用的;公、卿、大夫、士則是貴族官員的身份尺度,甚至可以看成中國史上最早的官階;"命數"作爲一種并不完善成熟的品位,也發揮著不可忽視的作用。大量等級禮制"數列化"了,形成了八、六、四、二或十二、九、七、五、三、一之類的數列。"禮數"與爵列精緻配合,相輔相成。還能看到爵命晋升的現象,例如由士而升大夫,由大夫而升卿,或"再命"而升爲"三命"。升職的情況西周當然也有,但在那個時候,還没有某種清晰的等級序列可以認定其個人的品位升降。

這樣,在宏觀上就可以大致區分出三個演化階段,略如下圖:

		行政化爵秩品階
	早期爵列	
原生等級標識	↑原生等級標識	↑原生等級標識
↑貴族實際權勢	↑貴族實際權勢	↑官貴實際權勢

目前我們設定,大致上三個階段分别對應著商西周、春秋及戰國以下。對於早期的原生等級標識的考察來説,第二階段即春秋時代是重點所在。因爲商西周的文字資料尚不充分,而春秋時代則有《左傳》、《國語》等史料可資利用;禮書所叙古禮,主要也是以到春秋爲止的禮制發展爲基礎的。春秋時的等級秩序既已具有了一定"准行政化"的意味了,諸多物化、可視的等級標識的級功能,包括尊、爵等酒器用以區分尊卑的方式,因此而較爲精緻化、整齊化了,同時依然保留了濃厚的原生痕迹,其所涉及的行禮方式、其所利用的物品形態,都淵源有自;即令與時俱進了,也有源委可考。

以上所述,既是對此前的嘗試所依據的框架的總結,也是隨後的致力方向。西嶋對"坐席序列"和"行爵序列"的闡述,細節上還有深化餘地。本文將把與"爵"共同使用的另一種酒器——酒尊——也納入視野,對酒尊之

"尊"與尊卑之"尊"之間的關係,進行討論,以豐富對尊、爵這些禮器的等級功能的認識。其運思所向,是飲酒典禮的場面上的"人—尊關係"。

二 "三命而不齒"的"遵者"與"統于尊"

西嶋定生在鄉飲酒禮上的席次、爵次中看到了原生態的"爵",進而由如下三條材料,觀察"爵位"與"齒位"之關係:

1.《周禮·地官·黨正》:以禮屬民而飲酒于序,以正齒位。壹命齒于鄉里,再命齒于父族,三命而不齒。

2.《禮記·祭義》:一命齒于鄉里,再命齒于族,三命不齒;族有七十者,弗敢先。

3.《荀子·大略》:一命齒于鄉,再命齒于族;三命,族人雖七十不敢先。

這三條史料顯示,擁有三命以上爵位者,其席次高於父老。西嶋據此評述:"這裏,顯示出在命數與齒位的關係上,爵位應優於齒位,以國家權力爲背景的爵位優於自生的那種齒位序列。"①這個論點,可稱不刊之論。

但西嶋的研討對象是二十等爵,所以對鄉飲酒禮的布局,對"爵位應優於齒位"在其飲酒場面中如何體現,未予詳考。而這種布局所展示的人與人、人與酒器的空間關係,若加揭示,則能更具體地理解"爵"源於飲酒禮,理解"爵位優於齒位"。鄉飲酒禮的空間布局,遵循著"統於尊"的原則;與"爵"配合使用的"尊",也構成了身份標識。

鄉飲酒禮上有一種來賓"遵",其身份是諸公、大夫,也就是前述的"三命而不齒"、其坐席尊於父老者。什麽是"三命而不齒"呢?首先請看:

1.《儀禮·鄉飲酒禮》:賓若有遵者諸公、大夫,則既"一人舉觶"乃

①西嶋定生:《中國古代帝國的形成與結構:二十等爵制研究》,北京:中華書局2004年版,第421—422頁。

入。席于賓東,公三重,大夫再重。

鄭玄注:不干主人正禮也。遵者,諸公大夫也。謂之賓者,同從外來耳。大國有孤,四命謂之公。席此二者於賓東,尊之,不與鄉人齒也。天子之國,三命者不齒。於諸侯之國,爵爲大夫則不齒矣。不言遵者,遵者亦卿大夫。①

2.《周禮・地官・黨正》:壹命齒于鄉里,再命齒于父族,三命而不齒。

鄭玄注:齒于鄉里者,以年與衆賓相次也。齒于父族者,父族有爲賓者,以年與之相次;異姓雖有老者,居於其上。不齒者,席于尊東,所謂遵。②

鄉飲酒禮的布局,首先有堂上、堂下之分,堂上又有東西兩方之分。堂下爲鄉人衆賓所居(或説是年齡五十以下者所居)。堂上的北墻放置著兩個酒壺,左邊的酒壺所盛爲玄酒(或説即清水)。以兩個酒壺爲標識,其西側坐席爲父族、年長者(或説六十以上者),他們按年齡南面東上。所謂"鄉人"與"父族",不妨認爲就相當於東周史料中"子弟"與"父老"。以上的安排都體現了"尚齒"之義。然而擁有朝廷官爵者有時也會光臨典禮,若有其人,則其坐席將這樣安排:一命者在堂下與鄉人齒列,再命者在堂上與父族齒列,三命以上者或諸公、大夫稱"遵者"③,其席位在酒壺之東、主人之北。這就是"三命而不齒"。

在宋儒楊復所繪《儀禮圖》和清儒張惠言所繪《儀禮圖》中,對鄉飲酒禮各個環節,都以平面圖展示。兩種《儀禮圖》中我們各選一幅,以協助理解所謂"遵者諸公、大夫"的大致席位位置:

---

①阮元校刻:《十三經注疏》,北京:中華書局1980年版,第989頁下欄。

②同上,第718頁中欄。

③也有學人認爲"遵"也包括士在内。參看胡培翬《儀禮正義》卷八所引,江蘇古籍出版社1993年版,第475—476頁。這個問題與本文主題無干,不辨。

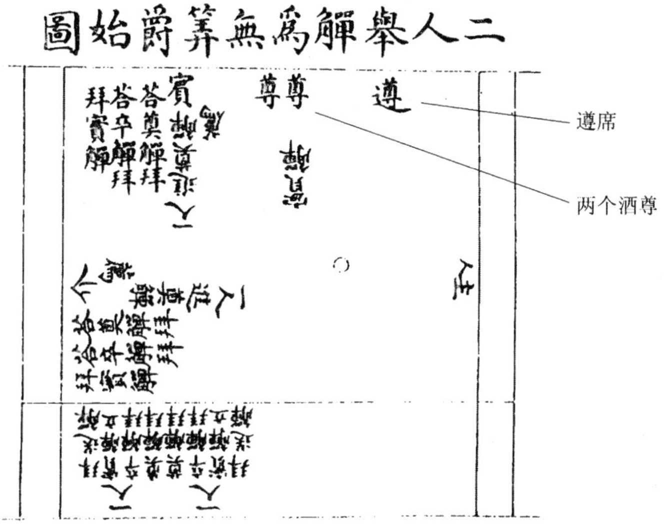

圖一　楊復《儀禮圖》卷四《鄉飲酒禮・二人舉觶爲無算爵始圖》

（《景印文淵閣四庫全書》，臺北：商務印書館 1986 年版，第 104 册第 58 頁）

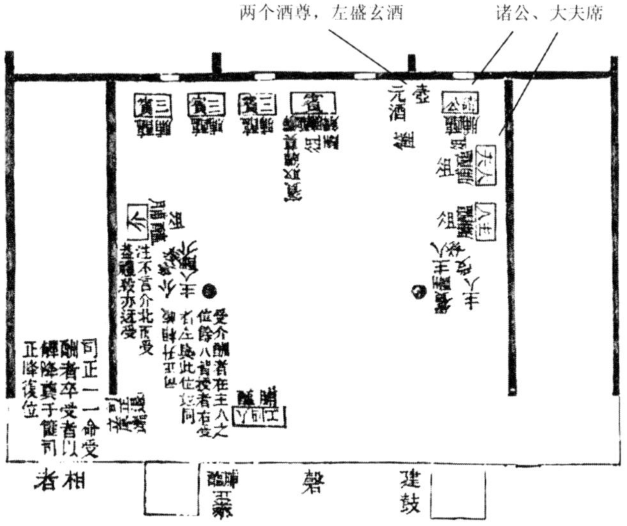

圖二　張惠言《儀禮圖》卷三《鄉飲酒禮・旅酬》

（南菁書院刊本《清經解續編》卷三一五）

圖一中的“尊尊”二字表示兩個酒壺，圖二爲了顯示西側的酒壺盛的是玄酒，所以徑標爲“元（玄）酒”。圖一兩個酒尊之東的“遵”，就是圖二的諸公、大夫。主人、大夫、諸公之席依北上排列，主人、大夫西面，諸公南面；酒尊西側來賓依年齒，南面東上。這樣的布局原則，鄭玄概括爲“統于尊”。

鄉射禮之飲酒環節，其布局與鄉飲酒禮相似。《儀禮・鄉射禮》：

> 乃席賓，南面東上，衆賓之席繼而西。……大夫若有遵者，則入門左。……席于尊東。
>
> 鄭玄注：尊東，明與賓夾尊也。不言東上，統於尊也[①]。

什麽是“統於尊”，由此更爲明晰。諸賓“南面東上”，“南面”即面南而坐，“東上”即越東越尊貴。可是遵席更靠東，對“遵者”爲什麽就“不言東上”了呢？因爲諸賓與“遵者”夾尊而坐，“統於尊”就是以兩個酒壺爲准。酒尊之西的諸賓，依年齒東上，越靠近酒尊身份越“尊”；酒尊之東的“遵者”及主人，依官爵北上，所展示的也是越靠近酒尊身份越“尊”。酒尊東西兩邊的來賓，都以酒尊爲坐席基準點，此即“統於尊”。

對這樣的坐席安排，明儒王應電有論：“所謂諸公、大夫者，謂天子之三公卿大夫致政而在鄉者也。苟序爵而躐居賓之位，則屈夫齒而失養老之義；序齒而降居賓之下，則屈其爵而非貴貴之禮，故别設位於賓之東以居之。”[②]也就是説，若把諸公、大夫置賓席，那麽序爵便有妨於“養老”，序齒又有妨於“貴貴”，兩失雙輸；而把諸公、大夫另行置於賓東，“養老”與“貴貴”就兩不相妨、各得其所了。明儒盛應期説得也很明白：“夫鄉有飲，尚德也。賓有序，尚齒也；飲有遵，尚爵也。三者備而禮成矣。遵者，尊也。”[③]“遵”之專席，就是“尚爵”之集中體現。鄉飲酒禮雖以“養老”爲宗，但不得爲此而埋没了“貴貴”。衹要有官員到場，“貴貴”的紅旗就比“養老”舉得更高。

---

①阮元校刻：《十三經注疏》，北京：中華書局1980年版，第993頁中欄、第995頁上欄、中欄。

②王應電：《周禮圖説》，《景印文淵閣四庫全書》，臺北：商務印書館1986年版，第96册第336頁。

③盛應期：《蘇州鄉飲請遵書》，錢穀編：《吴都文粹續集》卷四《學校》，《景印文淵閣四庫全書》，臺北：商務印書館1986年版，第1385册第85頁下欄。

主人自居堂東而賓客居於堂西,本是尊賓的意思,這是鄉飲酒禮的第一席次原則。但還有另兩個原則呢:一是若有諸公、大夫光臨,則酒尊之東的席位最尊,也就是"遵者"最尊。諸公席三重,大夫席再重,也説明此處的席位最尊。二是"統於尊",即越靠近酒尊者身份越"尊"。席子有幾重並不顯眼,兩個高聳的酒壺則耀眼奪目。在酒尊兩側的就座的,都是地位高貴者。那麼盛酒之尊與尊卑之尊的關係,看上去就更緊密了。

鄉飲酒禮爲諸公、大夫或三命以上者設有專席,這樣一點,在《左傳》中可以得到印證。《左傳》昭公十二年:"季悼子之卒也,叔孫昭子以再命爲卿。及平子伐莒克之,更受三命。叔仲子欲構二家,謂平子曰:'三命逾父兄,非禮也。'"楊伯峻:"父兄指父輩兄輩,古代禮制,一命之官於鄉里中依年齡大小爲次,二命之官於父輩中論年齡大小,三命之官則不論年齡,其官大,可以在父輩兄輩之先。"[①]叔仲子的"三命逾父兄"之語,事關鄉飲酒禮上的席次。叔孫昭子原是再命,這時候他若"飲酒于序"、參與鄉飲酒禮,則其席位是"齒于父族"、跟父兄平起平坐;而在"更受三命"之後,他就獲得了"三命而不齒"的新席位,由此淩駕父兄了。本文還可補充楊注:叔孫昭子再命時的席位在酒尊之西,其"三命而不齒"的新席位在酒尊之東,改居"遵"席了。

"遵"或"遵者"之稱,僅見於《儀禮·鄉飲酒禮》與《鄉射禮》兩篇。我們推測"遵者"乃"應邀前來的尊者"之意[②]。他們席於酒尊之東,酒尊就是其身份標識。

三 "唯君面尊"與"統於君"

飲酒典禮上的"尊"有身份標識功能,這樣一點,其實日本學者小南一郎已觸及了。不過他的這個論點并不是以鄉飲酒禮爲依據的,而是就其他典禮立論的。小南提出:"在新石器時代社會裏,進行飲酒儀禮時,占有'酒尊'

---

①楊伯峻:《春秋左傳注》(修訂本),北京:中華書局1990年版,第1336頁。

②對此我已另成《"遵者"名義小考》一文,待刊。此不贅論。

旁邊座位的人，被認爲‘尊’”；“首長階層的人們坐在大口尊的旁邊，他們把持飲酒禮儀的進行。一般的成員必須坐在離開大口尊較遠的地方，衹能陪席飲酒。”因新石器時代的事情飄渺難徵，小南便通過《禮記》中的兩條記載，來向上古反推：

1.《禮記・曲禮》：侍飲於長者，酒進則起，拜受於尊所。長者辭，少者反席而飲。

2.《禮記・玉藻》：凡尊，必尚玄酒，唯君面尊。

第1條的“尊所”“一方面表示酒尊所在的地方，另一方面可能表示酒尊旁邊的尊貴位置”，就是説挨著酒尊的席位最尊。他便由此推測新石器時代的情況與之相近。第2條中的“唯君面尊”“就是説衹有君王能够坐在接近酒尊的地方，面對酒尊”。他提出君主時代的這個禮制，就是史前相關禮俗的延續與發展①。

然而小南的論證還有不小的商榷餘地。如前所述，鄉飲酒禮（及鄉射禮）上，確實是越接近酒尊的坐席越尊，然而小南所依據的那兩條材料，所説的并不是鄉飲酒禮，而且都不能證明接近酒尊的席位最尊。

首先來看第1條所説的“拜受於尊所”，鄭玄與孔穎達認爲是燕禮②，而吕大臨、孫希旦認爲是私飲、私燕。吕大臨：“侍飲之禮與侍食同，因燕閑而飲食，非賓主之正禮也。”③孫希旦：“愚謂此侍長者私飲之禮也。必拜受於尊所者，此蓋長者親酌而賜之，故於尊所拜受，不敢煩長者至己席前而授之也。

①小南一郎：《飲酒禮と裸禮》，收入《中国の禮制と禮學》，京都：朋友書店2001年版，第65頁以下；《飲酒儀禮小考——以探討尊的社會機能爲中心》，收入陳昭榮編：《古文字與古代史》第1輯，“中研院”歷史語言研究所2007年，第1頁以下。附帶説，小南一郎還提出：“構成‘隮’字左邊部分的‘阜’字，原來是表示天神降臨地上時使用的梯子。”這個看法似屬臆説。

②鄭玄注：“降席拜受，敬也。燕飲之禮鄉尊。”孔穎達疏：“今云‘拜受于尊所’者，當是燕禮。”阮元校刻：《十三經注疏》，北京：中華書局年版，第1243頁。

③吕大臨：“此侍飲者，亦長者親酌授之，所以有拜受於尊所之節也。……然《士相見禮》及《玉藻》與燕禮异者，恐侍飲於長者，偶與燕禮同，而與侍飲於君异也。”衛湜：《禮記集説》卷六引藍田吕氏，納蘭性德編：《通志堂經解》，揚州：江蘇廣陵古籍刻印社1996年版，第12册第379頁上欄。

私飲或在室中,其設尊蓋於北墉下歟?"[1]孫氏稱私飲時酒尊放置在北墉之下,其實無法確認"酒尊旁邊的尊貴位置"的存在。前文圖三所提供的幾幅戰國宴樂圖,所選擇的都是出現了"兩壺"的;其實戰國宴樂圖還有另一類型,衹使用一個酒壺。請看:

圖三 成都百花潭中學十號墓出土銅壺所見宴樂圖

畫面中部有兩人舉觚向左側一人獻酒,左側那個人憑几而坐,或説踞坐於臺上,臺前較高似桌[2]。這場面不大像正式典禮,似爲隨意性較大的私飲、私燕,左側那個人或有"長者"身份。圖中的酒尊位於北墉之下,并不在"長者"的身邊。或許這也可以爲私飲、私燕一説提供旁證。

即便"拜受於尊所"發生在燕禮之上,那也不能證明緊挨著酒尊之處是一個尊位。第 2 條《玉藻》所云"唯君面尊"確係燕禮,可燕禮的坐席布局與鄉飲酒禮頗爲不同。仍引禮圖以供參考:

---

①孫希旦:"愚謂侍飲於長者,謂長者私飲而少者侍之耳,固非臣侍君燕之禮,亦非大夫士燕飲之正","且《記》明言'長者'、'少者',安可以爲君臣燕飲之禮耶?"《禮記集解》卷三,北京:中華書局 1989 年版,第 59—60 頁。

②參看四川省博物館:《成都百花潭十號墓發掘記》;杜恒:《試論百花潭嵌錯圖像銅壺》。均刊於《文物》1976 年第 3 期。

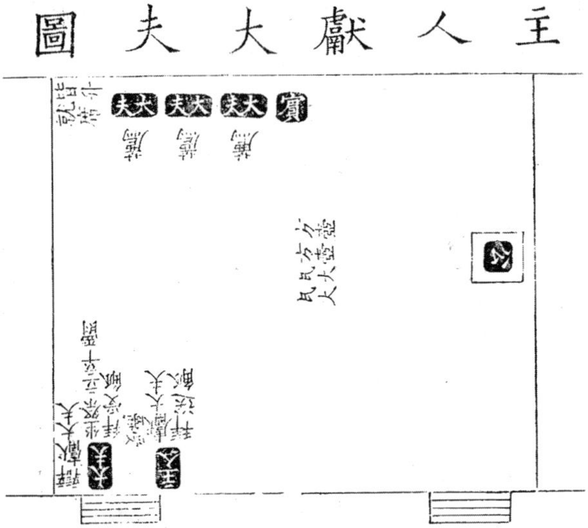

圖四　楊復《儀禮圖》卷六《燕禮・主人獻大夫圖》通志堂本

（哈佛大學藏）

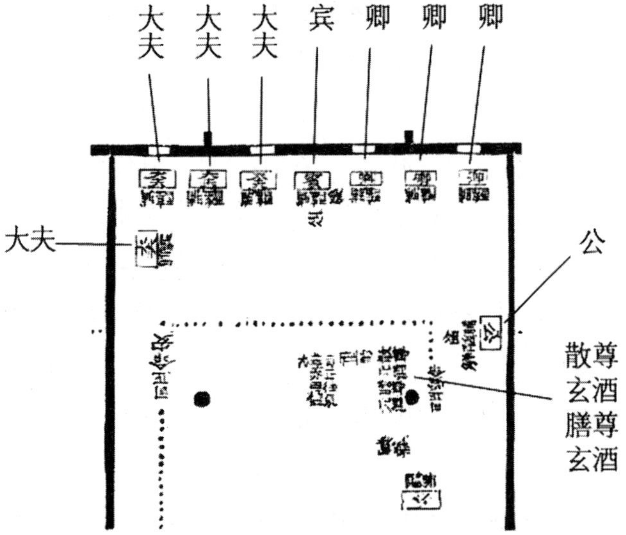

圖五　張惠言《儀禮圖》卷三《燕禮圖・立司正》

（日本國會圖書館藏）

兩幅禮圖的畫法各异,但無論如何,“公”即國君與卿大夫們都跟酒尊保持著一定距離。“公”并不緊挨在酒尊的旁邊,即便他距離酒尊稍近,也并不明顯,其距離不至構成一個鮮明的身份標識。總之,小南所引兩條材料,無論所涉場面是燕禮還是私飲,都無法確證長者或君主的坐席特别地接近酒尊。

當然,燕禮上的酒尊的放置方式仍有身份標識意義,但這不是由“接近酒尊”、而是由“唯君面尊”體現出來的。所謂“面尊”相對於“側尊”而言。再次審視《禮記・玉藻》:

凡尊必上玄酒,唯君面尊,唯饗野人皆酒。大夫側尊,用棜;士側尊,用禁。

鄭玄注:面,猶鄉也。

孔穎達疏:“唯君面尊”者,面,鄉也。謂人君燕臣子,專其恩惠,故尊鼻鄉君,故引《燕禮》燕臣子之禮以解之。若兩君相見,則尊鼻於兩楹間,在賓主之間夾之,不得面鄉尊也。……“大夫側尊,用棜;士側尊,用禁”者,側謂旁側,在賓主兩楹間,旁側夾之,又東西横行,異於君也。若側尊近於君南比列之,則《燕禮》所云者是也。大夫、士側尊者,《鄉飲酒》義,云尊於房户之間,賓主共之也。

可見“唯君面尊”并不是説國君距離酒尊最近。“面,猶鄉也”,“面”是正面相對的意思。在國君出場的燕禮上,四個酒尊放置在東楹之西,呈南北排列,北邊的兩個酒尊是公用的,南邊的兩個係君主專用。君主的坐席面對著酒尊,以此表明酒尊爲君主所專有。此即“唯君面尊”。而在大夫、士燕飲之時,各個坐席都是側對酒尊的,例如鄉飲酒禮即是,這時的“側尊”給人的觀感如下:酒尊是衆人共用的。燕禮上的卿、大夫、士坐席,也屬“側尊”。

孔穎達闡釋“唯君面尊”:“謂人君燕臣子,專其恩惠。”又宋儒方慤:“君面尊者,專惠之道也;臣側尊者,避君之嫌也。”[①]又清儒江永:“如《燕禮》東

①衛湜:《禮記集説》卷七四引嚴陵方氏,納蘭性德編:《通志堂經解》,揚州:江蘇廣陵古籍刻印社1996年版,第13册第107頁下欄。

楹西之尊鼻向東,《鄉飲酒禮》房户間之尊鼻向南。若《燕禮》尊士旅食於門西,則鼻向北。方氏謂'面其鼻示專惠',非也。'專惠'唯燕禮堂上尊面向君爲然。若房户間之尊,與賓主夾之,面向南,則非專惠矣。"[①]"房户間之尊,與賓主夾之,面向南"是鄉飲酒禮的景象,其布局體現的是"統於尊";燕禮上"唯君面尊"則是君主"專惠"的一個宣示,臣子"側尊",則是"君尊臣卑"的一個宣示。

總之,"唯君面尊"所涉及的是人與尊的朝向,而不是君主與酒尊的距離。小南"唯君面尊"意味著君主距離酒尊最近之説,難以成立。比起鄉飲酒禮,燕禮事屬"人君燕臣子",國君出場了,坐席布局與酒尊放置便爲之一變,變成"統於君"了。"統於君"也來自鄭玄的概括:

> 1.《儀禮·燕禮》:司宫兼卷重席,設于賓左,東上。
>
> 鄭玄注:卿坐東上,統於君也。
>
> 賈公彦疏:云"卿坐東上,統於君也"者,决《鄉飲酒》、《鄉射》諸公、大夫席于尊東,西上。彼遵尊於主人,故鄭注云"統於尊"。此爲君尊,故統於君而東上也[②]。
>
> 2.《儀禮·大射》:厥明,司宫尊于東楹之西,兩方壺,膳尊兩甒在南。……皆玄尊,酒在北。
>
> 鄭玄注:皆玄尊,二者皆有玄酒之尊,重本也。酒在北。尊統於君,南爲上也。唯君面尊,言專惠也[③]。

第1條説燕禮上有司宫爲卿鋪設重席,卿位於賓的左側;卿與大夫按東上列席,越東越尊貴。由圖四、圖五可知,這也就意味著越接近國君越尊貴。這時候國君是坐席布局的基準點,"統於君"體現在"人—人"空間關係之中了。第2條所述爲大射禮,大射禮的燕飲也有"人君燕臣下"之事,也是四個酒尊

---

①江永:《禮記訓義擇言》卷七,北京:中華書局1985年版,第111頁。

②阮元校刻:《十三經注疏》,北京:中華書局1980年版,第1020頁上欄。

③同上,第1029頁中欄。

南北排列、以南爲上,也要遵循"唯君面尊"之法。這時候國君是酒尊放置的基準點,"統於君"體現在"人—尊"空間關係之中了。

在前引《禮記·玉藻》孔疏的論述中,還對"兩君相見"的景象提出了推測:"若兩君相見,則尊鼻于兩楹間,在賓主之間夾之,不得面鄉尊也。"又《禮記·郊特牲》孔疏亦云:"鄉飲酒是卿大夫之禮,尊於房户間;燕禮是燕己之臣子,故尊於東楹之西;若兩君相敵,則尊於兩楹間。故其坫在兩楹間。"[①]那麽若值"兩君相見","人—尊"格局又變。查李如圭:"堂東西之中,曰'兩楹間'"[②];江永:"凡言兩楹間者,不必與楹相當,謂堂東西之中爾。"[③]照此説來,"兩楹間"就是堂上的東西中綫。所謂"尊于兩楹間"、"不得面鄉尊也",就是説兩君各居東西,酒尊位於堂上中綫,不面對任何一方,以示雙方對等。

這樣一來,我們就看到了三種"人—尊"格局:

1. 鄉飲酒禮,因賓主身份相去不遠,故兩個酒尊置于房户之間,以示"賓主共之"。

2. 君主燕飲自己的臣子,因君尊臣卑,故四個酒尊置于東楹之西,令君席正對,以示君主"專惠"。

3. 君主宴請他國君主,因兩君身份相敵,故酒尊置於兩楹之東西中綫,且兩方都不面對酒尊。

當然,就第三種情況即兩君燕飲而言,對孔穎達"尊於兩楹間"之説,孫希旦仍有异議,他認爲酒尊分别放置在室中、户内外、堂上[④]。然而,就算依孫希

---

①阮元校刻:《十三經注疏》,北京:中華書局1980年版,第1448頁上欄、中欄。

②李如圭:《儀禮釋宫》,長沙:商務印書館1937年版,第7頁。

③江永:《儀禮釋宫增注》,長沙:商務印書館1937年版,第8頁。

④孫希旦認爲,"設尊之法,必有所傍",酒尊應靠著墻壁、楹柱等放置,"兩楹之間非設尊之所也",意謂兩楹間的空地無所傍依,所以不是放置酒尊的合適地方。他説燕禮上"兩君相饗,其尊非一",須使用"盛鬱鬯之彝"、"齊酒之尊"、"盛(三)酒之尊"等多種酒尊,它們分别放在室中、户内外、堂上,"鬱鬯在室,齊在户,酒在堂"。又云:"蓋坫設于兩階之上,尊皆在其北。"《禮記集解》卷二五《郊特牲》,北京:中華書局1989年版,第680頁。他還對祭祀、宴饗時酒尊的種類、數量、位置做了不少推測。同書卷二一《禮運》,第588頁以下。

旦之推測，兩君相饗時酒尊的放置也應體現雙方對等。

古代典禮上的空間關係，還有“統於堂”、“統於門”、“統於賓”之類。但祇要場面上君主一人獨尊，則其空間關係、行事方式就必須體現“統於君”。“統於君”的原則還體現在多種禮制細節之中。如：“大射射器在東，統於君也；鄉射射器在西，統於賓也。”[①]又如天子外朝的朝位，諸侯居西、東面，是禮賓之義；三公北面，表明三公是貴臣；卿大夫則居東、西面，就是“君之臣子統於君也”的意思了[②]。這也是一種“統於君”。又如賓客通常從門檻中間的門橛西側進門，而大夫、士進入君門，就得從門橛東側入門，以表明自己是君主的臣僕，不敢以賓自居。這也是一種“統於君”[③]。又如君主光臨到臣子之家，不走賓階而走阼階，儼然一副主人姿態——這個家你没有 100% 的所有權，你的家歸你所有，但也歸君主所有。這又是一種“統於君”[④]。然則空間關係、行事方式上的“統於君”，實質就是君主對臣子的人身支配、臣子對君主的人格依附。燕禮上的“唯君面尊”和“統於君”現象，與之并無二致，同出一轍。其時的坐席布局和酒尊放置，都是君臣關係的折射。

以上對鄉飲酒禮及燕禮上的“人—尊”空間關係，做了一個簡要掃描，以顯示其時人與酒尊的空間關係，體現了人與人之間的等級關係。在飲酒禮上，若賓主同爲臣民，則空間布局“統於尊”，越近酒尊席位越尊，酒尊之東席

①胡培翬：《儀禮正義》卷十四《大射二》引郝敬，南京：江蘇古籍出版社 1993 年版，第 855 頁。

②《周禮·秋官·朝士》：“掌建邦外朝之法。左九棘，孤卿大夫位焉，群士在其後；右九棘，公侯伯子男位焉，群吏在其後；面三槐，三公位焉，州長衆庶在其後。”阮元校刻：《十三經注疏》，北京：中華書局 1980 年版，第 877 頁下欄。《禮記·曲禮下》孔穎達疏云：“三公北面者，以其貴臣答王之義也；孤及諸侯東面者，尊之，故從賓位；卿大夫西面者，君之臣子統於君也。”同書，第 126 頁上欄。

③《禮記·曲禮》：“大夫、士出入君門，由闑右。”鄭玄注：“臣統於君。闑，門橛。”孔穎達疏引盧辨：“門以向堂爲正，主人位在門東，客位在門西。今此大夫、士是臣，臣皆統於君，不敢自由賓，故出入君門恒從闑東也。其士之朝位，雖在西方東面，入時仍依闑東。”阮元校刻：《十三經注疏》，北京：中華書局 1980 年版，第 1238 頁中欄。

④《禮記·坊記》：“故天子四海之内無客禮，莫敢爲主焉。故君適其臣，升自阼階，即位于堂，示民不敢專其室也。”鄭玄注：“臣亦統於君。”阮元校刻：《十三經注疏》，北京：中華書局 1980 年版，第 1621 頁中欄。

位最尊；而若君主出場，則"唯君面尊"，空間布局"統於君"，以君主爲基本參照點。"尊"之所以一詞二義、兼指尊者與酒尊，在多重原因之中，飲酒禮上的"人—尊關係"也構成了原因之一。春秋時公、卿、大夫、士的爵列業已形成了，故飲酒場面上不同人等的身份高下，可以比照這套爵列。飲酒禮本身則非常古老，可以追溯到氏族時代的集體宴饗。由此推測，"統於尊"與"統於君"兩種布局，應該有一個非常古老的來源。春秋以上直到上古，可能一直存在著"道在器中"的現象，"前行政化時代"的等級秩序，曾寄身於一種物化形態、一種原生可視形態之中。

謹此恭頌祝總斌先生九十壽辰。

後學閻步克

2019.04.01

（作者單位：北京大學中國古代史研究中心）

“縣官”之由來與戰國秦漢時期的“天下”觀

楊振紅

一　關於“縣官”的學術史

“縣官”一詞,先秦時期傳世文獻僅兩現。一爲《墨子·雜守》:“寇近,亟收諸雜鄉金器若銅鐵及他可以左守事者。先舉縣官室居、官府不急者,材之大小、長短及凡數,即急先發。寇薄,發屋伐木,雖有請謁,勿聽。入柴勿積魚鱗簪,當隊,令易取也。材木不能盡入者,燔之,無令寇得用之。”①一爲《史記·范雎列傳》:“秦王乃拜范雎爲相。收穰侯之印,使歸陶,因使縣官給車牛以徙,千乘有餘。到關,關閱其寶器,寶器珍器多於王室。”②時當秦昭王四十一年(公元前266)。出土材料方面,睡虎地秦簡所出秦王政二十年(公元前227)四月南郡郡守騰頒布的《語書》中,也提及“縣官”:“有(又)且課縣

①吴毓江撰、孫啓治點校:《墨子校注》卷一五《雜守》,中華書局,1993年,第975頁。

②《史記》卷七九《范雎列傳》,中華書局,2014年修訂本,第2926頁。

官獨多犯令而令、丞弗得者,以令、丞聞。以次傳;别書江陵布,以郵行。”整理小組注釋:“縣官,縣中官吏。”①

秦漢以後文獻中則大量出現“縣官”一詞,如《史記》中含注共出現 36 次,《漢書》中含注共出現 82 次,《後漢書》中含注共出現 28 次。《史記·平準書》《漢書·食貨志》中出現次數最多,分别爲 21 次(加三家注共 22 次)和 23 次(加顏師古注共 24 次)②。

關於縣官的含義及來源,《史記·絳侯周勃世家》:“居無何,條侯子爲父買工官尚方甲楯五百被可以葬者。取庸苦之,不予錢。庸知其盜買縣官器,怒而上變告子,事連污條侯。”唐代司馬貞《史記索隱》:

> 縣官謂天子也。所以謂國家爲縣官者,夏家王畿内縣即國都也。王者官天下,故曰縣官也。③

説縣官指天子,天子與國家義同,縣官一詞緣於夏代王畿内縣即國都之制,王者“官”天下,故稱縣官。《漢書·霍光傳》:“(霍)禹爲大司馬,稱病。禹故長史任宣候問,禹曰:‘我何病?縣官非我家將軍不得至是,今將軍墳墓未乾,盡外我家,反任許、史,奪我印綬,令人不省死。’”顏師古注引如淳曰:

> 縣官謂天子。④

《漢書·宣元六王傳·東平思王劉宇》:“(劉)宇謂中謁者信等曰:‘漢大臣議天子少弱,未能治天下,以爲我知文法,建欲使我輔佐天子。我見尚書晨夜極苦,使我爲之,不能也。今暑熱,縣官年少,持服恐無處所,我危得之!’”顏師古注引張晏曰:

---

①陳偉主編,彭浩、劉樂賢等撰著:《秦簡牘合集·釋文注釋修訂本(壹)》,武漢大學出版社,2016 年,第 29、32 頁。合集在注釋中又加引《墨子·雜守》。

②以中華書局標點本進行統計。

③《史記》卷五七《絳侯周勃世家》,第 2524、2525 頁。校勘記第 23 條夏家:殿本作“夏官”,凌本作“夏者”。張文虎《札記》卷四:“此二字疑即上文‘官者’二字之誤衍。”(第 2529 頁)

④《漢書》卷六八《霍光傳》,中華書局,1962 年,第 2953 頁。

不敢指斥成帝,謂之縣官也。①

清代劉寶楠《愈愚録》卷四"縣官"條總結秦漢時期"縣官"有三義:

(1)秦制,縣令稱縣官。《史記·范睢列傳》"秦王因使縣官給車牛以徙",是也。(2)然《李斯列傳》云:"十公主矺死於杜,財物入於縣官",此縣官當謂天子,蓋不敢斥言,而托詞於縣官也。漢武帝時,言利之臣賦斂無度,一切取民,亦托詞於縣官。《平準書》:"大將軍擊胡虜,數萬人衣食仰給縣官"……縣官并指天子,此必當時舊文,故太史公承用之,所以著其實也。班、范書亦稱縣官……李賢注《劉盆子傳》云:"縣官謂天子也。"案:二史所稱縣官,皆是有所指斥,不敢直言也。此承用太史公語,疑亦當時原文。(3)《漢書·兩龔傳》:"使者至縣請舍,欲令至廷拜授印綬,舍曰:'王者以天下爲家,何必縣官?'遂於家受詔。"《後漢書·劉矩傳》:"爲雍邱令,告民曰:'忿恚可忍,縣官不可入。'"縣官謂縣舍,猶學官之比。《漢書·循吏傳》:"修起學官於成都市中"。師古曰:"學官,學之官舍也。"《傳》又云:"至武帝時,乃令天下郡國皆立學校官。"此别一義。②

其一,秦制的縣令稱縣官。其二,漢代的縣官指天子,是當時人用語,前三史是照録當時人的説法。其三,漢代縣官還有縣舍的含義,猶如學官。

清朝郭嵩燾《禮記質疑》卷五在討論《禮記·王制》時案:

鄭意以《周禮》未嘗名國都爲縣,《商頌》但言邦畿,而《夏書》已有"酒荒於厥邑"之文,因通邑於縣,以爲夏時之稱。陳氏祥道引《周禮》有在鄉之縣,有在遂之縣,有采邑之縣,有間田之縣,故王畿統謂之縣。其説近之而義未盡。《周禮》:"四井爲邑,四甸爲縣。"邑縣地至小。而《詩》《書》多稱國都曰邑:《湯誓》"率割夏邑",《立政》"其在商邑",《周

---

①《漢書》卷八〇《宣元六王傳·東平思王劉宇》,第3323、3324頁。

②(清)劉寶楠:《愈愚録》卷四,清光緒十五年廣雅書局刻本,中國基本古籍庫。筆者標點。

書》“用附我大邑周”，及諸言“作新大邑”“宅新邑”是也。《詩》：“商邑翼翼”“作邑於豐”，無云縣者。《史記》：鄒衍名中國曰“赤縣神州”。《始皇紀》“宇縣之中”，《陳書・高祖紀》“光宅區縣”，《唐書・禮樂志》“福流寰縣”，謝莊文“掃恥瀛縣”“締寓開縣”，皆承鄒衍之遺，名天下曰縣。《絳侯世家》：“盜買縣官器。”《索隱》：“縣官謂天子。”疑秦漢之際乃有此稱。經云“天子之縣内”亦漢時語也。鄭據夏時言之，似屬無徵。①

郭嵩燾認爲，商周時稱邑，不稱“縣”，鄭玄認爲邑通縣，故説“縣内是夏時天子所居州界名”，但這種説法缺乏依據。據《史記》記載，鄒衍始將中國稱作“赤縣神州”，因此，秦始皇以後的“宇縣”“區縣”“寰縣”“瀛縣”等説法，都是承襲鄒衍的遺緒，把“天下”稱爲縣。《索隱》“縣官謂天下”的説法也緣於此，當最早出現在秦漢之際。《禮記・王制》所説“天子之縣内”也是漢代人的説法。换言之，郭嵩燾認爲《王制》的成書晚至漢代。

日本瀧川資言《史記會注考證》：

中井積德曰：縣官猶言公家也。本郡縣人之言，指各處縣治而言，遂轉爲指國家之言，是後世官府文字之類，難據文義作解。張文虎曰：《索隱》“夏官”二字疑衍。②

中井積德認爲，縣官意爲公家，是郡縣人稱縣治之語，遂演變爲代指國家，屬於官府文書用法，很難根據文義加以解釋。張文虎懷疑“夏官”是衍字。從其“難據文義作解”可以看出，中井積德的觀點屬望文生義。

趙伯雄認爲，《墨子・雜守篇》和睡虎地秦簡中的“縣官”指縣一級的官吏，到了兩漢，在《史》《漢》等書中，纔開始轉變爲國家或天子義。兩周金文裏的縣字還看不出與地域區劃間的關係。《周禮》中的“縣”不指國都。孫詒

①（清）郭嵩燾著，鄔錫非、陳戍國點校：《禮記質疑》卷五，岳麓書社，1992年，第139頁。
②[日]瀧川資言考證，楊海峥整理：《史記會注考證（伍）》卷五七，上海古籍出版社，2015年，第2662頁。

讓説《周禮》的縣鄙"皆公邑也",是天子、國君直接統治的"邑"。在戰國秦漢時人心目中,"縣"與天子、君主的直接統治密切相關。《吕氏春秋·季秋紀》裏説:"是月也……合諸侯,制百縣。"百縣與諸侯對舉,顯係指天子直轄的地方而言。漢代"縣官"一詞可能就是從這種"縣"的觀念中發展出來的。漢人所説的縣官,其初義是指中央政府或國家,後加以引申,纔出現了代表天子的含義①。

張家山漢簡中也大量出現"縣官"一詞。如《二年律令》簡4—5:"賊燔城、官府及縣官積冣(聚),弃市。賊燔寺舍、民室屋廬舍、積冣(冣),黥爲城旦舂。其失火延燔之,罰金四兩,責(債)(簡4)所燔。鄉部、官嗇夫、吏主者弗得,罰金各二兩。(簡5)"整理小組注釋:

官府,官衙。縣官,指官方。②

綜上,先秦時期三條史料中的"縣官"均指一級地方行政機構——縣的官府或官吏。漢代文獻中的"縣官"多數指天子或國家,但個别情況下也指郡縣之縣的官府或官吏。

二　秦始皇改"王室""公室"爲"縣官"

2009年,里耶秦簡整理者公布了一方木牘,内容是秦始皇統一中國後頒布的名號更替彙編,其中有兩條規定:

……

諸官爲秦盡更。AⅩⅫ

故皇今更如此皇。AⅩⅧ

①趙伯雄:《兩漢"縣官"釋義》,《歷史教學》1980年第10期。

②張家山二四七號漢墓竹簡整理小組:《張家山漢墓竹簡〔二四七號墓〕(釋文修訂本)》,文物出版社,2006年,第8頁。

……

毋敢曰王父曰泰父。AⅩⅫ

毋敢謂巫帝曰巫。AⅩⅩⅢ

……

王馬曰乘輿馬。AⅩⅩⅤ

泰【王】觀獻曰皇帝。BⅠ

天帝觀獻曰皇帝。BⅡ

帝子游曰皇帝。BⅢ

王節弋曰皇帝。BⅣ

王譴曰制譴。BⅤ

以王令曰【以】皇帝詔。BⅥ

承【命】曰承制。BⅦ

王室曰縣官。BⅧ

公室曰縣官。BⅨ

内侯爲輪(倫)侯。BⅩ

徹侯爲【死〈列〉】侯。BⅪ

以命爲皇帝。BⅫ

受(授)命曰制。BⅫⅠ

□命曰制。BⅩⅣ

爲謂□詔。BⅩⅤ

莊王爲泰上皇。BⅩⅥ

……

王宫曰□□□。BⅩⅨ

王游曰皇帝游。BⅩⅩ

王獵曰皇帝獵。BⅩⅪ

王犬曰皇帝犬。BⅩⅫ

……(8—461)[1]

由此可確定,“縣官”的稱謂始於秦始皇二十六年統一中國後頒布詔令將“王室”和“公室”改稱爲“縣官”。[2]

“王室”“公室”常見於先秦文獻。王室最初僅用於周天子(也稱周王),公室則爲諸侯國國君稱公者所用。例如《尚書·微子之命》:“欽哉!往敷乃訓,慎乃服命,率由典常,以蕃王室。”孔安國傳:“敬哉,敬其爲君之德,往臨人,布汝教訓,慎汝祖服命數,循用舊典無失其常,以蕃屏周室。戒之。”[3]《史記·周本紀》:“厲王即位三十年,好利,近榮夷公。大夫芮良夫諫厲王曰:‘王室其將卑乎?夫榮公好專利而不知大難……’”[4]正如孔安國所傳,以上的王室均指周王室。《左傳》宣公十八年:“公孫歸父以襄仲之立公也,有寵,欲去三桓,以張公室。與公謀,而聘於晉,欲以晉人去之。”[5]這裏的公室則指魯宣公。

春秋戰國時期,周天子地位衰微,勢力强大的諸侯國紛紛僭越禮制,先是稱“侯”“伯”者僭越稱“公”,至戰國中後期又僭越稱“王”。如《史記·秦本紀》載:“孝公卒,子惠文君立。”“惠文君元年,楚、韓、趙、蜀人來朝。二年,

---

①張春龍、龍京沙:《湘西里耶秦簡8—455號》,《簡帛》第四輯,上海古籍出版社,2009年,第11—15頁。此後在公布的第一册釋文中簡號改爲8—461。參見湖南省文物考古研究所編著《里耶秦簡(壹)》,文物出版社,2012年。本釋文據陳偉主編,何有祖、魯家亮、凡國棟撰著《里耶秦簡牘校釋(第一卷)》,文物出版社,2012年,第156—157頁。

②游逸飛説:“秦更名方似乎揭示‘縣官’指涉皇帝、朝廷,爲秦始皇的創舉。‘王室’本指統治者之私家,在家國難分的周代,‘王室’自然具有政府、朝廷的意涵。‘縣官’既取代‘王室’,便繼承其意義。這就是‘縣官’爲何既指皇室,又指政府的緣故。”(游逸飛:《里耶8—461號“秦更名方”選釋》,魏斌主編:《古代長江中游社會研究》,上海古籍出版社,2013年,第83頁)《秦簡牘合集》注釋:“今按:里耶秦簡8—455:‘王室曰縣官。公室曰縣官。’其中的‘縣官’或指縣級政府,或指各級政府。簡文‘公室告’似指官府按規定可受理的告訴。‘非公室告’指官府按規定不可受理的告訴,即法律規定不予接受的告訴。”(陳偉主編,彭浩、劉樂賢等撰著:《秦簡牘合集·釋文注釋修訂本(壹)》,第222頁)

③(唐)孔穎達正義,黄懷信整理:《尚書正義》卷一二,上海古籍出版社,2007年,第522頁。

④《史記》卷四《周本紀》,第179頁。

⑤楊伯峻:《春秋左傳注》,中華書局,2009年,第778頁。

天子賀。三年,王冠。四年,天子致文武胙。齊、魏爲王。"[①]秦孝公時尚稱公,其子惠文君繼位三年(公元前 335)時就改稱"王"。次年,齊、魏兩國也不甘落後,改稱"王",即齊威王、魏惠王。隨後,秦王便改稱"王室"。如《史記·穰侯列傳》:"昭王於是用范雎。范雎言宣太后專制,穰侯擅權於諸侯,涇陽君、高陵君之屬太侈,富於王室。於是秦昭王悟,乃免相國,令涇陽之屬皆出關,就封邑。穰侯出關,輜車千乘有餘。"[②]但"公室"可能依然沿用。如《史記·李斯列傳》載李斯上《諫逐客書》:"昭王得范雎,廢穰侯,逐華陽,强公室,杜私門,蠶食諸侯,使秦成帝業。"[③]

睡虎地秦簡中亦出現"王室""公室"之語。如《法律答問》簡 103:"'公室告'【何】殹(也)?'非公室告'可(何)殹(也)?賊殺傷、盜它人爲'公室';子盜父母,父母擅殺、刑、髡子及奴妾,不爲'公室告'。"[④]這裏的"公室"也是代指秦國家,"公室告"相當於後世的公訴。因此可推測這條法律應當是秦國君未改稱王時制定的法律。此外,《法律答問》還有兩條關於王室的法律解釋。簡 28:"可(何)謂'盜埱厓'?王室祠,貍(薶)其具,是謂'厓'。"簡 161:"'擅興奇祠,貲二甲。'可(何)如爲'奇'?王室所當祠固有矣,擅有鬼立(位)殹(也),爲'奇',它不爲。"[⑤]這兩條相關法律當是秦國君改稱王后纔出現的法律。因此,睡虎地秦簡和里耶秦簡中的"公室"當爲秦國國君稱公時對秦公及其家室的稱呼,"王室"則是秦僭越稱王後對秦王及其家室的稱呼,但"公室"的稱號應當没有禁絶,有時人們仍習慣性使用。

現在,隨著統一大業完成,秦始皇下令將"公室""王室"的稱號改爲"縣官",其動機是什麽呢?《史記·秦始皇本紀》有一段著名的記載:

> 秦初并天下,令丞相、御史曰:"……寡人以眇眇之身,興兵誅暴亂,

---

①《史記》卷五《秦本紀》,第 259—260 頁。
②《史記》卷七二《穰侯列傳》,第 2828 頁。
③《史記》卷八七《李斯列傳》,第 3086 頁。
④陳偉主編,彭浩、劉樂賢等撰著:《秦簡牘合集·釋文注釋修訂本(壹)》,第 221 頁。
⑤同上,第 193、243 頁。

> 賴宗廟之靈,六王咸伏其辜,天下大定。今名號不更,無以稱成功,傳後世。其議帝號。"丞相綰、御史大夫劫、廷尉斯等皆曰:"昔者五帝地方千里,其外侯服夷服,諸侯或朝或否,天子不能制。今陛下興義兵,誅殘賊,平定天下,海内爲郡縣,法令由一統,自上古以來未嘗有,五帝所不及。臣等謹與博士議曰:'古有天皇,有地皇,有泰皇,泰皇最貴。'臣等昧死上尊號,王爲'泰皇'。命爲'制',令爲'詔',天子自稱曰'朕'。"王曰:"去'泰',著'皇',采上古'帝'位號,號曰'皇帝'。他如議。"制曰:"可。"追尊莊襄王爲太上皇。制曰:"朕聞太古有號毋謚,中古有號,死而以行爲謚。如此,則子議父,臣議君也,甚無謂,朕弗取焉。自今已來,除謚法。朕爲始皇帝。後世以計數,二世三世至於萬世,傳之無窮。"①

秦始皇認爲自己完成了"平定天下,海内爲郡縣,法令由一統"的豐功偉業,亘古未有,如果"名號不更",就無法彰顯自己的成功,傳頌於後世。於是在群臣意見基礎上,將自己的稱號從"王"改爲"皇帝","命爲'制',令爲'詔',天子自稱曰'朕'","追尊莊襄王爲太上皇",并廢除謚號,以數計。正如以往學者所論,里耶秦簡 8—461 記載的内容應當也是秦始皇統一後關於更定名號的規定,秦始皇更定名號的範圍遠遠超過《本紀》所載,《本紀》衹是擇要記載。因此,正如"王"代表秦統一前的秦王,"皇帝"代表統一後的秦皇帝一樣,"王室""公室"代表的也是諸侯國君的秦王,"縣官"則代表的是統一天下後的秦皇帝。

順帶提及一個有意思的現象,即秦漢時期完全不見"皇室"的稱呼,偶見"帝室"的稱呼,如《史記》僅注中出現 1 次,《漢書》中出現 7 次(若加注共 10 次),《後漢書》中出現 3 次。由此可知,"帝室"的稱呼是西漢中期以後纔漸多起來的,但遠比不上"縣官"出現的次數,也就是説秦漢時人仍慣用"縣官"的稱呼。關於帝室,《漢官儀》卷下:

①《史記》卷六《秦始皇本紀》,第 303—304 頁。

帝室,猶古言王室。[1]

表明帝室其實和統一前的“王室”、統一後的“縣官”義同。

那麽,秦始皇君臣爲什麽會選擇“縣官”的稱呼呢?“縣官”與“王室”“公室”相比,其高大上在哪里呢?

三　“縣官”一詞源於“四海九州縣内”的“天下”觀[2]

前引唐人司馬貞《史記索隱》對“縣官”的解釋,應本於《禮記・王制》[3]及鄭玄注。《禮記・王制》對世界和王制有一套系統的理論:

凡四海之内九州,州方千里。州建百里之國三十,七十里之國六十,五十里之國百有二十,凡二百一十國。名山大澤不以封,其餘以爲附庸、閒田。八州,州二百一十國。

天子之縣内,方百里之國九,七十里之國二十有一,五十里之國六

①(清)孫星衍等輯,周天游點校:《漢官六種》,中華書局,1990年,第190頁。

②關於中國的“天下觀”,世界範圍内都有豐富的研究史,此僅列舉數種:Joseph R. Levenson(列文森),“*T'ien-hsia and Kuo*,*and the 'Transvaluation of Values'*”,*The Far Eastern Quarterly*,Vol. 11,No. 4,(Aug.,1952),pp. 447-451;安部健夫:《中国人の天下観念—政治思想史的試論》,ハーバード・燕京・同志社東方文化講座委員會,1956年;蒙文通:《略論山海經的寫作時代及其産生地域》,其著《巴蜀古史論述》,四川人民出版社,1981年。童書業:《春秋時人之“天下”觀念》,其著《春秋左傳研究》,中華書局,1980年。[日]渡邊信一郎:《中国古代の王権と天下秩序—日中比較史の視点から》,校倉書房,2003年(中譯本徐冲譯《中國古代的王權與天下秩序:從中日比較史的視角出發》,中華書局,2008年)。

③關於《禮記》的成書年代,歷來有很大争議。徐喜辰曾總結爲七説:孔子門徒所撰説、六國時人所撰説、二戴據古禮所删説、二戴所傳説、二戴據《曲臺記》所删成説、漢初諸儒編定説、東漢末年説。主流觀點認爲,其獨立成書或晚至漢代,但其中保存著許多先秦時期的材料,其史料價值絲毫不遜色於《周禮》《儀禮》。參見徐喜辰《〈禮記〉的成書年代及其史料價值》,《史學史研究》1984年第4期;王文錦:《禮記譯解・前言》,中華書局,2016年第2版,第1—7頁,“前言”作於1994年9月。關於《王制》篇的成書同樣也有多種説法,受篇幅所限,筆者不詳述。由於《禮記》及《王制》篇的成書問題甚爲複雜,本文無力涉及,但根據本文所引傳世文獻和新出材料,至少可以證明《王制》篇的思想在戰國後期已經形成。

十有三,凡九十三國。名山大澤不以朌。其餘以禄士,以爲間田。

凡九州,千七百七十三國,天子之元士、諸侯之附庸不與。

天子百里之内以共官,千里之内以爲御。

千里之外設方伯。五國以爲屬,屬有長;十國以爲連,連有帥;三十國以爲卒,卒有正;二百一十國以爲州,州有伯。八州八伯,五十六正,百六十八帥,三百三十六長。八伯各以其屬屬於天子之老二人,分天下以爲左右,曰二伯。

千里之内曰甸。千里之外曰采,曰流。[①]

……天子使其大夫爲三監,監於方伯之國,國三人。

天子之縣内諸侯,禄也。

外諸侯,嗣也。[②]

……自恒山至於南河,千里而近。自南河至於江,千里而近。自江至於衡山,千里而遥。自東河至於東海,千里而遥。自東河至於西河,千里而近。自西河至於流沙,千里而遥。西不盡流沙,南不盡衡山,東不盡東海,北不盡恒山,凡四海之内,斷長補短。方三千里,爲田八十萬億一萬億畝。方百里者,爲田九十億畝。山陵、林麓、川澤、溝瀆、城郭、宫室、塗巷三分去一,其餘六十億畝。

……天子之縣内,方千里者,爲方百里者百,封方百里者九,其餘方百里者九十一。又封方七十里者二十一,爲方百里者十,方十里者二十九,其餘方百里者八十,方十里者七十一。又封方五十里者六十三,爲方百里者十五,方十里者七十五,其餘方百里者六十四,方十里者九十六。

……天子之大夫爲三監,監於諸侯之國者,其禄視諸侯之卿,其爵視次國之君,其禄取之於方伯之地。方伯爲朝天子,皆有湯沐之邑於天

①(漢)鄭玄注,(唐)孔穎達正義,吕友仁整理:《禮記正義》卷一五《王制第五》,上海古籍出版社,2008年,第458—470頁。

②(漢)鄭玄注,(唐)孔穎達正義,吕友仁整理:《禮記正義》卷一六《王制第五》,第476—478頁。

子之縣内，視元士。諸侯世子世國，大夫不世爵。使以德，爵以功。未賜爵，視天子之元士，以君其國。諸侯之大夫不世爵禄。①

鄭玄注：

縣内，夏時天子所居州界名也。殷曰畿。《詩·殷頌》曰："邦畿千里，維民所止。"周亦曰畿。畿内大國九者，三公之田三；爲有致仕者副之，爲六也；其餘三，待封王之子弟。次國二十一者，卿之田六；亦爲有致仕者副之，爲十二；又三爲三孤之田；其餘六，亦待封王之子弟。小國六十三，大夫之田二十七，亦爲有致仕者副之，爲五十四；其餘九，亦以待封王之子弟。三孤之田不副者，以其無職，佐公論道耳，雖其致仕，猶可即而謀焉。②

《王制》説四海之内爲九州，每州千里，每州有大（百里）、中（七十里）、小（五十里）封國二百一十個；天子所居獨爲一州，稱"縣内"，有大、中、小封國九十三個。四海"西不盡流沙，南不盡衡山，東不盡東海，北不盡恒山"，"斷長補短"，方三千里。縣内也稱作甸。縣外的八州也稱作采，王設方伯進行統治。縣内和八州的采形成九州。縣内和八州内也實行分封，但縣内分封的諸侯

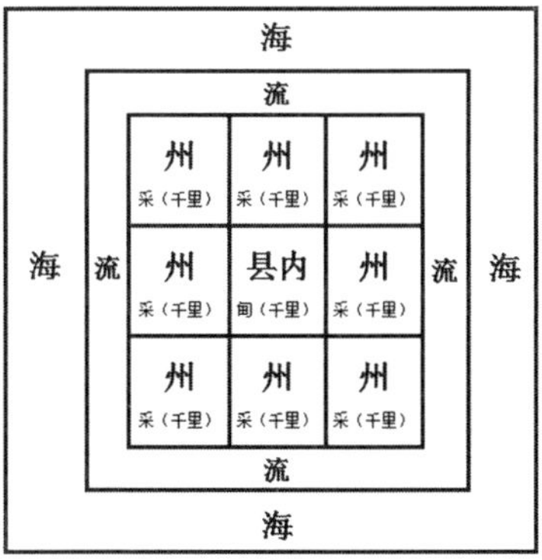

圖一　《禮記·王制》的四海、九州、縣内示意圖

①（漢）鄭玄注，（唐）孔穎達正義，吕友仁整理：《禮記正義》卷二〇《王制第五》，第580—586頁。
②（漢）鄭玄注，（唐）孔穎達正義，吕友仁整理：《禮記正義》卷一五《王制第五》，第461—462頁。

其性質爲禄，八州即采分封的諸侯是嗣。九州之外是流，是王統治之外的區域。九州加流就構成了四海。四海、九州、縣内、采、流即《禮記·王制》所構架的世界。

以下材料可以佐證"天子之縣内"的説法在漢代影響很大。《鹽鐵論·地廣》載文學語：

> 文學曰："古者，天子之立於天下之中，縣内方不過千里，諸侯列國，不及不食之地，《禹貢》至於五千里；民各供其君，諸侯各保其國，是以百姓均調，而繇役不勞也。今推胡、越數千里，道路回避，士卒勞罷。故邊民有刎頸之禍，而中國有死亡之患，此百姓所以囂囂而不默也。夫治國之道，由中及外，自近者始。近者親附，然後來遠；百姓内足，然後恤外……"①

《白虎通·京師》：

> 禄者，録也。上以收録接下，下以名録謹以事上。《王制》曰："天子三公之田視公侯，卿視伯，大夫視子男，士視附庸……天子之縣内，有百里之國九，七十里之國二十一，五十里之國六十三，凡九十三國。名山大澤不以封，其餘以禄士，以爲間田。"
>
> 諸侯入爲公卿大夫，得食兩家采不？曰：有能然後居其位，德加於人，然後食其禄，所以尊賢重有德也。今以盛德入輔佐，得兩食之。故《王制》曰："天子之縣内諸侯禄也，外諸侯嗣也。"②

兩書均沿襲了"天子居縣内""縣内方千里"的説法。但《禮記·王制》説"九州三千里"，而《鹽鐵論》所引《禹貢》則説五千里，表明當時人對天下、世界的認識已經擴大。

此外，《説文》宀部：

---

①王利器校注：《鹽鐵論校注》卷四《地廣》，中華書局，2015 年，第 229—230 頁。

②（清）陳立撰，吴則虞點校：《白虎通疏證》卷四《京師》，中華書局，1994 年，第 157—165 頁。

寰,王者封畿内縣也。从宀,睘聲。户關切。①

《禮記・王制》“天子縣内”的觀念當源於《逸周書・作雒》。其文載:

武王克殷,乃立王子禄父,俾守商祀。建管叔於東,建蔡叔、霍叔於殷,俾監殷臣。武王既歸,乃歲十二月崩鎬,殣予岐周。周公立,相天子……周公敬念於後曰:予畏周室克追,俾中天下。及將致政,乃作大邑成周於土中。城方千七百二十丈,郛方七百里。南系於雒水,地因於郟山,以爲天下之大湊。制郊甸方六百里,國西土爲方千里。分以百縣,縣有四郡,郡有□鄙。大縣城,方王城三之一;小縣立城,方王城九之一。郡鄙不過百室,以便野事。農居鄙,得以庶士;士居國家,得以諸公、大夫。凡工賈胥市臣撲,州里俾無交爲。②

説周公時在雒邑建立東都,“爲方千里,分以百縣”。這一觀念流傳甚廣。《説文》邑部:

郡,周制,天子地方千里,分爲百縣,縣有四郡。故《春秋傳》曰:“上大夫受縣,下大夫受郡”是也。至秦初,天下置三十六郡以監縣。从邑。君聲。③

此外,《風俗通義・佚文》:

周制:天子方千里,分爲百縣,縣有四郡。郡者,群也。故《左氏傳》曰:“上大夫受縣,下大夫受郡。”至秦始皇初,置三十六郡以監縣,縣,平也。④

此段佚文輯自《意林》、《史記・秦始皇本紀》張守節《正義》、《藝文類聚》卷

①(漢)許慎撰:《説文解字》卷七下新附,清文淵閣《四庫全書》本電子版。

②黄懷信、張懋鎔、田旭東撰,黄懷信修訂,李學勤審定:《逸周書匯校集注(修訂本)》卷五《作雒解》,上海古籍出版社,2007年,第510—532頁。

③(漢)許慎撰,(清)段玉裁注:《説文解字注》,中華書局,2013年,第285頁下欄—第286頁上欄。

④(漢)應劭撰,王利器校注:《風俗通義校注・佚文・古制》,中華書局,2010年,第492頁。

六、《太平御覽》卷一五七、《天中記》卷一三,可見流傳之廣。《説文》文字幾乎和《風俗通義・佚文》相同,不排除《風俗通》抄自《説文》,也不排除兩者有一個共同的文本來源。此外,《吕氏春秋・季夏紀》:“是月也,令四監大夫合百縣之秩芻,以養犧牲。令民無不咸出其力,以供皇天上帝、名山大川、四方之神,以祀宗廟社稷之靈,爲民祈福。”高誘注:

周制,天子畿内方千里,分爲百縣,縣有四郡,郡有鄙,故《春秋傳》曰:“上大夫受縣,下大夫受郡。”周時縣大郡小,至秦始皇兼天下,初置三十六郡以監縣耳。此云“百縣”,説周制畿内之縣也。四監,監四郡大夫也。①

由此來看,《逸周書・作雒》以及《禮記・王制》在漢代應被奉爲圭臬。

四　駁“縣官”源於鄒衍“赤縣神州”説

如前所述,清人郭嵩燾《禮記質疑》在探討《禮記・王制》時提出質疑,認爲此説不符合《周禮》。周的王畿制度,四井爲邑,邑 36 家;四甸爲縣,2304 家②。邑、縣的規模都很小,因此,縣不可能是國都、王畿。《詩》《書》中均將國都稱作“邑”,無稱作“縣”的,所以他懷疑“天子之縣内”的説法很可能緣於鄒衍。鄒衍把中國稱作“赤縣神州”,所以,《始皇本紀》“宇縣之中”、《陳書・高祖紀》“光宅區縣”、《唐書・禮樂志》“福流寰縣”、謝莊文“掃耻瀛縣”“締寓開縣”都是“承鄒衍之遺”,把天下稱作縣。他認爲縣官的説法是

---

①許維遹撰,梁運華整理:《吕氏春秋集釋》卷六《季夏紀》,中華書局,2009 年,第 131 頁。

②《周禮・地官司徒・小司徒》:“乃經土地而井牧其田野,九夫爲井,四井爲邑,四邑爲丘,四丘爲甸,四甸爲縣,四縣爲都,以任地事而令貢賦,凡税斂之事。”鄭玄注:“此謂造都鄙也。采地制井田,异於鄉遂,重立國。小司徒爲經之,立其五溝五塗之界,其制似井之字,因取名焉……四甸爲縣,方二十里。四縣爲都,方四十里……五十里之國凡四縣,一縣之田税入於王……”([漢]鄭玄注,[唐]賈公彦疏,彭林整理:《周禮注疏》卷一一《地官司徒・小司徒》,上海古籍出版社,2010 年,第 390 頁。)

秦漢之際纔有的,《禮記・王制》“天子之縣内”之説也是漢代人的説法。鄭玄説是夏制也是無稽之談。

鄒衍“赤縣神州”的説法見載於《史記》《鹽鐵論》《論衡》等書。其中,《史記・孟子荀卿列傳》曰:

> 其次騶衍,後孟子。騶衍睹有國者益淫侈不能尚德,若《大雅》整之於身,施及黎庶矣,及深觀陰陽消息而作怪迂之變,《終始》《大聖》之篇十餘萬言。其語閎大不經,必先驗小物,推而大之,至於無垠。先序今以上至黄帝,學者所共術,大並世盛衰,因載其禨祥度制,推而遠之,至天地未生,窈冥不可考而原也。先列中國名山大川,通穀禽獸,水土所殖,物類所珍,因而推之,及海外人之所不能睹。稱引天地剖判以來,五德轉移,治各有宜,而符應若兹。以爲儒者所謂中國者,於天下乃八十一分居其一分耳。中國名曰赤縣神州。赤縣神州内自有九州,禹之序九州是也,不得爲州數。中國外如赤縣神州者九,乃所謂九州也。於是有裨海環之,人民禽獸莫能相通者,如一區中者,乃爲一州。如此者九,乃有大瀛海環其外,天地之際焉。其術皆此類也。然要其歸,必止乎仁義節儉、君臣上下六親之施始也濫耳。王公大人初見其術,懼然顧化,其後不能行之。

司馬貞《索隱》:

> 裨海,小海也。九州之外,更有大瀛海,故知此裨是小海也。且將有裨將,裨是小義也。①

司馬遷所述鄒衍九州説認爲,天下由九州組成,每州内又有九州,故共有九九八十一小州。九州外由裨海即小海環繞,州與州之間不相連。中國爲其中之一,叫“赤縣神州”,又分爲九州,就是大禹所序九州。大九州外又有瀛海即大海環繞,瀛海的邊界就是“天地之際”,也就是天地相交的地方。但

---

①《史記》卷七四《孟子荀卿列傳》,第2849—2849頁。

是,其説有不可解之處,如説"中國外如赤縣神州者九",如果中國外還有九個州的話,那麽總共有十州,小州就有十個,而不是九個。所以楊希枚認爲"九"是"八"之誤。

《鹽鐵論·論鄒》的説法比《史記》簡略:

大夫曰:"鄒子疾晚世之儒墨,不知天地之弘,昭曠之道,將一曲而欲道九折,守一隅而欲知萬方,猶無準平而欲知高下,無規矩而欲知方圓也。於是推大聖終始之運,以喻王公,先列中國名山通古,以至海外。所謂中國者,天下八十一分之一,名曰赤縣神州,而分爲九州,絶陵陸不通,乃爲一州。[1] 有大瀛海圜其外,[2]此所謂八極,而天地際焉。《禹貢》亦著山川高下原隰,而不知大道之徑。故秦欲達九州而方瀛海,牧胡而朝萬國。諸生守畦畝之慮,閭巷之固,未知天下之義也。"

文學曰:"堯使禹爲司空,平水土,隨山刊木,定高下而序九州。鄒衍非聖人,作怪誤,熒惑六國之君,以納其説。此《春秋》所謂'匹夫熒惑諸侯'者也。孔子曰:'未能事人,焉能事鬼神?'近者不達,焉能知瀛海?故無補於用者,君子不爲;無益於治者,君子不由。三王信經道,而德光於四海;戰國信嘉言,而破亡如丘山。昔秦始皇已吞天下,欲并萬國,亡其三十六郡;欲達瀛海,而失其州縣。知大義如斯,不如守小計也。"[3]

《史記》所説的"天地之際"在這裏也被稱作"八極"。但是,"分爲九州"的"州"是指赤縣神州再分爲小九州,還是天下分爲九州,即其説"絶陵陸不通,乃爲一州"的大九州,不甚清楚。依"大瀛海"的説法,八十一州之間是否有小瀛海也未詳。

《論衡》有兩處談到鄒衍的大九州説。《論衡·談天篇》:

鄒衍之書,言天下有九州,《禹貢》之上所謂九州也。《禹貢》九州,

---

①王利器原斷作逗號,此爲筆者改。

②王利器原斷作句號,此爲筆者改。

③王利器校注:《鹽鐵論校注》卷九《論鄒》,第613—614頁。

所謂一州也。若《禹貢》以上者,九焉。《禹貢》九州,方今天下九州也,在東南隅,名曰赤縣神州。復更有八州,每一州者四海環之,名曰裨海。九州之外,更有瀛海。此言詭异,聞者驚駭,然亦不能實然否,相隨觀讀諷述以談。故虚實之事,并傳世間,真僞不别也。世人惑焉,是以難論。①

此處説天下九州,赤縣神州在東南角,又分爲九州,即《禹貢》九州。大九州,每州之外有“裨海”。圜大九州之外有瀛海。《論衡·難歲篇》:

儒者論天下九州,以爲東西南北,盡地廣長,九州之内五千里,竟三河土中。周公卜宅,經曰:“王來紹上帝,自服於土中。”雒則土之中也。鄒衍論之,以爲九州之内五千里,竟合爲一州,在東南位,名曰赤縣州。自有九州者九焉,九九八十一,凡八十一州。此言殆虚。地形難審,假令有之,亦一難也。使天下九州,如儒者之議,直雒邑以南,對三河以北,豫州、荆州、冀州之部有太歲耳。雍、梁之間,青、兖、徐、揚之地,安得有太歲?使如鄒衍之論,則天下九州在東南位,不直子、午,安得有太歲?②

《論衡》所述鄒衍説是:天下共有九州,爲大九州,州與州之間爲海所阻隔。中國爲大九州之一,稱赤縣神州,其内又分九州,爲小九州。

可以看到,鄒衍的“大九州説”是在《禹貢》九州的基礎上構架起來的,因此時代肯定晚於《禹貢》九州説。《禹貢》九州的世界範圍是九州(中國)—流(荒)—四海,中國九州居於天下之中。鄒衍的“大九州説”,世界範圍遠遠擴大,赤縣神州(九州、中國)僅僅占大九州的八十一分之一,其外還有八十州,加上裨海和瀛海,其在世界上所占的比例更小。中國也不再是世界的中心,而是偏於東南隅的一個小州,從這一意義上“中國”的稱號也不再貼切符實。這樣的認識表明,鄒衍時代人們對地理的認識已經大大豐富,對中國的

①黄暉撰:《論衡校釋》卷一一《談天篇》,中華書局,1990年,第473—474頁。

②黄暉撰:《論衡校釋》卷二四《難歲篇》,第1019—1020頁。

認識也更客觀。然而,這樣的新認識對以《禹貢》九州構架起來的天下觀産生了巨大衝擊,因而不爲多數人所接受,特別是篤信儒家經典的學者。

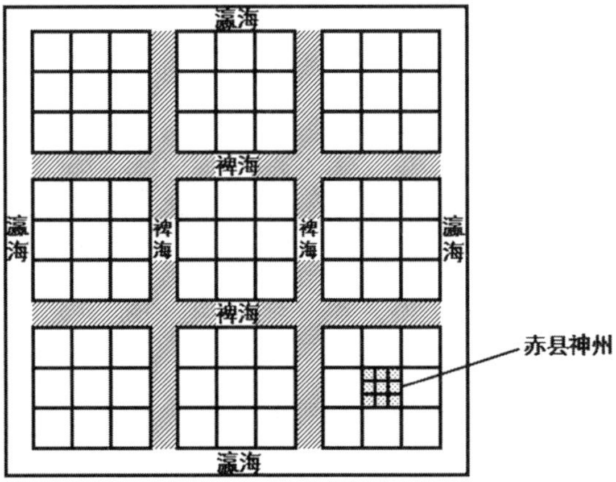

圖二　鄒衍"大九州"示意圖

司馬遷説鄒衍大九州説是"作怪迂之變","其語閎大不經"。昭帝時文學説"鄒衍非聖人,作怪誤,熒惑六國之君","此《春秋》所謂'匹夫熒惑諸侯'者也"。就因爲秦始皇信奉了他的學説,結果造成"亡其三十六郡""而失其州縣"的覆滅下場。王充也説鄒衍説:"此言詭异,聞者驚駭","此言殆虚。地形難審"。由此可知,漢代人一般都認爲鄒衍的大九州説荒誕不經,不采信其説。但是采信者似乎也不少,如昭帝時御史大夫桑弘羊,桑弘羊和文學還説秦始皇也信其説①。

然而,若仔細加以考察,就會發現"天子縣内"的觀念成於先秦,即便是在郡制普遍發展起來的戰國時期,仍然是主流觀念,并一直流行至漢。例如,《管子·山國軌》:

①關於鄒衍大九州的研究十分豐富,如楊樹達《積微居小學述林》卷六《故書古史雜考之屬·鄒衍九州考》,中華書局,1983年,第244—245頁(原刊1936年);顧頡剛:《鄒衍及其後繼者的世界觀》,《中國古代史論叢》1981年第1期;常金倉:《鄒衍"大九州説"考論》,《管子學刊》1997年第1期;高建文:《鄒衍"大九州"神話宇宙觀生成考》,《民俗研究》2016年第6期;胡阿祥:《赤縣神州:鄒衍的海陸世界》,《唯實》2016年第10期;等等。

桓公問管子曰:“請問官國軌。”管子對曰:“田有軌,人有軌,用有軌,鄉有軌,人事有軌,幣有軌,縣有軌,國有軌。不通於軌數,而欲爲國,不可。”桓公曰:“行軌數奈何?”……管子對曰:“某鄉田若干? ……民鄰縣四面皆櫎,穀坐長而十倍。上下令曰:‘貲家假幣,皆以穀準幣,直幣而庚之。’穀爲下,幣爲上。百都百縣軌據,穀坐長十倍。環穀而應假幣。國幣之九在上,一在下。幣重而萬物輕,斂萬物,應之以幣。幣在下,萬物皆在上,萬物重十倍。府官以市櫎出萬物,隆而止。國軌:布於未形,據其已成,乘令而進退,無求於民,謂之國軌。”①

《商君書·墾令》:

聲服無通於百縣,則民行作不顧,休居不聽。休居不聽,則氣不淫;行作不顧,則意必壹。意壹而氣不淫,則草必墾矣。②

《管子》《商君書》雖然成書年代有疑問,但不應晚於戰國。另,《戰國策·魏三·秦敗魏於華走芒卯》:

秦敗魏於華,走芒卯,而圍大梁。須賈爲魏謂穰侯曰:“……臣聞魏氏悉其百縣勝兵以止(上)戍大梁,臣以爲不下三十萬。以三十萬之衆,守十仞之城,臣以爲雖湯、武復生,弗易攻也……”③

此外,如《吕氏春秋·孟夏紀》:

是月也,天子始絺。命野虞出行田原,勞農勸民,無或失時。命司徒循行縣鄙,命農勉作,無伏於都。

高誘注:

---

①黎翔鳳撰,梁運華整理:《管子校注》卷二二《山國軌》,中華書局,2004年,第1282—1285頁。

②蔣禮鴻撰:《商君書錐指》卷一《墾令》,中華書局,1986年,第10頁。

③范祥雍箋證,范邦瑾協校:《戰國策箋證》卷二四《魏策三》,上海古籍出版社,2006年,第1365—1366頁。亦見《史記》卷七二《穰侯列傳》,第2824頁;湖南省博物館、復旦大學出土文獻與古文字研究中心編纂,裘錫圭主編:《長沙馬王堆漢墓簡帛集成(叁)·戰國縱横家書·須賈説穰侯章》,中華書局,2014年,第226頁。

縣，畿内之縣。縣，二千五百家也。鄙，五百家也。司徒主民，故使循行。[1]

再如，前引《吕氏春秋・季夏紀》及高誘注。再如，《吕氏春秋・季秋紀》：

是月也，大饗帝，嘗犧牲，告備於天子。合諸侯，制百縣，爲來歲受朔日，與諸侯所稅於民輕重之法。貢職之數以遠近土地所宜爲度，以給郊廟之事，無有所私。

高誘注：

百縣，畿内之縣也。五家爲鄰，五鄰爲里，四里爲酇，五酇爲鄙，五鄙爲縣，然則謂縣者二千五百家也。[2]

成書於漢武帝時期的《淮南子・時則》及高誘注仍沿用了這一説法。文曰：

上丁，入學習吹，大饗帝，嘗犧牲，合諸侯，制百縣，爲來歲受朔日，與諸侯所稅於民輕重之法，貢歲之數，以遠近土地所宜爲度。

高誘注：

是月上旬丁日，入學官吹笙竽，習禮樂。饗上帝，用犧牲。合諸侯之制，度車服之差，各以其命數也。百縣，圻内之縣，言百，舉全數爾。五家爲鄰，五鄰爲里，四里爲酇，五酇爲鄙，五鄙爲縣。然則縣二千五百家也。[3]

成書時間不詳的《禮記・月令》記載也大體與兩書同。

上述文獻中，均是天子或國—諸侯、百縣的模式。也就是説，天子封諸侯，而直接統治的是百縣。即便《管子》《商君書》成書稍早，但《戰國策・魏策三》和《吕氏春秋》所載均是秦始皇統一前夜之事，由此可以確定，當時對秦始皇改制起決定影響仍是“天子之縣内”的王制觀念。

---

①許維遹撰，梁運華整理：《吕氏春秋集釋》卷四《孟夏紀》，第 86 頁。

②同上，第 195—197 頁

③何寧撰：《淮南子集釋》卷五《時則訓》，中華書局，1998 年，第 419 頁。

五　結語

“縣官”一詞源於《禮記・王制》。《王制》云“縣内”爲“王畿”，即“天子所居州界名也”。秦始皇統一六國後，認爲已經實現王制（天子之制），遂進行一系列改制、改稱號舉措，其中之一便是將“王室”“公室”改爲“縣官”，取天子居縣内、官天下之義。戰國秦漢時人所説的“天下”有廣義、狹義之分。狹義的天下＝國家＝九州。廣義的天下＝四海之内＝海内。《禮記・王制》“四海、流（荒）、九州、縣内”觀念的形成可能經歷了漫長的過程，但其下限當在縣制已經形成、但郡尚未成爲縣上一級地方行政機構時期。其社會基礎應當包括以下兩個因素：第一，實行分封制，即天子將大部分國土分封給諸侯，自己僅統治王畿地區，王畿在國都外采取設縣統治。换言之，“王制”是分封制下王畿制度與縣制相結合的産物。第二，當時人活動範圍主要局限於黄河中下游流域一帶的中原地區，東面已達大海，但北、西、南三面的活動範圍都不會太遠，與中原以外地區的交流也十分有限。戰國時期，隨著兼并戰争的擴大以及交通的發達，對外交流增加，對世界範圍的認識也隨之擴大，故而産生鄒衍的“大九州”説，認爲中國的疆域在世界之中僅占八十一分之一。但由於《禮記・王制》和《逸周書・作雒》已經成爲人們心目中的聖經，不可撼動，故秦始皇統一中國後，仍依照這一王制觀念，將新王朝和自己的帝室取名爲“縣官”，意爲自己從諸侯國君升格爲天子，成爲居住在縣内（王畿）統治天下的官。

本文原刊於《中國史研究》2019年第1期

附記：張奇瑋同學在核檢資料、繪圖方面做了大量工作。特此致謝。

（作者單位：南開大學歷史學院）

嶽麓秦簡從人和里耶秦簡秦始皇三十五年放免詔令[①]

曹旅寧

2017年1月我有幸在長沙參加《嶽麓書院藏秦簡(伍)》審訂會,初次讀到從人的簡牘材料,意識到這是秦政權清算前六國軍政人員的重要資料,對彌補司馬遷《史記》記載之不足意義相當重大。

●叚(假)正夫言:得近〈從〉人故趙將軍樂突弟└、舍人袑等廿四人,皆當完爲城旦,輸巴縣鹽。請:論輸〈輸〉袑等(1029)【廿四人,故】代、齊從人之妻子、同産、舍人及其子已傅嫁者,比故魏、荆從人。·御史言:巴縣鹽多人,請(1028)令夫輸〈輸〉袑【等廿四人,故】代[代]、齊從人之妻子、同産、舍人及其子已傅嫁不當收者,比故魏、荆從人之(0960)【妻】子、同産、舍人 及子已傅嫁 者└。已論輸〈輸〉其完城旦舂洞庭,洞庭守處難亡所苦作,謹將司,令終身(0921)毋得免赦,皆盜戒

①本文寫作承國家社會科學基金重點項目“新出秦漢令與中國法制文明的形成研究”(17AFX005)資助。

(械)膠致桎傳之。其爲士五(伍)、庶人者,處蒼梧,蒼梧守均處少人所。疑亡者,戒(械)膠致桎傳(0898)之,其夫妻子欲與,皆許之└。有等比。

·十五(1111)

●-1156050323●諸治從人者,具書未得者名、族、年、長、物色、疵瑕,移讂縣道,縣道官謹以讂窮求,得,輒以智巧譖(潛)(1021)訊其所智從人、從人屬、舍人未得而不在讂中者(采陳偉標點),以益讂求,皆捕論之└。敢有挾舍匿者,皆與同辠。(1019)同居、室人、典、老、伍人見其挾舍匿之,及雖弗見└,人或告之而弗捕告,皆與挾舍匿者同辠。其弗(1016)見及人莫告,同居、室人,辠減焉一等└。典、老、伍人皆贖耐└,挾舍匿者人奴婢殹(也),其主坐之如典、老、(1122)伍人└。所求在其縣道官畍中而脱,不得,後發覺└,鄉官嗇夫、吏及丞、令、令史主者,皆以論獄失(0965)辠人律論之└。執灋、執灋丞、卒史主者,辠減焉一等,當坐者或偏捕告,其所當坐者皆相除,或能(0961)捕若詗告從人、從人屬、舍人及挾舍匿者,死辠一人若城旦舂、鬼薪白粲辠二人,購錢五千└。捕城旦舂(2053+2050)【鬼薪白粲辠一人若䙴(遷)耐辠二人】,購錢二千五百└,捕䙴(遷)耐辠一人,購錢千二百。皆先予,毋以次。·從人(1119)之屬、□人或能枸(拘)捕(武大讀書會相捕),捕從人死辠一人若城旦舂、鬼薪白粲辠二人者,除其辠以爲庶人└。捕城旦舂、(0897)鬼薪白粲辠一人若䙴(遷)耐辠二人,皆減其辠一等└。謹布令,令黔首、吏、官徒隸、奴婢明智(知)之,毋(1112)巨(歫)辠。

·十五(1038)①

會上又聞參與整理者李洪財先生云已撰寫專文,即將在《文物》刊出②。同年九月在里耶秦簡會上再逢李洪財先生,又聞其云文章中對里耶秦簡從人的連帶考釋才是其得意之筆。其後武大簡帛網上又有吴雪飛先生關於從

①陳松長主編:《嶽麓書院藏秦簡(伍)》,上海辭書出版社2017年版,第43—45頁。

②李洪財:《秦簡牘所見從人考》,《文物》2016年12期。

人考釋的大作①。筆者大体上贊同李洪財先生的觀點，但認爲尚有若干剩義未涉及，不賢識小，寫出來請并世通人指正。

一 "巴縣鹽"與從人的關係

張家山247號墓《奏讞書》有一个杜瀘女子居喪通姦的案子。關於這件案子的年代，學術界有討論。李學勤先生認爲案件發生在漢初，彭浩先生認爲案件發生在秦代。案件中有"完爲城旦舂，鉄須其足，輸巴縣鹽"的字樣。排列在秦代案例中，上承秦代蒼梧利鄉反案以及兩个所謂東周案例，下接秦代刺女子婢最里中案②。現在根据嶽麓秦簡的新資料："得從人……廿四人，皆當完爲城旦，輸巴縣鹽。御史言：巴縣鹽多人……請輸其完城旦舂洞庭，洞庭守處難亡所苦作，謹將司，令終身毋得免赦，皆盜戒（械）膠致桎傳之"，可見巴縣鹽爲秦代重囚服役所在；隨著秦征服地區擴大，重囚服刑之地也擴大至洞庭遷陵等處難亡所；張家山247號墓《奏讞書》所收杜瀘女子通姦案發生在秦代，彭浩先生的看法是正確的。

爲何稱爲從人？秦律條文中没有主犯從犯的概念，刑事處罰則有据罪行輕重加以區别的做法。我認爲，以前的討論文章，大都忽略1110、1109、1022號簡文：

> ☐【言及】坐與私邑私家爲不善，若爲（僞）爲不善以有辠者，盡輸其收妻子、奴婢材官、左材官作（陳偉作釋爲令，屬下讀），（1110）終身作遠窮山，毋得去。議：諸隸臣、城旦、城旦司寇、鬼薪坐此物以有辠當收

---

①吴雪飛：《〈嶽麓簡〉（伍）所見從人考》，武漢大學簡帛網2018年4月18日。

②張家山二四七號漢墓竹簡整理小組：《張家山漢墓竹簡〔二四七號墓〕》（釋文修訂本），文物出版社2006年版，第108頁。彭浩、陳偉、［日］工藤原男主編：《二年律令與奏讞書：張家山二四七號漢墓出土法律文獻釋讀》，上海古籍出版社2007年，第374—376頁及注釋。李學勤：《〈奏讞書〉解説》（下），《文物》1995年第3期。彭浩：《談〈奏讞書〉中秦代和東周時期的案例》，《文物》1995年第3期。

者,其妻子雖隸(1109)臣妾、城旦、城旦司寇、舂、白粲毆(也),皆輪〈輸〉材官、左材官作,如令。·九(1022)①

秦王政時期,曾先後處理繆毐、吕不韋兩大政治集團。其追隨者除處死刑者外,主要遷徙至蜀地及房陵。秦簡牘中"從人"的概念,主要也應從此角度考量,因爲當時的政府組織、上下級關係還有相當濃厚的封建人身依附色彩。由此可見,"從人"之"從"與戰國後期合縱連横組織抗秦者之"縱"并無關聯。正如李洪財文所分析的那樣,皮之不存,毛之焉附。覆巢之下,豈有完卵。舊六國貴族、軍政人員及其追隨者都在此鎮壓清算之列。

二　代地從人三十五年放免的原因

從人是現行犯。對里耶秦簡中有關遷陵覊押服刑的赦免代地從人詔令的釋讀問題。

□□御史聞:代人多坐從以繫。其御史往行,□其名□所坐以繫 ☑Ⅰ

縣□奏軍初□□到使者至,其當于秦下令毄者率署其所坐 ☑Ⅱ

令且解盜戒(械)。卅五年七月戊戌,御史大夫綰下將軍下令叚(假)御史嚳往行 ☑Ⅲ

☑下書都吏治從人者,□大□□□見下校尉主軍□都吏治從 ☑Ⅳ

☑書從事,各二牒,故何邦人爵列越□從及有以當制【秦】☑Ⅴ8-532+8-674+8-528 正

☑書亟言求代盜書都吏治從人者所毋當令者 ☑Ⅰ

☑□留曰騎行書留。/□手。☑8-532+8-674+8-528 背 Ⅱ②

---

①陳松長主編:《嶽麓書院藏秦簡(伍)》,上海辭書出版社 2017 年版,第 41—42 頁。

②陳偉主編:《里耶秦簡牘校釋》(第一卷),武漢大學出版社 2012 年版,第 173—175 頁。

首先如何理解嶽麓簡有從人終身不得免赦的規定。六國從人包括代地從人是一个政治問題，而非一个法律問題。這裏不妨先説遠一點，以便打開點思路。嶽麓秦簡（伍）中有兩條關於巴縣鹽服刑者如何捕獲罪人以自贖的規定。

> □□（齊繼倖疑爲室）盜，爲詐（詐）僞，辠完爲城旦以上，已論〈論〉輒盜戒（械），令鄰（遴）徒、毋害吏謹將傳輸巴縣鹽，唯毋失，其耐（1765）缺簡城旦，已論輸巴縣鹽，有能捕黥城旦辠一人，購金二兩，令臣史相伍，伍人犯令，智（知）而弗告，與同辠，弗智（知），貲（1766）一甲，能捕其伍人，除其辠，有（又）贖之如令，臣史犯令，史與從事者，令史以上及其丞、嗇夫、守丞、長史、正、監（1763）缺簡……瀀，耐辠以下署（遷）之，其臣史（也），輸縣鹽，能捕若詗告犯令者，刑城旦辠以下到署（遷）辠一人，購金二兩，（1928）　缺　簡①

這顯然也適用於在此服刑的齊、趙（代）、魏、楚等六國從人。就是嶽麓秦簡（伍）關於代地從人由輸巴縣鹽改徙洞庭守處難亡所服刑者令文中也有捕獲罪人以自贖的規定。這不能不説是遷陵代地從人得以免除罪行的原委之一。再者從秦始皇二十五年滅代至里耶秦簡詔令頒布之秦始皇三十五年，代地從人被從秦代兩軍對壘戰陣捕獲運徙遷陵服刑已逾十年，不少人可能已漸入衰老不堪境地，對秦政權的威脅日漸式微，由於其往昔在六國山東故地有較大的社會影響，秦政權加以甄别後有可能對其赦免甚至放歸故里以收買人心。此外，根據嶽麓秦簡（伍）所顯示的秦簡牘制度，上奏、對、詔皆有縷述政事由來的規定。里耶秦簡有關赦免在此服刑代地從人詔令自然亦不能例外。武漢大學《里耶秦簡牘校釋》整理者改釋三十五年爲二十五年也是基於此點，正確的理解應是此詔令涵蓋的時空是二十五年至三十五年才對。這當然是由於里耶秦簡此詔令保存狀況不佳，文字殘缺不全所致。李洪財文認爲此詔紀年爲三十五年自然是正確的。但他忽略了詔令内容的上下文關係。推導出赦免詔令是三十五年在代地發生從人抗秦軍事行動導致赦免

---

①陳松長主編：《嶽麓書院藏秦簡（伍）》，上海辭書出版社 2017 年版，第 211—212 頁。

代地從人的結果,从而得出在陳胜吴廣起義之前已有代地從人起事反秦事例的推論。我想,如果把上述兩種分析的合理成份有机結合起來,將會對釐清歷史真相不無裨益。

秦與東方六國間長期的兼併戰争主要是雙方野戰部隊的交鋒。秦昭王晚年進行長平之戰,坑殺趙降卒四十餘萬,基本消滅了東方兩大敵手之一的有生力量。另一大敵手自然是楚國。秦王政二十二年派李信發兵二十萬擊楚敗績。又派王翦率傾國之兵六十萬滅楚,楚的野戰力量也蕩然無存。雖有小股游擊反秦武力,如張家山 247 號墓《奏讞書》利鄉反案載秦令"新取荆地多群盜",但已對秦政權不構成根本危脅。淪爲喪家之犬的故六國貴族及軍政人員也即嶽麓秦簡中的從人,或遭到秦政權的報復鎮壓,輸邊郡守難亡所苦作;或被强制遷徙至秦都咸陽居住;或埋名隱姓,遠走他鄉;或從事賤業,苟活於世,張耳、陳餘、張良、項梁、項藉是也,完全對秦政權不構成重大威脅。里耶秦簡秦始王三十五年詔令自然不可能是在代地從人起事反秦的結果之一明矣。漢初布衣將相之局。秦末起義以陳勝吴廣首倡,到劉邦建立漢王朝爲終結,故六國貴族從人皆已成過眼雲煙。

三　《里耶秦簡(二)》關於從人的新史料

從人徙邊難亡所苦作,符合秦政權的一貫國策,著名的七科讁已有清楚的反映。新出《里耶秦簡》(二)有"二十八年正月辛丑丁未貳春鄉敬敢言之:從人城旦皆非智(知)槎田……令從人作官府及負土作甄"的報告,從人這些故六國軍政人員或出身貴族,或出身官吏,其養尊處優、四体不勤、五谷不分、不堪田作的真實面貌躍然紙上①。嶽麓秦簡(四)有徒隸年老喪失勞動

---

①湖南省文物考古研究所編著:《里耶秦簡》(二)文物出版社 2017 年版,第 23 頁。周海鋒:《〈里耶秦簡(二)〉初讀(一)》,武漢大學簡帛網 2018 年 5 月 15 日。2018 年 7 月 12 日筆者在海德堡大學東亞研究中心簡牘研讀班上也曾與唐俊峰有涉及此條的討論。

力不能自養時可由親所智領回的規定[①]。這也有可能是里耶秦簡秦始皇三十五年赦免代地從人的緣由之一。當然,利用赦免從人在東方故國的影響力收買人心以致太平是秦始皇及秦政權的主要目的。秦始皇統一中國後頗繁出巡六國各地,祭祀名山大川,特别是封禪泰山以收買人心之舉,顯然與此具有異曲同功之妙。

最后再談一談爲什么出於秦南郡江陵(今湖北荆州地區)的嶽麓秦簡會有從人法令的摘抄在一起呢?原因之一,這是當時各地秦政權的重要政務,秦律令行全國郡縣。原因之二,南郡地處交通要衝,六國從人無論是輸巴縣鹽還是輸洞庭、蒼梧守難亡所苦作,皆要集中於此轉運送達。原因之三,南郡爲秦南進基地,經營有年,對洞庭、蒼梧、巴郡司法事務有指導義務。這在張家山247號墓《奏讞書》"蒼梧利鄉反"一案的審理中有鮮活的反映,在嶽麓秦簡(五)關於巴縣鹽倉庫由於鹽鹵侵蝕房屋墻垣倒塌致人員傷害官員罰則的條文中得到反映:

> ☒有鹵(鹵)淳濕者,輒稍善治之,有以不譱(善)治之故,壞敗㾓犬殺人,匠辨長皆(2156)☒□令史貲各二甲,廢。其壞及傷人└,匠辨長贖(1133+1152-2)缺簡縣官及宫〈官〉嗇夫、吏主者,貲各二甲,令、丞、令史各二甲。(1132)[②]

鹽鹵致房屋倒塌承彭浩先生在審訂會上首先提出。至於巴縣鹽服刑者捕罪人自贖的兩條紀事,前文已叙及,這裏就不再贅述了。

以上爲筆者在研讀嶽麓秦簡(伍)中的一點心得,信手寫出,敬請學術界各位同仁不吝賜教爲盼。

附記一:巴縣鹽性質上可能與宋代刺配沙門島頗爲接近,參見[美]布萊恩.E.麥克萊特撰、羅祥軍譯《宋代最大程度的防備設施:

---

①陳松長主編:《嶽麓書院藏秦簡(肆)》,上海辭書出版社2016年版,第213—214頁。

②陳松長主編:《嶽麓書院藏秦簡(伍)》,上海辭書出版社2017年版,第71頁。

中沙門島上的設備》,《宋史研究通訊》1988 年 1 期(總 12 期),第 22—29 頁。

附記二:2018 年 7 月初稿於德國海德堡大學訪學旅次,9 月定稿於广州番禺南浦寓所。

(作者單位:華南師範大學法學院)

秦漢的歲星與歲陰

陳侃理

沿用至今的干支紀年起源於歲陰(太歲)紀年,而歲陰位於哪一辰原本取決於當年歲星(木星)在二十八宿中的位置。因此,傳統上有歲星紀年發展出歲陰(太歲)紀年,歲陰紀年轉化爲干支紀年的説法。這是從干支紀年反推得出的。但歲星和歲名的觀測、記録本是爲了占驗,而非紀年。太初改曆以後,歲陰不再嚴格對應於歲星宿次,形成穩定的連續循環,才能充當長期性的紀年標誌。這個條件,在西漢中期以前並不充分具備。

自上世紀初開始,已有學者陸續指出習慣説法的錯誤。但曆法與數術被現代中國的史學界當作"專家之學",並劃入不同的學科領域,因此,新知識的傳播相當緩慢,遠未被一般學者所了解。無論是大部頭的重要著作還是普及性的小册子,都仍沿用舊説[①]。另一方面,對於歲星、歲陰關係及其紀年作用的新認識本身也還不夠圓融,讓人感到頭緒紛繁,疑竇叢生。特别是

---

①比如陳美東:《中國科學技術史·天文學卷》第二章第三節《歲星紀年法、太歲紀年法與干支紀年法》,科學出版社,2003 年,第 61—67 頁;張衍田:《中國古代紀時考》第四篇之三《紀年方法》,上海古籍出版社,2019 年,第 117—135 頁。

馬王堆帛書《刑德》篇中有表示歲陰（太陰）的干支對應帝王紀年的圖表，容易造成干支紀年早就産生的錯覺。古人究竟如何理解歲陰的意義？在歲星超次時，怎樣安排歲陰與歲星的關係？這些問題需要通盤考慮、認真辨析才能澄清。

本文旨在系統梳理和解釋史料記載，説明歲星、歲陰與歲名對應關係的安排在戰國至西漢中期有若干不同的方案，直到漢武帝太初改曆後才趨於統一。這一時期，歲星占驗的重心逐漸從星占轉向選擇數術，越來越不依賴於即時的天文觀測。《太初曆》的制定和頒行，受到星占傳統和選擇數術發達的雙重影響，又藉助王朝權威截斷衆流，將歲陰序列定於一尊，反過來影響了數術。探討這個過程，可以鉤沉歷史上人們安排時間秩序的自主而多元的嘗試，並揭示中國早期知識的演變與國家時間秩序安排之間的關聯。

下面的第一部分先介紹基本的概念和思路，然後以歲星與歲陰資料的時代爲序，討論星歲體系的演變。太初改曆時歲星實際位置和歲陰序列的矛盾，雖然時代較晚，但是思考其他問題的關鍵，不能不穿插在前面部分中提早論及。

一　星歲體系與歲陰序列

古人將黄道附近的周天分爲星紀、玄枵等十二等分，稱十二“次”。西漢中期以前，人們一般認爲木星在恒星背景下每 12 年運行一周，每年前進約一“次”，稱爲一歲，所以木星也被稱爲歲星。歲星在十二次中運行的方向與十二辰的順序相反，古人還虚擬了一個與歲星做相同速度的反方向運動的歲陰，以 12 年爲周期順行十二辰。歲陰在古書中亦稱太歲、太陰、天一、蒼龍等[①]。歲星在哪一“次”，可用於星占；歲陰在哪一辰，則常用於

①參看王引之：《太歲考》卷上“論太歲之名有六名异而實同”條，《經義述聞》卷二九，江蘇古籍出版社，2000 年，第 683—684 頁。這些名稱在數術中還有其他的用法，爲避免混淆，本文在敘述中一般採用“歲陰”這個名稱，引用史料和他人論述時則保留原貌。

選擇類數術，特别是式占。歲星和歲陰逐年移徙，這是古代數術的理想設計。

與這個理想設計相衝突的是，歲星有"超次"，歲陰的安排會出現不同選項。木星實際的軌道周期約爲 11.862 年，少於 12 年，而每年運行的度數超過一個星次。超過的度數逐年累積，大約每 86 年達到一個星次[①]，使得歲星比根據 12 年周期算出的位置超前一個星次，稱爲"超次"。戰國秦漢之際人雖然還不理解歲星超次的規律，但在實踐中卻不能不碰到超次現象，需要面對兩個選項：一是打破連續循環而與歲星一起跳過一辰，稱爲"超辰"；二是改變與歲星宿次的對應關係，以保持原有的連續循環序列。本文將歲星與歲名、歲陰的對應關係稱爲"星歲體系"，將連續的歲陰循環組成的年代序列稱爲"歲陰序列"。上述"選擇題"可以簡單地表述爲：在歲星超次時，調整星歲體系，還是改變歲陰序列？

要理解古人的選擇，得先釐清歲陰的性質。過去，人們習慣於把歲星和歲陰跟紀年聯繫在一起，以爲古人先以歲星紀年，因爲歲星有超次且運行方嚮與十二辰相反，故而發明出作反方嚮運動的理想天體歲陰，不與歲星一起超辰，而用以紀年。其實，戰國至秦漢之際的歲星和歲陰都還不具有普遍的長期性紀年意義，衹是偶爾被用作某一年歲的標誌性特征。馬王堆帛書《五星占》和《史記・天官書》在描述歲星規律時，都認爲它十二歲運行一周天，從未談到超次。如果當時人已經用歲星實際位置來長期連續紀年，不可能不發現歲星超次。超次現象到漢初仍然没有被重視，反過來説明，歲星還没有成爲長期連續的紀年標誌。歲陰在歲星超次規律被發現之前就已經創設，自然也不可能是爲了彌補歲星紀年的缺陷。

此前學者已經指出，古人觀測歲星宿次，首要目的是占驗。王勝利明確强調歲星的占驗屬性，說："《左傳》、《國語》中的歲星紀年法實際上是一種

---

①11.862/(12-11.862)≈86。歲星超次周期有 83 年（新城新藏：《東洋天文學史研究》，沈璿譯，中華學藝社，1933 年，第 387 頁）、84.7 年（中國天文學史整理小組編著：《中國天文學史》，科學出版社，1981 年，第 115 頁）等不同數值，皆因軌道周期取值有精粗，原理和計算方法没有不同。

以每年歲星視位置爲吉凶徵兆的占星術。……其主要用途與其説是爲了紀年,不如説是爲了星占。"由此出發,他認爲戰國時期創設歲陰的宗旨也在於占卜①。

歲星和歲陰的占驗屬性,通過馬王堆帛書《五星占》和《刑德》等篇可以了解得更加清楚。馬王堆漢墓帛書《五星占》在論述歲星與歲陰的關係時説:

> 歲星與大(太)陰相應也,大(太)陰居維辰一,歲星居維宿星二;大(太)陰居中(仲)辰一,歲星居仲宿星【三。大(太)陰在亥,歲】星居角、亢;大(太)陰在子,歲【星居氐、房、心;大(太)陰在】丑,歲星居尾、箕。……大(太)陰左徙,會於陰陽之界,皆十二歲而周於天地。②

《五星占》是記載星占術的書,文中的"太陰"就是歲陰。這段文字體現出戰國秦漢之際的歲星占法有以下兩方面的特征。

首先,歲陰所在辰位與歲星所在星宿的關係是固定的,這説明創設歲陰不是爲了在歲星超次後保持連續。《五星占》所謂"太陰居仲辰"指歲陰位於正東西南北的子午卯酉,此時歲星處在由三個星宿組成的正東南西北星次;"太陰居維辰"指位於四維的其他八辰,此時歲星處在由兩個星宿組成的四維星次。這種對應關係與《淮南子・天文》所謂"太陰在四仲,則歲星行三宿,太陰在四鉤,則歲星行二宿"完全一致(參看表一)③。在《五星占》的設計中,歲星無超次,歲陰也不超辰,兩者的對應關係固定不變,即所謂"歲星與太陰相應也"。

---

①王勝利:《星歲紀年管見》,《中國天文學史文集》第五集,科學出版社,1989年,第75頁。

②裘錫圭主編:《長沙馬王堆漢墓簡帛集成(肆)》,中華書局,2014年,第228頁。

③關於星歲對應關係的類似描述,還見於《開元占經》卷二三《歲星占》引《荊州占》,文淵閣《四庫全書》本,葉四。

表一　《五星占》、《淮南子》歲星與太陰宿次對應表

四仲八維	仲	維	維	仲	維	維	仲	維	維	仲	維	維
歲星在宿	氐房心	尾箕	斗牛	女虛危	室壁	奎婁	胃昴畢	觜参	井鬼	柳星張	翼軫	角亢
太陰在辰	子	丑	寅	卯	辰	巳	午	未	申	酉	戌	亥

其次，歲陰並非天體，而是在地上運行的數術神煞。何幼琦和王勝利都曾指出，古人設想的歲陰是歲星在地面上的對應物①。《周禮·春官·保章氏》鄭玄注云"歲星爲陽，右行於天，太歲爲陰，左行於地"，認爲歲星與歲陰的關係是分處天地，呈反方嚮運行。前引《五星占》説歲陰與歲星"皆十二歲而周於天地"，後文又説歲星"十二歲一周天"②，可與《周禮》鄭注相印證，説明歲陰是"周於地"的，即在地上作圓周運動。《淮南子·天文》云："太陰在寅，名曰攝提格，其雄爲歲星，舍斗、牽牛。"《開元占經》卷二三《歲星占》引許慎注《淮南子》曰："太陰，在天爲雄、歲星，在地爲太陰。"③可見，歲星與歲陰有"陽與陰"、"天與地"、"雄與雌"的對應關係。這樣成對的神煞，在數術中還有别的例子。《淮南子·天文》介紹了一種叫"堪輿"的選擇數術：

> 北斗之神有雌雄，十一月始建於子，月徙一辰，雄左行，雌右行，五月合午謀刑，十一月合子謀德。太陰所居辰爲厭日，厭日不可以舉百事。堪輿徐行，雄以音知雌。④

堪輿就是北斗，其法有雌雄二神，雄神爲斗建，也稱陽建；雌神與雄神同步運

①何幼琦：《評乾嘉間關於太歲太陰的一場争論》，《學術研究》1979年第5期，第105頁；王勝利：《星歲紀年管見》，《中國天文學史文集》第五集，第80頁。

②裘錫圭主編：《長沙馬王堆漢墓簡帛集成（肆）》，第238頁。

③《開元占經》卷二三《歲星占》，葉五A。

④"月徙一辰"，原作"月從一辰"，王念孫云"從"當作"徙"，説見《讀書雜志·淮南内篇》卷三，第800頁。案"從"、"徙"形近，古書多訛混。今據王説改。

行而方嚮相反,稱陰建,也叫“太陰”[1]。可以推想,北斗雌神是爲豐富占驗的技法,基於陰陽相輔相成的理念而創造的;因爲,斗建每年順著十二辰方嚮運行一周,無超辰,没有計數不便的問題。馬王堆帛書《刑德》還有一種占法,以“天一”爲雄,“地一”爲雌,二者分行左右[2]。歲星有歲陰,應該出於類似的數術邏輯。與北斗雌雄二神不同的是,歲星與歲陰的對應起點不在同一辰位,也從不會合於一辰。這點需要稍作解釋。按照《史記·天官書》記載的星歲體系,攝提格歲歲陰在寅,而歲星在正月與斗、牽牛一起晨出東方。斗、牛二宿是太陽冬至前後所在的星次,稱爲“星紀”,古人認爲太陽周年循環運動始於冬至,星紀也是十二星次中的第一次,故而以歲星在斗、牛星紀之次爲歲名循環的開始。將這一年的歲陰定爲“寅”,則是因爲歲星與斗、牽牛晨出東方的月份是正月,而正月斗建在寅。歲星下一次晨出約在十三個月後,即二月,斗建在卯,當年的歲陰也就定在卯。這樣,歲陰循環跟歲星晨出的天象聯繫起來,具有了天文意義。

歲陰本當與歲星相應運行,但它被創設出來以後,就有了保持連續循環的動力。歲陰主要用於星占以外的另一種數術:式占。式占是一種選擇數術,藉助宇宙圖式,模仿天文曆算,將天象轉化爲數字、干支和神煞組合,用以占卜。它脱胎於天文星占,原以日月、北斗、星宿爲核心元素,但不依賴觀測,衹需在式盤、式圖等模擬介質上演算,甚至可以羅列出演算結果,直接查閲文本[3]。西漢以後,式占逐漸加入五行、八卦等要素,演算更加複雜,與天文星占的關係則日益疏遠。西漢末年劉歆編寫《七略》,選擇數術被歸入“五行”,在“天文”之外别爲一類。天文家與五行家,一個重視“變”,一個依賴“常”。天文家一方面“歷象日月星辰”,企圖掌握天象的規律,一方面又預設天象會有超出規律的變異,無法依靠事先排列的天象運行表作出占驗。五

---

①參看陳侃理:《北大漢簡所見的古堪輿術》,北京大學出土文獻研究所編《北京大學藏西漢竹書(伍)》附録,上海古籍出版社,2014年,第225—236頁。

②參見裘錫圭主編:《長沙馬王堆漢墓簡帛集成(伍)》,第52頁。

③參看李零:《中國方術正考》,中華書局,2006年,第30頁。

行家的選擇數術則是模擬天文家的前一方面，把各種規律性的變化因素綜合起來，將占驗寄託在多種時空要素構成組合時的偶然性上。爲了方便推演，五行家可以藉助既定的圖表，從而要求占驗要素保持規律的循環變化，不再與天象嚴格對應①。馬王堆帛書《刑德》中的《太陰刑德大游圖》就是這樣的歲陰循環表列（詳後）。

歲陰連續循環，形成歲陰序列；歲陰隨歲星超辰則打破連續循環，形成新的歲陰序列。理論上，每次歲星超辰都會創造出新的歲陰序列，但實際情況卻是，舊的歲陰序列往往生命力頑强。漢武帝太初改曆，最終就沿用了舊的歲陰序列。這個歲陰序列是配合所謂《石氏》星法的星歲體系而產生的，在漢代一度行用較廣，由於被太初改曆沿用，又成爲後世干支紀年的基礎。

《石氏》星歲體系在秦漢的數術實踐中地位特殊，具有一定的經典性，已知的其他星歲體系多是以之爲基礎修正調整而成。考察和理解秦漢時期的各種星歲體系和所用的歲陰序列，必須先確認《石氏》星法的内容和創製年代。

二　《石氏》星歲體系的創製

《史記·天官書》記載了司馬談、司馬遷父子所傳習的星法，其中關於星歲體系的論述，承襲改編自戰國後期完成的《石氏》星法。爲便於討論，抄録

①墨子涵研究戰國晚期至漢初日書中的天文學内容，認爲這些内容"有時切實地反映當時的天文曆法知識體系，有時是作爲純粹的象徵，而有時則……給它强加其原無的匀稱並將其原有的匀稱打破，使之在保存其天文學外貌的同時失去其天文學邏輯和功能"。他所表達的意思與我相近，並舉出了更多的例子，可以參看墨子涵：《從周家臺〈日書〉與馬王堆〈五星占〉談日書與秦漢天文學的相互影響》，《簡帛》第6輯，上海古籍出版社，第113—137頁。與墨子涵不同的是，我認爲秦漢天文學和選擇數術一樣都有尋求規律性循環的一面，選擇數術衹是在從中衍生出來之後，進一步簡化和抽象化，並未背離當時天文學的邏輯。兩者的差别在於，天文學還有星占的一面，注重實際天象的非規律性變化，而選擇數術没有這方面的考慮。

如下：

以攝提格歲，歲陰左行在寅。歲星右轉居丑，正月與斗、牽牛晨出東方，名曰監德，色蒼蒼有光。其失次，有應見柳。歲早，水；晚，旱。

……

單閼歲，歲陰在卯。星居子，以二月與婺女、虛、危晨出，曰降入，大有光。其失次，有應見張，名曰降入，其歲大水。

執徐歲，歲陰在辰。星居亥，以三月與營室、東壁晨出，曰青章，青青甚章。其失次，有應見軫，曰青章。歲早，旱；晚，水。

大荒駱歲，歲陰在巳。星居戌，以四月與奎、婁晨出，曰跰踵，熊熊赤色，有光。其失次，有應見亢。

敦牂歲，歲陰在午。星居酉，以五月與胃、昴、畢晨出，曰開明，炎炎有光。偃兵；唯利公王，不利治兵。其失次，有應見房。歲早，旱；晚，水。

叶洽歲：歲陰在未。星居申，以六月與觜觿、參晨出，曰長列，昭昭有光。利行兵。其失次，有應見箕。

涒灘歲，歲陰在申。星居未，以七月與東井、輿鬼晨出，曰大音，昭昭白。其失次，有應見牽牛。

作鄂歲，歲陰在酉。星居午，以八月與柳、七星、張晨出，曰長王，作作有芒。國其昌，熟穀。其失次，有應見危，曰大章。有旱而昌，有女喪，民疾。

閹茂歲，歲陰在戌。星居巳，以九月與翼、軫晨出，曰天睢。白色，大明。其失次，有應見東壁。歲水，女喪。

大淵獻歲，歲陰在亥。星居辰，以十月與角、亢晨出，曰大章，蒼蒼然，星若躍而陰出旦，是謂正平。起師旅，其率必武；其國有德，將有四海。其失次，有應見婁。

困敦歲，歲陰在子。星居卯，以十一月與氐、房、心晨出，曰天泉。玄色，甚明。江池其昌，不利起兵。其失次，有應在昴。

赤奮若歲,歲陰在丑。星居寅,以十二月與尾、箕晨出,曰天晧,黫然黑色,甚明。其失次,有應見參。①

《天官書》以歲名爲綱,依次記述歲陰所在辰以及歲星所在辰、晨出之月及宿次、星名、色彩、亮度,還有當歲及歲星失次的占辭。占辭稱因歲星失次而有事應的正是與歲星對衡的星宿分野。這段關於歲星的論述,占驗意味相當强烈。《太史公自序》説司馬談"學天官於唐都",《天官書》説"星則唐都",可以推測《天官書》所記不是司馬氏父子自創,而是傳自唐都的星占舊法,而其星歲體系與《漢書・天文志》所謂"石氏"之法恰好相同。

《漢書・天文志》詳細記載星歲體系,分爲石氏、甘氏和太初三家②,而以《石氏》爲本,其文云:

太歲在寅曰攝提格。歲星正月晨出東方,《石氏》曰名監德,在斗、牽牛。失次,杓早水,晚旱。《甘氏》在建星、婺女。《太初曆》在營室、東壁。

在卯曰單閼。二月出,《石氏》曰名降入,在婺女、虚、危。《甘氏》在虚、危。失次,杓有水災。《太初》在奎、婁。

在辰曰執徐。三月出,《石氏》曰名青章,在營室、東壁。失次,杓早旱晚水。《甘氏》同。《太初》在胃、昴。

在巳曰大荒落。四月出,《石氏》曰名路踵,在奎、婁。《甘氏》同。《太初》在參、罰。

在午曰敦牂。五月出,《石氏》曰名啓明,在胃、昴、畢。失次,杓早旱晚水。《甘氏》同。《太初》在東井、輿鬼。

在未曰協洽。六月出,《石氏》曰名長烈,在觜觽、參。《甘氏》在參、罰。《太初》在注、張、七星。

---

①《史記・天官書》,中華書局,1982年,第1313—1326頁。標點根據文意有所改動。點校本對文字的有些校改證據不足,這裏也没有全部採用。

②《甘氏》星法亦見於《開元占經》卷二三(葉五A-十A),與《漢志》所載略同。

在申曰涒灘。七月出,《石氏》曰名天晉,在東井、輿鬼。《甘氏》在弧。《太初》在翼、軫。

在酉曰作詻。八月出,《石氏》曰名長壬,在柳、七星、張。失次,杓有女喪、民疾。《甘氏》在注、張。失次,杓有火。《太初》在角、亢。

在戌曰掩茂。九月出,《石氏》曰名天睢,在翼、軫。失次,杓水。《甘氏》在七星、翼。《太初》在氐、房、心。

在亥曰大淵獻。十月出,《石氏》曰名天皇,在角、亢始。《甘氏》在軫、角、亢。《太初》在尾、箕。

在子曰困敦。十一月出,《石氏》曰名天宗,在氐、房始。《甘氏》同。《太初》在建星、牽牛。

在丑曰赤奮若。十二月出,《石氏》曰名天昊,在尾、箕。《甘氏》在心、尾。《太初》在婺女、虚、危。

《天文志》以歲陰所在辰爲綱,分述歲名、歲星晨出之月以及三家星法所記晨出時的宿次。其中《石氏》宿次、星名都與《天官書》所記相同,可證後者屬於《石氏》之流。三家的歲陰與歲名關係固定,區别在於對應的歲星宿次各不相同(見表二)。《漢書·天文志》以《石氏》爲本,稱:"《甘氏》、《太初曆》所以不同者,以星贏縮在前,各録後所見也。"這已經指出,三家之法不同的原因是《甘氏》《太初》星法制定在後,歲星運動發生變化。

在太初改曆時制定的星法中,每一歲名對應的歲星宿次都在《石氏》之後二次。由於改曆時歲星處於星紀之初①,可以看作一个超次周期的開端,《石氏》星法合乎天象的時代應在此之前一至二個歲星超次周期,約 86—172 年。《石氏》星法所用歲陰序列創製的年代,也應距此不遠。劉坦認定《石氏》星法合天的時代在公元前 276 年至前 191 年,而《甘氏》在《石氏》後三四

①還原太初改曆時的天象,可知當時歲星在斗宿,處於星紀之初。通過星空模擬軟件 Stellarium 計算,太初元年前十一月甲子日(公元前 105 年 12 月 25 日)在漢長安城(34°18′N,108°52′E)可以觀測到歲星約在本地時間(+7.26 小時)早晨 6 時 20 分左右升起於東南方地平綫,位於斗宿中部,星紀之次的起點附近。

十年。他應該就是用了這種方法[①]。兩种星法所用的歲陰序列也是從這個時期起算的。

郭津嵩博士在與筆者的討論中提出,漢代所傳的《石氏》歲陰序列可能創製於秦王政統治時期,以秦王政元年爲起點。我認爲這是很有可能的。由於甲寅年是戰國秦漢曆法學家重視的曆法起始之年,而按照《石氏》的歲陰序列,秦王政元年(前247—246)恰好是公元前276年至前191年之間唯一的甲寅年。這一年對於秦統治下的人們具有特殊的政治意義,很可能被當作新的曆法推步起點和歲陰序列的開端,馬王堆帛書《五星占》中的五星行度表也以這一年爲起點。以秦王政元年或之後不久的天文觀測爲基礎建立的星歲體系[②],被後世稱爲"石氏"之法,雖然製作者不見得是魏國的石申夫本人,更可能衹是他在秦國的後學。

《石氏》星法所設定的歲星、歲陰、歲名關係得自觀測,隨著時間推移會逐漸偏離實測星象。如何順應歲星超次,調整三者的關係,成了此後星占和治曆活動必須處理的問題。《甘氏》星法的制定約在秦楚之際,距離《石氏》較近,歲星尚未超次,仍可沿用《石氏》歲陰序列,將歲星宿次稍稍前移即可。但到了漢初,歲星超次,星歲體系和歲陰序列的衝突不可避免,《石氏》星法不得不面臨星歲關係或歲陰序列的調整。

馬王堆帛書、《淮南子·天文》和《太初曆》的星歲體系方案,分別反映了西漢初年、漢武帝中期以及太初改曆時對《石氏》星法所做的調整。下面逐一考察,説明它們之間的異同。

---

①劉坦:《中國古代之星歲紀年》,科學出版社,1957年,第11、17頁。劉坦説《石氏》歲星紀年的有效期間爲公元前276—191年,意即《石氏》星法的歲名序列對應的歲星宿次在此期間符合天文實測。

②《吕氏春秋·季冬紀·序意》有云"維秦八年,歲在涒灘",其時當公元前239年,歲星實際在張宿而近於翼,按照《石氏》星法,歲名當爲作噩,在涒灘之後一歲。《吕氏春秋》所用的歲名序列應該更爲古老,大約早於《石氏》一個超次周期,創製於戰國中後期(約公元前4世紀中期至前3世紀早期之間)。由此推測,漢代所傳《石氏》星法當時尚未在秦國通行,可能是此後才編定的。

三 馬王堆帛書所見的星歲體系

20 世紀 70 年代,馬王堆帛書出土,其中《五星占》和《刑德》所記的歲星、歲名和歲陰與以往在傳世文獻中所見不同,引發了激烈的討論。陳久金、何幼琦、王勝利、劉彬徽、陶磊、劉樂賢等先生相繼做過研究,看法分歧很大[①]。按照《漢書・藝文志》的分類,《五星占》和《刑德》應該分别屬於數術略的"天文"和"五行"類,前者是星占書,後者是以式占爲核心的選擇數術,不直接依賴於天文觀測。這裏先討論前者。

馬王堆帛書《五星占》中有關歲星的記述,有《歲星占》和《歲星行度表》兩部分,大約是在西漢文帝三年(前 177)或稍後,根據當時對歲星的觀測結果編訂的[②]。此時歲星相較於《石氏》星法合天的時代已經超次,書中反映的

---

①劉樂賢在《從馬王堆帛書看太陰紀年》一文中對此前的相關研究已有很好的概括,這裏不再重複。見劉樂賢《馬王堆天文書考釋》,中山大學出版社,2004 年,第 217—229 頁。

②《五星占》中的《歲星行度表》包含的最晚一年是"今三年"。這一年,即漢文帝三年,應是全書寫定的年代。但對《歲星行度表》中歲星宿次的編定時間,學界有不同的看法。在《歲星行度表》囊括的 70 年中,歲星會超前接近一次,表中的晨出所在宿次不可能符合所有年份的情況,衹能是根據若干年的觀測值套用十二年周期推演而成的。席澤宗結合《五星占》金星和土星行度表,推測此三表"是根據秦始皇元年的實測記録,利用秦漢之際的已知周期排列出來的"。他認爲,《歲星行度表》中所記秦始皇至漢高祖時期木星宿次大體符合實測,其後歲星超次,表中吕后以降所記與實測不符。他將"晨出東方"理解爲晨見東方,重視可見性。在他列出的木星宿次表中,吕后年間歲星所出之月所在宿次與太陽相同,光芒爲之掩蓋,無法觀測到。因此,席澤宗認爲《歲星行度表》這幾年的記載不合於實測。秦王政(始皇帝)元年歲星在牛宿,與《歲星行度表》稱"與營室晨出東方"的宿次不合,但這年正月可在淩晨看到木星升起,故席澤宗認爲《歲星行度表》此時合乎天象。見席澤宗:《中國天文學史的一個重要發現——馬王堆漢墓帛書中的〈五星占〉》,《中國天文學史文集》,科學出版社,1978 年,第 28—32 頁。王勝利則不考慮歲星在日出前後是否可見,更重視它所在的宿次。他認爲:"根據席澤宗編制的《木星位置表》,漢高帝元年和吕后時期的木星實際宿次與《五星占》中歲星表所記一致,説明該表可能是以漢初實際天象爲基礎編排的。"見王勝利:《星歲紀年管見》,《中國天文學史文集》第五集,第 91 頁。今案,《歲星占》根據歲星所在宿次進行占驗,王勝利重視宿次之説應更符合古人的考慮。《五星占》的歲星行度大致是根據漢初的情況編寫排定的。秦王政元年較編定年代早了近一個超次周期,所以才會出現歲星實際在牛宿,而《行度表》排至營室的情況。英國學者古克禮的研究也發現《五星占》中歲星行度最爲合天的是在(轉下頁注)

星歲體系也與《石氏》不同。全書開頭被稱爲《歲星占》的部分，以二十八宿表示歲星位置的十二年周期變化，對應於十二個歲名。其文云：

> 【歲】星以正月與營宫晨【出東方，其名】爲【攝提格。其明歲以二月與東壁晨出東方，其】名爲單閼（閼）。其明歲以三月與胃晨出東方，其名爲執徐。其明歲以四月與畢晨【出】東方，其名爲大充（荒）洛（落）。【其明歲以五】月與【東井晨出東方，其名爲敦牂。其明歲以六】月與柳晨出東方，其命爲汁（協）給（洽）。其明歲以七月與張晨出東方，其名爲芮（涒）漢（灘）。其明歲【以】八月與軫晨出東方，其【名爲作噩。其明歲以九月與亢】晨出【東方，其名爲閹茂。】其明歲以十月與心晨出東方，其名爲大淵獻。其明歲以十一月與斗晨出東方，其名爲困（困）敦。其明歲以十二月與虚【晨出東方，其名爲赤奮若。】其【明歲以正月與營宫】晨出東方，復爲聶（攝）提挌（格）。【十二】歲而周。①

《歲星行度表》則以歲星"與某宿晨出東方"爲綱，排列從秦王政（表中稱"秦始皇帝"）元年到漢文帝三年共 70 年的歲星宿次：秦王政元年，歲星與營室晨出東方，二年與東壁，三年婁，四年畢，五年東井，六年柳，七年張，八年軫，九年亢，十年心，十一年斗，十二年婺女，十三年以下依次循環②。歲星宿次與《歲星占》基本相同，衹有《歲星占》中的虚宿此處作婺女。通過比較可知，馬王堆帛書《五星占》接受了《石氏》星法創製以來沿用的歲名序列，但根據實際觀測調整歲名對應的歲星宿次，使之較《石氏》星法前進一至二次（見表二）。這反映了石氏、甘氏之外的另一家天文星法。

（接上頁注）漢初。參看 Christopher Cullen, *Understanding the Planets in Ancient China: Prediction and Divination in the "Wu xingzhan"*, Early Science and Medicine, Vol. 16, No. 3 (2011), pp. 238–240。

①裘錫圭主編：《長沙馬王堆漢墓簡帛集成（肆）》，第 223 頁，此處釋寫較原書略寬。原帛殘損較多，整理者根據文意及同書的《歲星行度表》，用【】號擬補了不少文字，恢復的結果大體應符合原貌。

②裘錫圭主編：《長沙馬王堆漢墓簡帛集成（肆）》，第 238 頁。

表二　《石氏》、《甘氏》、《五星占》、《太初曆》歲名與所在宿次對應關係表①

歲名	《石氏》星法		《甘氏》星法		《五星占》		《太初曆》(《漢書·天文志》)
	《史記·天官書》	《漢書·天文志》	《漢書·天文志》	《開元占經·歲星占一》	《歲星占》	《歲星行度表》	
攝提格	斗、牽牛	斗、牽牛	建星、婺女	建、斗、牽牛、婺女	營宫	營室	營室、東壁
單閼	婺女、虚、危	婺女、虚、危	虚、危	婺女、虚、危	—	東壁	奎、婁
執徐	營室、東壁	營室、東壁	營室、東壁	營室、東壁	胃	婁	胃、昴
大荒落	奎、婁	奎、婁	奎、婁	奎、婁、胃	畢	畢	参、罰
敦牂	胃、昴、畢	胃、昴、畢	胃、昴、畢	昴、畢	—	東井	東井、輿鬼
協洽	觜觿、参	觜觿、参	参、罰	觜觿、参、伐	—	柳	注、張、七星
涒灘	東井、輿鬼	東井、輿鬼	弧	東井、輿鬼	張	張	翼、軫
作詻	柳、七星、張	柳、七星、張	注、張	柳、七星、張	軫	軫	角、亢
掩茂	翼、軫	翼、軫	七星、翼	翼、軫	—	亢	氐、房、心
大淵獻	角、亢	角、亢始	軫、角、亢	軫、角、亢	心	心	尾、箕
困敦	氐、房、心	氐、房始	氐、房始	氐、房	斗	斗	建星、牽牛
赤奮若	尾、箕	尾、箕	心、尾	心、尾、箕	虚	婺女	婺女、虚、危

馬王堆帛書《五星占》也談到歲陰，稱“歲星與太陰相應也”，説明歲陰對應於歲星宿次，但對其占驗意義著墨不多。更加重視歲陰的，是屬於五行家的選擇數術書《刑德》。馬王堆帛書共有三篇《刑德》，甲、乙兩篇都包含《太陰刑德大游圖》，太陰即歲陰。《刑德》甲篇編寫於漢高祖十一年四月至十二年四月之間，乙篇編寫於漢惠帝死後至文帝十二年之間②，當時歲星已較《石

①各書所記歲名略有參差，因與本文論旨無關，表中不詳列異同，詳情可參看劉坦《中國古代之星歲紀年》，第1—10頁。

②據整理者説明，見裘錫圭主編：《長沙馬王堆漢墓簡帛集成（伍）》，第2、32頁。

氏》星法創製時超次。這兩篇所譜排的歲陰序列，與《五星占》類似，都讓歲陰隨歲星超辰。

《太陰刑德大游圖》包含60幅鈎繩圖，每幅圖都用青色、黑色、白色圓點分别標示太陰、德、刑所在的方位，並在右下方依次標注"甲子"至"癸亥"的六十干支，順序從上到下、從右至左，組成陣列。甲篇壬辰、乙巳、乙卯三圖的左下方又分别有"張楚"、"今皇帝十一"、"秦皇帝元"三個對應帝王紀年的注記（圖一），相當於秦二世元年（前209）、漢高帝十一年（前196）和秦王政（秦皇帝）元年（前246）。全圖左旁記：

> 【今皇】帝十一年，大（太）陰在巳，左行，歲居一辰，大（太）陰在所，戰弗敢攻。[①]

乙篇圖文與甲篇大同小异，衹是没有"今皇帝十一"字樣，而在丁未小圖左下方標注"孝惠元"（圖二）。

《太陰刑德大游圖》中標注的干支對應於所注帝王紀年，恰與根據干支紀年上推的結果一致。陶磊因此相信太歲超辰"在太初以前的紀年實踐中並未真正出現過"[②]，劉樂賢也認爲帛書的"太陰紀年法"等同於後世的干支紀年法[③]。然而，事情並不這麼簡單，因爲現行干支紀年法承自太初改曆所定的歲陰，不能直接上溯太初以前。對此，清代學者已有論述，因其特别重要，這裏稍作復述和補充。

漢武帝太初元年（前104）歲名實有丙子和丁丑兩個，上溯此前當用丙子。太初元年由元封七年改元而來，歲首從十月變爲正月，使得這一年從十月開始，經過十一月、十二月、正月……，直到第二個十二月才結束，一共包含了15個月。孫星衍指出，此年太歲歷經二辰，前十月至前十二月在丙子，正月以後則在丁丑，《漢書·律曆志》載下詔改曆事在正月以前，故云"太歲

———————

①裘錫圭主編：《長沙馬王堆漢墓簡帛集成（伍）》，第18頁。

②陶磊：《〈淮南子·天文〉研究——從數術史角度》，齊魯書社，2003年，第91頁。

③劉樂賢：《馬王堆天文書考釋》，第224頁。

在子"[①]。《淮南子·天文》云,太陰(即歲陰)"歲徙一辰,立春之後,得其辰而遷其所順",可以支持孫星衍的觀點。太初元年的15個月中,前3個月歲陰在子,延續此前的歲陰序列,而從正月到十二月歲陰前進至丑。因此,下推太初元年以後當從丁丑起,而要上推此前則應以歲陰在丙子爲起點。

由歲陰在丙子上溯,符合西漢前期常用的歲陰序列。改曆前一年爲元封六年,歲陰在乙亥,再上溯59年爲漢文帝十六年,歲陰在子,正當淮南王劉安元年。《淮南子·天文》稱"淮南元年冬,太一在丙子",此"太一"王引之認爲當作"天一",即太歲[②],與自元封七年丙子上推所得正好相合。北京大學藏西漢竹書《揕輿》篇中有"楚十三年,天一在卯"之語,如以太初元年爲丁丑、元封六年爲丙子上溯,則戰國楚的王年無一能與簡文紀年相合[③]。衹有從元封七年太歲在丙子上溯,才能推得《揕輿》所記"十三年"是楚悼王紀年[④]。可見,由於太初元年改變歲首導致太歲歷經二辰,上推太初改曆所用歲陰序列的起始年代,不能數自丁丑,而必須從丙子開始[⑤]。《漢書·律曆志》録劉歆《世經》,猶稱漢高祖即位之年"太歲在午",正與從元封七年歲在丙子上溯的結果相合。東漢改行四分曆後,干支紀年通行,"漢元乙未"之説

①孫星衍:《再答錢少詹書》,《問字堂集》卷五,中華書局,1996年,第131頁。王引之也指出太初元年實兼丙子和丁丑,見《太歲考》卷上"論太歲建辰之二法法分而名不分"條,《經義述聞》卷二九,第695頁。

②王引之引《廣雅》曰:"天一,太歲也。"王念孫《讀書雜志·淮南内篇》卷三"太一在丙子"條,江蘇古籍出版社,2000年,第790頁上。

③簡文還説"大(太)陰在丑",如果將之理解爲歲陰,而從元封七年丙子上推,亦無楚國王年與之相合。因此,我將這個"太陰"另作别解,詳見本文第六節。

④參陳侃理:《漢簡〈揕輿〉中的楚國紀年》,北京大學出土文獻研究所編《北京大學藏西漢竹書(伍)》附録,第237—239頁。

⑤斯琴畢力格等學者對太初曆行用前後的太歲安排也有類似的看法,見斯琴畢力格、關守義、羅見今:《太初曆與顓頊曆的銜接問題》,黄留珠、魏全瑞主編:《周秦漢唐文化研究》第4輯,三秦出版社,2006年,第56頁。他們認爲元封七年太歲在丙子,太初元年歲在丁丑,兩者並非同一年,而是連續的兩年。今按,《漢書·武帝紀》太初元年始於冬十月,《律曆志》亦以太初元年有"前十一月",可見元封七年的冬季三月在改曆以後被併入太初元年。與其分爲兩年,不如説改曆時的特殊處理導致一年之中太歲歷經二辰。

圖一 《刑德》甲篇《太陰刑德大游圖》 **圖二 《刑德》乙篇《太陰刑德大游圖》**

逐漸流行①，而東漢末的蔡邕仍在《獨斷》中説"高帝以甲午歲即位，以乙未爲元"②，糅合新舊二説。

由於調整歲首，太初元年經歷丙子、丁丑二辰，從丙子上溯得到的歲陰序列，與後世自丁丑下推得到的干支紀年看似不連貫，本質上卻出自同源。馬王堆帛書《刑德》中的太陰序列與後世干支紀年相同，反而説明它不合於太初改曆採用的《石氏》星法歲陰序列，而是順應歲星超次，多前進了一辰。

歲陰順應歲星而超辰，説明主要功能不是紀年，而是占驗。《太陰刑德大游圖》用帝王紀年標注歲陰，是爲了建立推演的坐標，明確每年當值的神煞，以便用於式占。甲篇圖左注明："大(太)陰在所，戰弗敢攻。"乙篇後面的

---

①對東漢改行四分曆造成的干支紀年錯位，劉坦已有詳論，參看氏著《中國古代之星歲紀年》，第163—171頁。此處不贅。

②蔡邕：《獨斷》卷下，明程榮校刻《漢魏叢書》本，吉林大學出版社，1992年，第184頁下。

説明文字稱:"大(太)陰在【所,迎者大】將死,陰四合,朕(勝)刑德。"都是關於歲陰的占辭①。編著者了解歲陰的天文意義,有意維繫歲陰與歲星宿次之間的對應,因爲,追本溯源,歲陰的神力來自歲星。

不過,由於歲陰占驗主要屬於選擇數術,在馬王堆帛書《刑德》中已經顯示出保持連續循環的慣性。劉樂賢指出,馬王堆帛書《刑德》中的歲陰是"由推算而得",而《五星占》中的歲星宿次"則可能是從觀測而得",兩者分屬五行家和天文家這兩個不同的數術流派②。這就將問題的討論從近代天文學視角的科學史研究,拉回到戰國秦漢數術的歷史語境,是重要的研究轉向。他還推測,"最早將太陰用來紀年的未必一定就是天文家,也有可能是五行家"③,説法較爲持重。從後文來看,他的意見其實偏向於後者。我讚同這個意見。

歲陰發展出連續紀年的功能,是由於五行家的運用。在屬於天文家的《五星占》中,《五星行度表》追溯既往以説明運行規律,但不預報將來,未説明將來是否可以保持連續循環。而屬於五行家的《刑德》則不然。在《太陰刑德大游圖》中,60 幅鉤繩圖的排列完全按照六十干支的順序,起於右上角的甲子,終於左下角的癸亥,組成的圖表不止涵蓋 60 年,而是要表明太陰、刑、德三个神煞的運行規律,可以上溯下推,按此規律一直循環使用下去。圖中少數幾個帝王紀年衹是一種注記,表示某個圖式在最近一個循環中對應的年份,而每個圖式都不止對應於某一個特定年份④。正因如此,時代在前的秦王政元年(圖中作"秦皇帝元"),才會排在較晚的高帝十一年(甲篇"今皇帝十一")、惠帝元年(乙篇"孝惠元")之後。圖中以秦王政元年太陰在乙卯,固然是漢初根據歲星宿次新擬定的,但以此爲開端的新序列確立之

---

①湖南沅陵虎溪山一號漢墓出土的漢初式盤底面有類似的六十甲子圖,應是爲了式占時備查,也可説明這類圖式的占驗屬性。參見《沅陵虎溪山一號漢墓發掘簡報》,《文物》2003 年第 1 期,第 48 頁,摹本圖二九:1。

②劉樂賢:《馬王堆天文書考釋》,第 227 頁。

③同上,第 227 頁。

④參看胡文輝:《馬王堆帛書〈刑德〉乙篇研究》,收入《中國早期方術與文獻叢考》,中山大學出版社,2000 年,第 159 頁。

後，歲陰就在這種選擇術中保持連續循環，從而具備了作爲年代標誌的條件。歲陰所形成的序列到什麼時代開始用於占驗以外的場合，在何種意義上可以被稱爲歲陰紀年法或太歲紀年法，是另一個值得討論的問題。可以肯定的是，如新城新藏所言，這種紀年法在使用之初不會是整齊劃一，具有普遍性的[①]，它或它們跟太初改曆以後行用的干支紀年雖有間接的聯繫，但並不連貫一致。

四　《淮南子·天文》的星歲體系與"晨出"概念

在歲陰紀年通行之前，星歲體系隨著歲星超次還可能有不同方式的調整。《淮南子·天文》所載的星歲體系中，歲星宿次與歲名、歲陰在辰三者的對應，與《史記·天官書》《漢書·天文志》所載《石氏》星法完全一致，差異僅在歲星的晨出之月。《淮南子·天文》：

> 太陰在寅，歲名曰攝提格，其雄爲歲星，舍斗、牽牛，以十一月與之晨出東方，東井、輿鬼爲對。

據此，攝提格歲的歲星晨出東方之月爲十一月，而《史》《漢》所記《石氏》星法則爲正月。

對於這個差异，過去的兩種解釋都不可信。其一，錢大昕、錢塘以爲一用夏正，一用周正（天正）[②]。但是，《史記》意在爲漢立言[③]，不合用"周正"，

---

①新城新藏：《東洋天文學史研究》，第505頁。

②錢大昕：《十駕齋養新録》卷一七"太陰"條，第369頁；錢塘《淮南天文訓補注》，見劉文典《淮南鴻烈集解》附録三，中華書局，第868頁。"以十一月與之晨出東方"，錢塘補注云："《天官書》云'正月'，《天文志》作'十一月'，《史記》用周正，《淮南》《漢志》用夏正。"按今所見《漢志》同《天官書》，錢塘或引證偶誤。所謂"《史記》用周正"，指《史記》保存戰國星法原文，以建子之月爲正月，即夏正十一月。陳久金繼承此説，見陳久金：《從馬王堆帛書〈五星占〉的出土試探我國古代的歲星紀年問題》，《中國天文學史文集》，第52頁。

③參看陳蘇鎮：《司馬遷"成一家之言"新解》，《田餘慶先生九十華誕頌壽論文集》，中華書局，2014年，第50—56頁。

書中也别無佐證。秦及漢初以十月建亥爲歲首,但仍以建寅之月爲正月①。星占本是實用技術,即使戰國時曾以建子之月爲正月,經過秦漢百餘年的使用,改用秦漢月名是很自然的事。因此,《史記》的正月和《淮南子》的十一月不會是指同一個月。其二,王引之認爲《淮南子》"十一月"當作"正月",以後各月也應順次改正,今本是後人根據《太初曆》之法妄改的結果②。這樣輕易改字立説,失於武斷。兩種舊解都要强行統一《淮南子・天文》和《石氏》星法,而事實上,兩者各自與編定時的天象相適應。《淮南子》是淮南王劉安在位期間所編,成書年代在漢武帝時期,歲星已經較《石氏》星法創製時超二次,爲了合天,勢必不能完全因襲《石氏》星法。

《淮南子・天文》記載的星歲體系,將歲名對應的歲星晨出之月提前兩個月,實際效果是將歲名序列提前了兩年,以順應歲星超次。以太初改曆前的元封七年十一月爲例,按照《石氏》歲陰序列,當時太歲在子,而歲星實際位置在斗、牛,比《石氏》星法規定的氐、房、心超前了兩個星次。爲應對這個變化,《太初曆》將太歲在子之年的歲星宿次改爲斗、牽牛,以便沿用《石氏》的歲陰序列。如果按照《淮南》星法,則這一年歲星在斗、牛,年名攝提格,太歲在寅,歲星以十一月晨出東方,恰好與太初改曆放弃的"年名焉逢攝提格"方案相同。這個攝提格歲,比《石氏》的歲陰序列(當年歲名困敦,太歲在子)提早了兩年。

《淮南》星法保留了《石氏》星法的歲星宿次與歲名、歲陰對應關係,之所以還能有順應超次的效果,是因爲它"偷换"了歲星"晨出"的概念。按照《石氏》星法,歲星在困敦歲十一月與氐、房、心三宿一起晨出東方,而十一月太陽在斗、牽牛,歲星位於太陽後方兩個星次;《淮南》星法,歲星在攝

---

①王念孫:《讀書雜志・漢書》卷一"春正月"條,第176—180頁;能田忠亮:《秦の改時改月説と五星聚井の辨》,《東洋天文學史論叢》,恒星社,1943年,第323—364頁。此説現已被大量出土秦漢曆書所證實。

②王引之《太歲考》卷下"論歲星晨出東方"條,《經義述聞》卷三〇,第706—708頁。劉文典也説"'十一月'應作'正月'",理由是"《淮南》建寅,非《太初》法也"(劉文典《淮南鴻烈集解》,第118頁),蓋本王氏。

提格歲十一月與斗、牽牛晨出東方，則與太陽同在一星次。因此，《石氏》星法的"晨出"是在淩晨天色尚黑時從地平綫上升起，《淮南》星法的"晨出"則是與太陽幾乎一同升起[①]。與《淮南》星法類似，《太初》星法以歲星十一月與斗、牽牛晨出東方爲困敦歲，也是以歲星與日並升爲"晨出"。《漢書·律曆志下》録劉歆《三統曆》論星紀之次云"五星起其初，日月起其中"，描述歲星會合周期云"木，晨始見，去日半次"，都是説歲星晨見時在太陽後方半個星次，也就是與日同次。《三統曆》的這個規定，很可能繼承自《太初曆》。

對歲星"晨出"概念的變化，王引之已有研究。他説，漢代定太歲所建有二法，一在歲星與日同次而晨見之月，二在歲星與日隔次而晨見之月。前者是《太初曆》之太歲，後者是甘、石星法的太歲[②]。事實上，如清人李鋭所説，《淮南子》比《太初曆》更早采用了同次法[③]，衹不過《淮南子》是保持歲名與歲星所在宿次的對應，改變晨出之月，《太初曆》則保持了歲名與晨出之月的對應，調整與宿次的關係（參看表三）。隔次與同次之别，無需像王引之那樣聯繫曆元問題，解釋得過於複雜。

《淮南》《太初》星法將"晨出"理解爲與日同次而出，説明二者都是從《石氏》星法中衍生的。就觀象實踐而言，在日出前天色尚黑時觀測歲星升起較爲便利，而按照《淮南》與《太初》之法，歲星與太陽並升，星光被日光掩蓋，是不容易觀測到的。《淮南》《太初》星法以日出時看不見的歲星位置來確定歲名，顯然是不得已調整石氏星法的結果。相對而言，《石氏》是原生性

---

①戰國秦漢之際，"晨"指子夜之後、天亮以前的一段時間，大約相當於今淩晨1點至3點。王引之引證《司馬法》等衆多文獻，指出"晨"是指夜半以後、旦明以前，不是指日出時。説見王引之《太歲考》卷下"論歲星晨出東方"條注，《經義述聞》卷三〇，第706頁。此外，放馬灘秦簡《日書乙種》中的《黄鐘》篇，將一天分爲"平旦至日中"、"日中至日入"、"日入至晨"三個時段，其中"晨"是一天的最後一個時稱，在第二天的平旦之前，早於日出。又，西漢中前期董仲舒在《春秋繁露·三代改制質文》中將夜半和平明之間的時段稱爲"鳴晨"（見蘇輿：《春秋繁露義證》卷七，中華書局，1992年，第193—195頁），也説明晨在夜半與天亮之間，大約相當於雞鳴時分，也就是現在的淩晨2點左右。

②王引之：《太歲考》卷上"論太歲歲星相應之法有二"條，《經義述聞》卷二九，第684—686頁。

③王引之：《太歲考》卷下"論歲星晨出東方"條注引，《經義述聞》卷三〇，第706頁。

的星歲體系,《淮南》《太初》星法都是它的衍生品。

附帶説明,《史記·天官書》叙述星歲體系時,在攝提格歲和單閼歲之間插入了一段描述歲星運行和會合周期的話,其文云:

> 歲星出,東行十二度,百日而止,反逆行;逆行八度,百日,復東行。歲行三十度十六分度之七,率日行十二分度之一,十二歲而周天。出常東方,以晨;入於西方,用昏。

此條没有引入超次的概念,但區分歲星順行和逆行,比馬王堆帛書《五星占》"歲星日行廿分"[①]的籠統描述更爲準確。這應該反映西漢初年以後人的認識。文末云歲星晨出東方,昏入西方,是説歲星日出之前升起在東方,又在同一個會合周期的末尾於日落天昏之後没入西方。這一期間大約一個回歸年,太陽回到同一宿次,歲星大約嚮前運行一個星次,而能從太陽後方運行到前方,可見與太陽位於同一星次。這是以歲星與日同次爲晨出,已經不同於《石氏》隔次晨出的舊法[②]。

五 《太初曆》的星歲體系

太初曆的星歲體系見於前引《漢書·天文志》文。它保持了《石氏》星法的歲陰、歲名序列,而根據歲星超二次的實際天象,調整歲星與歲陰、歲名的對應關係,結果與馬王堆《五星占》、《淮南子·天文》都不相同。四種星歲體系的異同對照,見於表三。

---

①裘錫圭主編:《長沙馬王堆漢墓簡帛集成(肆)》,第238頁。

②又,《開元占經》卷二三《歲星占》引《甘氏》云:"攝提格在寅,歲星在丑,以正月與建、斗、牽牛、婺女晨出於東方,爲日十二月,夕入於西方,三十日復晨出於東方。"(葉三A)據此,歲星晨出東方後,經過十二個月,又在日落後没入於西方,若然則歲星與日同次。但是,正月日躔在營室、東壁,文中説歲星與建、斗、牽牛、婺女晨出東方,則又是與日隔次,與前文的推測矛盾。這裏存在兩種可能,一是文中的正月指冬至所在的建子之月,二是漢代以後人增訂《甘氏》星法的傳本,加入了與日同次之法。

表三 《石氏》、《五星占》、《淮南子》、《太初曆》星歲關係異同對照表

歲陰	《石氏》			馬王堆《五星占》			《淮南子·天文》			《太初曆》		
	歲星		歲名	歲星		歲名	歲星		歲名	歲星		歲名
	出月	宿次		出月	宿次		出月	宿次		出月	宿次	
子	十一	氐、房、心	困敦	十	心	大淵獻	九	氐、房、心	困敦	十一	斗、牽牛	困敦
丑	十二	尾、箕	赤奮若	十一	斗	困敦	十	尾、箕	赤奮若	十二	婺女、虛、危	赤奮若
寅	正	斗、牽牛	攝提格	十二	婺女/虛	赤奮若	十一	斗、牽牛	攝提格	正	營室、東壁	攝提格
卯	二	婺女、虛、危	單閼	正	營室	攝提格	十二	婺女、虛、危	單閼	二	奎、婁	單閼
辰	三	營室、東壁	執徐	二	東壁	單閼	正	營室、東壁	執徐	三	胃、昴	執徐
巳	四	奎、婁	大荒落	三	婁/胃	執徐	二	奎、婁	大荒落	四	參、罰	大荒落
午	五	胃、昴、畢	敦牂	四	畢	大荒落	三	胃、昴、畢	敦牂	五	東井、輿鬼	敦牂
未	六	觜觿、參	協洽	五	東井	敦牂	四	觜觿、參	協洽	六	注、張、七星	協洽
申	七	東井、輿鬼	涒灘	六	柳	協洽	五	東井、輿鬼	涒灘	七	翼、軫	涒灘
酉	八	柳、七星、張	作噩	七	張	涒灘	六	柳、七星、張	作噩	八	角、亢	作噩
戌	九	翼、軫	掩茂	八	軫	作噩	七	翼、軫	掩茂	九	氐、房、心	掩茂
亥	十	角、亢	大淵獻	九	亢	掩茂	八	角、亢	大淵獻	十	尾、箕	大淵獻
調整	—			歲星:調整宿次。 歲名:保持循環,調整與歲星宿次的對應。 歲陰:打破循環,保持與歲星宿次的對應。			歲星:調整出月。 歲名:打破循環,保持與歲星宿次的對應。 歲陰:打破循環,保持與歲星宿次的對應。			歲星:調整宿次。 歲名:保持循環,調整與歲星宿次的對應。 歲陰:保持循環,調整與歲星宿次的對應。		

理解《太初曆》星歲體系的關鍵，是改曆詔書中看似自相矛盾的歲名和太歲記録。《漢書・律曆志上》載漢武帝元封七年（前 104）下詔，命公孫卿、壺遂、司馬遷等人議定新的漢家曆法，史稱：

> 乃以前曆上元泰初四千六百一十七歲，至於元封七年，復得閼逢攝提格之歲，中冬十一月甲子朔，旦冬至，日月在建星，太歲在子，已得太初本星度新正。

這段話應是取自改曆主持者的上奏[①]，説明了太初改曆的時機和天象起點，極爲重要。按照通行的歲名與歲陰（太歲）對應規則，文中稱"攝提格之歲"，則歲陰應該在寅，詔書卻又説"太歲在子"。一句之中看似前後矛盾，但《史記・曆書》載録的漢武帝元封七年詔書卻可與之相印證，其文曰：

> 十一月甲子朔旦冬至已詹，其更以七年爲太初元年，年名焉逢攝提格，月名畢聚，日得甲子，夜半朔旦冬至。

此處的"焉逢"與"閼逢"同音通用，"年名焉逢攝提格"亦即"閼逢攝提格之歲"。《史》《漢》合觀，可知當時朝廷與包括司馬遷在内的改曆主持者對年名是有共識的，上述矛盾應該可以在漢代的知識體系中找到合理的解釋。

歲星、歲陰問題與經學和古史年代關係密切，很受乾嘉學者關注。他們嘗試解釋上述矛盾，結果聚訟紛紜，莫衷一是。錢大昕主張，古法太陰與太歲不同，各自與歲星相應，而彼此常差二辰，東漢以後人才將兩者相混淆[②]。此説把古人混同的太陰和太歲强行區分開來，没有重視它們原理上的一致性。孫星衍認爲太陰與太歲同一，否認古人可能根據實測確定歲陰，進而誤以爲太初改曆時的"焉逢攝提格"與太陰無關，衹是上元本星度，而非太初元

---

①唯其中云據前曆上元 4617 年而復得新元，不用四分曆術的一元 4560 年、、而采用太初改曆以後的八十一分曆新法，王引之懷疑是後人所改。參看張培瑜等著：《中國古代曆法》，中國科學技術出版社，2007 年，第 401 頁。

②錢大昕：《十駕齋養新録》卷一七"太陰"條，江蘇古籍出版社，2000 年，第 368—369 頁；又《太陰太歲辨》，《潛研堂文集》卷十六，《潛研堂集》，上海古籍出版社，1989 年，第 251—253 頁。

年的年名[①]。王引之的《太歲考》後出而最詳。他贊成太陰與太歲名异實同，提出歲星與歲陰的對應法有隔次和同次兩種[②]。這個看法固然正確，但卻無法解釋太初改曆中歲名攝提格和太歲在子的矛盾。王引之認定，《漢志》所謂"太歲在子"是後人根據《太初曆》法將"寅"字改爲"子"的結果。這樣以消滅問題代替解決問題，失於武斷[③]。

後人從《史記》、《漢書》改曆記載中看到"矛盾"，是未能理解當時人對歲星、歲名和歲陰關係的調整而導致的。乾隆年間有一位精於曆算的學者王元啓，認爲焉逢攝提格是根據太初改曆時實測的歲星宿次，而"歲在困敦"是西漢末劉歆根據當時已經超辰的歲星位置逆推所得[④]。其説區分實測和推演，基本已得正鵠，衹是忽視了歲陰序列的舊有傳統。20 世紀上半葉，日本學者新城新藏繼承王元啓之説，而糾正其誤，進一步説明"太歲在子"不是劉歆憑空創造的，應該追溯到戰國以降順次計數的歲名，劉歆衹是用歲星超次之法倒推，在秦王政八年設置了一次超辰，才得出"太歲在子"。他認爲《吕氏春秋》"維秦八年，歲在涒灘"反映了戰國時代所定歲陰序列，以無超辰之法由此下推，得到太初元年歲在乙亥，較之太初元年實測所得的歲名攝提格、歲陰在寅，相差三次，由此可知這個歲陰序列制定於公元前 352 年前後。他又認定，戰國人所定歲陰序列的甲寅年經歷了兩次超辰才得到後世的干支紀年，因而相當於以干支紀年上推的丙辰年，與太初元年的丁丑之間相差 21 次，可定爲公元前 365 年[⑤]。新城新藏這樣推測是爲了牽合《左傳》《國

①孫星衍：《答錢少詹師論上元本星度》、《再答錢少詹書》，《問字堂集》卷四、五，中華書局，1996 年，第 104—106、129—132 頁。孫星衍割裂《漢書・律曆志》文意，又認爲《史記・曆書》中的太初年名云云，即曆術甲子篇是褚少孫所補，所説較爲牽强。

②王引之：《太歲考》，《經義述聞》卷二九、三〇，第 683—725 頁。

③《史記・天官書》、《漢書・天文志》都説"太歲在寅曰攝提格"，《淮南子・天文》亦云"太陰在寅，歲名曰攝提格"，諸家未見异詞。根據上述三種文獻所述的對應法，太歲在子則歲名曰困敦。《漢書・律曆志下》載引《漢志》稱太初元年"歲名困敦"，又可證前引文中的"太歲在子"不誤。

④王元啓：《史記三書正譌》卷二《太初改曆年名辨》，《叢書集成初編》，中華書局，1985 年，第 31—34 頁。

⑤新城新藏：《東洋天文學史研究》，第 401—402 頁。

語》歲星記事合天的年代。或許由於這個意圖的影響,他不信《漢書》所記“太歲在子”爲當時實録,還認定《淮南子・天文》中淮南元年太歲“在丙子”原文作在“乙亥”,今本早已經過劉歆的修改。如此將不能解釋的史料,認定爲劉歆改動的結果,是非常令人遺憾的①。

新城新藏説衹要稍作修改,承認《淮南子》和《漢書・律曆志》所用的歲陰,則可以認定元封七年歲在丙子,歲星宿次較戰國晚期歲陰序列制定時超二次。改曆的主持者根據當時歲星位於斗宿,按照《石氏》星歲體系推定歲陰在寅,歲名攝提格。但若按照戰國末年沿用下來的歲陰序列,元封七年冬至,太歲應在丙子,導致改曆方案碰到阻礙。

太初改曆遭遇重重困難,星歲體系和歲陰序列的衝突就是其中之一。當時人解決的辦法,是調整舊有的星歲體系,保持歲陰連續循環序列。因此,焉逢攝提格甲寅歲名最終被放棄,而“太歲在子”的序列沿用下來,到太初元年前進一辰,爲太歲在丁丑,從此連續循環至今。

六　太初改曆對歲陰的影響

太初改曆對歲陰的概念和作用産生了巨大的影響。歲陰先是改用歲星與日同次之法來定義,此後又不再隨歲星超次而變動,形成穩定不變的連續循環序列,星歲體系實際上遭到廢棄,干支紀年法逐漸形成。

東漢經學家説,歲陰是“歲星與日同次之月斗所建之辰”②。若依此法,攝提格歲正月,歲星與日同在營室,斗建在寅,歲陰亦在寅。次年單閼歲,歲星前進至奎、婁之次,經歷一個會合周期後在二月復與日同次,斗建在卯,太歲亦在卯。依次類推,十二年後復歸攝提格歲。這就是《太初曆》所定之法。

---

①劉歆對太初改曆時天象及歲名的看法,見於《漢書・律曆志下》所録《三統曆》中的《世經》部分,與《律曆志》本身對改曆的記載不同。這恰可説明《律曆志》對太初改曆的記載不是出自劉歆之説。

②《周禮・春官・馮相氏》鄭玄注,《保章氏》鄭注及《乙巳占》卷三《分野》引馬融《周禮》注同。

據此，歲星超次後，與日同次之月就會延後一個月，歲陰若要保持爲“歲星與日同次之月斗所建之辰”，亦需與之俱超一辰。但東漢時的實際情況卻非如此。《周禮·春官·馮相氏》鄭玄注：“《樂説》説‘歲星與日常應大歲月建以見’，然則今曆大歲非此也。”賈公彦疏解釋，鄭玄的意思是當時所用曆法“大歲無跳辰之義”，已經不是原來的太歲（歲陰）了。這是歲陰保持自身連續循環，與歲星脱鈎造成的。

這個變化，在兩漢之際已經發生。當時，歲星已較太初改曆時超辰，但歲陰、歲名序列卻沿用不變。新莽嘉量八十一字銘文記王莽受命即真及頒行度量衡事①。前事發生在初始元年（公元8），上距太初元年達111年，歲星已超一次，按照《太初曆》同次之法，四月晨出畢宿，屬實沈之次，歲陰相應在巳，而銘文云“歲在大梁，龍集戊辰”。後事在始建國元年（公元9），歲星五月晨出東井，屬鶉首之次，歲陰在午，而銘文云“龍在己巳，歲次實沈”。銘文對這兩年歲星的記載没有跟上歲星超次的天象，比實際滯後了一個星次。又，據《漢書·王莽傳中》，新莽時期有三道詔書提及歲星、歲陰，分别是“始建國五年，……歲在壽星，……倉龍癸酉”，“以始建國八年，歲躔星紀”，“天鳳七年，歲在大梁，倉龍庚辰……厥明年，歲在實沈，倉龍辛巳”。其中“倉龍”即“蒼龍”，是歲陰的别名。今案始建國五年（公元13），歲星九月晨出氐宿，屬大火之次，太歲在戌，而詔書歲星在壽星，歲陰在酉；始建國八年（即始建國天鳳三年，公元16），歲星在虚宿，玄枵之次，而詔書以爲在星紀；天鳳七年（後改地皇元年，公元20），歲星在參宿，實沈之次，歲陰在巳，而詔書以爲歲星在大梁，歲陰在辰；次年歲星在鶉首，歲陰在午，而詔書以爲歲星在實沈，歲陰在巳。以上幾例，王莽所用的歲星宿次都不合實際天象，各自滯後一個星次，原因在於沿用了太初改曆時確定的歲陰序列和星歲體系，由歲陰反推歲星，取代了天文觀測。

太初改曆以後，歲星宿次的重要性下降，歲陰在星歲體系中占據了核心

①新莽嘉量八十一字銘文及考釋，參看馬衡《隋書律曆志十五等尺》，《凡將齋金石叢稿》，中華書局，1977年，第142—143頁。

地位，歲名隨著連續的歲陰序列而循環[①]。從成書於漢初的《五星占》，到太初改曆前後的《淮南子》《史記》，再到定型更晚的《爾雅》和成書於東漢的《漢書》，對歲名與歲星、歲陰關係的叙述方式呈現出明顯的差异，很能説明上述變化。

《吕氏春秋·季冬紀·序意》：維秦八年，歲在涒灘。

《五星占》：歲星以正月與營室晨出東方，其名爲攝提格。

《淮南子·天文》：太陰在寅，歲名曰攝提格。其雄爲歲星，舍斗、牽牛，以十一月與之晨出東方。

《史記·天官書》：以攝提格歲，歲陰左行在寅，歲星右轉居丑，正月與斗、牽牛晨出東方，名曰監德。

《爾雅·釋天》：太歲在寅曰攝提格，在卯曰單閼。

《漢書·天文志》：太歲在寅曰攝提格。歲星正月晨出東方，《石氏》曰名監德，在斗、牽牛。……《甘氏》在建星、婺女。《太初曆》在營室、東壁。

在《吕氏春秋》和《五星占》中，涒灘、攝提格等歲名是歲星之名。《五星占》的歲星宿次分别決定歲名和歲陰，而歲名與歲陰無關。《史記》所記雖是《石氏》星法，但以歲名爲綱，用十二辰描述歲星位置，或已受西漢觀念的影響。其中，歲名已是某年的年名，與歲陰、歲星都有關係，不再僅視歲星而定。《淮南子》中的歲名取決於歲陰，但仍是年名，而非歲陰的名稱。今本《爾雅》應該經過西漢中後期人的編訂，所謂“歲名”已是歲陰的名稱，與歲星宿次無關了。《漢書》的叙述方式同於《爾雅》，當是本於《太初曆》。歲名改繫於歲陰，發端就在太初改曆最終不顧歲星宿次，而根據歲陰以定歲名。

歲陰在星歲體系中占據核心地位，應該歸因於選擇數術的發達。在不同流派的選擇數術中，歲陰都是比較重要或基礎性的神煞。《淮南子·天

①司馬貞《史記索隱》注《天官書》中的《石氏》歲名，皆云“歲星以某月晨見東方之名”，認爲歲名取決於歲星晨出之月，而非其所在宿次。

文》叙述星歲體系正是爲了説明如何確定歲陰，亦即文中所稱的太陰、青龍，而其他神煞則是根據歲陰而定的。《淮南子·天文》云：

> 太陰元始建於甲寅，一終而建甲戌，二終而建甲午，三終而復得甲寅之元。歲徙一辰，……前三後五，百事可舉。……太陰在寅，朱鳥在卯，勾陳在子，玄武在戌，白虎在酉，蒼龍在辰。……凡徙諸神，朱鳥在太陰前一，鉤陳在後三，玄武在前五，白虎在後六。……天神之貴者，莫貴於青龍，或曰天一，或曰太陰。

從中可以看出，朱鳥、勾陳、玄武、白虎等神煞，都是根據與太陰（即歲陰）的前後位置關係而定的。"可舉百事"的吉日前三後五，據高誘注，也是以太陰所在日爲基準。太陰别稱天一、青龍，《淮南子·天文》所謂"天神之貴者，莫貴於青龍"，正説明了歲陰的核心地位。由於這種地位，歲陰保持一年一辰的連續循環，對於方便數術推演十分重要。文中説"三終而復得甲寅"，是用四分曆三紀爲一元之法。一元跨越4560年，而歲陰可以復歸，顯然不容間斷跳躍。

歲陰在選擇數術中的連續循環，是歲陰紀年法和干支紀年法形成的基礎。這種連續循環，首先促使太初改曆最終選擇調整星歲體系，而保持歲陰序列。這個歲陰序列在改曆中得到朝廷的確認，通過頒曆等方式，影響行政和社會生活①，从而獲得了更强的慣性。此後，歲星超次，歲陰都不再響應，而保持連續循環，堅守固定的序列。這個歲陰序列在數術上用干支表示，最終發展成爲通行至今的干支紀年法②。

---

①西漢後期國家頒布曆朔，可能逐漸開始包含歲陰。肩水金關遺址發現的平帝元始六年（居攝元年，公元6）曆日，應是官方所頒，首簡標注"大（太）歲在寅"，即採用了太初改曆確定的歲陰序列。該曆日的復原，可參看程少軒：《肩水金關漢簡"元始六年（居攝元年）曆日"復原》，《出土文獻》第五輯，中西書局，2014年，第274—284頁；楊小亮：《西漢〈居攝元年曆日〉綴合復原研究》，《文物》2015年第3期，第70—77頁。

②如劉坦所説："後世干支紀年歲次雖定自漢章帝元和二年改行四分曆，而四分曆之干支紀年歲次，則實沿襲太初歲名紀年之歲次而來。"見劉坦：《中國古代之星歲紀年》，第148頁。

歲陰循環序列固定下來後,出現了太陰在太歲之後二辰的説法,這是太初改曆時實際天象和原有歲陰序列的分歧造成的。改曆將數十位最重要的數術家都捲入進來,雖然結果沿用“太歲在子”的舊序列,但歲名“焉逢攝提格”對應歲陰在寅之説曾經呼聲甚高,不能對選擇數術毫無影響。當時,《石氏》歲陰在子,子在寅的後方兩個辰位,如果稱寅爲太歲,稱子爲太陰,則可以説:“歲後二辰爲太陰。”[①]所謂“太歲”與“太陰”出自同一原理,它們的分離,是保留了太初改曆時的意見分歧。此後,太陰、太歲各自連續循環,都與歲星宿次脱離了關係,變成選擇數術的概念。前引《淮南子・天文》説“太陰在寅,……蒼龍在辰”,王引之認爲太陰就是青龍,即蒼龍,以爲“蒼龍在辰”四字“蓋淺人所加”[②]。此蒼龍恰在太陰之前方兩個辰位,確有可能是《淮南子》的傳抄者根據當時太陰、青龍分立並存的數術而補入的。

由於太陰、太歲都可以指歲陰,古人亦常混淆。《漢書・翼奉傳》載翼奉初元二年(前47)上書云:“今年太陰建於甲戌”,注引孟康曰:“太陰在甲戌,則太歲在子。”翼奉所説“太陰”實際上用了太初改曆以來的歲陰序列,孟康卻以爲是在歲後二辰的太陰,從而推出“太歲在子”,造成翼奉上書在初元四年的錯覺。宋人吴仁傑已辨其非[③],清人王引之進一步指出翼奉所説的“太陰”,是用以紀年的“太歲”,而非選擇數術專用的歲後二辰之太陰,後者祇用十二辰表示,不用日干[④]。太陰和太歲的位置關係很容易倒置。太初改曆所定的歲陰本來應該是“歲後二辰”的太陰,但當它占據主導地位,成爲紀年的“歲”,一些數術家又根據太陰在歲後二辰的設定,製造出一個更在它之後二辰的“太陰”。北大漢簡《揕輿》記:

> 楚十三年,天一在卯,大(太)陰在丑,皆左行十二辰。

其中的“天一”是太初改曆沿用的歲陰,“太陰”則是在其後二辰的神煞。由

---

①語出《史記・貨殖列傳》“太陰在卯”張守節正義。

②王念孫:《讀書雜志・淮南内篇》卷三“蒼龍在辰”條,第796頁。

③王先謙:《漢書補注》引,上海古籍出版社,2012年,第4899頁。

④王引之:《太歲考》卷下“論張晏孟康漢書注誤釋太陰”條,《經義述聞》卷三〇,第708頁。

於"太陰"和"太歲"等稱謂的混淆，在閲讀古代文獻時必須循名責實，不能望文生義，有時也確實難以遽定。

太陰所在，除"歲後二辰"外還有兩種异説。《漢書・揚雄傳》載《甘泉賦》"詔招摇與太陰兮"句，注引張晏曰："太陰，歲後三辰。"《文選》李善注引張晏曰同，蓋唐本已然，無法認定爲訛誤。不過，張文虎指出，在《漢書・翼奉傳》注中，張晏又以爲丙子歲太陰在甲戌，則仍是以太陰在歲後二辰[①]。姚鼐云"蓋晏説猶張守節説也，連本辰計之耳"[②]，或許是合理的解釋。又，《文選》揚雄《甘泉賦》"詔招摇與太陰兮"，蕭銑注："太陰，太歲前二辰也。"此"前"字意思可能不是指前進的方嚮，而是説在十二辰順序的前列，句意與"歲後二辰"實際相同[③]；當然，亦不排除訛誤或確有異説的可能，今暫且存疑，不强求論定。

七　結語

古人觀察和記録歲星位置，主要是用於占驗而非紀年。歲陰是因占驗的需要，藉由數術邏輯創造出來的神煞，所在的辰位取決於歲星宿次，兩者的關係應該固定不變。戰國晚期，《石氏》星法根據當時的天象設計了一套星歲體系，以歲星十一月與斗、牽牛二宿一同晨出東方爲攝提格歲，歲陰在寅，從而確立起一個歲陰在十二辰循環的序列。

秦漢之際，歲星已經較《石氏》星法制定時超次，星歲體系和歲陰序列面臨調整。馬王堆帛書《五星占》所記歲星和歲名關係，是根據漢初天象觀測推演出來的。當時，歲星與《石氏》星法制定時相比超一次，《五星占》的編寫者通過改變歲名與歲星位置的對應關係，保持歲名連續循環。至於歲陰，《五星占》和《刑德》都使之維持與歲星位置的對應，而打破了《石氏》星法設

①張文虎：《舒藝室隨筆》卷五，葉 31A，朝華出版社，2017 年，第 337 頁。

②姚鼐：《惜抱軒筆記》卷四"貨殖傳太陰在卯"條，清同治五年（1866）省心閣刻本，葉 9B。

③錢大昕：《潛研堂文集》卷十四《答問十一》，《潛研堂集》，第 216 頁。

定的歲陰循環序列。至《淮南子・天文》和《太初曆》編定時,歲星已較《石氏》星法創製時超二次。《淮南》星法調整歲星晨出之月與歲名的對應,《太初曆》則調整歲星所在宿次,兩者的結果都將“晨出東方”的意義從歲星與太陽隔一星次升起在日出前升起,更改爲在同一星次與太陽並升,以匹配當時的歲星實際宿次。

太初改曆還繼承戰國以來的歲陰循環序列,改變了歲陰與歲星對應關係。而後來的實際運用没有再讓歲陰隨著歲星超辰,事實上放棄了星歲體系。這個做法確立和放大了歲陰的紀年功能,也爲干支紀年法奠定基礎。歲陰由此徹底失去天文上的意義,成爲純粹的選擇數術概念,並且派生出位於太歲背後兩個辰位的選擇術神煞“太陰”。

必須承認,我們現在還無法爲戰國秦漢之際所有星歲記録給出唯一的定解,但可以確信,它們不可能採用了同一套星歲體系和歲陰序列。這種情況與東漢以後歲陰、歲名與帝王紀年的確定關係對比鮮明,恰好説明其間發生了變化。歷史研究不能將後世的情況視作當然之理。如果簡單地根據東漢以後干支紀年法的序列,從戰國秦漢之際乃至更早尋找源頭,容易抹殺差異,反而消解了研究意義。

考察秦漢時期星歲關係的變化,還可以發現,選擇數術與天文星占的關係逐漸疏離,彼此獨立。天文星占和龜卜都是取象爲占,發達較早。選擇數術自戰國時期開始興盛,用於占驗的概念建除、堪輿、太歲、咸池,以及十日、十二辰、二十八宿等占驗模式,都與天象曆法密切相關。秦漢時代,星象推移,漸漸偏離戰國的情況,而戰國時代確立的選擇數術卻廣泛流行並經典化。趨於穩固的選擇數術與實際天象拉開距離,進一步抽象化、數字化,從而成爲與天文星占完全不同的獨立數術門類。

不再依賴觀象的選擇數術,在秦漢時代成爲大衆化的技術,並且進入國家制度。秦和漢初中小官吏墓葬中大量出土《日書》,説明選擇數術已經滲透進行政和社會生活。選擇術的日常運用無需也不可能事事仰仗專業技術人員,使用者自行查閱《日書》即可。選擇數術的宜忌,甚至成爲國家的規範。比如，張家山漢簡《二年律令》記載漢初的《田律》規定“毋以戊己日興土功”，戊己正是《日書》中説的“土忌日”①。西北邊塞遺址出土的西漢後期官方所頒的曆日，有不少包含了值日的神煞。這些神煞代表的宜忌，應是行政和軍事活動需要參考的②。選擇數術的制度化表現，説明它不僅僅是一種“民間”的信仰或知識。相反，它在秦漢時代是人們認識世界和處理事務的一種基本方式，具有强大的觀念力量，而且與國家權力緊密互動，一起决定人們的時間秩序。

2015年6月21日初稿

2019年6月26日改定

後記：祝總斌先生學問淵綜，許多領域搜討素久，但未必形諸文字。我留校工作後不久，祝先生聽説我正對天文、曆法史感興趣，便將自己八十年代初購藏的新城新藏《東洋天文學史研究》、飯島忠夫《支那古代史と天文學》、能田忠亮《東洋天文學史論叢》等書倒庋相賜。這幾册書在國内相當罕見，所論問題冷僻艱深，多數史家未嘗措意。但祝先生的藏書行間眉頭朱墨爛然，滿是批語箋注。捧讀之下，既感慨先生鑽研學問之勤，也深切體會到先生對後學的關懷和鞭策。

本文原題《秦漢時期的歲星和歲陰——從馬王堆帛書中的太陰説起》，曾於2015年6月28日在湖南省博物館、復旦大學出土文獻與古文字研究中心、中華書局聯合主辦的“《長沙馬王堆漢墓簡帛集成》修訂”國際研討會上宣讀。會後自覺題目重要而寫作倉促，思慮未及之處尚多，故藏諸篋笥，羞於示人。今春與北大諸生一同研讀《漢書·律曆志》，再思相關問題，乃稍有所悟，重拾舊稿，

---

①參見《張家山漢墓竹簡〔二四七號墓〕（釋文修訂本）》，文物出版社，2006年，第43頁。

②參看陳侃理：《出土秦漢曆書綜論》，《簡帛研究二〇一六》（秋冬卷），廣西師範大學出版社，2017年，第51頁。

改寫一過。又得摯友郭津嵩先生指教，同學王景創、王雨桐、李屹軒、厲承祥諸君相與切磋，促使我調整結構，改進論述，編成新稿，在此謹致謝忱！文中疏謬仍多，自當由我負責。

謹以此不成熟的習作，呈請先生教正。敬賀祝先生九十華誕！

（作者單位：北京大學中國古代史研究中心）

敖童新解

凌文超

一

敖童，是秦律中常見的身份。開始引起學界關注的是睡虎地秦簡《秦律雜抄・傅律》和《法律答問》中出現的兩例"敖童"：

> 1. 匿敖童，及占㾙不審，典、老贖耐。
>
> 2. 可(何)謂"匿户"及"敖童弗傅"？匿户弗徭、使，弗令出户賦之謂殹(也)。①

對於這兩例"敖童"，學界討論很多且有不同的認識。整理者最初注解：

> 敖，即勢，健壯。敖童疑是傅籍前之男子，即唐户令之中男，無丁則選以充軍者。一説敖意爲遨游，敖童是漢武帝常徵發從軍之"惡少

①睡虎地秦墓竹簡整理小組：《睡虎地秦墓竹簡》，北京：文物出版社，1990年，第87、132頁。

年”。[1]

後來又改注爲:

敖童,見《新書·春秋》:“敖童不謳歌。”古時男子十五歲以上未冠者,稱爲成童。據《編年記》,秦當時十七歲傅籍,年齡還屬於成童的範圍,參看《法律答問》“何謂匿户”條(按:即簡2)。[2]

前注將“敖”訓讀爲:健壯,或遨游,並認爲敖童是傅籍之前的男子;後注將“敖童”理解爲成童,並指出秦當時傅籍年齡在成童範圍之内。前、後注結合起來大致可析爲六説:①壯童未傅説,②壯童應(已)傅説,③游童未傅説,④游童應傅説,⑤成童未傅説,⑥成童應傅説。

在未增加新史料之前,學界對“敖童”的解説大多是在整理者注解的基礎上進行申論,具體觀點如下:

①壯童未傅説:魏德勝先生直接訓“敖”爲高,認爲敖童可能是指身高已達到成年標準而尚未傅籍者[3]。

②壯童應(已)傅説:黄盛璋先生提出,“敖”有壯、大意,“敖童”即敖男、壯男,傅籍之後就有服役和納賦的義務[4]。張金光先生認爲,秦人至敖童始傅。“敖”應訓“豪”,有大、壯之意。“敖童”即爲成童階段(15—20歲)的大童、壯童中的一個年齡,是應傅者[5]。蔡鏡浩先生將“敖”訓爲長、大,“敖童”指身高已達到服役標準的青少年[6]。孔慶明先生也認爲,敖者,長大也。長大就要服勞役,因此必須登記註册[7]。李嚴冬先生也將敖童理解爲壯童、大

---

①睡虎地秦墓竹簡整理小組:《睡虎地秦墓竹簡(線裝本)》,北京:文物出版社,1977年,第94頁。

②睡虎地秦墓竹簡整理小組:《睡虎地秦墓竹簡(平裝本)》,北京:文物出版社,1978年,第143頁。1990年精裝本注釋與此相同。

③魏德勝:《〈睡虎地秦墓竹簡〉雜考》,《中國文化研究》1997年冬之卷,第120頁。

④黄盛璋《雲夢秦簡〈編年記〉初步研究》,《考古學報》1977年第1期,第10—11頁。

⑤張金光:《秦自商鞅變法後的租賦徭役制度》,《文史哲》1983年第1期,第20—22頁。

⑥蔡鏡浩:《〈睡虎地秦墓竹簡〉注釋補正(一)》,《文史》第29輯,北京:中華書局,1988年,第130頁。

⑦孔慶明:《秦漢法律史》,西安:陝西人民出版社,1992年,第54頁。

童，但他認爲敖童是新傅者[1]。

③游童未傅説：馬非百先生認爲，“敖”同傲、遨，有游蕩之意；“童”指未成年人，即未達服徭役年齡者[2]。黄今言先生的意見是，“敖”同“傲”，“童”指未成年人，不進行服役登記者爲“敖（傲）童”[3]。張世超先生將“敖”理解爲游蕩，傅籍之前的兒童稱“敖童”[4]。熊鐵基先生認爲，敖者，游也；童當即“五尺以下”的“小”。敖童，即游童，也就是指未成年者。匿敖童就是隱匿真實的年齡，假稱“童”或“小”[5]。

④游童應傅説：馬怡先生認爲，敖童即逸游的成童，秦律稱達到傅籍標準而未傅籍的年輕男子爲“敖童”[6]。臧知非先生也認爲，“敖童”是達到了傅籍標準、還没有傅籍的少年。敖者，四處游蕩之謂也[7]。

⑤成童未傅説：張洪林、李東方認爲，敖童當爲十五歲以上，十七歲（傅籍）以下應服役者[8]。

⑥成童應傅説。栗勁先生認爲，敖童爲達到服徭役年齡必須向政府申報的“成童”[9]。臧知非先生又認爲，“敖童”即成童，指到了該注名役籍年齡的剛成年的青少年[10]。

上述意見都將“敖童”與“傅”聯繫起來進行討論，而且大多數意見將“敖童”與成童、未成年人聯繫起來進行理解。

---

①李嚴冬：《〈周禮〉軍制專題研究》，吉林大學博士學位論文，2010年，第132頁。

②馬非百《雲夢秦簡中所見的歷史新證舉例》，《鄭州大學學報（哲學社會科學版）》1978年第2期，第68頁。

③黄今言：《秦漢賦役制度研究》，南昌：江西教育出版社，1988年，第260頁。

④張世超：《秦簡中的“同居”與有關法律》，《東北師大學報（哲學社會科學版）》1989年第3期，第89頁。

⑤熊鐵基：《秦漢軍事制度史》，南寧：廣西人民出版社，1990年，第11頁。

⑥馬怡：《秦人傅籍標準試探》，《中國史研究》1995年第4期，第19頁。

⑦臧知非：《秦漢“傅籍”制度與社會結構的變遷——以張家山漢簡〈二年律令〉爲中心》，《人文雜誌》2005年第1期，第112頁。

⑧張洪林、李東方：《秦漢賦税立法之比較》，《中州學刊》1995年第1期，第108頁。

⑨栗勁：《秦律通論》，濟南：山東人民出版社，1985年，第211頁。

⑩臧知非：《先秦什伍鄉里制度試探》，《人文雜誌》1994年第1期，第73頁。

還有一些學者從不同角度對“敖童”進行闡釋。例如,高恒先生從探討秦當時傅籍的方法出發,參照罷癃身份,對敖童進行解説。他認爲,秦當時傅籍不是直接依照年齡,而是以身高作爲判斷年齡的標準,身高實際上就成爲傅籍的主要依據。法定的傅籍年齡,僅在下述情況起作用,即已經達到傅籍的年齡,但身體還未達到法定高度時,就根據實際年齡和身高定爲“罷癃”。相應地,敖童也就是身高已到傅籍年齡的兒童[1]。其結論與②壯童應傳説相近。與高恒先生思路相同,但結論有别的有:陶安先生認爲,簡 1 中“敖(童)”與“(罷)癃”作爲對立的概念,分别指⑦“健康的未成年人”與殘障兒[2]。夏亞利先生則認爲,秦時殘疾人及到了傅籍年齡、身高卻未達到標準的都被稱爲罷癃;敖童剛好與罷癃相反,即⑧身高達到了傅籍年齡標準但實際年齡未到,但依秦法當傅籍的人。敖字當解爲高,稱之爲童正是因爲其年齡尚小[3]。

劉志先生根據《新書・春秋》記載“敖童”的前後文同時提到“士民”“酤家”“屠者”“舂築者”,推斷“敖童”也應是一種職業;敖童即⑨游童,爲一種民間吟唱的職業,不一定都是未成年人[4]。

還有學者提出了與整理者完全不同的意見,如高敏先生認爲“敖童”是供娱樂的奴隸。“敖”是娱樂的意思,“童”即奴隸的别稱[5]。錢劍夫先生也有相近的意見:“敖童”即“遨童”,亦即通言之“孌童”或“弄臣”[6]。這類意見⑩將“敖童”理解爲供娱樂的僮奴。

①高恒《秦律中的徭、戍問題——讀雲夢秦簡劄記》,《考古》1980 年第 6 期,第 531—532 頁。

②陶安あんど:《秦漢刑罰體系の研究》,東京外國語大學アジア・アフリカ言語文化研究所,2009 年,第 475—476 頁。

③夏亞利:《秦簡文字集釋》,華東師範大學博士學位論文,2011 年,第 487 頁。

④劉志:《也説“敖童”》,《青春歲月》2011 年第 8 期,第 74 頁。

⑤高敏:《雲夢秦簡初探(增訂本)》,鄭州:河南人民出版社,1981 年第 2 版,第 61 頁。

⑥錢劍夫:《秦漢賦役制度考略》,武漢:湖北人民出版社,1984 年,第 155—156 頁。

二

以上十種觀點，均是就睡虎地秦簡和《新書·春秋》中所見的"敖童"得出的結論。除此之外，有不少學者利用其他史料對"敖童"作進一步分析、解説。

黄留珠先生指出，"敖童"不僅見於秦簡，而且還見於秦惠文王四年（前334）封宗邑瓦書（背）：

3. 大田佐敖童曰未，史曰初。[①]

據此，他認爲"敖童"是一種具有特殊身份的"豪奴"，享有國家授田，爲國家出賦役，可以擔任官府的"少吏"[②]。此説與第⑩種觀點相近，但提供了直接的證據。

董珊先生分析了戰國趙"二年主父戈"、"王何立事戈"中所見的"馬重"（即"馬童"）：

4. 二年，主父攻（工）正明（?）我，左工師鄗許，馬重丹所爲。

5. 王何立事，得工冶從所教馬重爲。

他認爲"馬童"指尚未傅籍的成童，在戰國秦律中又稱作"敖童"。他還認爲，睡虎地秦簡《秦律十八種·内史雜》中所見的"敫史"即"敖史"：

6. 令敫[③]史毋從事官府。非史子殹（也），毋敢學學室，犯令者有罪。内史雜

"敖史"當爲學史之敖童，即成童而未傅籍之史子[④]。此意見與第⑤種觀點相

①陳直：《考古論叢：秦陶券與秦陵文物》，《西北大學學報》1957年第1期，第68頁。

②黄留珠：《秦簡"敖童"解》，《歷史研究》1997年第5期，第176—179頁。

③原釋"敫"，並注：字不識，疑爲"赦"字之誤。睡虎地秦墓竹簡整理小組：《睡虎地秦墓竹簡》，第63頁。

④董珊：《二年主父戈與王何立事戈考》，《文物》2004年第8期，第61—64、72頁。兩件戈銘的釋文亦請參見此文。

近,但他利用“馬重”、“敖史”兩種史料得出明確的結論。最近,郭永秉先生在此基礎上進一步指出秦國“敖童”、“敖史”,趙國“馬童”,韓國“孺子”身份類似,性質相近①。

蘇輝先生綜合利用上述文獻以及先秦文獻所載的“頑童”等進行研究,他的結論是:敖,長也,此用反訓,指代侏儒;“童”取法於先秦的“頑童”,形似小兒,心理無智,亦標明身份;⑪敖童是具有聲樂專門技能的類似侏儒奴僕(依附富貴豪門,乃得逃離國家義務)②。

新刊岳麓秦簡的不少律文出現了“敖童”,爲敖童身份的探討提供了更多的新材料。不少學者利用這些新材料,對敖童進行綜合分析。相關律文如下:

7. 匿户弗事、匿敖童弗傅└,匿者及所匿,皆贖耐。逋傅,貲一甲。其有物故,不得會傅,爲匿之。

8. 徭律曰:興徭及車牛及興徭而不當者、及擅傳(使)人屬弟子、人復復子、小敖童、弩,鄉嗇夫吏主者,貲各二甲,尉、尉史、士吏、丞、令、令史見及或告而弗劾,與同辠。弗見莫告,貲各一甲。

9. ●徭律曰:發徭,興有爵以下到人弟子、復子,必先請屬所執法,郡各請其守,皆言所爲及用積徒數,勿敢擅興,及毋敢擅傳(使)敖童、私屬、奴及不從車牛,凡免老及敖童未傅者,縣勿敢傳(使),節載粟乃發敖童年十五歲以上,史子未傅先覺(學)覺(學)室,令與粟事,敖童當行粟而寡子獨與老父老母居老如免老,若獨與癃病母居者,皆勿行。③

其中不但有睡虎地秦簡中所見的“敖童”、“敖童弗傅”,而且出現了“小敖童”“敖童未傅”等新名詞,還有“敖童年十五歲以上”等具體規定。其中,整

①郭永秉:《戰國工官屬吏中的成童——再談三晉銘刻中所見“孺子”的身份》,徐剛主編《嶺南學報》復刊第10輯《出土文獻:語言、古史與思想》,上海:上海古籍出版社,2018年,第118—121頁。

②蘇輝:《秦漢簡中的兩種身份探析》,中國先秦史學會等編:《輝煌雍城——全國(鳳翔)秦文化學術研討會論文集》,西安:三秦出版社,2017年。

③陳松長主編:《岳麓書院藏秦簡(肆)》,上海:上海辭書出版社,2015年,第64、116—117、120頁。

理者對“小敖童”進行了注解：

小敖童：或稱敖童，指未達到傅籍年齡的男子。[①]

周海鋒先生作爲整理者之一，對“敖童”、“小敖童”等進行了具體分析。他發現張家山漢簡《二年律令·徭律》中有承襲秦《徭律》（簡9）的條文：

10. 免老、小未傅者、女子及諸有除者，縣道勿敢徭使。節（即）載粟，乃發公大夫以下子、未傅年十五以上者。

其中，“敖童未傅者”被替换爲“小未傅者”，故可判定“敖童”即“小”，而“敖童”指未傅籍男子，“敖童”這一稱謂在漢律中很可能廢棄不用[②]。同時，周先生還注意到《行書律》中的“小童”：

11. ●行書律曰：有令女子、小童行制書者，貲二甲。[③]

他認爲，“小童”當爲“小敖童”之省，指未傅籍的男子。總的看來，整理者對“敖童”的注解⑫“未達到傅籍年齡的男子”，實際上是通過比對秦、漢律文得出的，但該注解未對“敖”“童”作出直接的訓釋。

張榮强先生也注意到這些秦漢律中的異文，並且指出岳麓秦律中就有“小未傅”：

12. 免老└、小未傅└、女子未有夫而皆不居償日者，不用此律。[④]

他進一步聯繫西北漢簡中所見的“小未傅”，如：

13. 黄龍元年（前49）六月辛未朔壬辰，南鄉佐樂敢言之：楊里公乘泠□年廿歲，小未傅，爲家私市居延，乏彭祖告移過所縣道毋苛留/，六月壬辰雒陽守丞殷移過所毋苛留如律令/，掾良、令史陽……（73EJT33：

---

①陳松長主編：《岳麓書院藏秦簡（肆）》，第166頁。

②周海鋒：《親律令研究——以〈岳麓書院藏秦簡〉（肆）爲重點》，湖南大學博士學位論文，2016年，第94—95頁。

③陳松長主編：《岳麓書院藏秦簡（肆）》，第132頁。

④同上，第58頁。

41A、B)[①]

指出秦漢時期"敖童未傅"、"小未傅"、"小敖童"構詞方式相同,含義也應該一致。具體説來,"敖"訓"豪",有大、壯之意,"敖童"應是兒童年齡段中的大者;"小"和"未傅"是同義復指,"小未傅"就是泛指未達到傅籍年齡的男子[②]。這一結論與第①和⑫種觀點相近。張先生還認爲,敖童即成童,指 15 歲以上的未成年人。因此,秦漢時期的"小未傅"(敖童未傅、小敖童)就應特指 15 歲以上具有一定勞動能力的未傅籍男子[③]。這一結論與第⑤種觀點相近。然而,"小未傅"爲敖童内涵的探討提供了新視角。

朱德貴先生不同意張榮强先生的上述看法。他認爲,"小未傅"中的"小"既不是指 1 至 15 歲的年齡段,也不是"未傅"的同義復指。"小"應解釋爲"敖童",⑬"敖童"就是古時男子十五歲以上未冠者。秦漢時期有關"小"身分識别的制度性規定,與"傅籍"制度並無直接關聯[④]。

臧知非根據簡 9 轉而贊同黄留珠先生的意見:"敖童"是地位較高的奴隸。其理由是,岳麓秦簡《傜律》規定"毋敢擅傳(使)敖童、私屬、奴及不從車牛",私屬雖然免除奴隸身份,但依然隸屬於主人。秦律將"敖童"置於"私屬"之前,其地位要高於"私屬",但没有正式解除奴隸身份[⑤]。

胡平生先生對"敖童"即"小"的意見進行駁議:秦代"敖童"是 15 歲到 17 歲的未傅者;"小未傅"爲尚未傅籍的小童,"小"是修飾語。秦之"敖童"與漢之"小",絶對年齡是不同的,漢之"小",年齡要從 15 歲延至 20 歲前。而岳麓簡"小敖童"與"小未傅"的結構相似,應特指敖童之小者,"小"用以

---

①甘肅簡牘博物館等編《肩水金關漢簡(肆)》,上海:中西書局,2015 年,第 4 頁。

②張榮强:《"小""大"之間——戰國至西晉課役身分的演進》,《歷史研究》2017 年第 2 期,第 10、13—15 頁。

③同上,第 15—16 頁。

④朱德貴:《岳麓秦簡課役年齡中的幾個問題》,《簡牘學研究》第 7 輯,蘭州:甘肅人民出版社,2018 年,第 64—68 頁。此文於 2017 年在中國秦漢史研究會第十五屆年會暨海昏歷史文化國際學術研討會上發表。

⑤臧知非:《"算賦"生成與漢代傜役貨幣化》,《歷史研究》2017 年第 4 期,第 36—37 頁。

修飾、界定“敖童”,“小”的意義或指年齡小,可能就是 15 歲的敖童,或指身材小[①]。此説對秦漢“敖童”與“小”内涵的差異進行了分析。

文霞先生認爲,敖童地位低於普通百姓;且敖童並非單純指兒童或少年,他們和普通人一樣,以 15 歲區分“大”“小”,一般在 17 歲傅籍,15—17 歲的大敖童要承擔一些特定的廝役性的工作。她特别提到,⑭“敖童”衹見於睡虎地秦簡和岳麓秦簡,具有一定的時效性和地域性。

劉明哲先生在高恒、夏亞利先生論述的基礎上,利用岳麓秦簡等新史料,做了進一步研究,觀點也更爲明確:“敖童”即已經達到傅籍的身高標準而遠遠未達到其年齡標準。“敖”應作“大”解,“童”作“未冠”解。“小敖童”很有可能就是年齡在 15 歲以下的“敖童”,敖童的傅籍年齡很可能就是 15 歲[②]。

三

回顧“敖童”的研究,學界大約存在十四種不同的觀點。具體而言,各種觀點之間的分歧主要集中在“敖”“童”的不同理解,以及“敖童”與“傅籍”等是否有關等方面。兹用圖表標示如下:

敖童	敖				童				傅			其他
	壯/大/豪/高	遨/游	健康	侏儒	成童	未冠/未成年	奴僕/頑童	職業	應傅/已傅	未傅	身高已傅、年齡未傅	地域性
	√									√		
	√				√				√			
		√				√				√		
		√				√			√			

①胡平生:《也説“敖童”》,簡帛網,2018 年 1 月 8 日,http://www.bsm.org.cn/show_article.php? id=2966。

②劉明哲:《〈岳麓書院藏秦簡(肆)〉集釋》,吉林大學博士學位論文,2018 年,第 124—125 頁。

續表

敖童	敖				童				傳			其他
	壯/大/豪/高	遨/游	健康	侏儒	成童	未冠/未成年	奴僕/頑童	職業	應傳/已傳	未傳	身高已傳、年齡未傳	地域性
					√					√		
					√				√			
			√			√						
	√					√					√	
		√						√				
	√						√					
				√			√	√				
										√		
					√	√						
												√

下面,我們在對先行研究稍作回應的基礎上,再對“敖童”作綜合分析。

首先來看“敖童”是否具有地域性。睡虎地秦簡、岳麓秦簡中的秦律爲秦國通行的法律條文。自商鞅變法以來,秦對法律條文的準確性有嚴格的要求,“有敢剟定法令一字以上,罪死不赦”[1]。由此看來,敖童是秦國法定的身份稱謂。不僅如此,目前所見“敖童”不僅見於兩湖平原出土的秦簡,而且見於關中秦封宗邑瓦書,董珊先生還例舉了用作人名的齊國私璽“王敖冡(童)”(《古璽彙編》0643 號)等[2],敖童很難説具有地域性。

再來看“敖童”是否吟唱職業。按《新書·春秋》:

鄒穆公死,鄒之百姓,若失慈父,行哭三月,四境之鄰於鄒者,士民鄉方而道哭,抱手而憂行。酤家不讎其酒,屠者罷列而歸,傲童不謳歌,

①蔣禮鴻撰:《商君書錐指》卷五《定分》,北京:中華書局,1986 年,第 141 頁。

②董珊先生指出此“敖童”爲人名,董珊:《二年主父戈與王何立事戈考》,《文物》2004 年第 8 期,第 61—64、72 頁。

春築者不相杵，婦女抶珠瑱，丈夫釋玦靬，琴瑟無音，期年而後始復。[①]

這裏"僌童"不僅夾在"酤家""屠者""舂築者"之間，而且與"婦女""丈夫"並列，難以確證是吟唱職業。胡平生先生認爲，此處說的是游遨之童不唱歌[②]，可從。

"敖童"是否豪奴、僮奴呢？此說雖然有訓詁依據，如《說文·辛部》"男有辠曰奴，奴曰童"[③]，但是，置於秦律中頗爲扞格。例如，簡9"毋敢擅傳(使)敖童、私屬、奴及不從車牛"，如果"敖童"爲僮奴，就與後面的"奴"重複。再者，按岳麓秦簡《亡律》"免奴爲主私屬"[④]，"私屬"雖然仍隸屬於主人，但免除了奴的身份，其身份要高於奴[⑤]，故排在奴之前。"敖童"又排在"私屬"之前，其身份還要高於私屬（庶人）。秦律中提到的"敖童"與"户"以及民事等有關，其身份應爲民，而不是奴。

至於"敖童"是否與傅籍有關。秦律中常見"敖童弗傅"（簡2、7）"敖童未傅"（簡9），而且秦漢律中"敖童"與"未傅"互爲異文（簡9與簡10），可知"敖童"與"傅"内涵相關。我們就從傅籍入手反向探索敖童的内涵。

秦代的傅籍制度，前後有過大的調整。傅籍的主要依據先是身高，後轉變爲年齡。秦王政十六年九月"初令男子書年"之前[⑥]，秦官府尚未全面掌握

---

①（漢）賈誼撰，閻振益、鍾夏校注：《新書校注》卷六《春秋》，北京：中華書局，2000年，第248頁。

②胡平生：《也説"敖童"》，簡帛網，2018年1月8日，http://www.bsm.org.cn/show_article.php?id=2966。班固《西都賦》曰"采游童之歡謠"（《後漢書》卷四〇上《班彪列傳附子固傳》，北京：中華書局，1965年，第1348頁），"僌童不謳歌"之"敖童"即游童。

③（東漢）許慎撰：《説文解字》，北京：中華書局，1963年，第58頁。

④陳松長主編《岳麓書院藏秦簡（肆）》，第64頁。

⑤張家山漢簡《二年律令·亡律》留存有比較完整的律令規定："奴婢爲善而主欲免者，許之，奴命曰私屬，婢爲庶人，皆復使及筭，事之如奴婢。主死若有罪，以私屬爲庶人，刑者以爲隱官。所免不善，身免者得復入奴婢之。"張家山二四七號漢墓竹簡整理小組編著《張家山漢墓竹簡〔二四七號墓〕（釋文修訂本）》，第30頁。奴、婢放免分别爲私屬、庶人，私屬應與庶人爲同類身份。

⑥《史記》卷六《秦始皇本紀》，北京：中華書局，1982年第2版，第232頁。此記載得到睡虎地秦簡《編年記》秦王政十六年"自占年"的印證。睡虎地秦墓竹簡整理小組：《睡虎地秦墓竹簡》，第7頁。

民衆的年齡資料，當時庶民傅籍的主要依據是身高。例如，約成書於春秋晚期戰國前期的《周禮·地官司徒·鄉大夫》云①：

以歲時登其夫家之衆寡，辨其可任者，國中自七尺以及六十，野自六尺以及六十有五，皆徵之。

賈公彦疏：七尺謂年二十，知者，案《韓詩外傳》"二十行役"與此國中七尺同，則知七尺謂年二十……六尺謂年十五，故《論語》云："可以托六尺之孤。"鄭（玄）注云："六尺之孤，年十五已下。"彼六尺亦謂十五。②

當時徵役的起役標準是身高"七尺（國）""六尺（野）"。而傅籍即少壯男子著籍以備正卒之役。如《史記·孝景本紀》云：

（景帝二年）男子二十而得傅。《索隱》注引荀悦云："傅，正卒也。"③

"傅"的目的是給正卒。起徵的身高標準"七尺""六尺"應是當時傅籍或類似傅籍制度的身高標準。按經典注疏，這類標準身高還對應著固定的年齡，如身高七尺對應年二十歲，六尺對應年十五歲。里耶秦簡中也有相關簡例：

14. □廣隸小上造臣，黑色，長可六尺，年十五〼（9—337）④

這裏身高六尺也是對應年十五歲。雖然這裏衹是身高、年齡的狀況的描述，但是，從"可"（大約）的記録，以及青少年身高與年齡可以標準化處理來看⑤，這或多或少反映了當時身高與年齡的對應關係。至漢代，當小孩年齡不能確定時，還是以身高爲依據比定其年齡：

---

①關於《周禮》成書年代及其争論，請參見沈長雲、李晶：《春秋官制與〈周禮〉比較研究——〈周禮〉成書年代再探討》，《歷史研究》2004 年第 6 期。

②（東漢）鄭玄注，（唐）賈公彦疏《周禮注疏》卷一二《地官司徒·鄉大夫》，北京：中華書局，1987 年，第 716 頁。

③《史記》卷一一《孝景本紀》，第 439—440 頁。

④湖南省文物考古研究所編：《里耶秦簡（貳）》，北京：文物出版社，2017 年。

⑤例如蔣一方《上海市區 0—18 歲年齡别身高及體重標準研製》，《上海預防醫學雜誌》2007 年第 11 期，第 544—547 頁。

15. 民皆自占年。小未能自占，而毋父母、同産爲占者，吏以髙[1]比定其年。自占、占子、同産年，不以實三歲以上，皆耐。産子者恒以户時占其☐[2]

這應當是先秦習慣做法的延續。總之，先秦傅籍的主要依據是身高，同時，身高標準有個比定的年齡。前述高恒等先生在分析"敖童"時，注意區分秦代傅籍的身高、年齡兩類依據，值得重視。

秦傅籍以身高爲主要依據時，爲何還要設定一個參考依據年齡呢？這是因爲在操作過程中，傅籍時年齡標準比身高標準更爲簡易。例如，張家山漢簡《二年律令・傅律》規定：

16. 不更以下子年廿歲，大夫以上至五大夫子及小爵不更以下至上造年廿二歲，卿以上子及小爵大夫以上年廿四歲，皆傅之。[3]

漢初傅籍均以年齡爲基本依據。即使罷癃的判定仍以身高爲標準：

律：年二十三傅之疇官，各從其父疇内學之。高不滿六尺二寸以下爲罷癃。[4]

但其前提也仍然是，年齡達到標準（二十三歲）而身高在六尺二寸以下纔是罷癃。漢代傅籍操作起來比較簡單，達到傅籍年齡且身高六尺二寸以上即具有正卒資格和身份，以下則爲罷癃。

秦王政十六年九月"初令男子書年"之前，秦官府尚未全面掌握編户民的年齡資料。這時，秦傅籍是如何操作的呢？徒隸傅籍提供了參考。睡虎地秦簡《秦律十八種・倉律》規定：

---

①"髙"，原闕釋，核對圖版，該字上部可辨認，下部"同"右下漫漶，但尚可大致辨認，今據補。

②張家山二四七號漢墓竹簡整理小組編著《張家山漢墓竹簡〔二四七號墓〕（釋文修訂本）》，第53頁。

③同上書，第58頁。

④《史記》卷七《項羽本紀》注引如淳曰，第324頁；張家山漢簡《二年律令・傅律》："當傅，高不盈六尺二寸以下，及天烏者，以爲罷痒（癃）"。張家山二四七號漢墓竹簡整理小組編著《張家山漢墓竹簡〔二四七號墓〕（釋文修訂本）》，第58頁。

17. 隸臣、城旦高不盈六尺五寸,隸妾、舂高不盈六尺二寸,皆爲小。[①]

18. 小隸臣妾以八月傅爲大隸臣妾,以十月益食。[②]

男徒隸以身高六尺五寸爲傅籍的標準,不足爲"小",超過則爲"大"。庶民身份比徒隸高,傅籍方面應受優待,其身高標準應比六尺五寸更高。學界有六尺六寸、六尺七寸、七尺等説[③]。然而,庶民傅籍更爲複雜。例如,庶民還有"罷癃"身份,其身高標準比傅籍標準矮,參照漢代的罷癃判定標準,大概是六尺二寸以下。而罷癃標準至傅籍身高標準之間的矮小庶民也應有個對應的身份。

由於人個體的生長有早有晚。秦傅籍時,勢必不會等待庶民長到某個身高標準纔給予某個身份,况且身高標準衹在人青少年時有效(成年後身高穩定下來)。因此,秦勢必要設定一個固定的年齡點丈量男子的身高,以確定罷癃或正卒等身份。這個傅籍年齡點就是絶大多數男子在那個時候都能達到可以正常服役的身高標準。人在青少年時期身體成長有個大致的規律,且年齡與身高可以進行標準資料化處理,就像七尺對應二十歲,六尺對應十五歲。傅籍身高標準應當是身高六尺七寸,對應年十八歲[④]。

秦傅籍主要由里典、伍老負責(簡 1),究其原因,主要在於:里典、伍老久處鄉里,熟知鄰里男子的年齡,並能夠依據其父母的身材預測其身高。里典、伍老在男子年十八歲時丈量其身高,六尺七寸以上即傅籍,不足則判定其他身份。值得留意的是,秦時年十八歲約相當於現在十六七實歲,仍處在生長期,因而需要預測其身高纔能確定其罷癃等身份。簡 1 提到"占癃不審"不全是丈量不真實那麽簡單,更有一種可能的是,男子十八歲時身高不

①睡虎地秦墓竹簡整理小組《睡虎地秦墓竹簡》,北京:文物出版社,1990 年,第 32 頁。

②同上書,第 33 頁。

③張金光《秦自商鞅變法後的租賦徭役制度》,《文史哲》1983 年第 1 期,第 20—22 頁;馬怡《秦人傅籍標準試探》,《中國史研究》1995 年第 4 期,第 16—21 頁。

④淩文超:《秦代傅籍標準新考——兼論自占年與年齡計算》,未刊稿。

足六尺二寸，之後長高又超過六尺二寸，如果其罷癃身份未及時更改，也是"占癃不審"[①]。

對於年滿十八歲，身高在六尺二寸至六尺七寸（約 143 厘米至 155 厘米）之間的男子，其賦役責任比罷癃重，也應有個特殊的身份。這個身份應當就是"敖童"。敖童日後可能長高到六尺七寸以上，這部分生長遲緩的敖童不過是延遲傅籍。另一部分確爲身材矮小者（身高在六尺二寸至六尺七寸），則應當是至及冠之年後，相當於傅籍。《史記·秦始皇本紀》載：

> 九年四月己酉，王冠，帶劍。《集解》引徐廣曰："年二十二。"[②]

秦王政年二十二歲及冠，比《禮記》所説的"二十而冠"大兩歲[③]。一種解釋是，他在二十二歲這個年齡纔達到成年的身高標準[④]。不過，從秦惠文王、昭襄王都是二十二歲而冠來看[⑤]，也有可能秦規定二十二歲成年。總之，秦年滿二十二歲的健康男子，無論其身高是否達到六尺七寸，衹要身高在六尺二寸以上皆傅籍。由此看來，秦代成年應有兩個標準：傅籍與及冠。漢代應當也是如此，稍有不同的是：秦代是傅籍在前，及冠在後，敖童至及冠成年，國家徭役責任既與傅籍又與及冠有關；漢代後來是及冠在前，而傅籍在後，國家徭役責任以傅籍爲基準。

質言之，秦以身高爲傅籍的主要標準的時期，年齡在傅籍（應爲年十八歲）至及冠（很可能是年二十二歲）之間，身高在六尺二寸至六尺七寸之間的

---

①睡虎地秦簡《法律答問》云："可（何）謂"率敖"？"率敖"當里典謂殹（也）。"（睡虎地秦墓竹簡整理小組《睡虎地秦墓竹簡》，第 141 頁）據簡 1 里典負責敖童傅籍以及罷癃的認定，簡 33 中里典參與"占吏數"，且不允許未傅"小男子"任吏。從這些律令來看，秦未傅者由里典負責認定。"率敖"之"率"當訓爲標準，即以傅籍標準測量敖童。"率敖"爲里典的職能之一。

②《史記》卷六《秦始皇本紀》，第 227—228 頁。

③《禮記正義》卷二《曲禮上》，《禮記正義》卷二八《内則》，阮元校刻：《十三經注疏》，北京：中華書局，1980 年，第 1241、1471 頁。

④馬怡：《秦人傅籍標準試探》，第 21 頁。

⑤《史記》卷五《秦本紀》，第 205、210 頁；《史記》卷六《秦始皇本紀》，《索隱》，第 289 頁。

男子,應當有個特定的身份標識,這個身份應當就是“敖童”。如果此説可取,則“敖”不能理解爲身材高、大,也不能理解爲侏儒,而應訓爲“遨”、“游”,理解爲遨逸,流動,不固定;因無需承擔正式的徭戍(正役)而與傅籍爲正卒相對,“敖”與“傅”相對,相當於“未傅”。“童”,則爲未冠之稱[①]。“敖童”兼具未傅、未冠兩層涵義。具體而言,“敖童”一開始特指已到傅籍之年(可能是十八歲)但身高在六尺二寸至六尺七寸之間的未冠男子,後來泛指未達到傅籍身高標準的未冠男子。將此意義上的“敖童”置入相關文獻,均可獲得通解。

四

先來看争議最大的秦封宗邑瓦書“大田佐敖童曰未”。按睡虎地秦簡《秦律雜抄·内史雜》規定:

> 19. 除佐必當壯以上,毋除士五新傅。[②]

秦一般不允許除授剛傅籍的男子爲佐吏。《編年記》中,喜傅籍至兩年後纔“揄史”[③]。敖童未之所以能出任大田佐,是因爲他已過傅籍之年(十八歲),衹是身高不夠標準。再按岳麓秦簡《置吏律》的規定:

> 20. 縣除小佐毋(無)秩者,各除其縣中,皆擇除不更以下到士五史者爲佐,不足,益除君子子、大夫子、小爵及公卒、士五子年十八歲以上備員,其新黔首勿强,年過六十者勿以爲佐└。[④]

年十八歲以上的“君子子、大夫子、小爵及公卒、士五子”有時可以充任縣小

---

①《儀禮注疏》卷三四《喪服》:“童子唯當室緦。”鄭玄注:“童子,未冠之稱也。”阮元校刻:《十三經注疏》,第 1124 頁。《説文・人部》:“僮,未冠也。”(東漢)許慎撰:《説文解字》,第 161 頁。

②睡虎地秦墓竹簡整理小組《睡虎地秦墓竹簡》,第 62 頁。

③同上,第 6 頁。

④陳松長主編《岳麓書院藏秦簡(肆)》,第 137—138 頁。

佐。年十八歲也是秦人負完全刑事責任的開始[①]。例如，岳麓簡秦律規定：

21. 匿罪人當貲二甲以上到贖死，室人存而年十八歲以上者，貲各一甲，其奴婢弗坐，典、田典（缺簡）

22. ☐主匿亡收、隸臣妾，耐爲隸臣妾，其室人存而年十八歲者，各與其疑同法，其奴婢弗坐，典、田

23. 盜賊旞（遂）者及諸亡坐所去亡與盜同灋者當黥城旦舂以上及命者、亡城旦舂、鬼薪、白粲舍人室、人舍、官舍，主舍者不智（知）其亡，贖耐。其室人、舍人存而年十八歲者及典、田典不告，貲一甲。伍不告，貲一盾ㄴ。當完爲城旦舂以下到耐罪及亡收、司寇、隸臣妾、奴婢闌亡者舍人室、人舍、官舍，主舍者不智（知）其亡，貲二甲。其室人、舍人存而年十八歲以上者及典、田典、伍不告，貲一盾。

24. ●尉卒律曰：黔首將陽及諸亡者，已有奔書及亡毋（無）奔書盈三月者，輒筋〈削〉爵以爲士五（伍），有爵寡，以爲毋（無）爵寡，其小爵及公士以上子年盈十八歲以上，亦筋〈削〉小爵。[②]

簡 21—23，室人及舍人年滿十八歲就負有連帶責任。簡 24，庶民闌亡（無符傳私越關卡）不滿一年，或逃亡超過三個月，"小爵及公士以上子"年滿十八歲以上纔削小爵。這些法律規定完全以年齡爲標準，而不論是否傅籍[③]。據此，年滿十八歲而身高不足六尺七寸的敖童，不但完全可以擔任大田佐，而且具有完全的民事責任能力。因此，敖童未不但能以佐吏的身份參與封界，而且可以充當見證人。

再來看"敖童弗傅"。簡 1"匿敖童"、簡 2"敖童弗傅"應當都是簡 7"匿敖童弗傅"的省記。敖童爲身高不足傅籍標準的未冠男子。但是，在敖童未

①參見臧知非《"算賦"生成與漢代徭役貨幣化》，《歷史研究》2017 年第 4 期，第 36 頁。

②陳松長主編《岳麓書院藏秦簡（肆）》，第 39、58—60、112—113 頁。

③簡 21—24 有可能是秦王政十六年以後，秦開始全面掌握庶民年齡資料，各類課役身份、法律身份等不再以身高，而轉以年齡爲主要標準。

冠之前,他們中的很多人仍然可以長高到傅籍標準。這就要求里典、伍老在後來的八月案比時密切關注敖童的身高,一旦達到六尺七寸就應當傅籍,如果不傅籍,就是"匿敖童(弗傅)"。敖童弗傅,不承擔徭戍,會給國家帶來損失,里典、伍老會因此受到"贖耐"的處罰。

至於"小敖童"與"小童"。簡8秦《徭律》禁止"擅傳(使)人屬弟子、人復復子、小敖童、弩"。在這條律文中,"小敖童"與"人屬弟子"、"人復復子"、"弩"並列,他們的身份應當存在共性。

"人屬弟子",按睡虎地秦簡《秦律雜抄》:

25.・縣毋敢包卒爲弟子,尉貲二甲,免;令,二甲。[①]

26.・駕騶除四歲,不能駕禦,貲教者一盾;免,賞(償)四歲徭戍。除吏律。[②]

秦嚴懲"包卒爲弟子",是因爲卒要徭戍(正役),而弟子免除徭戍。學習駕馭者四年未成,不僅要除名,還要補償四年徭戍。這些都説明,弟子是不與徭戍的[③]。

"人復復子",按岳麓秦簡《尉卒律》規定:

27.其或復未當事戍,不復而不能自給者,令不更以下無復不復,更爲典、老。[④]

"其或復"與"未當事戍"當連爲一句,"復"包括免除徭與戍,這裏特指免除戍。按張家山漢簡《二年律令》規定:

28.復蜀、巴、漢(?)中、下辨、故道及雞創(?)中五郵,郵人勿令徭戍,毋事其户,毋租其田一頃,毋令出租、芻稾。■行書律

29.□□工事縣官者復其户而各其工。大數率取上手什(十)三人

---

①睡虎地秦墓竹簡整理小組《睡虎地秦墓竹簡》,第81頁。

②同上,第79頁。

③參見張金光《論秦漢的學史制度》,《文史哲》1984年第1期,第31頁。

④陳松長主編《岳麓書院藏秦簡(肆)》,第116頁。

爲復，丁女子各二人，它各一人，勿筭徭賦。家毋當徭者，得復縣中它人。■復律①

“復”一般免除徭戍，有時還免除田租、賦税。所謂“人復復子”當與簡29中巧工所復的“家毋當徭者，得復縣中它人”身份相同，結合簡27、28來看，“復子”亦免除徭戍。

“弩”，按張家山漢簡《二年律令·徭律》規定：

30. 縣弩春秋射各旬五日，以當徭戍，有餘及少者，隤後年。②

縣弩每年以春秋射抵償三十日徭戍。“弩”亦能免除部分徭戍。

“小敖童”是未傅者，亦不服正卒之役。由此看來，不必服徭戍（正卒之役、正役），是“小敖童”與“人屬弟子”“人復復子”“弩”身份的共性之一。

然而，“人屬弟子”“人復復子”也要承擔一些正役之外的特殊事役，如岳麓秦簡《戍律》規定：

31. ●戍律曰：城塞陛鄣多決壞不修，徒隸少不足治，以閒時歲一興大夫以下至弟子、復子無復不復，各旬以繕之。③

當城塞陛鄣決壞，徒隸不足時，就在閒時興發“弟子”“復子”進行修繕。未傅者年十五歲以上也要服“小役”。《鹽鐵論·未通》載：

御史曰：“古者，十五入大學，與小役；二十冠而成人，與戎……今陛下哀憐百姓，寬力役之政，二十三始傅。”④

簡9秦《徭律》亦規定：“節載粟乃發敖童年十五歲以上。”敖童也要服“節載粟”一類的事役。總的看來，免除徭戍、正卒之役，而要服“節載粟”、修繕城

①張家山二四七號漢墓竹簡整理小組編著《張家山漢墓竹簡〔二四七號墓〕（釋文修訂本）》，第45、47頁。

②同上，第53頁。周海鋒先生認爲，“徭戍”連結成詞，甚是。周海鋒：《親律令研究——以〈岳麓書院藏秦簡〉（肆）爲重點》，第100頁。

③陳松長主編《岳麓書院藏秦簡（肆）》，第130頁。

④王利器校注《鹽鐵論校注（定本）》卷三《未通》，北京：中華書局，1992年，第192頁。

障等事役是“(小)敖童”與“人屬弟子”、“人復復子”、“弩”等身份的共性。簡 8 中的“小敖童”應與“敖童”內涵一致,均爲未達到傅籍身高標準的未冠男子,包括年十五歲以上未傅籍的未冠男子。

“小童”,按岳麓秦簡《行書律》另一條規定:

> 32. ●行書律曰:毋敢令年未盈十四歲者行縣官恒書,不從令者,貲一甲。①

秦《行書律》禁止“小童行制書”(簡 11),同時禁止“未盈十四歲者行縣官恒書”(簡 32)。按睡虎地秦簡《秦律十八種·行書律》規定“隸臣妾老弱及不可誠仁者勿令”,弱者都不在行書之列,考慮到皇帝制書最爲重要,簡 11 中的“小童”不僅包括“未盈十四歲者”,也包括年十五歲以上未傅者。此“小童”應當就是“小敖童”、“敖童”。

與“敖童”相關的還有“敖童未傅”、“小未傅”,從簡 9 與 10 來看,“敖童未傅”與“小未傅”有承續關係。“敖童”從傅籍角度而言就是“未傅”男子。“小未傅”之“小”也是如此,據簡 18 隸臣妾以“傅”轉換“小”“大”身份,“未傅”者的身份亦爲“小”。岳麓簡秦律云:

> 33. ▨□,鄉部吏貲一甲,占者贖耐,莫占吏數者,贖耐。典、老占數小男子年未盈十八歲及女子,縣、道嗇夫誶,鄉部吏貲一盾,占者貲二甲,莫占吏數者,貲二甲。②

“小男子年未盈十八歲”,秦男子傅籍年齡當爲年十八歲,“未盈十八歲”的男子稱“小”即未傅者。總之,“小”、“敖童”、“未傅”均是相對“傅”而言的,“小未傅”、“小敖童”、“敖童未傅”均爲同義連用,實際上都是指身高不足傅籍標準的未冠男子——敖童。

“敖童未傅”、“小敖童”、“小未傅”應爲繼“敖童”之後出現的新身份稱謂,這與傅籍的主要依據從身高轉變爲年齡直接相關。“敖童”是以身高爲

---

①陳松長主編《岳麓書院藏秦簡(肆)》,上海:上海辭書出版社,第 133 頁。

②同上,2015 年,第 42 頁。

傅籍的主要依據時的身份，一開始特指已到傅籍之年（可能是十八歲）但身高在罷癃標準（六尺二寸）以上至傅籍標準（六尺七寸）之間的未冠男子。當秦傅籍的主要依據轉變爲年齡，庶民一到傅籍之年，衹要身高在罷癃標準六尺二寸以上即傅籍爲正卒，此時不再有身高在罷癃標準（六尺二寸）以上至傅籍標準（六尺七寸）之間男子傅籍的身份問題，“敖童”因而失去了存在的價值。

然而，作爲一種長期使用的法律身份，敖童的消退乃至廢除需要經歷一段歷史時期。從秦、漢《傜律》“敖童”與“未傅”的異文來看，制律者逐步以“未傅”取代“敖童”。爲了方便理解和使用，一開始“敖童”與“未傅”還同義連用了一段時間。同時，秦代隸臣妾等未傅即爲“小”，“小”相比“未傅”“敖童”更爲簡易，故“敖童未傅”常爲“小敖童”、“小未傅”所替代。“敖童”因失去存在必要而逐漸被“（小）未傅”所取代。“小未傅”至西漢中後期仍在使用，簡13中公乘泠□年二十歲仍然是“小未傅”，不過，此時傅籍年齡標準已延後至二十三歲，在及冠年齡（二十歲）之後，此“小未傅”等以傅籍爲基準，與未冠不再有直接的關聯。

另外，“敖童”之“敖”訓爲“遨”、“游”，還可以得到傳世文獻的印證。如《商君書·墾令》云：

> 官無邪則民不敖，民不敖則業不敗。王時潤曰：“敖與遨通，謂遨游以避邪官也。”①

《漢書·食貨志上》曰：

> 聖王量能授事，四民陳力受職，故朝亡廢官，邑亡敖民，地亡曠土。師古曰：“敖，謂逸游也。”②

所謂“民不敖，則業不敗”，《申鑒·政體》有類似的説法：“國無游民，野無荒

---

①蔣禮鴻撰：《商君書錐指》卷一《墾令》，北京：中華書局，1986年，第17頁。

②《漢書》卷二四上《食貨志上》，北京：中華書局，1962年，第1118頁。

業。”[①]而“邑亡敖民,地亡曠土”,《禮記·王制》亦有類似的記載:“無曠土,無游民。”[②]“敖民”即“游民”,“敖”亦作“游”解。

五

秦以身高爲傅籍的主要依據時,男子達到傅籍之年(可能是年十八歲),身高在罷癃標準(可能是六尺二寸)以上,傅籍標準(可能是六尺七寸)以下,與罷癃一樣有賦役義務,也應有個固定的身份,此身份就是“敖童”。敖童或延遲傅籍(身高達到傅籍標準),或及冠成年(身高仍未到傅籍標準)。這一時期,秦代男子成年應有兩個標準:傅籍與及冠。“敖”與傅籍相對,訓爲遨、游,相當於“未傅”,而“童”與及冠相對,爲“未冠”之稱。“敖童”兼具未傅、未冠兩層涵義。具體而言,“敖童”一開始特指已到傅籍之年但身高在六尺二寸至六尺七寸之間的未冠男子,後來泛指未達到傅籍身高標準的未冠男子。

已過傅籍之年的敖童,不但可以任吏,而且具有完全的民事責任能力。敖童未冠之前,仍在長高,這就要求里典在八月案比時密切關注,準確測量,並及時傅籍,否則就是“匿敖童(弗傅)”。敖童雖然免除正卒之役,但年過十五歲要服“節載粟”等事役。

當傅籍的主要依據由身高轉换爲年齡,健康男子一到傅籍之年,身高超過罷癃標準即傅籍爲正卒,不再存在身高在罷癃標準以上、傅籍標準以下男子的傅籍問題,“敖童”身份因而失去存在的價值。作爲一種長期使用的法律身份,“敖童”的消退乃至廢除需要經歷一段歷史時期。繼“敖童”之後出現了“敖童未傅”、“小敖童”、“小未傅”等新的身份稱謂。“小”、“敖童”、“未傅”均是相對“傅”而言的,“小未傅”、“小敖童”、“敖童未傅”均爲同義連

---

①荀悦:《申鑒》卷一《政體》,北京:中華書局,1985年,第2頁。

②(唐)孔穎達撰:《禮記正義》卷一二《王制》,阮元校刻:《十三經注疏》,北京:中華書局,1980年,第1338頁。

用,實際上都是指“敖童”。因“小”、“未傅”相比“敖童”更爲簡易,“敖童”後來爲“(小)未傅”所取代。

(作者單位:北京師範大學歷史學院)

漢魏以來涼州所出的若干符讖

樓　勁

符讖之"符"指符命,爲天命所歸的象徵[①];"讖"指徵象、預言,即以天地表徵、圖紋物象、謡諺文記等顯示出來的預兆[②]。故所謂"符讖",也就是象徵、體現了天命的星讖、圖讖、謡讖、緯讖之類。這是中國古代政治文化的特定組成部分,是在確認王朝建立必須"順乎天而應乎人"的前提下,證明其統治者確爲天命所歸的必需論據。在天聽自我民聽、天意自我民意的政治邏輯中,經過多重無意識構擬傳播和有意識解釋放大的符讖,常被解作人心嚮背的象徵,無妨看成是朝野輿論互動的重要風嚮標。中國古代不少地方都曾出現過符讖,其中絶大部分都與割據於當地的政權相關,涼州一帶亦不例外,如西晉以後五涼政權更替到唐末至宋的歸義軍政權時期,均有多種符讖見於文獻。但若不是各地皆有,而是獨有某地出現了預兆全國性政權更替或皇位變動的符讖,且此地在較長時段内一再出現這類符讖,那麼其背後一定存在著此地已牽動全局的某種獨特性,可以視之爲揭示其

①參陳槃:《秦漢間之所謂"符應"論略》,《中央研究院歷史語言研究所集刊》第16本,1948年。

②參陳槃:《讖緯釋名》、《讖緯溯原(上)》,《中央研究院歷史語言研究所集刊》第11本,1944年。

區位特點或優勢的重要線索。漢魏以來的涼州，正是一個屢屢出現這類符讖的地區。

一　漢晉間涼州一帶所出符讖

自漢武帝擊匈奴，開河西，設郡縣，至元封五年（前106）劃定涼州刺史部，涼州皆領河西諸郡而及於隴西，治所多在河西走廊東部即石洋河緑洲中部的姑臧。其地山川雄偉，平疇廣闊，水草豐美而族群繁熾，既爲勾通西域的絲路都會，又是漠南走廊西南向至於河湟、河西的樞紐地帶，故足以經略周圍，控馭西域，隔斷羌狄，捍蔽關隴，不僅常爲河西重心和西北重鎮，且亦關乎舉國治亂，此即涼州地區屢出全國性符讖的基本背景。

從文獻明確記載的情況來看，涼州地區出現預示全國政權更替或皇位變動的符讖，是從漢魏之際開始的。《藝文類聚》卷六二《居處部二・闕》引王隱《晉書》曰：

> 漢末，博士敦煌侯瑾善内學，語弟子曰："涼州城西有泉水當竭，當有雙闕起其上。"魏嘉平中，武威太守起學舍，築闕於此。[①]

侯瑾所善之"内學"，是指天文圖讖之類[②]，故其在東漢末年預言涼州治所姑臧城西"當有雙闕起其上"，亦爲符讖。雙闕是指矗立於通衢兩側之高柱或樓閣，侯瑾所語顯然與當時流行魏當代漢的"當塗高"之讖相關。此讖早已

---

①汪紹楹校：《藝文類聚》，上海：上海古籍出版社，1999年，第1116頁。《水經注》卷四〇《禹貢山水澤地所在》"都野澤"條引王隱《晉書》述侯瑾預言及曹魏武威太守築學舍雙闕之事較詳，可參。陳橋驛：《水經注校證》，北京：中華書局，2007年，第953頁。

②漢魏以來"内學"大略指讖緯天占運曆之學，《三國志》卷二三《魏書・常林傳》裴注引《魏略・清介吉茂傳》述建安時"科禁内學及兵書"。北京：中華書局，1959年，第660頁。《太平御覽》卷六四二《刑法部八・徒作年數》引《晉律注》謂"有挾天文圖讖之屬，並爲二歲刑"。北京：中華書局，1960年影印，第2877頁上欄。這條晉律即從曹魏科禁内學而來，此亦可見内學指天文圖讖之類。

出現於兩漢之際,東漢末則被廣泛視爲魏將代漢的符讖[①]。《三國志》卷二《魏書・文帝紀》載其即位之事,裴注引《獻帝傳》述禪位之前,"太史丞許芝條魏代漢見於讖緯於魏王",其中即有:"當塗高者,魏也;象魏者,兩觀闕是也;當道而高大者魏。"[②]由此即可明白,漢末侯瑾語涼州城西"當有雙闕起其上",是在應讖而言魏將代漢,同時也可視爲涼州有王氣蘊積的預告[③]。這是因爲寓有"王者再出"之義的"當塗高"之讖在曹魏代漢後仍在流行[④],加之禪漢之事並非人同此心,魏晉之際的政局又確實詭譎多變,而兩漢以來涼州常爲牽動舉國政局的重鎮,乃諸方人士和政見風潮所薈萃,在這方面確有潛流湧動。故到齊王芳嘉平年間,武威太守仍須特意在城西興築學舍雙闕,以壓此讖。

關於當時涼州一帶的政治潛流,建安至曹魏青龍年間張掖柳谷石讖的不斷顯現即可爲證。《宋書》卷二七《符瑞志上》:

> 漢元、成之世,先識之士有言曰:"魏年有和,當有開石於西三千餘里,繫五馬,文曰'討曹'。"及魏之初興也,張掖删丹縣金山柳谷有石生焉,周圍七尋,中高一仞,蒼質素章,有五馬、麟、鹿、鳳皇、仙人之象。始見於建安,形成於黄初,文備於太和。至青龍三年,柳谷之玄川溢湧,石形改易,狀似雲龜……當時稱爲祥瑞,班下天下。處士張臶曰:"夫神兆

---

①《後漢書》卷一三《公孫述傳》及李賢注引《東觀書》載當時流行"代漢者當塗高"之讖,稱帝於蜀地的公孫述即以己名"述",字形乃"當途立木",合應此讖。北京:中華書局,1965年,第538頁。同書卷七五《袁術傳》載其東漢末亦曾用當塗高之讖,理由也是其字公路,而其名"術"之字形亦爲當塗立木。第2439頁。

②《三國志》,第64頁。

③王隱《晉書》記此事或爲前涼張本,其書約成於東晉成帝時,後續有修訂,故前涼自奉晉正朔至改元自立、增築姑臧城等舉措,皆王隱身知之事。又《晉書》卷六〇《索靖傳》載其"有先識遠量",知陰陽氣運,約晉武帝時即預言姑臧城南石地後當起宫殿。"至張駿,於其地立南城,起宗廟,建宫殿焉。"北京:中華書局,1974年,第1650頁。靖亦擅内學而預言涼州王業者。

④《晉書》卷三九《王沈傳》附子《王浚傳》載其八王亂後據有幽冀,永嘉以來遂承制置公卿官,以至設壇告類,立皇太子。又載"浚以父字處道,爲'當塗高',應王者之讖,謀將僭號"。第1149頁。即是當塗高之讖非必與魏相連而是泛泛預言王者將出的證明。

未然，不追往事，此蓋將來之休徵，當今之怪異也。”既而晉以司馬氏受禪。①

此事亦載於干寶《搜神記》、孫盛《魏氏春秋》、習鑿齒《漢晉春秋》等處②。綜諸書所述柳谷石文之可注意者，一是皆有“討曹”字樣，此可代表河西一帶至於各地對曹魏代漢的不滿情緒；二是石文居中爲白色群馬，並有“水”、“金”等字，可釋爲司馬氏代魏及晉爲金行之讖；三是青龍三年石形改易後，群馬圖北又顯牛紋，後人解作“牛繼馬後”，並傳説東晉元帝實爲牛姓將吏與琅邪王司馬覲之妃私通所生，以石文爲司馬氏易爲牛氏政權之讖③。

由此再據上引文所述石文出現前後及其顯露、變化的時期，可見西漢以來長安一帶似有涼州將出石文讖兆之説，至建安末年及曹魏代漢以後，果有柳谷石文明示漢魏、魏晉易代，魏明帝以來又有石文變化及兩晉更替的讖釋出現。這種預兆中原王朝易代的符讖接踵在柳谷石文顯現的過程，正應視爲漢武帝以來開河西，通西域，立州部，撫羌胡，再歷經隗囂起事、董卓入洛而涼州地位已舉足輕重，各族豪傑和中原人士多往來匯聚於此而縱横捭闔，遂使其地輿情漸得與舉國政局密切互動的寫照。

---

①《宋書》，北京：中華書局，1974 年，第 781 頁。

②見《三國志》卷三《魏書・明帝紀》青龍三年十一月丁酉裴注所引，諸處載石文内容大同小異。第 106—107 頁。顧祖禹撰，賀次君、施和金點校：《讀史方輿紀要》卷六三《陝西十二・甘肅鎮》“川巖”條述“大柳谷，在鎮東南百里，與山丹衛接境”。北京：中華書局，2005 年，第 2978 頁。

③《宋書》卷二七《符瑞志上》載司馬懿因柳谷石文馬後有牛，遂酖殺寵將牛金，又載“元帝母夏侯妃與琅邪國小史姓牛私通，而生元帝”。第 783 頁。許嵩撰、張忱石點校：《建康實録》卷五《中宗元皇帝》亦載此事而記小史名牛欽。北京：中華書局，1986 年，第 128 頁。《晉書》卷三一《後妃傳上・武悼楊皇后傳》載東晉成帝時議復其配享，虞潭議稱“太寧二年，臣忝宗正，帝譜泯棄，罔所循按”。第 956 頁。是西晉末帝譜毁於亂中，宗室世系失其所據，遂使司馬叡生父牛氏説得以流播。《魏書》卷九六《僭晉司馬叡傳》則載叡爲牛金與夏侯妃私通所生而“冒姓司馬”。北京：中華書局，1974 年，第 2091 頁。至唐元行沖作《後魏國典》，又以拓跋昭成帝什翼犍“繼晉受命”爲“牛繼馬後”石讖所指。見《舊唐書》卷一〇二《元行沖傳》，北京：中華書局，1975 年，第 3177 頁。

二 “胡運將終”之讖的西涼文本

西晉滅亡後，北方血火彌漫而五胡馳騁，得以相對安定者，惟守境保土的涼州張氏政權與自承正朔的江東司馬氏政權遥相呼應。當此之時，中原士大夫不爲五胡所屈者，若非南渡多西附張氏，長期以來匯聚於此的各族豪傑亦有不甘蟄伏而謀霸業。這就使涼州成了兩漢魏晉文化傳統存亡繼絶的要地①，同時也奠定了河西五涼政權相繼稱王稱霸的基礎。前述漢晉間涼州符讖所反映的各種政治潛流和輿情風雲，自此又進入了一個新的時期。

此期流傳於河西而又關係到整個北方政局的符讖，是見於西涼及此前一段時期的“胡運將終”之讖。《晉書》卷八七《涼武昭王李玄盛傳》載其義熙元年（405）改元建初，遣舍人黄始、梁興間行奉表詣闕曰：

> 昔漢運將終，三國鼎峙，鈎天之曆，數鍾皇晉。……臣聞曆數相推，歸餘於終，帝王之興，必有閏位。是以共工亂象於黄農之間，秦項篡竊於周漢之際，皆機不轉踵，覆餗成凶。自戎狄亂華，已涉百齡，五胡僭襲，期運將杪，四海顒顒，懸心象魏。故師次東關，趙魏莫不企踵；淮南大捷，三方欣然引領。……②

表文所述“曆數相推，歸餘於終”及“五胡僭襲，期運將杪”云云，概括了西涼所認同、期望的北方政治氣候及其風向，其表明西涼治下流傳著一個五胡相繼僭襲而正統終歸華夏的讖記，也是今存文獻所見“胡運將終”之讖歷經演化以後内涵相對完整，尤其是天命復歸華夏的指向十分明確的一個文本。

此讖較早出現是在攻佔洛陽滅亡西晉的石趙治下，其演化過程則真切體現了五胡時期中原戰亂已極而渴盼太平的民心所向。《晉書》卷一〇七《石虎載記下》述其建武十二年（347）以來大興土木之事：

---

①參陳寅恪：《隋唐制度淵源略論稿》一《叙論》，上海：上海古籍出版社，1982年，第1—2頁。

②《晉書》，第2259—2260頁。

> 沙門吴進言於季龍曰："胡運將衰，晉當復興。宜苦役晉人以厭其氣。"季龍於是使尚書張群發近郡男女十六萬，車十萬乘，運土築華林苑及長牆於鄴北，廣長數十里。①

所謂"胡運將衰，晉當復興"，應是當時流行的關於胡漢氣運興替的謡讖②，所體現的是晉人轉輾掙扎於劫難之中的一絲希望。但無良僧人吴進的解釋，卻反而迎合了胡主對此讖的反應。這也可見劫難一時還未有盡頭，及至石虎末年大亂而群雄相争，戰火愈甚，人們對結束大亂的嚮往自然也會更趨强烈。《十六國春秋輯補》卷三一《前秦録一》載石趙末年大亂，苻洪擁衆十余萬争奪關中：

> 於是安定梁楞等並關西民望説洪曰："今胡運已終，中原喪亂，明公神武自天，必繼蹤周、漢，宜稱尊號，以副四海之望。"③

從前引沙門吴進所説的"胡運將衰"，到此處梁楞等連同"關西民望"著眼於"繼蹤周漢"而進言"胡運已終"，即可體會驅動此讖演化的人心所嚮，這應當也影響了冉閔殺胡這一驚世之舉④。

《晉書》卷一一四《苻堅載記下》載其永興元年(357)即位時，曾有術士王彫爲之陳説圖讖：

---

①《晉書》，第2782頁。

②東漢至晉皆有胡亂之讖，《續漢書·五行志一》："靈帝好胡服、胡帳、胡床、胡坐、胡飯、胡空侯、胡笛、胡舞，京都貴戚皆競爲之。此服妖也。其後董卓多擁胡兵，填塞街衢，虜掠宫掖，發掘園陵。"《後漢書》，第3272頁。《宋書》卷三〇《五行志一》："晉武帝泰始後，中國相尚用胡床、貊盤，及爲羌煮、貊炙。貴人富室，必置其器，吉享嘉會，皆此爲先。太康中，天下又以氈爲絈頭及絡帶、衿口。百姓相戲曰，中國必爲胡所破也。"第887頁。這是表明戎狄亂華爲天運氣數註定的服讖與謡讖，至晉末五胡相繼而興，便形成了胡酋爲王亦應讖合籙的輿論。

③湯球輯：《十六國春秋輯補》，北京：商務印書館，1958年，第240頁。

④《晉書》卷一〇七《石虎載記下》載冉閔攻石祗時，"道士法饒進曰：'太白經昴，當殺胡王，一戰百克，不可失也。"又載自季龍末年以來，冉閔與羌胡相攻，無月不戰，"諸夏紛亂，無復農者。閔悔之，誅法饒父子"。第2794—2795頁。是冉閔盡誅胡人，似有"大白經昴"之象爲徵，且有"道士"法饒爲説，其時恐必引及"胡運將衰"之讖。"道士"在當時亦指沙門，可見佛教人士在當時這些謡讖傳播中的作用。

> 謹案讖云："古月之末亂中州，洪水大起健西流，惟有雄子定八州。"此即三祖、陛下之聖諱也。又曰："當有艸付臣又土，滅東燕，破白虜，氐在中，華在表。"案圖讖之文，陛下當滅燕，平六州。願徙汧隴諸氐於京師，三秦大户置之於邊地，以應圖讖之言。①

上引文中包括了二讖，一是苻氏當崛起於"胡亂之末"，至苻堅而略定八州之地；二是苻堅當滅燕而興，且其時的天運氣數爲氐族各部據有中原，華夏之人則在周圍。前者顯然是"胡運將終"之讖的又一文本，後者可注意的是王彫建議徙汧隴諸氐於京師，以應讖言"氐在中"之義；則其移置三秦大户於邊地，正可説明"華在表"亦當兼指汧隴以西的前涼治下，並非僅指江東而已。這就透露了前涼自張祚以來雖已不再奉晉正朔，而仍被公認爲華夏要域的事實，對於理解前面所述西涼流傳的五胡運終之讖來説，這是相當重要的背景。

《晉書·苻堅載記下》後文又載建元之末(385)堅被姚萇俘至新平縊死以前之事：

> 萇求傳國璽於堅曰："萇次膺符曆，可以爲惠。"堅瞋目叱之曰："小羌乃敢干逼天子，豈以傳國璽授汝羌也！圖緯符命，何所依據？五胡次序，無汝羌名。違天不祥，其能久乎！璽已送晉，不可得也。"②

這説明西晉亡後陸續流傳、變化的胡運將終之讖，至前秦確已出現了五胡依次應運而興的文本③。從姚萇自以爲"次膺符曆"，苻堅則斥"五胡次序，無汝羌名"，可見此讖在"五胡"構成和次序上存在著不同文本④。苻堅"璽已送

---

①《晉書》，第2910頁。

②《晉書》，第2928頁。

③參萬繩楠整理：《陳寅恪魏晉南北朝史講演録》第六篇《五胡種族問題》(一)《五胡次序》。合肥：黄山書社，1987年，第83—84頁。

④相關研究可參王樹民：《"五胡"小議》，《文史》第22輯，北京：中華書局，1984年；孫仲匯：《五胡考釋》，《社會科學戰線》1985年第1期；雷家驥：《試論"五胡"及其立國情勢與漢化思考——兼考"五胡"一名最初之指涉》，收入汪榮祖等主編：《胡人漢化與漢人胡化》，嘉義：中正大學臺灣人文研究中心，2006年；陳勇：《從五主到五族："五胡"稱謂探源》，《歷史研究》2014年第4期。

晉”之説雖未明言其所據圖緯符命的内容[①]，卻還是隱隱表明了五胡依次膺運以後，天命將重歸華夏[②]。不難看出，前引李玄盛上表所示胡運將終之讖的西涼文本，正是在姚萇、苻堅所知“五胡次序”之讖的基礎上，因涼州一帶華夏文化傳統的深切影響而進一步明確了其閏位内涵和最終指向的産物。

就這樣，從石趙時期出現“胡運將衰，晉當復興”之讖；到苻秦建立前後變爲“胡運已終”、“胡亂之末”而氐族當“繼蹤周漢”爲中原之主，進又出現“五胡”相繼應運興衰的“次序”，並且約略指明了五胡運終而華夏復興的方向；再到其西涼文本所説的“曆數相推，歸餘於終，帝王之興，必有閏位”；以及“戎狄亂華，已涉百齡，五胡僭襲，期運將杪”。從而可見這五十多年中胡運將終之讖的流傳、演化，是在涼州一帶形成了其順應整個北方的政治趨勢，兼括北族各部和區分正統、閏位，最終則明確形成了“五胡依次膺運”而“天命終歸華夏”的完整内涵。而其要則是據歷代王朝的興衰來驗證曆數期運，以閏位不敵正統的規律來説明天意人心，用近世的治亂興替來解釋其預言五胡運終而華夏復興的歸宿。由此即可體會到當時涼州一帶與江東、中原政局和輿論因應互動的密切關聯，而這當然是與涼州既是時人公認的華夏文化要域，又足牽動整個北方形勢，且爲西北各地各族往來重要樞紐的區位優勢分不開的。

三　北魏再現的張掖柳谷石讖

北魏太武帝太延五年（439）親征北涼，攻克姑臧，平定了河西，結束了西

①《晉書》卷八《穆帝紀》永和八年八月、卷七九《謝尚傳》皆載冉魏亡時，傳國璽經其督護戴施、大將蔣乾等人轉輾送晉。第198頁及2071頁。《太平御覽》卷682《儀式部三・璽》引《燕書》則載蔣幹攜傳國璽詣晉求救，因“黄霧四塞，不得進，易取行璽始得去”。北京：中華書局，1990年影印，第3045頁上欄。可見西晉末以來傳國璽之下落撲朔迷離，故苻堅“璽已送晉”之語，當可表明其視東晉爲正朔所在，而非魏晉以來傳國璽之真實下落。參田中一輝《玉璽的行蹤——正統性的衝突》，收入《第九屆中國中古史青年學者國際會議論文集》，武漢大學，2015年。

②北魏的建國歷程亦受胡運將終之讖影響，道武帝天興元年（398）前後取據漢魏之制和儒經典制的各項舉措，略可表明此讖流傳於代北的形態包括了華夏復興的内涵。參樓勁《讖緯與北魏建國》，《歷史研究》2016年第1期。

晉末年以來的十六國時期，自此開始偃武修文，力圖鞏固北方的統一局面和北魏的統治體制。在此過程中，張掖柳谷石讖又出現了新的變種。

《魏書》卷一一二下《靈徵志下》載太平真君五年（444）二月張掖郡奏稱曹魏時柳谷山石所示紋様，忽又呈現了“國家祖宗諱，著受命之符”：

> 其文記昭成皇帝諱，“繼世四六，天法平，天下大安”，凡十四字；次記太祖道武皇帝諱，“應王，載記千歲”，凡七字；次記太宗明元皇帝諱，“長子二百二十年”，凡八字；次記“太平天王繼世主治”，凡八字；次記皇太子諱，“昌封太山”，凡五字。①

於是朝廷遣使圖寫其文，宣告於四海，俾“方外僭竊知天命有歸”，且被史官記録存檔。據此可知當時出現的柳谷新石讖，是要强調拓跋帝位由昭成、道武、明元、太武直系相嗣的天授之統，而其落脚點顯然是要配合此年元月皇太子拓跋晃“始總百揆”這件大事。

《魏書》卷四上《世祖紀上》載延和元年正月立拓跋晃爲太子，卷四下《世祖紀下》載太平真君四年十一月令太子副理萬機，總統百揆；五年正月起皇太子開始實際主持國務，執掌政柄；與之相伴的則有政教、人事、儀制等方面的一系列舉措和調整②。考慮到道武帝以來帝位傳子制並未鞏固，圍繞帝位傳承仍多血腥的争攘變亂③，所謂“太子”，其地位經常不爲諸部大人和帝室各支認可而遭挑戰，故不僅須以特命其攝政等方式確定、維護其嗣君地位，且有必要借重諸符讖、祥瑞以爲助力，這都是易於理解的。問題在於，其時北魏既以平城爲中心劃定了王畿千里④，至於關中、河東、伊洛、中山、鄴城

---

①《魏書》，第 2954 頁。

②《魏書》，第 80 頁、96—97 頁。

③參趙翼《廿二史劄記》卷一五《後魏多家庭之變》條。北京：中國書店，1987 年，第 196 頁。

④《魏書》卷一一〇《食貨志》載“天興初，制定京邑，東至代郡，西及善無，南極陰館，北盡參合，爲畿内之田，其外四方四維置八部帥以監之，勸課農耕，量校收入，以爲殿最”。第 2850 頁。《元和郡縣圖誌》卷一四《雲州》條：“後魏道武帝又於此建都，東至上谷軍都關，西至河，南至中山隘門塞，北至五原，地方千里，以爲甸服。”北京：中華書局，1983 年，第 409 頁。所述皆天興所定王畿千里的範圍。

等地，皆爲天下公認人傑地靈的重鎮，有關北魏帝系嫡緒及大位傳承的符讖，又爲什麽要由偏在河西的張掖郡奏上呢？

這與西漢元、成以來張掖柳谷將出石讖的傳説，與漢魏之際及魏晉之際柳谷果然疊出石讖，且其皆甚靈驗而被證實的傳統，應當存在著某種聯繫。但若結合當時政局和涼州一帶的區位特點來加以考慮，其事顯然又與太武帝平定河西，涼州士人大批徙至平城，傳承於河西地區的華夏文化包括兩漢魏晉相關故事得以影響北魏中樞決策相關。《魏書》卷五二《張湛傳》載其敦煌人，弱冠即知名涼土，太武帝平河西而入國：

> 司徒崔浩識而禮之。浩注《易》，叙曰："國家西平河右，敦煌張湛、金城宗欽、武威段承根三人，皆儒者，並有儁才，見稱於西州。每與余論《易》，余以《左氏傳》卦解之，遂相勸爲注。故因退朝之餘暇，而爲之解焉。"其見稱如此……每歲贈浩詩頌，浩常報答。①

崔浩既博學通經又深諳内學，並與徙至平城的河西士人共論《易》及《左傳》卦象，自亦不免論及陰陽圖讖之類。況太武帝及其下顯貴多好此道②，當時河西人士被其所知所用者還有不少③，其奏對議事之時恐必語及河西掌故及

①《魏書》，第1154頁。

②如《魏書》卷四八《高允傳》載其精於曆數推步，太武帝曾命其"集天文災異，使事類相從，約而可觀"。允撮其事要八篇奏上，帝"覽而善之，曰：'高允之明災異，亦豈減崔浩乎？'"第1072—1073頁。同書卷一七《明元六王傳·樂平王丕傳》載其深好占卦術數，與日者董道秀親近，有覬覦大位之心，後坐劉潔事憂死。第414頁。同書卷二八《劉潔傳》載其出身蔔筮世家，太武帝時位居勢要，從征柔然，私謂"若軍出無功，車駕不返者，吾當立樂平王丕"，又妄言圖讖，事發並同黨皆誅三族。第689頁。其例甚多，不贅舉。

③《魏書》卷五二爲太武帝相繼平定赫連夏及北涼後歸附入國的隴右、河西士人集傳，其中如趙逸爲天水人，平夏後歸國，才學爲太武帝及崔浩所知。宋繇出於敦煌世家，北涼時送興平公主至平城，太武帝拜爲河西王右丞相，賜爵清水公，加安遠將軍，涼州平後入國。闞駰亦敦煌世家子而博通經傳，官至北涼尚書，"姑臧平，樂平王丕鎮涼州，引爲從事中郎"。敦煌人劉昞爲涼州大儒，曾爲西涼儒林祭酒和北涼國師，太武帝夙聞其名，河西平後"拜樂平王從事中郎"；陰仲達爲姑臧人，涼州世家子，"世祖平涼州，内徙代都。司徒崔浩啓仲達與段承根云，二人俱涼土才華，同修國史"。第1145—1163頁。至於同卷索敞及《魏書》卷八四《儒林傳》載常爽等河西人入國後教授諸多顯貴子弟。第1848—1849頁。亦得在一定程度上影響平城風氣。

五涼興衰氣運,漢魏以來張掖柳谷屢出石讖及其頗爲靈驗的傳統[①],或正由此進入了北魏決策層視野,也就構成了此時柳谷所以再出石讖,其上則有“國家祖宗諱,著受命之符”的因緣。倘進而再論北魏此時柳谷再出石讖一事,則至少還須考慮牽涉面更爲廣闊的以下事態:

太武帝籌畫親征北涼之役時,曾與群臣反復討論河西諸況[②],且因源賀歸國而得瞭解姑臧周圍族群及其傾向[③]。攻克姑臧後,魏軍除追擊北涼及西涼餘部外,旋即開始征伐吐谷渾而經略西域。由此足見太武帝的戰略部署是先定河西,以爲控制西域、北扼柔然而南定吐谷渾的關鍵,因而當時的河西一帶,實爲相關各方風雲所聚,更是北魏高層關注的焦點所在,位於河西走廊穿越祁連山隘口附近的張掖柳谷再現石讖,在此背景下自然易爲舉國矚目。況且太武帝立其子拓跋晃爲嗣君,阻力主要是來自留戀拓跋君位推舉制傳統的諸部大人和帝室旁支,故其要點之一在於北族各部的理解和支持。正其如此,涼州地當西北各族東西南北往來的樞紐之地,在向内亞各部傳播相關資訊時可以説處於中心地位,這應當也是關於北魏帝系嫡緒和大位傳承的符讖特别出現於河西的又一重因緣。

無論如何,舊時張掖柳谷屢出靈驗石讖的傳統,還須與北魏平定河西前後的政局和相關事態,與涼州的區位特點結合到一起,才會導致太平真君五年柳谷再出爲太武帝傳位嗣子拓跋晃服務的石讖,這一點應該没有什麽問

---

①《晉書》卷八六《張軌傳》載其西晉末據有涼州爲一方之主後,“張掖臨松山石有‘金馬’字,磨滅粗可識,而‘張’字分明;又有文曰‘初祚天下,西方安萬年’。姑臧又有玄石,白點成二十八宿”。第2223頁。此臨松即今馬蹄寺所在山谷一帶,朱藴章:《臨松薤谷:河西文化的淵藪之一》一文認爲其即所謂“張掖柳谷”,載《河西學院學報》2016年第6期。張軌時柳谷再出石讖之事若隨河西人士傳至平城,柳谷的神跡屢出又增其例。

②見《魏書》卷三五《崔浩傳》載太武帝與浩及群臣議征討北涼之事。第822—825頁。

③《魏書》卷四一《源賀傳》載其爲秃髮傉檀之子,傉檀爲乞伏所滅,“賀自樂都來奔”,太武帝謂賀曰:“卿與朕源同,因事分姓,今可爲源氏。”第919頁。後遂以爲親征河西之嚮導,賀則爲帝詳述姑臧周圍多其鮮卑舊部等政情,爲北魏平定河西建有殊功。

題。故其歸根到底仍是當時涼州在全國地位甚重的反映,並須聯繫涼州在自然、社會、思想文化、民族關係等方面的綜合條件來加以解釋。特别是涼州相對於黄河流域固然西處一隅,但在内亞東部,則在其東西南北各族交通、傳播格局中具有某種中心地位,應是值得今後繼續討論的一個重要問題。

結　語

涼州一帶自兩漢之際隗囂起事,至漢魏之際董卓入洛而舉足輕重,再到魏晉時期成爲北方地區華夏文化延續發展的重鎮,遂有晉末以來的五涼之局,以及隋唐之際的李軌大涼政權出現。這都説明了漢魏以來涼州一帶經濟社會發展已具相當高度而足以支撑其自立,又每每關係到全國政局並爲舉國矚目的地位。故其地出現全國性符讖基本上皆在漢唐之間。到唐以來政治重心東移,尤其是東胡各族紛紛崛起以後,涼州在整個華夏地區的地位逐漸下降,其地也就基本上不再出現全國性符讖了。

本文所述符讖在涼州一帶的接踵出現及其内涵,典型地體現了當時涼州影響不限於河西、西北,涼州輿情與中樞政局不時存在密切互動的狀態,也就從一個獨特的側面反映了其在漢唐間所具的重大戰略地位。若加概括,一是涼州在漢唐建都長安而尤重西北之時,確爲捍蔽關中、隔絶羌胡、經略西域和包抄北狄的重鎮要地。二是涼州爲勾通中土、西域及漠南、河湟的重要交通和傳播樞紐,這一點在漢武帝以前直至唐代相當突出,但其在唐以後包括遼、金、元、清等内亞色彩較濃的王朝治下的狀態,學界關注還很不夠而待加强。三是涼州人士和涼州所存中土文化在魏晉南北朝時期的全國性影響,如陳寅恪先生論河西文化爲隋唐制度三源之一,又如佛教史上的後涼鳩摩羅什、北涼曇無讖等譯經傳教而使大乘、涅槃、禪法等宗義流行,這類事態均爲史界耳熟能詳。但其在唐代以後似乎失去了這種地位,此後涼州一帶文化形態的演化及其區位特點,包括其對西北各族乃至於整個内亞東部地區發展的影響,應是有待結合上述兩點深入研究的重大課題。

（作者單位:中國歷史研究院）

胡廣/蔡邕"帝之下書有四"説的"顯"與"隱"

侯旭東

中國自秦漢以來的王朝統治中,文書是重要的手段。湖北雲夢縣出土的《睡虎地秦簡》秦律十八種《内史雜》規定:"有事請也,必以書,毋口請,毋羈請"①,强調有事請示須利用文字書寫。東漢人王充指出:"蕭何入秦,收拾文書,漢所以能制九州者,文書之力也。以文書御天下,天下之富,孰與家人之財?"②更是强調了漢朝統治對文書的依賴。不過,長期以來,對此缺乏直觀的認識。隨著20世紀初以降簡牘與紙質寫本文書的不斷出土,文書的價值日益受到學界的關注,更有學者呼籲并努力建立中國的"古文書學"③。

文書研究中涉及皇帝所發文書時,幾乎都離不開東漢末年學者蔡邕

①睡虎地秦墓竹簡整理小組編:《睡虎地秦墓竹簡》釋文,北京:文物出版社,1990年,第62頁。這裏釋文改用了通行字。

②王充:《論衡》卷一三《别通篇》,黄輝校釋,北京:中華書局,1990年,第591頁。

③最新成果可見黄正建主編:《中國古文書學研究初編》,上海:上海古籍出版社,2019年。

(133—192)[1]撰寫的《獨斷》一書,尤其是利用書中的描述幫助我們認識文獻與出土的相關資料。這種思路的前提是相信《獨斷》記録了(或曰"反映了")秦漢時代,或其中某個時期的文書制度。這一前提是否成立,此前學者考慮不多。現在出土的文書日見豐富,文書研究亦日益深入,提供了移步换景,從新的角度看待文書與《獨斷》的機會。本文便嘗試將四類説的産生置於制度、時局與個人經歷的背景下,對其具體表述進行一番探討。中外學界關於《獨斷》與漢代詔書的研究極爲豐富[2],這裏不擬詳論。

一 被遮蔽的胡廣與繞不過的蔡邕

談起皇帝文書,學者想到的往往就是蔡邕的《獨斷》,他在書中詳細描述過的"策書、制書、詔書與誡敕",衹有部分學者注意到,這四類文書并非蔡邕的發明。目前來看,實際是他的老師胡廣先於蔡邕提出的,蔡邕不過是繼承并充實了胡廣的看法。

《後漢書・光武帝紀上》"建武元年"李賢注引《漢制度》曰:"帝之下書有四",隨後介紹了四種書的名稱與書寫格式等(1/24)。此處注引《漢制度》未言作者,據他處所引,可知此書確爲胡廣所著。《續漢書・禮儀志上》注補引《謝沈書》曰:"太傅胡廣博綜舊儀,立漢制度,蔡邕依以爲志,譙周後改定以爲《禮儀志》。"(4/3101);這裏的"漢制度"應是著作名。《後漢書・儒林傳上》李賢注引胡廣《漢制度》曰,記述天子車駕云云(79/2546),亦是明證。

胡廣(91—172),南郡華容人,東漢名臣,《後漢書》卷四四有傳。自郡吏察孝廉,安帝試以章奏,考得天下第一,拜爲尚書郎,後遷尚書僕射,任職尚書台十餘年,後出任濟陰太守、汝南太守,入拜大司農,順帝漢安元年(142),

---

[1]據鄧安生:《蔡邕集編年校注》下册附録"蔡邕年譜",石家莊:河北教育出版社,2002 年,第 589 頁;曹道衡、沈玉成:《中古文學史料叢考》"蔡邕年歲及徙五原年月"條,北京:中華書局,2003 年,第 11 頁。

[2]有關回顧,詳參孫梓辛:《漢代詔書研究述評》,《中國中古史研究》第六卷,上海:中西書局,2018 年,第 262—306 頁。

遷司徒。後任太尉、録尚書事。桓帝時幾次出任司空、太尉，史稱“達練事體，明解朝章”，“在公台三十餘年，歷事六帝”，八十二歲壽終。著述頗豐，没提到《漢制度》一書。更可惜的是，此書久佚，詳情不明①。

爲更好地展示其分類與蔡邕《獨斷》之間的關係，將兩書關於四類文書的描述對照列表如下：

	胡廣《漢制度》	蔡邕《獨斷》
	帝之下書有四：一曰策書，二曰制書，三曰詔書，四曰*誡敕*。	其命令一曰策書，二曰制書，三曰詔書，四曰*戒書*。
策書	策書者，編簡也，其制長二尺，短者半之，篆書，起年月日，稱皇帝，以命諸侯王。三公以罪免亦賜策，而以隸書，用尺一木，兩行，唯此爲异也。	策書。策者簡也。禮曰：不滿百丈(文)②，不書於策。其制長二尺，短者半之。其次一長一短，兩編。下附篆書，起年月日，稱“皇帝曰”，以命諸侯王、三公。其諸侯王三公之薨於位者，亦以策書誄謚其行而賜之。如諸侯之策，三公以罪免，亦賜策。文體如上策而隸書，以一尺木兩行，唯此爲异者也。
制書	制書者，帝者制度之命，其文曰制詔三公，皆璽封，尚書令印重封，露布州郡也。	制書，帝者制度之命也，其文曰“制詔三公”，赦令贖令之屬是也。刺史、太守、相劾奏申下土遷書，文亦如之。其征爲九卿，若遷京師近官③，則言官，具言姓名。其免若得罪，無姓。凡制書，有印使符，下遠近皆璽封，尚書令印重封。唯赦令、贖令召三公詣朝堂受制書，司徒印封，露布下州郡④。

①流傳與輯佚情況，見孫啓治、陳建華編：《古佚書輯本目録附考證》，北京：中華書局，1997年，第178頁。

②《四庫全書》本與《四部叢刊三編》“子部”影印明常熟瞿氏鐵琴銅劍樓藏弘治十六年刊本《獨斷》卷上均作“丈”，馬怡改做“文”，見《漢代詔書之三品》，收入北京大學中國古代史研究中心編：《田餘慶先生九十華誕頌壽論文集》，北京：中華書局，2014年，第66頁，福井重雅編：《訳注獨斷》(東京：東方書店，2000年)第218頁作“文”。據“例言”，福井依據的底本是盧文弨校刊的《抱經堂叢書》本《獨斷》，而“解題”中卻説依據的是“百川學海本”，參考盧文弨《抱經堂叢書》的校本，兩説矛盾，未知孰是。

③原本作“宫”，據張元濟校勘記，《百川學海》本與《漢魏叢書》本作“官”，據改。

④《漢官儀》亦有類似説法：“群臣上書，公卿校尉諸將不言姓。凡制書皆璽封，尚書令重(轉下頁注)

續表

	胡廣《漢制度》	蔡邕《獨斷》
詔書	詔書者,詔,告也,其文曰告某官云〔云〕,如故事。	詔書者,詔誥也,有三品。其文曰告某官,官,如故事,是爲詔書;群臣有所奏請,"尚書令奏"之下有"制曰",天子答之曰"可",若"下某官"云云,亦曰詔書;群臣有所奏請,無"尚書令奏"、"制"之①字,則答曰"已奏,如書",本官下所當至,亦曰詔。
誡敕	誡敕者,謂敕刺史、太守,其文曰有詔敕某官。它皆仿此。	戒書,戒敕。刺史、太守及三邊營官被敕,文曰"有詔敕某官",是爲戒敕也。世皆名此爲策書,失之遠矣。
出處	《後漢書》卷一《光武帝紀上》"建武元年"李賢注引,第24頁	《四部叢刊三編》"子部"影印明弘治刊本《獨斷》卷上②

對比上表,確如馬怡所指出的,蔡邕《獨斷》對於皇帝命令的描述,無論定名,還是文體與封緘方式,均承襲胡廣的看法③,蔡邕的貢獻是補充不少文體、施用對象上的細節,特别是詔書有三品的看法。因《漢制度》散佚,《光武帝紀上》所引是否完整,已不可考,但兩書的分類與描述之間存在承繼關係,無可否認。蔡邕曾説"臣所事師故太傅胡廣,知臣頗識其門户,略以所有舊事與

(接上頁注)封。唯赦贖令司徒印,露布州郡"。《後漢書》卷二九《鮑昱傳》注引,點校本,北京:中華書局,1965年,第1022頁。《漢官儀》應劭著,建安二年(197),漢獻帝遷都許後撰寫,成書晚於《漢制度》與《獨斷》,此段或是抄自兩書。《唐六典》卷九《中書省》"中書令"條下小注引《獨斷》此段做"制書,帝者制度之命也,其文曰"制詔三公",赦令、贖令之屬是也。近道印付符,遠道皆璽封,尚書令即准赦、贖令召三公詣朝堂受制書,司徒露布州郡。"(陳仲夫點校本,北京:中華書局,1992年,第274頁)語句有删減,且頗有費解處,疑是抄録時删改所致。

①"之"字,據張元濟校勘記,《古今逸史》本與《漢魏叢書》本均無此字。

②此表大庭脩在《漢代制詔的形態》一文中亦製作過,并指出兩者之間的記載"幾乎一致",又説"兩書的記載十分相似,而《獨斷》較爲詳細,不過章懷太子注未必是引用了《漢制度》全文,因此兩書的原本也許並無太大的差异",見所著《秦漢法制史研究》,中譯本,上海:中西書局,2017年,第139—140頁。

③馬怡:《漢代詔書之三品》,第67頁。

臣。雖未備悉，粗見首尾，積累思惟，二十餘年”①，一方面承認自己曾師事胡廣，胡廣亦清楚蔡邕瞭解他的想法與路數，另一方面肯定胡廣曾將他所搜集的很多資料（舊事）給予了蔡邕，且這些資料胡廣做過整理，但没有完成，衹是“粗見首尾”，兩人看法上相似，毫不意外。因此，策書、制書、詔書與戒敕（戒書）這四類皇帝所下文書的提出，準確地説，應是胡廣首創，蔡邕加以完善，而不是蔡邕一人的發明。以下簡稱爲胡/蔡四類説②。

蔡邕的貢獻不止是提供了很多的細節，包括定名上也做了微調，將“誡敕”改稱“戒書”，以便與其他三類協調。

兩人提出的“四類説”構成後世看待皇帝文書的規範，影響至今。目前所見，從南朝劉勰的《文心雕龍》一直到今人研究皇帝文書，均依托這一框架。《文心雕龍・詔策》：

> 皇帝御寓，其言也神；淵嘿黼扆，響盈四表，唯詔策乎！……秦并天下，改命曰制。漢初定儀則，則命有四品：一曰策書，二曰制書，三曰詔書，四曰戒敕。敕戒州部，詔誥百官，制施赦命，策封王侯。……故兩漢詔誥，職在尚書。王言之大，動入史策，其出如綍，不反若汗。……及制誥嚴助，即云厭承明廬，蓋寵才之恩也。孝宣璽書，賜太守陳遂，亦故舊之厚也。③

劉勰使用的稱呼與施用對象的具體區分，恐怕大多源自胡廣的《漢制度》，僅“制施赦命”現存《漢制度》未見。這裏异乎前人之處，在於他認爲這四類文書是西漢初年創立的，是否如此，現在已難以知曉。

---

①《後漢書》卷六〇《蔡邕傳》注引《邕别傳》，蔡邕在朔方上章所言，第2004頁。上表的時間，學界尚有分歧，一説在桓帝光和元年（178年，據鄧安生《蔡邕年譜》，第607頁）；一説在桓帝光和二年（179年，據曹道衡、沈玉成：《中古文學史料叢考》，北京：中華書局，2003年，第11—12頁），無論哪一説，上章時胡廣已死。

②芮釗亦列表對比了胡廣《漢制度》與蔡邕《獨斷》，除上述文書之外，還涉及宗廟、輿服制度等，得出相同的結論，見所著《〈獨斷〉研究》，碩士論文，賈俊俠指導，陝西師範大學，2011年，第57—59頁。

③范文瀾：《文心雕龍注》，北京：人民文學出版社，1958年，第358—359頁。

《唐六典·中書省》“中書令”條下小注亦引了蔡邕《獨斷》，爲正文中所列的“王言之制有七”溯源。其文云：

《尚書》有典、謨、訓、誥、誓、命之書，皆帝王詔制記於簡策者也。

蔡邕《獨斷》稱：“漢制，天子之書，一曰策書，二曰制書，三曰詔書，四曰戒敕。策者，以簡爲之，其制長三尺，短者半之。其次一長一短，兩編。下附篆書，題年月日，稱‘皇帝曰’，以命諸侯王、三公。制書，帝者制度之命也，其文曰‘制詔三公’，赦令贖令之屬是也。近道印付符，遠道皆璽封，尚書令即准赦、贖令召三公詣朝堂受制書，司徒露布州郡。詔書有三品。其文曰告某官，某官如故事，是爲詔書；群臣有所奏請，‘尚書令奏’之下有‘制詔’，天子答之曰‘可’，以爲詔書；群臣有所奏請，無‘尚書令奏’、‘制曰’之字，則答曰‘已奏，如書’，本官下所當至，亦曰詔書。戒書，戒敕。刺史、太守及三邊營官被敕，文曰‘有詔敕某官’，是爲戒敕。”

自魏晋已後因循，有册書、詔、敕，總名曰詔。皇朝因隋不改。天后天授元年，以避諱，改詔爲制。今册書用簡，制書、慰勞制書、發日敕用黄麻紙，敕旨、論事敕及敕牒用黄藤紙，其赦書頒下州郡用絹。①

原注前後相聯，爲眉目清晰，這裏按叙述的時代分爲三段。對照傳世本《獨斷》，《唐六典》所引有不少删減與差异，删減是《唐六典》注釋的慣例，差异的産生，究竟是源於版本還是傳抄，難以確知。值得注意的是，該注旨在梳理《尚書》以降至唐代王言的流變，前後均是泛泛而談，唯一詳舉爲據的就是蔡邕《獨斷》，唐人心目中此書在梳理王言上的地位不言而喻。唐宋以後王言日見複雜，種類繁多，相關的記述也頗豐，一旦追述來歷或編次漢代詔令，胡/蔡四類説，尤其是蔡邕的《獨斷》總是難以繞開的著作。宋初王欽若等編撰《册府元龜》，卷五五〇“詞臣部”的“總序”中即引述《漢制度》；宋人整理兩漢詔令，洪諮夔（1176—1236）爲《兩漢詔令覽目》所寫的“序”便是如此；

①《唐六典》卷九《中書省》“中書令”條，第274頁，標點有改動。

南宋時王應麟(1223—1296)輯《玉海》卷六四"漢詔令總叙"以及"漢策書、詔策、册書、策詔、賜策"條(1204)、"漢四書、策書、制書、詔書、誡敕、露布"等條(1209),均引述了《漢制度》與《獨斷》。一直到今天,更是如此。胡廣《漢制度》一書恐南宋時已亡佚,王應麟所引乃是根據《光武紀》"建武元年九月辛未詔"注《漢制度》云云。明人吴訥(1372—1457)《文章辨體序説》在論述册、制時亦暗引兩人的説法①。

20 世紀以來研究秦漢時期的官文書,就更無法脱離胡/蔡四類説作爲分析的框架。從王國維《簡牘檢署考》、《流沙墜簡》開始,一直到新近的研究,包括德國學者紀安諾②,莫不如此。

二　胡/蔡四類説的"説"與"未説"

如何看待胡廣/蔡邕兩人提出的皇帝文書四類説,是個值得追究的問題。一種頗爲流行的看法認爲此説是當時文書實際形態的反映或代表。

汪桂海在《漢代官文書制度》第一章"引言"中指出:

> 漢代官文書制度的研究應當始自東漢蔡邕的《獨斷》,此書中有一部分叙述了當時的官府文書(主要是詔令文書和章奏文書)制度,這在今天是我們討論漢代官文書制度不可不用的重要材料。不過,這部分材料并不完全是蔡邕對官志簿的抄録,而是包含了他對所見到的詔令章奏文書的總結。正因爲當中有他自己的歸納總結,難免存在不全面、

---

①見《文章辨體序説》"册"、"制、誥"條,羅根澤校點,北京:人民文學出版社,1962 年,第 35、36 頁。前一條作"按《漢書》,天子所下之書有四,一曰策書。注曰'策書,編簡也。其制長二尺,短者半之。篆書,起維年月日,以命諸侯王公。若三公以罪免,亦賜策,則用一尺木而隸書之'",此處所據當是《後漢書》注所引的《漢制度》,非《漢書》。後一條云"漢承秦制,有曰'策書',以封拜諸侯王公;有曰'制書',用載制度之命。若其命官,則各賜印綬而無命書也",前一句亦應出自《漢制度》。

②Enno Giele, *Imperial Decision-Making and Communication in Early China: A Study of Cai Yong's Duduan*. Wiesbaden: HarrassowitzVerlag, 2006, pp. 201-297. 衹是討論的順序有調整,先分析制書和詔書,後分析策書和戒書。類别還是根據蔡邕的《獨斷》。

不盡符合事實的論述。

作者意識到此書存在不全面、不盡符合事實的論述,但在具體論述的分類上,實際還是依靠蔡邕提供的四類説[①]。李均明在根據簡牘梳理秦漢時代的各類文書時,皇(王)室文書部分區分爲命書、策書、制書、戒敕與詔書五類,除"命書"見於戰國外,後面四類均是根據《漢制度》和《獨斷》,在具體討論中,亦少不了參考兩書[②]。

劉後濱對汪桂海的看法有所修正,他指出:

> 《獨斷》所記載的公文書反映的主要是蔡邕所處時代的制度,並曲折地反映了此前體制的變遷。
>
> 《獨斷》所説祇能是新莽和東漢時期的制度。
>
> 蔡邕並未將整個漢朝的公文形態作爲一個歷史過程加以考察,所記主要應爲其所處時代的制度。[③]

躍進在研究秦漢文體時,對於皇帝所下的文書,則是依據《獨斷》來分類[④]。馬怡説:

> 如果説《漢制度》與《獨斷》未必能總括兩漢制度的全貌,則其至少也應是東漢制度的反映。[⑤]

與劉後濱的看法接近。魏昕認爲:

> 漢詔四種典型形式在《漢制度》中即有所規定:"帝之下書有四:一曰策書,二曰制書,三曰詔書,四曰誡敕。"此後,《獨斷》、《文心雕龍》等各類文評、文論,皆將此作爲漢代詔令的核心内容加以介紹。故而本論

---

①汪桂海:《漢代官文書制度》,南寧:廣西教育出版社,1999年,目録及第2頁。

②李均明:《秦漢簡牘文書分類輯解》,北京:文物出版社,2009年,第23—36頁。

③劉後濱:《從蔡邕〈獨斷〉看漢代公文形態與政治體制的變遷》,《廣東社會科學》2002年第4期,後收入所著《唐代中書門下體制研究》,濟南:齊魯書社,2004年,第64、73、74頁。

④躍進:《〈獨斷〉與秦漢文體研究》,《文學遺産》2002年第5期,第13—16頁。

⑤馬怡:《漢代詔書三品説》,第66頁。

> 題即圍繞這四種漢詔的典型形式，主要從其體式、使用情況展開深入、細緻的功能性論述。
>
> 從秦代改"命"曰"制"，改"令"曰"詔"，至漢制規定"命有四品"，詔令名稱在制度層面上得到官方的明確規定，詔令類文體亦因此得以正式確立，並形成一定的規模。①

作者雖没有使用"反映"，但稱之爲"漢詔四種典型形式"、"詔令名稱在制度層面上得到官方的明確規定"，亦認可其普遍意義。儘管作者注意到還存在其他形式的皇帝命令，如諭、璽書和鐵券文②，卻没有考慮這些文書與四種漢詔之間的關係，後文的分章亦是將四種漢詔各立一章來論述，將諭等視爲次要與非典型的形式來看待，忽略了它們與作者所説的四種漢詔之間的聯繫。紀安諾（Enno Giele）在討論《獨斷》的價值時指出：

> 僅這一事實（指蔡邕爲《東觀漢紀》編者之一）就是一個有力理由以支持《獨斷》與正史的比較以及預計它們極爲相符。很大程度上確實如此，不論《獨斷》是意在描述（descriptive）還是規範（prescriptive）這一問題，因爲若是前者蔡邕應該祇是概括他過目的經手文書的主旨，而若是後者他或許應是據文書中他所熟悉的知識來制定規則，即，除非有人假定文書主體實際上與時存的規則不符。考慮到執迷於普遍規則與整齊特點，這些要從秦漢時代幾乎每件現存的資料中才能弄清，這幾乎不可能。③

儘管表述相當迂曲，紀安諾實際也認爲《獨斷》關於上行與下行文書的記述是描述性的。這種看法祇是反映論的另一種表達。

需要注意的是，宋代學者眼中，梳理漢代皇帝所發文書，倒并不僅僅依

---

①魏昕：《漢代詔書研究》，博士論文，曹勝高指導，東北師範大學，2015 年，第 9、21—22 頁。

②同上，第 22—30 頁。

③Enno Giele, *Imperial Decision-Making and Communication in Early China: A Study of Cai Yong's Duduan*, pp. 43-44.

據胡/蔡四類説,學者們還會搜集文獻中出現的各種名目,無論是洪諮夔還是王應麟,均是如此。或許會認爲他們在整理上没有什麽頭緒與辨别,凡是皇帝所發文書,稱呼不同的,就會摘出并羅列其中,而没有進一步探討其間的關係,未免失於蕪雜,但至少保存了當時文書稱呼上的多樣性。

不妨看看王應麟的整理。《玉海》卷六四"詔令"中轉録了洪諮夔的"漢詔令總叙",隨後的條目題目有:

漢初作誥真草詔書;漢策書詔策册書策詔賜策;漢璽書;漢故事詔書;漢恩澤詔書;漢詔書行事詔條;漢寬大詔;漢建武詔中元詔書;漢賜方國手迹;漢四書策書制書詔書誡敕露布;漢特詔;漢手詔;漢尚書詔文;漢建初詔書;漢五曹詔書;漢尺一簡①

具體内容很多,文繁不列。條目排列或按類别,或據時間,錯雜混排。不難發現當時史書中出現的皇帝文書稱呼之多。這既與文獻記述時稱呼比較隨意有關,同時也與當時文書本身的稱呼比較靈活有關。李均明曾經以甲渠候官(A8)遺址出土的東漢"建武五年以令秋祠社稷府書"爲例,指出當時書檄類文書可以劃分爲若干類,體式與用語有些差别,但界限不甚嚴格,對同一文書的稱呼亦因取名之範圍、角度而有所不同②。此文書的排列順序有問題,筆者最近做過重排,據重排後的内容轉録於下:

1. 八月廿四日丁卯齋　　EPF22.155

2. 八月廿六日己巳直成,可祠社稷　　EPF22.156③

3. 建武五年八月甲辰朔戊申,張掖居延城司馬武以近秩次行都尉文書事,以居延倉

長印封,丞邯,告勸農掾

---

①王應麟:《玉海》卷六四,影印本,揚州:廣陵書社,2003年,第1203—1211頁。

②李均明:《秦漢簡牘文書分類輯解》,第16頁。

③EPF22.157:九月廿六日甲辰齋,竺沙雅章從干支與字迹推斷是次年的文書,故未收入此册書中,可從。EPT22.161,從筆跡上看,竺沙亦認爲是次年的文書,見竺沙雅章:《居延漢簡中の社文書》,冨谷至主編《邊境出土木簡の研究》,京都:朋友書店,2003年,第347、349頁。

褒、史尚，謂官、縣：以令秋祠社稷。今擇吉日如牒，書到，令、丞循行，

謹脩治社稷，令鮮明。令、丞以下當　　EPF22.153A

掾陽兼守屬習書佐博　　EPF22.153B

4.侍祠者齋戒，務以謹敬鮮絜約省爲故。褒、尚考察不以爲意者，輒言，如律令　　EPF22.154

5.八月庚戌甲渠候長以私印行候文書事，告尉，謂第四候長憲等：寫移　　EPF22.158

6.檄到，憲等循行脩治社稷，令鮮明。當侍祠者齋戒，以謹敬鮮絜約省爲　　EPF22.159

7.故，如府書律令　　EPF22.160[①]

按筆者的分析，這份公元29年八月下發安排該月祭祀社稷日期的文書，由7枚簡（4枚兩行+3枚札）構成，據筆跡與内容，實際是由兩份文書組合而成。前面4枚是居延都尉府下發的文書正本，後面3枚是甲渠候官在接到府書後補充的行下之辭，形成新的下行文書，兩者相連在候官處作爲檔案存留下來。册書中出現了三處對文書的稱呼：書、檄與府書。前一個是居延都尉府下發文書時的自稱，後兩個是甲渠候官的小吏在行下之辭中對上級文書的稱呼。因其出自張掖郡的居延都尉府，故稱爲“府書”。爲何稱爲“檄”？李均明先生認爲是屬於行事急切，具有較强勸説、訓戒與警示作用的比較誇張的文書形式[②]。無論如何，一份文書，自稱與下級的他稱可因角度不同而不同。邊塞系統的文書如此，其他機構，包括皇帝所發的文書，應該也存在類似情形。亦可推知，當時文書還有不少尚無固定的稱呼。

除了文書本身的自稱與他稱未必統一，時人或後人轉述時也不一定嚴格按照原文書的稱呼來表述，也會增加一些不同的稱呼。到了後代，更有好

①侯旭東：《西北出土漢代文書簡册的排列與復原》，《簡帛》第18輯，2019年，第126—130頁。

②李均明：《秦漢簡牘文書分類輯解》，第103頁。

古者,爲了體現對傳統的追慕,也會刻意使用一些古舊的表達方式①。

上述情形,皇帝文書中也不同程度存在。雖然秦始皇統一天下,在公元前221年曾規定“命爲‘制’,令爲‘詔’”(史6/236),隨著統治的展開,文書形式、名稱也逐漸複雜化。譬如所謂“策書”,秦代應該没有,到了漢代,重建分封制時才又從周代故紙堆中請出來的古老文體。《史記·三王世家》所見封齊王、燕王與廣陵王三策,因在高廟行事,“他皆如前故事”(史60/2110),“策立諸侯王”當非始於武帝,而是高祖時。這種做法當仿自周代的分封,策書或亦始自高祖。《文心雕龍·詔策》所説“漢初定儀則,則命有四品”,不無道理。當然,文書的實際稱呼,更多樣。秦始皇臨終遺詔,按照司馬遷的轉述,原本就是一封璽書,《史記·秦始皇本紀》:

> 上病益甚,乃爲璽書賜公子扶蘇曰:“與喪會咸陽而葬。”書已封,在中車府令趙高行符璽事所,未授使者。

於是“高乃與公子胡亥、丞相斯陰謀破去始皇所封書賜公子扶蘇者,而更詐爲丞相斯受始皇遺詔沙丘,立子胡亥爲太子”(史6/264)。三人間如何密謀,又見《史記·李斯列傳》,其中再次提到“趙高因留所賜扶蘇璽書”,對話中則説“上崩,無詔封王諸子而獨賜長子書。長子至,即立爲皇帝,而子無尺寸之地,爲之奈何?”(史78/2548),出現的是“無詔封王諸子”與“賜長子書”,分别使用了“詔”與“書”,前者指不存在的封王文書,後者指被他們拆開的文書。始皇身後事便與“璽書”糾纏在一起。應該説,此事乃三人的私密謀劃,三人後來均横死,死前恐怕也不太可能會將這段改變三人命運的對話泄漏給更多的人,司馬遷如何掌握的具體信息,不無疑問②。儘管存在疑問,作爲一種皇帝所發文書的稱呼,璽書的確此後登上了歷史舞臺,漢代的傳世文獻

①章學誠便曾對此風氣作出嚴厲的批評,見《文史通義新編新注》“外篇一·評沈梅村古文”,“外篇一·家譜雜議”,上册,倉修良編注,北京:商務印書館,2017年,第482、483、497頁。

②當然,如果按照北大漢簡《趙正書》的説法,胡亥即位乃是得到秦始皇的認可的,也就根本不存在這段陰謀與破璽書之封了,但如何看待《趙正書》中的説法,學界尚未達成共識。這裏姑且不論。

與出土簡牘中均可見到。見於文獻的,大家都不難檢索,出土簡牘不易搜尋,轉引如下:

皇帝璽書一封,賜使伏虜居延騎千人光

制曰:騎置馳行。傳詣張掖居延使伏虜騎千人光所在,毋留。留,二千石坐之

·從安定道元康元年四月丙午日入時界亭驛小史安以來望□行

73EJT21:1[①]

元康元年是前65年。簡上下完整,三行字的下端均尚有空白,應屬於文書傳遞記録。比較特殊,一封璽書專門遞送,不是與其他文書打包,且不是由郵亭卒傳遞,而是驛來傳送。但并不是專門使者遞送,還是使用通常的郵驛來一站一站地接力傳送,應該是騎馬遞送,且宣帝要另外附加命令"制曰云云"規定采取何種方式來送,似乎尚未變成通行的做法[②]。衛宏《漢舊儀》卷上的規定:奉璽書使者乘馳傳,其驛騎也,三騎行,晝夜行千里爲程[③],似尚未出現。此外,敦煌馬圈灣出土編號210的漢簡:迎書適已會璽書到,寫曰亦爲今相見□叩頭[④],語意不明,亦出現了"璽書"兩字。敦煌懸泉簡中有如下一枚,同樣是宣帝時的郵書傳遞記録:

皇帝橐書一封,賜敦煌太守。元平元年十一月癸丑夜幾少半時縣泉驛騎傳受萬年驛騎廣宗,到夜// 少半時付平望驛騎

V92DXT1612④:11A[⑤]

元平元年是公元前74年。此處的"橐"字,亦有學者釋爲"璽",現在簡牘圖版尚未正式發表,二者孰是,尚無法判斷。

---

①甘肅簡牘保護研究中心等:《肩水金關漢簡(貳)》中册,上海:中西書局,2012年,第22頁。

②文書傳遞記録的一般情況,見鷹取祐司:《秦漢官文書の基礎的研究》第二部"文書の傳送",東京:汲古書院,2015年,第289—440頁。

③見《續漢書》卷三〇《輿服志下》"黄赤綬"注補引,第3673頁,收入《漢官六種》,第63頁。

④圖版分見張德芳編:《敦煌馬圈灣漢簡集釋》,蘭州:甘肅文化出版社,2013年,第33、213頁。

⑤見胡平生、張德芳:《敦煌懸泉漢簡釋粹》例110,上海:上海古籍出版社,2001年,第92頁。

除了簡牘,東漢石刻中亦偶有所見。靈帝中平五年(188)三月上旬"巴郡太守都亭侯張府君功德叙"(又稱"巴郡太守張納碑"):

囊者征克大勛,丙子璽書封都亭侯。姃公曲阜,尚父誉丘,周啓厥□□□□□[1]

使用了"璽書"。"丙子"當是璽書上注明的日期的干支,按照《獨斷》與此前的文書,被稱爲"璽書"的即是一般説的"策書"。此前,另有兩碑没有直接使用"璽書",而用了"璽"來表示皇帝的重視。漢安二年(143)立的"景君碑"用的是"璽追嘉錫",用的是《左傳·襄公二十九年》中"璽書追而與之"的典故;延熹八年(165)"鮮于璜碑"使用了"聖上珍操,璽符追假",碑陰則説:"皇上頌德,群黎慕涎。策書追下,銀龜史符",正背兩面所指相同,可知"璽書"指的就是"策書"。其他東漢碑文則偏愛使用"策書"[2]。

"璽書"亦可以從其他角度去稱呼,這裏不妨看看東漢曹魏禪代時保留下來的記載。《三國志·文帝紀》裴注中收録的頗爲詳盡,不必詳引全文,衹截取涉及文書的若干句即可。《三國志》卷二《魏書·文帝紀》注引《獻帝傳》:

乙卯(13 日),册詔魏王禪代天下曰:"惟延康元年(220)十月乙卯,皇帝曰,諮爾魏王:……使使持節行御史大夫事太常(張)音奉皇帝璽綬,王其永君萬國,……"

於是(魏國)尚書令桓階等奏曰:"……臣請會列侯諸將、群臣陪隸,發璽書,順天命,具禮儀列奏"令曰:"當議孤不當承之意而已。猶獵,還

---

①(南宋)洪适編:《隸釋》卷五,影印本,北京:中華書局,1985 年,第 62 頁,此句又見趙明誠《金石録》卷一九"漢巴郡太守張君碑",金文明校證,桂林:廣西師範大學出版社,2005 年,第 329 頁引。

②如洪适《隸釋》卷六"國三老袁良碑":"册曰:……";卷六"中常侍樊安碑":"朝思齊忠,追拜騎都尉,寵以印綬,莢(策)書褒嘆";卷一一"太尉劉寬碑":"天子閔悼惻怛,内發手筆,爲策缺涕諮嗟";卷一二"太尉楊震碑":"公功乃伸,追録元勛,策書慰勞,賻贈有加";卷一三"馮焕殘碑":"史策書嘉嘆,賜錢(下缺)守以永寧二年四",第 71、79、124、136、146 頁。

方有令"（第 67 頁）。

……

（魏王）令曰："……但於帳前發璽書，威儀如常"，既發璽書，王令曰："當奉還璽綬爲讓章。……義有蹈東海而逝，不奉漢朝之詔也。亟爲上章還璽綬，宣之天下，使咸聞焉。"（第 68 頁。）

庚申（18 日），魏王上書曰：皇帝陛下，奉被今月乙卯（13 日）璽書，伏聽册命，五内驚震，精爽散越，不知所處。……

辛酉（19 日），（魏國）給事中博士蘇林、董巴上表曰："……今既發詔書，璽綬未御，固執謙讓，上逆天命，下違民望。……唯陛下遷思易慮，以時即位，顯告天帝而告天下，然後改正朔，易服色，正大號，天下幸甚。"令曰：……

壬戌（20 日），册詔曰："皇帝問魏王言：遣（魏行相國永壽少府臣毛）宗奉庚申（18 日）書到，所稱引，聞之。……"

於是（魏國）尚書令桓階等奏曰：今漢使者奉璽書到，臣等以爲天命不可稽，神器不可瀆。……

甲子（22 日），魏王上書曰：奉今月壬戌（20 日）璽書，重被聖命，伏聽册告，肝膽戰悸，不知所措。……（第 71 頁）

丁卯（25 日），册詔魏王曰："……"（第 72 頁）

己巳（27 日），魏王上書曰："……而（張）音重復銜命，申制詔臣，臣實戰惕，不發璽書，而（張）音迫於嚴詔，不敢復命。願陛下馳傳騁驛，召（張）音還台。不勝至誠，謹使（毛）宗奉書。"（第 73 頁）

庚午（28 日），册詔魏王曰：……

於是（魏國）尚書令桓階等奏曰：……令曰：可。

辛未（29 日），魏王登壇受禪，……①。

---

①Howard L. Goodman 用一本書的篇幅討論漢魏禪讓，不過，對於其中的文書并没有加以討論，見所著 *Ts'ao P'i Transcendent: The Political Culture of Dynasty-Founding in China at the End of the Han*. Seattle: ScriptaSerica, 1998.

括號裏補充了干支對應的序數日期、官員具體所屬與官員的姓氏。長達十多頁的裴注是對《文帝紀》扼要叙述的禪讓過程細節的補充。這一過程從乙卯(13 日)持續到辛未(29 日),前後 17 天,《文帝紀》中衹引了乙卯(13 日)册詔的正文,裴注則詳細記録了圍繞漢獻帝 4 次下册詔(13、20、25、28 日)表示要禪讓皇位給魏王,以及魏王 3 次上書謙讓(18、22、27 日),還有魏國君臣之間的往返討論(奏與令)。參與其間的魏王、魏國的大臣與漢獻帝之間的往來文書,乙卯文書既稱爲“璽書”,隨後的文書中又被稱爲“册命”、“册告”、“詔書”、“制”,《獻帝傳》轉述時稱爲“册詔”,《三國志·魏書·文帝紀》則稱爲“册曰”。從往來文書看,曹丕與魏國大臣偏愛使用的稱呼則是“璽書”。“發璽書”指“拆開璽書”,在這裏表示接受此文書,據《獻帝傳》,在張音持節帶著皇帝璽綬與乙卯文書到魏國後,當時曹丕不在國都鄴城,也没有立即拆開文書,尚書令等建議擇吉日,設壇場來進行,被曹丕否決,最終是在帳前拆開文書。

不同的稱呼側重不同,“璽書”重在强調文書封緘使用的是皇帝的璽印,册命强調了“册封”的意涵①,詔書則泛指皇帝下發的文書。足見直到東漢末年,皇帝所發文書上依然會根據需要從不同角度來稱呼②。

東漢時期見於實踐與記載的衹有“拜皇太子儀”與“拜諸侯三公之儀”,禪代是王莽代漢之後近二百年未曾發生過的事件,完全溢出了平時皇帝文

---

①《續漢書》卷五《禮儀志中》:“拜諸侯王公之儀:百官會,位定,謁者引光禄勳前。謁者引當拜〔者〕前,當坐伏殿下。光禄勳前,一拜,舉手曰:‘制詔其以某爲某。’讀策書畢,謁者稱臣某再拜。尚書郎以璽印綬付侍御史。侍御史前,東面立,授璽印綬。王公再拜頓首三。贊謁者曰:‘某王臣某新封,某公某初〔除〕,謝。’中謁者報謹謝。贊者立曰:‘皇帝爲公興。’〔重坐,受策者拜〕謝,起就位。供賜禮畢,罷”。注補引“丁孚《漢儀》有夏勤策文,曰:‘維元初六年三月甲子,制詔以大鴻臚勤爲司徒。曰:“朕承天序惟稽古,建爾於位爲漢輔。往率舊職,敬敷五教,五教在寬。左右朕躬,宣力四表,保乂皇家。於戲!實惟秉國之均,旁祇厥緒,時亮天工,可不慎與!勤〔其〕戒之!”’”,第 3120—21 頁。

②鄭紫薇對於禪讓文書中涉及劉協、曹丕自稱、對稱以及魏國群僚如何稱呼獻帝與曹丕,還有這十多天中“天子”的認知與表達,有細緻的分析,見所著《遜位與踐祚:“漢魏故事”與中古禪讓禮研究》,碩士論文,馬楠指導,清華大學歷史系,2018 年,第 17—21 頁。不過,作者没有討論文書稱呼。

書使用的常軌，采用的文書與儀式，很多是臨時草擬的，當然不可能完全憑空創制，更多的當是改用既有的儀禮。文書上亦如是，采用了最高規格的形式，包括使者的身份①。儘管這是一個非常的場合，其中呈現出的稱呼上的靈活性，仍提供了一個反思胡/蔡四類説的寶貴契機。

漢魏禪讓發生在220年，胡廣死後已近半個世紀，距蔡邕死於獄中也近30年，胡/蔡四類説成型已歷數十年。當時魏王及其衆臣下反復使用，且爲漢廷君臣所熟悉的"璽書"一稱，并未出現在胡/蔡四類説中。實際上蔡邕本人對此并不陌生，光和二年（179），在"戍邊上章"中，他寫道：

> 願下東觀，推求諸奏，參以璽書，以補綴遺闕，昭明國體。章聞之後，雖肝腦流離，白骨剖破，無所復恨。惟陛下省察。謹因臨戎長霍圉封上。臣頓首死罪稽首再拜以聞。②

蔡邕清楚存在"璽書"，且保存在東觀中，這些當是存檔用的。此前他曾在此工作，并參與《東觀漢紀》的撰寫，上章中他希望自己能重回故地，參閲大臣的上奏與璽書，以便完成夙願。上述情況不能不讓我們重新思考兩人所提出四類説的性質。

除了被有意"捨弃"的"璽書"這種稱呼，還需要注意的是胡/蔡四類説中强調"書"帶來的對"口諭"的排抑。《獨斷》起首一段如下：

> 漢天子正號曰皇帝，自稱曰朕，臣民稱之曰陛下，其言曰制、詔，史官記事曰上，……印曰璽，所至曰幸，所進曰御，其命令一曰策書，二曰制書，三曰詔書，四曰戒敕。

按照《獨斷》的體例，後面則是逐一對此段的解釋，關於"其言曰制、詔"的解釋，今本不存，當是傳抄、刻寫中脱漏。清人盧文弨指出：

> 制詔：制者，王者之言，必爲法制也。詔，猶告也。告，教也。三代

---

①可參孫正軍：《禪讓行事官小考》，《史學集刊》2015年第2期，第27—51頁。

②《續漢書》卷三《律曆志下》注補引：第3084頁，光和二年（179），據《蔡邕集編年校注》上册，前言，第10頁。

> 無其文,秦漢有也。各本皆缺此條。案卷首一條爲綱,下文皆依之申敘。卷首有制詔,在"陛下"與"上"之間,此條正與相應。今據李善注《文選·潘元茂册魏公九錫文》引及《太平御覽》五百九十三補。[①]

此説有理有據,可從。關於天子之言"制詔",後文中蔡邕承襲乃師的看法,具體列舉了四種"書",且將其明確表述爲通過文字書寫下來的"文書",且各有書寫上的特點。實際上,"言"《説文·言部》釋爲"直言曰言,論難曰語",東漢王充《論衡·定賢》説"口出以爲言,筆書以爲文",鄭玄在注《禮記·喪服四制》"對而不言"時説"言,謂先發口也",西晋人杜預承其説,注《左傳·昭公九年》"志以定言"時説"發口爲言"。今人歸納爲本指説話,尤其指主動對人説話[②],即通過口頭方式主動表達自己的想法,指"文辭"乃是後起之義。我們不能忽略,實際統治運作中,借助文字傳達命令之外,口頭方式一直頑强地存在,且本是更古老的方式。湖北雲夢縣出土的《睡虎地秦簡》中一篇秦律名爲"内史雜",有一條規定:

> 有事請也,必以書,毋口請,毋羈請。[③]

是要求有事情一定要用文字形式向上級請示,不能口頭請示,也不能托人找關係。此規定意在排除口頭等不采取文字方式的請示,這與廣土衆民的王朝,方言衆多的形勢有關,同時也與文字可以保證信息不走樣有關。此條規定的是下對上的請示,上對下的命令也面臨同樣的問題,成文法與文字方式下達的命令(詔書)才可最低限度維持指令的一致性。但在實際統治中,口頭傳達命令的方式卻依然存在,不止見於面對面的商議(各種形式的"集議"[④]),更見於皇帝委派身邊的近臣直接傳達口頭命令或旨意,以及君臣之間的面對面秘密討論,後兩種形式在當時未必少見,但今天祇能通過傳世文

---

①《獨斷》卷上,抱經堂叢書本,影印本,北京:直隸書局,1923年,第2頁下。

②《王力古漢語字典》"言"、"語"條,北京:中華書局,2000年,第1260、1278頁。

③《睡虎地秦墓竹簡》釋文,第62頁。

④最新研究見秦濤《律令時代的"議事以制":漢代集議制研究》,北京:中國法制出版社,2018年。

獻,通過文字才能捕捉與重建,未免有些曲折、隔膜與困難①。

通過口頭方式進行統治,仔細分析文獻,也不是痕迹全無。《漢書・蕭望之傳》,宣帝爲鍛煉蕭望之,調他擔任左馮翊:

> 望之從少府出爲左遷,恐有不合意,即移病。上聞之,使侍中成都侯金安上諭意曰:"所用皆更治民以考功,君前爲平原太守日淺,故復試之於三輔,非有所聞也。"望之即視事。(78/3274)

據《漢書・百官公卿表下》(19下/806),此事發生在元康二年(前64),這次金安上便是充當了宣帝與蕭望之溝通的橋梁,向蕭望之轉達了宣帝讓他外遷的初衷,從所說的話看,此處的"諭意"衹能是口頭傳達,不是文字化的文書。成帝時劉向便多次面見皇帝,密陳機宜,他上疏說"天文難以相曉,臣雖圖上,猶須口說,然後可知,願賜清燕之間,指圖陳狀。……向每召見,數言公族者國之枝葉,枝葉落則本根無所庇蔭"②,就是希望有面陳的機會。《漢官儀》:光武時有以疑獄見廷尉曹史張禹,"所問輒對,處當詳理。於是策免廷尉,以禹代之,雖越次而授,亦足以厲其臣節"③,更是一個罕見的例子。

侍中"得入禁中"(漢19上/739),本身就在皇帝身邊工作,常常承擔疏通君臣聯繫的職責。蔡質《漢儀》指出:"侍中、常伯,選舊儒高德,博學淵懿。仰占俯視,切問近對,喻旨公卿"④,所謂"喻旨公卿"即指此。他們侍皇帝帷

①魏昕注意到從口頭到文書的變化,但這一轉變的發生則置於商代,漢代以後"口頭"形式則衹注意到了對百姓的"諭",《漢代詔令研究》,第12—13、22—25頁;劉欣寧就漢代西北邊塞管理中的口頭傳達做過系統的分析,朝廷中則僅提及而未見梳理,見所著《漢代政務溝通中的文書與口頭傳達:以居延甲渠候官爲例》,《"中央研究院"歷史語言研究所集刊》89本3分(2018年9月),第451—511頁。

②《漢書》卷三六《劉向傳》,點校本,北京:中華書局,1962年,第1966頁。

③《通典》卷二五《職官七・諸卿上・大理卿》注引,點校本,北京:中華書局,1988年,第710頁。

④《續漢書》卷二六《百官志三》"侍中"條注補引,第3592頁。可參安作璋、熊鐵基:《秦漢官制史稿》上册第三章第三節"侍中、給事中等加官",濟南:齊魯書社,1984年,第285—292頁;楊鴻年:《漢魏制度叢考》"侍中"條,1985年初刊,重印本,武漢:武漢大學出版社,2005年,第50—56頁,祝總斌:《兩漢魏晋南北朝宰相制度研究》,1990年初刊,再版,北京:中國社會科學出版社,1998年,第74—75頁。

幄,經常回答皇帝的問題,即所謂"切問近對",桓帝時的一件軼事可見他們與皇帝面對面口頭交流的頻繁。《漢官儀》:

> 桓帝時,侍中乃存年老口臭,上出鷄舌香與含之。……(存)自嫌有過,得賜毒藥,歸舍辭決,欲就便宜。家人哀泣,不知其故。[①]

桓帝應該是在與乃存交談中難以忍受其口臭,而賜與他鷄舌香。同書又記載:尚書郎奏事明光殿,……尚書郎含鷄舌香,伏其下奏事。黄門侍郎對揖跪受[②],這恐怕應是桓帝以後才出現的做法,如果此前已成爲慣例,在皇帝側近的乃存不會不清楚,更不會誤以爲是毒藥,而鬧出笑話了。尚書郎要含鷄舌香,當亦是因爲他們要經常面見皇帝,口述奏事。

此外,屢見於文獻與簡牘的"承制詔××",多半也是口頭傳達或問詢,或根據口頭傳達來發布文字化的命令。《漢書·蕭望之傳》:五鳳二年(前56),宣帝認爲御史大夫蕭望之輕視丞相,對他産生不滿,丞相司直繁延壽借機上奏,羅織了好幾件瑣碎小事上的問題,第一件就是"侍中謁者良使(承)制詔望之,望之再拜已。良與望之言,望之不起,因故下手,而謂御史曰'良禮不備'",在宣帝免蕭望之的策書中,此事被概括爲"有司奏君責使者禮"(漢78/3280—81、19/808、809),良作爲使者,代表皇帝,説他"禮不備"等於是在指責皇帝。良承制詔望之,且與望之説話,應就是以口頭方式傳達宣帝的命令,命令也很可能屬常見的給某人外出簽發"傳信"之類。現在甘肅敦煌的懸泉置遺址出土了不少漢簡,其中有若干由御史大夫"承制"或單獨下發的傳信,甚至包括蕭望之本人簽發的。如下例:

> 五鳳四年六月丙寅,使主客散騎光禄大夫□扶群承制詔御史曰:使雲中大守安國、故教未央倉龍屯衛司馬蘇於武强,使送車師王、烏孫諸國

---

①《太平御覽》卷二一九《職官部一七·侍中》與卷九八一《香部·鷄舌》引應劭《漢官儀》,影印本,北京:中華書局,1960年,第1041、4345頁。

②《太平御覽》卷二二一《職官部一九·黄門侍郎》,第1050頁,此處作"《漢官》",《初學記》卷一一《職官·侍郎郎中員外郎》引做"《漢官儀》",標點本,北京:中華書局,1962年,第270頁。

客，與軍候周充國載屯俱，爲駕二封軺傳，二人共載。御史大夫延年下扶風厩，承書以次爲駕，當舍傳舍，如律令。Ⅱ90DXT0113③：122A[①]

此處的御史大夫延年是杜延年。這類瑣事頗多，且屬日常反復發生的，所謂"承制詔御史"，往往就是直接派遣皇帝身邊的近臣向御史（或侍御史）口頭傳達，如上述，在御史府筆録命令，形成"傳信"文書交給需要外出的官吏作爲憑證。目前簡牘與文獻所見的承制詔××的官員，均是皇帝身邊的近臣，没有出現負責起草詔書的尚書[②]，頗值得注意。

文獻中的例子也有一些。如《漢書·京房傳》，看到京房所上封事中的建議：

房未發，上（元帝）令陽平侯（王）鳳承制詔房，止無乘傳奏事。（75/3164）

派自己的妻兄王鳳向京房轉達詔令，拒絶了京房的提議。又如《馮奉世子參傳》：

哀帝即位，帝祖母傅太后用事，追怨參姊中山太后，陷以祝詛大逆大罪，語在外戚傳。參以同産當相坐，謁者承制召參詣廷尉，參自殺。（79/3307）

還有《漢書·孫寶傳》：

（平帝）時大臣皆失色，侍中奉車都尉甄邯即時承制罷議者。（77/3263）

《後漢書·楊厚傳》：

---

①胡平生、張德芳：《敦化懸泉漢簡釋粹》例215，第151頁；張德芳：《懸泉漢簡中的"傳信簡"》所引簡19，收入郝樹聲、張德芳：《懸泉漢簡研究》，蘭州：甘肅文化出版社，2009年，第145—146頁。

②詳見侯旭東：《西北漢簡所見"傳信"與"傳"——兼論漢代君臣日常政務的分工與詔書、律令的作用》附表一，《文史》2008年第3輯（總第84輯），第37—39頁。關於由"尚書"起草詔書，亦存不同意見，相關意見的梳理與研究，見侯旭東：《西漢御史大夫寺位置的變遷：兼論御史大夫的職掌》，《中華文史論叢》2015年第1期，第189—193頁。

> 厚少學統業,精力思述。初,安帝永初(二)年(108),太白入(北)門,洛陽大水。時統爲侍中,厚隨在京師。朝廷以問統,統對年老耳目不明,子厚曉讀圖書,粗識其意。鄧太后使中常侍承制問之,厚對以爲“諸王子多在京師,容有非常,宜亟發遣各還本國”。(30 上/1048)

需要注意的是,承制溝通幾乎都是皇帝身邊的近臣來完成,常見的是侍中、謁者,東漢以後宦者漸多。後人批評東漢時宦官“手握王爵,口含天憲”[①],亦包含了他們代表皇帝,口頭傳達命令的一面。《後漢書·郭躬傳》:明帝時,

> 有兄弟共殺人者,而罪未有所歸。帝以兄不訓弟,故報兄重而減弟死。中常侍孫章宣詔,誤言兩報重,尚書奏章矯制,罪當腰斬。帝復召躬問之,躬對“章應罰金”。帝曰:“章矯詔殺人,何謂罰金?”躬曰:“法令有故、誤,章傳命之謬,於事爲誤,誤者其文則輕。”帝曰:“章與囚同縣,疑其故也。”躬曰:“‘周道如砥,其直如矢。’‘君子不逆詐。’君王法天,刑不可以委曲生意。”帝曰:“善。”(後漢 46/1544)

此案當屬臣下難以斷案的疑難案件,奏讞到明帝那裏,由皇帝裁決,和秦漢簡牘發現的那些“奏讞書”所録的案例相同。明帝認爲兄弟一道殺人,説明兄没有教育好弟,應該重判兄,而弟可以減死。明帝的意見并没有形成書面文字,而是由中常侍口頭傳達給尚書,由尚書筆録,結果中常侍孫章口傳詔書有誤,將兩人均判處死刑。尚書據此草擬的上奏不符合明帝的原意,被認爲是“矯制”,有意僞造皇帝的命令[②],而要將宣詔的中常侍孫章腰斬,後經郭躬解釋,説服了明帝,才按照法令規定,改爲罰金從輕處理。這是因爲口傳皇帝的命令有誤,而被記載下來,那些無誤的口傳作爲常態,反而被隱没。

---

①《後漢書》卷七八《宦者列傳》“序”,第 2509 頁。

②關於“矯制”,《漢書》卷五〇《汲黯傳》師古注:“矯,托也,托奉制詔而行之”,第 2316 頁,區分爲“害”與“不害”兩類,見《漢書》卷一七《景武昭宣元成功臣表》引如淳注,第 660 頁,《二年律令·賊律》中規定不害僅罰金四兩。可參孫家洲、李宜春:《西漢矯制考論》,《中國史研究》1998 年第 1 期,第 53—61 頁;孫家洲:《再論“矯制”——讀〈張家山漢墓竹簡〉札記》,《南都學壇》2003 年第 4 期,第 1—6 頁。

好在有此事的記憶，讓我們可以推知消失的大多數。《後漢書·韋彪傳》：元和二年春，東巡狩，以彪行司徒事從行。還，以病乞身，帝遣小黄門、太醫問病，賜以食物。彪遂稱困篤。(27/919)同書《樊鯈傳》：

> 十年，鯈卒，賵贈甚厚，謚曰哀侯。帝遣小黄門張音問所遺言。先是河南縣亡失官錢，典負者坐死及罪徙者甚衆，遂委責於人，以償其秏。鄉部吏司因此爲奸，鯈常疾之。又野王歲獻甘醪、膏餳，每輒擾人，吏以爲利。鯈并欲奏罷之，疾病未及得上。音歸，具以聞，帝覽之而悲嘆，勑二郡并令從之。(32/1124)

同書《虞延傳》：

> (建武)二十三年，司徒玉况辟焉。時元正朝賀，帝望而識延，遣小黄門馳問之，即日召拜公車令。(33/1152)

偶爾也會有例外。和帝時準備消滅外戚竇氏，身邊無值得信任之人，於是"懼左右不敢使，乃令(其兄劉)慶私從千乘王求(外戚傳)，夜獨内之；又令(劉)慶傳語中常侍鄭衆求索故事"(後漢 55/1801)，"傳語"自然是通過口頭，而非文書了。

東漢時代口頭/文書交織，且文書稱呼不定的現實中，胡/蔡四類説的出現，特别是考慮到没被他們放入王言中的文書稱呼與"口諭"，他們兩位爲何做出這些選擇，就值得去探討了。

三　胡/蔡四類説與各方對尚書的争奪

胡廣與蔡邕兩人構建的四類説，突出了文書的字體、形制上的特點以及應用的場合與對象，力圖將四類文書置於更加富於形式化的狀態，這當然包含了對現實中各種文書特點的提煉與概括，例如策書采取一長一短的簡相間的形式，《史記·三王世家》末尾褚少孫便已指出"至其次序分絶，文字之上下，簡之參差長短，皆有意，人莫之能知"(60/2115)，其他文書，恐怕也是如此。胡/蔡的這種考慮,正如蔡邕對"制、詔"的解釋:"制者,王者之言,必爲法制也。詔,猶告也。告,教也。三代無其文,秦漢有也",將"制"概括爲"必爲法制也",後文更是明白指出:"制書,帝者制度之命",突出了制與法之間的聯繫,甚至可以説,他們兩位所構建的四類説,就是試圖將皇帝所發的文書納入"法制"或"制度"的軌道,他們對四類文書的描述,正是想排除現實中存在的皇帝文書的流動性與靈活性,使之成爲各具特定用途與表達方式的文書,借此也表達了他們對皇帝作用的某種期待。這種期待恰恰與時局,以及他們對時局的認識有關。而"璽書"與"口諭"被排除在"四類"之外,也可以由此獲得解釋。

璽書見於歷史與當時,含義如《國語·魯語下》"襄公在楚,季武子取卞,使季冶逆,追而予之璽書"韋昭注所説:"璽書,印封書也。"秦以後指使用皇帝玉璽封緘的文書,大體對應於胡/蔡四類説中的策書與制書。而胡/蔡則放弃了以是否用璽作爲區分的標準,轉向了用途、文字、用語與形制等,衹是在描述"制書"時提到"制書""皆璽封",蔡邕的表達較之胡廣更顯含混。依胡廣,所有制書均需璽封,而蔡邕的描述中,則不知是所有制書都要璽封,還是衹有"有印使符,下遠近"的制書才需要璽封。另外一點倒是很清楚,制書僅有璽封還不够,還需要"尚書令印重封",即要在璽封之外,再用尚書令的印另加一層封緘,究竟如何"重封",使用囊,還是其他方式,《獨斷》中没有説明,參考《續漢書·祭祀志上》所録東漢皇帝封禪泰山時給上天的文書的封緘方式(7/3169),很可能是在璽封之外再加檢或囊,檢或囊上使用尚書令的印來封緘①。這句話表面看來是在陳述制書的封緘方式,其實不然,當胡廣/蔡邕講到"尚書令印重封"時,實際是在强調制書需要經過尚書這一正式渠道下發,暗中否定了皇帝派遣侍中或黄門常侍之類直接奉制書的方式。

需要注意的是,實際政務處理中,尚書不止是"封下書",還可以"封還詔書"。《後漢書·鍾離意傳》:明帝性褊察,大臣莫不悚栗,鍾離意作爲尚書僕

---

①參王國維《簡牘檢署考》參照唐宋做法的分析,胡平生、馬月華校注,上海:上海古籍出版社,2004年,第77—80頁。

射,“獨敢諫争,數封還詔書”(41/1409),明帝以後此種情形恐怕依然存在。尚書台保留了大量的存檔文書,很多擔任尚書的官員也熟悉典制,當遇到皇帝不合舊典的詔令時,若是固守故事的尚書,就有可能封還詔書。當然,這樣做的代價也不小,鍾離意很快就出宫去魯國擔任國相,史稱“亦以此故不得久留”(41/1410)。緣於此,順從皇帝意指的尚書會越來越多,敢於封還者會日見其少。儘管如此,正像見到皇帝不妥的做法,大臣中時常會有人挺身而出,加以勸諫一樣,居喉舌之位的尚書中敢於封還詔書者,恐怕也是時有其人。靈帝時尚書劉納“以正直忤宦官,出爲步兵校尉”(後漢 56/1834),説不定就包含這方面的原因。

説到封文書的帝璽,傳國璽之外,皇帝另有六璽[①],東漢一朝是由符節令屬下的“尚符璽郎中”保管。據《續漢書・百官志三》本注,符節令“爲符節台率,主符節事。凡遣使掌授節”,“尚符璽郎中,四人”,本注曰:“舊二人在中,主璽及虎符、竹符之半者”。還有二百石的符節令史,“掌書”(26/3599),亦在皇帝身邊工作。“舊二人在中”的“中”,應與“中官”的“中”同義,均表示在皇帝貼身處任職。符節台與尚書台均“文屬”少府(26/3600),但各爲獨立機構,互不統屬。皇帝下發文書需要璽封,應由尚符璽郎中負責,無關尚書台,且該台亦握有給使者授節之職,皇帝完全可通過此台用璽封緘文書,然後直接遣使傳送璽書,不經過尚書。應劭在給《漢書・酷吏・嚴延年傳》(宣帝時)“後左馮翊缺,上欲征延年,符已發,爲其名酷復止”作注時説“符,竹使符也,臧在符節台,欲有所拜,召治書御史符節令發符下太尉也”(90/3670、71),應劭所云當是東漢的制度。西漢一朝太尉不常設,武帝以後多改稱大司馬,東漢以後才常設[②]。而治書侍御史,按胡廣所説,是始於西漢宣帝

---

①關於皇帝六璽的形成,見阿部幸信:《皇帝六璽の成立》,《中國出土資料研究》8,東京:中國出土資料研究會,2004 年,第 63—87 頁。

②東漢太尉詳情,見黄致遠、黄今言:《東漢太尉繫年録》,《江西師範大學學報》2010 年第 6 期,第 78—83 頁;新近研究見孫聞博:《秦漢軍制演變史稿》第一章“武官制度的演進”,北京:中國社會科學出版社,2016 年,第 63—69 頁。

時(續漢志 26/3600),《漢書・百官公卿表上》衹出現了"御史治書尚符璽者,有印綬"(19 上/743),此時"治書"尚是動詞,未正式變爲官稱。治書侍御史作爲專稱,東漢以後才固定下來①。若此推論不誤,東漢的這種拜官方式,就無需通過尚書,儘管在提名階段,尚書可能會參與。

如所周知,東漢時期,部分儒生出身的官員,與外戚,特别是宦官之間産生長期紛争,其中外戚有時會成爲儒生聯合的對象,如桓帝時的竇武與靈帝時的何進,儒生大多視宦官爲死敵。宦官實際是皇帝的延長綫,而儒生則主要是官僚統治的代表,外戚常常站在皇帝或太后一方,與儒生争鬥,但有時亦會與儒生聯手,遏制乃至試圖消滅宦官。儒生敵視宦官,實際是想遏制宦官背後的皇帝。攀附宦官的外朝官員也不少,正如宦官亦有好人一樣,實際難以簡單按照出身、官職來區分善惡。再加上皇帝與太后,幾方之間的争奪,貫穿東漢中期以後朝廷活動。通過什麽途徑來任命官員,給哪些人封爵經常成爲各方争執的核心,而尚書亦因處在内外交接的要津,文書上奏下達多經其手,備受矚目,變爲各方争奪之地。

關於東漢政治史,學界研究頗多,分歧亦明顯。一種看法是强調尚書台與宦官的作用,後來又有所謂"尚書體制"之説,并認爲三公形骸化②;另一種看法則依然認爲三公、將軍在政策形成中居於核心地位,尚書台不過是政策

---

①見《宋書》卷四〇《百官志下》,點校本,北京:中華書局,1974 年,第 1251 頁。

②如勞榦:《論漢代的内朝與外朝》,1948 年初刊,收入所著《勞榦學術論文集甲編》上册,台北:藝文印書館,1976 年,第 585 頁;周道濟:《漢唐宰相制度》,1964 年初刊,再版,台北:大化書局,1978 年,第 149—151、157—201 頁;冨田健之:《後漢時代の尚書・侍中・宦官について——支配權力の質的変化と関連して》,《東方学》64 輯(1982. 7),第 30—42 頁;安作璋、熊鐵基:《秦漢官制史稿》緒論及正文第一章第一節、第三章第二節,第 10—11 頁、第 8—10、262—264 頁;冨田健之:《内朝と外朝——漢朝政治構造の基礎的考察》,《新潟大学教育学部紀要　人文・社会科学編》27. 2(1986),第 508—515 頁;《漢時代における尚書体制の形成とその意義》,《東洋史研究》45 卷 2 期(1986. 6),第 212—240 頁;陳仲安、王素:《漢唐職官制度研究》(增訂本),1993 年初刊,上海:中西書局,2018 年,第 34—37 頁;冨田健之:《後漢前半期における皇帝支配と尚書体制》,《東洋学報》81 卷 4 期(2000. 3),第 441—471 頁;《後漢後半期の政局と尚書体制——「省尚書事」をめぐって》,《九州大学東洋史論集》第 29 輯(2001. 4),第 1—28 頁等。

決議完成到審議、裁決，裁決到實施中文書傳達過程銜接各階段的動脉[①]。兩説或有各執一端的問題，且××體制的看法，有將動態過程簡單化之嫌，三公、將軍、尚書台、宦官與皇帝共同構成朝廷統治群體，其間的關係起伏波動頗多，須順時而觀，詳加考述，難以脱離具體人、事來抽象提煉。各方力量既合作，又争奪，尚書的重要性亦由此顯現。

《後漢書·李固傳》，順帝時李固上疏云：

> 今陛下之有尚書，猶天之有北斗也。斗爲天喉舌，尚書亦爲陛下喉舌。斗斟酌元氣，運平四時。尚書出納王命，賦政四海，權尊埶重，責之所歸。……今與陛下共理天下者，外則公卿尚書，内則常侍黄門……(63/2076)

尚書喻爲"喉舌"，東漢時常見[②]，此喻突出了尚書的重要性。李固同時指出公卿尚書與常侍黄門一道協助皇帝治理天下，囊括了常侍黄門之類的宦官，不能不説是對當時情形無可奈何的接受與承認。《續漢書·百官志三》"少府"條："尚書令……本注曰……掌凡選署及奏、下尚書曹文書衆事"，"尚書僕射……本注曰……署尚書事，令不在則奏、下衆事"(26/3596)，東漢尚書令的職責包括上奏與下發由尚書諸曹起草的各類文書[③]，《後漢書·鮑昱傳》記載了光武帝末年的一個小故事，正顯示了尚書的這一職能：

> 中元元年，(昱)拜司隸校尉。詔昱詣尚書，使封胡降檄。光武遣小黄門問昱有所怪不？對曰："臣聞故事通官文書不著姓，又當司徒露布，怪使司隸下書而著姓也。"帝報曰："吾故欲令天下知忠臣之子復爲司隸也。"(29/1022)

因爲官印隨身携帶，故光武帝令鮑昱到尚書處去用自己的"司隸校尉"印去

---

①祝總斌：《兩漢魏晉南北朝宰相制度研究》，第58—70、96—119頁；渡邉將智：《後漢政治制度の研究》，東京：早稲田大学出版部，2014年，第171—248頁。

②又如順帝時左雄所言，見《後漢書》卷六一《左雄傳》，第2015頁。

③有關梳理見楊鴻年：《漢魏制度叢考》"尚書主管文書"條，第87—93頁。

封緘胡降檄[1]。漢代的文書傳遞記録上要注明文書發出機構與印章的内容[2],光武帝正是想利用此做法來讓天下瞭解鮑昱擔任了司隸校尉。同書《梁冀傳》:

(冀以外戚)專擅威炳……百官遷召,皆先到冀門箋檄謝恩,然後敢詣尚書。(34/1183)

按照慣例,應該是先到尚書謝恩,并參加拜官授印璽的儀式,因梁冀專權而顛倒了先後次序。這一慣例亦證明正常情況下,除授高官的“制書”是通過尚書來下發的。同書《竇武傳》:

曹節聞之,驚起,白帝曰:“外閒切切,請出御德陽前殿。”令帝拔劍踊躍,使乳母趙嬈等擁衛左右,取棨信,閉諸禁門。召尚書官屬,脅以白刃,使作詔板。拜王甫爲黄門令,持節至北寺獄收尹勳、山冰。(69/2243)

尚書郎需輪流晝夜在宫中值班,隨時準備上奏、下發緊急文書[3],故能在夜裏召集值班的尚書郎,武力脅迫起草詔書。而指出制書需要“尚書令重封”,實際就是强調制書需通過尚書來下發,而否認了繞過尚書,直接由侍中、黄門之類近臣外傳的方式。

委派身邊的近臣作爲使者送文書給諸侯王或大臣,頗爲常見,廖伯源研究漢代使者時有過比較系統的梳理,其中就有奉璽書的,如元帝時,其弟東平王劉宇與母有矛盾,其母上言元帝,表示寧願去爲長安近郊的杜陵爲宣帝守陵園,元帝“於是遣太中大夫張子蟜奉璽書敕諭之”,另外又派“諸吏宦者令”奉璽書給東平王太后,加以勸慰(漢 80/3320—22),類似情形又見《漢書·淮南憲王欽傳》,亦是“遣諫大夫王駿賜欽璽書”(漢 80/3316)。東漢熹平四年(175),根據小黄門趙祐與議郎卑整的建議,靈帝封沖帝生母虞氏爲憲陵貴人、質帝生母陳夫人爲渤海孝王妃,“使中常侍持節授印綬”(後漢 10/

---

[1]此問題得到學棣陳韵青的惠助,謹謝。

[2]鷹取祐司:《秦漢官文書の基礎的研究》第二部“文書の傳送”,第 289—440 頁。

[3]東漢蔡質:《漢官典職儀式選用》:尚書郎晝夜更直於建禮門内,見《漢官六種》,第 205 頁。

441)，按照常規，一定會同時奉策書。又獻帝時“乃下詔迎姬，置園中，使侍中持節拜(唐姬)爲弘農王妃”(10/451)。《後漢書・董肱傳》：靈帝時“即拜(肱)太中大夫，詔書至門”(53/1750)，一定也是派使者去的，而詔書應該是“制書”①。類似的例子還有一些，不贅舉。這些文書是否經過了尚書，史書未言，若使者出自内廷近臣，經過尚書的可能性就不太大。

竇武在桓帝永康元年(167)上書勸諫桓帝時，針對宦官專權，指出；

自即位以來，未聞善政。梁、孫、寇、鄧雖或誅滅，而常侍黄門續爲禍虐，欺罔陛下，競行譎詐，自造制度，妄爵非人，朝政日衰，奸臣日强。

下文又指出：

臣聞古之明君，必須賢佐，以成政道。今台閣近臣，尚書令陳蕃，僕射胡廣，尚書朱寓、荀緄、劉祐、魏朗、劉矩、尹勳等，皆國之貞士，朝之良佐。尚書郎張陵、嬀皓、苑康、楊喬、邊韶、戴恢等，文質彬彬，明達國典。内外之職，羣才並列。

下面筆鋒一轉，批評起桓帝來：

而陛下委任近習，專樹饕餮，外典州郡，内幹心膂。宜以次貶黜，案罪糾罰，抑奪宦官欺國之封，案其無狀誣罔之罪，信任忠良，平決臧否，使邪正毁譽，各得其所，寶愛天官，唯善是授。(69/2240)

竇武上書矛頭所指是宦官，作爲反襯舉出來，作爲賢佐而希望桓帝親近的，則是尚書令、僕射與尚書郎，且特别指出他們“明達國典”，與宦官“自造制度，妄爵非人”相對，顯然，竇武心目中，當時尚書的作用已經大大邊緣化了。東漢後期，清流士大夫與宦官之間矛盾尖鋭化，争奪的焦點之一是官吏的選用，具體就體現在尚書的職能受到皇帝或太后身邊外戚與宦官中臣的抑制上，更具體的表現之一，便是繞過尚書來直接下達文書(包括制書)來除授六

①某些特殊情況下，也會使用“策書”以示“隆崇”，順帝即位後“聘南陽樊英、江夏黄瓊、廣漢楊厚、會稽賀純，策書嗟嘆，待以大夫之位”，《後漢書》卷六三《李固傳》，第2081頁。

百石以上的官職,當時的説法即"特拜"。

這一情形隨著皇帝身邊人物的不同前後有變化。順帝時則是梁冀與宦官並恃,把持中樞,不經過正常渠道選任的官員日多,此時尤甚,所謂"時所除官,多不以次",《後漢書·李固傳》:"舊任三府選令史,光禄試尚書郎,時皆特拜,不復選試",這裏所謂的"令史"應指尚書台的令史,他所批評的是繞過三府與光禄勳,直接任用尚書台的官吏,經李固與廷尉吴雄上疏,强調"選舉署司,可歸有司","帝感其言","自是稀復特拜,切責三公,明加考察",遭到李固奏免的,就有百餘人(63/2082、2084),李固針對的是控制朝政的梁冀與宦官。當然,不難想象,這種局面不會維持多久。果不其然,桓帝初年,李固被殺之後,宦官勢力再起之後,舊態復萌。桓帝延熹五年(162)楊秉爲太尉,當時宦官勢力正熾,"任人及子弟爲官,布滿天下"引發朝野嗟怨,楊秉與司空周景上言,指出"内外吏職,多非其人,自頃所征,皆特拜不試",没過幾年,特拜又捲土重來。兩人搬出"中臣子弟不得居位秉執(勢)"的"舊典",還真打動了桓帝。楊秉列舉了牧守以下五十多位的清單,這些人或死或免,震動很大。延熹七年(164),桓帝南巡陵園,楊秉隨從,到了南陽,桓帝又忍不住"詔書多所除拜",遭到楊秉勸阻(54/1772、1773)。當時大臣爲何反復上疏,争執選舉由誰來控制,背景恐怕就在於此。

與此相關,尚書一職亦是各方争奪的焦點。《後漢書·杜喬傳》,桓帝時杜喬任太尉,"(梁)冀屬(杜)喬舉氾宫爲尚書",遭到杜喬拒絶,兩人之間矛盾日益尖鋭(63/2093)。不止是任用上,是否要發揮尚書的職責,亦成爲當時清流與外戚,特别是宦官争執的關鍵。桓帝時陳蕃任光禄勳,針對當時"封賞逾制,内寵猥盛",上疏勸諫,最後説"尺一選舉,委尚書三公,使褒責誅賞,各有所歸,豈不幸甚"(66/2161—62),就是要求將選舉的職責交給尚書與三公,削減皇帝及身邊近臣弄權任人的空間①。後來靈帝朝,中常侍吕强上疏諫桓帝設"導行費"時,對此舊典又有一番更詳細的論述:

---

①具體例子,可見《後漢書》卷六七《羊陟傳》,"三遷尚書令"後的作爲,奏罷黜之"與宦豎相姻私、公行貨賂"的太尉、司徒、大鴻臚、太僕、大司農等,薦舉升進"清亮在公"的前太尉等,第 2209 頁。

舊典選舉委任三府，三府有選，參議掾屬，咨其行狀，度其器能，受試任用，責以成功。若無可察，然後付之尚書。尚書舉劾，請下廷尉，覆案虚實，行其誅罰。今但任尚書，或復敕用。如是，三公得免選舉之負，尚書亦復不坐，責賞無歸，豈肯空自苦勞乎！（後漢 78/2532）

吕强比較系統地梳理了過去三公府如何選舉牧守，此前順帝陽嘉二年(133)，郎顗上書中就提到這一選拔方式(30下/1056)，并指出現在此職責不再由三公承擔，名義上衹是由尚書負責，但還存在“或復敕用”，即不由尚書推舉，直接由皇帝任用，即前文所説的特拜一途。實際上，東漢後期，官吏任用問題，一直處在幾方力量争奪變化之中。清流希望回到三公尚書提出人選，經過試用，由皇帝除拜的“舊典”，外戚與宦官則期冀借助皇帝，繞過三公與尚書，通過“特拜”任官，或控制尚書，來安插自己的子弟親信。無論如何，尚書都成爲各方要控制或繞開的關鍵機構。

桓帝延熹八年(165)陳蕃出任太尉，此時梁冀已被鏟除，宦官勢力獨大，陳蕃曾單獨上疏，批評“近習之權，復相扇結”，建議“陛下深宜割塞近習豫政之源，引納尚書朝省之事，公卿大官，五日壹朝，簡練清高，斥黜佞邪”，不僅桓帝看罷怒氣加重，宦官更是“疾(陳)蕃彌甚，選舉奏議，輒以中詔譴卻”(66/2164—65)。陳蕃同樣希望通過尚書與公卿來制衡宦官，宦官則利用在皇帝身邊之機，通過“中詔”來阻攔和打擊陳蕃的活動，使其建議與想法無法落實。“中詔”即《李固傳》所説的“事從中下”，就是直接由皇帝下發的詔書，没有經過尚書起草與下發[①]。到靈帝時，大臣依然矚目選舉權的歸屬，光和元年(178)，盧植上封事，勸諫靈帝説：“御下者，請謁希爵，一宜禁塞，遷舉之事，責成主者”(64/2117)。此處的主者，恐怕就是陳蕃所説的“尚書三公”，而此封事“帝不省”，應該是靈帝身邊的宦官“遏絶章表”，没有讓他看到此文書。光和二年(179)到四年(181)死前，中常侍曹節甚至“領尚書事”

---

①參《通鑑》卷五八“光和四年”，吕强上疏“或有詔用”胡注“詔用者，不由三公、尚書，徑以詔書用之”，校點本，北京：中華書局，1956年，第1861頁。

（後漢 78/2526），前所未有，足見宦官對尚書的重視。此間，曹節曾利用在桓帝身邊之機，説動桓帝將打擊宦官的陽球從司隸校尉改爲衛尉，并動用“領尚書事”的權力，“勑尚書令召拜，不得稽留尺一”，迅速將陽球調離（後漢 77/2499、2500），權勢之大，可見一斑。

據《後漢書·張奂傳》，靈帝時，奂轉任太常，“與尚書劉猛、刁韙、衛良同薦王暢、李膺可參三公之選，而曹節等彌疾其言，遂下詔切責之”，而司隸校尉王寓“出於宦官，欲借寵公卿，以求薦舉”，結果是“百僚畏憚，莫不許諾，唯（張）奂獨拒之”，導致“（王）寓怒，因此遂陷以黨罪，禁錮歸田里”（65/2141）。靈帝朝宦官因身處皇帝身邊，一手遮天，由此可見。竇武尚在時，因太后身邊有靈帝乳母趙嬈，“中常侍曹節、王甫等與共交構，諂事太后”，“太后信之，數出詔命，有所封拜，及其支類，多行貪虐”（66/2169），控制了皇帝或太后，便可以詔命封拜。且他們還能暗通州郡，當時曾有“豫章太守王永奏事中官”（67/2213），等於繞過了負責收發文書的尚書，直接與宦官聯絡。正因爲如此，外朝的清流們極力想奪回選舉之權，同時，皇帝的文書是用來進行封拜最爲直接的工具，更不能放過。

其實，當時的尚書久在清流、外戚與宦官爭鬥的漩渦中生存，平日接觸各方的上奏，不僅瞭解王朝上下的動態，對於各方勢力的消長，各自的立場、態度，哪些人炙手可熱，也會了然於心。他們大多是在其他職位上經過歷練後才轉任尚書令，即便是尚書郎也要先做過一般的郎中，經過考試、試用選拔才可[①]，也多半學會了見機行事。就在竇武上書贊揚他們爲“國之貞士，朝之良佐”後數月，桓帝死，竇太后臨朝，以陳蕃爲太傅，録尚書事，“時新遭大喪，國嗣未立，諸尚書畏懼權官，托病不朝”，陳蕃以書責之，“諸尚書惶怖，皆起視事”（66/2168），他們究竟能否成爲對抗宦官的有效力量，也無法一概而論。

---

①東漢歷任尚書令名單與研究，可參周道濟：《漢唐宰相制度》“東漢尚書令人名表”，第 186—189 頁；孫永春：《東漢尚書令考述》，碩士論文，張鶴泉指導，吉林大學古籍所，2008 年，第 18—20 頁；尚書郎的來源，見嚴耕望：《秦漢郎吏制度考》，1951 年初刊，收入《嚴耕望史學論文選集》下册，北京：中華書局，2006 年，第 299—300、323 頁。

以上乃胡/蔡撰寫四類説時的朝廷狀況。前文已提及，胡廣本人在尚書台長期任職，從尚書郎做到尚書僕射，史稱“典機事十年”（後漢44/1509），後出爲郡守，質帝死後，任太尉，録尚書事，靈帝立，作爲司徒“參録尚書事”，胡廣“歷事六帝”，史稱“達練事體，明解朝章”（1510），對尚書台的運行機制以及各方如何圍繞尚書展開争奪一定了如指掌。質帝死後，朝臣商議嗣君，他本與李固等議立年長有德的清河王蒜，但因遭權臣梁冀反對，胡廣懾其權勢，不敢相争，與李固的態度判然有别①，而他又和中常侍丁肅聯姻，爲時人譏毁。不過，據《後漢書・宦者列傳》，丁肅等五人“稱爲清忠，皆在里巷，不争權威”（78/2533），與曹節、王甫等積極弄權擅政之輩不同。胡廣與他通婚，正顯示了他洞察時局，出於結援的考慮。質帝死後，群臣大議時態度的變化，可見他明理而趨炎附勢的一面。胡廣能長期從政，數列三公，幾度沉浮而不倒，死後備盡哀榮，史家甚至認爲是“漢興以來，人臣之盛，未嘗有也”。熹平六年（177），靈帝“思感舊德”，還在省内畫了他和太尉黄瓊的像，并請蔡邕作頌（1511），這些均顯示了胡廣内方外圓的一面。本傳説他“性温柔謹素，常遜言恭色……雖無謇直之風，屢有補闕之益”（1510），不敢面對權臣，仗義執言，確實如此。

據《後漢書》本傳，蔡邕擔任過郎中，校書東觀，後遷議郎，熹平四年（175）參加抄録六經於碑石的工作，還曾多次上書、上封事、回答皇帝的提問，因奏對泄漏，而被宦官程璜等構陷而獲罪，減死徙邊，在朔方九個月，因赦被宥免還本郡。離開朔方前又因對五原太守不敬，産生矛盾，太守乃中常侍王甫之弟，蔡邕不敢歸本郡，而亡命江海，遠迹吴會十二年。到中平二年（189），被董卓召至麾下，方又回到政治舞臺。直到董卓被殺後，因對董卓表示傷痛而被王允下獄，死於獄中。和胡廣相比，蔡邕的政治經歷要單純得多，但亦無法避免與當時各方權勢的摩擦與碰撞，他自己對女寵、鴻都門學中的“輕薄之人”等等更爲仇視，但自己的遭遇中數次遭遇宦官及其親戚的陷害，儘管也因中常侍吕强的挽救而不死。在上書中亦見其對皇帝角色（如

①詳見《後漢書》卷六三《李固傳》，第2085—2086頁；及卷四四《胡廣傳》注，第1510頁。

强調祭祀活動不可疏廢)以及儒家傳統(如選賢進能、遠小人)的堅守,《獨斷》中亦云“人主必慎所幸也”,以及借地震對董卓陪獻帝郊天時乘車“逾制”的勸諫,均體現了他的想法。

相較於胡廣,蔡邕更敢於直言,表達他的想法,因而遭受的打擊與挫折也更多,但他直到被招致董卓手下,依然不忘“每存匡益”(後漢 60 下/2006)。兩人的儒學背景與性格、遭遇,加上時局,都會帶入他們的撰述。他們對口論的排斥,以及對制與詔的解釋,和對制書要有尚書令重封,且弃用“璽書”這種稱呼,似乎都可以從時代氛圍與兩人的性格與經歷中找到答案。

四 結論

以上參照兩漢文書與統治方式,分析了胡廣與蔡邕構建的“帝下之書有四”這一漢代王言的論述中顯現與被排斥的内容,并從制度、時局以及胡廣、蔡邕兩人的經歷角度探討了如此書寫的背景。可以説,胡/蔡四類説是他們以筆爲武器,通過選擇/捨弃/闡釋而構建的皇帝文書等級秩序,孔子有所謂“名不正則言不順”之説,他們通過確立四類皇帝文書的名稱,來曲折地表達他們對皇帝與制度的理解。但對皇帝文書實際的運行與發展,影響有限。對後人認識當時的皇帝文書,既是便利的工具,也是一種障礙。

本文屬於國家社科基金重點項目“秦漢三國時期的日常統治與國家治理”(17AZS013)的階段性成果。初稿曾提交 2019 年 4 月 12—13 日在中國人民大學召開的“王言:古代世界的政治表達和權力建構”(The King's Voice: Royal Speech and Inscription in the Ancient World)工作坊,寫作修改中先後得到學棣孫梓辛、屈濤與陳韵青諸君的惠助,謹此致謝。

2019 年 2—4 月初稿

2019 年 5 月修訂

(作者單位:清華大學歷史系)

簡論漢唐制度史研究對整體史叙事的貢獻

劉後濱

整體史叙事是歷史學追求的目標,近年來重新受到重視,被一些歷史學家奉爲“最基本的信念”①。人類社會原本是以整體的面貌展開和推進的,碎片化的描述或是出於學科劃分的研究需要,或是限於史料留存的不完整,更多是由於帶著所處現實的有色眼鏡剪裁史料。回到歷史現場,是史學從專門化走向綜合化的一個重要路徑,對接的是年鑒學派主張的整體史研究取向。自從 20 世紀 20 年代法國年鑒學派主張史學研究要注重多面向和長時段以來,整體史研究就日漸成爲西方史學追求的目標。整體史叙事要求的多面向,是一項隨著人類認識水準提高而無限擴展的要求,在不同時代有其特定的針對性。而長時段到底取多長,則取決於問題的設定和掌握材料的多少。其實,整體史叙事原本是中國傳統史學的一種基本追求,中國古代史學很早以來就追求“通古今之變”。整體史叙事的主線可以是多重和立體交

---

①劉志偉、孫歌著:《在歷史中尋找中國:關於區域史研究認識論的對話》,東方出版中心,2016 年。

叉的，中國傳統史學中的王朝體系即是一條重要的主線，圍繞王朝更迭的衆多視角的敘事，是一種古老的整體史敘事，正統問題、德運問題、禪讓與革命問題等，都是服務於這個整體史敘事的。歷史敘事是否具有整體性，並非取決於問題的大小，一些關節點上的細小問題，也可能是整體史敘事中的重要構件。衹要能夠從長時段加以描述且主要線索和演變起伏關節點清晰的歷史敘事，都可視之爲整體史敘事。

自從20世紀初中國學術界引入進新史學的研究理路以來，打破王朝體系和君道政體歷史觀的“破”的一面建樹顯著，從社會史、經濟史和文化史等角度重建歷史敘事框架的“立”的努力也頗有成效，還出現過以五種社會形態來敘述中國歷史的宏大框架。但是迄今爲止，應該衹有從制度尤其是政治制度切入的整體史敘事及其依託的一套話語或概念系統無可替代，顯示出强大的學術生命力。一方面，如侯旭東所揭示的，最早從19世紀中葉以來爲了尋求體制變革而帶來的史學研究中，“制度”的意義與價值凸顯，“制度”逐漸淩駕於人和事之上，獲得了更爲根本性的意義，進而從原先在史學門類中的附庸位置掙脱而出，自成門户。到了20世紀20年代，制度史作爲一門專史就已經大致成型①。另一方面，對於中國帝制前期的漢唐時代歷史的研究，制度史領域取得的成績具有將傳統史學與現代史學做出有效學術嫁接的特徵。

本文之所以選擇中國帝制前期的漢唐時段來論述制度史研究對整體史敘事的貢獻，除了學力所限，更重要的原因在於漢唐歷史的研究歷來以制度史爲重。儘管20世紀前半期的秦漢史研究很大程度上服務於古史重建的時代任務，在對古史傳説進行“袪魅”的同時，重點是依託考古材料重建秦漢時期的經濟結構、階級關係、社會風俗和思想文化，但是以陶希聖、馬非百、雷海宗、錢穆、勞幹和賀昌群等爲代表的學者對於皇帝制度及地方行政制度的研究從一開始就顯示出鮮明的歷史敘事統合力。而隨著秦漢制度史研究的

①侯旭東：《“制度”如何成爲了“制度史”》，《中國社會科學評價》，2019年第1期。

推進，早期帝制時代的歷史叙事與中國歷史整體叙事的關聯度顯著提高。最近40年來秦漢史研究的重要成績即體現在典章制度的廣泛而深入的研究，在官制、賦役制度、法律制度等方面取得重大進展①，尤其官制的研究成績斐然②。秦漢屬中國帝制初創時期，有關君主制和郡縣制的研究是理解中國歷史展開及其後來走向的基點，圍繞皇帝制度和君權行使體制與機制的一系列制度，尤其是中國傳統政治文化和政治話語中的宰相制度，就成爲秦漢史研究中的"牛鼻子"問題。祝總斌《兩漢魏晉南北朝宰相制度研究》作爲這方面的代表作，便不應被視作狹義"宰相制度"的專題研究，而是有關兩漢魏晉南北朝政治制度及其演進的整體叙述，對於帝制前期中樞制度由漢代三公制向隋唐三省制的演變歷程及其歷史背景做出了細節考證基礎上的宏觀分析③。

隋唐史研究對制度史的重視在中國古代各個斷代的歷史研究中最爲突出，無論從新史學誕生以來的學術史看，還是從近期的學術進展看，重視制度史都是隋唐史研究與其他斷代史研究相比最爲顯著之處。以岑仲勉和陳寅恪爲代表的新史學以來第一代唐史學者，對制度史就極其重視，儘管他們的學術關懷相當寬廣，研究領域涉及衆多面向，但構成其對隋唐史叙事框架的當屬制度史。岑仲勉撰有《府兵制度研究》，又在《郎官石柱題名新考訂》中收録了除書名所揭主題外另外三種史料的考訂和校補，包括《翰林學士壁記注補》《補唐代翰林兩記》和《登科記考訂補》，整理的都是有關唐代官制史研究的基本史料。分爲上下兩册的《隋唐史》一書中，職官制度、賦役制度、府兵制度等也是重點論述的内容。他在寫成於1950年代末的《通鑑隋唐紀比事質疑》一書中，針對司馬光叙事的錯誤加以訂正，在一條條簡短讀書劄記中，揭出許多有關唐代制度的問題關節點，體現了作者在制度史方面卓越的史識。陳寅恪除了《隋唐制度淵源略論稿》專論隋唐制度特徵及其在

①周天游、孫福喜：《二十世紀的中國秦漢史研究》，《歷史研究》2003年第2期。

②陳長琦：《改革開放40年來的秦漢魏晉南北朝史研究》，《中國史研究動態》2018年第1期。

③參見陳蘇鎮：《讀〈兩漢魏晉南北朝宰相制度研究〉》，《北京大學學報》1991年第3期。

南北朝之淵源，其《唐代政治史述論稿》的叙事也是建立在隋唐府兵制度、科舉制度、賦役制度、中樞體制以及其他中央地方相關制度認識基礎上展開的。可以説，岑仲勉和陳寅恪都是通過制度史的結構性思路建立起了對隋唐斷代史研究的整體認識。其他學者如王亞南、錢穆等人的研究，也都聚焦於制度的演進史。20世紀後半期以來，以汪籛遺著《汪籛隋唐史論稿》和唐長孺《魏晉南北朝隋唐史三論》、王永興《唐勾檢制研究》以及黄永年《六至九世紀中國政治史》等論著的出版爲標誌，岑仲勉和陳寅恪之後第二代唐史學者進入到學術盤點的階段，制度史依然是他們構建隋唐史整體叙事的基本框架。隨後的隋唐史研究儘管成果總量巨大，但論題的開拓卻未有多少實質性的進展，取得突出成績的領域集中在政治制度史和敦煌學①。

至於"制度史"研究的具體範圍包括哪些方面的制度，其中的政治制度史與政治史的關係如何處理，諸如此類的問題，涉及面很廣，也是前人議論較多的話題，本文不擬展開。或可轉换一下思路，將制度史視作一種方法或分析視角，則具體研究範圍的問題似乎不成爲一個問題。在我的理解中，制度史研究發展到今天，已經不是"專門史"之一種，而是史學走向綜合化叙事的一個重要平臺。儘管推動當今史學研究走向綜合化趨勢的主力，是區域社會史和財政經濟史，尤其是有關明清時期的相關研究。儘管明清時期的史料留存自有其特殊性，但由此推動的史學研究走向整體史叙事的趨勢，對於明清以前制度史研究來説無疑也具有重要的借鑒意義，促使制度史研究朝著整合既有知識和史料、打通不同斷代歷史脈絡的方向努力拓展，回到一些基本議題的多維立體解讀上。區域社會史所追求的歷史的鮮活與豐滿，克服殘缺的、碎片化的和僵死的歷史，也是制度史研究中追求的重要目標。以隋唐制度史研究爲例，在這個目標下促生的重要議題，就是政務運行機制與國家權力結構，以及在此框架下的衆多具體問題。中古國家政務的重心涵蓋在尚書六部職掌之内，尤以官員選任、賦役徵派和司法審斷最爲關鍵。

---

①參見吴宗國:《我看隋唐史研究》,《文史知識》2006年第4期。

要理解隋唐國家的政務運行機制，勢必要深入分析從中央到地方和基層鄉里各個層級的政務運行，要以事任爲中心而不是以職官和機構爲中心。可以説，區域社會史和財政經濟史推動的新一輪整體史叙事趨勢，對隋唐制度史研究議題的牽動相當明顯。例如以“政務運行”爲中心的隋唐制度史研究思路，就是力圖將傳統的以職官爲中心的政治制度史研究轉向以事類（政務）爲中心的綜合性制度史研究，或者説努力使制度史成爲一種視角，用以分析國家與社會各個層面的具體運行及其變化。這種視角的研究，在回到歷史現場和整體史叙事兩方面都有積極的意義①。

基於以上判斷，本文擬就漢唐制度史研究對於中國歷史整體史叙事的貢獻略作梳理，分爲三個方面。

首先，漢唐制度史研究爲中國帝制前期的整體史叙事提供了基本框架。

還在新史學成立的初期，中國史學界便自覺通過制度史而建立起對中國歷史的整體叙事框架。如上所述，漢唐制度史研究尤其注重此種取向。除了清末以來尋求體制變革的現實政治動因外，後來進入中國學術視界的馬克思主義理論也對制度史研究産生了重要影響，學者們在進行制度分析時，或隱或顯地結合了當時風行於世的馬克思主義社會史觀，將制度放置於更宏大的社會史視野之下，以剖析社會整體結構爲指歸。在這種思路的統攝下，制度製作的權力格局、政策環境與文化背景均作爲制度史的考察物件，使制度史完成了對傳統官制研究的揚棄，成爲現代史學的重要支柱，並構成整體史叙事的框架性依託。同樣的研究取向發生在二戰後的日本東洋史學界，日本學者通過對二十等爵制、貴族官僚制、科舉制度等專門領域的研究，建立了對東洋史特性與分期等基本議題的認識。

從理論上講，制度史對於整體史叙事具有特別的統攝力。制度是國家意志的體現，具有全域性和規範性。從制度切入分析歷史，無疑都是國家視角，具有某種整體性。周祥森在評論趙世瑜《小歷史與大歷史》一書時，引用

①參見劉後濱：《史學綜合化趨勢下的隋唐制度史研究》，《社會科學報》（上海）2019年7月25日。

了英國思想史家斯蒂芬·柯林尼(Stefan Kollini)的如下説法來説明社會史的重要性:歷史女神克麗奥的宅院可分爲客廳、地下廚房、閣樓書房和里間卧室,並分别對應政治史、經濟史、思想史和社會史。這個比方非常形象且貼切,也從一個側面説明了以政治制度史爲核心的政治史所具有的整合作用和呈現意義。無論在其他幾個空間和場域有何深刻和複雜的探索,決定整套房子格局的關鍵是客廳,最終帶給人們整體認識的東西也應該是在客廳裏呈現出來的①。當然,需要注意的問題是如何克服後見之明,順時而觀,避免將制度架空在具體的人和事之上。

從漢唐制度史的研究來看,其爲中國帝制前期整體史叙事搭建的基本框架主要體現在專制主義中央集權帝國的建立與完善、秦漢隋唐間國家政權的權力結構與運行機制、皇權的行使方式及相權的特點及其變化、作爲國家核心政務的取士選官及其制度的變化等。以祝總斌先生和吴宗國先生爲代表的制度史研究學者,在分析這些方面制度特徵形成背景及其變化的原因時,抱持一種宏觀視角,從統治形勢的變化、國家政務内容的擴展、權力格局與政治鬥争的變動等方面入手。例如祝總斌先生在《兩漢魏晉南北朝宰相制度研究》中對於西漢以來尚書系統機構與職權變化、對於領尚書事和中朝官制度建立原因的分析,就帶出了許多具有牽動性意義的議題②。該書反復强調制度變化的動力是王朝提高統治效率的需要,跳出君相矛盾的解釋窠臼,結合政治局勢和制度變化中具體的人和事,論證隨著統治形勢的變化王朝統治的内容有什麽擴展,這種擴展如何體現在文書行政上,進而提出新形勢下有哪些方面提高統治效率的需要,通過制度調整如何能夠提高統治效率。又如吴宗國先生《盛唐政治制度研究》中對於唐代政治制度歷史特點

①周祥森、張香鳳:《區域社會史的革命——評趙世瑜著〈小歷史與大歷史〉》,《史學月刊》2007年第12期。

②祝總斌:《兩漢魏晉南北朝宰相制度研究》第四章“西漢的中朝官與尚書”,中國社會科學出版社,1990年,第75—100頁。參見祝總斌《西漢宰相制度變化的原因》,《中國歷史大辭典通訊》1983年第4期,收録於《材不材齋文集》下編,三秦出版社,2006年,第145—176頁。

的分析，著重研究各個時期實際運行的制度，而不是停留在有關制度記載的條文上，以便真實地掌握唐朝前期政治制度的實際情況和政治體制發展變化的脈絡。在解釋政治制度變化的原因時，把研究的重點放在體制變化的本身，從政治體制如何適應統治形勢變化的需要，分析探討政治權力的分化與重組等問題，而没有停留在皇權和相權的矛盾、内廷和外朝的矛盾、決策和行政的矛盾等以往被過於强調的方面[①]。兩位先生採取的研究思路異曲同工，在此種思路下做出的歷史分析，無疑是具有整體史意義的，鋪墊了相關時段歷史叙事的基本框架。

圍繞中國皇帝統治體制的建立及“秦漢帝國論”等議題的研究成就，也是日本學界在秦漢史研究領域取得的重要貢獻。近年來有關漢代郡國體制的時代特性及其在走向“天下一統”進程中的意義、由秦始皇到漢武帝皇權觀念及相關制度的發展演變等研究，衝擊著人們對秦漢史的整體認識[②]。

這並不是説依託制度史研究的整體史叙事就臻於完善了，衹是就已有研究積累來説，這樣角度的歷史叙事更加切近中國歷史的實際，更加契合中國歷史編撰傳統和史料特點，呈現出了極其廣闊和深厚的研究空間。其他衆多研究視角取得的成績，都爲一個特定時段的整體叙事貢獻著知識和觀念，各個角度對中國歷史研究的擴展和深入，都以其繁富的成果豐富著人們的認識。但涉及到具有宏觀視野和長時段關懷的歷史叙事，似乎都難以擺脱制度史研究搭建的框架和提出的概念。各種專門史和專題研究對歷史研究的細化與深化，對於走出模式化的歷史叙事有很大貢獻，但一定意義上説都尚未能開闢出新的議題，依然屬於在制度史研究搭建起來的叙事框架内的精耕細作。一旦回到整體史叙事，制度史研究的骨架作用仍然無可替代。尤其是中國帝制前半期既漢唐間的歷史叙事，更是如此。即使展現多學科方法的全球史（主要是經濟史、科技史和環境史視角）的興起，以及關注區域

---

①吴宗國主編：《盛唐政治制度研究》（重印本），中國人民大學出版社，2019年，第14—15頁。

②楯身智志、渡邉將智撰，劉萃峰譯：《日本漢初政治史與政治制度史研究動態》，《中國中古史研究》第六卷，中西書局，2018年。

和民間的歷史人類學的擴張，對於宋以後尤其是明清史的整體叙事帶來了許多全新的知識和有異於傳統框架的交互綫索和體系，但是依然未到替代傳統制度史研究所建立起來的叙事框架的地步。

其次，漢唐制度史研究爲中國古代史的整體叙事構建起貫通的視野。

對於如何把握帝制中國的歷史發展大綫索來説，超越王朝體系的時代定位就是一個基本命題。制度史中的核心議題國家權力結構和政務運行機制就是討論時代定位的一個基點。無論是以往研究中强調的從三公九卿制到三省六部制、從世卿世禄制到察舉制再到科舉制等方面的變化，還是重新受到關注的漢唐間士大夫政治形態的演進、門閥制度的形成和衰落、官吏分途背景下吏胥制度的發展演變，或者是一些傳統議題的深化研究如關於土地、籍賬、賦役等方面制度的研究中圍繞“事任”中心呈現出的政務處理和裁決機制，都以時代定位爲宏觀關注面，也對時代定位的分析提供了更加具體而動態的支撑。時代變化的各種綫索有時候是糾纏交叉或者疊壓交錯的，對歷史進行整體性描述的時候，制度史的概念往往能夠起到提綱挈領的作用，而超越王朝更迭的一些歷史關節點也因此凸顯其意義，戰國秦漢之際、漢魏之際、南北朝隋唐之際、唐宋之際等更被看重作爲研究取樣的歷史單元。

制度史研究注重發展趨勢、演變方向及其階段性特徵，儘管因此被認爲具有鮮明的目的論色彩和綫性史觀特徵而受到强烈的批評①，也儘管單一綫性史觀確實值得反省也已經在制度史研究中得到改變，但無法否認注重趨勢和階段的研究取向對於整體史叙事的意義，以及在貫通視野下帶出更多歷史表象背後的深層問題的可能性。

例如祝總斌先生關於中國帝制時代國家政權運行機制的研究中，分析決策糾錯機制及其演變趨勢時，便提出了一些與時代特性密切相關的深層問題。中國帝制時代的政治制度沿襲性很强，帝制國家的許多運行機制貫

①參見侯旭東：《寵：信-任型君臣關係與西漢歷史的展開》之代前言《告别綫性史觀》，北京師範大學出版社，2008 年。

穿始終,但是其具體表現形式卻不斷變化。作爲決策糾錯機制的集議與封駁,帝制前期側重集議,唐宋以後突出封駁,而明清的封駁與唐宋的封駁又有所處環節與針對文書的不同。尤其重要的是,祝著指出了唐宋至明清給事中封駁環節後移的趨勢,唐代給事中"讀署奏抄,駁正違失",對奏事文書的駁正在呈遞給宰相和皇帝之前,而到了明代,給事中的封駁則是在内閣對題奏進行點檢、票擬批答再經君主同意下發之後,給事中在抄發已經君主批復奏章的過程中可對其違失進行駁正①。指出這種變化的趨勢,無疑是非常重要的見解。由此可以看出,明清科道官的"言事"與"封駁"在中樞決策中的環節已後移,偏重於決策形成之後的被動糾錯,而其作爲"不系職司"的監察官,在政令執行過程中的稽察、督導之權則是主動的和實體的。這個現象體現了專制皇權行使方式的轉變,以及君權加强行政技術的提高。而這些變化的階段性特徵,體現出的恰是帝制國家皇權行使方式和具體國家形態的時代性差異,爲中國古代史的整體叙事提供了節點和框架。

祝總斌先生關於中國古代吏胥制度的發展階段及其形成原因的分析,也鮮明地體現出制度史注重長時段歷史發展及其階段性特徵的研究取向。明朝祁駿佳總結的漢代士人皆得試吏、掾曹遂得文章德行之士的現象,無疑屬於後見之明。祝著引述這個論斷並置於整個帝制中國歷史進程中加以考索,便提示了兩重疊加的歷史意涵。一是明代的官、吏身份界限分明,官和吏的區分隨著文書行政的發達,站在官府處理政務文書分工的角度,二者的角色和地位截然區分。二是至少在明朝一些人的認識中,漢代官和吏的身份無别,或者説區别不在於身份而在於職能,從官吏身份無别到二者身份界限分明,背後是官府職能的擴張和官司内部人員的分化,是國家政務運行在體制和機制上的重要變化。祝著强調了官、吏區隔的出現與吏胥制度的發展,對應著選官制度的變化及其背後社會結構和政治形態的變化,指出官、

①祝總斌:《略論中國封建政權的運行機制》,《材不材齋文集》下編,第43—68頁。

吏區隔是與門閥制度的形成和發展相伴而生的，並隨著隋唐時期科舉制度的發展和科舉社會的形成而得到加强[①]。除此之外，我們還能夠從其對制度發展趨勢的分析中進一步探究出其他一些與之交叉重疊的線索。如果我們著眼於國家政務内容的擴張，就會看到各級官府需要處理的事務不斷增加，律令制度和文書行政隨著發達起來，進而導致法、例的檢索和案、牘的整理保管等事務性工作激增。例如，葉煒的研究指出，隋朝的官和吏身份區分發生了劃時代的變化，主要表現在中央文官機構内文書胥吏系統的初步形成，胥吏絶對數量的增多，與官相比地位的下降，以及胥吏群體在官僚機構中角色的突顯。究其原因，關鍵在於隋完成統一後加强中央集權的制度和措施導致中央機構文書處理量劇增，直接刺激了政府中專門以文書爲務人員即文書胥吏的發展[②]。這條歷史線索的變化軌跡和時段劃分，亦當是中國古代史整體叙事的基調之一。

在中國傳統史學著作中，制度史的史料留存最爲完備和豐富，而且還是中國史學傳統中最爲强調因革損益的一個面向。雖然也是一種編撰史料，甚至經過本朝的加工和整齊劃一，但也還是相對客觀的。基於此，在制度史視野下，即使站在漢唐看宋元、看明清，自然也具有獨到的視角和學術意義。祝總斌先生一方面勾勒了中國古代君主專制權力發展的總趨勢，指出不斷完善的制度對於君主行使權力是逐漸加强的限制，認爲"秦始皇、漢武帝的恣意妄爲要比明武宗、清高宗方便得多"。這是制度發展的一個重要方面，從皇權所受制度和輿論的限制來看，自當如此。問題的另一面也在其提問的啓發下得以呈現，即隨著社會經濟的發展和交通便利程度的提高，行政技術不斷得到改進而臻於完善，君主專制目標的實現也更加有了技術手段的保障。決策按照不同層次區分，信息按照緩急輕重篩選，在交通和技術條件的支撑下，清代的密折制度才有了基礎，君主的專制權力得到了前所未有的

①祝總斌：《試論我國古代吏胥制度的發展階段及其形成的原因》，《材不材齋文集》下編，第100—143頁。

②葉煒：《試述隋朝中央的官吏分途及其背景》，《北大史學》第6輯，北京大學出版社，1999年。

强化。而這兩個方面矛盾統一的前提，就是君主獨斷的理論與實踐。正如祝著指出的，歷代政治家和思想家都主張“君逸臣勞”的政治模式，君主既要行使至高無上的權力，又要廣泛吸取群臣意見，在此基礎上形成“皆合天道”的“獨斷”，這是戰國以來直至明代政治家和思想家有關國家治道政術的一個理想模式[①]。

最後，漢唐制度史研究爲找尋整體史敘事的有效方法提供了重要的啓示。

國家立場的歷史敘事，往往構成史學的所謂典範文本，按需剪裁，勢在必行。而地方文獻和民間資料所記載的歷史，又有可能衹是局部知識或碎片化的歷史。如何將此碎片化的歷史素材與局部知識整合爲可敘述的整體歷史，歷史學的各個分支都在做出積極探索，區域社會史研究無疑提供了最爲有效的示範。而制度史儘管由於自身相關理論總結還相對滯後並顯得不成系統，同時制度史研究總體上還被視爲傳統史學或被歸入考據派（這樣的觀點已經顯得隔膜和落伍），但是，借助區域社會史研究中學者們的反思和梳理，制度史對整體史敘事的方法論探索還是提供了有益啓示並做出了實際貢獻的。

區域史在中國興起之初，就特别强調區域特殊性和中國歷史整體性的辯證關係。如傅衣淩所説，在中國，由於社會歷史發展在地域上嚴重的不平衡性，區域性研究尤其必要，區域性研究不僅可以發現中國各地區社會發展的特殊性，而且通過對這些特殊性的研究，更好地説明中國乃至整個人類社會的發展進程；區域研究還可深入地方社會，廣辟資料來源，避免研究工作中存在的以偏概全、内容空泛、拼湊史料等弊病[②]。後來的學者進而强調區域史不等於孤立的地區研究和碎片化的個案研究，而是整體史敘事的深化

①祝總斌：《試論我國封建君主專制權力發展的總趨勢》，《北京大學學報》1998年第2期，收録於《材不材齋文集》下編，第16—42頁。

②傅衣淩：《“國際清代區域社會經濟史暨全國第四届清史學術討論會”開幕詞》（1987年），見葉顯恩主編《清代區域社會經濟研究》，中華書局，1992年。

與視角的變通。區域社會史的新發展,很大一部分論著都著力探索國家與社會的互動過程,按照其在中國歷史進程中的地位與作用及發揮關鍵作用的不同時期,將整個中國的廣闊地域分爲不同區塊置於研究的視野之内,注意以區域史的視角開展整體史的研究,包括探討傳統中國社會的歷史整合過程,以及歷史演進不同階段在不同區域呈現出來的整體性風貌和地域性特點,從社會史研究的角度爲整體史敘事提供新的解釋框架和問題意識。無論是宏觀研究方法還是具體問題認知,區域社會史研究與中國歷史整體敘事是互動與互補的關係,這已經成爲了主流學界的共識。雖然區域社會史並不承擔爲中國歷史整體敘事提供框架性概念的任務,但其對此作出的貢獻卻是非常巨大的,極大地豐富了人們對中國歷史複雜性的認識,在進行整體史敘事的時候增加了許多維度和層次。即如趙世瑜便强調區域社會史的目的在於通史,他把區域社會史研究理解爲一種方法論,而作爲方法論意義上的區域社會史,關注的是如何從地方的視角去重新理解中國和世界,而不是倒過來。换言之,此種研究的目的不是在現有敘事框架内進行印證或填充,而是對既有敘事結構的質疑和衝擊。所以,其目標不在於關注地方或區域,而是呈現出重寫通史的努力①。讓整體性的歷史敘事變得鮮活和完整,而不是支離破碎或僵化拼湊,自然不僅僅區域社會史才有可爲,以政治制度爲主體的制度史研究亦有所貢獻。其實,區域史研究的另外一位代表性學者劉志偉的研究經歷,似乎更直接地詮釋了制度史研究對區域史的基礎性意義。劉志偉最近集中表達的學術取向就是走進鄉村的制度史研究和自下而上的制度史研究,其研究中的許多問題意識來源於對制度史的思考,其取得的成就很大程度上取決於其傳統中國制度史的訓練素養。

由於距離時代的遠近不同,史料留存的特點各異,明清史的突破在社會經濟史,漢唐史的新進展則更多反映在制度史。制度史如何克服倒放電影式的目的論,努力回到歷史現場去探討制度結構形成原因及結果呈現之前

---

①參見周祥森、張香鳳:《區域社會史的革命——評趙世瑜著〈小歷史與大歷史〉》,《史學月刊》2007年第12期。

的多種可能性，無疑是一項值得反思的重大議題。祝總斌先生關於兩漢魏晉南北朝政治制度變化的研究，尤其是關於尚書分曹情況的變化以及尚書行政體制的發展、關於魏晉時期中書和門下機構職權性質的分析，提供了制度與人、事結合的範例。可以説，祝著關於制度史的論述，最大限度地利用了人物傳記的史料，甚至是所可找到的全部史料。雖然還是具有某種目的論的取向，但其回到歷史現場的努力也相當明顯。不過，由於受其對接的學術傳統的影響，祝著在制度史研究中對社會層面的關注顯得不夠。而最近幾年翻譯成中文的20世紀五六十年代出版的一些日本學者的著作，如宫崎市定《九品官人法研究》、谷川道雄《隋唐帝國形成史論》和增淵龍夫《中國古代的社會與國家》等，其共同之處是在國家行政機構層面之外，注重官僚制度的社會層面，使我們進一步認識到，國家行政體系在制度形式上有著整齊劃一的設計，真實的國家構造和實際運作中的體制機制，卻應該是大量吸收了産生於複雜社會運行中的各種要素。

制度史研究積累至今，其代表性論著呈現的方法論意義有待發掘和反思。除了20世紀上半期立足於社會史觀的斷代制度史研究值得總結之外，20世紀80年代以後制度史研究取得的進展也促使一些具體問題的研究進入到理論思考的層面。試舉兩例。一是唐代行政體制如何由垂直管理的使職體制刷新原有的尚書六部二十四司爲基礎的分科官僚制，一定程度上説明了這樣一個政治原理，即制度作爲一種政治現象，既要受到官僚管理需要和行政機制的内在約束，更要接受皇權爲基礎的中央集權政體的規約，二者若出現衝突，前者必然讓位於後者。另外一個是盛行於戰國秦漢時期的列卿制度，到了王莽執政時期就被嚴格秩序化爲“三公九卿二十七大夫八十一元士”，因此實現了不同意識形態與知識系統間的更替。這個制度變化的現象説明，在制度的歷時性變化中，不同時代所具有的意識形態與知識結構左右著制度的基本面貌與外在結構。以上兩個例子，都涉及到社會史、政治史、官制史、財政史、思想史、觀念史等專門領域，而制度史無疑是將它們連綴在一起的有效線索。

綜括言之,制度史本身應是一種方法,而不僅是研究的專題。制度史作爲切入點,可以對中國古代歷史特性與歷史路徑問題做出方法性回應。對於整體史的回歸及相關研究的展開來説,制度史最具統攝能力,是歷史敘事走向新綜合的明顯具有可行性的重要途徑。如何有效統合過去一個世紀的個案研究成果,使制度史成爲整體史敘事新的解釋系統,通過重述制度史,將各類專門史綜合成爲整體史,這應是制度史研究在以祝總斌先生爲代表的學者所取得成績基礎上接下來需要努力的方向之一。

作者附記:在 1980 年代中期到 1990 年代初,本人多次完整修習祝總斌先生的中國古代政治制度史課程,曾得先生耳提面命,授業解惑。今重讀先生制度史著述,撰成小文,以慶祝先生九秩壽誕。

(作者單位:中國人民大學歷史學院)

關於《二年律令》101簡律文若干問題的討論

李 力

一 問題的提出

近年出版的《中國早期民法的建構》(以下簡稱"建構")一書,從受理機構的角度提出一個假説,即:"最晚在西漢初年,刑事案件的初審機關就是縣廷,而非刑事案件主要由鄉審理",由此可以"看到審判責任的分野:鄉——訟 vs 縣(獄)——罪"。該假説的根據是分别對應的,具體如下:(1)以張家山247號墓漢簡《二年律令》101簡律文,論證"縣(獄)——罪"部分。(2)以《漢書·百官公卿表》、《論衡·案書》的相關記載,論證"鄉——訟"部分。①

①張朝陽:《中國早期民法的建構》,中國政法大學出版社2014年,第54—56頁。以下引用時,直接注明該書的頁碼。目前所見的書評,有梁治平《"事律"與"民法"之間——中國"民法史"研究再思考》(《政法論壇》2017年第6期)一文。

可以說,該假說在漢代是否成立,關鍵在於這兩種論據有無足夠的證明力來支撐。限於篇幅,在此祇集中討論其假說的第一種證據即《二年律令》101 簡律文。關於其第二種證據即《漢書・百官公卿表》、《論衡・案書》的相關記載,將另外成文進行辨析。

不僅《建構》一書,在秦漢法制史學界,無論是對《二年律令》101 簡釋文的斷讀,還是關於這條律文的立法意圖,或多或少都存有不同意見。此外,關於該 101 簡律文應當歸屬於漢律中哪一篇章的問題,亦頗有爭議。簡言之,關於 101 簡律文及其解讀,仍有可以進一步討論的空間。

衆所周知,出土秦漢法律史料的整理與解讀,存在著相當大的難度。如何準確地理解把握這些史料,是著手展開專題性研究之前基礎性工作的第一步。本文的主要目標是,在目前學界已有的相關研究成果的基礎上,重點討論《二年律令》101 簡這條律文的基本意義與立法意圖,並就其歸屬於何篇的問題談點不成熟的意見,以期對 101 簡這條漢初律文有一個總體性的把握,進而判斷其假說之"縣(獄)——罪"部分是否成立,以有益於早期中國訴訟與審判傳統之特質的研究。

二　關於 101 簡釋文的斷讀及相關詞語的討論

在今見各個版本的張家山漢簡《二年律令》釋文中,101 簡釋文的斷讀略有差異;有關"鄉官"、"廷士吏"、"聽告"這三個詞語,學者們也有不同的理解。以下,先就此進行梳理與討論。

1. 關於 101 簡的釋文及其討論

爲了便於討論,在此先抄録目前所見幾種版本的《二年律令》101 簡律文的釋文等。

(1)整理小組之整理本的釋文

張家山漢簡整理小組先後發表過 2001 年版、2006 年版兩個整理本的

《二年律令》釋文。兩者所作的101簡釋文没有變化,具體如下[①]:

> 諸欲告罪人,及有罪先自告而遠其縣廷者,皆得告所在鄉,鄉官謹聽,書其告,上縣道官。廷士吏亦得聽告。

在2001年、2006年整理本的兩個版本中,整理小組都没有在101簡這條律文之下作任何的注釋。此外,2001年版整理本所提供的該101簡圖版較清晰,整理小組的文字隸釋工作没有問題。

(2)日本京都大學人文科學研究所《二年律令》譯注稿本的釋文與日譯

在京都大學"三國時代出土文字資料研究"班《二年律令》譯注稿之中,101簡釋文及其日譯如下[②]:

> 諸欲告罪人、及有罪先自告而遠其縣廷者、皆得告所在鄉=、官謹聽、書其告、上縣道官∟。廷士吏亦得聽告。
>
> 【譯】
>
> およそ罪人を告そうとしたり、罪を犯して自首しようとして、その縣廷まで遠い者は、いずれも地元の鄉に告することができる。鄉官嚴正に受理し、その告を記録し、縣道の官に上申する。縣廷の士吏も告を受理することができる。

其釋文如實保留著原簡上的重文符號"="和勾識符號"∟"。尤其是,在其日譯中,可見"皆得告所在鄉"一句之後,使用句號斷讀。這顯示其與整理小組的理解略有不同。

(3)日本專修大學《二年律令》譯注本的釋文、日譯等

在專修大學"二年律令"研究會《二年律令》譯注本中,101簡釋文與日

①張家山二四七號漢墓竹簡整理小組:《張家山漢墓竹簡〔二四七號墓〕》,文物出版社2001年,101簡圖版,第15頁;釋文,第148頁。張家山二四七號漢墓竹簡整理小組:《張家山漢漢墓竹簡〔二四七號墓〕(釋文修訂本)》,文物出版社2006年,第22—23頁。

②[日]"三國時代出土文字資料の研究"班:《江陵張家山漢墓出土"二年律令"譯注稿その(一)》,《東方學報》京都第76册,2004年3月,第180頁。[日]冨谷至編:《江陵張家山二四七號墓出土漢律令研究(譯注篇)》,朋友書店2006年,第68頁。

譯等如下①:

【原文】

諸欲告罪人及有罪先自告而遠其縣廷者皆得告所在鄉=官謹聽書其告上縣道官∟廷士吏亦得聽告

【釈文】

諸欲告罪人、及有罪先自告而遠其縣廷者、皆得告所在鄉、鄉官謹聽、書其告、上縣道官。廷士吏亦得聽告。

【読み】

罪人を告す、及び罪有り先づ自ら告せんと欲するも、而も其の縣廷を遠しとする者は、皆な所在の鄉に告するを得。鄉官は謹しみて聽き、其の告を書し、縣道官に上る。廷の士吏も亦た告を聽くを得。

【訳】

罪人を告発しようとしたり、罪を犯して自首しようとしても、もし告発・自首する縣廷が遠い場合は、いずれも所管の鄉に告発・自首することができる。その場合、鄉官は厳正にその告発・自首するを受理し、それを文書にして、縣・道の官に上申する。廷においては士吏も告発を受理することができる。

其釋文也如實保留著原簡上的重文符號"="、勾識符號"∟"。在其解讀與日譯中,亦可見"皆得告所在鄉"一句之後,也使用句號斷讀。

(4)武漢大學紅外線本的釋文

該紅外線本,是武漢大學簡帛研究中心與日本早稻田大學三位教授通力合作主持的《二年律令》與《奏讞書》的"再整理"項目,著力利用紅外線儀器重新完成《二年律令》圖版的拍照及其釋文、注釋之彙集工作。其中,101

①[日]專修大學"二年律令"研究會:《張家山漢簡"二年律令"訳注(三)——具律》,《專修史學》第37號,2004年11月,第151頁注釋④。

簡的釋文如下①：

> 諸欲告罪人、及有罪先自告而遠其縣廷者，皆得告所在鄉，鄉官謹聽，書其告，上縣道官。廷士吏亦得聽告。

紅外線本該釋文與整理小組整理本該釋文唯一的不同之處，就是改"諸欲告罪人"之後的逗號（"，"）爲頓號（"、"）。其實，整理本和紅外線本這兩種釋文的斷讀，並没有實質上的差别。但是，比較而言，如果非要在"及"字之前斷開，那麽在此使用逗號比使用頓號更爲準確。此外，"諸欲告罪人及有罪先自告而遠其縣廷者"一句，即使連讀也未嘗不可。再者，在該釋文之下，有【校釋】三條。

比較以上中國學者所作（1）、（4）與日本學者所作（2）、（3）之間，可見（2）、（3）即日本學者的處理方案有兩個特點。第一，在其釋文中，原封不動地保留原簡中所見的相關符號，即："皆得告所在鄉"之"鄉"字下的重文符號"＝"，和"上縣道官"之"官"字下的勾識符號"∟"。第二，在其解讀中，均在"皆得告所在鄉"一句之後使用句號斷句。

核查整理本 2001 年版《二年律令》該 101 簡的圖版，整理小組的釋文無誤。而且在"鄉"字之下，可見一個重文符號"＝"；在"官"字之下，亦清楚可見有一個勾識符"∟"。

在 101 簡中，"鄉"字的重文符"＝"在釋文中是否保持原狀，對簡文的理解似乎並没有太大的影響。但是，這個"官"字之下的勾識符號"∟"的意義，恐怕就非同小可，它意味著該條律文的第一層意思是到此爲止的，並且表示其前後句子中的"鄉"與"士吏"的地位爲並列關係，即這裏有關"士吏"之規定的内容也應該是與前面有關"鄉"之規定同樣的内容。因此，這個"∟"符號對於如何理解該律文上下文的文意有著直接的關聯，應該予以保留，或者作爲研究者必須在心中十分明悉此處這個勾識符號"∟"的存在意義。

①彭浩、陳偉、［日］工藤元男主編：《二年律令與奏讞書——張家山二四七號漢墓出土法律文獻釋讀》，上海古籍出版社 2007 年，圖版第 13 頁，釋文第 132 頁。

中國學者所作(1)、(4)的釋文,如果能在此以注釋的處理方式來説明一下這個“∟”的存在,就會顯得更加嚴謹。

除此之外,京都大學人文科學研究所“三國時代出土文字資料研究”班在其注釋中提出一假設:如果無視“∟”,那麼也有應在“廷”字之處斷句的可能性。其後所舉的文例,爲《二年律令》494 簡(津關令):“……上籍副縣廷……”①

專修大學《二年律令》研究會的注釋,則就京都大學研究班此假設的孤證質疑説:“人文研譯注認爲,也有在廷字處斷句的可能性即‘上縣道官廷’,並列舉《二年律令》中‘上縣廷’的用例。但是,那種場合該解釋的縣官廷這一用例僅此一例。”②

也許在 101 簡律文“官”字之下特別標出這個勾識符號“∟”,其本意就是要排除該“廷”字從上讀的可能性。就此點而言,京都大學研究班“廷”字從上讀的這一假設是難以成立的。

由於“官”字之下此處明顯可見有表示斷句作用的勾識符“∟”,因此整理小組在這裏將“廷”字從下讀的斷句是准確的。“廷士吏亦得聽告”這一句,説的是一般情況下由“鄉”聽告之外的一種情況。

回過頭來,再看一看《建構》一書(54 頁)關於 101 簡這條律文釋文的處理。録其所引該簡律文如下(下劃線爲筆者所加):

> 諸欲告罪人,及有罪先自告而遠其縣廷者,皆得告所在鄉,鄉官謹所書其告,上縣道官廷,士吏亦得聽告。

據“建構”54 頁注釋〔1〕可知,其所引該律文出自張家山漢簡整理小組整理本 2006 年版修訂本,但是其引文中存有兩處錯誤。

(1)“鄉官謹所書其告”之“所”字,爲“聽”字之誤。據其圖版可知,整理

①[日]冨谷至編:《江陵張家山二四七號墓出土漢律令研究(譯注篇)》,朋友書店 2006 年,第 68 頁。該 101 簡譯注,初刊於《東方學報》京都第 76 册,2004 年 3 月,第 180—181 頁。

②[日]專修大學“二年律令”研究會:《張家山漢簡“二年律令”訳注(三)——具律》,《專修史學》第 37 號,2004 年 11 月,第 151 頁注釋④。

小組釋"聽"字是没有問題的。而且此句應該斷讀爲"鄉官謹聽,書其告",不可連讀。

(2)將"廷士吏亦得聽告"之"廷"字上讀,恐不確。《建構》並未作説明如此斷讀的理由何在。

簡言之,《建構》一書所引《二年律令》101簡這條律文釋文中有誤寫的文字,且其斷讀值得再推敲。是否筆誤,亦未可知。

2. 關於"鄉官"、"廷士吏"、"聽告"的討論

在此,梳理一下以往有關101簡"鄉官"、"廷士吏"、"聽告"這三個詞語的討論情況,以有益於準確地理解把握101簡這條律文。

(1)"鄉官"

京都大學"三國時代出土文字資料研究"班注釋:"使郵亭鄉官皆畜雞豚,以贍鰥寡貧窮者。師古曰:'…鄉官者,鄉所治處也。'(《漢書·循吏傳》之'黄霸')"①

專修大學《二年律令》研究會注釋:"鄉官。《二年律令》中散見的鄉部嗇夫相當於此?據户律(328簡),則鄉部嗇夫管轄該鄉有關户籍編成等。據秩律(450簡),則鄉部(嗇夫)爲二百石(此外亦可見一百六十石、一百二十石)。"從秦簡法律答問(95簡)知,"鄉没有廷。鄉官對於告發、自首則可能衹是受理。鄉官將受理寫成文書並上報給縣廷,這也可從秦簡封診式(8簡、96簡等)所見鄉主之爰書與寄給縣主、縣丞的文書等窺其一斑"。《漢書·百官公卿表》所載鄉嗇夫職掌"聽訟"指受理告發。但"在《二年律令》中,其鄉官的職掌被限定於遠離縣的鄉"②。

武漢大學紅外線版【校釋】:"今按:'鄉官',此指鄉嗇夫等所屬機關。

①[日]冨谷至編:《江陵張家山二四七號墓出土漢律令研究(譯注篇)》,朋友書店2006年,第68頁。又,[日]京都大學人文科學研究所簡牘研究班編:《漢簡語彙　中國古代木簡辭典》,岩波書店2015年,第101頁。

②[日]專修大學"二年律令"研究會:《張家山漢簡"二年律令"訳注(三)——具律》,《專修史學》第37號,2004年11月,第151頁注釋③。

《漢書·百官公卿表上》:‘鄉有三老、有秩、嗇夫、遊徼。三老掌教化。嗇夫職聽訟,收賦税。遊徼徼循禁賊盜。’”①

按:在 101 簡這條律文中,“鄉官謹聽”之“鄉官”,與下一句“上縣道官”之的“縣官”或“道官”,應是同一類性質並且具有上下級關係的官署②。正如專修大學《二年律令》研究會所推測的,在鄉里,具體負責受理告發或自首的是鄉嗇夫,因此這裏的“鄉官”就是專指鄉嗇夫。“縣道官”,參考《二年律令》116 簡有關“乞鞫”的規定,即“氣(乞)鞫者各辭在所縣道,縣道官令、長、丞謹聽,書其氣(乞)鞫,上獄屬所二千石官”③,具體當指縣道之令、長、丞。除此之外,由 101 簡該律文的末句“廷士吏亦得聽告”可知,縣(道)廷的士吏也可以“聽告”(詳見下條所述)。

(2)“廷士吏”

李均明:“縣廷下屬的士吏(常派駐各鄉)也有聽訟權。”④

邢義田:“‘廷士吏亦得聽告’之‘廷士吏’應是指縣廷之士吏。甲渠侯粟君向居延縣遞狀子,當時受理的或許就是一位士吏吧。按士吏一職不見於《漢書·百官公卿表》,居延和敦煌漢簡中卻常見。過去一般認爲士吏是邊郡與候長相當之候官之屬吏。”《漢書·匈奴傳上》顔師古注引漢律之“士史即士吏”,與居延漢簡 456.4 所見“士吏”之職,皆可爲證。“現在知道,士吏不僅僅是一武職,也是文吏,兼掌理訟聽告。”居延漢簡 57.6 載士吏段尊

---

①彭浩、陳偉、[日]工藤元男主編:《二年律令與奏讞書——張家山二四七號漢墓出土法律文獻釋讀》,上海古籍出版社 2007 年,第 132 頁。

②在《二年律令》中,“鄉官”,又見於 104 簡;“縣道官”,又見於 78、79、102、116、211、213、219、347、396、397、410、426、430、482、513、514、515 簡。張家山二四七號漢墓竹簡整理小組:《張家山漢墓竹簡〔二四七號墓〕(釋文修訂本)》,文物出版社 2006 年,第 23、19、20、24、37、38、56、62、64、66、67、82、86 頁。

③張家山二四七號漢墓竹簡整理小組:《張家山漢墓竹簡〔二四七號墓〕(釋文修訂本)》,文物出版社 2006 年,第 24 頁。

④李均明:《簡牘所反映的漢代訴訟關係》,《文史》2002 年第 3 輯(總第 60 輯),中華書局 2002 年,第 59 頁。李均明:《簡牘所反映的漢代訴訟關係》,氏著《耕耘録——簡牘研究叢稿》,人民美術出版社 2017 年,第 136 頁。

“頗知律令”,如此“才能理訟聽告”。“士吏”一職存在的上限,據張家山漢簡可追溯至漢初。又,由睡虎地秦簡《秦律雜抄》簡39律文,“是知士吏一職更源於秦”①。

京都大學“三國時代出土文字資料研究”班注釋:“廷爲縣廷。士吏是官職名。參見【解説】。”並舉出居延漢簡(EPT51:319)、二年律令(144簡捕律)、睡虎地秦簡(秦律雜抄11—12簡、39簡)之例。其【解説】如下:“‘士吏’,在居延漢簡、敦煌漢簡可以視爲候官的武吏,但也有由候官派遣到重要的部或燧擔任軍事之職的。候官相當於民政系統的縣,士吏也存在於縣,這亦可從注③的睡虎地秦簡窺見。”②

專修大學《二年律令》研究會注釋“士吏”:列舉睡虎地秦簡秦律雜抄39簡律文(略),與整理小組秦律雜抄1—3簡律文之注(略)。京都大學人文研譯注稿本推定,非鄉官的士吏受理在某些情況下在鄉的場合的告發。在秦簡法律答問95簡中,可見作爲廷的長官有都官之官長、縣之嗇夫。或者,就案件而言,最初受理告發的廷分爲縣與都官。在應向縣告發的場合,鄉官(限於邊遠地區的鄉)被給予受理告發的資格;而在應去都官告發的場合,士吏(限於離官等)被給予受理告發的資格,這兩種場合也不考慮嗎?這裏的士吏可以解釋爲縣或都官所屬的武官。即使在《二年律令》中,具律104—106簡可見作爲廷的縣與都官並列而載③。

武漢大學紅外線版【校釋】:“邢義田認爲,‘廷士吏’應是指縣廷中之士吏。士吏不僅是武吏,也是文吏,兼掌理訟聽告。今按:‘士吏’,散見於《居延漢簡》、《敦煌漢簡》,陳夢家認爲是候官尉的屬吏,是候官派往重要候、燧

①邢義田:《張家山漢簡〈二年律令〉讀記》(初刊於袁行霈主編《燕京學報》新15期,北京大學出版社2003年),氏著《地不愛寶——漢代的簡牘》,中華書局2011年,第173頁。案:其中所説的,關於“士吏”的一般認識,是指勞榦之説(勞榦:《從漢簡中的嗇夫令史候史和士吏論漢代郡縣吏的職務和地位》,《“中央研究院”歷史語言研究所集刊》第55本第1分,1984年3月,第12頁)。

②[日]冨谷至編:《江陵張家山二四七號墓出土漢律令研究(譯注篇)》,朋友書店2006年,第68頁。

③[日]專修大學“二年律令”研究會:《張家山漢簡“二年律令”訳注(三)——具律》,《專修史學》第37號,2004年11月,第151頁注釋⑤。

的軍吏。另,由《睡虎地秦墓竹簡·秦律雜抄》三九號簡'戍律曰:'同居毋並行,縣嗇夫、尉及士吏行戍不以律,貲二甲',可見戍律有派遣'士吏'至邊縣的規定。由《二年律令·捕律》一四四號簡'盜賊發,士吏、求盜部者,及令、丞、尉弗覺智(知),士吏、求盜皆以卒戍邊二歲。令、丞、尉罰金各四兩',可知'士吏'是與縣'令、丞、尉'一同設置的。"①

孫聞博則强調要注意"廷士吏亦得聽告"一句:"士吏在秦及西漢初年,於縣一級往往多見,是當時基層社會軍事因素多存的體現。西漢中期以後,已僅見河西漢簡所反映的邊地軍事組織。依字面,這裏'廷士吏''應是指縣廷中之士吏'。不過,邊地士吏作爲候官屬吏,往往分派駐部隧,監督候長、候史、隧長的日常相關工作。候官與縣屬一級,部則大體對應於鄉。則'得聽告'的士吏也應是縣吏而行鄉者。這與'鄉官謹聽'後,即緊接敘及也相符合。西漢初年,鄉在地方法律訴訟中的許可權與秦代實相差不大,但特殊情況下鄉(包括鄉吏與行鄉之縣吏)可受理地方訴訟已被納入法律規定。"②

按:"士吏",今見其所屬時代較早者,出現在睡虎地秦簡《秦律雜抄》之中(簡 2,簡 12,簡 39)。又,在已公佈的里耶秦簡之中亦多見(5—1,8—1265,8—2046)③。

在《秦律雜抄》簡 2 之下,整理者在 1977 年版注釋:"士吏,一種下級軍官。"在 1990 年版則注釋"士吏,一種軍官,見居延漢簡,其地位在尉之下、候長之上。《漢書·匈奴傳》注引《漢律》曰:'近塞郡皆置尉,百里一人,士史、尉史各二人,巡行徼塞也。'士史應即士吏。此外《管子·五行》也有士吏一詞,含義與此不同。"④

①彭浩、陳偉、[日]工藤元男主編:《二年律令與奏讞書——張家山二四七號漢墓出土法律文獻釋讀》,上海古籍出版社 2007 年,第 133 頁注釋〔5〕。

②孫聞博:《簡牘所見秦漢法律訴訟中的鄉》,《中華文化論壇》2011 年第 1 期,第 139 頁。

③陳偉主編:《里耶秦簡牘校釋》第一卷,武漢大學出版社 2012 年,第 1—2 頁,第 301 頁,第 423 頁。

④睡虎地秦墓竹簡整理小組:《睡虎地秦墓竹簡》第五册,文物出版社 1977 年,釋文,第 85 頁。睡虎地秦墓竹簡整理小組:《睡虎地秦墓竹簡》,文物出版社 1990 年,釋文,第 79 頁。曾憲通、陳偉武主編,田煒、健聰編撰:《出土戰國文獻字詞集釋》第一卷,中華書局 2018 年,第 182 頁。

彭浩在《秦律雜抄》簡 2 之“士吏”條注釋，先引前揭其整理小組注釋與邢義田(2003)的解釋後，今按：“里耶秦簡 5—1‘獄佐辨、平、士吏賀’公出，縣官食將盡，請求沿途續食。對照《倉律》簡 46‘有秩吏不止’，可知‘士吏賀’屬斗食。居延漢簡的‘士吏’是邊境地區的軍隊編制，且時代較晚，與秦簡‘士吏’不同。”①

學者們最早討論的，是居延漢簡所見的“士吏”一職②。居延新簡、馬圈灣漢簡中亦見有“士吏”，其集釋者整理以往“士吏”的相關研究情況，可以窺見學者們的不同理解。

孫占宇所作 EPT4∶38 簡之“士吏”條[集解]：“候官屬吏，分駐諸部，秩百石，月俸通常爲一千二百錢。勞榦《居延漢簡考釋》(頁三九二)：士吏者，塞上主兵之官。《漢書・匈奴傳》注引《漢律》曰：‘近塞郡皆置尉，百里一人，士史、尉史各二人，巡行徼塞也。’據漢簡所記，士史皆作士吏，故知《漢書》注文訛誤，士史之史當以簡文作吏矣。陳夢家《漢簡綴述》(頁五二)注：《流沙》烽隧類第四十簡考釋曰：‘士吏者主兵之官，所轄不止一隧，故序於候長之上。’《考證》1・38 曰：候官缺，士吏行其事，不言近次，是則士吏之於候官，亦猶長史之於太守，分所當攝，不更言資歷。’此二説均不甚確切。又(頁三)：士吏、候長、候史、史、卒是屬於‘部’的。簡雖稱某某部士吏，但士吏似直屬於塞尉，分駐各部……漢簡所引《功令》及簡上叙次，士吏常在長之前，然則士吏應爲塞尉派駐於部的武吏，督烽火、候望、盜賊之事。陳直《居延漢簡解要》(頁二五六)：敦煌、居延兩木簡所見士吏之名獨多，疑士吏僅邊郡有之，故祇見於漢律。王國維先生考士吏爲主兵之官，未知所據，引《漢書・王莽傳》之士吏，亦不甚相合。”③

---

①陳偉主編，彭浩、劉樂賢等撰著：《秦簡牘合集：釋文注釋修訂本》第 1、2 輯，武漢大學出版社 2016 年，第 156 頁。

②關於“士吏”的具體研究，參見黎明釗：《士吏的職責與工作：額濟納漢簡讀記》，《中國文化研究所學報》第 48 期，香港中文大學出版社 2008 年。萬堯緒：《漢初衛尉屬官考》，《簡帛研究二〇一五(春夏卷)》，廣西師範大學出版社 2015 年，第 117—118 頁。

③孫占宇：《居延新簡集釋(一)》，甘肅文化出版社 2016 年，第 272 頁。

張德芳馬圈灣漢簡之簡 27“士吏”條［集解］：“士吏，候官屬官，秩級與候長相當。據 806 簡：‘玉門部士吏五人、候長七人、候史八人、隧長二十九人、候令史三人’的記載，士吏人數略少於候長，似有駐部者，所以簡文有‘部士吏’；有駐候官協助處理事務者，所以常有與候官同署文件者。王國維《流沙墜簡》：‘士吏，主兵之官。《漢書·王莽傳》：莽下書曰：“予之皇族考黄帝定天下”，“士吏四十五萬人，士千三百五十萬人。”其餘所舉悉漢官名。則“士吏”亦漢官也。《漢書·匈奴傳》注引《漢律》曰：“近塞郡皆置尉，百里一人，士史、尉史各二人。”古“史”、“吏”二字通用。’王氏又徵引《敦煌漢簡》2079：‘亭隧第遠晝不見煙夜不見火士吏候長候史馳相告無燔薪以急疾爲故’（原釋文有出入）認爲：‘隧候之官，有士吏，有候長，有候史，有隧長。士吏者，主兵之官，所轄不止一隧，故序於候長之上。’其實候長序於士吏之上的情况亦不乏其例。如居延漢簡 6·5 有：‘府書曰：候長、士吏、蓬隧長以令秋射署功勞，長吏雜試。’45.22 有：‘功令第卌五：候長、士吏、隧長皆試射。’可見士吏和候長爲同秩級之基層軍官。再從所得俸錢看，也都拿同樣數量的俸錢。《居延新簡》EPT5：47 有：‘五鳳四年八月俸禄簿，士吏三人三千六百。’士吏每人每月一千二百錢。居延漢簡 35.5：‘居延甲渠候長張忠，未得正月盡三月積三月俸錢三千六百，已賦畢。’候長亦每月一千二百錢。”①

此外，日本學者編《漢簡語彙》“士吏”條：“官職名。被分配於候官或部。負責軍事、維持治安，也參與文書作成。典《漢書·王莽傳》：‘外置大司馬五人，大將軍二十五人，偏將軍百二十五人，裨將軍千二百五十人，校尉萬二千五百人，司馬三萬七千五百人，候十一萬二千五百人，當百二十二萬五千人，士吏四十五萬人。’簡：狀辭：居延肩水里上造，年卌六歲，姓偃氏，除爲卅井士吏，主亭燧候望通蓬備盗賊爲職。（456.4）”②

①張德芳：《馬圈灣漢簡集釋》，甘肅文化出版社 2013 年，第 375—376 頁。

②［日］京都大學人文科學研究所簡牘研究班編：《漢簡語彙　中國古代木簡辭典》，岩波書店 2015 年，第 196 頁。其中，典、簡文的標點符號爲筆者所加。又，關於居延漢簡 456.4，史語所學者有最新釋文，其中“狀辭”前有“·”符，“備盗賊爲職”前有一“火”字。簡牘整理小組編：（轉下頁注）

根據目前秦漢簡所見的"士吏",以上各説所形成的共識就是:秦漢在縣(道)級官府(漢代邊地的候官)中,均設有"士吏"一職①。尤其是,邢義田關於"士吏"的判斷是相當準確的。《二年律令》簡144、簡147、簡202、簡471的"士吏",與《奏讞書》簡61的"士吏"②,應即101簡律文之"士吏"——文吏;而簡471之"衛尉士吏",則爲武吏。

就其秩級而言,"漢初縣道行政系統的士吏在漢代可能一直是斗食吏;軍事系統的士吏一部分爲百廿石,另一部分爲斗食吏,後來百廿石士吏之秩級變爲百石"。就其職責來説,縣道"地方上基層士吏的職責是緝捕盗賊,兼理訟告,而軍隊中的士吏應該是負責掌管少量軍隊的低級軍官"③。這是漢初"士吏"的一般情況。

但是,如何理解"廷士吏亦得聽告"之"士吏"的實際狀態,具體可能有三種情況:一是該縣廷常派駐各鄉工作的士吏或者行鄉之縣吏,也有聽訟權。二是"在應去都官告發的場合,士吏(限於離官等)被給予受理告發的資格";這與"在應向縣告發的場合,鄉官(限於邊遠地區的鄉)被給予受理告發的資格"相對應。三是指士吏直接在縣廷里受理案件。

在此,第一種情況可能是較爲合理的。在此要强調的是,縣道的士吏是兼而"聽告"即受理告訟。尤其是,日本京都大學"三國時代出土文字資料研究"班也有這樣的解讀(詳見下文),故本文傾向於此説。正如孫聞博所指明的,"這與'鄉官謹聽'後,即緊接叙及也相符合"。該律文在"廷"字之前明確標以勾識符"∟"的意義,恐怕就在於此吧。這樣理解,或許更符合該律之立法意圖。

若據此説,則101簡所見的"士吏",是由縣廷直接外派到各鄉並且常駐

(接上頁注)《居延漢簡(肆)》,"中研院"歷史語言研究所2017年,第94頁。

①孫聞博:《秦漢"内史—諸郡"武官演變考——以軍國體制向日常行政體制的轉變爲背景》,《文史》2016年第1輯(總第114輯),中華書局2016年,第16—17頁。孫聞博:《秦漢軍制演變史稿》,中國社會科學社出版社2016年,第113頁。

②從簡146律文的上下文體會,其"群盜、盜賊發,告吏,吏匿弗言其縣廷"之"吏",或即指"士吏"。

③萬堯緒:《漢初衛尉屬官考》,《簡帛研究二〇一五(春夏卷)》,廣西師範大學出版社2015年,第118頁。

在該鄉裹辦公者,與鄉嗇夫同樣都是縣廷派出執行公務者。毫無疑問,這是兩個並列的派出系統。但問題是,這種派駐是否一種常態的基本制度,或者衹是針對邊遠地區而言的,學者則有不同的認識。

此外,這裹的"廷士吏"之"廷",一般就是指縣(道)之廷。該"廷"是否與 104—106 簡所見的"都官"有關,尚有待再作進一步的研究。

由 101 簡漢初這條法律的規定,可以推知這是當時的一般情況。而西北地區漢簡所見的,則可能是這一規定後來在西北邊戍地區的具體體現。在睡虎地秦簡之秦律雜抄中,雖可見"士吏"一職,但據目前所掌握的材料,尚不清楚是否與漢初《二年律令》101 簡所規定的一樣,也是外派常駐邊遠之鄉並可以受理"告"者。也就是説,秦"廷士吏"受委託在鄉裹代行聽訟權立案的情況,現在不詳,就現有資料難以進行考證,仍有待新資料的出現。

(3)"聽告"

按:在《二年律令》中僅此一見,各家版本的釋文均未就該詞出注。檢索目前所見其他秦漢簡資料及秦漢時期傳世文獻,均未見有"聽告"一詞①。今可確定無疑的是,"聽告"是漢律中的一個法律詞語,其本意是説官吏聽取"告"者之訟辭(並以書面形式記録在案),一般即指官府受理來"告"者之案件。用現在的法律術語來説,就是受理訴訟②。至於秦律中是否有"聽告"這一術語,不詳。不過,與此相關的是,睡虎地秦簡《法律答問》68 簡見有"告不聽"③:

> 甲殺人,不覺,今甲病死已葬,人乃後告甲,甲殺人審,問甲當論及收不當?告不聽。

---

①沈剛《居延漢簡語詞彙釋》(科學出版社 2008 年,第 112 頁)、[日]京都大學人文科學研究所簡牘研究班編《漢簡語彙　中國古代木簡辭典》(岩波書店 2015 年,"聽"字條,第 398—399 頁),均未見收"聽告"一詞。宗福邦、陳世鐃、蕭海波主編:《故訓彙纂》(商務印書館 2003 年,"聽"字條,第 1841 頁)亦未見收有"聽告"。

②此前類似的理解,其典型者,如整理小組將《法律答問》104 簡的"勿聽",翻譯成白話文作:"不予受理。"睡虎地秦墓竹簡整理小組編:《睡虎地秦墓竹簡》,文物出版社 1990 年,第 119 頁。

③睡虎地秦墓竹簡整理小組編:《睡虎地秦墓竹簡》,文物出版社 1990 年,第 109 頁。

又，武漢大學《秦簡牘合集》注釋①：

> 告不聽，整理者注釋：對控告不予受理。本條應與下"家人之論"條參看。劉海年(1985C)：被告人死亡，對所犯罪行不再追究，也不連坐家屬。彭浩(1993)認爲此簡内容與具律相關。

睡虎地秦簡整理小組將"告不聽"連讀，恐有不當。理由是：從其上下文意來看，"告不聽"之"告"，應是上承"人乃後告甲"之"告"，其主語就是後來"告甲"的那個"人"。而"不聽"者，則爲"聽告"的官府一方。即，"告"之行爲主體與"不聽"之行爲主體，是不同的。因此這裏可斷讀作："告，不聽。"又，《法律答問》104簡"…告…，勿聽"、108簡"父已死，或告，勿聽"②，應是同樣句式的文例。張家山漢簡《二年律令》36簡、133簡、134簡律文中也見有"…告…，勿聽"的句式③。這些或許都可以視爲"聽告"的否定式。

三　關於101簡律文立法意圖與律文理解的討論

101簡律文的立法意圖是什麽？如何理解這條律文？這是本節打算討論的問題。以下，通過梳理各家之説，分析其得失，來尋找合適的答案。

1.《建構》一書對於101簡律文的理解不准確之處

《建構》一書關於101簡該律文的理解，恐有不準確之處。其具體意見如下(54頁)：

> 這個規定表明，一般情況下，刑事訴訟(告罪人)應該向縣廷提出。若原告距縣廷太遠，可就近去鄉官處告狀，但鄉官無權審理，衹負責記録下狀辭後上達給縣廷。顯然，即使在"天高皇帝遠"的特殊情況下，審

①陳偉主編：《秦簡牘合集(壹)》上册，武漢大學出版社2014年，第223頁。

②睡虎地秦墓竹簡整理小組編：《睡虎地秦墓竹簡》，文物出版社1990年，第118、119頁。

③張家山二四七號漢墓竹簡整理小組：《張家山漢墓竹簡〔二四七號墓〕(釋文修訂本)》，文物出版社2006年，第13、27頁。

理權仍在縣廷。

從其上下文看,《建構》是將這條律文的規定限定於刑事案件,且認爲其所規定的是縣的審理權,並非鄉的受理權。但是,仔細體會可知,該 101 簡律文所規定的正是案件的受理權,而不是案件的審理權。這一點是非常明確的。

此外,"建構"54 頁注釋〔2〕則説,"徐世虹教授以爲這條律文表明民事和刑事案件的受理機構没有區别","這種看法忽略了代爲受理與審理之區别,因此不准確"。

實際情況是,徐世虹論文在討論"訴訟中的獄訟異同"時,主張"從整體而言,漢代的獄訟(猶今言民事訴訟與刑事訴訟)並無根本不同"。"此外,就告訴的受理機構而言,二者也無區别。如《二年律令》〈具律〉簡 101","此言鄉可受理刑事案件之告發"①。

除此之外,之前早就有解讀該 101 簡律文不甚準確者,甚至也出現對該律文理解過度的情況。

2. **解讀該 101 簡律文不甚準確者**

在解讀不甚準確者中,較爲典型的,例如,朱紅林針對"諸欲告罪人,及有罪先自告而遠其縣廷者"一句,[集釋]如下:②

> 《周禮·秋官·朝士》:"凡士之治有期日:國中一旬,郊二旬,野三旬,都三月,邦國朞。期内之治聽,期外不聽。"孫詒讓曰:"此士治有期日,蓋有二義。一則民以事來訟,士官爲約期日以治;二則獄在有司而斷決不當者,許其於期内申訴。"
>
> 案:處理因距離法庭較遠而造成訴訟上的困難,《周禮》一書所載措施可作參考。不論是哪一種含義,"士治有期日"的長短都是根據訴訟

①徐世虹:《漢代社會中的非刑法法律機制》,柳立言主編《傳統中國法律的理念與實踐》,"中研院"歷史語言所 2008 年,第 325—326 頁。

②朱紅林:《張家山漢簡〈二年律令〉集釋》,中國社會科學出版社 2005 年,第 86—87 頁。其中所引《周禮》之文有錯字,本文此處所引徑改。

雙方距離法庭遠近而决定的。

經查《周禮正義》一書，在該“凡士之治有期日”條下，其“正義”先引漢鄭元注、再引賈公彦疏[1]：

> 鄭司農云：“謂在期内者聽，期外者不聽，若今時徒論决，滿三月，不得乞鞫。”【疏】“凡士之治有期日”者，治謂聽訟也。凡治訟對文則異，散文亦通，詳《質人》疏。賈疏云“即上文聽訟於朝者，鄉士一旬，遂士二旬。期日即上鄉士遂士之等，獄訟成，來於外朝職聽，遠近節之，皆有期日。”

孫詒讓案：“賈説非也。”在緊接著朱紅林［集釋］所引“此士治有期日，蓋有二義”之後，其“正義”又有如下一段文字：

> 王平仲曰：“謂鄉士、遂士等不能决，及弊，而民不服，赴愬於士者，故以遠近爲期限，非鄉遂士等所上之獄成也。”薑兆錫、莊存與説同。案：王説亦是一義。據先鄭注，以過期不得乞鞫爲證，則固以此爲民之以獄訟來治於士者而言，非群士上獄訟之期明矣。質人之治質劑有期日，與此經同。彼後鄭注云：“謂齎券契者來訟也，以期内來則治，後期則不治，所以絶民之好訟且息文書也。”以彼證此，則後鄭亦當以此爲民來治獄訟者之期。若群士稽殿獄訟，而反以不聽距之，是則《禁殺戮》所謂攘獄遏訟之當誅者，豈得著爲令典乎？又案：賈據《鄉士》《遂士》諸職，謂此期即職聽之期。不知彼期日雖與此同，而自是課群士治獄訟之遲速，與民之來治於士者不同。《公羊》宣元年，何注云：“古者疑獄，三年而後斷。”然則假令有疑難不决之獄，必不限以旬月之期矣。云“國中一旬，郊二旬，野三旬，都三月”者，賈疏云：“國中者，謂獄在國中，據鄉士。郊謂獄在郊，據遂士。野謂縣獄三處皆是野，都謂方士都家。”案：賈並據諸士職聽之期爲説，以獄訟之事當依士官所分部職爲科律，故野

---

①以下兩段引文，（清）孫詒讓撰：《周禮正義》第11册，中華書局1987年，第2825—2826頁。

與都雖同屬稍縣畺地，而一爲公邑，一爲采邑，則其期有三旬與三月之異。若質人，則以界域遠近均分爲法，甸稍通屬野，縣鄙通屬都，與此官法小異也。

據此，可知關於《朝士》所謂"士治有期日"，曾有三種理解：或是約定的審判期限，或是當事人申訴或乞鞫的期限，或是"鄉士、遂士等不能決，及弊，而民不服，赴愬於士"的期限。而其相關期限長短之差别，雖然和訴訟當事人與審判機構所在地的距離相涉，但是並非《二年律令》101簡律文所説的告者（自告者）與縣廷距離遠近那樣的關係。

而針對"皆得告所在鄉，鄉官謹聽，書其告，上縣道官"一句，其［集釋］則引用《周禮·秋官》之《鄉士》、《遂士》、《縣士》，並案①：

> 《周禮》一書規定，民間訴訟首先由最基層的鄉士、遂士、縣士等聽取，並作出初步的判斷，然後上呈中央的大司寇作最後的判決，其指導思想對漢律亦當有所影響。

以上所引《周禮》之《鄉士》、《遂士》、《縣士》文涉及到的"旬"、"二旬"、"三旬"等期日②，分别是鄉、遂、縣三級各自向大司寇上報其所審死刑案件的期限，近於今日刑事訴訟法中所規定的訴訟期限。這種期限與漢律有何關係，或者漢律中是否有類似這種期限的規定，由於目前所見資料的有限，具體情況不詳。

因此，可以説，朱紅林在該101簡律文的［集釋］中引用以上《周禮》的相關文字，來解讀該101簡律文是不合適的，二者所説的恐怕不是一個問題。

此外，過度解讀該101簡律文者，比如，臧知非、明慧對該101簡律文的理解如下：③

①朱紅林：《張家山漢簡〈二年律令〉集釋》，中國社會科學出版社2005年，第87頁。

②（清）孫詒讓撰：《周禮正義》第11册，中華書局1987年，第2795、2803、2807頁。

③臧知非：《簡牘所見漢代鄉部的建制與職能》，《史學月刊》2006年第5期，第29頁。明慧：《簡牘所見秦漢訴訟制度》，蘇州大學中國古代史專業先秦秦漢史方向碩士學位論文，指導教授：臧知非，2007年4月，第15頁。

要起訴他人有罪或者自訴，而離縣廷較遠，一律就近於所在鄉起訴，鄉嗇夫接受其訴訟並要仔細做好記録，上報縣道主管官吏。縣廷有關官吏也可以接受類似的訴訟。這裏的“皆得告所在鄉，鄉官謹聽，書其告，上縣道官”云云並不是説鄉官僅僅代替訴訟人向縣道呈送訴狀，再由縣廷立案審理，而是由鄉直接受理，之後將案件審理的全過程上報縣廷。

但是，若將101簡“皆得告所在鄉，鄉官謹聽，書其告，上縣道官”，理解爲“由鄉直接受理，之後將案件審理的全過程上報縣廷”，進而判定“漢初之鄉則有獨立審判的職能”，恐怕就有對這條律文擴大理解的傾向。因爲律文僅僅言及“書其告”，且該律規定所涉及的衹是“告”的行爲。

3. 準確而合理的相關解讀者

當然，在以往的相關研究者中，也不乏準確而合理地解讀101簡該律文者。具體而言，有以下兩種情況。

既有一般性概括叙述者。例如，曹旅寧認爲，“這是關於鄉官衹具有案件受理權，縣廷才具有司法審判權的規定”①。蔡萬進强調這條律文“明言鄉以下機構僅有聽訟權而無裁判權”②。

也不乏進行較爲細緻解讀者。例如，李均明認爲，“縣道是具有裁判權的司法基層，鄉以下僅有聽訟權而無裁決權”。“原告可就近至鄉政府控訴、犯罪嫌疑人亦可到鄉政府投案，鄉官認真聽訟，然後將所獲情況以書面形式上報縣廷。”③而據101簡及116—117簡律文所見，“鄉級機構僅有聽訟權而無裁決權。一審裁決權掌握於縣道”④。

---

①曹旅寧：《張家山漢簡〈具律〉考》，氏著《張家山漢律研究》，中華書局2005年，第102頁。

②蔡萬進：《張家山漢簡〈奏讞書〉研究》，廣西師範大學出版社2006年，第130頁。

③李均明：《簡牘所反映的漢代訴訟關係》，氏著《耕耘録——簡牘研究叢稿》，人民美術出版社2017年，第136頁。

④李均明：《張家山漢簡所見制約行政權的法律》，《秦漢史論叢》第九輯，三秦出版社2004年，第279頁。但是，籾山明提出116簡與117簡之間是錯接的，117簡“極有可能是另外一條律文的文字”。［日］籾山明著、李力譯：《中國古代訴訟制度研究》，上海古籍出版社2018年，第74頁。

又如，邢義田主張，101 簡"此條明白規定'告'之規定。縣是接受自告或告人的基層單位。如縣廷太遠，'得'向所居之鄉官行告。鄉官聽告，並無審判權，僅能調查和查明案情，將查明的結果上呈縣道，由縣道處理"。而"居延出土著名的司法案件簡册'建武三年候粟君所責寇恩事爰書'頗可爲此條之證。建武三年甲渠候粟君向居延縣控告受雇爲他販魚的寇恩。這表明縣是受理控告的地方單位"①。

必須指出的是，邢氏該書 173 頁第二段接著説："名爲宫的都鄉嗇夫於是遵令，兩度查驗供辭，這正是所謂的'鄉官謹聽'。不過他並没有'書其告'，因爲粟君不是直接告到鄉里，而是'書其辭'，將驗證後的供辭記録兩次上報於居延縣，這是所謂的'上縣道官'。"在此，以該"建武三年候粟君所責寇恩事爰書"册書的相關内容，來解讀 101 簡律文中的"鄉官謹聽"、"書其告"、"上縣道官"，是有欠準確的。兩者所涉及的不是一個問題。

程政舉在論述"案件的受理"時，强調"告劾應向有管轄權的機構提起"，而 101 簡"該律文中不僅有告訴管轄的規定，而且也有關於案件受理方面的規定。對於'諸欲告罪人，及有罪先自告而遠其縣廷者'的告訴者，可直接向其鄉官所在地告發，鄉官要書面記録告訴人告訴的内容，並將告訴的内容上報縣道官，並記録告訴的内容上報縣道官；直接向縣廷告訴的，廷士吏亦得聽取告訴人的告訴，並記録告訴人告訴的内容"②。

程氏在這裏所説的"直接向縣廷告訴的"，似乎是指直接去到縣廷所在地告訴的場合。但是，難以體會到該律文中有這樣的一個情節。

孫聞博針對前揭臧知非關於這條律文的理解，作了較爲深入而强有力的辨析：

> 關於這則律文的理解，雖多傾向漢初鄉有受理權，而無裁定權；但也存在"秦時的鄉嗇夫衹能算協助執法，而非獨立審判。漢初之鄉則有

---

①邢義田：《張家山漢簡〈二年律令〉讀記》，氏著《地不愛寶——漢代的簡牘》，中華書局 2011 年，第 172—173 頁。

②程政舉：《漢代訴訟制度研究》，法律出版社 2010 年，第 211 頁。

> 獨立審判的職能"的認識。這可能因爲時代稍晚的居延漢簡《責寇恩事》册書出現有"召恩詣鄉","以……之律辨告","乃爰書驗問"等内容,顯示鄉遵照一定程式進行了審理;結尾引"廷移甲渠候書"且有"書到,驗問、治決言"語。故此問題仍需審視。

因而,注意到《二年律令》中有兩條律文可作爲證據:其一,據102簡律文,可知"處理文獄固非縣尉本職,而這裏令縣尉代行,説明獄事重於一般文案,處理上非常慎重。這種理念指導下,很難想象'鄉'也具有這種權力"。其二,114—117簡"縣道官'謹聽,書其氣(乞)鞫',並'上獄屬所二千石官'",與101簡"'鄉官謹聽,書其告,上縣道官'的表述相近。而從'二千石官令都吏覆之'看,復審權顯然在郡級以上。這既暗示'一審由縣級執行',也表明'謹聽''書其告'屬於立案性質的受理,而非涉及裁決的審判"①。

由此可見,前揭臧知非論文所主張的"漢初之鄉則有獨立審判的職能"之説,是不能成立的。

不過,關於該律文最爲全面準確理解者,可以參考的仍是京都大學人文科學研究所"三國時代出土文字資料研究"班所作以下的兩項工作。②

一是,將該條律文譯成如下的白話文:

> 凡擬告發罪人,或犯罪想要自首,且距離其縣廷遥遠者,都可以在本地區之鄉告發。鄉官嚴正地受理,並記録其所告,上報給縣道之官。縣廷的士吏也可以受理告。

二是,其【解説】進一步解釋説:

> 關於受理告訴、告發的特别規定。告訴、告發由縣受理是基本原則,但遠離縣廷之地區者在鄉等地告訴、告發是得到了許可的。……如果從候官之士吏的情形類推的話,本條就是這樣的意思吧:本來不是鄉官的士吏,也可以受理在某種情況下即使在鄉之場

---

①孫聞博:《簡牘所見秦漢法律訴訟中的鄉》,《中華文化論壇》2011年第1期,第139頁。

②[日]冨谷至編:《江陵張家山二四七號墓出土漢律令研究(譯注篇)》,朋友書店2006年,第69頁。

合的告發。唐令云:"諸諸辭訴皆從下始,先由本司本貫,或路遠而躓礙者,隨近官司斷決之,……",通常訴訟是在其原籍的某縣進行,但在有障礙的情況下允許訴於"隨近官司"(《唐令拾遺》公式令40)。

在這裏,最值得關注的解讀,是引用《唐令拾遺》公式令 40 來解讀漢律在距離縣廷路途比較遠的情況下,本著就近方便的原則,"皆得告所在鄉"或者"廷士吏"。101 簡這條律文的立法意圖,與類似場合之下唐"隨近官司斷決之"規定的立法意圖,或許是相近的。因此,該"廷士吏"應當理解爲縣廷派駐到邊遠之鄉代行縣廷之職能者。

這個"廷士吏"就是縣廷派駐到邊遠之鄉里的士吏,與鄉嗇夫處於同一種地位,而且就常駐在該鄉,因此也可以與鄉嗇夫一樣接受就近來"告"者。前揭李均明、孫聞博的解讀與此大致相同,當是比較準確到位的意見。

由此,再揣摩一下"廷"字前的勾識符"∟",當有表示並列的意義。即,其前後説的是在同樣情況下的兩種解決辦法:遠離縣廷的地區,既可以在其所在鄉"告"或"自告",也可以就近向縣廷的士吏"告"或者"自告"。如此,則可以推測,該"士吏"或許是縣廷派駐在縣廷外的,甚至很可能就是專門派駐在邊遠的鄉里。

另外,胡仁智也在其博士論文中强調,漢律這一規定的立法意圖,"主要是爲了解決鄉民因遠距縣廷而造成的告發犯罪和自首犯罪的不便"。即,在常規情況下,"鄉官並不能'聽告',衹有'縣道官'才是法定的'聽告'者"。這條規定有以下幾點值得注意:其一,刑事案件的"聽告"權(即立案、受理權)是縣道官的法定職權。其二,"'告'者的居住地或發案地距離縣廷較遠者,鄉官可以先爲'聽告',並將'告'辭移送縣廷"。其三,"作爲縣屬司法吏員的'廷士吏'也可以行使'聽告'權"[①]。應該説,這裏關於這條律文立法意

①胡仁智:《秦漢郡縣官吏司法權研究》,法律出版社 2008 年,第 71 頁。按:從其參考文獻看,並没有看到前引京都大學人文所研究班的譯注。又,胡仁智:《張家山漢簡所見漢律中的"告"制論》,《西南民族大學學報(人文社科版)》2008 年第 12 期,第 199 頁。

圖的解讀,是符合其律文原意的。

還可以看到,日本學者紙屋正和的理解是,“告發罪人或自首,如離縣、道廷較遠,也可以告到鄉里,從中可以明白原本應該是赴縣、道廷進行的。通過此事可以預測,審判也是首先也是要到縣、道里進行。”而《漢書》卷二十三《刑法志》高帝七年詔有“自今以來,縣、道官獄疑者,各讞所屬二千石官”,可證“縣、道首先進行審判”①。

到此爲之,可以説,以上所列舉的中日兩國學者關於101簡律文的理解,基本上是趨於一致的。

這條律文是漢初有關“告”的一條特别規定,其内容是明確的,即:對於居住在距離縣(道)廷遥遠地區的“欲告罪人”者,及“有罪先自告”者,縣(道)廷專門授權其所在地的鄉官代爲受理這些案件。鄉官衹負責聽取其“告”辭,並以書面形式記録在案,上報到縣(道)廷。縣廷常年派駐在這些鄉里執行公務的“士吏”,也獲得同樣的授權,可以受理案件。如此受理的案件,與直接前往縣(道)廷“告”或者“自告”的案件,具有同樣的法律效果。由此或可推知,漢初有關“告”的一般規定,其内容就是規定縣(道)廷有法定的案件受理權,在一般情況下,“告”者或“自告”者必須直接前去縣(道)廷完成“告”或“自告”的行爲。

101簡這一律文作爲有關受理“告”的特别規定,其立法意圖就是爲了給居住在離縣廷較遠的“告”者或“自告”者提供方便,其所確立的就近告訴原則是指在就近的地方“告”或“自告”。

四　關於101簡律文應歸屬漢律何篇的討論

最後,再談一下該101簡律文究竟應歸屬於漢律之中哪一篇這個問題。

---

①[日]紙屋正和著、朱海濱譯:《漢代郡縣制的展開》,復旦大學出版社2016年,第39頁。

針對整理小組將該簡歸入《具律》篇的編聯方案[1],學者後來提出過不同的意見,主要有"囚律"之説與"告律"之説。以下,梳理一下各説的觀點與論據,分析其得失。

1. **"囚律"之説的提出及其相關論證**

2002 年,李均明最早談及其篇章歸屬這一問題,並主張"囚律"之説,即:整理小組歸入《具律》的 101 簡,應改屬於《囚律》之中,其主要根據有兩個。

其一,從出土位置示意圖來看,則可知"有一現象值得特别注意",即:

> 同是《具律》條款,卻不出自同一卷層,而是剥自圖中所見第二層及第三層,並且二者是重疊的。按道理,如果《具律》條款是連貫的,不應出現重疊現象。理由爲:《二年律令》之《賊律》和《盜律》凡 81 簡僅占一層稍多一點的位置,雖説第二層的周長短於首層,但無論如何也能容納 70 簡以上,今《具律》凡 64 簡,卻占兩層位置,而且重疊之處比較長,顯然不合情理。能達到如此地步的重疊,至少在百簡以上才能出現,表明今録之所謂《具律》,頭尾是不相連的,中間尚間隔其他内容的簡。

其二,《居延新簡》E. P. T10. 2A 有"囚律:告劾毋輕重皆關屬所二千石官",其"所涉爲訴訟關係中的受理機構及司法權限",張家山漢簡中涉及此類内容的條款即如 101 簡[2]。

這是由出土位置示意圖中整理小組所擬定爲《具律》簡的重疊現象切入,從内容上結合居延新簡 E. P. T10. 2A 有"囚律"律名漢律佚文來論證的。指出《具律》簡的這個重疊現象,確實是一卓見,值得注意,但此説顯然是缺乏直接證據的。

---

①武漢大學紅外線本仍從整理小組之説,將該 101 簡律文歸入《具律》。彭浩、陳偉、[日]工藤元男主編:《二年律令與奏讞書——張家山二四七號漢墓出土法律文獻釋讀》,上海古籍出版社 2007 年,第 122—123 頁,第 132 頁。

②李均明:《〈二年律令·具律〉中應分出〈囚律〉條款》,《鄭州大學學報(哲學社會科學版)》2002 年第 3 期,第 9 頁。又,張家山二四七號漢墓竹簡整理小組:《張家山漢墓竹簡〔二四七號墓〕(釋文修訂本)》,文物出版社 2006 年,第 202—203 頁。

2003年4月，由李均明、謝桂華、徐世虹共同主持的張家山漢簡研讀班，贊同該101簡歸屬於"囚律"之説，且進一步論證如下：

按："囚律"標題爲筆者所加，原簡未見標題。《二年律令》諸律章之標題皆署於文末。今所見與《囚律》内容相關之末簡恰恰位於原卷册C組與F組之間被撞擊處，此處所出簡多殘斷，則《囚律》標題簡於此被擊碎或字跡磨滅的可能性極大，故未見存。

因此，"本文《囚律》條款皆從原書《具律》中擇出"，"凡與唐《斷獄律》内容相類的簡文，屬《囚律》的可能極大。而《二年律令・具律》存有《囚律》條款之直接證據見於西北出土漢簡"，如《居延新簡》EPT10・2A《囚律》佚文"所涉爲訴訟關係中的受理機構及司法權，《二年律令》類似條款見簡一〇一、一〇二"①。

該研讀班的意見有所突破的是：第一，直接推斷《二年律令》中《囚律》的標題簡，就在"原卷册C組與F組之間被撞擊處"，因其"被擊碎或字跡磨滅的可能性極大，故未見存"。第二，"凡與唐《斷獄律》内容相類的簡文，屬《囚律》的可能極大"。不過，主張《居延新簡》EPT10・2A《囚律》佚文是101簡歸屬《囚律》的直接證據，恐有不當之嫌。EPT10・2A《囚律》佚文作爲一個間接證據，還是比較合適的。

2.《告律》之説的提出及其相關論證

2003年12月，王偉首倡"告律"之説。其後，彭浩、張伯元均贊同此説，並圍繞此説作較詳盡的論述。

2003年，王偉在"簡帛研究"網上發表論文，認爲"《告律》一篇問題較多"，贊同"李均明先生的意見很有説服力，但問題似乎並没有完全解決，這就是李均明先生擬定的《囚律》與整理小組擬定的《告律》之間的關係問

①張家山漢簡研讀班：《張家山漢簡〈二年律令〉校讀記(上)》，簡帛研究網，2003年4月14日。張家山漢簡研讀班：《張家山漢簡〈二年律令〉校讀記》，李學勤、謝桂華主編《簡帛研究(2002、2003)》，廣西師範大學出版社2005年，第182頁。又，張家山二四七號漢墓竹簡整理小組：《張家山漢墓竹簡〔二四七號墓〕(釋文修訂本)》，文物出版社2006年，第211、212頁。

題”。根據出土位置示意圖，提出應以《告律》替代《囚律》，101 簡應歸入《告律》，具體論證如下[①]：

原《告律》在 C 上區和 C 下區都有較大的斷裂，無法解釋。而從出土位置來看，原《告律》與李均明先生擬定的《囚律》層位相近，二者可合爲一篇而組成新《告律》：原《告律》皆位於外起第 1 層至第 4 層，其中 C 上區三枚簡位於位於外起第 2 層至第 3 層；李均明先生擬定的《囚律》皆位於外起第 3 層至第 5 層，其中 C 上區 12 枚簡，2 枚簡位於外起第 5 層，10 枚簡位於外起第 3 層，C 下區 11 枚簡皆位於外起第 3 層。而且二者合爲一篇，原《告律》在 C 上區和 C 下區的斷裂可以得到彌合，李均明先生擬定的《囚律》的標題簡的不見也不必歸之於殘毀不存。但漢有《囚律》，向爲定論。而據《晉書・刑法志》引《魏律序略》，漢《囚律》有“詐僞生死”、“告劾、傳覆”、“繫囚、鞫獄、斷獄”等内容，可見李均明先生擬定的《囚律》各簡確實應屬《囚律》。而本文根據竹簡出土位置分析得出的結論卻是《二年律令》有《告律》而無《囚律》，應屬《囚律》之簡皆屬《告律》，這一結論無疑要面對與文獻記載不合的困境。但如果我們换一個角度去看，《晉書・刑法志》引《魏律序略》：“《囚律》有告劾、傳覆，《廄律》有告反逮受，科有登聞道辭，故分爲《告劾律》。”可見《晉志》所言漢律中與“告劾”有關的内容本來就屬《囚律》，也就是説原《告律》的至少大部分簡本來就應該歸入《囚律》，這説明實際上《二年律令》中《告律》這一篇名的存在本身就是一個異數，本來就是與文獻記載相合的。而如果要在《二年律令》現有的二十幾個篇名中選擇一個來代替《囚律》的話，《告律》無疑是最有可能的一個，是與《晉志》所言漢《囚律》關係最密切的一個。《晉志》所言漢律是東漢末、曹魏初行用的漢律，而《二年律令》則是西漢初年的一個源流並不清楚的版本，可能《囚

①王偉：《張家山漢簡〈二年律令〉編聯初探——以竹簡出土位置爲線索》，簡帛研究網，2003 年 12 月 22 日。

律》一篇的篇名因某種原因而改爲《告律》。

簡言之,雖然贊同李均明應從《具律》中分出一部分簡的意見,而且從傳世文獻記載看無疑當歸入《囚律》。但是,今見《二年律令》中不見《囚律》之標題簡,衹有《告律》的標題簡。歸入《告律》的理由相當不充分,推測"可能《囚律》一篇的篇名因某種原因而改爲《告律》"也是無本之論。不過,提出"囚律"與"告律"之間的關係,確實是一個值得研究的問題。

緊接著,2004年,彭浩針對此前出現的李均明及其研讀班的"囚律"之説與王偉的"告律"之説,詳細地辨析如下:

> 由於《二年律令》中缺失《囚律》律名,是否應有《囚律》便成爲一個疑點。李均明先生認爲應從原編入《具律》的簡中分出《囚律》,張家山漢簡研讀班則從《具律》中分出若干條律文爲《囚律》;王偉先生認爲應以《告律》替代《囚律》。這些不同的看法説明對《具律》、《告律》和《囚律》的內涵認識不盡一致,同時也反映原有和現有的分類存在著調整的可能。李均明先生關於應從《具律》中分出《囚律》的意見是正確的,但研討班分出的《囚律》律文卻有若干可商榷之處。新分出的《囚律》主要包括告劾、鞫獄和斷獄三部分內容,依《晉書·刑法志》引《魏律序略》可知,它們並非《囚律》的全部。有關鞫獄和斷獄的律文歸入《囚律》是無可懷疑的。因《二年律令》中又有《告律》,那末有關"告"的律文是否應該歸入《囚律》?《告律》之名不見於李悝《法經》和漢以後的法律,其來源或與秦律有關。睡虎地秦簡《法律答問》中有多條與"告"相關的內容,大致有"告"、"自告"、"誣告"、"告不審"、"公室告"、"州告"、"子告父母"、"臣妾告主"等。由此推知,秦律中當有與之相應的律文,漢初承襲秦律,仍然保留了這部分內容。

彭浩在此提出兩個前提性的問題:其一,《具律》、《告律》和《囚律》的內涵及其區别何在?其二,既然"原有和現有的分類存在著調整的可能",應如何調整?進而主張:"原歸入《具律》的簡101","似應歸入《告律》。該條律文是有關受理機關與人員的規定,提出了依居住地管轄案件的原則,與秦簡《法律答問》'辭者辭廷'相似。研討班將此律條歸入《囚律》的理由不夠充分,因爲它的内容既非斷獄,也非鞫獄"①。

必須指明的是,彭氏在此將 101 簡漢律律文理解爲與秦律佚文"辭者辭廷"相似的規定,恐怕是值得商榷的。當然,對於"辭者辭廷"的這種理解,是基於睡虎地秦簡整理小組注釋與翻譯中將該"辭"字解釋爲"訴訟"這一見解的通説②。例如,張金光此前就認爲,根據"辭者辭廷",可知"秦最低一級爲縣廷決獄,鄉無審理權",因而"秦時的鄉嗇夫祇能算協助執法,而非獨立審判"③。

不過,應該注意到的另外一個意見是,荷蘭學者何四維(A. F. P. Hulsewé)早已在其研究中指出整理小組關於這個"辭"字的譯文是錯誤的④。特别是,日本學者籾山明進一步詳細考察了睡虎地秦簡《封診式》所見"辭"字的含義,指摘整理小組在《法律答問》95 簡"辭"字注釋中引用的《説文解字》"訟也",已被段注訂正爲"説也"之訛誤⑤。因此,"辭者辭廷"之"辭"並非"訴訟"之意,已成不刊之論。因而根據整理小組舊説所推斷的各説也就難以成立。

2005 年,張伯元在讀《二年律令》的劄記中,專門討論"'具律'中應分出的是'告律'簡"這一問題,具體如下。

首先,他力主 101 簡應歸於《告律》之説。認爲整理小組所編聯的"'具律'中條文的歸屬並不純淨,其中還摻入有'告律'的内容"。而且"第 100 簡

①彭浩:《談〈二年律令〉中幾種律的分類與編連》,《出土文獻研究》第六輯,2004 年 12 月,第 64 頁。張家山二四七號漢墓竹簡整理小組:《張家山漢墓竹簡〔二四七號墓〕(釋文修訂本)》,文物出版社 2006 年,第 195、197 頁。

②睡虎地秦墓竹簡整理小組:《睡虎地秦墓竹簡》,文物出版社 1990 年,第 115—116 頁。

③張金光:《秦鄉官制度及鄉、亭、里關係》,《歷史研究》1997 年第 6 期,第 27 頁。

④A. F. P. Hulsewé, *Remnants of Ch' in Law*, Leiden: E. J. Brill, 1985. pp. 144-145.

⑤[日]籾山明著、徐世虹譯:《秦代審判制度的復原》,劉俊文主編《日本中青年學者論中國史·上古秦漢卷》,上海古籍出版社 1995 年,第 254 頁,第 284 頁注釋〔一九〕。

至第 118 簡,其内容與‘具其加減’的功用相去甚遠,大都與鞫獄、告劾有關,因此,他們歸到‘具律’中去”,“當歸屬於‘告律’”。其理由有二:第一,“一般以爲‘告’衹是告訴,不包括鞫獄在内,這看法可能與漢初制律者的觀念不同”。第二,“其位置也正好與上面的‘具律’相接。新告律簡的排列比較齊整,它的大多數簡在第 3 層”。

其次,補充 2003 年王偉之文没有論及的“應屬囚律之簡皆屬告律”之原因如下:

> “囚律”,自《法經》到傳統所説的漢九章中都有“囚律”一目,在《摭遺》、《漢律考》中也列有“囚律”並輯録有條文若干。如在《摭遺》卷一所列出的綱目中有:詐僞生死、詐自復除(令丙)、告劾、傳覆、繫囚、鞫獄、斷獄,沈氏認爲“漢統於《囚律》,而唐統於《斷獄律》,最爲得之”。正因爲如此,主張《具律》中分出的有關條文當歸入“囚律”理由充分。其實,這也是前人包括沈氏在内所採用的反證法,依據晉《泰始律》部分漢“囚律”爲三目:告劾、繫訊和斷獄之後,便由此反證漢時的告劾、繫訊和斷獄就是“囚律”的内容。又,既然魏從囚法中分出斷獄律,那麽在魏之前斷獄内容就一定包括在囚法或囚律中。不過反證法並不能肯定正定理的正確,何況這是在前人不知有《告律》的情況下所做出的推斷。

雖然肯定“主張《具律》中分出的有關條文當歸入“囚律”理由充分”,漢“囚律”的内容包括告劾、繫訊和斷獄。但是,既然《二年律令》有“告律”,就要“重新考慮‘具律’析出簡文的所屬,有關告劾、鞫獄等方面的條文當歸入其中,與《囚律》相比較它們更切近《告律》”。《居延新簡》EPT10・2A 所見《囚律》佚文,“可爲《漢律》中確有囚律之證。衹是不明漢初情況”。即“漢初律中是否保留有《法經》囚法傳承下來的囚律,還是個未知數”。“既然律目都未確定,把從《具律》中析出的簡歸屬到不確定的律目下,恐怕缺乏依據”。可以説,今《二年律令》中不見“囚律”的律目簡,是最大的問題。再者,如何區分《告律》與《囚律》,令人困惑[①]。

從張氏該文的注釋可知,其討論主要針對的是王偉 2003 年發表之文,但未及彭浩之文,再考慮到二者的發表時間,可以推測張、彭二文寫作的時間或許是同時的,張氏在寫作該文時並没有讀到過彭氏之文。此外,也未見張氏在其文中提及此前已發表的力主"囚律"之説的李均明、張家山漢簡研讀班之文,究竟是否看過"囚律"之説,亦未可知。

2006 年,王偉在發表的前文修改版中聲明,由於受到批評,其"據出土位置將李均明歸入《囚律》之簡歸入《告律》"的舊説,引"過於注意出土位置而忽視了簡文上的證據,故予以放棄"。但是,同時仍然堅持《告律》之説[②]:

> 《告律》。依彭浩意見,包括:101(C33),126(C17),133(C32),134(C29),136(F155)。《告律》各簡皆位於第二、第三層,據其出土位置,《告律》與《囚律》孰先孰後不明。但《告律》各簡出土位置相距較遠,不能解釋。

這裏指出無法解釋《告律》"各簡出土位置相距較遠"的問題,值得再思考推敲。假設《二年律令》中原本確實有《囚律》簡,這個《告律》"各簡出土位置相距較遠"的問題是否就可以得以解決呢?

3.《囚律》、《告律》兩説的得失與階段性的結論

比較"囚律"之説與"告律"之説,其共同點是:都贊同"應從《具律》中分出《囚律》的意見是正確的",但是具體哪些簡應歸入《囚律》,則有不同的看法。分歧的焦點是,《二年律令》中到底有無《囚律》呢? 規定有關受理機關與案件管轄原則的 101 簡律文,究竟是屬於《告律》還是歸於《囚律》? 漢初《告律》與《囚律》分篇的根本依據或標準何在?

首先,據文獻記載漢初有"囚律"之題名,但今見《二年律令》整理本中的

---

①張伯元:《〈二年律令〉編聯劄記(四則)》,氏著《出土法律文獻研究》,商務印書館 2005 年,第 77—81 頁。

②王偉:《張家山漢簡〈二年律令〉編聯初探》,陳偉主編《簡帛》第 1 輯,上海古籍出版社 2006 年,第 360 頁注釋 1,第 366 頁。

確没有看到"囚律"的題名簡。張家山漢簡研讀班推測極有可能因撞擊而"被擊碎或字跡磨滅"。不能完全排除這種可能性的存在。

其旁證有二：第一，526簡釋文"律令二十□種"之未釋之"□"爲"九"字，目前整理本可見的共有二十八種，在原本《二年律令》二十九種之中，今未見到"囚律"簡，可能就是其中這一種[①]。第二，就是前揭主張《囚律》之説者提供的《居延新簡》EPT10・2A所見《囚律》佚文。這條律文的時代雖晚於《二年律令》，但的確可在題名上旁證漢初可能有"囚律"，而且在内容上也可知有關"告"之受理機構的條文確實歸於《囚律》之中。

其次，關於《二年律令》"具律"與"告律"各自的定義與區别，因爲今天看不到漢初法律上的界定，衹見有零星的帶有篇名的佚文，所以無法瞭解當時人的觀念。今見學者輯佚成果，也未必能完全體現當時的原貌。《二年律令》的律文簡與題名簡分開各自書寫，造成其整理者的編聯也存在著一定的不確定性，因此其相關的界定也衹能提供作爲一個參考。例如，整理小組負責人李學勤撰文概括如下[②]：

> 具律詳細規定了治獄量刑的各個方面。有些條文針對官吏，如哪些官員有權斷獄及讞，哪些官員則不得斷獄及讞。有些條文針對原告、證人或被告，如告不審、證不言情以及乞鞫之類。律文中還專門就贖刑金數、刑徒或奴婢犯罪等等情況作了規定。
>
> 告律與具律有一定聯繫，是關於告人的專門規定。例如誣告人以死罪者，規定罰以黥爲城旦舂，其他罪則一律反坐。值得注意的是凡子告父母、婦告威公（翁姑）、奴婢告主人的，都置諸不聽而棄告者市，可謂十分嚴厲。

但是，所謂"告律與具律有一定聯繫"，到底體現在什麼地方，也不甚明

---

①李力：《關於〈二年律令〉簡93—98之歸屬問題的補充意見》，《出土文獻研究》第六輯，上海古籍出版社2004年，第114頁。

②李學勤：《簡帛佚籍與學術史》，江西教育出版社2001年，第209頁。

瞭。若斗膽猜測的話,則這種區别是否主要應該體現在不同的主體之上呢?即,《告律》是以"告"者爲主體的相關法律行爲,《囚律》是以受理"告"的官府機構爲主體的相關公職行爲。

如果仔細體會一下《晉書·刑法志》所謂漢律篇章的"錯糅無常",也許其界限不太明確,正是當時的實際狀況而已①。

限於目前掌握資料的條件所限,討論就到這裏。如果在此非要有個階段性的結論,就傾向於 101 簡應該歸於"囚律"之説。這都有待於將來發現的新資料與相關新研究的再推進。

五　結論

最後,歸納一下前邊討論的結果。可以説,關於《二年律令》101 簡律文及其内容的理解,以下的結論是相當清楚的:

(1)限定於擬告發罪人或有罪者打算自告。

(2)衹涉及受理案件之層面的問題,並没有明言其審理權何在。

(3)在"告"者或"自告"者所在地區距離縣廷較遠的情況下,爲便於其"告",其所在地的鄉官可以代縣官受理"告"或"自告"。與此同時,縣廷之士吏也可以代縣官受理"告"或"自告"。

(4)這種"鄉官"與"廷士吏"代爲受理"告"或"自告"的行爲,是其依據 101 簡該條法律規定獲得縣官授權的結果,實際上不過是縣官受理"告"之職權行爲的延伸的一種特殊形式而已。

(5)在目前所見資料的前提下,在傳世文獻的記載的基礎上,根據《二年律令》竹簡的出土位置示意圖與 101 簡律文的内容,整理小組的編聯歸入《具律》篇的 101 簡律文,暫且應該歸屬於《囚律》爲好。

該 101 簡律文所涉,雖可説大致相當於現代法律所説的刑事訴訟,但嚴

---

①(唐)房玄齡等撰:《晉書》第 3 册,中華書局 1974 年,第 923 頁。

格地説並不等同於這种所謂的刑事訴訟，衹不過是關於受理告訴、告發的一個特別規定。

總而言之，《二年律令》101 簡律文是西漢初期有關“聽告”即受理案件之一般規定的一個特別規定，與《建構》一書所提假説的“縣（獄）——罪”部分之間，並没有必然聯繫。同時，從其中也難以讀出所謂“非刑事案件主要由鄉審理”的意思。因此，“建構”一書所提出的那個假説的“縣（獄）——罪”部分，至少在西漢初期是難以成立的。

2019 年 5 月 30 日於武漢喻家山老書屋

附記：李力，1964 年出生。畢業於北京大學法律學系，法學學士（1985 年）、法學碩士（1988 年）。曾在中央民族學院、中國青年政治學院法律系及華中科技大學法學院任教，現爲中南財經政法大學法學院教授。

1985—1988 年，在蒲堅、祝總斌二位導師的指導下，在法制史專業攻讀碩士學位。在歷史學方面，得到祝老師的親自指導，獲益匪淺。今特提交此文作爲學生的一份作業，以祝賀導師祝總斌教授九十壽辰。

（作者單位：中南財經政法大學法學院）

王隆《漢官篇》小考

徐 冲

《隋書》卷三三《經籍志·史部·職官篇》載有《漢官解詁》一書①。是書爲東漢後期名臣胡廣的代表作②,對當時乃至魏晉時代的官制撰述都有巨大而深遠的影響③。但胡廣此書並非全盤新撰,而是對百餘年前的王隆舊作《漢官篇》加以注解後形成的複合性作品④。王隆活動於新莽末東漢初,事蹟見於《後漢書》卷八十上《文苑列傳上》,僅有寥寥數語,亦未嘗言其撰有《漢

①《隋書》,中華書局,1982年,第967頁。

②《後漢書》卷四四《胡廣傳》:"其餘所著詩、賦、銘、頌、箴、吊及諸解詁,凡二十二篇。"中華書局,1965年,第1511頁。

③佐藤達郎:《胡広〈漢官解詁〉の編纂:その経緯と構想》,《史林》86—4,2003年;同氏:《応劭〈漢官儀〉の編纂》,《関西学院史学》33,2006年;徐冲:《〈續漢書·百官志〉與漢晉間的官制撰述——以"郡太守"條的辨證爲中心》,《中華文史論叢》2013年第4期;黃楨:《官制撰述在漢末的興起》,《文史哲》待刊稿。

④《隋書·經籍志》在此書後注云:"漢新汲令王隆撰,胡廣注。"這一標注方式易致讀者誤解,似乎王隆是《漢官解詁》的主要作者,胡廣衹是加以注釋而已。實際上《隋志》撰者確實誤會了。同志《史部·職官篇·小序》云:"漢末,王隆、應劭等,以《百官表》不具,乃作《漢官解詁》、《漢官儀》等書。"第969頁。顯然是將王隆誤爲東漢末之人且爲《漢官解詁》之主撰者了。

官篇》[1]。此書能夠在東漢以後流傳下來爲世所知,端賴於胡廣在東漢後期的再發掘工作[2]。

對於王隆《漢官篇》而言,胡廣注的介入既是一種幸運,又是一種"不幸"。單行本的《漢官篇》原本流布不廣,應當在短時間内即爲帶有胡廣注的《漢官解詁》所取代。然而因爲胡廣在東漢後期乃至整個中古時期的巨大影響,人們在閲讀《漢官解詁》時更爲關注的往往是胡廣新作的注文,而非王隆的原文。今天所見爲中古類書和史注所保留的《漢官解詁》佚文,多爲胡廣注文的内容,鮮見《漢官篇》原文[3],正是這一情形的準確反映。

現代學者也是如此。研究胡廣《漢官解詁》的學者大都會注意到王隆《漢官篇》,但進行深入分析的並不多見。這一方面是受限於留存史料之寡少,一方面也是緣於《漢官解詁》巨大身影的覆蓋[4]。黄楨的新作《官制撰述在漢末的興起》對王隆《漢官篇》的討論較前人有較大推進,尤其對《漢官篇》作爲童蒙教材的性質及其與《倉頡篇》、《急就篇》等西漢字書的淵源關係有著相當深入的闡發。本文則希望在儘量屏蔽胡廣注的後起影響之後,主要圍繞王隆與《漢官篇》本身做一些考察工作。限於材料和學力,多有臆測之處,尚乞方家不吝賜正。

一　王隆其人

如前所述,王隆列傳於《後漢書》卷八十上《文苑列傳上》,全引如下:

---

①《後漢書》,第2609頁。

②與王隆《漢官篇》命運類似的東漢初年官制撰述作品,尚有衛宏《漢舊儀》,亦在東漢末年爲蔡邕、應劭等人所發掘。參考黄楨:《官制撰述在漢末的興起》。

③孫星衍等輯、周天游點校:《漢官六種》,中華書局,2008年。

④類似情形亦見於司馬彪《續漢書·百官志》。司馬彪原書作於西晉,但蕭梁時代劉昭注本出現後,逐漸取代了司馬彪原本,在文本面貌和撰述旨趣兩個方面都造就了後世關於《續漢書·百官志》的標準印象。參考徐冲:《〈續漢書·百官志〉與漢晉間的官制撰述——以"郡太守"條的辨證爲中心》。

> 王隆字文山，馮翊雲陽人也。王莽時，以父任爲郎，後避難河西，爲竇融左護軍。建武中，爲新汲令。能文章，所著詩、賦、銘、書凡二十六篇。[1]

王隆出身關中，活動時段始自新莽，終於建武年間，新汲令或爲其最終任官。各種資料包括胡廣《漢官解詁・序》、司馬彪《續漢書・百官志・序》以及《隋書・經籍志》在提到《漢官篇》的作者時，均稱其爲“故新汲令王隆”。這或是以終官稱呼作者的慣例使然，未必意味著《漢官篇》亦作於其任新汲令期間[2]。

王隆作品以《漢官篇》爲名，説明其撰於新莽政權覆滅以後，從中可以看到新末以降“人心思漢”、漢室復興的時代背景[3]。不過，所謂“人心思漢”指的是廣義上的劉氏王權，未必就與劉秀之建武政權直接對應。如班固之父班彪在隴西隗囂陣營中時，即曾撰《王命論》倡言漢室復興[4]。從上引王隆的經歷看來，《漢官篇》究竟是作於“建武中，爲新汲令”期間，還是作於之前的“後避難河西，爲竇融左護軍”期間，其實是難以遽斷的。

竇融爲扶風平陵人，在新末大亂中割據河西，自成一方勢力。雖然早於建武五年(29)即已向劉秀稱臣，受封涼州牧，並在其後數與劉秀東西夾擊隗囂，是劉秀在西方的重要盟友，但他率領河西官屬正式加入建武政權，要遲至建武十二年(36)劉秀先後消滅隗囂、公孫述勢力，終於完成天下一統之後[5]。史載“隴蜀既平，河西守令咸被徵召”[6]。如班彪，本爲竇融大將軍從

---

①《後漢書》，第2609頁。

②馬楠《〈隋書經籍志〉著録撰人銜名來源考述》指出，《隋志》著録撰人銜名以終官故銜爲主，同時也存在題著書時官的情形，各有不同來源。刊《清華大學學報(哲學社會科學版)》2017年第6期。

③佐藤達郎《胡広〈漢官解詁〉の編纂:その経緯と構想》与黄楨《官制撰述在漢末的興起》均指出了這一點。關於新末“人心思漢”的時代背景，參考陳蘇鎮《〈春秋〉與“漢道”——兩漢政治與政治文化研究》，第五章第一節《漢室復興的歷程及其政治文化環境》，中華書局，2011年。

④《後漢書》卷四十上《班彪傳上》，第1323—1324頁。

⑤《後漢書》卷二三《竇融傳》。

⑥《後漢書》卷三一《孔奮傳》，第1098頁。

事,“及融徵還京師,……舉司隸茂才,拜徐令,以病免”[①]。又如孔奮,本爲竇融涼州牧議曹掾,守姑臧長,“既至京師,除武都郡丞”[②]。王隆所謂“建武中,爲新汲令”,亦當爲建武十二年隨竇融入洛之後自劉秀處領受的新職。

王隆在“王莽時,以父任爲郎”與“後避難河西”之間的經歷不詳。王莽爲關中豪傑攻殺之後,長安先爲更始帝所據,時在更始二年(24)。其時關中並未遭到太大破壞,“唯未央宫被焚而已,其餘宫館一無所毁”[③]。但更始三年(25)赤眉軍西入關擊滅更始政權繼而又與劉秀軍相攻伐,關中大亂,三輔士人始多出走流離。隗囂、竇融皆於此前後自關中而西,分據隴西、河西自立。隴西因地利之便,成爲三輔士人最初投奔的主要去處。史載“長安既壞,士人多奔隴西,(隗)囂虚已接之”[④];“及更始敗,三輔耆老士大夫皆奔歸(隗)囂”[⑤]。但伴隨著形勢的發展,部分士人又離開隗囂轉投竇融。如班彪在投奔隗囂後,覺察到其有自立野心,“乃著《王命論》,……欲以感之,而囂終不寤,遂避河西”[⑥]。王隆在“後避難河西”之前是否曾有入隗囂陣營的經歷不得而知,但他離開關中的時間很可能是在更始三年(25)赤眉入關以後。如此他在竇融陣營停留的時間或長至十年之久。

王隆在河西期間任“竇融左護軍”。王莽時代至新末群雄混戰時,頻見“大司馬護軍”一職,如朱祐即曾任劉秀的大司馬護軍[⑦]。此職源自護軍校尉,後屬大司馬,至平帝元始元年(1)改稱護軍[⑧]。不過竇融在建武十二年(36)歸漢之前僅任河西大將軍、涼州牧,未有三公之任,“竇融左護軍”不當指此。《續漢書·百官志》引《東觀書》曰:“大將軍出征,置中護軍一

①《後漢書》卷四十上《班彪列傳》上,第 1324 頁。
②《後漢書》卷三一《孔奮傳》,第 1099 頁。
③《後漢書》卷十一《劉玄傳》,第 470 頁。
④(東晉)袁宏撰、李興和點校《袁宏〈後漢紀〉集校》,雲南大學出版社,2008 年,第 32 頁。
⑤《後漢書》卷十三《隗囂傳》,第 521 頁。
⑥《後漢書》卷四十上《班彪列傳》上,第 1323—1324 頁。
⑦《後漢書》卷二二《朱佑傳》,第 769 頁。
⑧《漢書》卷十九上《百官公卿表上》,中華書局,1962 年,第 737 頁。

人。”[①]東漢永元初大將軍竇憲出征匈奴時,即以班固爲中護軍,“與參議”[②]。此雖爲東漢之例,或有淵源。左護軍可能亦爲竇融任河西大將軍時所置近要職位。前文列舉建武十二年隨竇融歸漢的河西官屬有班彪、孔奮,二人亦來自關中,前者爲大將軍從事,後者爲凉州牧議曹掾、守姑臧長。僅就官位來看,王隆在竇融陣營中的資歷地位,似較班彪、孔奮之輩爲高。但在歸漢任新汲令後,未再見仕進。

二　《漢官篇》的形式與内容

王隆經歷簡要梳理如上。下面再對《漢官篇》本身的形式與内容略作探討。

如學者所言,《漢官篇》本爲用於童蒙教育的“小學”類書[③]。《漢官解詁》的輯佚者孫星衍即敏鋭意識到,“《漢官篇》仿《凡將》《急就》,四字一句,故在‘小學’中”[④]。今存《漢官篇》佚文中,如“大鴻臚”相關的“贊通四門,撫柔遠賓”、“大司農”相關的“調均報度,輸漕委輸”、“尚書”相關的“出納詔命,齊衆喉口”“機事所總,號令攸發”等,都可以體現這一特點[⑤]。或者反過來説,正是根據這一文體上的特徵,我們才能判斷其爲《漢官篇》原文,而非胡廣注文。有些佚文四言句與其他字數的句子前後相連,如“太常”相關的“社稷郊畤,事重職尊,故在九卿之首”[⑥],考慮到中古類書引書的隨意性,前面兩句到底是原文還是注文就有些難以判斷了。

從一些佚文可以看出,與《漢書·百官公卿表上》、《續漢書·百官志》等正史中的官制撰述不同,《漢官篇》並不會爲某一官職單立條目後再在其下

①《後漢書》,第3564頁。

②《後漢書》卷四十下《班固傳》,第1385頁。

③黄楨:《官制撰述在漢末的興起》。

④《漢官六種》,第11頁。

⑤分别見《漢官六種》第15、16頁。

⑥孫星衍等輯、周天遊點校:《漢官六種》,第13頁。

展開叙述,而是將官職之名直接納入正文,連貫成文。如"太僕"相關即有"太僕廄府,皮軒鸞旗"之句①。又如《太平御覽》卷三五二《兵部》"戟"條引王隆《漢官解詁》曰:"衛尉宫闕,周廬殿掖。屯陳夾道,當兵交戟。"其後以小字注曰"胡伯始曰云云"②,可見前引兩句應爲《漢官篇》原文。

進一步説,《漢官篇》在叙述某一官職時,採取的應是四言韻文的形式。如保存字數較多的"郡太守"條:"太守專郡,信理庶績。勸農賑貧,决訟斷辟。興利除害,檢察郡奸。舉善黜惡,誅討暴殘。"③又如《北堂書鈔》卷五一《設官部·大司馬》"平尚書事"條和"宰尹樞機"條均引《漢官解故(詁)》曰:"司馬中外,以親寵殊。平事尚書,宰尹樞機。勉用八政,播時百穀。"④頗疑"宰尹樞機"一句《漢官篇》原文當作"宰尹機樞",以應"殊"、"穀"之韻。

爲了達到四字韻文的文學性效果,《漢官篇》有時會使用官職的略稱而非全稱。上引"司馬中外云云",對應的顯然是"大司馬"。又如"中壘城門,北軍士校,修爾車馬,以戒不虞"⑤,"中壘"指中壘校尉,"掌京師城門屯兵","城門"指城門校尉,"掌北軍壘門内"⑥。《漢官篇》此句應是在叙述以二者爲代表的"八校尉"之職。這種叙述方式在西漢後期史游所撰字書《急就篇》中亦有突出表現。是書記西漢官職云:"丞相御史郎中君。進近公卿傅僕勳。前後常侍諸將軍。列侯封邑有土臣。積學所致非鬼神。馮翊京兆執治民。"⑦爲配合七言韻文,其中御史大夫、郎中令、太子太傅、太僕、光禄勳、中常侍、左馮翊、京兆尹等皆使用了縮寫的形式⑧。

不過《漢官篇》雖然號稱"小學",但就制度撰述而言,其知識含量絶非

---

①孫星衍等輯、周天遊點校:《漢官六種》,第 14 頁。

②《太平御覽》,中華書局,1960 年重印商務影宋本,第 1621 頁。此條孫星衍等輯、周天遊點校《漢官六種》失收。

③《漢官六種》,第 20 頁。

④《北堂書鈔》,光緒十四年南海孔氏三十有三萬卷堂影宋刊本。

⑤《漢官六種》,第 17 頁。

⑥《漢書》卷十九上《百官公卿表上》,第 737 頁。

⑦張傳官:《急就篇校理》,中華書局,2017 年,第 417—430 頁。

⑧黄楨:《官制撰述在漢末的興起》。

《急就篇》這樣的作品可比。與《急就篇》的羅列述略不同,《漢官篇》基本是每一官職構成一個獨立單元。各單元的字數多少難以確論,前引“郡太守”條佚文達到了八句三十二字,其他中央要職恐怕不會低於這個標準。而其内容,除了官職本身的名稱之外,主要集中於對其職掌的描摹與鋪叙。也就是説,雖然形式上爲四言韻文,但究其實質,仍然是“官稱+職掌”的基本組合。

《漢官篇》的這種官制撰述形式與内容的組合似與揚雄的官箴類作品有接近的地方。揚雄作官箴事不載於《漢書》卷五七《揚雄傳》,而在《後漢書》卷四四《胡廣傳》中有所言及:

> 初,楊雄依《虞箴》作十二州二十五官箴,其九箴亡闕,後涿郡崔駰及子瑗又臨邑侯劉騊駼增補十六篇,廣復繼作四篇,文甚典美。乃悉撰次首目,爲之解釋,名曰《百官箴》,凡四十八篇。①

揚雄的官箴類作品並未以完整形式流傳下來,如《胡廣傳》所見,東漢中期即已有亡佚,不過在《藝文類聚》、《北堂書鈔》、《初學記》、《古文苑》、《太平御覽》等中古類書中仍有程度不等的佚文留存。雖然在創作時間、具體篇數乃至佚文真僞等方面都有一定争議,大致還是可以通過佚文來瞭解其基本面貌。以嚴可均《全漢文》卷五四所輯文本爲例,其“十二州箴”分别爲《冀州箴》《青州箴》《兖州箴》《徐州箴》《揚州箴》《荆州箴》《豫州箴》《益州箴》《雍州箴》《幽州箴》《并州箴》《交州箴》;“官箴”則包括《司空箴》《尚書箴》《大司農箴》《侍中箴》《光禄勳箴》《大鴻臚箴》《宗正卿箴》《衛尉箴》《太僕箴》《廷尉箴》《太常箴》《少府箴》《執金吾箴》《將作大匠箴》《城門校尉箴》《太史令箴》《博士箴》《國三老箴》《太樂令箴》《太官令箴》《上林苑令箴》②。不妨將《藝文類聚》、《初學記》和《古文苑》均引作“揚雄”的《大司農箴》列舉如下:

①《後漢書》,第1511頁。

②嚴可均輯:《全上古秦漢三國六朝文》,中華書局,1958年,第417—421頁。

時維大農，爰司金穀。自京徂荒，粒民是斛。肇自厥功，實施惟食。厥僚后稷，有無遷易。實均實贏，惟都作程。旁施衣食，厥民攸生。上稽二帝，下閲三王。什一而征，爲民作常。遠近貢篚，百則（《藝文類聚》作“姓”）不忘。帝王之盛，實在農植。季周爛熳，而東作不敕。膏腴不獲，庶物並荒。府庫殫（《藝文類聚》作“藏單”）虚，靡積倉箱。陵遲衰微，周卒以亡。秦收大半，二世不瘳。泣血之求，海内無聊。農臣司均，敢告執繇。①

可以看到，揚雄所作官箴以四言韻文爲主，主要内容亦集中於對其職掌的描摹與鋪叙。最後以“農臣（大司農）司均，敢告執繇”、“僕臣（太僕）司駕，敢告執皂”之類的句子作結，正是其内容的旨要所在。《漢官篇》以“官稱+職掌”構成各單元基本内容的特質與此相類。值得注意的是，揚雄“依《虞箴》”所撰作品由“十二州二十五官箴”構成。其中《十二州箴》雖然如《冀州箴》一般以州爲名，内容也以稱揚該州山川、地理、歷史、物産等爲主，但最後均以“牧臣司冀，敢告在階”、“牧臣司青，敢告執矩”之類作結，顯示其落脚點在於“州牧”，仍可視爲一種特殊類型的“官箴”。而《漢官篇》的“州牧”條在言説州牧職守之外，亦有羅列十三州名稱及其山川地理的部分（詳下節）。王隆《漢官篇》定位“小學”，遣詞用句力求簡潔明瞭，但從形式到内容似乎都有對揚雄官箴作品的模仿痕迹。後者的創作時代有成帝綏和元年（前8）至二年（前7）、孺子嬰初始元年（8）、平帝元始四年（4）至新莽始建國元年（8）等多種説法②。無論如何，對於曾經在“王莽時，以父任爲郎”的王隆來説，揚雄的官箴作品應該並不陌生。

①嚴可均輯：《全上古秦漢三國六朝文》，第419頁。

②主成帝綏和元年（前8）至二年（前7）説者有王允亮：《揚雄官箴創作及經典化問題探討》，《暨南學報（哲學社會科學版）》2017年第8期；主孺子嬰初始元年（8）説者有陸侃如：《中古文學繫年》，人民文學出版社，1985年；林貞愛：《揚雄集校注》，四川大學出版社，2001年；主平帝元始四年（4）至新莽始建國元年（8）説者有顧頡剛、譚其驤：《關於漢武帝的十三州問題討論》，《復旦學報（社會科學版）》1980年第3期；張震澤：《揚雄集校注》，上海古籍出版社，1993年。參考王允亮文所作梳理。

王隆《漢官篇》整體上究竟包含了哪些官職，因全帙已失，今天是不可能確知了。從《漢官解詁》的現存佚文來看，上至三公九卿①，下至少官嗇夫，均在記述之列。胡廣在《漢官解詁》之"序"中，對其撰述原委有如下言説：

> 顧見故新汲令王文山《小學》爲《漢官篇》，略道公卿外内之職，旁及四夷，博物條暢，多所發明，足以知舊制儀品。蓋法有成易，而道有因革，是以聊集所宜，爲作詁解，各隨其下，綴續後事，令世施行，庶明厥旨，廣前後憤盈之念，增助來哲多聞之覽焉。②

從胡廣的評價看來，《漢官篇》"囊括了從'公卿外内之職'到'四夷'内容，搜羅廣泛、體系完整"，這是他決定以此爲基礎加以注解來撰述《漢官解詁》的前提③。由此可見，《漢官篇》是以"官稱+職掌"的四字韻文構成一個個獨立單元，再由這些獨立單元構成對漢代官制的體系性叙述。某種程度上，這已經與我們熟悉的《漢書·百官公卿表上》和《續漢書·百官志》相當接近了。

不過《漢官篇》與《漢表上》和《續漢志》之間仍有重大區别。《漢表上》的旨趣在於"故略表舉大分，以通古今，備温故知新之義云"④。在其每個官職叙述單元中，除了官稱、屬下與職掌以外，從漢初到武帝再到漢末及王莽的沿革叙述是其重要組成部分⑤。而《續漢志》則以源自東漢"官簿"的"正文"叙述職官及其官屬的名稱、員額與秩級，西晉司馬彪所作"注文"叙述職官的職掌與沿革⑥。可見某一官職的制度沿革均爲二書所措意。但《漢官

①祝總斌先生《兩漢魏晉南北朝宰相制度研究》（中國社會科學出版社，1990年）關於漢代"三公制"的深入考察，爲制度史研究樹立了新典範。關於"三公制"的最新研究，參考徐冲：《西漢後期至新莽時代"三公制"的演生》，《文史》2018年第4期；關於"九卿制"的最新研究，參考孫正軍：《漢代九卿制度形成史論》（未刊稿）。

②《續漢書·百官志》司馬彪之"序"中言及"故新汲令王隆作《小學漢官篇》，諸文倜説，較略不究"，劉昭注引"胡廣注隆此篇，其論之注曰云云"。《後漢書》，第3555頁。

③黄楨：《官制撰述在漢末的興起》。

④《漢書》，第722頁。

⑤中村圭爾：《六朝における官僚制の叙述》，《東洋学報》91—2，2009年；中譯文爲付晨晨譯，載武漢大學中國三至九世紀研究所編：《魏晉南北朝隋唐史資料》26，2011年。

⑥徐冲：《〈續漢書·百官志〉與漢晉間的官制撰述——以"郡太守"條的辨證爲中心》。

篇》對某一官職的敘述内容卻僅以“官稱+職掌”爲主，無論是從佚文字句本身還是胡廣以上評價來看，都找不到包含制度沿革的迹象。也正是因爲《漢官篇》具有這樣的特質，胡廣所作“解詁”才能在沿革敘述方面找到充分的發揮空間。

這裏就涉及到一個有趣的問題。王隆是如何撰成《漢官篇》的呢？需知在東漢後期以胡廣《漢官解詁》爲濫觴的官制撰述風氣興起以前，與官制相關的載體，或爲律令，或爲簿籍，皆屬官府乃至皇家所有，民間並無成型的官制作品可供一般人閲讀[1]。胡廣爲《漢官解詁》所作“序”已爲學者從多方面做過分析[2]。這裏不妨再來看看其中的部分表述：

> 前安帝時，越騎校尉劉千秋校書東觀，好事者樊長孫與書曰：“漢家禮儀，叔孫通等所草創，皆隨律令在理官，藏於几閣，無記録者，久令二代之業，闇而不彰。誠宜撰次，依擬《周禮》，定位分職，各有條序，令人無愚智，入朝不惑。君以公族元老，正丁其任，焉可以已！”劉君甚然其言，與邑子通人郎中張平子參議未定，而劉君遷爲宗正、衛尉，平子爲尚書郎、太史令，各務其職，未暇恤也。至順帝時，平子爲侍中典校書，方作《周官解説》，乃欲以漸次述漢事，會復遷河間相，遂莫能立也。述作之功，獨不易矣。[3]

可以看到，東漢安帝時樊長孫寫信勸劉珍（千秋）進行官制撰述工作，契機在於劉珍正在“校書東觀”；其後順帝時張衡（平子）計畫以《周官解説》撰述漢事，契機在於“爲侍中典校書”。也就是説，他們能夠進行官制撰述的前提條件是可以利用皇家藏書。而一旦因外任而失去了這樣的條件，寫作計畫隨即擱淺。而胡廣之所以能夠完成《漢官解詁》，是因爲他利用了已經擁有體系性官制架構與職掌説明的《漢官篇》。這反過來似乎暗

---

①黄楨：《官制撰述在漢末的興起》。

②佐藤達郎：《胡広〈漢官解詁〉の編纂：その経緯と構想》；徐冲：《〈續漢書・百官志〉與漢晋間的官制撰述——以“郡太守”條的辨證爲中心》；黄楨：《官制撰述在漢末的興起》。

③《續漢書・百官志》劉昭注引，《後漢書》，第3555—3556頁。

示,儘管定位“小學”,但能夠擁有體系性官制架構與職掌説明的《漢官篇》,很可能是利用了宫廷藏書或資料,而非僅憑王隆的個人記憶或者官制知識就能向壁虚造。

從前節梳理的王隆個人經歷來看,最晚的建武十二年(36)隨竇融歸漢後任新汲令期間,以其與建武政權的疏遠程度,又未有進一步仕進,應是絶無機會到洛陽利用宫廷資料的。最早的“王莽時,以父任爲郎”,雖然不能排除有機會,但也没有相關證據支持。更爲重要的是,身爲新莽官員的王隆並不存在撰述《漢官篇》的動機,最多可以做一些資料收集工作。

在筆者看來,能夠利用宫廷藏書的最大機會其實出現在王隆“避難河西”期間。如前節所述,當時同在河西竇融陣營的尚有班彪。王隆爲左護軍,班彪爲大將軍從事,二人必定相識[①]。班氏於西漢成帝世以外戚身份崛起,頗得成帝信任,與包括王莽在内的外戚王氏亦關係密切。據《漢書》卷一百上《叙傳上》,“上(成帝)器其(班斿)能,賜以秘書之副”[②],這不啻於將宫廷藏書盡予班氏。這些藏書似爲班氏兄弟所共享。班斿弟穉,即班彪父,史載彪“幼與從兄嗣(斿子)共游學,家有賜書,内足於財,好古之士自遠方至,父党揚子雲以下莫不造門”[③]。這些源自西漢内府的藏書,事實上構成了後來班彪、班固父子在東漢撰寫《漢書》的最初資料基礎。如所周知,明帝時班固的私人撰史工作爲人所告,結果“有詔下郡,收固系京兆獄,盡取其家書”[④]。所謂“其家書”,當不僅指班固所作《漢書》,也包括其家中所藏的西漢“秘書之副”[⑤]。考慮到更始三年(25)赤眉入關後關中的混亂形勢,班彪很可能是帶著這些圖書資料西奔隗囂乃至竇融的,否則難以想像它們能夠一直留存至東漢前期。而這恰恰因緣際會可以爲王隆寫作《漢官篇》提供基

---

①佐藤達郎:《胡広〈漢官解詁〉の編纂:その経緯と構想》,第98頁。

②《漢書》,第4203頁。

③《漢書》,第4205頁。

④《後漢書》卷四十下《班固傳》,第1333—1334頁。

⑤以上參考稲葉一郎:《中国史学史の研究》,第二部第三章《“漢書”の成立》,京都大學學術出版會,2006年。

本材料。

如此看來,王隆《漢官篇》完成於他尚身處竇融陣營時期的可能性是最高的。當然,在他隨竇融加入建武政權任新汲令之後,仍有可能對此作品進行修改完善,並在地方進行推廣傳播①。

三　《漢官篇》的斷限

前文指出王隆《漢官篇》以"官稱+職掌"的單元組合構成對漢代官制的體系性敘述,同時這種敘述未將制度沿革包含在内,體現出一種静態分佈的理想指向。這提示我們,《漢官篇》所書寫的對象,可能並非一種整體上的籠統"漢代官制",而是對應著某個具體的歷史時期。或者反過來説,《漢官篇》是以某個具體歷史時期的制度爲藍本,展開關於漢代官制的體系性敘述的。當然因爲材料所限,這是一個永遠無法實證的問題。在此祇能選擇幾種較有時代特點的官職相關佚文,嘗試將對此問題的認識向前推進一小步。

首先可以肯定的是,《漢官篇》書寫的應爲西漢制度,而非立國未幾的建武新制。如孫星衍輯《漢官解詁》有"郡都尉"相關佚文:"都尉將兵,副佐太守。"②此條有異文。《北堂書鈔》卷六三《設官部・都尉》"佐太守,爲副將"條引《漢官解故(詁)》云:"都尉,郡各一人,副佐太守。"③《太平御覽》卷二四一《職官部・都尉》則引作"都尉將兵,副佐太守,備盜賊也"④。從引文看,應爲胡廣注文字。但可以由此推測《漢官篇》原文中包含了以郡都尉爲對象的四字韻文。而如所周知,郡都尉在建武六年(30)就已經被光武帝省並,此

①黄楨《官制撰述在漢末的興起》認爲《漢官篇》很可能完成於王隆的縣令任上,最初的用途是新汲地方的初等教育。

②《漢官六種》,第 21 頁。

③《北堂書鈔》,光緒十四年南海孔氏三十有三萬卷堂影宋刊本。

④《太平御覽》,第 1144 頁。

後終東漢之世都再無恢復[1]。又如前引《漢官篇》"中壘城門,北軍士校,修爾車馬,以戒不虞"[2],"中壘"指"掌京師城門屯兵"的中壘校尉[3]。而據《續漢書·百官志》司馬彪注,"舊有中壘校尉,領北軍營壘之事。有胡騎、虎賁校尉,皆武帝置。中興省中壘,但置中候,以監五營"[4],亦可見《漢官篇》所述爲西京之制。

(一)州牧

《北堂書鈔》卷七二《設官部·刺史》兩次引用到《漢官解故(詁)》。一爲"十有三牧"條,下云:"京畿云。十有三牧,分土食焉。"一爲"分部督察"條,下云:"京畿師外,十有三牧,分部馳郡行國,督察在位,奏以言,録見囚徒,考實侵冤,退不録職,狀狀進一奏事焉。"[5]孫星衍輯《漢官解詁》將此二條作爲《漢官篇》原文列於"刺史"名目下,而將《續漢書·百官志》"州刺史"條劉昭注引"胡廣注曰"或"胡廣曰"的内容列爲胡廣爲《漢官篇》所作注文[6]。這是很有見地的處理方案。從《北堂書鈔》所存佚文可以推測,王隆《漢官篇》這裏的原文至少應包含"十有三牧"一句,或許之前還可以加上"京師畿外"。那麼,這意味著《漢官篇》所書寫的西漢地方行政建制爲"司隸部+十三州",且十三州長官稱"州牧",而非"刺史"。這爲我們瞭解《漢官篇》的斷限提供了寶貴的線索。

---

①關於光武帝省罷郡尉的經過及原因,參考嚴耕望:《中國地方行政制度史(甲部)——秦漢地方行政制度》,"中研院"歷史語言研究所專刊之45A,1961年,第153頁;楊鴻年:《漢魏制度叢考·郡都尉》,武漢大學出版社,1985年初版,2005年新1版,第339—341頁。中華書局點校本《後漢書》在《續漢書·百官志》"郡太守"條,於"並舉孝廉,郡口二十萬舉一人"與"典兵禁,備盜賊"之間補"尉一人"三字,是受到了王先謙及何焯意見的誤導。説詳徐冲:《〈續漢書·百官志〉與漢晉間的官制撰述——以"郡太守"條的辨證爲中心》。

②《漢官六種》,第17頁。

③《漢書》卷十九上《百官公卿表上》,第737頁。

④《後漢書》,第3613頁。

⑤《北堂書鈔》,光緒十四年南海孔氏三十有三萬卷堂影宋刊本。

⑥《漢官六種》,第18頁。

不過,考慮到《北堂書鈔》佚文保存的完善程度,或許有人會提出疑問:這裏的“十有三牧”有没有可能是“十有二牧”的訛誤呢?

否！因爲在《太平御覽》卷一五七《州郡部·叙州》中,仍可以看到對《漢官解詁》所載諸州相關文句的記載①。其中大字部分四字一句,每句下面都有雙行小注。顯然前者爲王隆《漢官篇》原文,後者爲與之相應的胡廣注文。這是罕見保留了《漢官解詁》原本之文本面貌的例子。孫星衍輯《漢官解詁》即據此進行了輯佚②。根據《御覽》的記載,我們可以確定《漢官篇》所載確爲“十有三牧”,而非“十有二牧”。

不妨先將《御覽》所載内容表列如下:

《漢官篇》原文	胡廣注文	《漢官篇》原文	胡廣注文
冀趙常山	《經》曰“冀州既載”。居趙國。今治常山。	益庸岷梁	《經》曰“華陽、黑水惟梁州”。漢改梁州爲益州。今治廣漢。
兗衛濟河	《經》曰“濟、河惟兗州”。衛國。今治山陽。	凉邠黑水	《經》曰“黑水、西河惟雍州”。居邠國。漢改雍州爲邠州,國右扶風栒邑縣,屬司隸部,不復屬州。今治漢陽。
青齊海岱	《經》曰“海、岱惟青州”。居齊國。今治焉。	雍别朔方	漢别雍州之地,置朔方刺史。
徐魯淮沂	《經》曰“海、岱及淮惟徐州”,又曰“淮、沂其乂”。居魯國。今居豫州而治東海。	交阯南越	漢平南越之地,置交阯刺史,列諸州。治蒼梧。

①《太平御覽》,第761頁。南宋高似孫著《緯略》卷六《漢九州》中也保存了近似的内容,《叢書集成初編》本,中華書局,1985年,第90—91頁。四庫館臣提要指出該書“全録《藝文》、《初學》、《北堂》、《御覽》諸書,無所增輯”,這部分内容當亦襲自《御覽》。

②《漢官六種》,第18—20頁。

續表

《漢官篇》原文	胡廣注文	《漢官篇》原文	胡廣注文
楊吴彭蠡	《經》曰"淮、海惟揚州",又曰"彭蠡既渚"。 居吴國。今治九江。	幽燕朝鮮	《經》無幽州,而《周官》有焉。蓋冀之别也。 居燕國。今廣陽是。
荆楚衡陽	《經》曰"荆及衡陽惟荆州"。 居楚國。今治武陵。	并代晉翟	《經》無并州,而《周官》有。蓋冀州之别也。 居燕國。今廣陽是。

可以看到,《太平御覽》所載大字部分實際上僅有十二州(包括朔方和交趾在内)。這是因爲其中存在一處嚴重的文字舛錯,以致於脱佚了豫州部分。辛德勇在《兩漢州制新考》的一個腳註中敏鋭指出了這一點①。即"徐魯淮沂"之下的胡廣注文"居魯國,今居豫州而治東海",是誤將豫州的内容混雜到了徐州之中。他進而提出《漢官解詁》此處原文應爲:

> 居魯國。今治東海。豫:□□□。經曰"荆河惟豫州"。居□□,今治□□。

其中"豫:□□□"四字爲《漢官篇》原文,其前、其後則均爲胡廣注文。辛氏還總結了胡廣此處注文的通例,即"居某地"指的是"西漢時期本州居某古國舊地","今治某地"指的是"東漢時期該州刺史的治所"。這對於我們理解以上内容是頗有助益的。

補入豫州以後的《漢官篇》"十有三牧"部分,可以分爲三大類别。自冀州至凉州爲第一類,與《尚書·禹貢》所載"九州"相對應,衹是以益州取代了《禹貢》之梁州,以凉州取代了《禹貢》之雍州。故各州對應的四言文句,首字爲州名,第三、四字則采自《禹貢》所載該州的相應段落。胡廣注文對此解釋甚明。而第二字則對應於胡廣注中的"居某國"。前引辛氏將"居某國"理解爲"西漢時期本州居某古國舊地",可能不夠貼切,更準確地説應爲"秦漢以

①辛德勇:《兩漢州制新考》,收入氏著《秦漢政區與邊界地理研究》,中華書局,2009年,第142頁腳註3。

前本州牧居某古國"①。

根據以上理解,可以對上表所列《太平御覽》所存《漢官解詁》佚文冀州至涼州部分的文字作若干討論。

(1)"冀趙常山"條,"常山"二字不見於《禹貢》冀州部分,應是自本條胡廣注"今治常山"竄入。實際上漢代"常山"本名"恒山",因避文帝之諱方改"常山"。

(2)"兗衛濟河"條,胡廣注"衛國"前闕"居"字。

(3)"徐魯淮沂"條,胡廣注"居魯國,今居豫州而治東海"有嚴重舛誤已如前述。在辛氏方案基礎上可更新爲:"居魯國。今治東海。豫□□□。《經》曰"荆、河惟豫州"。又曰云云。居□國,今治沛國。

(4)"益庸岷梁"條,胡廣注"漢改梁州爲益州"前闕"居庸國"三字。

(5)"凉郊黑水"條,胡廣注"居郊國。漢改雍州爲郊州,國右扶風栒邑縣,屬司隸部,不復屬州",當爲"居郊國。漢改雍州爲凉州。郊國,右扶風栒邑縣,屬司隸部,不復屬州"。

《漢官篇》"十有三牧"部分第二類爲"雍别朔方"與"交趾南越"。如所周知,朔方刺史部和交趾刺史部均爲武帝開邊後新置,故其格式亦與前述第一類源於《禹貢》"九州"者不同,胡廣注文中自然無需出現"《經》曰"、"居某國"之類的説明。需要指出的是,用以書寫朔方的"雍别朔方"一句,來自於揚雄所作《并州箴》,其文云:"雍别朔方,河水悠悠。北辟獯鬻,南界涇流。畫兹朔土,正直幽方。"②這也可以旁證前節所論王隆《漢官篇》於揚雄官箴作品有模仿痕迹的推斷。

辛德勇近年提出新説,認爲《漢書》卷六《武帝紀》所載"初置刺史部十

①辛氏似認爲《漢官篇》原文首字州名之後的三字均指代西漢武帝時期某州的地域範圍。如"徐魯淮沂"指的是"西漢武帝時期徐州的地域範圍,包含有'魯、淮、沂'諸地",見《兩漢州制新考》,第142頁。

②嚴可均輯:《全上古秦漢三國六朝文》,第418頁。

三州”之“州”字爲衍文,武帝所置十三刺史部與十二州性質有别,朔方和交趾屬於前者,並不能入於後者之列①。但《漢官篇》將此二部置於“十有三牧”之列,似説明其亦有州之屬性。《漢書》卷二八上《地理志上》載:“至武帝攘卻胡、越,開地斥境,南置交阯,北置朔方之州。”顔師古注曰:“胡廣記云:‘漢既定南越之地,置交阯刺史,别於諸州,令持節治蒼梧。分雍州置朔方刺史。’”②對照上表可以發現,師古所引胡廣之言應即來自《漢官解詁》“交趾南越”和“雍别朔方”兩條的胡廣注文。衹是師古引作“别於諸州”,《太平御覽》引作“列諸州”。竊以爲當以後者爲是,畢竟《漢書・地理志》亦言“南置交阯,北置朔方之州”。王莽在平帝元始五年(5)上奏改行十二州制時,言“漢家地廣二帝三王,凡十三州,州名及界多不應經”③,説明這一“十三州制”從武帝設置後一直沿用到了元始五年王莽改州制時。所謂“州名及界多不應經”,朔方、交趾首當其衝。

《漢官篇》“十有三牧”部分第三類爲“幽燕朝鮮”與“并代晉翟”。如胡廣注所言,此二州不見於《禹貢》,而是來自《周禮・職方》。但這兩句的第三、四字並非來自《職方》所載該州的相應段落,而是選擇了“朝鮮”和“晉翟”這樣明顯帶有邊裔族群色彩的詞語,似乎有意凸顯此二州相對於《禹貢》九州的邊疆性質。將其排在朔方和交趾之後更强化了這一印象。第二字則同樣指代“秦漢以前本州牧居某古國”,亦當與胡廣注中的“居某國”相應。

根據以上理解,可以對上表所列《太平御覽》所存《漢官解詁》佚文幽州、并州部分文字作若干討論。

(1)“幽燕朝鮮”條,胡廣注“居燕國。今廣陽是”當爲“居燕國。今

①辛德勇:《兩漢州制新考》,第五節《漢武帝十二州、十三刺史部與十四大區》。

②《漢書》,第1543頁。

③《漢書》卷九九上《王莽傳》上,第4077頁。中華書局點校本此處從殿本作“十二州”,而非景祐本之“十三州”,並無可靠依據。參考辛德勇:《兩漢州制新考》,第136頁。又改行十二州事,《漢書》卷十二《平帝紀》繫於元始四年:“分京師置前輝光、後丞烈二郡。更公卿、大夫、八十一元士官名位次及十二州名。”第357—358頁。

治廣陽"。

(2)"并代晉翟"條,胡廣注"居燕國。今廣陽是"顯誤,當爲"居代國。今治太原"。

如果允許大膽假設的話,前文所述《北堂書鈔》所引疑似《漢官篇》佚文的"京畿師外,十有三牧"和"十有三牧,分土食焉",或可與上表所列具體的十三州文字連綴成篇:

京師畿外,十有三牧。冀趙□□,兗衛濟河。青齊海岱,徐魯淮沂。豫□□□,揚吴彭蠡。荆楚衡陽,益庸岷梁。凉邠黑水,雍别朔方。交趾南越,幽燕朝鮮。并代晉翟,分土食焉。

綜上所述,《漢官篇》"十有三牧"部分對應的十三州爲冀州、兗州、青州、徐州、豫州、揚州、荆州、益州、凉州、朔方、交趾、幽州、并州,且依據州名來源區分爲《禹貢》組、新置組和《職方》組。這一構成顯然與《漢書》卷二八上《地理志上》關於武帝十三州的記載完全對應:"至武帝攘卻胡、越,開地斥境,南置交阯,北置朔方之州。兼徐、梁、幽、并夏、周之制,改雍曰凉,改梁曰益,凡十三部,置刺史。"①

不過《漢官篇》所述當非武帝制度②。所謂"十有三牧",即意味著此十三州長官已稱"州牧",而非"刺史"。孫星衍輯《漢官解詁》將這些佚文列於"刺史"名目下,顯然没有意識到這一點。實際上如學者所知,武帝所置十三部刺史,"成帝綏和元年更名牧,秩二千石。哀帝建平二年復爲刺史,元壽二年復爲牧"③。至平帝元始五年(5),在王莽主持下改行十二州牧制④。

成帝、哀帝時期刺史更名州牧的反復,正是西漢後期復古改制運動的組

①《漢書》,第1543頁。

②辛德勇《兩漢州制新考》認爲王隆《漢官篇》此處所述爲漢武帝十三刺史部(第142頁腳註3),未知何據。

③《漢書·百官公卿表》。

④以上梗概,參考譚其驤:《兩漢州部》,收入氏著《長水集續編》,人民出版社,1994年。

成部分[①]。成帝綏和元年（前8）四月改三公制，十二月即“罷部刺史，更置州牧，秩二千石”[②]，倡議者皆爲何武。哀帝建平二年（前5）三月“罷大司空，復御史大夫”，四月即“罷州牧，復刺史”[③]，倡議者皆爲朱博[④]。不過《漢書》卷十一《哀帝紀》載元壽二年（前1）五月復行三公制[⑤]，未有“復爲牧”的記録。哀帝於當年六月戊午暴崩，恢復州牧制是否在其生前難以確知。但可以肯定的是，州牧制在元壽二年恢復以後，在整個平帝元始年間（1—5）都未再反復。《漢書》卷九九上《王莽傳上》載王莽令王太后下詔曰：

> 自今以來，惟封爵乃以聞。他事，安漢公、四輔平決。州牧、二千石及茂材吏初除奏事者，輒引入至近署對安漢公，考故官，問新職，以知其稱否。[⑥]

此條詔書在《王莽傳》中被置於王莽接受太傅、安漢公號之後，應該同樣頒佈於元始元年（1）正月。其中與二千石並列者已爲州牧。居延漢簡和敦煌漢簡的記録亦顯示了元始年間州牧作爲地方長官的存在[⑦]。

---

①參考祝總斌：《兩漢魏晉南北朝宰相制度研究》，第三章《兩漢的三公（下）》；閻步克：《士大夫政治演生史稿》，第九章《“奉天法古”的王莽“新政”》，北京大學出版社，1996年；陳蘇鎮：《〈春秋〉與“漢道”——兩漢政治與政治文化研究》，第四章《“純任德教，用周政”——西漢後期和王莽時期的改制運動》；渡辺信一郎：《中國古代的王權與天下秩序——從日中比較史的視角出發》，第三章《天下觀念與中國古典國制的成立》，徐冲譯，中華書局，2008年；保科季子：《前漢後半期における儒家禮制の受容——漢的傳統との對立と皇帝觀の變貌》，收入《方法としての丸山真男》，青木書店，1998年。

②《漢書》卷十《成帝紀》，第329頁。

③《漢書》卷十一《哀帝紀》，第339頁。

④《漢書》卷八三《朱博傳》，第3406頁。

⑤《漢書》，第344頁。

⑥《漢書》，第4049頁。

⑦張德芳：《居延新簡集釋（七）》，甘肅文化出版社，2016年，EPS4T1：11，彩色圖版見第154頁，紅外線圖版見第364頁，釋文爲“元始三年六月乙巳朔丙寅大司徒宫大司空少傅豐□/車騎將軍左將軍□□下中二千石州牧郡太守□/”，第670—671頁；甘肅省文物考古研究所編：《敦煌漢簡》，中華書局，1991年，上册，圖版壹零貳，1108A，釋文爲“元始五年十二月辛酉朔戊寅大司徒晏大司空少薄豐下小府大師大保票騎將軍少傅輕車將軍步兵□□宗伯監御史使主兵主艸主客護酒都尉中二千石九卿□□□□州牧關二郡大守諸侯相關都尉”，下册，第261頁。參看李均明：《居延漢簡編年——居延編》，新文豐出版公司，2004年，第134頁；山田勝芳：《前漢末三公制の形成と新出漢簡：王莽代政治史の一前提》，《集刊東洋學》68，1992年。

如此看來,能夠同時滿足十三州與州牧這兩大條件的,衹有綏和元年(前8)十二月至建平二年(前5)三月和元壽二年(前1)至元始五年(5)這樣兩個時期。如果我們承認《漢官篇》是以某個具體歷史時期的制度爲藍本,展開關於漢代官制的體系性叙述的,則以上兩個時期之一可以成爲其斷限所在。

(二)太傅

《續漢書·百官志》"太傅"條載:

> 太傅,上公一人。本注曰:掌以善導,無常職。世祖以卓茂爲太傅,薨,因省。其後每帝初即位,輒置太傅録尚書事,薨,輒省。①

其後劉昭注:"胡廣注曰:'猶古冢宰總己之義也。'"雖然未明言出處,但應是來自《漢官解詁》的内容。孫星衍也注意到了這一句,不過將其輯録在《漢官篇》"太傅録尚書事"名目下,未必過於拘泥了。胡廣之注可能是針對"太傅録尚書事"而言的,但這並不意味著王隆《漢官篇》也有"太傅録尚書事"的内容。如前所述,胡廣爲《漢官篇》作"解詁"的宗旨是"聊集所宜,爲作詁解,各隨其下,綴續後事"②。從前後文脈來看,胡廣此條解詁可能是其叙述太傅在東漢沿革時的相關内容,並不能與《漢官篇》所述西漢太傅直接劃等號。

不過由此可見,王隆《漢官篇》原文當有叙述西漢"太傅"的相關内容,否則胡廣之注也就無從説起了。《漢書》卷十九上《百官公卿表上》載:

> 太傅,古官,高后元年初置,金印紫綬。後省,八年復置。後省,哀帝元壽二年復置。位在三公上。③

太傅雖然曾在漢初短暫設置,但真正成爲制度性的常設官職是在哀帝元壽二年(前1)。其主事者並非哀帝,而是王莽。此年六月哀帝暴崩,王莽被王

---

①《後漢書》,第3556頁。
②《後漢書》,第3555頁。
③《漢書》,第726頁。

元后緊急召回就任大司馬,迎立中山王即位,是爲平帝。據《漢書》卷十九下《百官公卿表下》,元壽二年"九月辛酉(大司徒孔光)爲太傅。右將軍馬宫爲大司徒"[①]。孔光正是此時新設太傅的首位就任者。《漢書》卷八一《孔光傳》載:

> (王)莽白太后:"帝幼少,宜置師傅。"徙光爲帝太傅,位四輔,給事中,領宿衛供養,行内署門户,省服御食物。明年,徙爲太師,而莽爲太傅。[②]

可以看到在孔光被任爲太傅的元壽二年九月,新設的太傅被定位爲"四輔"之一。此時後來的太師、太保、少傅等"古官"皆尚未設置,所謂"四輔",衹能認爲是"太傅+三公(大司馬、大司徒、大司空)"的組合。大司馬、大司徒、大司空在此前成哀時代的"三公制"建設運動中,集體分擔了以往由大司馬壟斷的"内輔"之任。而新設太傅的職掌明確記載爲"給事中,領宿衛供養,行内署門户,省服御食物",顯然也是在内朝禁中發揮職能,成爲了内輔群體的新領袖。

至平帝元始元年(1),改行新的"四輔三公制"。據《漢書》卷九九上《王莽傳上》,此年正月太后王氏先後下詔,以太傅孔光爲太師,"與四輔之政";以車騎將軍王舜爲太保,左將軍甄豐爲少傅,"皆授四輔之政";而以大司馬王莽爲太傅,"幹四輔之事,號曰安漢公"[③]。以太傅、太師、太保、少傅四種"古官"組成了新的"四輔"群體。這一制度框架一直沿用到居攝元年(6)王莽就任"攝皇帝"[④]。

那麼,《漢官篇》所載太傅,對應的究竟是元壽二年(前1)九月至十二月的舊"四輔"(太傅+三公),還是元始元年(1)正月至元始五年(5)十二月的

---

①《漢書》,第852頁。

②《漢書》,第3362頁。

③《漢書》,第4047頁。

④以上關於西漢後期至新莽時代太傅的論述,詳參徐冲:《西漢後期至新莽時代"三公制"的演生》,《文史》2018年第4期。

新“四輔”？現存佚文並不能提供更爲確切的信息。但“太傅”在《漢官篇》中的存在本身，已經足以讓我們從前文所得綏和元年（前8）十二月至建平二年（前5）三月和元壽二年（前1）至元始五年（5）這樣兩個斷限的候選中，將後者勾選出來，並進一步將時間範圍精確到元壽二年九月平帝即位、太傅新設以後。

（三）大司馬

《北堂書鈔》卷五一《設官部・大司馬》“平尚書事”條和“宰尹樞機”條均引《漢官解故（詁）》曰：

> 司馬中外，以親寵殊。平事尚書，宰尹樞機。勉用八政，播時百穀。①

兩處引用文字完全一致，且保持了四言韻文形式，應即來自《漢官篇》“大司馬”相關内容②。如所周知，大司馬一職在西漢中後期也經歷了複雜的變遷過程。武帝后至綏和改制以前，大司馬作爲内朝的領袖型官員，壟斷輔政之任。在成哀時期的“三公制”建設運動中，大司馬一方面與丞相/大司徒、御史大夫/大司空分享了内輔之權，一方面也擺脱了加官身份，開始制度性參與外朝事務。而王莽輔政以後，於平帝元始元年（1）正月推行前文所言的“四輔三公”體制，大司馬由此失去了占據已久的“内輔”位置，與大司徒、大司空一起被“外朝化”了。這一“四輔”、“三公”分居内朝、外朝的權力結構，爲新莽王朝的“十一公制”所繼承③。

首先討論“平事尚書，宰尹樞機”兩句。“平事尚書”可理解爲“平尚書事”。《宋書》卷三九《百官志》載：“漢武帝世，使左右曹諸吏分平尚書奏事。”④祝總斌先生指出“平”有“治”、“正”之義，亦即“平”，指對尚

---

①《北堂書鈔》，光緒十四年南海孔氏三十有三萬卷堂影宋刊本。

②《漢官六種》，第12頁。考慮到中古類書引用的隨意性，這六句佚文是否如此前後連貫是值得懷疑的。

③以上關於西漢後期至新莽時代大司馬的論述，詳參徐冲：《西漢後期至新莽時代“三公制”的演生》。

④《宋書》，中華書局，1974年，第1234頁。

書收到的上奏文書先進行評議[①]。《漢書》卷十九上《百官公卿表上》"侍中等加官"條晉灼引《漢儀注》亦曰:"諸吏、給事中日上朝謁,平尚書奏事,分爲左右曹。"[②]可見"平尚書事"應是由内朝官履行的制度行爲[③]。

而"樞機"在漢代亦常作爲尚書的代稱[④]。所謂"宰尹樞機",即主管尚書之事。類似辭句在西漢後期事實上常用以形容大司馬兼任的"領尚書事"。如《漢書》卷七四《魏相傳》載魏相向宣帝奏封事,言霍光死後"子復爲大將軍,兄子秉樞機,昆弟諸壻據權勢,在兵官"。"兄子"指霍山,當時爲領尚書事[⑤],與"秉樞機"相應。宣帝又以張安世爲大司馬車騎將軍,領尚書事,史載其"職典樞機,以謹慎周密自著,外内無間"[⑥]。又如《漢書》卷三六《劉向傳》載其成帝時上書:"大將軍秉事用權,五侯驕奢僭盛……尚書九卿州牧郡守皆出其門,筦執樞機,朋黨比周。"[⑦]由"州牧"可知劉向上書在綏和元年(前8)十二月改刺史爲州牧之後。"筦執樞機"當指成帝時歷任大司馬的外戚王氏"領尚書事"之任。在《漢官篇》"大司馬"相關内容中出現"宰尹樞機",對應的應即"領尚書事"。

問題在於,"領尚書事"並不等同於"平尚書事"。雖然都與尚書事務有關,但前者爲總管,主要由大司馬擔當;後者祇是一項具體職能,由一般的内朝官履行,尚未見到與大司馬相聯繫的事例。相反,倒是可以找到二者發生衝突的例子。宣帝曾命太中大夫張敞和光録大夫于定國"並平尚書事。以

①祝總斌:《兩漢魏晉南北朝宰相制度研究》,第83頁。

②《漢書》卷一九上《百官公卿表上》,第739頁。

③漢代"平尚書事"的具體含義尚有争議,參看渡邉將智《後漢政治制度の研究》中的總結,早稲田大學出版部,2014年,第108—112頁。

④如《漢書》卷九三《佞幸傳·石顯》載元帝時蕭望之上書:"尚書百官之本,國家樞機,宜以通明公正處之。"第3727頁。

⑤《漢書》,第3134—3135頁。

⑥《漢書》卷五九《張安世傳》,第2649頁。

⑦《漢書》,第1960頁。

正違忤大將軍霍光云云”[①]。霍光其時的身份除了大司馬大將軍外，尚有“領尚書事”。宣帝以他人“平尚書事”引起霍光不快，當是因對其“領尚書事”的權力構成了威脅。

因此，將“平事尚書”和“宰尹樞機”放在一起用以形容大司馬，頗有不協之感。疑“平”字本爲“幹”，傳抄過程中先脱去左半，右半又訛爲“平”。“幹”有主管之意。《漢書》卷十九上《百官公卿表上》“斡官、鐵市兩長丞”條，顔師古引如淳曰：“斡音筦，或作幹。斡，主也，主均輸之事，所謂斡鹽鐵而榷酒酤也。”[②]卷三六《劉向傳》載“（石）顯幹尚書〔事〕”，顔師古注曰：“幹與管同，言管主其事。”[③]卷九九上《王莽傳上》載元始元年（1）王太后下詔“以莽爲太傅，幹四輔之事，號曰安漢公”，繼而頒策言“四輔之職，三公之任，而公幹之；群僚衆位，而公宰之云云”[④]。後者以“幹”、“宰”先後對稱，尤其可以提示《漢官篇》原文爲“幹事尚書，宰尹樞機”的可能性。如此，與大司馬的“領尚書事”之任就可以圓融無礙了。

不過以“領尚書事”書寫大司馬並不能幫助我們判斷《漢官篇》的斷限，還要依靠“大司馬”佚文中的其他文句來提供綫索。最後兩句“勉用八政，播時百谷”，意味著大司馬在承擔人間政務的同時，還對應著宇宙秩序中與時令和農業相關的神聖功能。顯然這是綏和改制前僅具有内朝官身份的大司馬所不具備的。西漢後期的今文家説如《韓詩外傳》、《尚書大傳》多有“司馬主天，司空主土，司徒主人”之説[⑤]。在成哀時期的“三公制”建設運動中，“三公”最終固定爲大司馬、大司徒、大司空，可以看到今文家説的影響。以“勉用八政，播時百穀”來書寫的大司馬，應是綏和改制後已經上升爲“三公”之一的大司馬，也與今文家説的“司馬主天”相應。事實上，新莽始建國元年

---

①《漢書》卷七六《張敞傳》，第3216頁。其時于定國爲光禄大夫事，見同書卷七一《于定國傳》，第3042頁。

②《漢書》，第731頁。

③《漢書》，第1948頁。

④《漢書》，第4047—4048頁。

⑤陳侃理：《儒學、數術與政治：災異的政治文化史》，第四章第二節《罪己與問責：災異咎責與漢唐間的政治變革》，北京大學出版社，2014年，第195—196頁。

(西元8年)王莽策命群司時,即以"典致武應,考方法矩,主司天文,欽若昊天,敬授民時,力來農事,以豐年穀"來對應"十一公"中的大司馬,可視爲"司馬主天"的進一步發展[①]。

再看開頭的"司馬中外,以親寵殊"。"中外"二字難解,原文或當爲"中處"或"處中"。即使撇開此二字不論,單從"以親寵殊"來看,也可以斷言此句對應的是大司馬的"内輔"地位。元始元年(1)正月以後,與大司徒、大司空一起被新"四輔"所取代而外朝化的大司馬自然不適用於此。

那麼,綜合以上對"勉用八政,播時百穀"和"司馬中外,以親寵殊"的解讀,《漢官篇》所對應的"大司馬"斷限當在綏和元年(前8)四月至元壽二年(前1)十二月。而前文討論的"太傅"斷限則在元壽二年(前1)九月至元始五年(5)。兩相疊加,《漢官篇》的斷限就落在了元壽二年九月至十二月這樣一個相當有限的時間範圍之内。

四　餘論

以上關於王隆《漢官篇》的蕪雜討論暫告一段落。雖然不乏推測之辭,仍可以將我們的結論簡單小結如下:

(一)王隆在新莽覆滅後的個人經歷主要包括更始三年(25)後在河西竇融陣營任左護軍和建武十二年(36)隨竇融歸漢後在建武政權任新汲令兩個階段。不能排除《漢官篇》撰述於前一階段的可能性。

(二)《漢官篇》雖然號稱"小學",但從形式到内容均有模仿揚雄官箴作品的痕迹。以"官稱+職掌"的四字韻文構成一個個獨立單元,再由這些獨立單元構成對漢代官制的體系性叙述。王隆撰述如此規模的作品,很可能利用了同在河西竇融陣營的班彪家藏西漢宫廷資料。

---

①《漢書》卷九九中《王莽傳中》,第4101—4102頁。又"司馬主天"到東漢初轉爲了"太尉主兵",其中有一個發展過程。參考徐冲:《從"司馬主天"到"太尉掌兵事":東漢太尉淵源考》,《中國史研究》待刊稿。

（三）《漢官篇》對漢代官制的體系性叙述未將制度沿革包含在内，暗示其是以某個具體歷史時期的制度爲藍本而撰述的。通過對州牧、太傅和大司馬相關内容的討論，可以將《漢官篇》的斷限落實在元壽二年（前1）九月至十二月。

元壽二年九月至十二月在漢、新、漢的歷史循環中是一個極其特殊的時段。其時哀帝新崩，王莽在王元后的支持下剛剛清除了佞倖董賢的勢力，選立平帝即位，自己以大司馬輔政。成帝綏和改制以來的制度成果，從此年五月開始即陸續恢復，當時哀帝尚在世。王莽重返政治舞臺的這幾個月，大體還是以恢復繼承成哀時期"復古改制"的成果爲主，政治上也尚未顯露過多的野心。而次年伊始新年號"元始"啓用後，儘管仍當漢世，但以王莽就任"安漢公"爲標誌，其個人權力地位逐漸超越一般人臣。制度上儘管仍在"復古改制"的延長線上，但以設立新"四輔"爲標誌，也走上了一條更爲激進化的改制路綫。新莽王朝的皇帝權力起源之路，即由此兩個方面交織而成，也由此奠定了新王朝的基調。

那麼，在新莽傾覆、漢室復興成爲時代主流的時候，所謂"恢復漢制"，究竟是以此前哪個時代的具體制度爲藍本，就不僅僅是一個制度選擇的問題，也與歷史評價息息相關。换言之，這種制度選擇，也構成了一種特殊類型的"歷史書寫"。王隆以元壽二年九月至十二月的漢制爲藍本撰述定位"小學"的《漢官篇》，意味著他大體還是以成哀時代的復古改制成果爲正當，而將王莽的元始輔政時代和新莽王朝時代一並否定。這代表了當時的一種歷史評價，或許也是竇融陣營主流輿論的反映。而劉秀政權在建武初年恢復以郊祀制度爲代表的"漢制"時，"采元始中故事"①，則是另一種歷史評價和制度選擇的體現。王隆《漢官篇》在東漢長期湮没無聞，可能也有這方面的影響。

（作者單位：復旦大學歷史學系）

①《續漢書·祭祀志》，《後漢書》，第3159頁。參考渡辺信一郎：《中國古代的王權與天下秩序——從日中比較史的視角出發》，第三章《天下觀念與中國古典國制的成立》。

習鑿齒與襄陽

胡寶國

習鑿齒因著《漢晉春秋》而留名於後世。此書是他得罪桓温後才撰寫的，但在此前他在士林中已有不錯的聲譽。《晉書》卷八二《習鑿齒傳》：

> 習鑿齒字彦威，襄陽人也。宗族富盛，世爲鄉豪。鑿齒少有志氣，博學洽聞，以文筆著稱。荆州刺史桓温辟爲從事，江夏相袁喬深器之，數稱其才於温，轉西曹主簿，親遇隆密。……時清談文章之士韓伯、伏滔等並相友善，後使至京師，簡文亦雅重焉。既還，温問："相王何似？"答曰："生平所未見。"以此大忤温旨，左遷户曹參軍。時有桑門釋道安，俊辯有高才，自北至荆州，與鑿齒初相見。道安曰："彌天釋道安。"鑿齒曰："四海習鑿齒。"時人以爲佳對。

習氏博學洽聞，以文筆著稱，與清談文章之士相友善。這本是魏晉名士的一般形象，並不特别。值得注意的是他的地域背景。《世説新語·言語》篇："王中郎令伏玄度、習鑿齒論青、楚人物。"劉注引《中興書》："伏滔，字玄度，平昌安丘人。"平昌屬青州。習鑿齒是襄陽人。襄陽屬荆楚之地，所以王中郎讓他們二人互相辯駁。《世説新語·排調》篇：

> 習鑿齒、孫興公未相識，同在桓公坐。桓語孫："可與習參軍共語。"孫云："蠢爾蠻荆，敢與大邦爲讎！"習云："薄伐獫狁，至於太原。"劉注："《小雅》詩也。《毛詩注》曰：'蠢，動也。荆蠻，荆之蠻也。獫狁，北夷也。'習鑿齒，襄陽人。孫興公，太原人。故因詩以相戲也。"

從歷史上看，荆州屬於比較落後的地區，所以孫興公要拿習鑿齒的"荆蠻"背景開玩笑。雖然如此，但是習鑿齒實際上没有什麽荆楚地方特色。他的清談水準並不比最先進的中州士差。《高僧傳》卷五《釋道安傳》稱習鑿齒是"鋒辯天逸，籠罩當時"。

落後的"荆蠻"地區爲何會出現一位清談水準不輸中州士的人物呢？這或許可以從襄陽的特殊性上考慮。《三國志》卷三九《蜀志・馬良傳》："兄弟五人，並有才名，鄉里爲之諺曰：'馬氏五常，白眉最良。'良眉中有白毛，故以稱之。"由此可以感受到漢末襄陽地方社會中彌漫著的人物品評風氣。回顧歷史，在習鑿齒以前，襄陽也出過有名的清談人士。《三國志》卷三七《蜀志・龐統傳》：

> 龐統字士元，襄陽人也。少時樸鈍，未有識者。潁川司馬徽清雅有知人鑒，統弱冠往見徽，徽採桑於樹上，坐統在樹下，共語自晝至夜。徽甚異之，稱統當爲南州士之冠冕，由是漸顯。後郡命爲功曹。性好人倫，勤於長養。……吴將周瑜助先主取荆州，因領南郡太守。瑜卒，統送喪至吴，吴人多聞其名。及當西還，並會昌門，陸勣、顧劭、全琮皆往。統曰："陸子可謂駑馬有逸足之力，顧子可謂駑牛能負重致遠也。"謂全琮曰："卿好施慕名，有似汝南樊子昭。雖智力不多，亦一時之佳也。"績、劭謂統曰："使天下太平，當與卿共料四海之士。"深與統相結而還。

龐統好品評人物的習氣完全是漢末中州名士的風格。我們再看襄陽的其他類似人物。《三國志》卷四五《蜀志・楊戲傳》注引《襄陽記》曰："習禎有風流，善談論，名亞龐統，而在馬良之右。"按此，習楨、馬良也都是清談人士。習温，《三國志》無傳。《三國志》卷六一《吴志・潘濬傳》注引《襄陽記》曰：

"襄陽習温爲荆州大公平。大公平,今之州都。""大公平"、"州都"即州大中正。又,《太平御覽》卷四四四引《襄陽耆舊記》曰:"潘濬見習温十數歲時,曰:'此兒名士,必爲吾州里議主。'敕子弟與善。温後果爲荆州大公平。"[①]習温年輕時就表現出了能當"州里議主"的潛質,當屬清談名士無疑。

地屬"荆蠻"的襄陽,從漢末到東晉,一再出現清談名士。這當與襄陽的地理位置有關。二十多年前,我在討論南陽士與中州士時曾指出,南陽雖然屬於荆州,但因爲南陽緊鄰中州,南陽士與中州士,特别是汝潁士風格完全相同,不妨説,南陽士也是中州士[②]。襄陽緊鄰南陽,"本楚國之北津"[③]。可以説,襄陽就在中州邊上。因此士風接近中州也可以理解了。

漢末,中州大亂,劉表立足襄陽統治荆州。《三國志》卷六《魏志·劉表傳》注引《英雄記》曰:"州界群寇既盡,表乃開立學官,博求儒士,使綦毋闓、宋忠等撰《五經章句》,謂之《後定》。"《三國志》卷四二《蜀志·尹默傳》:"尹默字思潛,梓潼涪人也。益部多貴今文而不崇章句,默知其不博,乃遠遊荆州,從司馬德操、宋仲子等受古學。"主持荆州學校的司馬德操是潁川人,宋仲子即宋忠,是南陽人。綦毋闓可能也是潁川人[④]。他們都是中州士。荆州學校實際上就是由中州士建立的。襄陽學校建立後,"關西、兖、豫學士歸者蓋有千數"[⑤]。襄陽成爲當時的學術中心,這對襄陽本地的士風自然會有重要影響。如前所引材料,龐統最早知名就是因爲被中州士司馬德操稱爲"南州士之冠冕"。劉表在襄陽統治長達十九年。這段時間襄陽社會是相當穩定的,這是辦學的必要條件。

---

①此條據黄惠賢《校補襄陽耆舊記》,中華書局2018年版,26頁。

②胡寶國:《南陽士與中州士》,載《北大史學》第3輯,北京大學出版社1995年版,145—153頁。

③《初學記》卷八州郡部引習鑿齒《襄陽記》。

④《世説新語·言語》第二注引《司馬徽别傳》稱:"徽字德操,潁川陽翟人。有人倫鑒識。居荆州。"《三國志》卷五七《吴志·虞翻傳》注引《翻别傳》有"南陽宋忠"諸字。《風俗通義校注》愆禮第三:"……潁川有識陳元方、韓元長、綦毋廣明咸嘉是焉。"王利器按:"《後漢書劉表傳》、《三國志魏書劉表傳》注引《英雄記》有綦毋闓,疑即其人,名闓字廣明,義固相應也。"

⑤《後漢書》卷七四下《劉表傳》。

劉表以後，襄陽被曹操占領。此後襄陽一直爲北方政權控制。《晉書》卷三四《羊祜傳》：“帝將有滅吴之志，以祜爲都督荆州諸軍事、假節，散騎常侍、衛將軍如故。祜率營兵出鎮南夏，開設庠序，綏懷遠近，甚得江漢之心。”《水經注》卷二八沔水：“建安十三年，魏武平荆州，分南郡立爲襄陽郡，荆州刺史治。邑居殷賑，冠蓋相望，一都之會也。城南門道東有三碑：一碑是晉太傅羊祜碑，一碑是鎮南將軍杜預碑，一碑是安南將軍劉儼碑，竝是學生所立。”按此，自羊祜始，西晉的襄陽一直是有學校的。吉川忠夫據此認爲：“襄陽這一城市，繼承了東漢末期以來的文化學術傳統。”[①]這個分析是有道理的。可以推測，一直在北方政權控制下的襄陽學校所傳授的知識還是來自於中州地區，而與“荆楚”無關。西晉末年，天下大亂，山簡出鎮荆州。“於時四方寇亂，天下分崩，王威不振，朝野危懼。簡優遊卒歲，唯酒是耽。諸習氏，荆土豪族，有佳園池，簡每出嬉遊，多之池上，置酒輒醉，名之曰高陽池。”[②]可知此時的襄陽依然是和平的環境。東晉，釋道安爲躲避北方戰亂，南下襄陽，在此著述、傳教長達十五年，“四方學士，競往師之”[③]。這依然有賴於襄陽的安定局面。正如湯用彤先生所説：釋道安“計居襄陽十有五載。其時適值北方秦燕交兵，無暇南圖，荆襄得以少安”[④]。

由以上的簡略討論可知，由於襄陽地理位置靠近政治文化中心，且長期爲北方政權控制，所以此地士風更接近於中州地區，而與荆楚没有什麼關係。習鑿齒好清談等等的特點都可以在這個背景下理解。此外，襄陽長期的和平環境也使得此地具備了從事文化活動的條件。

東晉以後，上述情形逐漸發生了變化。一方面，因爲政治文化中心轉移到了建康，襄陽失去了昔日靠近中心地區的地理優勢，漸漸邊緣化。另一方

①吉川忠夫：《道安教團在襄陽》，載日中國際共同研究：《地域社會在六朝政治文化上所起的作用》，玄文社1989年版，36—43頁。

②《晉書》卷四三《山濤傳附山簡傳》。

③《高僧傳》卷五《釋道安傳》。

④湯用彤：《漢魏兩晉南北朝佛教史》上册第八章《釋道安》，中華書局1983年版，147頁。

面，襄陽本地居住者也發生了變化。南朝有所謂"江陵素畏襄陽人"[①]之説，這當與流民的到來有關。東晉後期，"胡亡氐亂，雍、秦流民多南出樊、沔，晉孝武始於襄陽僑立雍州，並立僑郡縣"[②]。此種流民如陳寅恪所説，乃是"有戰鬥力之武人集團，宜其爲居住江陵近旁一帶之文化士族所畏懼也"[③]。劉宋時"襄陽多雜姓"[④]可能也與此有關。

上述因素的變化使得襄陽很難維持過去的文化傳統。可以説，習鑿齒是襄陽地區漢魏以來舊傳統的最後一位繼承者。在他以後，襄陽不大可能再有這樣的人物出現了。

（作者單位：中國社會科學院古代史研究所）

①《梁書》卷一〇《蕭穎達傳》。

②《宋書》卷三七《州郡志》雍州。

③陳寅恪：《述東晉王導之功業》，載《金明館叢稿初編》，上海古籍出版社 1980 年版，64 頁。

④《宋書》卷八三《宗越傳》。

論所謂"民衆信心普遍喪失"

——關於蜀漢亡國原因的探討

李萬生

一　問題及其由來

蜀漢亡國的原因無疑是值得認真討論的一個問題。關於這個問題，學界有兩種值得注意的看法。一種是由已故著名史家王仲犖提出的，而由尹韻公、張大可等名家繼承發展的看法，即蜀漢的滅亡，是由於益州"人民不願作戰"。另一種，是年輕學者王瑰提出的，即"蜀漢的滅亡"，"是蜀漢士人和民衆對'興復漢室'信心喪失"的結果。

王仲犖的認識最早體現在其所著的《魏晉南北朝隋初唐史》中，又爲其所著《魏晉南北朝史》所延續。前書出版於 1961 年①，後書出版於 1979 年②。

①王仲犖：《魏晉南北朝隋初唐史》，上海：上海人民出版社，上册，1961 年。

②王仲犖：《魏晉南北朝史》，上海：上海人民出版社，上册，1979 年。

而王氏是 1952 年開始寫作《魏晉南北朝隋初唐史》的①。因此，王氏認識形成的時間的上限，在 1952 年。值得注意的是，如下所述，王仲犖的認識影響了尹韻公、張大可、李兆成、羅開玉、黄樸民等名家。我們先看王仲犖具體是怎樣説的，再看尹韻公等人的表述。

王仲犖在《魏晉南北朝隋初唐史》中説：“在益州地主集團看來，蜀漢政權既不能代表他們全部的利益，它的顛覆，也不會給他們帶來更大的災害，相反，這一政權的顛覆，反可驅逐外來地主勢力於益州之外，而使益州地主集團更能獲得長足的發展。益州的人民，也因爲負擔逐年加重，不願繼續作戰，來延長國内割據的局面。人民不願作戰，益州地主投降的論調高唱入雲，蜀漢政權衹有投降的一條道路了。蜀亡，立國共四十三年。”②

①王仲犖：《魏晉南北朝史》，《序言》，第 1 頁。

②同上《魏晉南北朝隋初唐史》，第 40 頁。今按：王氏所言“立國共四十三年”，大概是參考了胡三省的説法，見《資治通鑑》（北京：中華書局，1956 年。以下簡稱《通鑑》）卷七八《魏紀十》景元四年（蜀景耀六年、炎興元年，263）十月胡注（第 2474 頁）。《華陽國志》卷七《劉後主志》則説“劉氏得蜀凡五十年正，稱尊號四十二年”，見任乃强《華陽國志校補圖注》，上海：上海古籍出版社，1987 年，第 425 頁。任氏注曰：“劉備於建安十九年（二一四）夏入成都。建安二十六年（二二一）稱帝。劉禪於炎興元年（二六三）十一月出降。凡得蜀五十年又七月……”（同書第 429 頁。）其中“五十年”，嚴格言之，乃四十九年又數月。之所以言“數月”，是因爲據《三國志・先主傳》，劉備確實是建安十九年夏入成都的，但那衹是攻成都，並不是實際取得成都，因爲劉璋是在劉備“圍成都數十日”後才出降的，見《三國志》，北京：中華書局，1982 年，第 882 頁。這樣，劉備入成都的“夏”，月份不詳，劉備“圍成都數十日”的具體日數也不知。任氏之所以説“五十年又七月”，一方面顯然是嚴守注家本分，照顧《華陽國志》本文，不輕易改字的緣故，另一方面，顯然是將劉備入成都的“夏”理解爲四月了。但這樣的理解是粗心的，想當然的，自然不能準確。可見，胡三省所説的“四十三年”與《華陽國志》説的“四十二年”，都是就劉備稱帝至劉禪出降的時間而説的。按劉備稱帝在建安二十六年四月，則劉氏立國乃四十二年零七月。故《華陽國志》説“四十二年”，是取年頭而略去多出的月份，是約少，而胡三省説“四十三年”是在年頭之外，將多出的月份取成數，以年計之，是約多。劉琳《華陽國志校注》（成都：巴蜀書社，1984 年，第 596 頁）改“四十二年”之“二”作“三”，其注曰：“……劉備……二二一年稱帝，二六三年蜀亡。‘四十二’當作‘四十三’。”（第 597 頁）實際也是取成數。但改《華陽國志》之文，没有嚴守注家本分，恐怕是不可取的。[宋胡仔《苕溪漁隱叢話後集》（北京：人民文學出版社，1962 年）卷五《杜子美一》引《藝苑雌黄》曰：“張文潛《明道雜誌》云：讀書有義未通，而輒改字，最學者大病也。”（第 31 頁）可見，注家擅自改原書之字而解釋之，乃大忌。]又，劉琳之書將“正”字下屬，全句作“劉氏得蜀凡五十年，正稱尊號四十二年”，（轉下頁注）

這個結論基本保留在王氏的《魏晉南北朝史》中①。之所以説“基本保留”，是因爲將《魏晉南北朝隋初唐史》與《魏晉南北朝史》相比，值得注意的不同，僅僅體現在後者用詞的精準化方面，實際衹是小小的修改。具體地説，《魏晉南北朝隋初唐史》中的“益州地主”、“外來地主勢力”在《魏晉南北朝史》中分别改成了“益州土著地主”、“荆楚等外來地主勢力”。如下所述，尹韻公等人主要是受王氏《魏晉南北朝史》的影響。

尹韻公説：“景元四年九月，即蜀景耀六年，魏國大舉伐蜀。此刻的蜀漢政權已陷於危機四伏、四面楚歌的地步，猶如紙糊的巨人，一捅即破即倒。……益州土著集團袖手旁觀。鄧艾入蜀後，百姓‘驚迸山野’、‘衆皆離散’（《華陽國志》卷七、《三國志·蜀書·諸葛亮傳》），益州人士誰也不抵抗，唯有諸葛瞻上陣迎敵，他還想爲自己的政權盡最後一點力，終於戰死。鄧艾如入無人之境，直驅至成都……”②

張大可説：“蜀漢滅亡的原因是多方面的。曹魏的强大和蜀漢政治腐敗是最根本的原因。……人心倒向和益州土著集團的叛賣又是主要的原因。”③

（接上頁注）亦恐未是。因爲“正稱尊號”的説法是很别扭的。因爲，難道還有非“正稱尊號”之事嗎？所以“正”字應該如任乃强書上屬，即作“……五十年正”。所謂“五十年正”，應該是取成數，乃“五十年”之義。如前所言，這雖然不夠準確，但畢竟意思頗順。

①前揭《魏晉南北朝史》，第97頁。

②尹韻公：《談蜀國滅亡的原因》，《文史哲》1982年第5期，第31—32頁。此文收入尹氏《尹韻公縱論三國》（太原：山西人民出版社，2001年）中，改題爲《論蜀國的滅亡》，以上引文，見該書第43頁。今按：（一）具體言之，“百姓”“驚迸山野”，乃見《華陽國志》卷七《劉後主志》，見劉琳《華陽國志校注》（第593頁）及任乃强《華陽國志校補圖注》（第424頁。尹氏所用《華陽國志》乃何版本，不知。因爲尹氏作文時劉、任二人之書都未出版）。（二）尹氏引用王仲犖《魏晉南北朝史》的情況，見前揭《文史哲》第32頁、《尹韻公縱論三國》第43頁。

③張大可：《論三國一統》，《三國史研究》，蘭州：甘肅人民出版社，1988年，第357頁。“人心倒向和益州土著集團的叛賣”云云，顯然與王仲犖的結論有關。關於所謂“蜀漢政治腐敗”，張文没有能夠具體論述，不知其具體所指。蜀漢政治是並立的三國中最好的，因此筆者是不同意所謂“蜀漢政治腐敗”之説的。但這是另外的問題，筆者另有論述，不贅。

李兆成説:“到蜀漢滅亡時,益州士族對其覆亡已漠不關心。”①

羅開玉説:“魏軍攻蜀,土著豪族坐山觀虎鬥,任蜀漢滅亡。”②

白楊、黄樸民説:“蜀漢景耀六年(西元263年)九月,魏國大舉伐蜀。此時的蜀漢政權,危機四伏,四面楚歌……益州本土勢力幸災樂禍,袖手旁觀。鄧艾入蜀,蜀漢百姓‘驚迸山野’、‘衆皆四散’,所以鄧艾才能如入無人之境,直驅成都。成都蜀漢中樞衹有諸葛瞻統兵迎敵,最後戰死於緜竹前綫。”③

可見,尹韻公、張大可、李兆成、羅開玉、白楊、黄樸民六人也認爲,蜀漢的滅亡,是由於它的人民不願作戰了④。那顯然是受王氏認識影響的結果。

值得注意的是,王仲犖等人的結論,顯然可以歸納爲這樣一句話,即“蜀漢的滅亡,最終也就是益州本土勢力與外來勢力矛盾的結果”。這是王瑰的歸納⑤。不過,王瑰是反對王仲犖等人的結論的。王瑰認爲,“蜀漢的地域勢力集團矛盾是完全被誇大了的”;他的結論是,“蜀漢的滅亡其實是蜀漢士人和民衆對‘興復漢室’信心喪失”導致的⑥。我認爲,王瑰的意見是值得注意的,不過,也是有問題的。

二 關於王瑰的認識

王瑰反對王仲犖等人的意見,提出的理由有兩個:其一,“從劉備的政治

---

①李兆成:《蜀漢政權與益州士族》,《四川文物》2002年第6期,第13頁。

②羅開玉:《三國蜀漢土著豪族初論》,《成都大學學報》2005年第六期,第1頁,提要。

③白楊、黄樸民:《論蜀漢政權的政治分化》,《中國史研究》2008年第4期,第101頁。白、黄參考前揭尹韻公的文章的情況,見前揭《中國史研究》,第87頁注⑨。白、黄之文引用前揭王仲犖《魏晉南北朝隋初唐史》的情況,見同上《中國史研究》第101—102頁。

④這六人的論述是有一定代表性的。至於那些没有學術價值或衹有很小學術價值的文章及其作者,筆者都無可奈何地忽略了。需説明的是,尹韻公等“六人”也可以説“五人”,因爲白楊、黄樸民是同一篇文章的作者。這裏説“六人”是就實際人數而言的。

⑤王瑰:《信心喪失與知識忠誠——從譙周生平看蜀漢滅亡原因兼駁地域勢力集團矛盾亡國説》,《四川師範大學學報》2013年第5期,第151頁。不過,王瑰没有提到尹韻公、張大可、李兆成、金文京,他衹提到了王仲犖、羅開玉、白楊、黄樸民等人,見其文注②,第158頁。

⑥前揭王瑰文,《四川師範大學學報》2013年第5期,第151頁。

目標和實踐看，不會突顯地域勢力集團矛盾"；第二，"從具體案例看，是個人問題，而不是集團矛盾"。關於王瑰説的第一個理由，我認爲是没有足夠的説服力的。因爲，劉備的政治目標和實踐顯然不足以説明劉禪時期的情況，尤其不能説明蜀漢滅亡前的情況。再説，劉備的主觀願望與具體實踐未必完全切合，即使完全切合，也未必能夠完全消弭地域集團之間的矛盾。爲此，王瑰衹有對王仲犖、羅開玉、黄樸民等名家的具體論述進行反駁，才能達到論述目的。可是，王瑰没有做這樣的反駁工作。關於王瑰的第二個理由，我認爲，恐怕也難以成立。因爲"個人問題"很難與具體的集團分開，因此也就未必不具有地域性質。不然，我們應該如何理解（一）黄皓干預破壞姜維的活動計劃呢？（二）姜維爲什麼會有"羈旅託國"之感呢？（三）鎮西大將軍胡濟爲什麼會"失誓不至"上邽與姜維配合作戰，導致延熙十九年姜維的大敗呢？[①] 這次大敗幾乎將上年即延熙十八年的勝利全部輸光了，從而對蜀漢命運的影響是不能絶對低估的。這些，是不是有地域勢力集團矛盾的因素呢？因此，王瑰實際上没有能夠真正否定王仲犖等人提出的地域集團矛盾導致蜀漢亡國之説。因爲，王仲犖等人的認識是以益州"人民不願作戰"作爲根本的支撑的。如果王瑰能夠證明所謂益州"人民不願作戰"的説法不能成立，那麼，他所説的"蜀漢的地域勢力集團矛盾是完全被誇大了的"，才可以認爲是得到落實了。

王瑰使用材料的缺點也是嚴重的。王瑰認爲"興復漢室"的信心喪失是蜀漢亡國的原因，應該没有注意《三國志・蜀書・後主傳》景耀六年夏改元炎興一端[②]。"炎興"的"炎"，即是漢德"火"[③]。所以漢朝有"炎漢"之稱。

---

①以上之事皆見《三國志》，北京：中華書局，1982年，卷四四《蜀書十四・姜維傳》（第1065—1066頁），胡濟事又見同書卷三三《蜀書三・後主傳》（第899頁）。《姜維傳》"（景耀）五年，維率衆出漢、侯和，爲鄧艾所破，還住沓中。維本羈旅託國，累年攻戰，功績不立……"（第1065頁）所謂"維本羈旅託國"，不僅應該是蜀漢始終有人將姜維看作外來之人的實際的體現，而且也是姜維曾經有所感歎過的實際。

②《三國志》，第900頁。

③《漢書》（北京：中華書局，1962年）卷二一下《律曆志下》曰："漢高祖皇帝，著《紀》，伐（轉下頁注）

曹植獻給其兄文帝曹丕的詩有“受禪炎漢,臨君萬邦”之句①。可見,後主劉禪改元“炎興”就是取“漢興”之義。可見,一定是蜀漢社會上有懷念兩漢時代的思潮,才有執政當局希望通過改元“炎興”來振作人心的努力。這樣,就可以認爲,在當時的蜀漢人看來,應該是“炎興”年號是比蜀漢曾經用過的所有年號都好的。因此,可以認爲,蜀漢之人“興復漢室”的信心並没有喪失。

三　關於王仲犖的認識

王瑰不知道王仲犖的結論即蜀漢滅亡的原因,乃在益州“人民不願作戰”,是不能成立的②。如果他知道這點,他的表述就會不同了。我認爲,王仲犖的結論是從《三國志》的譙周、諸葛瞻二《傳》推導出來的③。《譙周傳》説“景耀六年冬,魏大將軍鄧艾克江由,長驅而前。而蜀本謂敵不便至,不作城守調度,及聞艾已入陰平,百姓擾擾,皆迸山野,不可禁制。後主使群臣會議,計無所出……”④《諸葛瞻傳》説“(景耀)六年冬,魏征西將軍鄧艾伐蜀,

---

(接上頁注)秦繼周。木生火,故爲火德。天下號曰漢。”(第1023頁)《尚書·洪范》:“火曰炎上。”孔安國傳:“言其自然之常性。”見《尚書注疏》,文淵閣《四庫全書》,1986年,臺北,第54册,第241頁,上欄。《説文》:炎,“火光上也”。段注:“《洪範》曰:‘火曰炎上’。其本義也。”見《説文解字注》,上海:上海古籍出版社,1981年,第487頁,上欄。

①《三國志》卷十九《魏書十九·陳思王植傳》,第563頁。

②王仲犖的結論不能成立,自然尹韻公等人的認識也不能成立了。故批評了王仲犖的認識後,就不必再批評尹氏等人的意見了。

③此事我另有所論。

④《三國志》,第1030頁。今按:(一)“入陰平”,“陰”字乃衍文。參《三國志集解》(北京:中華書局,1982年)卷四二《蜀書十二·譙周傳》盧氏引何氏語(第836頁,下欄)。(二)“入陰平”,《華陽國志》作“入坪”,參前揭劉琳《華陽國志校注》,第593頁;前揭任乃强《華陽國志校補圖注》以爲“坪”當作“平”,見第424頁,427注12則解釋了“坪”當作“平”的理由。任氏的解釋無疑是正確的。因爲據《鄧艾傳》(《三國志》第779頁),陰平道有險地七百餘里的地方蜀人都認爲安全而不設防,那麼,鄧艾入陰平,必然不會有《譙周傳》所説的“百姓擾擾”(《三國志》第1030頁)的情況出現。實際上,僅是從《譙周傳》上下文看,都可以知道“入陰平”的“陰”字乃衍文的。因爲該《傳》上文説“鄧艾克江由,長驅而前”,而克江由就幾乎没有什麼阻礙了,也就等於“入平”了。(三)江由,即江由戍,在今江油市北,即在今平武縣東南南壩鎮舊州。陰平,具體地説是陰平橋頭,在(轉下頁注)

自陰平由景谷道旁入。瞻督諸軍至涪停住，前鋒破，退還，住緜竹……遂戰，大敗，臨陳死，時年三十七。衆皆離散，艾長驅至成都。瞻長子尚，與瞻俱没"[①]。《譙周傳》所説的"百姓""皆迸山野"和《諸葛瞻傳》所説的諸葛瞻軍隊的"大敗"、敗後"衆皆離散"以及"(鄧)艾長驅至成都"的後果，就是王仲犖的結論——益州"人民不願作戰"，導致蜀漢的滅亡——的依據。可見，王氏所説的"人民"包括兩部分，一是普通的"百姓"，一是諸葛瞻的軍隊。

我之所以説王仲犖的結論不能成立，是因爲他對《譙周傳》和《諸葛瞻傳》的記載都有誤讀。關於《譙周傳》的記載，我們可以提出三點：

其一，在我看來，"百姓""皆迸山野"不僅是不可能的，而且是没有必要的。因爲益州平原(今成都平原)非常遼闊，真正的"山野"是在平原的邊緣，因而，衹有那些居住在距離真正的"山野"不遠的地方的"百姓"才可能有由於受到驚嚇而"迸"於"山野"，以求安全，至於那些居住在距離真正的"山野"比較遠或很遠的地方的"百姓"，就難以因爲受到驚嚇而"迸"於"山野"了。實際上，任何時候都必然存在所謂"人心如面，各各不同"的情況的[②]，蜀漢當時的情況自然不會是例外，因而絶對不可將衆多人的實際情況一概而

(接上頁注)今甘肅文縣碧口鎮一帶。(四)本文古地之今地，主要綜合依據以下資料而定：《華陽國志》(前揭劉琳《華陽國志校注》、前揭任乃强《華陽國志校補圖注》)、《大明一統志》(西安：三秦出版社，1990年)、顧祖禹《讀史方輿紀要》(北京：中華書局，2005年。以下簡稱《方輿紀要》)、《嘉慶重修一統志》(北京：中華書局，1986年)、前揭《三國志集解》、譚其驤主編《中國歷史地圖集》(以下稱《譚圖》)第三册(北京：中國地圖出版社，1990年)、史爲樂主編《中國歷史地名大辭典》(北京：中國社會科學出版社，2017年。以下簡稱《地名大辭典》)及《中華人民共和國行政區劃簡册2018》(北京：中國地圖出版社，2018年；簡稱《行政區劃簡册》)等而定。此《行政區劃簡册》之資料截止於2017年底，故此"古地之今地"之"今"乃2017年底。爲免駢枝之累，不一一注明。

①《三國志》，第932頁。今按：(1)景谷即青川河谷，景谷道即沿青川河谷而行之道，其位置非如《譚圖》所標在白水縣西北、陰平東南且經過橋頭一帶者(參下文)。(2)涪，乃梓潼郡屬縣，治所在今四川緜陽市涪江東岸。(3)緜竹，乃廣漢郡屬縣，治所在今德陽市北黄許鎮。

②《左傳》襄公三十一年："子産曰：人心之不同，如其面焉，吾豈敢謂子面如吾面乎？"(見《漢魏古注十三經》，北京：中華書局，1998年，下册，《春秋經傳集解》，第294頁。)這似乎就是"人心如面，各各不同"最早的説法了。楊鐮主編《全元詩》(北京：中華書局，2013)第三十六册劉鶚《偶成》有"衆口難調無善策，人心如面有危機"句(第131頁)。

論。這樣,我們應該注意,“百姓”的膽子必然是有大有小的,加上顯然又沒有權力部門的人對他們進行組織領導,因而他們的行動不可能一致,其中膽子也比較大的人,是不一定會“迸”於“山野”的。

其二,“百姓”——至少是部分的“百姓”——一定知道,由於他們不是戰鬥人員,因而不是鄧艾的軍隊進攻打擊的目標,没有必要“迸”於“山野”,就更不必説“皆迸山野”了。

其三,依據《譙周傳》,衹可以認爲受到驚嚇而“迸”於“山野”的“百姓”,乃江由(在今四川平武縣東南)及其以南一帶的百姓,而不是包括江由在内的整個梓潼郡的“百姓”,自然更不是整個益州平原的“百姓”了,因此也就不應該擴大化地理解爲整個益州即蜀漢的“百姓”了。如所周知,蜀漢衹有一個州,即益州,因此,説益州“人民不願作戰”,就是在説整個蜀漢的“人民不願作戰”,可是益州範圍很大,其主要區域在今四川、重慶、雲南、貴州四省市,兼及今陝西、甘肅、廣西三省區部分之地以及緬甸北部部分地區,怎麼可以將江由及其以南一帶的“百姓”理解爲整個益州的“百姓”呢?可見,王仲犖論述的那個邏輯的跨度也實在是太大了,因而也是很可以感到遺憾的了。

關於《諸葛瞻傳》的記載,我們要特别注意的是:“衆皆離散”,是諸葛瞻“大敗”後的情形,那情形是自然的,没有什麽可奇怪的。而且“大敗”的具體情形,我們已經無法知道。要讓“大敗”後没有了統帥的軍隊繼續抵抗,阻擋鄧艾的軍隊向成都前進,是根本不可能的,因而即使參照全部的人類歷史來看,也必須認爲那是完全不合情理的。因此,是完全不能用《諸葛瞻傳》裏“衆皆離散”四字推論出益州“人民不願作戰”的。

實際上,從《鄧艾傳》的記載看,也不能認爲諸葛瞻的軍隊“不願作戰”。該《傳》説:“[景元四年(即蜀漢景耀六年)]冬十月,艾自陰平道行無人之地七百餘里……先登至江由……蜀衛將軍諸葛瞻自涪還綿竹,列陳待艾。艾遣子惠唐亭侯忠等出其右,司馬師纂等出其左。忠、纂戰不利,並退還,曰:‘賊未可擊。’艾怒曰:‘存亡之分,在此一舉,何不可之有?’乃叱忠、纂等,將斬之。忠、纂馳還更戰,大破之,斬瞻及尚書張遵等首,進軍到雒。劉禪遣使奉皇帝璽綬，爲箋詣艾請降。”①由這材料可以得到完全可以否定王仲犖的結論的四點理由：

其一，如果諸葛瞻的軍隊真的“不願作戰”，就不會有鄧艾的兒子鄧忠和司馬師纂等“戰不利”的情況，鄧忠、師纂也不會説“賊未可擊”。既是“賊未可擊”，表明諸葛瞻和他的軍隊是很願意作戰的。

其二，諸葛瞻的軍隊並没有不戰而潰散的情況。

其三，鄧艾有豐富的指揮作戰經驗，而諸葛瞻没有那樣的經驗，鄧艾的軍隊精鋭善戰，而蜀軍没有多少戰鬥力，這一定都是諸葛瞻的軍隊非常瞭解的，在這種情況下諸葛瞻的軍隊還没有瓦解，堅持作戰，怎麽可以説他們不願作戰，並進而説益州“人民不願作戰”呢？

其四，王仲犖完全忽略了《三國志・蜀書二・先主傳》的記載。如果他將《諸葛瞻傳》的記載與《先主傳》的記載結合起來看，就不會得出益州“人民不願作戰”的結論了。因爲那樣結合後就可以知道，諸葛瞻不退守雒城，而是選擇在緜竹與鄧艾作戰，就衹能説明諸葛瞻和他的軍隊是“願意作戰”的了。爲什麽這樣説呢？因爲依據《先主傳》記載，如果諸葛瞻也是處在劉璋的兒子劉循當時那樣的環境裏，那麽，他就可以學劉循②，不在緜竹與鄧艾的軍隊交鋒，而是退到雒城堅守，這樣，鄧艾要進攻雒城，就必須用很長的時間，才可能攻克的。可是，諸葛瞻没有選擇退守雒城，而是選擇在緜竹與鄧艾的軍隊交戰，原因在哪裏呢？我認爲，原因衹有一個，即諸葛瞻當時所處的環境與劉循那時的環境完全不同，具體地説，就是諸葛瞻當時的成都完全没有當年劉璋那樣的可以堅守數十日的軍隊。更具體地説，如果諸葛瞻當時的成都也像劉璋那時的成都有可以堅守數十日的軍隊，那麽，諸葛瞻就可以選擇守城，其所守之城，無論在緜竹還是在雒城都可以。因爲，在那樣的情況下，如果諸葛瞻守城的話，鄧艾的軍隊就必須先攻克諸葛瞻所守的城，才能繼續前進，進攻成都。道理很簡單，如果鄧艾不先攻克諸葛瞻所守的城，直接去進攻

①《三國志》，第779頁。今按：雒，乃廣漢郡屬縣，與廣漢郡同治所；該治所在今什邡縣東南。

②劉循守雒城，劉備進攻“且一年”，才攻破了雒城。見《三國志》，第882頁。

成都,那麼,他的軍隊就會受到成都守軍和諸葛瞻的軍隊的夾擊,從而處於危險的境地。但是,問題就在於諸葛瞻當時的成都没有足夠的軍隊可以守城,如果諸葛瞻選擇守城,而不是作戰,那麼,鄧艾的軍隊就會直接繞開諸葛瞻所守的城而直驅成都,蜀漢就必然迅速滅亡了。因爲益州平原非常廣闊,如果諸葛瞻選擇守城,是完全不能阻擋鄧艾的軍隊的前進的。所以,諸葛瞻衹有選擇作戰,才可能通過勝利來阻止鄧艾的軍隊進攻成都。可見,諸葛瞻選擇與鄧艾的軍隊作戰本身,就足以説明他和他的軍隊願意作戰,因而王仲犖用來作爲“人民不願作戰”的依據即《諸葛瞻傳》的記載,就没有説服力了。

四　蜀漢亡國的原因

我認爲,蜀漢亡國的原因衹有一個,即戰略錯誤,亦即没有在陰平橋頭以西以南的險要之地——陰平橋頭與江由之間的險要之地——佈防。如果没有這個原因,魏軍必敗,蜀漢不亡①。

魏軍雖以滅蜀爲目標,但鍾會由於不能攻克劍閣,本來已經退軍了的(詳下文),而鍾會退軍就意味著魏軍的滅蜀之戰已經完全失敗了,因爲鍾會率領的軍隊是魏軍主力,人數不少於十四萬②;衹是由於鄧艾從陰平橋頭以

①所謂“蜀漢不亡”,僅僅是就263年即蜀漢景耀六年亦即炎興元年的情況説的,没有否定學界關於蜀漢亡國原因的其他意見的意思。其他意見可參王慧之文《21世紀蜀漢滅亡原因研究述評》(《湖北文理學院》2016年第7期)。

②據《晉書》(北京:中華書局,1974年)卷二《文帝紀》,參加滅蜀的魏軍總人數是十八萬(第38頁)。按理,鄧艾率以越險進入益州平原的軍隊以外的部分都歸鍾會指揮了。鄧艾所率這部分軍隊是“二萬”(參下文)。這“二萬”應該衹是舉其成數而言之,估計是超過二萬,不足三萬。具體分析如下:《三國志·鍾會傳》載會統帥的軍隊是“十余萬”(第787頁),後來諸葛緒又與鍾會會合(第789頁),緒軍“三萬餘人”(第787頁),鍾會在劍閣“專軍勢”,全部軍隊都歸鍾會指揮(第790頁);鄧艾率領的軍隊也是“三萬餘人”(第787頁),鄧艾從他的“三萬餘人”中“簡選精鋭”(第789頁)後剩下的人,可能也隨諸葛緒的軍隊一起匯入鍾會的大軍了。這樣,鍾會率領的軍隊超過十五萬。即使鄧艾“簡選精鋭”後剩下的人没有匯入鍾會大軍,也可以知道鍾會指揮的軍隊應該超過十四萬。所以説鍾會率領的軍隊不少於十四萬。

西以南之地進軍獲得成功,鍾會才繼續進軍的。

這樣,我們就要説説鄧艾取得江由一點了。顯然,江由是鄧艾的軍隊進入益州平原的門户。他的軍隊能夠進入益州平原,是因爲守衛江由的蜀軍守將馬邈的投降。而馬邈之所以投降,一方面因爲他的軍隊不是正規軍,另一方面因爲他的軍隊人數太少,完全不足以抵抗鄧艾的大軍。所以説,如果蜀漢在陰平橋頭以西以南的險要之地有足夠的偵查,因而提前得知鄧艾的進軍,那麼,蜀漢調集軍隊增援馬邈,是很容易的事。因爲《晉書·文帝紀》所説的蜀漢"居守成都及備他郡不下四萬"的軍隊雖然不是精鋭的[①],但依託江由關抵抗鄧艾的軍隊卻一定是綽綽有餘的[②],其道理就在於,一方面,攻與守的形勢不同,另一方面,蜀軍既有人數優勢又是以逸待勞。可是,遺憾的是,蜀漢政府完全疏忽了陰平橋頭以西以南之地的防守,使鄧艾的軍隊取得江由,形勢就對蜀漢完全不利了。前揭《譙周傳》説"景耀六年冬,魏大將軍鄧艾克江由,長驅而前。而蜀本謂敵不便至,不作城守調度……"所表達的意思,顯然就是由於蜀漢政府認爲陰平橋頭以西以南的險要之地安全而沒有防守以致全域的敗壞了。這樣説來,我們還有可以特別注意的是,蜀漢沒有在陰平橋頭以西以南的險要之地防守的情況顯然應該是早就被鄧艾所知道的,這就是鄧艾、諸葛緒對姜維的圍追堵截完全失敗後,鄧艾決定從陰平橋頭以西以南的險要之地出其不意地進攻蜀漢前給司馬昭的報告中有如下的話的原因了:"今賊摧折,宜遂乘之,從陰平由邪徑經漢德陽亭趣涪,出劍閣西百里,去成都三百餘里,奇兵沖其腹心。劍閣之守必還赴涪,則會方軌而進;劍閣之軍不還,則應涪之兵寡矣。軍志有之曰:'攻其無備,出其不

---

①"居守成都及備他郡不下四萬"之文,見《晉書》,第38頁。

②江由有關,見《華陽國志》卷二《漢中志》陰平郡平武縣,其文曰:"平武縣""有關尉……劉主時,置義守,號關尉。"(前見劉琳《華陽國志校注》第169頁、任乃强《華陽國志校補圖注》第104頁)。"關尉"的"關",劉琳説是"江由戍"(劉書第170頁),任乃强説"蓋即江由關"(任書第107頁注16);劉琳説"義守""即組織當地地方武裝協助官軍守衛"(劉書第173頁),任乃强説"非正規軍"(任書第108頁)。

意。’今掩其空虛，破之必矣。”①其中所説的“空虛”絶對不衹是就德陽亭、涪、成都而言的，一定包括了陰平橋頭以西以南的險要之地，因爲鄧艾説的是“奇兵”，如果他知道陰平橋頭以西以南的險要之地蜀漢有佈防，那麼他的行軍就一定可以被蜀漢的軍隊發現，從而就不能將自己的軍隊稱爲“奇兵”了。

因此，爲了説明鄧艾奇襲成功的巨大影響，我們還應該特别注意《華陽國志》的記載和任乃强的解釋了。——《華陽國志》卷七《劉後主志》：“（炎興元年，263）冬，（鍾）會以漢樂二城不下，徑長驅而前。（張）翼、（董）厥之至漢壽也。（姜）維、（廖）化亦捨陰平，皆還保劍閣，拒會。會不能尅。糧運懸遠，議欲還。而鄧艾由陰平、景谷傍入。”②任乃强解釋道：“《常志》（按即《華陽國志》）述鍾會‘欲還’，而以鄧艾旁入蜀中爲其結句，明未果引還之原因，在於西路奇軍（按指鄧艾之軍）已得勢也。姜維與張翼、廖化合重兵以扼劍閣奇險之地，拒（鍾）會有餘，而不能分兵聯（諸葛）瞻夾攻鄧艾，實爲全域敗壞之主要原因。《常志》以艾之入平接會之欲退爲節，蓋深有慨於此也。”③不能不説這是相當精細準確的觀察。不過應該補充的是：其一，任氏所言

①《三國志》卷二八《魏書二八・鄧艾傳》，第778頁。今按：（一）德陽亭，在江由東南，即今四川江油市東北雁門壩一帶。（二）鄧艾報告給司馬昭的那些話是在“維（從陰平橋頭）遂東引，還守劍閣。鍾會攻維未能克”之後。（三）鄧艾的報告裏没有説到江由，而説到了德陽亭，顯然應該是由於德陽亭在江由東南，到德陽亭需要經過江由，所以就不必説到江由了，因爲鄧艾的計劃裏，陰平（即陰平橋頭）是起點，而德陽亭是終點。我們因此還可以知道，德陽亭也是有防守的。但江由被鄧艾取得後，德陽亭也就容易取得了。

②前揭任氏《華陽國志校補圖注》，第423頁。今按：（1）樂城，在今陝西城固。（2）漢壽，乃梓潼郡屬縣，治今四川劍閣縣東北、廣元市西南。（3）陰平，即陰平郡，治今甘肅文縣。（4）劍閣，在今四川劍閣縣東北，廣元市西南。（5）景谷，即景谷道。《譚圖》第三册《蜀漢・益州北部圖》（圖22—23）標在陰平郡東南、白水縣西北，當非。而應如前揭《地名大辭典》下册“景谷道”條（第2687頁）所言即青川河谷。其中所言，當是參考前揭《方輿紀要》卷六八《四川三・保寧府・昭化縣》“景谷廢縣”條注所言“在縣西百里”，“魏鄧艾自陰平景谷步道懸車束馬入蜀……”（第3214頁）而來。昭化縣治今廣元市西南，參《譚圖》第七册（上海：地圖出版社，1982年）明四川圖（圖62），第八册（上海：地圖出版社，1987年）清四川圖（圖39—40）。

③前揭任乃强《華陽國志校補圖注》，第426頁注⑧。

"(鍾)會之欲退"的依據在《華陽國志》的記載,而《華陽國志》的記載顯然來於《姜維傳》的記載即"……(鍾)會不能克(姜維等所守的劍閣),糧運縣遠,將議還歸"①。如果加上《鍾會傳》的記載即"……(鍾會)進攻劍閣,不克,引退……"②,他就不會説"(鍾會)明未果引還"了。事實上,任氏也是引用了《鍾會傳》此文的③,但他的表述顯然是有所欠缺的,這或許可以看作是他在材料的融會貫通方面還有所欠缺。其二,任氏説"《常志》(《華陽國志》)以艾之入平接會之欲退爲節,蓋(常璩)深有慨於此",其實,著作《三國志》的陳壽未必不是如此,因爲前引姜維、鍾會二《傳》,一説"(鍾會)將議還歸",一説"(鍾會)引退"。鍾會"引退"不是將要從劍閣引退,而是已然從劍閣"引退"。如果没有鄧艾奇跡般進軍的成功,魏軍怎麼可以達到滅蜀的目的呢?這樣,我們可以知道,《三國志》的作者陳壽和《華陽國志》的作者常璩都已經準確地理解了蜀漢滅亡的根本原因,即鄧艾軍隊出其不意地到達了益州平原並且引發了一系列的變化。這樣,就更加明白蜀漢滅亡的根本原因,就是蜀漢没有在陰平橋頭以西以南之地——陰平橋頭與江由之間的險要之地——佈防了。

諸葛瞻雖然不像鄧艾那樣有豐富的作戰經驗,諸葛瞻率領的軍隊雖然也不像鄧艾的軍隊那樣精鋭,但衹要蜀漢在陰平橋頭以西以南之地有充分的偵查,能夠提前得知鄧艾進軍的消息,他的軍隊加上馬邈的軍隊守衛江由是完全足夠的。也就是説,鄧艾的軍隊即使到達江由,也會被消滅,因爲鄧艾軍隊一定如王崇所言是"疲軍",而人數衹有"二萬"④,是不能抵抗有人數

---

①《三國志》卷四四《蜀書十四·姜維傳》,第1066頁。

②《三國志》卷二八《魏書二八·鍾會傳》,第790頁。

③參前揭任乃强《華陽國志校補圖注》,第426頁注⑧。

④參前揭任乃强《華陽國志校補圖注》第429頁、前揭劉琳《華陽國志校注》第597頁。按任乃强、劉琳於所謂"疲兵二萬"之數都没有解釋。我認爲"二萬"的説法應該是取成數,不可認爲那是絶對準確之數。《鍾會傳》鄧艾參加滅蜀之戰時,所統"諸軍三萬餘人"(《三國志》第787頁),而"鄧艾追姜維到陰平"後出奇越險之前有"簡選精鋭"之事(同書第789頁)。所以,鄧艾所率以達益州平原的軍隊應該是"二萬"上下,即不足三萬,多於二萬,也可能不足二萬,但接近二萬。

優勢和以逸待勞的蜀軍的。《鄧艾傳》載鄧艾的軍隊在緜竹與諸葛瞻的軍隊的初次交戰的情況就已經説明了這點[①]。此戰鄧艾的軍隊分爲左右兩支,右支由鄧艾的兒子鄧忠率領,左支由鄧艾的司馬師纂率領。顯然鄧忠、師纂二人都是鄧艾最爲信任的,不存在不聽指揮和作戰不力的問題。可是兩支軍隊“戰不利,並退還”,鄧忠、師纂還説“賊未可擊”[②],一定應該認爲就是鄧艾的軍隊因爲長途艱難行軍所導致的體力疲憊和精神頹靡所致。最終,鄧艾的軍隊取得決定性的勝利,那衹能歸因於鄧艾具有豐富的指揮經驗,和他的軍隊精鋭善戰了[③]。

(作者單位:中國社會科學院古代史研究所)

①《三國志》卷二八《魏書二八・鄧艾傳》,第779頁。

②“賊未可擊”,一定是鄧忠、師纂二人的話,但一定不限於二人的話。

③《鄧艾傳》在鄧忠、師纂等人説“賊未可擊”後又記載説:“艾怒曰:‘存亡之分,在此一舉,何不可之有?’乃叱忠、纂等,將斬之。忠、纂馳還更戰,大破之,斬瞻及尚書張遵等首,進軍到雒。”其中“忠、纂馳還更戰,大破之……”不止是鄧忠、師纂等人決死之心的説明,也是二人及其率領的軍隊精鋭善戰的體現。

東晉南朝建康宫第三重宫牆考

陳蘇鎮

秦漢以來，皇宫主要有兩道牆。外面一道是宫牆，由宫門出入。裏面一道是殿牆，由殿門出入。賈誼《新書·等齊篇》："天子宫門曰司馬，闌入者爲城旦；諸侯宫門曰司馬，闌入者爲城旦。殿門俱爲殿門，闌入之罪亦俱棄市。"①《唐律疏議·禁衛律》："諸闌入宫門，徒二年；殿門，徒二年半。"又曰："諸向宫、殿内射，宫垣，徒二年；殿垣，加一等。"②宫門、殿門皆有禁衛，闌入有罪，而殿門禁衛等級更高，闌入之罪更重。魏晉南北朝之制與此同。但唐宋人又有東晉南朝建康宫存在"第三重宫牆"的説法。

宋人周應合所撰《景定建康志》卷二〇《城闕志一》"門闕"條曰：

案《宫苑記》："晉成帝修新宫，南面開四門。最西曰西掖門……正中曰大司馬門……次東曰南掖門，宋改閶闔門，陳改端門……最東曰東掖門……東面正中曰東華門……晉本名東掖門，宋改萬春門，梁改東華

①閻振益、鍾夏：《新書校注》，北京：中華書局，2000年，第47頁。

②《唐律疏議》卷七《禁衛律》，北京：中華書局，1983年，第150、151、162頁。

門。北面最東曰承明門……本晉平昌門……最西曰大通門……西面正中曰西華門,晉本名西掖門,宋改千秋門,梁改西華門。"

這是第一重宫牆。下文又曰:

案《宫苑記》:"建康宫城内有兩重宫牆。南面開二門,西曰衙門,隱不見南西掖門。東曰應門,晉改名止車門,南直對端門,即晉南掖門也。東面正中曰雲龍門。北面正中曰鳳妝門。近西曰鸞掖門。西面正中曰神武門。凡六門。第三重宫牆,東直對牆。南面正門曰太陽,晉本名端門,宋改爲南中華門。東面正中曰萬春門,直東對雲龍門,西對千秋門。西南(《至正金陵新志》作面,是)正中曰千秋門,西對神武門,東對萬春門。凡三門。"《建康實録》皆不載。以宫殿證之,雲龍門是二重宫牆東面門,對第三重宫牆萬春門,神武門是第二重宫牆西面門,對第三重宫牆千秋門,東面(《至正金陵新志》作西,是)相望。[①]

這是第二和第三重宫牆。元人張鉉所撰《至正金陵新志》照抄此文,並繪製了《臺城古蹟圖》,將建康宫城畫作"回"形。

周氏所引《宫苑記》不見於《隋志》及兩《唐志》。北宋官修《崇文總目》卷四《地理類》、南宋鄭樵《通志》卷六六《藝文略四》都有"《南朝宫苑記》二卷"[②],不載作者。南宋陳振孫《直齋書録解題》卷八《地理類》亦有此書,注曰:"不知何人作。記六朝故都事蹟頗詳。"[③]元朝所修《宋史》卷二〇四《藝文志三》有"許嵩《六朝宫苑記》二卷"[④],恐亦指此書,作者爲許嵩不可信。從其文避唐諱改"虎"爲"武"看,應是唐人所作。從内容看,應是據相關史料編撰而成。許嵩《建康實録》注曾引《宫苑記》或《修宫苑記》,不見著録。

①宋周應合:《景定建康志》,南京:南京出版社,2009年,第495—496頁。參閲元張鉉纂修:《至正金陵新志》,《北京大學圖書館藏稀見方志叢刊》,國家圖書館出版社,2013年,第96册,第137—138頁。

②宋王堯臣等撰,清錢東垣等輯釋:《崇文總目》,見《中國歷代書目叢刊》第一輯上,北京:現代出版社,1987年,第62頁。《通志二十略》,北京:中華書局,1995年,第1577頁。

③宋陳振孫:《直齋書録解題》,上海:上海古籍出版社,1987年,第249頁。

④《宋史》,北京:中華書局,1977年,第5154頁。

《南朝宫苑記》有冒充此書之嫌。元馬端臨所撰《文獻通考》，清官修《四庫全書總目》皆無《南朝宫苑記》。疑南宋後亡佚。據此，《景定建康志》所引《宫苑記》並非一手史料，可以參考，但不能盡信。

今人研究六朝建康宫，主要依據唐人許嵩所撰《建康實録》及正史中的記載。但正史中的相關信息很少，《建康實録》及許嵩注則多有訛脱之處。學人因此産生了一些誤解，需加辨析。

《建康實録》卷一七《梁武帝》載：天監十年，"初作宫城門三重及開二道"[①]。朱偰《金陵古跡圖考》據此認爲："可見臺城初不過二重，梁改爲三重。"[②]所繪臺城示意圖，在《東晉都建康圖》、《宋都建康圖》和《齊都建康圖》中爲"回"形，在《梁都建康圖》和《陳都建康圖》中爲"回"形[③]。朱氏此説對今天的研究者影響甚大。研究東晉南朝史特别是制度史的學者，往往根據這一説法理解相關史料，解讀相關史實。然而《建康實録》的這條材料是有問題的。《梁書》卷二《武帝紀中》：天監十年，"初作宫城門三重樓及開二道"[④]。《南史》卷六《梁武帝紀上》所載同[⑤]。所謂"三重樓"含義甚明，指宫城門上的門樓有三重。《建康實録》之文顯然由此而來，但少一"樓"字。朱偰解釋説："'樓'係衍字，否則當作三層樓。"[⑥]朱偰之父朱希祖在爲《金陵古跡圖考》所作《序》中，已對"梁之宫城三重"説提出疑問，並在注中引《梁書》、《南史》之文，指出："《建康實録》脱一'樓'字，遂有誤爲三重門以及三重宫牆者。或謂以高下言當稱層，以前後言乃稱重。以此言之，《梁書》、《南史》乃各衍'樓'字。不悟古稱九重天，正指高下言也。"[⑦]朱希祖所言甚是。今案《洛陽伽藍記》卷一"永寧寺"條："四面各開一門，南門樓三重，通三道，

①唐許嵩：《建康實録》，北京：中華書局，1986年，第676頁。
②朱偰：《金陵古跡圖考》，北京：中華書局，2006年，第107頁。
③同上，第94—98頁。
④《梁書》，北京：中華書局，1973年，第51頁。
⑤《南史》，北京：中華書局，1975年，第193頁。
⑥朱偰：《金陵古跡圖考》，第115頁。
⑦同上，第1、2頁。原文標點似不妥，本文有所改動。

去地二十丈。"①此處"三重"顯然指門樓。朱偰的上述解釋的確不能成立。

《建康實録》卷七《晉成帝》：咸和七年十一月，"新宫成，署曰建康宫，亦名顯陽宫，開五門，南面二門，東、西、北各一門"。許嵩注：

> 案《圖經》，即今之所謂臺城也。今在縣城東北五里，周八里，有兩重牆。案《修宫苑記》，建康宫五門，南面正中大司馬門……南面近東閶闔門，後改爲南掖門……正東面東掖門，正南平昌門……第三重宫牆南面端門……其東、西門不見名。

這裏出現的"第三重宫牆南面端門"一句，成爲建康宫存在第三重宫牆的重要依據。上引《景定建康志》便是一例。清人史學海亦據此認爲，東晉建康宫已有第三重宫牆②。然而此文亦有脱誤之處。首先，所述第一重宫牆之五門，脱"正西面西掖門"一條。其次，"正南平昌門"一句，"南"顯然應爲"北"③。第三，"第三重宫牆南面端門"一句，"三"應爲"二"之訛。因爲前文既明言建康宫"有兩重牆"，下文便不應有"第三重宫牆"；前文既詳述第一重宫牆之門，其下便應介紹第二重宫牆之門。而且，秦漢以來所謂"端門"都是宫内第二道圍牆即殿牆的門④。此文提到的"端門"及"其東、西門"也應是殿牆的門。其中端門是南門，東門和西門分别是雲龍門和神虎門⑤。"不見名"者，《修宫苑記》不載雲龍、神虎之名也。

不過，在當時的皇宫中，殿牆之内確實還有一道牆。《晉書》卷二一《禮志下》載西晉元會儀曰："群臣……從雲龍、東中華門入。"⑥元旦朝會在太極殿舉行，群臣入雲龍門後，再入"東中華門"，才能到太極殿前。與"東中華

---

①范祥雍：《洛陽伽藍記校注》，上海：上海古籍出版社，1978年，第3頁。

②見史學海：《六朝故城圖考》，《金陵全書》乙編，南京：南京出版社，2011年，第517—535頁。

③參張忱石《校勘記》，《建康實録》，第203頁。

④參拙文《漢未央宫"殿中"考》，《文史》2016年第2輯；《東漢的"殿中"和"禁中"》，《中華文史論叢》2018年第1期；《魏晉洛陽宫的形制與格局》，待刊。

⑤關於"第二重宫牆"的門，朱偰認爲東門是雲龍門，西門是神虎門，但未提及南門。

⑥《晉書》，北京：中華書局，1974年，第649頁。

門”相對的是“西中華門”。《隋書》卷一三《音樂志上》載蕭梁朝會用樂之制曰:“皇太子發西中華門,奏《胤雅》。”[1]東、西中華門位於太極殿前東、西兩側,在雲龍門和神虎門之内。這道牆既有東、西門,應當也有南門。《隋書》卷二六《百官志上》載蕭梁之制曰:

> 廷尉……有正、監、平三人。元會,廷尉三官與建康三官,皆法冠玄衣朝服,以監東、西、中華門。[2]

“東西中華門”既由廷尉三官和建康三官分“監”,便可理解爲三門,故中華書局校點本斷爲“東、西、中華門”。據此,中華門似有三座,即東中華門、西中華門、中華門,正南一座應是“中華門”。《南齊書》卷三七《劉悛傳》:“初,蒼梧廢,太祖集議中華門。”[3]此“中華門”不冠“東”、“西”,有可能是南門。

《酉陽雜俎·禮異》還有一條可供分析的材料:

> 梁正旦,使北使乘車至闕下,入端門,其門上層題曰“朱明觀”。次曰“應門”,門下有一大畫鼓。次曰“太陽門”,左有高樓,懸一大鍾,門右有朝堂。[4]

案:梁朝將宫城南掖門改稱端門,故梁之端門是宫城南面的門[5]。《梁書》卷二《武帝紀中》:天監七年正月,“作神龍、仁虎闕於端門、大司馬門外”[6]。是梁端門和大司馬門外都有闕。故上引文中,使臣“乘車至闕下,入端門”當指由端門入宫城。“次曰應門”指端門之内爲“應門”。儒家禮書有“天子五門”之説。漢晉以來的端門相當於五門中的“應門”。梁既將南掖門改稱爲端門,原端門不能仍稱端門,因而改稱爲“應門”。“次曰太陽門”則指應門之内、太極殿前有一座太陽門。這座“太陽門”應是由原“中華門”改名而來。

---

①《隋書》,北京:中華書局,1973年,第302頁。

②《隋書》,第725頁。

③《南齊書》,北京:中華書局,1972年,第650頁。

④許逸民:《酉陽雜俎校箋》前集卷一《禮異》,北京:中華書局,2015年,第60頁。

⑤參史學海:《六朝故城圖考》,第427—430頁。

⑥《梁書》,北京,中華書局,1973年,第46頁。

上引《景定建康志》稱:"第三重宫牆……南面正門曰太陽,晉本名端門,宋改爲南中華門。"所謂"南面正門曰太陽"是梁朝制度。"晉本名端門"一説應是承許嵩注"第三重宫牆南面端門"之誤而來。實則魏晉宋齊的端門都是"第二重宫牆"的門,"南中華門"才是所謂"第三重宫牆"的門。史學海《六朝故城圖考》曰:"中華門亦有東、西、南之别。史有但稱'中華門'者,蓋南中華門,梁時所稱太陽門者是也。"[1]其説可從。

三座中華門的存在,意味著太極殿前有個經此三門出入的庭院。但這個庭院仍是"殿中"的一部分,其門不是宫中第三道重要門禁。魏晉以來,宫内第三道重要門禁都稱"上閤"。《唐律疏議·禁衛律》於"闌入宫門,徒二年;殿門,徒二年半"後曰:"入上閤内者,絞;若持杖及至御所在者,斬。"[2]上閤是出入"禁中"的門,故闌入上閤,處罰最重。但"禁中"區域在"殿中"區域的北部,不在"殿中"區域之中。二者的空間布局爲"日"形,而非"回"形。建康宫内有東、西二上閤,其位置應在雲龍門和東中華門、神虎門和西中華門之間的兩條道路北端,即太極東堂之東和太極西堂之西[3]。中華門不是"禁中"之門,其圍牆嚴格説來不能算作"第三重宫牆"。

《建康實録》卷二〇《陳宣帝》還有一條材料:太建七年六月乙酉,"改作雲龍、神虎二門"。許嵩注:

> 案《宫殿簿》,雲龍是二重宫牆東面門,晉本名東華門,東出東掖門,梁改之,西對第三重牆萬春門。神虎門是第二重宫牆西面門,晉本名中華門,西出西華門,晉本西掖門,宋改名西華門,東入對第三重宫牆千秋門。[4]

---

①史學海:《六朝故城圖考》,第481—482頁。但史氏又説:"内宫端門,梁天監中已改名太陽門。"(見同書第430頁)自相矛盾。

②《唐律疏議》,第150、151頁。

③參拙文《魏晉洛陽宫的形制與格局》。

④唐許嵩:《建康實録》,第788頁。

《太平御覽》卷一八二《居處部》引此文作：

> 案《宫殿簿》曰：雲龍門，第二重宫牆東西(當作面)門，晉本名中東華門，本晉東掖門也，梁改之，西對第三重牆萬春門。神虎門，第二重宫牆西門，晉本名中西華門(此處空五格)，本晉西掖門，宋改名西華，東入對第三重牆千秋門。①

兩處文字略有出入，且皆錯亂嚴重。所言“雲龍門是第二重宫牆東面門……東出東掖門”，“神虎門是第二重宫牆西面門”，都是正確的。但説雲龍門“晉本名東華門”或“中東華門”，神虎門“晉本名中華門”或“中西華門”，皆誤。兩晉宋齊有“東中華門”和“西中華門”，而無“中東華門”和“中西華門”②。雲龍門和神虎門亦非由“東中華門”和“西中華門”改名而來。“晉本西掖門，宋改名西華門”一句有脱文，應是晉本名西掖門，宋改名千秋門，梁改名西華門。“東出東掖門，梁改之”一句亦有脱文，本意應指晉本名東掖門，宋改爲萬春門，梁改爲東華門。朱偰據此錯亂之文，將宋、齊“第一重宫牆”東、西兩面的門分别定爲“東華門”和“西華門”，亦誤。

這條材料中和“第三重宫牆”直接相關的是萬春門和千秋門，須做進一步説明。《宋書》卷五《文帝紀》：“(元嘉)二十年春正月，於臺城東西開萬春、千秋二門。”③史學海認爲，《建康實録》載此事作“開萬春、千秋等門”，而無“於臺城”三字，故“萬春、千秋二門實在第三重宫牆東、西”，《宋書》繫之於臺城是因爲“第三重宫城亦得統言台城也”④。此説用《建康實録》否定《宋書》，難以令人信服。朱偰認爲，臺城本無萬春、千秋二門，至宋元嘉二十年“始於臺城東西”開此二門⑤。《晉書》的確未見東晉有萬春

①《太平御覽》，北京：中華書局，1960年，第887頁上欄。

②《南齊書》卷九《禮志上》史臣曰：“案晉中朝元會，設臥騎、倒騎、顛騎，自東華門馳往神虎門。”(第150頁)“東華門”顯系“東中華門”之誤。

③《宋書》，北京：中華書局，1974年，第90頁。

④史學海：《六朝故城圖考》，第518頁。

⑤朱偰：《金陵古跡圖考》，第112頁。

門和千秋門的記載,故朱偰的判斷應是正確的。[①] 但他未對二門的位置加以説明,所做表格則以劉宋的萬春、千秋二門爲"第二重宫牆門",取代了原來的雲龍、神虎二門。[②] 這一判斷是錯誤的。《宋書》卷九九《元凶劭傳》載劭弑文帝之事曰:"劭以朱服加戎服上,乘畫輪車……衛從如常入朝之儀,守門開,從萬春門入",然後遣"張超之等數十人馳入雲龍、東中華門。"[③]此證宋文帝"開"萬春門後,雲龍門還在,前者並未取代後者。雲龍、神虎二門都是"第二重宫牆"的門,即殿門。宋文帝所開萬春、千秋二門則是"第一重宫牆"的門,即宫門。千秋門在宫城西面,萬春門在宫城東面。因此,劉劭從宫城東面進入殿中,要先進萬春門,再進雲龍門。

南齊之制與劉宋同。《南齊書》卷七《東昏侯紀》:"帝……漸出遊走,所經道路,屏逐居民,從萬春門由東宫以東至於郊外,數十百里,皆空家盡室。"[④]《南史》卷五《廢帝東昏侯紀》載此事曰:"漸出遊走,不欲令人見之,驅斥百姓,唯置空宅而已。"[⑤]東昏侯出宫遊玩,不想被人看見,遂將萬春門至東郊沿途民居中的百姓趕走。由此可見,南齊的萬春門也不是宫中的殿門,而是臺城東面的宫門。《南齊書》卷三八《蕭赤斧傳附穎胄》:"時軍旅之際,人情未安,穎胄府長史張熾從絳衫左右三十餘人,入千秋門,城内驚恐,疑有同異。"[⑥]此千秋門顯然也是宫門。

那麽,宋文帝新開的萬春、千秋二門,是取代了原來的東、西掖門,還是在東、西掖門之外又增加了兩座門? 答案是前者。《宋書》卷四《少帝紀》:徐

---

①唯《魏書》卷九六《司馬睿傳》載:東晉孝武帝時,"徐州小吏盧悚與其妖衆男女二百……詐言海西公還,由萬春、雲龍門入殿。"(北京:中華書局,1974年,第2103頁)衹此一條材料,不足以推翻《宋書》的記載。此"萬春"應爲"東掖",可能是魏收搞錯了。

②朱偰:《金陵古跡圖考》,第108頁。

③《宋書》,第2426—2427頁。

④《南齊書》,第103頁。

⑤《南史》,第152頁。

⑥《南齊書》,第672頁。

羨之等入宮弑帝，“因東掖門開，入自雲龍門”①。同書卷四三《徐羨之傳》亦曰：徐羨之等“由東掖門、雲龍門入”②。同書卷三《武帝紀下》：“上……好出神虎門逍遥，左右從者不過十餘人。時徐羨之住西州，嘗幸羨之，便步出西掖門，羽儀絡驛追隨，已出西明門矣。”③這些記載表明，劉宋初年，東掖門、西掖門仍是建康宫城東、西兩側的門。元嘉二十年後，東、西掖門還在，但位置移到了建康宫城南面。《宋書》卷九九《元凶劭傳》載：“劭聞義師大起，悉聚諸王及大臣於城内，移江夏王義恭住尚書下舍……義恭單馬南奔，自東掖門出。”④劉義恭“自東掖門出”，稱“南奔”，可見東掖門在宫城南面。《元凶劭傳》又載：“東陽主第在西掖門外，故云‘南第’。”⑤東陽公主的府第“在西掖門外”，卻稱“南第”，可見西掖門也在臺城南面⑥。郭湖生認爲：劉宋臺城“南面增加至四門，自西向東爲：西掖門、大司馬門、南掖門、東掖門。原東面的東掖門改爲萬春門，原西掖門改爲千秋門。”⑦其説是。

郭湖生又説：宋萬春門，“梁又改名東華門”，宋千秋門，“梁改西華門”⑧。其説亦是。《梁書》卷五六《侯景傳》：“景於是百道攻城，持火炬燒大司馬、東西華諸門……景自歲首以來乞和，朝廷未之許，至是事急乃聽焉……遂於西華門外設壇……左衛將軍柳津出西華門，景出其栅門，與津遥相對，刑牲歃血。”⑨是梁朝宫城確有東、西華門。《隋書》卷一二《禮儀志七》：“梁武受禪於齊，侍衛多循其制……東西掖、端、大司馬、東西華、承明、大通等門，又各二隊。”⑩此文詳舉梁朝宫城四面各門，有“東西華”而無萬春

---

①《宋書》，第 66 頁。

②《宋書》，第 1331—1332 頁。

③《宋書》，第 60 頁。

④《宋書》，第 2428、2433 頁。

⑤《宋書》，第 2425 頁。

⑥參史學海：《六朝故城圖考》，第 439—440、447 頁。

⑦郭湖生：《臺城辯》，《文物》1999 年第 5 期，第 62 頁。

⑧同上注。

⑨《梁書》，第 845 頁。

⑩《隋書》，第 280 頁。

和千秋。可見梁朝確實將萬春、千秋門改稱爲東、西華門了。

上引許嵩注據《宫殿簿》説,雲龍門“西對第三重牆萬春門”,神虎門“東入對第三重宫牆千秋門”。這條材料在可靠史料中得不到印證。《隋志》及兩《唐志》皆著録《洛陽宫殿簿》一書[①],内容應是關於洛陽宫的,與建康宫無關。《太平預覽》卷一七五引《建康宫殿簿》之文十條[②],《玉海》卷一五九“吴神龍殿”條引《建康宫殿簿》之文一條[③],《説郛》卷五九上引《建康宫殿簿》之文五條,注曰“張著”,不知所指何人[④]。其中皆無許嵩所引之文。故許嵩所引《宫殿簿》究竟是一部什麼書,不得而知。此外,《梁書》不見關於萬春門和千秋門的記載,亦不見關於中華門的記載。我們無法判定梁朝是否確實將東、西中華門改稱萬春、千秋門。即使確有其事,這也是梁朝將原有的東、西中華門改稱萬春、千秋門的結果,而不是在第二重宫牆内又增修第三重宫牆的結果。

朱偰認爲,陳朝繼承了梁朝的制度,仍稱第三重宫牆東、西兩側的門爲萬春、千秋門[⑤]。此説亦無確證。《陳書》不見萬春門和東、西中華門之例,衹有卷五《宣帝紀》太建十年六月條載:“震……千秋門内槐樹。”[⑥]但無法判斷此門是第幾重宫牆的門。此外,值得注意的是,陳朝宫城有“南掖門”和“北掖門”。《陳書》卷六《後主紀》:禎明三年正月,“韓擒虎……經雀航趣宫城,自南掖門而入”[⑦]。卷二八《皇太子深傳》:“禎明……三年,隋師濟江,六軍敗績,隋將韓擒虎自南掖門入。”[⑧]卷三一《任忠傳》:“及隋兵濟江,忠……引

---

①見《隋書》卷三三《經籍志二》,第982頁;《舊唐書》卷四六《經籍志上》,北京:中華書局,1975年,第2014頁;《新唐書》卷五八《藝文志二》,北京:中華書局,1975年,第1502頁。

②《太平御覽》,第855頁下欄。

③宋王應麟撰:《玉海》,上海:上海古籍出版社,1992年,第5册第162頁下欄。

④明陶宗儀等編:《説郛》,上海:上海古籍出版社,1988年,第2735頁下欄—2736頁上欄。

⑤見朱偰:《金陵古跡圖考》,第108頁。

⑥《陳書》,北京:中華書局,1972年,第92頁。

⑦《陳書》,第117頁。

⑧《陳書》,第376頁。

擒虎軍共入南掖門。”[①]由此看來,陳朝似乎又將宫城南面的“端門”改回原來的名稱“南掖門”了。《後主紀》又載:“賀若弼……進攻宫城,燒北掖門。”案《宋書》卷五《文帝紀》:元嘉二十五年四月,“新作閶闔、廣莫二門,改先廣莫門曰承明”[②]。是宋文帝曾將廣莫門改爲承明門。《南齊書》卷九《禮志上》:“其有人名地名犯……帝后諱者皆改。宣帝諱同。二名不偏諱,所以改承明門爲北掖,以榜有‘之’字與‘承’並。”[③]“宣帝”指蕭道成的父親蕭承之。南齊避其諱,改“承明之門”爲北掖門。《梁書》卷二《武帝紀中》:天監元年“五月乙亥夜,盜入南、北掖”[④]。是梁初仍有北掖門。但前引《隋書·禮儀志》載梁宫城之門有“承明”而無“北掖”,這意味著梁朝又將北掖改稱“承明”了。而陳朝的“北掖門”應該是由承明門改回來的。看來,就宫城各門的名稱而言,陳朝並未繼承梁朝的制度。由此推測,即使梁朝曾改東、西中華門爲萬春、千秋門,陳朝也未必沿用。不能排除陳朝的萬春、千秋門仍是宫城東、西門的可能。

(作者單位:北京大學中國古代史研究中心)

---

①《陳書》,第414頁。

②《宋書》,第96頁。

③《南齊書》,第148頁。

④《梁書》,第38頁。

從簡到紙：東晉户籍制度的變革

韓樹峰

東晉長達百年，貌似庸碌無爲，對後世影響亦微乎其微，但這種觀感所及，衹是歷史的表象。東晉在諸如經濟、制度方面的舉措，有不少可供以後的政權借鑒，而對户籍制度的整體革新，不僅改變了傳統户籍制度的基本面貌，而且垂範後世，引領中國古代户籍制度進入了一個新的時代。學界對東晉户籍的關注，多集中於黄、白籍及土斷等問題上。在諸多論著中，傅克輝《魏晉南北朝籍賬研究》①一書，對東晉南朝户籍内容、土斷、檢籍等問題的論述，觀點言之成理，持之有故，頗有創獲；日本學者冨谷至十餘年前所撰《木簡竹簡述説的古代中國》②一書，儘管以通俗形式出現，但對魏晉時代户籍書寫材料變化的闡述，卻藴含著獨特的學術眼光，頗具啓發性。毫無疑問，他們的研究有不少值得汲取之處，但客觀説來，前者衹是對傳統問題的進一步

①傅克輝：《魏晉南北朝籍賬研究》，濟南：齊魯書社，2001 年。

②冨谷至著，劉恒武譯，黄留珠校：《木簡竹簡述説的古代中國》，北京：人民出版社，2007 年。按，出版社誤“冨”爲“富”，此處徑改。

細化與拓展；後者視角新穎，但限於篇幅，分析比較簡略，而且觀點也有值得再推敲、補充之處。總之，現有研究還不能具體展現東晉政權在中國古代户籍制度發展史上的獨特地位。此前我曾對兩漢魏晉南北朝户籍制度的内容及典藏機構進行過探討，其中對東晉户籍制度亦有所涉及①，但限於篇幅，分析比較簡略，而且現在某些認識也發生了變化，本文擬詳細考察紙本户籍在東晉出現的時間，以及這一轉變與户籍内容、保存機構的變化之間産生的連鎖反應，儘量勾勒紙本户籍的塑造過程及其對東晉乃至此後政權産生的深遠影響。

一　“外力説”視角下紙本户籍出現的時間

自二世紀後半葉開始，紙成爲較普遍的書寫材料；到西晉時代，已經大爲盛行，當時流傳的“洛陽紙貴”的佳話就是典型的例證②。不過，紙徹底取代簡牘仍須時日。桓玄稱帝後下詔：“古無紙，故用簡，非主於敬也。今諸用簡者，皆以黄紙代之。”③按桓玄詔書，一直到東晉末期，簡牘作爲書寫材料仍然存在，但是已經走向式微，僅在表示尊敬的場合使用。或許桓玄下詔未久，簡牘便退出了書寫的歷史舞臺。

紙完全代替簡牘，是一個逐漸的過程，但户籍作爲行政文書，其載體完成由簡向紙的轉變，肯定是在政府統一部署下一次性實現的。這一轉變是在什麽時候發生的呢？桓玄規定以紙代簡無疑屬於行政命令，但細味詔書語氣，其所指向的不是户籍，而是表達敬意，適用於個體而非機構之間往來的零星文件。實際上，早在這份詔書頒佈的七十多年前，户籍已經是紙質文書了。《通典・食貨》記載，蕭梁南徐、江、郢三州連續兩年不向中央上

①韓樹峰：《論漢魏時期户籍文書的典藏機構的變化》，《人文雜誌》2014 年第 4 期，第 72—80 頁；韓樹峰：《漢晉時期的黄簿與黄籍》，《史學月刊》2016 年第 9 期，第 18—33 頁。
②錢存訓：《書於竹帛：中國古代的文字記録》，上海：上海書店出版社，2004 年，第 117 頁。
③（唐）徐堅等撰：《初學記》卷二一《文部》，北京：中華書局，2004，第 517 頁。

報黄籍，尚書令沈約爲此上書梁武帝。奏疏論及東晉以來的户籍説，由於蘇峻的叛亂，成帝咸和三年（328）以前的户籍被付之一炬，此後新造的户籍，自晉至宋連綿相繼，"並皆詳實，朱筆隱注，紙連悉縫"，但由於保管機構不加措懷，"狗牽鼠齧，雨濕沾爛"，到他那個時代，這些户籍已經幾近毁滅[①]。

根據沈約上書，咸和三年以後的户籍以紙爲材料是毫無疑問的，但這未必是户籍載體發生變化的最早年代，或許在蘇峻之亂前，變化已經發生。如果參考"洛陽紙貴"的故事，推測變化發生在晉武帝時代合情合理，樓蘭出土過泰始年間（265—274）的紙質文書，似乎也爲這一推測提供了旁證。不過，"洛陽紙貴"僅表明，當時文學作品的流傳大多以紙爲載體進行，但這勿寧視爲民間的自行選擇，而樓蘭紙質文書亦與户籍無關。因此，晉武帝時代是否頒發過以紙代簡書寫户籍的命令，户籍載體的變化是否與文學著作、樓蘭文書同步進行，是大有疑問的。

關於行政文書載體發生變化的契機，冨谷至提出了獨特的看法："這類物品（指户籍類的文書）具有固定的形式和格式，通用於所有官署，在一朝一夕改變沿襲過去的王朝户籍樣式本來是不可能的，衹有憑藉某種大規模的國家改訂事業才會變得可能。無論紙張如何普及，舊有的文書行政系統也不會輕易改變，在此，需要有促成變化的外在壓力和一定的時間。"[②]這個觀點可以理解爲，外在壓力足夠大，迫使政府不得不對户籍進行大規模的改訂，這時，造價低廉、使用方便的紙張取簡牘而代之便水到渠成了。晉武帝時代，國泰民安，户籍保管有序，並不存在做出整體改變的外部壓力，在這種情况下，西晉政府不僅没有改變户籍的載體，相反，其制定的法律條文在客觀上强化了簡牘户籍這一形態。《太平御覽》引《晉令》："郡國諸户口黄籍，籍皆用一尺二寸劄，已在官役者載名。"[③]黄籍不是户籍，但卻包括

①（唐）杜佑撰，王文錦等點校：《通典》卷三《食貨》，北京：中華書局，1988年，第59頁。
②冨谷至著，劉恒武譯，黄留珠校：《木簡竹簡述説的古代中國》，第117頁。
③（宋）李昉等撰：《太平御覽》卷六〇六《文部》，影印本，北京：中華書局，1960年，第2726頁。

了户籍在内的重要户口文書[①]。關於一尺二寸劄，池田温、傅克輝認爲是木劄，高敏則認爲是紙張[②]，但後者立論依據薄弱。根據冨谷至新近的討論[③]，我們寧可相信黄籍是以簡牘爲書寫材料的。西晉後期，帝國歷經戰亂，特别在永嘉之亂期間，户籍遭受兵燹之災勢所難免，但是，無論危在旦夕的洛陽政權，還是奔竄求存的長安政權，均不會有餘裕顧及户籍的修訂事業。

既然户籍載體在西晉繼續沿襲傳統，那麼，變化必定發生在桓玄詔書頒佈之前的東晉某個時期。冨谷至將紙質户籍出現的時間定於蘇峻焚燒版籍以後，這一看法係根據"外力説"，並結合沈約對東晉户籍的論述得出的[④]。但是，"外力説"是有疑問的，退而言之，即使外力導致了户籍書寫材料的變化，這個"外力"也未必一定是蘇峻之亂。如上所論，咸和三年之後的户籍確實已經以紙爲書寫材料，問題是，蘇峻所毁的户籍，一定以簡牘爲載體嗎？在此之前是不是就没有外在壓力迫使東晉對户籍載體做出重大變革？我覺得冨谷至可能誤解了沈約的奏疏。因爲奏疏重在説明，咸和三年以後的户籍如何詳實及其遭受的厄難，衹是在不經意間透露了紙質户籍這一歷史信息，而且也没有將其與蘇峻之亂相聯繫。

如果"外力説"可以成立，那麼，這個外力也不是發生在蘇峻之亂以後，而是在東晉建國之初就出現了，這是東晉立國面臨的特殊形勢決定的。無論是建立政權還是消滅敵國，掌握轄境内的户口資料，無疑是重中之重。漢軍入咸陽，蕭何接管秦圖書而藏之，劉邦因此"具知天下阸塞，户口多少"[⑤]；

---

①韓樹峰：《漢晉時期的黄簿與黄籍》，《史學月刊》2016年第9期，第28—30頁。

②池田温著，龔澤銑譯：《中國古代籍帳研究》，北京：中華書局，2007年，第42頁；傅克輝：《魏晉南北朝籍賬研究》，第2—5頁；高敏：《關於東晉時期黄、白籍的幾個問題》，《魏晉南北朝社會經濟史探討》，北京：人民出版社，1987年，第164頁。

③冨谷至著，劉恒武譯，黄留珠校：《木簡竹簡述説的古代中國》，第132—135頁。

④同上書，第135—136頁。

⑤《史記》卷五三《蕭相國世家》，中華書局點校本，北京：中華書局，2011年，第2014頁。

蜀漢降曹魏,“遣尚書郎李虎送士民簿”;西晉滅孫吴,“(王)濬收其圖籍”[①],這是東晉之前的事例。前秦滅前燕,“堅入鄴宫,閲其名籍”[②];梁武帝攻克建康,“命吕僧珍勒兵封府庫及圖籍”[③],這是東晉之後的事例。與這些政權相比,繼承西晉衣缽的東晉,情況就全然不同了。西晉政府原本藏有以户籍爲基礎的全國各地户口數字統計,伴隨西晉的滅亡,這些資料很可能在戰亂中被付之一炬,《晉書·經籍志》云:“惠、懷之亂,京華蕩覆,渠閣文籍,靡有孑遺。”[④]既令這些户口資料幸免於難,洛陽失陷之後,也肯定被匈奴政權裹挾而去了。

早在東晉建立前,晉元帝司馬睿已經渡江南下,不過他的身份衹是安東將軍、都督揚州江南諸軍事,地位没有特别之處。而且他出鎮建康,係東海王司馬越所行的狡兔三窟之計,忠於朝廷的地方官員不僅不與其合作,而且多有對抗者。實際上,在司馬睿之前,朝廷已任命周馥爲平東將軍、都督揚州諸軍事,鎮壽春。三個月之後,司馬越又派司馬睿南下都揚州[⑤],分周馥軍權之意相當明顯。二人一督江北,一督江南,揚州一分爲二,成分庭抗禮之勢。永嘉四年(310)十一月,周馥建議遷都壽春:“馥自經世故,每欲維正朝廷,忠情懇至。以東海王越不盡臣節,每言論厲然,越深憚之。馥睹群賊孔熾,洛陽孤危,乃建策迎天子遷都壽春。”[⑥]次年正月,司馬睿攻打周馥,周馥兵敗憂憤而卒。華譚即使依附司馬睿後,仍力辯周馥之舉不爲謀反,而是志在紓難。江州刺史華軼與周馥相類,《晉書·華軼傳》:“時天子孤危,四方瓦解,軼有匡天下之志,每遣貢獻入洛,不失臣節。謂使者曰:‘若洛都道斷,可

---

①《三國志》卷三三《蜀書·後主傳》裴注引王隱《蜀記》,中華書局點校本,北京:中華書局,2011年,第901頁;同書卷四八《吴書·三嗣主·孫皓傳》裴注引《晉陽秋》,第1177頁。

②《晉書》卷一一三《苻堅載記》,中華書局點校本,北京:中華書局,2011年,第2893頁。

③《梁書》卷一《武帝紀》,中華書局點校本,北京:中華書局,2011年,第13頁。

④《晉書》卷三二《經籍志》,第906頁。

⑤周馥都督揚州確切時間不明,他在揚州任上於永嘉元年(307)三月己未斬送陳敏首,三月辛亥朔,己未爲3月9日;司馬睿出鎮建康在同年七月己未,七月己酉朔,己未爲7月11日,兩者相差三個月。可參《晉書》卷五《懷帝紀》第116、117頁。

⑥《晉書》卷六一《周馥傳》,第1663—1664頁。同書卷五《懷帝紀》第121頁記有上書確切時間。

輸之琅邪王，以明吾之爲司馬氏也。’軼自以受洛京所遣，而爲壽春所督，時洛京尚存，不能祇承元帝教命，郡縣多諫之，軼不納，曰：‘吾欲見詔書耳。’”以後洛陽失陷，司馬睿被推爲天下盟主，“承制改易長吏”，華軼與豫州刺史裴憲拒不從命，前者爲司馬睿所殺，後者則逃奔幽州①。

反抗司馬睿或者拒絶與之合作的西晉官員，應該不在少數。按周馥奏疏，遷都壽春並非他一人的想法，而是三十位官員的共同主張，華譚、裴憲均在其中。奏疏言：“荆、湘、江、揚各先運四年米租十五萬斛，布絹各十四萬匹，以供大駕。”永嘉四年，周馥轄制揚州江北，江、湘、荆三州刺史分别爲華軼、荀眺與王澄。荀眺其人其事不明，王澄雖無吏才，但洛陽危難之際，與山簡遣兵救援，而當時征鎮無馳援者，可見其對西晉朝廷的忠心②。山簡時任都督荆湘交廣寧益六州諸軍事，司馬睿攻打華軼，山簡拒絶參與。按他所説，自己與華軼爲舊交，不可乘朋友之危，以邀功利③。但這或許祇是託辭，至少在他看來，華軼與司馬睿的對抗並非反叛，拒討華軼，朋友之誼未必重要，起主導作用的，恐怕還是因政治上的志同道合而産生的同情之心。

司馬睿被推爲盟主後，曾“承制改易長吏”，借此在地方上安插了不少自己信任的官員。永嘉五年進位丞相後，又“遣諸將分定江東，斬叛者孫弼於宣城，平杜弢於湘州，承制赦荆揚”④，勢力得到很大擴展。但長江南北的不少州鎮像華軼一樣，祇要洛陽、長安政權一息尚存，就“不能祇承元帝教命”。在這樣的形勢下，地方各州上計的户口資料必然上報給洛陽或長安；即令通往洛陽、長安的道路被阻隔，他們也没有義務更不情願上計於建康，而司馬睿亦不敢冒天下之大不韙，向包括己方勢力所在的各州徵集户口資料。這種狀況應該一直持續到司馬睿稱帝之前。《晉書·張駿傳》記載，湣帝建興

①《晉書》卷六一《華軼傳》，第1672頁。裴憲事不見於《晉書》，可參《資治通鑑》卷八七“懷帝永嘉五年”，北京：中華書局，1956年，第2766頁。

②《晉書》卷一〇〇《杜弢傳》，第2621頁；同書卷五《懷帝紀》，第120頁。王澄援京師事，《資治通鑑》卷八七“懷帝永嘉四年”亦有記載，但時間在10月，不同於《晉書》的9月。

③《晉書》卷四三《山簡傳》，第1230頁。

④《晉書》卷六《元帝紀》，第144頁。

年間(313—316),敦煌計吏耿訪上計於長安,後遇賊無法返回,遂投漢中,並在此逗留很長時間,直到聽聞司馬睿繼位,方於太興二年(319)到達建康,並云"本州未知中興"①。按耿訪的言行,假如他上計長安受阻而且無法返回,在得知司馬睿稱帝之前,也決計不會上計於建康,這應該代表了各地方鎮對司馬睿稱帝之前的基本態度。東晉立國之時,司馬睿管轄揚州已十有餘年,自然可以掌握下轄各郡的户口資料,但不少州的資料付諸闕如,是可以肯定的。因此,東晉立國之初,户口方面的資料即使算不上一窮二白,缺失也相當嚴重。

西晉亂亡,代表政權合法性的傳國璽没入胡族,東晉政權因此被北方譏爲"白板天子"②,不過,這畢竟衹是名譽性的問題,不會給治國理政帶來實質性的影響。與此相比,户口資料的缺失就大有不同了。賦税、勞役、兵源等等,舉凡治國之本,莫不與户口息息相關,户口大量缺失給政權正常運轉帶來的障礙是不言而喻的,長此以往,國家政權必然走向崩潰。所以,東晉立國之時,重建事關國家命脈的户口制度,可謂迫在眉睫。這種壓力與蘇峻之亂焚燒版籍後産生的壓力相比,毫不遜色,由此導致的户籍修訂,同樣規模宏大。如果"外力"確實是促成户籍載體發生變化的主要因素,那麼,紙質户籍的産生應該在東晉立國之時,而不必等到蘇峻之亂以後。

二 東晉政府的内在需求與紙本户籍的關係

冨谷至從"外在壓力"的角度考察紙本户籍出現的時間,確實富有啓發性,但這種思路是有破綻的,僅此不足以解釋紙本户籍爲何出現在東晉。爲進一步審視冨谷至的"外力説",再引其相關論述如下:

> 户籍有格式的限制,還有全國統一性的制約,它變爲紙必須解決技

①《晉書》卷八六《張駿傳》,第 2238 頁。

②《南齊書》卷一七《輿服志》,中華書局點校本,北京:中華書局,2011 年,第 343 頁。

> 術和時間的問題,還需要外在因素、外在壓力來推動。王朝户籍最終轉换到紙上,必須等待西晉士民南逃、舊有户籍遭到毁滅性破壞這一外在條件。①

編制紙本户籍所需的"技術",應該主要指紙的普及,這一條件早在西晉已經具備;"時間"大概指接受紙質行政文書是一個逐漸的過程,這一過程的長短不好判斷;"士民南逃"恐怕不是一個重要因素,因爲如果舊有版籍全部被毁,無論士民是否南下,均必須造籍。這樣,在紙張已經普及的情況下,紙本户籍的出現,實際上主要取決於"舊有户籍遭到毁滅性破壞這一外在條件"了。基於這一判斷,冨谷至將紙本户籍形成的上限定在了蘇峻之亂後的咸和三年。

舊有版籍遭到毁滅性破壞,中央就需要重建版籍,在紙張已經普及的情況下,新籍必定以紙爲書寫材料,這應該是冨谷至没有明示但卻暗含的邏輯思路。從中可以看出,"外力説"的關鍵,並不在於舊有版籍是否遭到毁滅性破壞,而在於中央是否需要大規模地編造新籍。我們之所以將紙本户籍最早形成的時間定於東晉建國之初而不是咸和三年,是因爲那時大規模編造户籍同樣是政府的當務之急,本質上符合"外力説"所要求的條件。

東晉初建,中央之所以編制新籍,是因爲此前本來没有簿籍;咸和三年中央重新造籍,是因爲舊籍焚毁。這未免給人一種感覺,大規模地編造簿籍,都是在特殊情況下發生的。其實不然,在正常年代,即令舊籍存在,多數户口簿籍也是經常需要重新編制的。

西晉是否定期造籍,史籍没有明確記載,不過,東晉以後的定期造籍於史有征。《南史·王僧孺傳》載沈約上書:"晉咸和初,蘇峻作亂,文籍無遺。後起咸和二年以至於宋,所書並皆詳實,並在下省左户曹前廂,謂之晉籍,有東西二庫。"②據此萬繩楠認爲,咸和二年整理出的"晉籍",因爲"所書並皆

---

①冨谷至著,劉恒武譯,黄留珠校:《木簡竹簡述説的古代中國》,第137頁。

②《南史》卷五九《王僧孺傳》,中華書局點校本,北京:中華書局,2011年,第1461頁。

詳實”,所以一直沿用到宋文帝元嘉二十七年(450)[1]。按這一看法,咸和二年以後的一百餘年,政府再未造籍。對此,傅克輝提出了質疑:“如果這部《晉籍》是咸和二年整理出來的,怎麼會包括此後一百二十四年的情況呢?”[2]這一質疑是頗有道理的。按我的解讀,沈約並不是説咸和二年整理的户籍一直應用到劉宋時代,而是説,自此直到劉宋,中央歷次編制的户籍都比較詳實,藏在了左户曹前廂。“並皆詳實”、“並在左廂”之類的描述恰恰反映,東晉户籍不止一部,而是屢屢定期編制。

東晉以後,定期造籍在史籍中仍有跡可尋。自宋明帝泰始三年(467)至後廢帝元徽四年(476),揚州等九郡有“四號黄籍”。池田温據此指出,劉宋係三年一造籍,並將其與唐代三年一造籍相聯繫[3]。據前引《通典》,梁武帝時代南徐、江、郢三州有兩年未向中央上報黄籍,這表明地方定期上報黄籍,中央據以定期造籍在梁代也是定制。

西晉之前的孫吴,地方上同樣定期造籍,這在走馬樓吴簡中有較爲明確的反映,茲舉兩户簿籍爲例:

烝平:

平陽里户人公乘烝平年卅二筭一腫兩足(壹·10480)

平陽里户人公乘烝平年卌□筭一踵兩足(三·4275)

朱倉:

常遷里户人公乘朱倉年卅一筭☑(壹·2694)

常遷里户人公乘朱倉年卅一筭一☑(三·6956)

[常][遷]里户人公乘朱倉年卌筭一(壹·2954)[4]

---

①萬繩楠:《魏晉南北朝史論稿》,合肥:安徽教育出版社,1983年,第158頁。

②傅克輝:《魏晉南北朝籍賬研究》,第36頁。

③池田温著,龔澤銑譯:《中國古代籍帳研究》,北京:中華書局,2007年,第47頁。

④走馬樓簡牘整理組編著:《長沙走馬樓三國吴簡·竹簡[壹]》,北京:文物出版社,2003年;走馬樓簡牘整理組編著:《長沙走馬樓三國吴簡·竹簡[三]》,北京:文物出版社,2008年。

朱倉户前兩枚竹簡有殘缺符。在孫吴户人簡中,納算的每位家庭成員均爲一算,壹・2694簡所缺應爲"一"。簡三・6956雖然殘斷,内容未必有缺,如有缺文,應該是身體殘疾的記録,因爲"算一"後續録殘疾狀況是户人簡的固定格式,如烝平簡所反映的那樣。兩烝平除年齡外,其他各項内容均無差異;設若朱倉户前兩簡所缺並非疾病的記録,那麼,與後一簡中的朱倉同樣衹有年齡之差。孫吴時期每里人口不多,兩烝平、三朱倉情況如此相似,同名的可能性不大,他們應爲同一人。户人在不同的歲數有同類簿籍,必定是政府定期編制的結果。

西晉前後的政權都在定期造籍,如果没有特殊情況發生,西晉自然也會沿襲傳統。以上所舉之例多爲地方,但地方簿籍必然上報中央,然後,中央再據此編制全國的簿籍,蜀漢、孫吴投降時向曹魏、西晉呈遞的户口資料,即屬於中央匯總各州資料後編制而成的簿籍。這意味著,在紙張開始普及的西晉時代,中央政府同樣按照固定的週期編造簿籍,這在本質上符合"外力説"所提出的中央需要大規模編造户籍類文書①這一條件。據此,紙本簿籍出現於西晉,似乎順理成章。但是,我仍然認爲,紙本簿籍特别是紙本户籍,衹能出現於東晉初年而不是西晉時期,這是由兩晉政府不同的内在需求決定的。

學界認爲,無論中央還是各級地方均藏有户籍,但這是一種誤解。《二年律令・户律》有兩條收藏户籍的規定:"恒以八月令鄉部嗇夫、吏、令史相襍案户籍,副臧(藏)其廷。""民宅園户籍、年細籍、田比地籍、田命籍、田租籍,謹副上縣廷,皆以篋若匣匱盛。"②據此可以確定,當時鄉、縣分别保管户籍的正、副本。不過,政府機構收藏户籍,至縣而止,郡乃至中央收藏的,衹

---

①在"外力説"中,冨谷至言及造籍,有時概述爲"户籍類的文書",有時則直接稱爲"户籍"。實際上,在西晉以前,中央定期編造的,不是户籍,而是其他户口資料。冨谷至似乎注意到了兩者的區别,但他又經常不加區分地使用"户籍"這個概念,似乎認識又比較模糊。本文中的"籍"、"簿籍"、"户口資料"等概念,等同於"户籍類的文書",在可以確定爲户籍時,方使用"户籍"這一概念。

②彭浩、陳偉、工藤元男主編:《二年律令與奏讞書——張家山二四七號漢墓出土法律文獻釋讀》,上海:上海古籍出版社,2004年,第222、223頁。

是户口統計數字,而不及户籍。《續漢書・百官志》:"秋冬集課第,上計於所屬郡國。"劉昭注引胡廣《漢官解詁》:"秋冬歲盡,各計縣户口墾田、錢谷入出、盜賊多少,上其集簿。丞尉以下,歲詣郡,課校其功。"①縣上計於郡的各個類目,是"計多少",即以數字統計爲重點,至於各户家庭成員、錢穀出入具體情況、刑案細節等詳細内容並不在上報之列。縣集簿的這一特徵也得到了尹灣漢墓所出東海郡《集簿》的佐證。該《集簿》記録東海郡吏員、户口、墾田和錢穀出入等方面的年度統計數字,即使行政建置,亦僅記縣、鄉、亭數量多少,屬於典型的數字統計,整理者謂其與胡廣所言集簿内容大致吻合,推測其爲東海郡上計所用集簿的底稿或副本。② 胡廣所言爲縣集簿,尹灣所出爲郡集簿,同時兩者内容亦有出入,但所載類目均爲數字統計,則是它們的共同特徵,以其中的户口一項而言,顯然與户籍有本質區别。縣將集簿上計於郡,郡據此編制新的集簿,然後上計於中央,中央則據郡集簿,編制全國性的册書,這種册書自然也衹是數字統計,而不及其他。《漢書・地理志》載郡國縣邑、田地、户口數量,上舉《晉陽秋》載吴滅亡時州郡縣、吏、兵、人口、穀米、舟船數量,均是這種册書的主要内容,而蜀漢滅亡時上於曹魏的《士民簿》這一名稱則暗示著,中央衹藏有記録各個類目統計數字的"簿",而没有登載各類目詳細資料的"籍"③。前文屢屢言及的中央定期所造之籍,實際就是記載户口數字的"簿",而不是真正意義上的户籍。

西晉以前,中央並不具備收藏籍書的客觀條件。且不論製造簡牘的成本與難度,即令有足夠的簡牘可供使用,也面臨著如何典藏這一現實難題。以走馬樓吴簡爲例,現有簡牘已多達十萬餘枚,這肯定衹是臨湘縣簿籍册書的一部分。如果將全國各縣詳細記録具體信息的所有簡牘全部匯總於中

---

①《續漢書・百官志》,見《後漢書》,中華書局點校本,北京:中華書局,2011 年,第 3622—3623 頁。按,此處户口墾田、錢穀入出、盜賊係並列關係,在點校本中,"、"均爲",",與原意不符,此處徑改。

②連雲港市博物館等編:《尹灣漢墓簡牘》,北京:中華書局,1997 年,第 2—3 頁。

③所謂中央無"籍",主要指中央不會根據地方上報的各類目進行造籍。至於中央直接掌管的事項,仍須造籍並藏於京師,如《晉陽秋》載孫吴"後宫五千餘人",這一統計數字衹能來自於記載宫人詳細資料的宫人籍,這種籍書也衹能藏於中央。

央，需要的收藏空間將難以想像；即使有足夠的空間，堆積如山的簡牘也將對查閲造成巨大的障礙，並使收藏失去實際意義。可以説，簡牘作爲書寫材料，限制了中央對包括户籍在内的各類籍書的收藏，收藏以記録統計數字爲主的各類簿書因此成爲中央政府的無奈選擇。漢、魏時期，作爲最高地方行政機構的郡和州，面臨著相似的問題，同樣無力收藏户籍。西晉紙張的普及，確實爲改變這種狀況提供了技術條件，但是，文書以簡牘爲書寫材料歷時已久，在相當程度上已經固化爲一種觀念；加之簿類册書内容簡潔，即使書寫於簡牘之上，編制這種文書也不會存在太大的障礙，改變行政文書載體的需求並不强烈，因此，當時中央及地方州、郡固然定期編造簿籍，但仍以簡牘爲書寫材料，所收藏的，也仍然衹是簿類文書而不是籍類文書。

東晉立國之初，急需建立完整的户口檔案。按照歷史的經驗，中央繼續編制内容比較簡潔的户口集簿即可，但是，當時的形勢大異於前，繼續沿襲傳統已經不能滿足行政需要了。

政府面臨的第一個問題是人口的大量流失。按《南齊書・州郡志》"南兗州"條，流民永嘉南渡後，在南兗州境内者多爲大姓所蔭庇①。南兗這種情況並非特例，《續晉陽秋》云："自中原喪亂，民離本域，江左造創，豪族並兼，或客寓流離，名籍不立。"②由此可見，兼併遍及南方各地，而且除了大族蔭庇外，另有大量流民輾轉流離，脱離了政府的控制。又《宋書・武帝紀》："晉自中興以來，治綱大弛，權門並兼，强弱相淩，百姓流離，不得保其産業。"③據此，豪族兼併的對象不衹限於流民，土著也在所難免。

政府面臨的第二個問題是，地方官吏營私舞弊，使户口形勢進一步惡化。在兼併户口的過程中，可以看到地方官吏對豪族的默許甚至與之沆瀣一氣的影子，所謂"權門並兼"，隱約透露了些許信息。《世説新語》記載，王

①《南齊書》卷一四《州郡志》，第255頁。

②（南朝宋）劉義慶著，（梁）劉孝標注，余嘉錫箋疏：《世説新語箋疏》上卷（上）《政事》，上海：上海古籍出版社，1993年，第185頁。

③《宋書》卷二《武帝紀》，中華書局點校本，北京：中華書局，2011年，第27頁。

導任揚州刺史,派八部從事到各地監察郡守得失,從事之一的顧和認爲,明智的主政者不行“察察之政”,應寬和爲懷,“寧使網漏吞舟”①。“吞舟”係泛泛之語,但必定包括郡守縱容甚至勾結豪强隱匿户口的行爲。後來顔含拜吴郡太守,王導問其“政將何先”,答曰:“南北權豪競招游食,國弊家豐,執事之憂。且當征之勢門,使反田桑,數年之間,欲令户給人足。”②顔含把治理豪强蔭庇户口視作爲政的第一要務,既説明了這一問題的嚴重性,也間接反映此前郡守的不作爲,或者積極作爲,與豪强串通一氣隱匿户口。

更嚴重的是,地方官員即使不與豪强勾結,也可能在向上一級政府上計時,僞造户口資料。上引《宋書》説“晉自中興以來,治綱大弛”,所謂“治綱大弛”,不僅是政府對“權門並兼”的失控,也包括上級政府對下級政府管理的失控,下級蒙騙上級,上級蒙騙中央,在當時實屬政治常態。這一問題缺少實證資料,太興四年(321)五月元帝詔或可作爲旁證。詔書規定:“免中州良人遭難爲揚州諸郡僮客者,以備征役。”③當時良人遭難爲僮客的現象,肯定不衹發生在揚州一地,免奴爲客覆蓋全國各地自然於中央更爲有利,但詔書能否在其他各州真正産生效力,是有疑問的。因爲即使局限於揚州,仍然引起了江州刺史王敦的不滿,他請求把屬下將領妻、子迎接到江州,目的即在於規避揚州的檢核④。如果在江州推行這一政策,遭遇的阻力可以想見。地方勢力尾大不掉,可以敷衍甚至對抗上級乃至中央政令,那麽上計時,對關涉重大利益的户口資料弄虚作假,自在情理之中。

豪强隱匿人口,是一個歷史問題,自兩漢至西晉,無代無之,衹是東晉情况更爲嚴重,整頓户口幾乎算得上從頭再來。即便如此,如果地方政府能夠同心協力,較爲徹底地清查户口,並如實層層上報,東晉中央政府可以繼續

①(南朝宋)劉義慶著,(梁)劉孝標注,余嘉錫箋疏:《世説新語箋疏》上卷(上)《規箴》,第565頁。

②《晉書》卷八八《孝友・顔含傳》,第2286頁。

③《晉書》卷六《元帝紀》,第154頁。

④可參田餘慶:《秦漢魏晉南北朝人身依附關係的發展》,載氏著《秦漢魏晉史探微》,北京:中華書局,2011年,第92—93頁。

沿襲此前的做法，衹掌握户口統計數字即可。但是，面對普遍缺少忠誠的地方官吏，這種簡單的上集簿爲營私舞弊留下了更大的空間，降低了官吏弄虚作假的成本，增加了中央檢查的難度①。因此，東晉政府如果想較爲徹底地瞭解全國户口狀況，必須在全國範圍内清查户口；爲儘量減少甚至杜絶地方官吏的欺謾，中央必須在户口管理制度上另覓新徑。可以説，政府的内在需求逼使其不得不改弦易轍，對過去的户口制度進行改革，一種新的户籍制度由此産生了。

由於書缺有間，東晉初年在整頓户籍方面的舉措已難知其詳，但是，史籍仍然留下了一鱗半爪的痕跡供我們分析。早在太興元年(318)七月，晉元帝司馬睿就下詔要求地方官員核查户口："二千石令長當祗奉舊憲，正身明法，抑齊豪强，存恤孤獨，隱實户口，勸課農桑。州牧刺史當互相檢察，不得顧私虧公。"②《南齊書・州郡志》"南兗州"條記豪强兼併後，續言政府檢括户口之事："元帝太興四年，詔以流民失籍，使條名上有司，爲給客制度，而江北荒殘，不可檢實。"田餘慶將這段資料與《隋書・食貨志》所載給客制結合，認爲此次括户"限於流民失籍爲佃客者而不及其他，地域衹限都下及揚州的江南諸郡"③。不過，這一認識未必妥當。給客制是西晉品官蔭客制的延續，廣及内外百官，不會僅局限於京師所在的揚州。雖然《隋書・食貨志》先言"都下人"多爲諸王公貴人佃客，皆無課役，後言給客制④，但兩者之間並不存在直接的因果關係。至於"江北荒殘，不可檢實"，也並不意味著没有對江北檢核，衹是這一地區的真實情況難以查清，括户效力打了折扣而已。史籍將括户詔書與南兗州境内的豪强兼併連續記載，但從詔書内容看不出僅針對

①在東晉以前，地方官吏在計簿上做手腳的事也時有發生，《漢書》載宣帝詔："上計簿，具文而已，務爲欺謾，以避其課。……御史察計簿，疑非實者，按之，使真僞毋相亂。"(《漢書》卷八《宣帝紀》，中華書局點校本，北京：中華書局，2011年，第273頁)漢宣帝時期，中央對地方控制仍較爲强固，地方欺謾中央的情況雖然存在，但應該不會像東晉一樣普遍和嚴重。

②《晉書》卷六《元帝紀》，第150頁。

③田餘慶：《秦漢魏晉南北朝人身依附關係的發展》，第92頁。

④《隋書》卷二四《食貨志》，第674頁。

南兗一州,勿寧視爲是針對全國各地脱籍流民的詔書,因爲外官所給之客衹能來自本地,如果僅僅搜括南兗寄寓的揚州,外官的蔭客權利將很難得到保障。另外,這次括户固然與給客制有關,但給客制必須建立在中央對全國户口有清楚瞭解的基礎之上,因此,括户所及不會"限於流民失籍爲佃客者",政府可能借此次機會,對著籍的流民和土著也重新進行了檢核。

太興四年清查户口,主持其事者應爲執政王導。王導初任揚州刺史,察察爲政,郡守、豪强相互勾結隱匿户口,必在其打擊範圍之内[①]。按史籍記載,對顧和"網漏吞舟"之議,王導"諮嗟稱佳";顔含主張以抑制豪强兼併爲地方要務,王導亦頗爲嘉許,感歎道:"顔公在事,吴人斂手矣。"顧和事在前,顔含事在後,可見,王導在歷史上雖以"憒憒之政"著稱,但從檢察户口一事看,仍行察察之政,治理豪强兼併户口似乎是他一以貫之的執政原則。因此,當中央決定在全國範圍内清查户口時,其時身爲執政的王導積極力贊甚至主持其事,是完全可能的。

爲鞏固這次清查户口的成果,減少乃至杜絶以後地方官吏對中央的欺謾,中央再不能滿足於僅僅掌握户口數字,還必須掌握具體的户口資料。所謂具體資料,最基礎的内容應該展示各户籍貫,户主及家庭成員姓名、相互關係、年齡、爵位、身體狀況,這實際就是此前僅由縣、鄉保管的户籍。這些資料看似簡單,但如果以簡牘爲書寫材料,全國户口所需簡牘的數量仍極爲

①王導何時刺揚,史無明文。按《晉書》卷六五《王導傳》,司馬睿即晉王位,王導爲丞相軍諮祭酒,後方拜揚州刺史(第 1747 頁)。但《資治通鑑》記載,王導任揚州刺史在司馬睿稱晉王之前,晉國即建,王導又遷升都督中外諸軍事、領中書監、録尚書事等職(《資治通鑑》卷九〇"元帝建武元年",第 2844 頁)。按,司馬睿既已稱晉王,不會仍兼任丞相,王導自然無從擔任丞相軍諮祭酒,而且晉國始建,司馬睿署置百官,王導僅任軍諮祭酒,未免與其身份、功勳不合。所以,他拜揚州刺史應在晉國建立前。《晉書》卷九八《王敦傳》載,王敦以揚州刺史身份督陶侃等將攻杜弢,於 315 年平定,此後離揚,遷任江州刺史(第 2554 頁)。王敦卸任,王導接任揚州刺史的可能性最大,吴廷燮即據此將王導刺揚定於 315 年[吴廷燮:《晉方鎮年表》,載二十五史刊行委員會編:《二十五史補編》(第三册),北京:中華書局,1955 年,第 3448 頁]。王導刺揚一直到成帝咸康五年(339)去世,顧和事發生於何時,史籍未載,但《世説新語》謂"王丞相爲揚州",似乎是在王導未擔任録尚書事之前,也就是晉國建立之前。

龐大,對中央而言,典藏有相當的難度。與簡牘比較,紙可以記載更多的内容,而典藏所需要的空間則大爲縮減。當太元四年清查户口完畢,東晉政府爲鞏固這一成果,必須造籍並典藏户籍時,將户籍書寫於紙張之上,就成爲最佳的選擇,當然,也是唯一的選擇。可以説,東晉之初中央典藏户籍的内在需求,促成了户籍載體從簡牘到紙張的演變,這較之蘇峻之亂帶來的重造户籍的外在壓力還要迫切。

三　東晉以後户籍内容的複雜化及典藏機構的多元化

西晉以前,户籍書寫於簡牘之上,而持簡册展讀,兩手伸開能握的簡册長度最多不過百簡左右[①],這對户籍内容形成了極大的限制。所以,在簡牘時代,户籍衹記載籍貫、户主及家庭成員姓名、性别、年齡、相互關係、身體狀況等主要信息,内容相當簡潔,這已爲走馬樓名籍簡所證明。東晉初年户籍載體的改變,則突破了這種限制,户籍内容趨於複雜化。傅克輝對當時户籍内容做過比較全面的梳理,不過,是針對魏晉南北朝而言的,相對籠統,這裏以東晉南朝爲主,討論傅文未曾論及或有所論及,但仍有補充餘地之處。

沈約叙述東晉户籍云:“此籍既並精詳,實可寶惜,位宦官卑,皆可依案。”他特别强調,晉籍值得珍惜之處在於所録官爵精審詳實。户籍著録官職,未必是東晉首創。我們知道,西晉蔭客、蔭親屬是以官品高下爲標準的,這就要求户籍注明官員的品級。但是,這個標準指的是官員現任品級,因此,户籍所注的,衹是本人官職,父、祖以上的官職是不必著録的。東晉時期情況發生了變化。《晉書・王述傳》:“年三十,尚未知名,人或謂之癡。司徒王導以門地辟爲中兵屬。”[②]《南史・謝方明傳》載劉穆之評價謝方明、蔡廓:

---

①邢義田:《漢代簡牘的體積、重量和使用》,載氏著《地不愛寶:漢代的簡牘》,北京:中華書局,2011年,第23頁。

②《晉書》卷七五《王述傳》,第1961頁。

"謝方明可謂名家駒,及蔡廓直置並台鼎人,無論復有才用。"[①]三人均出身一流高門,王述因門第直接被辟爲七品清官,後兩人亦被視爲未來三公的當然人選,有無才幹對仕途已經無關緊要。祝總斌據此認爲,東晉不再是官品決定人品(指中正評定的等級)及門第高下,而是門品決定官品[②]。當時門第既然已經變得如此重要,而門第高低又取決於父祖官爵,那麽,户籍上必然要詳細記載先代名諱及官爵。王導辟王述,在成帝咸和八年(333)左右,户籍著録先代官爵肯定早於此時。按上文的論述,王導在太興四年的户籍改革中起了很大作用,我懷疑,以門第選官或許就出自他的主張,先代官爵以及由此確定的門第也是在此時被登録進户籍。

《宋書·宗越傳》:"本爲南陽次門,安北將軍趙倫之鎮襄陽,襄陽多雜姓,倫之使長史范覬之條次氏族,辨其高卑,覬之點越爲役門。"[③]史籍言宗越父親爲蠻人所殺,未記官職,而且家庭比較貧困,那麽,宗越次門身份與父親無關,衹能是祖父以上幾代迭任官職積攢的結果。所謂"役門",即服役之家,次門以上則無須服役。范覬之爲什麽將宗越黜爲役門並不清楚,但有一點可以肯定,役門、次門是明確著録在户籍上的。由於户籍不能隨意改動,幾十年以後,宗越衹能向宋文帝啓奏,"求復次門",那時他已經官居四品的揚武將軍了。范覬之點宗越爲役門,宗越申請恢復次門以及宋文帝允准他的申請,有作弊或破例的可能,但無論如何,他們在表面上都是以制度爲依據的,這個標準就是宗越先代的官爵[④]。

趙倫之刺雍在東晉末年,如果從王導辟王述算起,户籍著録先代官爵以

---

①《南史》卷一九《謝方明傳》,第536頁。

②祝總斌:《門閥制度》,載白壽彝總主編,何兹全主編:《中國通史》第五卷《中古時代·魏晉南北朝時期(上册)》,上海:上海人民出版社,1995年,第573頁。

③《宋書》卷八三《宗越傳》,第2109頁。

④唐長孺認爲,直到劉宋元嘉二十七年(450)頒佈七條或八條征役之後,士族才有明確的標準,在此之前缺乏明確的規定(《南朝寒人的興起》,載氏著《魏晉南北朝史論叢續編》,北京:生活·讀書·新知三聯書店,1959年,第110頁)。不過,從范覬之將宗越由次門條爲役門的事例看,在東晉時期,士族標準已經有了明確的規定。

及門第，幾乎貫穿了整個東晉時代並延續到南朝。不過，與東晉相比，在南朝起家官變得重要起來，是家族免役與否的主要標準，也因此成爲户籍的重要内容之一。《宋書·索虜傳》："是歲軍旅大起……以兵力不足，尚書左僕射何尚之參議發南兖州三五民丁，父祖伯叔兄弟仕州居職從事、及仕北徐兖爲皇弟皇子從事、庶姓主簿、諸皇弟皇子府參軍督護國三令以上相府舍者，不在發例，其餘悉倩暫行征。"[①]關於元嘉二十七年徵兵標準，唐長孺認爲，起家州從事等官是最起碼的士族標識，以此起家者，三族以内可以免役[②]。

免役與否既然決定於起家官，起家官就必須登記在户籍上。《南史·庾蓽傳》記載，南齊末年，南郡當陽人鄧元起任武甯太守，"名地卑瑣，願名掛士流"，以"解巾不先州官，不爲鄉里所悉"，向荆州刺史請求"上籍出身州從事"，卻遭到荆州别駕庾蓽的拒絶[③]。不過，他的願望最終還是實現了，《梁書》本傳説他"起家州辟議曹從事史"[④]。鄧元起當然没有做過議曹從事史，但無論如何，他的這個起家官必須登記在户籍上才能産生效力，否則，此前他就没有必要請求"上籍出身州從事"了。鄧元起的起家官是僞造的，他的目的不僅在於"爲鄉里所悉"，更主要的，還是混入士族階伍爲家族獲得永遠的免役權。

篡改户籍以避役，不始於鄧元起，在元嘉二十七年征役標準出臺以後，

①《宋書》卷九五《索虜傳》，第 2349 頁。

②唐長孺：《士人蔭族特權和士族隊伍的擴大》，載氏著《魏晉南北朝史論拾遺》，北京：中華書局，1983年，第 71 頁。祝總斌不同意這種看法，因爲何尚之没有提及這些七、八品的官職是起家官，而是强調三五户中衹有仕至這些官職者，才可以蔭族，其目的在於壓縮西晉以來九品官員均可蔭三族的空間，以擴大北伐的兵源(《門閥制度》，第 588—591 頁)。何尚之議發三五民丁，先言仕至州從事等職者"不在發例"，續云"其餘悉倩暫行征"。所謂"其餘"，顯然是相對於"不在發例"的三五民丁而言的其他三五民丁，從叙述語氣上感覺，似乎祝説較爲近實。但南齊虞玩之、蕭梁沈約都强調，此年免役標準出臺後，僞冒士族者日益增多，所謂"昨日卑細，今日便成士流"，似乎這些官職確實是士庶的界綫。如果聯繫元嘉二十七年以後户籍士庶雜僞比較嚴重的情況看，唐長孺的看法是正確的。何尚之參議衹是七條或八條的節録，他叙述州從事等官職未言"起家"，可能是《宋書》節略不當的緣故。

③《南史》卷四九《庾蓽傳》，第 1211 頁。

④《梁書》卷一〇《鄧元起傳》，第 197 頁。

就變得很嚴重了。南齊虞玩之在建元二年(482)上表說:“宋元嘉二十七年八條取人,孝建元年書籍,衆巧之所始也。”蕭梁沈約上表云:“宋元嘉二十七年,始以七條徵發,既立此科,人奸互起,僞狀巧籍。歲月滋廣,以至於齊。……競行奸貨,以新换故,昨日卑細,今日便成士流[①]。按唐長孺的看法,何尚之參議是七條或八條的節録,庶族爲取得免役特權,努力使自己的家族符合州從事等官職,所以户籍增損十分嚴重[②]。不過,“僞狀巧籍”如此嚴重,不僅是篡改最近三代官職的結果,甚至遠祖也包括在内,所謂“假稱高曾,莫非巧僞”。

何尚之參議作爲節録,免役標準衹涉及父祖伯叔兄弟任職情況,也就是說最近三代迭任州從事等職,即可獲得士族門第。但即使王謝等華族,在理論上也存在最近三代不仕的可能性,他們又該如何面對征役呢?我想,對於這種舊門,政府另有規定,免役以遠祖幾代所能達到的官爵爲准,這同樣是元嘉二十七年征役規定的内容。舉例而言,宗越家族在東晉就是次門,他們的免役特權也一直保留著,即使在元嘉二十七年征役時,該族最近三代無人起家州從事等官,也照樣免役,當然,前提條件是户籍上必須明確記載了宗越一支的遠祖官爵。所以,面對元嘉二十七年的征役,庶族欲求免役,非止篡改最近三代起家官一途,還可以篡改遠祖幾代的官職。沈約談及宋齊户籍作僞的漏洞時説:“凡此奸巧,並出愚下,不辨年號,不識官階。或注隆安在元興之後,或以義熙在寧康之前。”四個年號均爲東晉紀年,這意味著從寧康元年(373)到南齊滅亡之年(502)的一百三十年間,先代的官爵一直不間斷地被記録在户籍上。當然,這其中不乏僞籍,特别是元嘉二十七年以後,先代官爵篡改得相當離譜,有鑒於此,沈約建議以東晉及劉宋初年的户籍作爲校檢元嘉以後户籍的標準,這同樣意味著,梁代的户籍也記載了東晉以來先祖仕宦的履歷。

東晉南朝士族最重婚、宦,這可以説是他們的標籤。不過,婚姻與仕宦

①《南史》卷五九《王僧孺傳》,第1461—1462頁。

②唐長孺:《士人蔭族特權和士族隊伍的擴大》,第72頁。

有所不同，主要是兩姓之間的互動，屬於兩相情願的結合，與政府没有太大關係，所以，東晉政府對次門、役門之分不涉及婚姻，聯姻的具體狀況自然也不必寫進户籍。但同樣到了劉宋時期，情况發生了變化。《魏書·劉裕傳》："是歲，凡諸郡士族婚官點雜者，悉黜爲將吏，而人情驚怨，並不服役，逃竄山湖，聚爲寇盜。"[①]"婚官點雜"，《建康實録》與《資治通鑑》作"雜婚"[②]。唐長孺以《魏書》所記爲是，因爲士庶標識在於婚官，"婚官失類"即使本出高門，地位也必貶損[③]。士族出任雜官，確實導致其地位下降，久而久之，甚至有成爲庶族的可能，但出任雜官不是士族的自願，而是被逼無奈的結果，政府因此施加懲罰的可能性不大。雜婚則不同，因貪戀錢財或權勢，失勢的士族主動與庶族聯姻者不在少數，如太原王元規，其母爲結强援，欲爲子聘臨海郡土豪劉瑱之女；東海王源唯利是求，嫁女與富陽庶族滿氏[④]。這種爲利益不惜降低身份而聯姻庶族的做法，在士族看來，"實駭物聽"，"玷辱流輩，莫斯爲甚"，因此"宜置以明科，黜之流伍"。政府打擊此類士族，既可回應士族要求嚴加制裁的呼籲，同時也擴大了力役資源，當然，後者可能更爲重要。

所謂"雜婚"，胡三省注爲"與工商雜户爲婚"，未必確當，"雜"即駁雜不純之意，此處當謂門户差異過大，舉凡士庶聯姻，均爲雜婚。孝武帝懲罰雜婚的士族在大明五年（461），而孝建元年（454）所定的户籍已經詐僞嚴重，虞玩之稱之爲"衆巧之所始"。那個時候，混入士族隊伍的庶族主要僞造了官職，其聯姻對象未必篡改，因此，當七年以後政府爲擴大力役將雜婚者黜爲兵家、吏户時，受牽連的假冒士族相當之多，他們避役的目的破滅了，於是"逃竄山湖，聚爲寇盜"。這次行動是以户籍爲依據的[⑤]，因此，士族的聯姻狀

---

①《魏書》卷九七《島夷·劉裕傳》，中華書局點校本，北京：中華書局，2011年，第2144頁。

②（唐）許嵩：《建康實録》卷一三《宋》"世祖孝武帝大明五年"條，北京：中華書局，1986年，第483頁。《資治通鑑》卷一二九"孝武帝大明五年"條，第4058—4059頁。

③唐長孺：《士人蔭族特權和士族隊伍的擴大》，第74頁。

④《南史》卷七一《儒林·王元規傳》，第1755頁；（梁）蕭統編，（唐）李善注：《文選》卷四〇《彈事·沈休文奏彈王源箋》，上海：上海古籍出版社，1986年，第1812—1816頁。

⑤唐長孺：《士人蔭族特權和士族隊伍的擴大》，第74頁。

況必定在户籍中有較爲詳細的記録。

孝武帝懲罰士族雜婚,《建康實録》記爲"始壞士族雜婚者",似乎是東晉南朝以來的第一次,但姻姻登入户籍,卻不是這時才開始。在較"壞雜婚"稍早的同年二月,孝武帝曾下詔:"近籍改新制,在所承用,殊謬實多,可普更符下,聽以今爲始。若先已犯制,亦同蕩然。"按詔書所説,在此之前曾經制定了新户籍,而且使用了一段時間,但因爲"殊謬實多",所以對違制者不加追究。史籍所見,大明五年之前衹有孝建元年制定過新籍,婚姻入籍或許就在此時。

沈約叙述完年號錯亂後又云:"詔書甲子,不與長曆相應。校籍諸郎亦所不覺,不才令史固自忘言。"正常情況下,當年所書之籍,甲子紀年自然不會出錯,但庶族爲混入士流僞造年代久遠的詔書時,卻極爲疏漏,以致其甲子紀年與曆法中的甲子紀年不相一致,這自然屬於明顯的做僞。我們不知道庶族爲什麼要僞造詔書,或者是想通過這樣的詔書證明他們的免役確實於法有據,又或者詔書認可了他們的士族身份。還有一點我們同樣也不瞭解,即這種詔書衹節略有關内容,還是以完整的形式呈現出來。儘管對詔書的情況幾乎一無所知,但可以肯定的是,户籍著録了某些真實或假造的詔書,而且其内容即使再簡略,也會在户籍中占據較大的篇幅。

除先代官爵、起家官、婚姻狀況以及詔書而外,家庭成員的嫡庶身份在東晉以後也需要寫入户籍。晉成帝咸康二年(336),零陵李氏嫁陳詵爲妻,產四子,後被賊掠去,陳詵另娶嚴氏,生三子。李氏復歸,"詵籍注領二妻"。之後李氏去世,所生長子陳暉如何服喪,陳詵難以決斷,遂請征西大將軍府平議。司馬王愆期認爲,李氏毫無疑問是陳詵之妻,其證據之一是:"子爲首嫡,列名黄籍。"[①]陳暉作爲"首嫡",是在户籍上明確注明的,據此推測,李氏另外三子也會依次注明了嫡子身份,而嚴氏所生,則要注明庶子身份。子的身份取決於其母,因此,正常情況下,母親是正室、繼室還是側室,同樣需要

---

①《晉書》卷二〇《禮志》,第642頁。

在户籍中注明。

走馬樓名籍簡中,諸子按年齡排列,不分嫡庶,妻則有大妻、中妻、小妻的記載。大、中、小的標準是什麼,不得而知,而且在理論上妻子可以不止三個,第四個以上該如何記録,也是個問題,因此,大、中、小之分與嫡庶没有關係。《晉書·華廙傳》記載,華廙爲華表世子,因犯法被免官削爵,大鴻臚認爲華廙已免爲庶人,不應襲封。有司認爲華廙除名削爵衹是一時之制,但"廙爲世子,著在名簿",如果不聽襲嗣,就是雙重懲罰了[①]。華廙的世子身份不是著於黄籍而是著在名簿上,這與陳暉的情況有異。名簿的含義是比較寬泛的,這裏所指是專門記録嫡庶身份的簿册。根據這些跡象,我們謹慎地推測,在户籍上明確妻、子的嫡庶身份,大概始於東晉。

綜合以上所論可以看出,東晉以後户籍的内容日趨複雜化,先祖的仕宦履歷、家庭成員的聯姻狀況以及某些詔書等,均需要在户籍上著録,這些類目無疑大大擴展了户籍的篇幅。户籍著録哪些内容,自然是由政府的需要决定的,但這個需要能夠得以實現,則要歸功於紙本户籍的出現,因爲在簡牘時代,户籍無論如何是承載不了如此之多的内容的。

以紙爲載體,户籍不僅可以記載更爲複雜的内容,也導致户籍的典藏機構發生了變化。這個變化的方向是,户籍典藏由此前的縣、鄉二級制演變爲中央、州、郡、縣多級制。

東晉以後中央藏有户籍,已爲前述沈約上書所證明,地方政府收藏户籍,在虞玩之上表中有較爲集中的反映。按表文,劉宋檢籍,州、縣本各有其責,但現實情況是:"凡受籍,縣不加檢合,但封送州,州檢得實,方卻歸縣。"由於缺少縣級政府把關,吏、民勾結篡改户籍的情況相當嚴重。有鑒於此,虞玩之建議:"建元元年書籍……使官長審自檢校,必令明洗,然後上州,永以爲正。若有虚昧,州縣同咎。"縣檢校户籍完畢後,要將其上送至州,並"永以爲正",從中可以看出,州、縣藏有户籍,是宋、齊通制。

---

①《晉書》卷四四《華廙傳》,第 1260 頁。

南朝州、縣藏籍之制應該繼承自東晉,這在前引雍州長史范覬之將宗越點爲役門一事上有具體體現。這倒不是説范覬之直接在新户籍上改動了宗越的門第,而是根據此前所藏舊户籍對校,發現了問題,才將其點爲役門的。儘管范覬之有舞弊的嫌疑,但給宗越的交待一定有理有據,這個理據就是州所藏的舊籍。較此事更早,庾冰任揚州刺史,曾檢出"無名萬餘人,以充軍實"[①],大概同樣是因爲掌握了户籍的緣故。

東晉縣藏户籍,在山遐任職餘姚縣令期間括户一事上有所體現。《晉書·山遐傳》:"到縣八旬,出口萬餘。縣人虞喜以藏户當棄市,遐欲繩喜。諸豪强莫不切齒於遐,言於執事,以喜有高節,不宜屈辱。又以遐輒造縣舍,遂陷其罪。"[②]餘姚諸豪强對山遐恨之入骨,必欲置其於死地而後快,但爲虞喜辯護的理由衹是"喜有高節",而給山遐所加的罪名則是私造縣舍,對括户一事卻避而不談,這恰恰反映,山遐括户無破綻可尋。山遐括户能夠做到精準無疑,自然是以新籍與縣藏舊籍細緻比勘的結果。

虞玩之論及劉宋檢籍程式,户籍衹是在縣、州之間往返流轉,與郡無涉,似乎郡並不收藏户籍。《南齊書·王僧虔傳》記載,王僧虔在泰始年間(465—471)任吴興太守,"聽民何系先等一百十家爲舊門",後來佞幸阮佃夫唆使御史中丞孫敻上表彈奏,中央下令"委州檢削",王僧虔因此被罷了官[③]。王僧虔通過什麽途徑將這一百一十家列爲舊門,史書未載。一種可能是,王僧虔直接將他們列爲舊門,這和范覬之點宗越爲役門性質相似;另一種可能是,王僧虔通過下轄各縣將他們列爲舊門。無論哪種情況,作僞最終都無法繞開縣一級。因爲郡没有送户籍到州檢核的權利和義務,何系先等人的假冒身份衹有經由吴興郡各縣上報至揚州,待揚州檢籍完畢後,才能得到承認。如果是第一種情況,意味著郡藏有户籍,但這無法得到確證。不過,南齊末年郡藏户籍卻於史有征。《梁書·鄧元起傳》記載,鄧元起響應蕭衍起

---

①《晉書》卷七八《庾冰傳》,第1928頁。

②《晉書》卷四三《山遐傳》,第1230頁。

③《南齊書》卷三三《王僧虔傳》,第592頁。

兵,討益州刺史劉季連。因軍糧乏絶,有人向他建議:"蜀土政慢,民多詐疾,若檢巴西一郡籍注,因而罰之,所獲必厚。"[①]巴西郡籍注記録的户口資料必須比較具體準確,才能據此檢出諸多詐疾者,這個籍注應該就是户籍。

南齊末年郡藏户籍,是新規還是舊制,根據現有史料無法確知,不過,我更傾向於後者,因爲在東晉時期,郡藏户籍有跡可尋。與州、縣相同,東晉郡守也屢有括户之舉。東晉早期顔含任吴郡,以括户爲首要之事,已見上述。簡文帝時期,王彪之爲會稽内史,"居郡八年,豪右斂跡,亡户歸者三萬餘口"[②]。王彪之所括人口約爲會稽全郡的五分之一[③],能括出如此之多的脱籍者,僅根據上計的户口統計數字是難以辦到的,這顯然是郡政府掌握了記載百姓具體信息的户籍,並將之與此前户籍核對,或與下級政府所上户籍核對的結果。

自東晉以後,各級政府均藏有户籍,使得通過檢籍搜括隱户或檢出僞冒士族成爲可能,因此,東朝特别是南朝以後,以中央爲代表的各級政府檢籍頻率逐漸增加,力度也在加强,這在相當程度上强化了中央對地方、上級對下級、政府對民間的控制程度。當然,南朝以後户籍詐僞的現象較此前更爲嚴重,但這是當時特殊的政治形勢與社會結構導致的。通過所藏户籍屢屢進行檢籍,與詐僞者進行較量以鞏固政權根基,畢竟代表了一種新的國家治理方向,而這無疑得益於紙本户籍的出現。關於南朝的造籍與檢籍,仍有不少可議之處,限於篇幅,我們在此不再贅述,留待另文討論。

(作者單位:中國人民大學歷史學院)

①《南齊書》卷一〇《鄧元起傳》,第199頁。

②《晉書》卷七六《王彪之傳》,第2010頁。

③何兹全:《社會經濟發展的特點》,白壽彝總主編,何兹全主編:《中國通史》第五卷《中古時代·魏晉南北朝時期(上册)》,第412頁。

六朝時期三吴地域非門閥士族人士的政治出路

——商人、門生、恩倖之關係①

王　鏗

六朝時期的三吴地域爲支撑建康政權的核心地域。關於在該地域内活動的士人,前輩學者多有言及,此不贅述。本文旨在考察該地域内的寒人的政治出路問題。

一　關於寒人階層

六朝時代是門閥士族的時代,社會上截然分成兩大階層。門閥士族階層與非門閥士族的寒人階層。門閥士族享受政治、經濟等諸多特權,而寒人階層除在政治、經濟上遭受壓迫外,在社會生活中如通婚及一般的人際交往

①本文中的"三吴",指當時吴、吴興、會稽三郡。見酈道元:《水經注·漸江注》(楊守敬、熊會貞:《水經注疏》卷四〇,南京:江蘇古籍出版社,1989年,頁3323。)

上也遭受歧視。

如門閥士族可以免服徭役，而寒人則必須服徭役，衹有在特殊情況下由政府下令才可免除。《宋書·孝義傳》載："張進之，永嘉安固人也。爲郡大族。少有志行，歷郡五官主簿，永甯、安固二縣領校尉。家世富足，經荒年散其財，救贍鄉里，遂以貧罄，全濟者甚多。……元嘉初，詔在所蠲其徭役。"[①]張進之雖"家世富足"，但是個寒人，需服徭役。在荒年時，他散盡家財，救濟鄉里，"全濟者甚多"，因此得到政府的獎勵，免除了他的徭役。又《宋書·宗越傳》載："蔡那，南陽冠軍人也。家素富，而那兄局善接待賓客，客至無少多，皆資給之，以此爲郡縣所優異，蠲其調役。"[②]蔡那家雖然"素富"，但是寒人。蔡那兄蔡局因"善接待賓客"，非常大方，因而獲得郡縣的褒揚，免去了他的調役。另《梁書·良吏傳沈瑀》載："(沈瑀)以母憂去職，起爲振武將軍、餘姚令。縣大姓虞氏千餘家，請謁如市，前後令長莫能絶，自瑀到，非訟所通，其有至者，悉立之階下，以法繩之。縣南又有豪族數百家，子弟縱橫，遞相庇蔭，厚自封植，百姓甚患之。瑀召其老者爲石頭倉監，少者補縣僮，皆號泣道路，自是權右屏跡。瑀初至，富吏皆鮮衣美服，以自彰别。瑀怒曰：'汝等下縣吏，何自擬貴人耶？'悉使著芒屩粗布，侍立終日，足有蹉跌，輒加榜棰。瑀微時，嘗自至此鬻瓦器，爲富人所辱，故因以報焉，由是士庶駭怨。"[③]這段文字最後的"士庶駭怨"中的"士"即門閥士族指的是"縣大姓虞氏"，餘姚虞氏爲南方名門望族，在餘姚勢力很大，總是試圖干涉當地行政事務。前幾任餘姚令也都給了他們面子，但沈瑀對他們的請謁關説，卻冷面相對，甚至繩之以法。儘管如此，沈瑀也没有像後面對待縣南豪族那樣將他們召來服役，這超出了他的權限，因爲餘姚虞氏作爲門閥士族本來就擁有免役權。"士庶駭怨"中的"庶"指的是縣南數百家豪族，這些豪族雖然"遞相庇蔭，厚自封植"，在當地有不小勢力，但他們是寒人，是"庶"，没有免役權，所

①《宋書》卷九十一《孝義傳》，北京：中華書局，1983年，頁2249—2250。

②《宋書》卷八十三《宗越傳》，頁2113。

③《梁書》卷五十三《良吏傳沈瑀》，北京：中華書局，1983年，頁768—769。

以沈瑀可以將他們老的、少的都召來服役。

另外，在婚姻關係上，當時講究門當户對，即門閥士族内部通婚，不與寒人階層通婚，違者將遭到彈劾、攻擊。《南史·儒林傳王元規》載："王元規字正范，太原晉陽人也。祖道實，齊晉安郡守。父瑋，梁武陵王府中記室參軍。元規八歲而孤。兄弟三人，隨母依舅氏往臨海郡，時年十二。郡土豪劉瑱者，資財巨萬，欲妻以女。母以其兄弟幼弱，欲結强援，元規泣請曰：'因不失親，古人所重，豈得苟安異壤，輒昏非類。'母感其言而止。"①王元規出太原王氏，是當時門閥士族中的高門。而臨海郡劉瑱，雖"資財巨萬"，但卻是寒人。劉瑱想把女兒嫁給王元規，雖然王元規母親從經濟角度考慮，"欲結强援"，表示贊成，但王元規卻以對方爲"非類"即不是同一階層的人，不願降低自己身份而拒絕了。南朝齊武帝時，出自門閥士族東海王氏的南郡丞王源因將女兒嫁給"士庶莫辯"，然"家計温足"②的滿璋之子滿鸞，而遭御史中丞沈約糾彈，沈約曰："自宋氏失禦，禮教雕衰，衣冠之族，日失其序，姻婭淪雜，罔計厮庶，販鬻祖曾，以爲賈道，明目腆顔，曾無愧畏。……風聞東海王源，嫁女與富陽滿氏。源雖人品庸陋，胄實參華。曾祖雅，位登八命；祖少卿，内侍帷幄；父璿，升采儲闈，亦居清顯。源頻叨諸府戎禁，豫班通徹，而托姻結好，唯利是求。玷辱流輩，莫斯爲甚！……璋之下錢五萬，以爲聘禮。源先喪婦，又以所聘餘直納妾。……竊尋璋之姓族，士庶莫辯。滿奮身殞西朝，胤嗣殄没，武秋之後，無聞東晉。其爲虚托，不言自顯。王滿連姻，寔駭物聽！……請以見事，免源所居官，禁錮終身。"③門閥士族中不見得都是經濟上富裕的，家貧者也不乏其例，如出自一流門閥士族琅邪王氏的王延之，"延之清貧，居宇穿漏"④。而與沈約同出吴興武康沈氏的沈沖，"（宋明帝）泰始初，以母老

①《南史》卷七十一《儒林傳王元規》，北京：中華書局，1983年，頁1755。
②《文選》卷四〇《奏彈王源》，北京：中華書局，1981年，頁561—563。
③《文選》卷四〇《奏彈王源》，北京：中華書局，1981年，頁561—563。
④《南齊書》卷三二《王延之傳》，北京：中華書局，1983年，頁585。

家貧，啓明帝得爲永興令"[①]。王源經濟上應當很困窘，所以爲了五萬錢，將女兒嫁與了寒人滿璋之子滿鸞，並用嫁女所剩之錢爲自己納了妾。王源的這種行爲讓門閥士族們覺得受到了"莫斯爲甚"的污辱，認爲"王滿聯姻，寔駭物聽"。他們要求免去王源的官職，將他禁錮終身。這一嚴厲的要求反映了門閥士族們的憤怒程度。沈約身爲監察官吏的御史中丞，雖有糾彈官吏不法的責任，但言詞如此激烈，的確有些驚人。

當時的社會既然在各方面都歧視、壓迫寒人階層，寒人們自然想尋找政治出路，以改變自己的地位，維護自己的利益。他們之中的一部分人，尤其是一部分有錢的商人，就選擇了一條給門閥士族做門生的道路。

二　關於門生

門生本來是指追隨某位老師學習的人，即門下的生徒[②]，漢代已存在，但到了六朝時期，其名稱雖未變化，其實質則已改變，變成了與學習無關的以下兩種類型的人。

其一，爲老師提供體力者（甚至提供武力打仗），相當於僕人、家丁等。

《宋書·隱逸傳陶潛》載："潛有脚疾，使一門生、二兒轝籃輿。"[③]

《南齊書·劉瓛傳》載："（瓛）游詣故人，唯一門生持胡床隨後。"[④]

《宋書·謝靈運傳》載："靈運因父祖之資，生業甚厚。奴僮既衆，義故門生數百，鑿山浚湖，功役無已。"[⑤]

以上爲"轝籃輿"、"持胡床"、"鑿山浚湖"等單純的體力勞動。

---

①《南齊書》卷三四《沈沖傳》，頁 614。

②唐長孺：《魏晉南北朝史論叢續編》"南朝寒人的興起"，北京：生活·讀書·新知三聯書店，1978 年，頁 102。川勝義雄：《六朝貴族制社会の研究》第 II 部"封建制への傾斜と貴族制"第 5 章"門生故吏関係"，東京：岩波書店，1982 年，頁 268—275。

③《宋書》卷九十三《隱逸傳陶潛》，頁 2288。

④《南齊書》卷三十九《劉瓛傳》，頁 679。

⑤《宋書》卷六十七《謝靈運傳》，頁 1775。

《宋書·謝方明傳》載:“方明結(叔父謝)邈門生義故得百餘人,掩討(馮)嗣之等,悉擒而手刃之。”①

《南齊書·劉懷珍傳》載:“懷珍北州舊姓,門附殷積,啓上門生千人充宿衛,孝武大驚。”②

可見門生還需冒著生命危險,替師即主人去打仗。

其二,老師的陪伴者,即隨從。類似於僕人,但所做的事不同,不必從事體力勞動等。

《宋書·徐湛之傳》載:“(湛之)門生千餘人,皆三吴富人之子,姿質端妍,衣服鮮麗。每出入行游,塗巷盈滿,泥雨日,悉以後車載之。”③

《宋書·顧琛傳》載:“尚書寺門有制,八座(尚書令、尚書僕射、五部尚書)以下門生隨入者各有差,不得雜以人士。”④

以上六朝時期兩種類型的門生,前人多已提及⑤,本文主要關注第二種類型的門生。

從《宋書》“顧琛傳”云門生“不得雜以人士”可知,做門生者皆爲寒人,士人即門閥士族是不可以做的。另外,做門生是要向老師付錢的,即所謂“束脩”。

《梁書·顧協傳》載:“有門生始來事協,知其廉潔,不敢厚餉,止送錢二千,協發怒,杖二十,因此事者絶於饋遺。”⑥

《陳書·姚察傳》載:“察自居顯要(吏部尚書),甚勵清潔,且廩錫以外,

---

①《宋書》卷五十三《謝方明傳》,頁1522。

②《南齊書》卷二十七《劉懷珍傳》,頁499—500。

③《宋書》卷七十一《徐湛之傳》,頁1844。

④《宋書》卷八十一《顧琛傳》,頁2076。

⑤除唐長孺、川勝義雄外,尚有顧炎武:《日知録》卷二四“門生”(《日知録集釋》,黄汝成集釋,廣州:花山文藝出版社,1991年,頁1080—1082)、趙翼:《陔餘叢考》卷三六“門生”(石家莊:河北人民出版社,2003年,頁760—762)及越智重明:《魏晋南朝の貴族制》第八章“貴族層の生活”第一節“晋南朝貴族層の経済生活と門生”,東京:研文出版社,1982年,頁379—385。

⑥《梁書》卷三十《顧協傳》,頁446。

一不交通。嘗有私門生不敢厚餉,止送南布一端,花練一匹。察謂之曰:'吾所衣著,止是麻布蒲練,此物於吾無用。既欲相款接,幸不煩爾。'此人遜請,猶冀受納,察勵色驅出,因此伏事者莫敢饋遺。"①

《宋書・沈演之傳》載:"太宗泰始中,(沈演之子沈勃)爲太子右衛率,加給事中。時欲北討,使勃還鄉里募人,多受貨賄。上怒,下詔曰:'沈勃……自恃吴興土豪,比門義故,脅説士庶,告索無已。又輒聽募將,委役還私,托注病叛,遂有數百。周旋門生,競受財貨,少者至萬,多者千金,考計贓物,二百余萬,便宜明罰敕法,以正典刑。"②

既然形式上是師生關係(實際上是主僕關係),那麼學生(門生)付"束脩"即學費也是很自然的事情。衹是"束脩"的份量,卻因人而異。顧協、姚察非常清廉,門生"不敢厚餉"(由此言也可知門生均知應當送禮,"不敢厚餉"不是不餉),而沈勃貪婪,"少者萬錢,多者千金"。《南齊書・陸慧曉傳附顧憲之傳》載憲之上書曰:"山陰一縣,課户二萬,其民貲不滿三千者,殆將居半,刻又刻之,猶且三分餘一。凡有貲者,多是士人復除。其貧極者,悉皆露户役民。"③可見三千錢是當時貧富家庭的一條重要分界線。顧協門生因顧協廉潔,不敢送重禮,衹送了二千錢,可見他或他的家庭的財産當遠超二千錢,屬於富人。而沈勃門生給沈勃送錢"少者萬錢,多者千金",則更是出手豪闊。所以做門生的,一般都是富人。如徐湛之"門生千余人,皆三吴富人之子"。

那麼,做門生既地位低賤,又須付錢,寒人們爲什麼要做呢?其好處有三。

一是可以躲避徭役。這一點唐長孺、川勝義雄都已指出④。

二是可以借主人家免關市之税的特權做生意。《南史・恩倖傳沈客卿》

---

①《陳書》卷二十七《姚察傳》,北京,中華書局,1982年,頁351。

②《宋書》卷六十三《沈演之傳》,頁1686—1687。

③《南齊書》卷四十六《陸慧曉傳附顧憲之傳》,頁808。

④唐長孺:《南朝寒人的興起》(頁104)。川勝義雄:《門生故吏關係》(頁268)。見前注。

云:“以舊制軍人士人,二品清官,並無關市之税。”[1]門生可以打著主人家的旗號,利用這個特權來做生意。《宋書·張邵傳》云:“(張邵侄張)暢遣門生荀僧寶下都,因顔竣陳(劉)義宣釁狀。僧寶有私貨,止巴陵,不時下。會義宣起兵,津路斷絶,遂不得前。”[2]張暢門生荀僧寶利用出吴郡張氏的張暢免關市之税的特權做生意,在巴陵處理“私貨”(可見是瞞著張暢幹的),没有及時到達首都建康,而耽誤了主家的大事。

三是可以借此出仕。這是有錢寒人很重要的一條政治出路,也是本文關注的重點。

《南齊書·王琨傳》載:“(琨)轉吏部郎。吏曹選局,貴要多所屬請,琨自公卿下至士大夫,例爲用兩門生。”[3]既然是“例用”,可見政府是有慣例的。而這一慣例正是尋找政治出路的寒人做門生的主要原因。寒人希望通過做門生這一途徑來進入政府内部。希望通過做門生出仕的寒人投靠的往往是有勢力的主家,而主家也把他們當自己的私人在朝廷佈局。《南史·王思遠傳》載:“(王晏)既居朝端(尚書令),事多專決,内外要職,並用周旋門義,每與上争用人。”[4]尚書令王晏將朝廷佈置成了自己的家。雖説主家推薦門生入仕,有名額限制,上自公卿,下至士大夫,一人衹能推薦兩名。但有勢力的官僚往往突破這一限制。《世説新語·賞譽篇》載:“謝公(謝安)作宣武(桓温)司馬,屬門生數十人於田曹中郎趙悦子。悦子以告宣武,宣武云:‘且爲用半。’趙俄而悉用之,曰:‘昔安石(謝安字安石)在東山(位於會稽郡上虞縣),搢紳敦逼,恐不豫人事。況今自鄉(上虞)選,反違之邪?”[5]謝安推薦了幾十個門生,即便按桓温所説的用一半,也達到十數人,遠遠超過了二人的

①《南史》卷七十七《恩倖傳沈客卿》,頁1940。

②《宋書》卷四十六《張邵傳》,頁1399。

③《南齊書》卷三十二《王琨傳》,頁577。

④《南史》卷二十四《王思遠傳》,頁658。

⑤《世説新語》卷八《賞譽篇》,北京:中華書局,2004年,頁260。另“賞譽篇”王右軍語劉尹條劉孝標注引《續晉陽秋》曰:“初,(謝)安家於會稽上虞縣,優遊山林,六七年間,徵召不至。雖彈奏相屬,繼以禁錮,而晏然不屑也(頁255)。”

限制,更何況不久趙悦子全部予以採用。

從上引史料中,我們得知,徐湛之的千餘門生,“皆三吴富人之子”。三吴爲商業發達地區,富裕的商人不少,所以這“三吴富人”中必有相當部分是商人。另謝安家所在的會稽郡上虞縣爲瓷器製造與交易的中心,富人應當很多,其中當然有不少商人。他從那兒帶來的數十名門生恐怕都是上虞當地富人之子。又《宋書・孔覬傳》載:“先是庾徽之爲御史中丞,性豪麗,服玩甚華,(孔)覬代之,衣冠器用,莫不粗率。蘭台令史並三吴富人,咸有輕之之意。覬蓬首緩帶,風貌清嚴,皆重跡屏氣,莫敢欺犯。”[①]令史之類的低級官吏,通常爲寒人所擔任,通過門生途徑出仕的寒人,往往擔任這一類的官。而這兒的“蘭台令史”均爲三吴的富人。可見門生、令史與三吴地域有著密切的關係。三吴地域因經濟、商業的發達,造就了許多富人,其中除了地主外,相當部分是商人。這些富人的社會身份是寒人,他們遭受各種歧視,爲了尋求政治出路,一部分人做了門生,然後通過主家的推薦,進入政府内部,擔任最底層的官吏如令史之類。

三　關於恩倖

六朝時期,寒人恩倖的動向非常引人矚目。特别是宋齊時期,一段時期内,他們“勢傾天下”[②]。

《宋書・恩倖傳》載:“戴法興,會稽山陰人也。家貧,父碩子,販紵爲業。……法興少賣葛於山陰市,後爲吏傳署,入爲尚書倉部令史。……上(宋孝武帝)即位,(與戴明寶)並爲南台侍御史,同兼中書通事舍人。法興等專管内務,權重當時。……世祖親覽朝政,不任大臣,而腹心耳目,不得無所委寄。法興頗知古今,素見親待,雖出侍東宫,而意任隆密。……凡選授遷轉誅賞大處分,上皆與法興、(巢)尚之參懷,……而法興、(戴)明寶大通人

---

①《宋書》卷八十四《孔覬傳》,頁2155。

②《宋書》卷九十四《恩倖傳》,頁2302。

事,多納貨賄,凡所薦達,言無不行,天下輻湊,門外成市,家産並累千金。……世祖崩,前廢帝即位,法興遷越騎校尉。……廢帝未親萬機,凡詔敕施爲,悉決法興之手,尚書中事無大小,專斷之,……而道路之言,謂法興爲真天子,帝爲贗天子。"①

同傳又載:"阮佃夫,會稽諸暨人也。元嘉中,出身爲台小史。……(宋明帝)時佃夫、王道隆、楊運長並執權柄,亞於人主。……泰始初,軍功既多,爵秩無序,佃夫僕從附隸,皆受不次之位,捉車人虎賁中郎,傍馬者員外郎。朝士貴賤,莫不自結,而矜傲無所降意。"②

另同傳載:"王道隆,吴興烏程人也。……爲主書書吏,……泰始二年,兼中書通事舍人。……道隆爲太宗所委,過於佃夫,和謹自保,不妄毁傷人,執權既久,家産豐積,豪麗雖不及佃夫,而精整過之。"③

又《南齊書·倖臣傳》載:"茹法亮,吴興武康人也。宋大明世,出身爲小史,歷齋幹扶。孝武末年,作酒法,鞭罰過度,校獵江右,選白衣左右百八十人,皆面首富室,從至南州,得鞭者過半。法亮憂懼,因緣啓出家得爲道人。明帝初,罷道,結事阮佃夫,……世祖即位,仍爲中書通事舍人。"④

《南史·恩倖傳》云:"(吕文顯)永明元年,爲中書通事舍人。……時中書舍人四人各住一省,世謂之四户。既總重權,勢傾天下。……四方守宰餉遺,一年數百萬。舍人茹法亮於衆中語人曰:'何須覓外禄,此一户内年辦百萬。'"⑤

同傳云:"法亮、(吕)文度並勢傾天下,太尉王儉常謂人曰:'我雖有大位,權寄豈及茹公。'"⑥

《南齊書·倖臣傳》曰:"吕文度,會稽人。宋世爲細作金銀庫吏,竹局

---

①《宋書》卷九十四《恩倖傳戴法興》,頁2302—2304。

②《宋書》卷九十四《恩倖傳阮佃夫》,頁2312—2314。

③《宋書》卷九十四《恩倖傳王道隆》,頁2317。

④《南齊書》卷五十六《倖臣傳茹法亮》,頁976—977。

⑤《南史》卷七十七《恩倖傳吕文顯》,頁1932。

⑥《南史》卷七十七《恩倖傳》,頁1929。

匠。……世祖即位，爲制局監，……殿内軍隊及發遣外鎮人，悉關之，甚有要勢。"①

《南史·恩倖傳》云："（吕）文度爲（制局）外監，專制兵權，領軍將軍守虚位而已。"②

又同傳云："茹法珍，會稽人，梅蟲兒，吴興人，齊東昏時並爲制局監，俱見愛幸。自江祏、始安王遥光等誅後，及左右應敕捉刀之徒並專國命，人間謂之刀敕，權奪人主。"③

《南齊書·倖臣傳》序云："有制局監，領器仗兵役，亦用寒人被恩幸者。"④

另《南史·恩倖傳》載梁時："陸驗、徐驎，並吴郡吴人。驗少而貧苦，落魄無行。邑人郁吉卿者甚富，驗傾身事之。吉卿貸以錢米，驗藉以商販，遂致千金。因出都下，散貲以事權貴。……與徐驎兩人遞爲少府丞、太市令。"⑤唐長孺先生指出："至於真正的寒人專任之官如不入流的三品蘊位、三品勳位諸官以及入流的諸卿官屬少府丞、大市令之類和較高級的令史，那是士族決不幹的。"⑥

同傳又載陳時："施文慶，不知何許人也（《陳書·任忠傳》云施文慶"吴興烏程人。"⑦）。家本吏門，至文慶好學，頗涉書史。陳後主之在東宫，文慶事焉。及即位，擢爲中書舍人。……文慶聰敏强記，明閑吏職，心算口占，應時條理，由是大被親幸……内外衆事，無不任委。"⑧

同傳其下云："沈客卿，吴興武康人也。……與施文慶少相親昵。……

---

①《南齊書》卷五十六《倖臣傳吕文度》。頁978。

②《南史》卷七十七《恩倖傳》，頁1928。

③《南史》卷七十七《恩倖傳》，頁1933。

④《南齊書》卷五十六《倖臣傳》，頁972。

⑤《南史》卷七十七《恩倖傳》，頁1936。

⑥唐長孺：《南朝寒人的興起》，頁100。見前注。

⑦《陳書》卷三十一，頁415。

⑧《南史》卷七十七《恩倖傳》，頁1938—1939。

至德初,以爲中書舍人,兼步兵校尉,掌金帛局。以舊制軍人士人,二品清官,並無關市之稅。奏請不問士庶,並責關市之估,而又增重其舊。"①

又《宋書・蔡興宗傳》云:"會稽多諸豪右,不遵王憲。又倖臣近習,參半宫省,封略山湖,妨民害治。"②

從以上所引史料中,我們可以看出以下幾點。

第一,這些恩倖權力很大③,如戴法興"權重當時","凡選授遷轉誅賞大處分",宋孝武帝皆與之商議。"凡所薦達,言無不行"、"廢帝未親萬機,凡詔敕施爲,悉決法興之手,尚書中事無大小,專斷之,……而道路之言,謂法興爲真天子"。又如阮佃夫、王道隆"並執權柄,亞於人主",茹法亮"勢傾天下",連太尉王儉都自歎不如。吕文度"專制兵權"、"甚有要勢",茹法珍、梅蟲兒"權奪人主"等等。

第二,這些恩倖基本是寒人。戴法興,父"販紵爲業",自己"少賣葛於山陰市",商人出身,當然是寒人。阮佃夫"出身小史",王道隆"爲主書書吏",茹法亮"出身爲小史",吕文度"爲細作金銀庫吏",此數人均曾任吏,應當爲寒人。茹法珍、梅蟲兒爲制局監,制局監用寒人(如吕文度),此二人亦爲寒人。陸驗,"(郁)吉卿貸以錢米,驗藉以商販",米商出身,當然是寒人。徐驎任太市令,如唐長孺先生所説,此爲寒人所任官,士族是决不幹的。施文慶"家本吏門",其爲寒人自不必説。沈客卿"與施文慶少相親昵",在六朝門閥制社會,士庶區分較爲嚴格的情況下,這説明沈客卿很可能與施文慶一樣爲寒人。唐長孺先生直接稱沈爲"寒人沈客卿"④。這個"寒人沈客卿"在陳後主時,"奏請不問士庶,並責關市之估",取消了士人以往"無關市之税"的特

①《南史》卷七十七《恩倖傳》,頁1940。

②《宋書》卷五十七《蔡興宗傳》,頁1583。

③恩倖的權大主要是由於皇權的擴張、皇權的旁落造成的,並非恩倖自身權大,而且這種現象也並非整個六朝時期如此,而主要集中在一段時期。見本人《論南朝宋齊時期的"寒人典掌機要"》,《北京大學學報》1995年第一期,頁100—107。

④唐長孺:《南朝寒人的興起》,頁109。

權，爲寒人争得了公平。《宋書·恩倖傳》、《南齊書·倖臣傳》、《南史·恩倖傳》中身份能判别的除一小部分人，如"人士之末"（低級士人）的巢尚之、出自山陰高門孔氏的孔範等之外，大多爲寒人。

第三，這些恩倖中有好幾位是商人出身。戴法興，父子皆爲布商；陸驗爲米商；沈客卿從他取消士族免關市税特權的舉動來看，可能也是商人出身，因爲他對寒人經商時所受的歧視深有體會，恐怕也是深惡痛絶，所以才會借機會要求廢除這一歧視性政策。另《南史·恩倖傳》載梁時："周石珍，建康之廝隸也，世以販絹爲業。……後遂至制局監。"①周石珍家世代爲絲綢商人。其餘諸人除施文慶"家本吏門"外，因無出仕前資料，無從判斷，但不排除其中有商人的可能。

第四，上引史料中的寒人恩倖均爲三吴地域的人。戴法興，會稽山陰人；阮佃夫，會稽諸暨人；王道隆，吴興烏程人；茹法亮，吴興武康人；吕文度，會稽人；茹法珍，會稽人；梅蟲兒，吴興人；陸驗、徐驎均爲吴郡吴人；施文慶，吴興烏程人；沈客卿，吴興武康人。《宋書·恩倖傳》中另有寒人壽寂之，爲吴興人。那麼三吴地域出身的寒人恩倖在恩倖材料集中的《宋書·恩倖傳》、《南齊書·倖臣傳》、《南史·恩倖傳》中占有什麼樣的比例呢？南朝宋時期，在《宋書·恩倖傳》及《南史·恩倖傳》中有傳者十三人，其中十人出身地域清楚，十人中四人（戴法興、阮佃夫、壽寂之、王道隆）出身地域爲三吴，占出身地域清楚者的2/5。南齊時期，在《南齊書·倖臣傳》及《南史·恩倖傳》中有傳者十二人，其中出身地域清楚者十人，十人中出身三吴地域者五人，五人中除去可能出自錢唐杜氏的杜文謙，寒人恩倖有四人（茹法亮、吕文度、茹法珍、梅蟲兒），占出身地域清楚者的2/5。南朝梁時，《南史·恩倖傳》中有傳者三人，均出身地域清楚，其中二人出身三吴（陸驗、徐驎），占2/3。南朝陳時，《南史·恩倖傳》中有傳者五人，出身地域清楚者四人，其中出身三吴者三人，除去出自山陰孔氏的孔範外，寒人恩幸二人（沈客卿、施文慶），

①《南史》卷七十七《恩倖傳》，頁1935。

占出身地域清楚者1/2。從以上可知,南朝的恩倖中,三吴地域出身的寒人恩倖宋、齊時各占2/5,梁時占2/3,陳時占1/2,總體上占壓倒性多數。《宋書・蔡興宗傳》所言出身會稽郡的"幸臣近習,參半宫省",反映的就是這樣一個事實。

四　門生與恩倖的關係

如果我們將前引門生的史料與恩倖的史料進行對比的話,就會發現二者有以下共通點。

第一,出身三吴地域者占了大多數。

第二,寒人占的比重很大(門生當然皆爲寒人)。

第三,其中有很多商人。

因此,雖然没有寒人恩倖出仕前曾做過門生的直接史料,但由於其與門生的共通點很多,因而這種可能性是很大的。也可能因爲是出仕前的經歷,所以未被記録。

據上,六朝時期三吴地域的寒人的出仕途徑就清楚了。首先,經營商業或經營土地,成爲富人。其次,選擇有勢力的門閥士族或官僚,付高額的束脩(遇到廉潔自好的老師可少付或不付,但這種情況很罕見),成爲他們的門生。然後,經他們的推薦入仕。運氣好的話,能到皇帝身邊工作並成爲恩倖。成爲恩倖之後,不僅僅是權重,"勢傾天下","權奪人主",更可以大納賄賂,成爲巨富。這樣,以前做門生時的投資(束脩等)不僅可以收回,而且還可收穫巨額的回報。也即以下的模式:商人—門生—出仕—恩倖。南朝梁時陸驗的經歷其實正是這一模式的典型反映,他"借(同邑富人郁吉卿錢)以商販,遂致千金",又至首都"散貲以事權貴",如何"事權貴",史料中没有明説,但可能性之一爲付高額的束脩做權貴的門生。然後出仕爲少府丞,又爲恩倖。

門生、恩倖中三吴地域出身者居多數,這與三吴地域的經濟結構有關。

三吴地域有著發達的製造業和繁榮的商業，這造就了很多富裕的商人，使得他們有經濟實力去尋找自己的政治出路，走門生—出仕—恩倖的途徑。如陸驗爲吴郡吴人，而吴存在一個規模很大的糧食交易市場，三國時，全琮曾"齎米數千斛到吴，有所市易"①。陸驗所做的恐怕與全琮一樣，是米生意。郁吉卿"貸以錢米"，米是用來販賣的，錢恐怕是用來支付運輸、倉儲等費用的。陸驗通過做米生意而"遂致千金"。另外，會稽郡不僅是著名的"越布"的産地，同時也存在著紡織品市場，而戴法興父子正是會稽山陰的布商。

總之，三吴地域的産品、市場造就了商人，成功的商人依靠他們强大的經濟力量敲開了官界的大門。

（很多年前，我跟祝先生做碩士論文的時候，選的題目是寒人。今以此文爲先生祝壽，以志紀念。）

原載《中華文史論叢》2016年第2期

（作者單位：北京大學歷史學系）

①《三國志》卷六十《賀全吕周鍾離傳》，北京，中華書局，1982年，頁1381。

“六部”還是“六郡”

——關於《魏書·高閭傳》一段文字的校勘與思考

何德章

中華書局標點本《魏書》之修訂本已經正式出版一年多，修訂工作前後歷經近十年，備嘗艱辛，及正式刊行，雖自覺有所進益，然心惴惴焉，不敢言有功，惟恐有過失。後復重讀，仍覺工作做得還不够細緻，還存在當出校而未校出的情況，修訂本精裝本之後的平裝本中已增補數例。如：卷一三《宣武靈皇后胡氏傳》：“（靈太后）又於禁中殺領左右、鴻臚少卿谷會、紹達，並帝所親也。”（標點本第2册340頁）。諸本及此卷源出之《北史》，俱無異文，“谷”、“紹”皆是姓氏，“谷會”、“紹達”作二人解，與“並帝所親也”邏輯上也不存在問題，故修訂之時，未予深究。後比對《通鑑》，記此事作：“通直散騎常侍昌黎谷士恢有寵於帝，使領左右；太后屢諷之，欲用爲州，士恢懷寵，不願出外，太后乃誣以罪而殺之。”按谷士恢，字紹達，其人附本書卷三三《谷渾傳》，所記事蹟與《胡氏傳》合。則此處所記“谷會紹達”當有衍訛，故修訂本出平裝本時，出校以提請讀者注意。

又如：卷二一上《高陽王雍傳》：“孝昌初，詔曰：“比相府弗開，陰陽未變。

王秉哲居宗，勳望隆重，道庇蒼生，威被華裔，體國猶家，匪躬在節，可開府置佐史。"（標點本第2册557頁）修訂本未曾出校，付梓之後，復有幸重返點校者唐長孺先生之書房，翻看先生使用之標點本，見將"陰陽未變"之"變"圈出，於書眉寫一"爕"字。"陰陽未爕"即"陰陽未調"、"陰陽未和"，顯然更合詔書語意。故平裝本承其旨以出校。

復如，卷九六《司馬叡傳》："（孫）恩本以諸軍分散，欲掩不備，知尚之尚在建業，復聞牢之不還，不敢上，乃走向鬱洲。"原無校語。後復讀《晉書》卷八四《劉牢之傳》，有"（孫）恩聞劉牢之已還京口，乃走鬱州"一語，知"復聞牢之不還"之"不"可能爲衍文，平裝本亦出校以示讀者。

平裝本出版之後自己審讀出來的文字當校、標點當改處，尚有不少，有的還牽涉甚廣。兹舉兩個標點爲例。

卷一〇六上《地理志上》"司州・魏尹・鄴"下之小注："二漢、晉屬，天平初並蕩陰、安陽，屬之蕩陰。太和中置鬭，今罷。"再讀思之，搜檢史實，認識到應如是標點才准確："二漢、晉屬，天平初並蕩陰、安陽，屬之。蕩陰，太和中置鬭，今罷。"又如卷五三《李沖傳》中"舊無三長，惟立宗主督護，所以民多隱冒，五十、三十家方爲一户"一句，這也是各種史學類詞書及教材列有北魏前期實行"宗主督護制"的原因，學者著論不少，也都不太説得明白。修訂本仍維持舊標。其後參據史實，覺得"惟立宗主督護"應點作"惟立宗主、督護"爲妥，"宗主"與"督護"，其實是相互關聯的兩種不同制度。此類遺憾，衹得留待他日增補。雖説校書如掃落葉，但終究是自己做得不够好，頗以此自責。

之所以孜孜乎糾結於一字、一人名、一個標點的校訂，一來因爲近十年工作之後的慣性，總感覺自己當爲《魏書》擔負某種責任，一處未安，便脱不了干係；二來因爲長期從事此項工作，認識到兹事體大。時下史學，論著多得讀不過來，著作等身者亦有不少，有關北魏史的新解説、新觀念、新方法，層出不窮，各擅勝場，即便其中持論有據而合邏輯者，論生命力之長久，受衆之長盛不衰，未必都能如《魏書》這部"穢史"一樣持久。個人以爲，與自己撰寫過的有關北魏史的論文相比，就《魏書》文本比對、商量，提示一字訛誤衍脱，準確把握句讀，或可以避免學人在引用、分析文本時，不至於率爾操觚，郢書燕説，也許更能體現自己生命的意義。

修訂史書，所獲最終形成校勘記，然簡短的校記，卻難承載修訂時的全部思考與艱辛。兹舉《魏書》卷五四《高閭傳》一段文字修訂本校記處理及相關思考，略予説明。傳中記高閭於孝文帝前期建議修長城，連結北邊六鎮，以御柔然，其中説：

> 宜發近州武勇四萬人及京師二萬人，合六萬人爲武士，於苑内立征北大將軍府，選忠勇有志幹者以充其選。下置官屬，分爲三軍，二萬人專習弓射，二萬人專習戈盾，二萬人專習騎矟。修立戰場，十日一習，采諸葛亮八陣之法，爲平地禦寇之方，使其解兵革之宜，識旌旗之節，器械精堅，必堪禦寇。使將有定兵，兵有常主，上下相信，晝夜如一。七月發六部兵六萬人，各備戎作之具，敕臺北諸屯倉庫，隨近作米，俱送北鎮。至八月，征北部率所領與六鎮之兵，直至磧南，揚威漠北。狄若來拒，與之決戰，若其不來，然後散分其地，以築長城。計六鎮東西不過千里，若一夫一月之功，當三步之地，三百人三里，三千人三十里，三萬人三百里，則千里之地，强弱相兼，計十萬人一月必就，運糧一月不足爲多。人懷永逸，勞而無怨。

這段文字，各版本無異文，原標點本未出校，修訂本增補二條校記，即“二萬人專習戈盾”之“戈盾”，《北史》卷三四《高閭傳》、《通典》卷一九六《邊防十二》作“刀盾”；“發六部兵六萬人”，《通典》同卷引作“發六部兵萬人”，《北史》及《册府》卷五三〇、卷九九〇作“發六郡兵萬人”。

此二條校記，是因讀此段文字而生疑惑，檢及他書異文而成。就第一條來説，是因爲覺得北魏時戈作爲兵器，已不見實用，而戈與盾於一人之身使用，也頗難操作。

第二條則涉及對此段文字内容的全面理解與分析。首先引起注意的是修城的人數。高閭建議於修建連接六鎮的千里長城，並有仔細計算，“若一夫一月之功,當三步之地,三百人三里,三千人三十里,三萬人三百里,則千里之地,强弱相兼,計十萬人一月必就"。但此段文字又稱所發"各備戎作之具"的"六部兵"爲"六萬人",另四萬修城之人從何而來?顯然不能是計畫中的征北大將軍統領下使用弓刀箭槊的軍人,也不應是計畫中由征北大將軍指揮的"六鎮之兵",他們雖在無大戰的情況下"分散其地",職責仍當是保護在千里之地上的"戎作"者,不太可能放下武器一人承擔"三步之地"的長城之役。故最先的懷疑"發六部兵六萬人"本當作"發六部兵十萬人","六"爲"十"之訛。及檢得《北史》、《册府》中作"六郡兵萬人"及《通典》作"六部兵萬人",並無"六"或"十"之數字,疑惑更深,然不得確解,故作簡單異文校。

"發六部兵十萬人"一句,最關鍵的異文倒不是發兵數字之歧異,而是"六部"在《北史》及《册府》中作"六郡",這便涉及對於北魏歷史重要問題的理解與闡釋。如所周知,北魏由遊牧部落發展而來,北魏初有"離散諸部,分土定居"的舉措,是後二三十年間又有所謂"八部大夫"、"六部大人"的設置。關於這些舉錯,研究者衆説紛紜,迄無定論,此處不予討論。《高閭傳》中此段文字中的"六部"如屬實,則可用來説明北魏太和遷都之前夕,平城附近鮮卑部落組織或者説改造後的部落組職一直存在①。

爲保護長城修築,高閭建議調發"近州武勇四萬人及京師二萬人",新組建征北大將軍府。"近州"應指平城京畿之外各州,"京師二萬人",所發當即平城畿内甚至平城中的武勇。此六萬來源不同的軍人,由新成立的軍府統領,須特别訓練,以使"將有定兵,兵有常主,上下相信,晝夜如一",説明此前這種情形並不常見,這涉及北魏前期軍隊構成、出征時軍人召集方式等北魏前期諸多問題。

---

①毋有江在《北朝社會政治進程的行政區劃變動》一文中,即認爲,高閭上書中的"發六部兵",作爲關鍵證據,"説明北魏平城時代六部自建置後就一直存在"。張達志主編:《中國中古史集刊》第二輯,第102頁,商務印書館,2016,北京。同氏在《中國行政制度通史》(十六國北朝卷上)中重申了這一觀點。復旦大學出版社,第506—507頁。作者還引北魏遷都後,在新都洛陽置有"六部尉"强化這一説法。不過,魏晉時即已於洛陽設置六部尉,檢查非違,甚至有可能東漢即已如此,東漢末曹操即曾任"洛陽北部尉"。故"六部尉"與北魏時所稱"六部"名同而實非。

關於北魏前期軍隊,唐長孺先生認爲主要是由“舊部落成員”組成的,無論北魏前期部落組織是否長期存在,這一説法都是正確的。高敏先生則主張北魏前期實行的“部落兵制”,其前提則應是部落組織確實存在。如果北魏孝文帝前期平城仍然存在統領原部落成員的六部組職,北魏前期以部落兵實行武力統治,那麽高閭强調“將有定兵,兵有常主”還有什麽意義呢? 而且,高閭建議中所選二萬“京師”武勇理當是鮮卑武人,他們與“備戎作之具”的“六部兵”又是什麽關係呢? 如果“京師”勇武與“六部兵”源出不一,族内相異,則高閭建議發武勇爲武士,而本屬核心之衆的“六部”之兵卻“各備備戎作之具”,承擔修筑長城的勞役,則不可理喻。

按既定校勘原則,他書之誤不出校。但假如“六部兵”能説明平城地區部落組織確實長期存在,“六部兵”就不大可能被排斥在武士之外,而職主勞役。如此,《北史》、《册府》之“六郡兵”則不能認定是錯訛而被忽視。如當作“六郡”,則又存在是哪六郡,作“六郡”是否就能解釋這一段文字中的上述疑惑的問題。

《魏書》卷七下《高祖紀下》太和十二年五月丁酉記:

> 詔六鎮、雲中、河西及關内六郡,各修水田,通渠溉灌。

漢代以來“關内”、“關外”已成指代特定地域的專門用語,雖然具體所指地域有所變動。本此,簡單從字面上講,“關内六郡”可以理解爲潼關以西六郡。但詔書講求準確,北魏時實行的是州、郡、縣三級行政,潼關以西之州郡甚多,如詔令僅云“關内六郡”,則奉事者將不知所指。如果説此處是對詔令的簡括,又與詔令中“六鎮”、“雲中”指明具體行政單位不合。就這一詔令發佈的時機來説,起於當時平城附近因旱災而引發的嚴重的饑荒。同書《食貨志》説:

> (太和)十一年,大旱,京都民饑。加以牛疫,公私闕乏,時有以馬、驢及橐駝供駕挽耕載。詔聽民就豐。行者十五六,道路給糧稟,至所在,三長贍養之。遣使者時省察焉。留業者,皆令主司審覈,開倉賑貸。

> 其有特不自存者，悉檢集，爲粥於術衢，以救其困。然主者不明牧察，郊甸間甚多餧死者。時承平日久，府藏盈積，詔盡出御府衣服珍寶、太官雜器、太僕乘具、内庫弓矢刀鉾十分之八、外府衣物繒布絲纊諸所供國用者，以其太半班賚百司，下至工商皂隸，逮於六鎮邊戍，畿内鰥寡孤獨貧癃者，皆有差。

據此，太和十一年大旱民饑，涉及的範圍爲京都即平城至於“六鎮邊戍”，上引次年五月丁酉詔令六鎮、雲中及“關内六郡”興建水利工程，以資灌漑，正因上年大旱而起。兩相對照，“關内六郡”涉及的地域，衹能是在“京都”範圍之内。

《高祖紀上》對太和十一年旱災亦有反映。其年六月癸亥詔：“春旱至今，野無青草。上天致譴，實由匪德。百姓無辜，將罹饑饉。寤寐思求，罔知所益。公卿内外股肱之臣，謀猷所寄，其極言無隱，以救民瘼。”七月己丑又詔：“今年穀不登，聽民出關就食，遣使者造籍，分遣去留，所在開倉賑恤。”兩道詔書未明言“春旱”發生地區及“出關”之“關”爲何關，但當時人無疑是清楚的。卷一四《元丕傳》即記：“高祖、文明太后引見公卿於皇信堂，太后曰：‘今京師旱儉，欲聽饑貧之人出關逐食。如欲給過所，恐稽延時日，不救災窘，若任其外出，復慮奸良難辨。卿等可議其所宜。’”七月己丑詔書中“聽民出關就食”，與《元丕傳》所記允許京師饑民“出關逐食”，顯然是同一事。

《魏書·食貨志》云：“天興初，制定京邑，東至代郡，西及善無，南極陰館，北盡參合，爲畿内之田。”《元和郡縣圖志》卷一四《河東道·雲州》則以關隘所至述北魏前期京畿範圍：“東至上谷軍都關，西至河，南至中山隘門塞，北至五原，地方千里，以爲甸服。”北魏各地之間有關津之禁①，通行須持過所，出入京畿，關禁理當更嚴。《魏書》卷九〇《眭夸傳》記太武帝時，崔浩爲司徒，引摯友趙郡人眭夸入平城，欲强任以官職。“浩慮夸即還。時乘一

---

①《魏書》卷七上《高祖紀上》太和七年三月：“甲戌，以冀定二州民饑，詔郡縣爲粥於路以食之，又弛關津之禁，任其去來。”

騾,更無兼騎,浩乃以詩騾内之廏中,冀相維縶。詩遂托鄉人輸租者,謬爲御車,乃得出關。”關之内即是京畿。

故此,我們可以判定,前引太和十二年五月丁酉詔書中的“關内六郡”,所指即京畿六郡。《高閭傳》所説“六部兵”應據《北史》、《册府》作“六郡兵”,高閭稱“六郡兵”而不指明哪六郡,正因其爲“關内六郡”,至於其時北魏京畿六郡究何所指,於時人不言自明①。“各備戎作之具”以修築長城之“六郡兵”,並非以戰争爲目的聚集的武勇或鬥兵,而是如北朝後期常見的“番兵”、“丁兵”之“兵”,即編户民每年按規定期限服勞役,調發之時則計鄉鄰役期於一人,輪流充役。如此理解,《高閭傳》此段文字方可通釋。

以上是修訂標點《魏書》時,對《高閭傳》一段文字的思考與所作考訂,但鑒於校勘記不以研究爲宗旨,故最終衹出異文校。他書異文出校,卻也表明了修訂者傾向性的判斷,即“六部兵”極有可能是“六郡兵”之訛。以此提示研究者在討論北魏前期社會變化時,不能衹因檢索到《高閭傳》中記其太和前期上書中有“六部”一詞,率爾申論,雖衹一字之差,於歷史真相而言,則相去懸遠。

後記:受約共賀祝總斌先生九十華誕,謹呈小文,向先生報告近些年來的工作與一點點思考。一九八六年,周一良、田餘慶、祝總斌三位先生聯名招收魏晉南北朝史方向碩士研究生,我與胡克森兩人有幸進入北大學習,半年後周先生退休,二人學業由田、祝兩位先生共同指導。三年後畢業時,田先生考慮如署二位導師之名,則祝先生按例列名在其後,無獨立指導之嫌,有所不妥,向祝先生建議將我們分屬,克森兄名義上由祝先生單獨指導。述及此事,或亦可存一個小小的歷史細節。

祝先生給我們講授的課程爲《通鑑導讀》,每週一個下午,我與克森兄赴先生中關園寓所聽先生指導,先生總是笑臉相迎,茶點相待。而彙

①《魏書·食貨志》記太和八年,頒俸禄,户調各隨土所出,而“以麻布充税”的州郡,列有“司州萬年、雁門、上谷、靈丘、廣寧、平涼郡”,時司州在平城,萬年即代郡,此則平城京畿之内或不止六郡。

報讀書心得，至於字詞讀音、文句理解之時，先生每每以“是嗎”質問，跑來跑去，翻檢書籍，一一指正。先生耳提而面命，手把手地教，授業、解惑而不多談史學之道，當是先生因材而施教，我們於是乎也慢慢地領會了些許讀書之法。先生施惠於我甚多，此處不可一一，在每一位學生的人生成長過程中，先生的悉心幫助與無私關懷，寫出來，那必將是一部關於聖人之行的大書。

謹爲壽！

（作者單位：天津師範大學歷史文化學院）

統萬城與統萬突

羅 新

赫連勃勃下令興築統萬城在大夏鳳翔元年(晉安帝義熙九年,413 年),去他於龍昇元年(義熙三年,407 年)稱天王、建大夏已六年,距真興元年(晉恭帝元熙元年,419 年)宫城竣工、城門命名還有六年。統萬即一統萬國,得名在築城之始。赫連勃勃説:“朕方統一天下,君臨萬邦,可以統萬爲名。”①在夏國統治集團的多語言環境中,統萬顯然是漢語。那麼,在非漢語人群所説的某種(或某幾種)混雜著突厥語(Turkic)和蒙古語(Mongolic)的語言中,如何稱呼統萬城呢?

由文獻和出土墓誌,知統萬城又作統萬突或吐萬突。《周書》記北周明帝“小名統萬突,……生帝於統萬城,因以名焉”②。當時習見以出生地之名爲名,可見統萬突即統萬城。元彬墓誌記元彬曾任“統萬突鎮都大將、夏州刺史”,元昭墓誌記元昭祖父歷官,元融墓誌記元融父親歷官,元舉墓誌記元

①《晉書》卷一三〇《赫連勃勃載記》,北京:中華書局,1974 年,第 3205 頁。

②《周書》卷四《明帝紀》,中華書局,1971 年,第 53 頁。

舉祖父歷官,元湛墓誌記元湛父親歷官,都有"統萬突鎮都大將"一職[①]。元保洛墓誌記保洛曾祖素連歷官,有"吐萬突鎮都大將"。以上六例,其實所指衹是兩個人。元保洛墓誌中的曾祖素連,即元昭墓誌之"祖連",其鮮卑語本名之音譯見於文成帝南巡碑[②],亦即史書之常山王拓跋(元)素[③]。可見吐萬突即統萬突之異寫。其餘四例都是指拓跋(元)彬,因爲元彬就是元融和元湛的父親,也是元舉的祖父。《魏書》記元彬歷官,作"統萬鎮都大將"[④]。元彬及其子孫的四方墓誌均以"統萬突"代替"統萬",可能反映了家族内部先人記憶的某種連續性。

北魏繼承了赫連夏的城名,即漢語的"統萬"和非漢語的"統(吐)萬突"。"統(吐)萬突"這個非漢語名稱可以視爲"統(吐)萬"與"突"兩個部分聯合構成的一個詞組,其中"統(吐)萬"很容易就可以辨識出它的語源是阿爾泰語系(Altaic)各語族共有的 tümen(意思是"一萬")。這個 tümen 是阿爾泰各人群很常見的人名,匈奴的頭曼,突厥的土門,其語源都被研究者認定爲 tümen 一詞。

北魏時期有不少代人以 tümen 爲名,比如陽平王拓跋(元)熙有個孫子叫吐萬[⑤],穆崇的孫子穆壽有個孫子叫吐萬[⑥],《魏書》記北魏末年的爾朱兆"字萬仁"[⑦],《周書》記爲"吐萬兒",知萬仁即吐萬兒的漢譯雅化,因仁、兒同音。南朝史料中,音譯其名爲"吐没兒",與吐萬兒也基本一致。阿爾泰語數字詞中萬最大,故以萬爲名者甚衆。有意思的是,爾朱兆本名 tümen(後面加"兒"應該是愛稱或暱稱),但定漢名時卻不滿足於 tümen 對應的漢語詞

①趙超:《漢魏南北朝墓誌匯編》,天津古籍出版社,1992 年,第 38、146、205、215、239 頁。

②文成帝南巡碑碑陰題名有"征西將軍常山王直[勤素]連戊烈",見山西省考古研究所、靈丘縣文物局:《山西靈丘北魏文成帝南巡碑》,《文物》1997 年第 12 期,第 73 頁。

③《北史》卷一五《昭成子孫列傳》,中華書局,1974 年,第 566 頁。

④《魏書》卷一九下《景穆十二王列傳下》,中華書局修訂本,2017 頁,第 585 頁。

⑤《魏書》卷一六《道武七王列傳》,第 456 頁。

⑥《魏書》卷二七《穆崇傳》,第 754 頁。

⑦《魏書》卷七五《爾朱兆傳》,第 1797 頁。

“萬”,而是提高了一百倍,以“兆”爲名[①]。

不僅人名,代人姓氏中也有吐萬氏,比如隋代有個吐萬緒。這説明草原部落中本有以 tümen 爲號者,内入之後,部落首領家族乃至部落屬民都以吐萬爲姓。《元和姓纂》稱《魏書·官氏志》載吐萬氏後改爲萬(万)氏[②]。這一條雖不見於今本《魏書》,但鄭樵《通志·氏族略》“代北複姓”條,記“統萬氏,改爲萬氏”,當有所本[③]。吐萬/統萬之改萬(万)氏,音義兩通,且可以搭上華夏原有萬氏的順風車,最契合非華夏姓氏的華夏化規則。當然中古蠻人華夏化過程中也有些家族以萬爲姓,這和其他蠻人家族姓梅姓文的定姓機制一樣,都是取一個與“蠻”字音同形異的漢字爲姓。這些萬氏與來自内亞的萬(万)氏雖源流各異,時過境遷,也就難以區分了。

有研究者認爲,漢語的“統萬”是“統萬突”的省稱[④]。這個看法是不對的,兩者的關係可能恰恰相反。蒲立本(Edwin G. Pulleyblank)構擬“萬/万”的早期中古音是 muan[⑤]。用漢字“吐萬”來音譯阿爾泰語的 tümen,可以説相當合適。可是,“統萬”就有問題了,因爲 tümen 的第一個音節 tü 並不存在“統”字元音部分所含的鼻音。可以肯定,通常情況下,用“統”對譯 tü 不符合中古時代的音譯習慣。那麼,如何理解“統萬突”比“吐萬突”更多見這個事實呢? 我們知道,統萬城在獲得非漢語名稱的同時,也有了漢語名稱“統萬”。在漢語環境下,人們不會使用它的非漢語名稱。在非漢語的口語環境下,人們衹會使用她的非漢語名稱。統萬城的非漢語名稱音譯爲漢字,是比

①王逸注《楚辭·九章》“又衆兆之所讎”句:“兆,衆也,百萬爲兆。”見王泗源《楚辭校釋》,中華書局,2014 年,第 155 頁。

②林寶:《元和姓纂》卷九“奮氏”條:“吐萬氏後改爲奮氏。”據岑仲勉校記,此處奮字是萬字之誤。見岑仲勉四校記本《元和姓纂》,中華書局,1994 年,第 1277 頁。

③鄭樵:《通志二十略》,王樹民點校本,1995 年,第 179 頁。

④陳喜波、韓光輝:《統萬城名稱考釋》,《中國歷史地理論叢》第 19 卷第 3 輯(2004 年 9 月),第 156—157 頁。

⑤Edwin G. Pulleyblank, *Lexicon of Reconstruction Pronunciation in Early Middle Chinese, Late Middle Chinese, and Early Mandarin*, Vancouver: UBC Press, 1991, p. 318.

較晚的，在漢語名稱與非漢語名稱都廣爲人知之後。在這種情況下，非漢語名稱的音譯書寫，受到了漢語名稱的影響，tümen 更多地被寫成“統萬”，於是就有了較多的“統萬突”。

“統(吐)萬突”這一詞組的第二個部分是“突”。卜弼德(Peter A. Boodberg)早在 1933 年所寫的《胡天漢月方諸》第五章中，對周明帝的小名統萬突進行語源分析，把“突”理解爲蒙古語的形容詞詞尾-tü，稱“統萬突”的意思是“生於統萬城”①。卜弼德那時還没有見到墓誌中的“吐萬突”用例，所以把“統萬突”中的“統萬”等同於統萬城的漢語名稱“統萬”。近年研究者已經知道“統(吐)萬突”中的“統(吐)萬”其實是 tümen，但仍然和卜弼德一樣建議“突”是蒙古語的詞尾-tü②。我不同意這個説法，下面嘗試另外提供一個解釋。

漢語名稱“統萬”由“統+萬”兩個詞構成，字面意義完美表達了赫連勃勃所説的“統一天下，君臨萬邦”。它其實是一個省略了主語的短句：大夏(省略)+統+萬。這個短句的語序在語法上就是：施動詞(省略)+動詞(統)+受動詞(萬)，即主語(省略)+謂語(統)+賓語(萬)。這完全符合漢語語法的 SVO 語序。然而，阿爾泰語言(Altaic)不同於漢語，是 SOV 語序，即動詞(謂語)在受動詞(賓語)之後。也就是説，在非漢語環境下，提到統萬城的非漢語名稱時，要説成“萬+統”而不是“統+萬”，名詞“萬”在前，動詞“統”在後。非漢語名稱“統(吐)萬突”便是“統(吐)萬+突”的 SOV 語序，其中“統(吐)萬”對應漢語的“萬”，也就是阿爾泰語的 tümen，而“突”對應漢語的“統”，必定是一個獨立的動詞，不會是一個如-tü 這樣意義含混的詞尾後綴。

那麼“突”是哪一個阿爾泰語詞的漢字音譯呢?

根據蒲立本的擬音，漢字“突”在魏晉時期(中古早期)的讀音是 dwət，隋

①Peter A. Boodberg, “Selections from *Hu T' ian Han Yüeh Fang Chu*”, in: *Selected Works of Peter A. Boodberg*, compliled by Alvin P. Cohen, Berkeley: University of California Press, 1979, p. 108.

②陳喜波、韓光輝:《統萬城名稱考釋》,第 157 頁。

唐時期(中古後期)是 tɦut[1]。中古後期以前,在音、義兩方面都與以上討論相契合的阿爾泰語詞,是鄂爾渾古突厥文碑銘中的 tut,詞義大致上是統治、控制、獲取等等。鄂爾渾碑銘里用例甚多,下面略舉三條[2]:

1)毗伽可汗碑南面第 9 行

mäntoquzyegirmiyïlšadolurtum, toquzyegirmiyïlqaγanolurtum, iltutdum.

(譯文:我爲設九年,爲可汗九年,治理了國家。)

這個用例中,tut 以單數第一人稱過去時態 tutdum 出現在句子的最後,意思是統治、治理。

2)暾欲谷碑第二碑西面第 6 行

qaγanīntutdumïz.

(譯文:我們抓住了他們的可汗。)

這個用例中,tut 以複數第一人稱過去時態出現在句末,意思是獲取、抓獲。

3)闕特勤碑東面第 38 行

anta yanakiriptürgisqaγanbuyruqīaztutuquγäligintutdï.

(譯文:在那裏,他再次衝入敵陣,親手抓獲了突騎施可汗手下的梅録阿孜都督。)

這個用例中,tut 以單數第三人稱的過去時態出現在句末,意思是抓住、抓獲。

第三條語例中的官號(tutuq)官稱,研究者一般都認爲是借自漢語的都督。但也有一些研究者,比如丹尼斯·塞諾(Denis Sinor),認爲這個官稱可能是從突厥語的動詞 tut 發展出來的,意思是指揮者[3]。儘管這個説法至今

---

①Edwin G. Pulleyblank, *Lexicon of Reconstruction Pronunciation in Early Middle Chinese*, *Late Middle Chinese*, *and Early Mandarin*, p. 311.

②後所列三條鄂爾渾碑銘語例,皆出自 TalâtTekin, *A Grammar of Orkhon Turkic*, Indiana University Publications, 1968, p. 246, p. 252, p. 236。

③DenisSinor, "The Turkic Title *tutuq* Rehabilitated", in: *Turcica et Orientalia*, *Studies in Honour of Gunnar Jarring on his Eightieth Birthday*, Istanbul: Swedish Research Institute, Transactions vol. I, 1988, pp. 145-148.

也不爲大多數研究者接受,但還是很具啓發力的。另外一個突厥汗國時代的官稱 tutun(中古漢語史書譯作吐屯),一定是從突厥語動詞 tut 發展出來的稱號。與 tutuq 通常用在那些軍事高官身上不同,吐屯一般是突厥汗國派遣到賓附屬國行使管理權的官員,這和該名號的動詞詞根 tut 原有的抓住、管理、統治、治理等詞義是相關的。

綜上所述,我們的結論是:統萬城的非漢語名稱"統(吐)萬突"的語源(etymology)是 tümen tut,非漢語環境下人們就是用 tümen tut 指稱統萬城。

漢語 SVO 語序與阿爾泰語 SOV 語序的差異,在兩大語言集團的長期深度接觸中,當然會留下許多痕跡,但這些痕跡在漢文史料里不太容易保存,即使偶有記録,也不大容易引起讀史者注意。我舉兩個例子來説明這一點。

第一個是人所共知的,匈奴帝國西部的軍政長官號曰"日逐王",這個名號原來肯定是匈奴語(大概屬於突厥語族),意思是追逐太陽,引申爲向西方擴張。漢人把這個名號意譯爲"日逐王"時,尊重了這個名號原來的 SOV 語序,没有按照漢語的 SVO 語序改爲「逐日王」。從漢語語法的内在要求來説,這個翻譯是不徹底的,可謂半道而止。後之讀史者習而不察,不大留意這個名號其實是兩種語言衝撞的結果。

另一個例子反映了不同語序衝撞的全過程。據金富軾《三國史記》,新羅漢陽郡有一個縣,名爲"遇王縣",小注云:"本高句麗皆伯縣,景德王改名。"①同書又記高句麗北漢山郡有"王逢縣",小注云:"一云皆伯,漢氏美女迎安臧王之地,故名王迎。"②兩縣其實指同一個地方,名稱不同,源於高句麗和新羅不同政權時期的漢文書寫差異。前人已經指出,"王逢"是對"皆伯"

①金富軾:《三國史記》卷三五《雜誌第四・地理二》,李丙燾校勘本,首爾:乙酉文化社,1977 年,第 336 頁。

②金富軾:《三國史記》卷三五《雜誌第四・地理二》,第 351 頁。

的漢文翻譯,“王”對應的是“皆”,“逢”對應的是“伯”①。縣名來自漢氏美女在此迎見安臧王的故事,在高句麗語中,動詞後置,受動詞前置,皆(王)在前,伯(逢)在後。高句麗政權需要書面記録時,先是把縣名用漢字音譯成皆伯,後進一步意譯爲王逢,但語序未變,保留了高句麗語的SOV語序。到新羅時期整理行政建置,把王逢縣改爲遇王縣,改成了漢語的SVO語序。從皆伯到王逢,從王逢到遇王,完成了漢譯的全過程。

中古以後史料豐富,有了直接討論漢語與阿爾泰語語序差異的記録。南宋洪邁《夷堅志》丙志卷一八“契丹誦詩”條:“契丹小兒初讀書,先以俗語顛倒其文句而習之,至有一字用兩三字者。頃奉使金國時,接伴副使秘書少監王補每爲予言以爲笑。如‘鳥宿池中樹,僧敲月下門’兩句,其讀時則曰‘月明裏和尚門子打,水底裏樹上老鴉坐’。大率如此。”從漢語的SVO語序到契丹語(屬於蒙古語族)的SOV語序,動詞“打”、“坐”全都放在句末。值得注意的是不僅語序顛倒,動詞(謂語)後置,甚至連句子的次序也改變了,漢語兩句詩的先後被契丹人顛倒了②。當然這種句序顛倒的情況可能别有原因,未必反映了兩種語言間的語法差異或對譯習慣③。

不同語言間語法、詞彙和語音等因素的衝撞,甚至可能因某種敏感而引發政治反應。宋元之際的周密《癸辛雜識》“桃符獲罪”條:“鹽官縣學教諭黄謙之,永嘉人,甲午歲題桃符云:‘宜入新年怎生呵,百事大吉那般者。’爲人告之官,遂罷去。”④

---

①板橋義三:《高句麗の地名から高句麗語と朝鮮語・日本語との史的関係をさぐる》,載アレキサンダー・ボビン/長田俊樹共同主編的《日本語系統論の現在:*Perspectives on the Origins of the Japanese Language*》(日文研叢書31),京都:国際日本文化研究センター,2003年,第131—186頁。板橋此文的英文題名是“A Study of the Historical Relationship of the Koguryo Language, the Old Japanese Language, and the Middle Korean Language on the Basis of Fragmentary Glosses Preserved as Place Names in the *Samguk Sagi*”.

②聶鴻音:《〈夷堅志〉契丹誦詩新證》,《滿語研究》,2001年第2期,第118—120頁。

③高山杉:《辨析所謂“契丹小兒誦詩新證”》,《南方都市報》2015年2月1日。

④周密:《癸辛雜識》續集下,吴企明點校,中華書局,1988年,第195頁。

語言接觸反映了不同人群、不同文化間的深度接觸[①],當然這種接觸歸根結底是不同政治體之間複雜關係的結果。我在討論歷史上多語言社會書寫語言與口頭語言差異時説過:"從語言深度接觸來理解族群接觸和政治體接觸,就可以給我們提供一個新的觀察角度,讓我們看到古代東亞世界的歷史變遷,其實也是不同語言之間交互作用的過程,讓我們對東亞當今狀況的形成有一個具有歷史縱深感的理解。"[②]本文探討十六國北朝時期統萬城的漢語名稱與非漢語名稱間的關係,算是爲這個研究視角補充了一個材料。

(作者單位:北京大學中國古代史研究中心)

①白玉冬:《華言胡語水乳之契》,《上海書評》2018年8月22日。

②羅新:《當人們都寫漢語時》,《上海書評》2013年5月26日。

北魏前期地方政情與賦税制度的變遷

張金龍

國家政權的存在,統治機構的運行,都離不開人力與財力的支撑。帝王、貴族、官僚等寄生階層的生活需求和奢侈享樂,同樣也需要耗費大量的物質資源。因此,統治者向被統治者徵發賦税徭役,既是宣示國家主權的重要方式,更是維持統治的基本要求,也是滿足統治階級利益的主要途徑。古今中外,概莫能外。《漢書·刑法志》:"税以足食,賦以足兵。"顔師古曰:"税者,田租也。賦,謂發賦斂財也。"[1]《通志·食貨略一·賦税》:"古之有天下者,必有賦税之用,計口而入謂之賦,公田什一及工商衡虞之入謂之税。税以供郊廟社稷、天子奉養、百官禄食,賦以給車馬兵甲士徒之役、充實府庫賜予之用。"[2]南宋人鄭樵對賦税性質和用途所作的這一歸納,可謂簡明扼要,切中肯綮。賦税徵發的對象在中國古代各個時期不盡一致,但不管是在何時,農業地區是主要的税源地,農民是主要的納税人口。中國古代重農政

---

①(漢)班固撰,(唐)顔師古注:《漢書》卷二三,中華書局,1964年,第四册,第1081、1083頁。

②(宋)鄭樵撰:《通志》卷六一,《景印文淵閣四庫全書·史部一三二·别史類》,臺灣商務印書館,1986年,第三七四册,第261頁。

策的一個主要出發點,即在於農業人口對於國家財政的貢獻具有無可比擬的重要性。如果没有農業人口提供的税賦,統治機構便無法運行,國家政權也就失去了存在的基礎,統治階級的生活享受更是無源之水。能否正常徵發賦税也就成了判斷該政權統治效力的一個重要因素,税制的變化與社會的發展息息相關,在很大程度上反映了政權的强弱興衰,也是認識其社會性質的主要指標。北魏一朝税制的變化,自然也具有這樣的特徵。兹結合相關的歷史記載,對孝文帝改革前近一個世紀北魏税制的變化作一梳理。

一　租賦徵發與"九品混通"

從北魏建立到北方統一的半個世紀時間裏,國家最重要的財源即是戰争掠奪。史載"自太祖定中原,世祖平方難,收穫珍寶,府藏盈積"。舉其大者如:"登國六年(391)破衛辰,收其珍寶、畜産,名馬三十余萬,牛羊四百余萬,漸增國用。""世祖即位,開拓四海","納其方貢以充倉廪,收其貨物以實庫藏"。"神䴥二年(429),帝親御六軍,略地廣漠。分命諸將,窮追蠕蠕,東至瀚海,西接張掖,北度燕然山,大破之,虜其種落及馬牛雜畜方物萬計。其後復遣成周公萬度歸西伐焉耆,其王鳩屍卑那單騎奔龜兹,舉國臣民負錢懷貨,一時降款,獲其奇寶異玩以巨萬,駝馬雜畜不可勝數。度歸遂入龜兹,復獲其殊方瓌詭之物億萬已上。"①與此同時,北魏統治者對農業生産的重要性從王朝建立伊始就有比較充分的認識,如最早在河套地區的屯田成爲支撑其抵抗後燕大軍進攻的重要經濟基礎,平定河北地區之後馬上實行計口受田及離散部落等重大舉措,大力發展農業生産。尤其是在占領河北地區之後,農業在北魏國民經濟中的地位逐漸上升,向農業人口徵税也就提上了議事日程。

北魏政府對農業人口徵收賦税,從道武帝時期就已開始。皇始二年正

①(北齊)魏收撰:《魏書》卷一一〇《食貨志》,中華書局,1974年,第八册,第2849—2851頁。

月初一，拓跋珪率大軍南征後燕過程中“大饗群臣於魯口”，後燕“左衛將軍慕容騰寇博陵，殺中山太守及高陽諸縣令長，抄掠租運”①。這表明，此前北魏已向佔領地區的農業人口徵收租賦以供應軍隊之需。同年“夏四月，帝以軍糧未繼，乃詔征東大將軍東平公元儀罷鄴圍，徙屯鉅鹿，積租楊城”②。拓跋儀在楊城所“積租”顯然是來自對征服地區民衆的掠奪。在占領後燕首都中山後不久，天興元年(皇始三年，398)正月拓跋儀率魏軍攻克鄴城，拓跋珪自中山經常山之真定、趙郡之高邑行幸鄴城，隨即又“自鄴還中山”，“詔大軍所經州郡，復貲租一年，除山東民租賦之半”③。當時北魏軍隊在經過的州郡進行的“貲租”或“租賦”徵發，應該屬於對征服地區的抄掠，是一種戰時財政徵收體制，還不是正常的國家賦税徵收。當其時，“右軍將軍尹國先督租於冀州，聞帝將還，謀反，欲襲信都”；“廣川太守賀盧殺冀州刺史王輔，驅勒守兵，抄掠陽平、頓丘諸郡，遂南渡河，奔慕容德”④。所謂“督租”即是勒兵抄掠，亦即用武力脅迫手段以獲取租賦，其目的僅在於補充軍糧，而非用作國家政權的運作。天興二年(399)八月，“除州郡民租賦之半”⑤。按“州郡民”即指一兩年前北魏占領的山西和河北各州郡的農業人口。也就是説，北魏軍隊在占據這些農耕地區之後馬上就開始向當地民衆徵收租賦，這既是主權的宣示，又是維持其統治機器尤其是軍費開支所必需。毫無疑問，北魏賦税制度脱胎於戰時財政體制，而且在較長一段時期内主要是爲戰争服務的。

明元帝時期，對農業人口徵收租賦的政策仍在繼續。泰常三年(418)“八月，雁門、河内大雨水，復其租税。九月甲寅(廿一，11.5)，詔諸州調民租，户五十石，積於定、相、冀三州”⑥。這表明北魏政府是以“户”爲單位向地方民衆徵收租税的，徵收民租並不限於特定地區，而是遍及所統治區域的各

①《魏書》卷二《太祖紀》，第一册，第28頁。
②《魏書》卷二《太祖紀》，第一册，第29頁。
③《魏書》卷二《太祖紀》，第一册，第31頁。
④《魏書》卷二《太祖紀》，第一册，第31—32頁。
⑤《魏書》卷二《太祖紀》，第一册，第35頁。
⑥《魏書》卷三《太宗紀》，第一册，第59頁。

州。泰常三年九月的這次徵調民租每户高達五十石之多，若非强宗大族，必定是極其苛重的負擔，而要運送到定、相、冀三州囤積之地，對於距離較遠的民户而言，負擔將更爲沉重。此次徵調民租的目的，無疑是爲了保證河北平原北魏駐軍的軍糧供給，同時也是爲南北朝之間在黄河沿岸的軍事對抗和争奪提供後勤儲備①。反過來看，平時民户的租税負擔應該不會苛重到這個程度。以上情形還表明，當時北魏政府大概已經建立了管理民衆的户籍制度。租税即農業税，農業生産的發展是保證及時足額徵收租税的前提，地方官的治理狀況自然不容忽視。就在前一年即泰常二年二月丙午（初四，3.7）詔中有云："今東作方興，或有貧窮失農務者。其遣使者巡行天下，省諸州，觀民風俗，問民疾苦，察守宰治行。"明元帝於泰常四年四月"辛巳（廿二，5.31），南巡，幸雁門。賜所過無出今年租賦"。五月"己亥（初十，6.18），車駕還宫。復所過一年租賦"②。按雁門正是前一年因大水而免除租税的地區，看來當地的狀況並未得到改善，明元帝南巡當與此有關。泰常六年"二月，調民二十户輸戎馬一匹、大牛一頭"。三月"乙亥（廿七，5.14），制六部民，羊滿百口輸戎馬一匹。發京師六千人築苑，起自舊苑，東包白登，周回三十餘里"③。按戎馬用於裝備軍隊，是組成拓跋騎兵的基礎，大牛即成年牛，應該用於運送戰争物資。泰常七年九月，明元帝"幸橋山"並"東幸幽州"，"見耆年，問其所苦，賜爵號。分遣使者循行州郡，觀察風俗。冬十月甲戌（初五，11.4），車駕還宫，復所過田租之半"④。這些措施表明，當時的民户除了要繳納"租賦"、"租税"或"田租"外，有時還得向政府提供馬和牛以供戰争之需。而"築苑"則是爲了飼養這些徵調來的戎馬和大牛。《魏書·周幾傳》："遷左民尚書。神瑞（414—416）中，并州饑民游食山東，詔幾領衆鎮博陵之魯口

①關於明元帝時期與東晉—劉宋在黄河沿岸的軍事對抗及争奪河南諸鎮的戰争，參見拙著《北魏政治史》二，讀者出版集團·甘肅教育出版社，2008年，第496—532頁。

②《魏書》卷三《太宗紀》，第一册，第57、59頁。

③同上，第61頁。

④同上，第62頁。

以安集之。泰常(416—423)初,白澗、行唐民數千家負險不供輸税,幾與安康子長孫道生宣示禍福,逃民遂還。"[①]由此可見,民户管理和賦税徵收是由左民尚書負責的[②]。

綜上所述,北魏政府的賦税徵收從道武帝占領并州及平定河北平原後就已開始,徵收的對象自然是以河北平原爲主的農耕地區的民户。河北及河東大部地區無疑是北魏最主要的農業區,隨著政治局勢的日趨穩定,這一廣大地域的農業生産水平將會迅速得到恢復,爲北魏統治機器的運轉以及兼併戰爭的順利進行提供越來越重要的保障[③]。

太武帝始光四年(427)"十有二月,行幸中山,守宰貪污免者十數人。

---

①《魏書》卷三〇,第三册,第726頁。

②《隋書》卷三三《經籍志二》史部霸史篇:"《秦紀》十卷。"本注:"記姚萇事。魏左民尚書姚和都撰。"[(唐)魏徵等撰:《隋書》,中華書局,1973年,第四册,第963頁]據此推斷,姚和都任北魏左民尚書應在後秦滅亡不久,亦當在明元帝時期。左民尚書始見於東晉,陸納由吴興太守"征拜左民尚書"[(唐)房玄齡等撰:《晉書》卷七七《陸納傳》,中華書局,1974年,第七册,第2027頁]。劉宋"左民尚書領左民、駕部二曹",爲尚書六部之一[(梁)沈約撰:《宋書》卷三九《百官志上》,中華書局,1974年,第四册,第1235頁]。齊、梁、陳均設其職。北魏左民尚書的淵源難以確知。

③早在曹魏時期,河北地區就已是最重要的農耕區。魏明帝太和(227—233)年間杜恕上疏云,"冀州户口最多,田多墾辟,又有桑棗之饒,國家徵求之府"[(晉)陳壽撰,(宋)裴松之注:《三國志》卷一六《魏書·杜恕傳》,中華書局,1959年,第二册,第499頁]。盧毓《冀州論》云:"冀州,天下之上國也。""膏壤千里,天地之所會,陰陽之所交,所謂神州也。"[(唐)徐堅等著:《初學記》卷八《州郡部·河東道》,中華書局,1962年,第一册,第176頁]北魏宣武帝時崔楷上疏,謂"冀定數州"乃"華壤膏腴"之地,是最重要的農業區(《魏書》卷五六《崔楷傳》,第四册,第1253頁)。孝明帝時侍中元暉上書論政要,謂"河北數州,國之基本";"國之資儲,唯藉河北"(同書卷一五《昭成子孫·元暉傳》,第二册,第380頁)。當然,明元帝時期河北地區在北魏國民經濟中的地位還遠未達到這種程度,由於道武帝征服後燕之初便將大量的河北居民遷徙到代北以實京都,使得這一地域出現了地廣人稀的局面,上引泰常三年九月甲寅詔便反映了這種狀況。直到近三十年後,河北地區人少地多的局面仍未徹底改觀。太武帝太平真君六年(445)十一月,使永昌王仁、高涼王那分領六州兵二萬騎,"南略淮泗以北,徙青徐之民以實河北"。七年二月"永昌王仁至高平,擒劉義隆將王章,略金鄉、方與,遷其民五千家於河北。高涼王那至濟南東平陵,遷其民六千余家於河北"(《魏書》卷四下《世祖紀下》,第一册,第100頁)。關於魏晉南北朝時期河北地區的開發與經濟發展,參見蔣福亞:《魏晉南北朝河北經濟的發展》,《魏晉南北朝經濟史探》,甘肅人民出版社,2004年,第62—75頁;《魏晉南北朝社會經濟史》,天津古籍出版社,2004年,第186—188頁。

癸卯（初四，428.1.6），車駕還宫。復所過田租之半"[1]。這是三十年前占據河北地區以來北魏君主第一次來到這一地域巡視，表明河北地區戰略地位的上升，很重要的原因便是農業在北魏國民經濟中比重的增加。太武帝致力於北方的統一，軍隊的糧草供應必不可少，這就必須以農耕地區作爲後盾。軍隊的後勤供給及其轉運，需要大量的人力來承擔，拓跋騎兵忙於征戰，自然難以爲之，故衹能由北魏治下的農業人口承擔，但這又會嚴重制約農業生産的正常進行。延和三年（434）二月戊寅（十五，3.10），詔曰：

> 朕承統之始，群凶縱逸，四方未賓，所在逆僭。蠕蠕陸梁於漠北，鐵弗肆虐於三秦。是以旰食忘寢，抵掌扼腕，期在掃清逋殘，寧濟萬宇。故頻年屢征，有事西北，運輸之役，百姓勤勞，廢失農業，遭離水旱，致使生民貧富不均，未得家給人足，或有寒窮不能自贍者，朕甚愍焉。今四方順軌，兵革漸寧，宜寬傜賦，與民休息。其令州郡縣隱括貧富，以爲三級，其富者租賦如常，中者復二年，下窮者復三年。刺史守宰當務盡平當，不得阿容以罔政治。明相宣約，咸使聞知。[2]

詔書頒佈之時，北魏已經平定了宿敵鐵弗赫連夏政權，占領了關隴地區，農業條件優越的關中平原爲北魏所有。太武帝此詔意在通過調整對統轄區域貧富不同的民户的賦税政策，來緩和社會矛盾，使貧民百姓不至於被沉重的賦税負擔壓垮，同時也能保證北魏政府得到足夠的賦税收入。這是北魏歷史上第一次根據農業人口的財産狀況而將其劃分爲富者、中者、下窮者三等，並以此作爲賦税徵收的指標。

數年之後，太延元年（435）十二月甲申（初一，436.1.5）詔提出了鞏固統治的基本原則："操持六柄，王者所以統攝；平政理訟，公卿之所司存；勸農平賦，宰民之所專急；盡力三時，黔首之所克濟。各修其分，謂之有序。"然而，

---

①《魏書》卷四上《世祖紀上》，第一册，第73頁。

②同上，第一册，第83頁。

當時的情况並不理想。詔書還對地方治理問題提出了具體要求：

> 自今以後,亡匿避難,羈旅他鄉,皆當歸還舊居,不問前罪。民相殺害,牧守依法平決,不聽私輒報復,敢有報者,誅及宗族;鄰伍相助,與同罪。州郡縣不得妄遣吏卒,煩擾民庶。若有發調,縣宰集鄉邑三老計貲定課,裒多益寡,九品混通,不得縱富督貧,避强侵弱。太守覆檢能否,核其殿最,列言屬州。刺史明考優劣,抑退奸吏,升進貞良,歲盡舉課上臺。①

很顯然,如何更好地控制廣大的農業人口,並在恢復和發展生産的基礎上完成國家所需的賦税徵調,是擺在太武帝爲首的北魏統治集團面前的重要政治議題。此詔最值得注意之處在於確定了"發調"的標準,即"計貲定課",具體而言則是"九品混通"。也就是説,縣令與"鄉邑三老"根據民户資産的多寡而確定户等爲高下九等,並將其作爲"發調"的標準,亦即按"九品混通"的原則確定統一的"發調"額度,在具體徵發時則據此上下浮動②。

如上所述,延和三年二月戊寅詔根據貧富程度將州郡縣民户分爲富者、中者、下窮者三等,並規定分别免除中者和下窮者二年、三年的租賦。這衹是一個臨時性的措施,在優復期限過後,中、下户依然按正常標準繳納租賦,即在第三、第四年,中等户和下窮户仍與富户以相同的額度繳納租賦。然而僅僅過了不到兩年時間,也就是中等户即將恢復繳納租賦的前夕,太延元年十二月甲申詔又明確規定在"發調"時"計貲定課",實行"九品混通"。這是以延和二年將農業人口按貧富劃分爲富、中、下窮三等户並據之徵收或優復租賦的臨時性舉措爲基礎,進一步細化和制度化的結果。由此可見,北魏前

---

①《魏書》卷四上《世祖紀上》,第一册,第 86 頁。

②李劍農云:"所謂'九品混通'者,即就民户差爲九品,以多補少,平均每户須納帛二匹、絮二斤,絲一斤,粟二十石耳。"(《中國古代經濟史稿》第二卷《魏晉南北朝隋唐部分》,武漢大學出版社,2005 年,第 152 頁)唐長孺云:"九品混通之意就是'裒多益寡'","在原則上應該富人多納,貧人少納,或竟不納,當然事實上從漢以來便已'從富督貧,避彊侵弱'了"。(《魏晉户調制及其演變》,《魏晉南北朝史論叢》,生活·讀書·新知三聯書店,1955 年,第 67 頁)

期課調是以户爲單位進行徵發的。關於具體的徵發額度，當時也做了明確規定。《魏書·食貨志》云：

先是，天下户以九品混通，户調帛二匹、絮二斤、絲一斤、粟二十石。又入帛一匹二丈，委之州庫，以供調外之費。[①]

按“幅廣二尺二寸、長四十尺爲一匹”[②]，帛二匹即八丈。這是自太延元年十二月直到太和八年(484)六月俸禄制頒佈之前近半個世紀時間裏北魏王朝的户調製度。合而觀之，則當時每户需向政府繳納帛三匹二丈、絮二斤、絲一斤、粟二十石，若再加上運輸費用，無疑會是比較沉重的負擔。

歷史上户調作爲人民主要的賦税負擔始於漢魏之際，建安九年(204)曹操令云：“其收田租畝四升，户出絹二匹、綿二斤而已，他不得擅興發。”[③]事實上在建安五年就曾按户徵收綿絹，其後在曹操統治區域逐漸推行[④]。此後數百年，户調絹綿與田租共同構成農業人口的基本賦税。走馬樓吴簡顯示，孫吴時期的賦税亦有租、調之分[⑤]。《晉書·食貨志》載“户調之式”，“丁男之户歲輸絹三匹、綿三斤，(丁)女及次丁男爲户者半輸”[⑥]。《晉故事》云：“凡民丁課田，夫五十畝，收租四斛、絹三疋、綿三斤。……九品相通，皆輸入於官，自如舊制。”[⑦]綜合來看，西晉户調式的規定即是：以男丁爲户主的課田民户，每年需繳納調絹三匹、綿三斤及租四斛，丁女及次丁男爲户者減半——調絹一匹半、綿一斤半及租二斛。這是一個平均數，而在具體徵收時地方官則將課田民户依貧富差别分爲九品而繳納不同數

---

①《魏書》卷一一〇《食貨志》，第八册，第2852頁。

②同上。

③《三國志》卷一《魏書·武帝紀》注引《魏書》，第一册，第26頁。

④參見唐長孺：《魏晉户調制及其演變》，《魏晉南北朝史論叢》，第60、64頁。

⑤參見王素：《吴簡所見的“調”應是“户調”》，《歷史研究》2001年第4期；于振波：《走馬樓吴簡初探》卷四《漢調與吴調》，文津出版有限公司，2004年，第91頁。不過也有研究者認爲吴簡中的“調”並非户調，而是徵調、調配之意，兹不具述。

⑥《晉書》卷二六《食貨志》，第三册，第790頁。

⑦《初學記》卷二七《寶器部·絹》，第三册，第657—658頁。

量的租調[①]。很顯然,北魏的户調“九品混通”之制是在繼承西晉户調製度的基礎上進行調整的結果。就户調而言,北魏的帛(絹)三匹二丈、絮二斤、絲一斤非常接近西晉的絹三疋、綿三斤,而租粟二十石則比西晉租四斛(石)高得多。總體來看,北魏前期民户的租調負擔遠遠大於西晉太康年間,這與各自所處的時代背景有關。西晉平吴之後,大規模戰争結束,社會局勢比較穩定,以較低的賦税額度即可維持國家機器的正常運轉。史稱“是時天下無事,賦税平均,人咸安其業而樂其事”[②]。而北魏前期頒佈租調九品混通之制時,北方的征服兼併戰争尚未結束,同時還要面對國力强於北魏的南朝劉宋政權。儘管戰争中可獲得大量的戰利品,但主要用於對官僚貴族的賞賜,而爲了保證巨額的軍費和軍糧支出,以及維持國家機器的正常運轉之需,就必須向農業人口進行苛重的征斂。

所謂“九品相通”或“九品混通”之“九品”,即上、中、下品各分三等,《魏書·食貨志》載“租輸三等九品之制”,“上三品户入京師,中三品入他州要倉,下三品入本州”[③]。走馬樓吴簡顯示,孫吴時期的賦税即按户等徵收。吴簡有兩條“户品”標題簡:

> ▨[上]中下品户數簿(貳·215)
>
> ▨□□謹以所領户出錢上中下品人名爲簿(貳·8256)[④]

①唐長孺云:“既然以家貲爲標準,就應有貧富多少之差,爲什麽曹魏、西晉卻規定絹綿每户徵收額呢? 我認爲這一個定額衹是交給地方官統計户口徵收的標準,期間貧富多少由地方官斟酌,但使每户平均數合於這個定額而已。”(《魏晉户調制及其演變》,《魏晉南北朝史論叢》,第67頁)

②《晉書》卷二六《食貨志》,第三册,第791頁。按西晉九品相通的租調制度爲十六國一些政權所繼承。《晉書》卷一〇四《石勒載記上》:“勒以幽冀漸平,始下州郡閲實人户,户貲二匹,租二斛。”(第九册,第2724頁)卷一二一《李雄載記》:“其賦男丁歲穀三斛,女丁半之,户調絹不過數丈,綿數兩。事少役稀,百姓富實,閭門不閉,無相侵盜。然雄意在招致遠方,國用不足,故諸將每進金銀珍寶,多有以得官者。”(第一〇册,第3040頁)這表明衹有在和平年代,並在最大限度地控制境内全部民户的基礎上,才能保持較低的賦税徵收額度。

③《魏書》卷一一〇《食貨志》,第八册,第2852頁。

④長沙市文物考古研究所、中國文物研究所、北京大學歷史學系走馬樓簡牘整理組編著:《長沙走馬樓三國吴簡·竹簡〔貳〕》,文物出版社,2007年,下册,第721、885頁。

毫無疑問,孫吴時期的户等也是分爲上、中、下品。此外又可見到不少記有“户上品”、“户中品”、“户下品”的簡文,還可見到“下品之下”的少量簡文。就目前刊佈的簡文來看,孫吴户等似分爲上品、中品、下品及下品之下四等,但不排除上、中、下三品又各分爲三等亦即共分九等的可能性[①]。從西晉實行户調“九品相通”之制推斷,曹魏已有户等九品制度的可能性不小。不論如何,最晚在西晉時期已有了如同後來北魏九品户等的制度。北魏的上三品、中三品、下三品“三等九品之制”,應該是對前代相關制度的承襲。

區分户等是爲了使家庭財産與賦税負擔合理掛鉤,即所謂“計貲定課”,故確定户等的標準即是家“貲”的多少。吴簡中可見到大量“訾十”、“訾二十”、“訾五十”、“訾一百”、“訾二百”、“訾三百”、“訾一千”、“訾五千”等不同等級的貲簿簡牘,具體如:“右龍家口食六人　中　訾　五　十”(竹簡壹5356),“凡口五事　筭三事　訾　五　十”(竹簡壹7368),“凡口八事六　筭五事三　訾　一　百”(竹簡壹7818)[②],“右舉家口食八人　訾五十”(竹簡貳2330),“右師家口食六人筭二　中　訾五十”(竹簡貳2500)[③]。這些都應該屬“計貲定課”的簿籍。吴簡中可見“模鄉郡吏陳埤(?)故户上品出錢一萬二千”,“模鄉郡吏何奇故户上品出錢一萬二千”,“模鄉大男胡車故户上品出錢一萬二千”(竹簡貳8257—8259),即可證户品與課賦之間存在關係[④]。吐魯番出

---

①淩文超認爲:孫吴“或將民户劃分爲新、故户,各分三品,或以户訾高下爲標準進行徵調”,户訾“至少有九級之多”(《走馬樓吴簡上中下品户數簿整理與研究》,《中國經濟史研究》2016年第3期)。也就是説,孫吴實際上已有户分三品九等之制。

②長沙市文物考古研究所、中國文物研究所、北京大學歷史學系走馬樓簡牘整理組編著:《長沙走馬樓三國吴簡·竹簡〔壹〕》,文物出版社,2003年,下册,第1006、1046、1056頁。

③長沙市文物考古研究所、中國文物研究所、北京大學歷史學系走馬樓簡牘整理組編著:《長沙走馬樓三國吴簡·竹簡〔貳〕》,文物出版社,2007年,下册,第764、768頁。

④參見高敏:《吴簡中所見孫權時期户等制度的探討——讀〈長沙走馬樓三國吴簡·竹簡[壹]〉劄記之三》,《長沙走馬樓簡牘研究》,廣西師範大學出版社,2008年,第92—102頁。于振波:《略論走馬樓吴簡中的户品》,《史學月刊》2006年第2期;《略説走馬樓吴簡之名籍》,《簡帛研究:2008》,廣西師範大學出版社,2010年,第242—245頁;《從走馬樓吴簡看其時長沙民户的貧富差别》,長沙簡牘博物館:《走馬樓吴簡研究論文精選》,嶽麓書社,2016年,上册,第579—588頁。

土北凉貲簿顯示了“當時計貲制度的主要内容和公文程式的特點”,“計貲的統計以里爲單位,按户計算。首標人名,其下記録各色田、園若干,貲合若干”①。

貲簿最晚在漢代就已出現,如所熟知的居延漢簡候長禮忠貲簿簡②:

候長觻得廣昌里公乘禮忠年卅

小奴二人直三萬	用馬五匹直二萬	宅一區萬
大婢一人二萬	牛車二兩直四千	田五頃五萬
軺車二乘直萬	服牛二六千	●凡訾(貲)直十五萬

37·35

後代貲簿如走馬樓吴簡與吐魯番北凉貲簿,與此具有基本相似的要素。一般來説,貲簿是作爲繳納算賦或户調的依據,秦漢以後至唐代兩税法實施前一千年間的制度大體如此。西晉的“九品相通”與北魏的“九品混通”,應該就是以貲簿爲基礎確定户調和貲賦標準的,所謂“計貲定課”是也。候長禮忠貲簿漢簡衹有訾(貲)的統計,看不到關於算錢的相關内容,而吴簡貲簿簡中包括家口、事役、算賦、家貲等項目,部分也有户等的記録。

關於九品混通制度下賦税的具體徵收,可通過《張邱建算經》卷中所載一道算術題來做具體瞭解:

今有率户出絹三疋,依貧富欲以九等出之,令户各差除二丈。今有上上三十九户,上中二十四户,上下五十七户,中上三十一户,中中七十八户,中下四十三户,下上二十五户,下中七十六户,下下一十三户。問九等户各應出絹幾何?

答曰:上上户户出絹五疋,上中户户出絹四疋二丈,上下户户出絹四疋,中上户户出絹三疋二丈,中中户户出絹三疋,中下户户出絹二疋二丈,下上户户出絹二疋,下中户户出絹一疋二丈,下下户户出絹

①朱雷:《吐魯番出土北凉貲簿考釋》,《敦煌吐魯番文書論叢》,甘肅人民出版社,2000年,第8—9頁。
②謝桂華、李均明、朱國炤:《居延漢簡釋文合校》,文物出版社,1987年,上册,第61頁。

一疋。

術曰：置上八等户各求積差，上上户十六，上中户十四，上下户十二，中上户十，中中户八，中下户六，下上户四，下中户二，各以其户數乘而並之，以出絹疋丈數乘，凡户所得，以併數減之，餘，以凡户數而一，所得即下下户。遞加差，各得上八等户所出絹疋丈數。[①]

按：《隋書·經籍志三》著録"《張丘建算經》二卷"[②]，《新唐書·藝文志三》著録"《張丘建算經》一卷，甄鸞注"，又有李淳風"注《張丘建算經》三卷"[③]。張丘（邱）建其人生平事蹟於史無考，其書自序末云"清河張邱建謹序"，可知其出於清河張氏。清代四庫館臣判斷其爲"隋初人"[④]。《宋史·禮志八·吉禮八》載追封"自昔著名算數者"，包括"晉姜岌成紀男，張邱建信成男，夏侯陽平陸男，後周甄鸞無極男"[⑤]。據此，似張邱建爲晉人。從本書所載相關題例來看，以張邱建爲北魏後期人的理由應該更爲充分。本題内容正好反映了北魏九品混通的現狀，並非是對西晉制度的追述。從本題來看，所謂户等九品就是將民户依其"貧富"而分爲上上、上中、下上、中上、中中、中下、下上、下中、下下九個户等。在具體徵收時，將民户平均每户應納税額按等差進行折算，再分攤到不同户等之中。

北魏太武帝太平真君四年（443）六月庚寅（廿一，8.2），詔曰："朕承天子民，憂理萬國，欲令百姓家給人足，興於禮義。而牧守令宰不能助朕宣揚恩德，勤恤民隱，至乃侵奪其産，加以殘虐，非所以爲治也。今復民貲賦三年，其田租歲輸如常。牧守之徒，各厲精爲治，勸課農桑，不聽妄有徵發。

①（周）甄鸞注經，（唐）李淳風注釋，劉孝孫撰細草：《張邱建算經》卷中，《景印文淵閣四庫全書·子部一〇三·天文算法類》，第七九七册，第725—726頁。按王仲犖最早用此條算題解釋北魏"九品混通"之制，參見氏著《北魏初期社會性質與拓跋宏的均田、遷都、改革》，《文史哲》1955年第10期。

②《隋書》卷三四《經籍志三》，第四册，第1025頁。

③（宋）歐陽脩、宋祁撰：《新唐書》卷五九《藝文志三》，中華書局，1975年，第五册，第1545、1547頁。

④（清）永瑢等撰：《四庫全書總目》卷一〇七《子部·天文算法類》"張邱建算經三卷"下提要，中華書局，1965年，上册，第904—905頁。

⑤（元）脱脱等撰：《宋史》卷一〇五《禮志八》，中華書局，1977年，第八册，第2552頁。

有司彈糾,勿有所縱。"[①]由此來看,當時民衆的負擔有"貲賦"和"田租"兩類,性質有較大的差别,上文多次出現的"租賦"即指田租和貲賦。"田租"是土地税,是按田地的多少爲標準徵收;"貲賦"當即"計貲定課",是按資産的多寡爲標準徵收。具體而言,帛三匹二丈、絮二斤、絲一斤爲貲賦,粟二十石爲田租。貲賦在實際徵收過程中,實行"九品混通",不過地方官"妄有徵發"或"縱富督貧,避强侵弱"的現象似乎十分普遍。太平真君四年六月庚寅詔僅優復貲賦,而田租照常徵收。這是因爲當時大規模的征服兼併戰争已經結束,國庫中充斥著大量的珍寶絲帛等財物,由於可以長期貯存,能夠滿足多年需要,故可暫緩徵發。而糧食則不同,不僅不宜長期保存,而且皇室成員、王公貴族乃至官府作坊的服役者,更重要的是數量可觀的軍人,都要消耗大量的糧食,故不可一日而或缺。此詔與延和三年二月戊寅詔所體現的精神,可謂如出一轍,孝文帝均田詔和李安世均田疏也是這一精神的延續[②],均田詔和均田疏所針對的問題在這兩份詔書中已經初步提出。

貲賦和田租合稱租賦,構成當時農業人口的主要經濟負擔,也是北魏國家最主要的財政來源。當然,在戰争中的大肆掠奪也是北魏財政收入的重要途徑,不過這種因素隨著大規模兼併戰争的結束而退居其次,越來越微不足道。太平真君九年"夏五月甲戌(廿七,6.26),以交趾公韓拔爲假節、征西將軍、領護西戎校尉、鄯善王,鎮鄯善,賦役其民,比之郡縣"[③]。從北魏占領西域鄯善國後實行的這一舉措推斷,當時北魏境内的郡縣民衆不僅要承擔租賦,而且還要負擔更爲沉重的徭役,如上引延和三年二月戊寅詔所言戰争中的"運輸之役"。

---

①《魏書》卷四下《世祖紀下》,第一册,第96頁。又,太延三年(437)"二月乙卯(初九,3.31),行幸幽州,存恤孤老,問民疾苦;還幸上穀,遂至代。所過復田租之半"(《魏書》卷四上《世祖紀上》,第一册,第87頁)。可見免民貲賦、田租或者租賦並免,往往根據實際情況而定,並無一定之規。

②參見《魏書》卷五三《李安世傳》,第四册,第1176頁;卷七上《高祖紀上》,第一册,第156頁。

③《魏書》卷四下《世祖紀下》,第一册,第102頁。

二　雜調免除與“租輸三等九品之制”

文成帝興安二年(453)正月“癸未(初九,2.3),詔與民雜調十五”①。這是文成帝即位之初爲了穩定社會政治局勢而採取的緩和階級矛盾的舉措。由此可見,當時民衆的負擔除了租賦徭役外還有雜調。關於這次免除雜調的決策,《魏書·食貨志》有具體記載:

> 先是太安中,高宗以常賦之外雜調十五,頗爲煩重,將與除之。尚書毛法仁曰:“此是軍國資用,今頓罷之,臣愚以爲不可。”帝曰:“使地利無窮,民力不竭,百姓有餘,吾孰與不足。”遂免之。②

按“常賦”即常調,據前引《食貨志》記載,爲“户調帛二匹、絮二斤、絲一斤”,及“調外之費”“帛一匹二丈”。所謂“雜調十五”,即指其相當於户調之一半。兩者相加,還有田租及繳納賦税時的運費③,故民户的實際負擔無疑大大加重。太武帝前期一系列征服兼併戰争,以及後期平定蓋吴之亂、遠征劉宋的大規模戰争,都需要大量的物資和力役爲後盾,廣大的農業人口爲此付出了沉重的代價。加之文成帝即位前,朝廷政局經歷了嚴重的動盪局面,可以説形勢相當嚴峻。尤其是征服兼併戰争的結束,“軍國資用”基本可以消除。這是減輕民衆一半雜調負擔政策實施的背景。《論語·顔淵》載有若答魯哀公之問云:“百姓足,君孰與不足?”可見儒家的民本思想是文成帝這次免除雜調的理論基礎。

太安元年(455)六月癸酉(十三,7.13),詔“遣尚書穆伏真等三十人,巡行州郡,觀察風俗”,第一條便是“農不墾殖,田畝多荒,則徭役不時,廢於力

---

①《魏書》卷五《高宗紀》,第一册,第112頁。

②《魏書》卷一一〇《食貨志》,第八册,第2852頁。

③按“調外之費”需“委之州庫”,其他則可能要運至京師或指定的糧倉繳納。

也”①。主要目的是通過使者巡察以發現地方統治存在的各方面問題，充分體現出發展農業生產在當時地方統治中所具有的重要性。太安四年春，文成帝東巡—南巡，途徑廣寧温泉宫—平州—遼西黄山宫—碣石山（樂遊山）—信都—廣川，“三月丁未（初三，4.2），觀馬射於中山。所過郡國賜復一年”。“賜復”的項目没有具體説明，應該是民衆租、賦、役、調等各類負擔。同年五月壬戌（十九，6.16），詔曰：

> 朕即阼至今，屢下寬大之旨，蠲除煩苛，去諸不急，欲令物獲其所，人安其業。而牧守百里，不能宣揚恩意，求欲無厭，斷截官物以入於己，使課調懸少，而深文極墨，委罪於民。苛求免咎，曾不改懼。國家之制，賦役乃輕；比年已來，雜調減省。而所在州郡，咸有逋懸，非在職之官綏導失所，貪穢過度，誰使之致？自今常調不充，民不安業，宰民之徒，加以死罪。申告天下，稱朕意焉。②

按詔書所言“比年已來，雜調減省”，即指興安二年正月免除雜調的政策。詔書中提及的“課調”即是“常調”，亦即“賦役”之賦——租賦——貲賦和田租之和。太安五年九月戊辰（初三，10.15）詔，譴責“牧守蒞民，侵食百姓，以營家業，王賦不充”，規定“自今諸遷代者，仰列在職殿最，案制治罪”，“主者明爲條制，以爲常楷”③。很顯然，文成帝把能否完成國家規定的租賦徵收任務作爲考核地方官政績的最主要標準，表明租賦收入已成爲國家財政的根本性支柱，相應的農業已成爲國民經濟的決定性産業。同年十二月戊申（十五，460.1.23），在賑濟發生旱災的六鎮等州鎮的詔書中，謂其即位以來“薄賦斂以實其財，輕徭役以紓其力，欲令百姓修業，人不匱乏”云云④。賦斂即租賦、王賦。輕徭薄賦的目的是爲了使百姓有一定的財力，維持正常的生産

①《魏書》卷五《高宗紀》，第一册，第114頁。

②同上，第116—117頁。

③同上，第117—118頁。

④同上，第118頁。

生活。

然而現實情況並不盡如人意，大多數地方官對朝廷的詔令充耳不聞，依然苛虐治民，使得百姓的處境十分艱難。和平二年（461）正月乙酉（廿八，2.23），詔曰：

刺史牧民，爲萬里之表。自頃每因發調，逼民假貸，大商富賈，要射時利，旬日之間，增贏十倍。上下通同，分以潤屋。故編户之家，困於凍餒；豪富之門，日有兼積。爲政之弊，莫過於此。其一切禁絶，犯者十疋以上皆死。佈告天下，咸令知禁。

同年“五月癸未（廿八，6.21），詔南部尚書黄盧頭、李敷等考課諸州”[①]。此舉乃是爲了落實正月乙酉詔而採取的具體步驟。從乙酉詔書來看，地方長官州刺史和大商富賈互相勾結，在徵發租調之際逼迫民户借高利貸，利息之高令人瞠目，地方長官則與富商分成獲利。其結果是貧窮的編户齊民雪上加霜，衣食難保，不得不忍饑挨餓，而豪强富賈則積聚了大量財富，貧富分化日益嚴重。地方官的不斷侵食，還有不時之徭役徵發和天災的侵襲，普通的編户齊民很難有餘糧繳納租賦，這就爲地方官和大商富賈乘機漁利提供了新的契機，從而使得廣大的自耕農遭受更加沉重的盤剥，處於水深火熱之中而難以擺脱困境。

地方長官爲了完成租調徵發任務而與大商富賈進行勾結，既是出於貪念，爲了乘機漁利，更是懾於兩三年前頒佈的嚴苛法令的威力。如上所述，太安四年五月壬戌詔規定，“自今常調不充，民不安業，宰民之徒，加以死罪”。民是否安業並無一定標準，而常調是否完成則有明確額度及時限，否則地方長官將會人頭落地。地方長官與大商富賈狼狽爲奸壓榨百姓，便是基於這種背景。這也表明，大商富賈或豪富之門對北魏基層社會的控制力相當强大，若地方長官得不到他們的有力支持，則很難維持對地方的實際控制。兩年餘之後，和平四年三（四）月乙巳（初一，5.4）詔有云：“今内外諸司、

①《魏書》卷五《高宗紀》，第一册，第119頁。

州鎮守宰,侵使兵民,勞役非一。自今擅有召役,逼雇不程,皆論同枉法。”① 看來文成帝雖然多次頒佈詔令並遣使巡察,對地方長官的治理提出了一系列嚴格的要求,力圖通過改善吏治而使地方政治出現良性有序的局面,使廣大的編户齊民能夠在維持生計的同時完成國家的賦役徵發,但事實上吏治狀況迄未得到改觀,地方長官對朝廷的三令五申大多置若罔聞,無動於衷,繼續我行我素。

總的來看,文成帝時期非常關注地方長官的治理以及因賦役徵發而引起的社會問題,特别是力圖改善編户齊民因承受多重盤剥所面臨的悲慘境遇,反映了農業人口與北魏統治關係的密切程度超過了以往任何一個時期。當時下層民衆的困境來自於沉重的賦役負擔及官商的勾結欺壓,不過除文成帝初年“詔與民雜調十五”外,北魏政府很少採取減輕賦役剥削的舉措。整個文成帝一朝,自然災害看來並不嚴重,僅見兩次就自然災害發佈政令:太安五年(459)十二月戊申(十五,460.1.23)因“六鎮、雲中、高平、二雍、秦州遍遇災旱,年穀不收”,下詔“遣開倉廪以賑之;有流徙者,諭還桑梓;欲市糴他界,爲關傍郡,通其交易之路”,但並無減免租賦的相關舉措;和平四年(463)“冬十月,以定、相二州賨霜殺稼,免民田租”,這是唯一一次因天災而免民田租②。

獻文帝即位剛過二十天,便於和平六年(465)六月乙丑(初四,7.12)下詔云:“夫賦斂煩則民財匱,課調輕則用不足,是以十一而税,頌聲作矣。先朝榷其輕重,以惠百姓。”“今兵革不起,畜積有餘,諸有雜調,一以與民。”③文成帝初年雖然下詔免除了相當於常賦一半的雜調,然而“未幾,復調如前”,因此方有獻文帝初年“諸有雜調,一以與民”政策的實行,此後雜調便從民衆的負擔中消失了,“於是賦斂稍輕,民復贍矣”④。雜調的取消,與當時大規模

①《魏書》卷五《高宗紀》,第一册,第121頁。

②同上,第118、121頁。

③《魏書》卷六《顯祖紀》,第一册,第125—126頁。

④《魏書》卷一一〇《食貨志》,第八册,第2852頁。

戰争已經結束的大背景有關。就北魏統治者的主觀願望來看,似不再打算發動大規模戰争。這一政治決策從文成帝初年就已開始,"太安"、"和平"等年號即是其體現。史載獻文帝"至天安(466—467)、皇興(467—471)間,歲頻大旱,絹匹千錢"①。但並未見到北魏政府實行與賦役徵發或減免有關的措置,主要是因爲當時北魏與劉宋軍隊在淮北地區激戰正酣。

延興(471—476)年間,獻文帝雖已禪位於孝文帝,但仍以太上皇身份執掌國政。延興三年"秋七月,詔河南六州之民,户收絹一匹、綿一斤、租三十石"②。數年前,北魏從劉宋手中獲得河南淮北諸州,爲了穩定當地局勢,在最初幾年並未徵收賦税。河南六州具有適宜農耕的優越條件,因而成爲繼河北、關中地區之後北魏又一個重要的租賦來源地。按:"絹一匹、綿一斤"應即貲賦,租三十石應即田租,也就是説,北魏對民户徵收的貲賦爲絹和綿,而田租則爲糧食。當時其它地區民户的租賦爲"帛二匹、絮二斤、絲一斤、粟二十石",這樣對河南六州民户的户調徵收就比其它地區的民户貲賦少收絹(帛)一匹、綿(絮)一斤、絲一斤,而田租(粟)則多收十石。因具體物價指數無從得知,兩者間的换算關係難以確定,但想來應該相去不遠。之所以多收租而少收綿絹,是因爲糧食生産容易進行,而綿絹的生産必須經過種桑養蠶紡織等環節,尤其桑樹的成長需要一定的年限産量方能提高。就在對河南六州之民徵收户調的同時,北魏朝廷又對發生扭曲的絹布度量制度進行了糾正。《魏書·食貨志》:"舊制,民間所織絹、布,皆幅廣二尺二寸,長四十尺爲一匹,六十尺爲一端,令任服用。後乃漸至濫惡,不依尺度。高祖延興三年秋七月,更立嚴制,令一準前式,違者罪各有差,有司不檢察與同罪。"③

延興三年九月"辛丑(廿八,11.3),詔遣使者十人循行州郡,檢括户口。

①《魏書》卷一一〇《食貨志》,第八册,第2852頁。
②《魏書》卷七上《高祖紀上》,第一册,第139頁。
③《魏書》卷一一〇《食貨志》,第八册,第2852頁。

其有仍隱不出者,州、郡、縣、户主並論如律"[①]。此舉表明,當時北魏全國各地有不少民户並未列入國家户籍,而北魏政府的租賦是按户徵收的,大量隱户的存在自然會對政府的財政收入産生很大影響。"冬十月,太上皇帝親將南討。詔州郡之民,十丁取一以充行,户收租五十石,以備軍糧。"[②]很顯然,上個月的括户舉措與此有著密切關係,亦即括户的直接目的是爲了增加參與太上皇南討行動的士兵和力役人數,以及提供更爲充足的軍糧供給。由此推斷,獻文帝大概想發動一次規模巨大的針對南朝的軍事行動。其時南朝宋明帝新死,後廢帝即位不久,政局撲朔迷離,邊境防務遭到削弱,北魏獻文帝欲乘機南侵,企圖實現南北一統。大規模檢括全國户口,以徵收更多的兵員和軍糧,從而爲南伐行動的開展提供有力保障。不過,這次軍事行動最終並没有得到落實,而是變成太上皇對北魏南方地區的巡視。"十有一月戊寅(初五,12. 10),詔以河南七州牧守多不奉法,致新邦之民莫能上達,遣使者觀風察獄,黜陟幽明。其有鰥寡孤獨貧不自存者,復其雜徭;年八十已上,一子不從役;力田孝悌、才器有益於時、信義著於鄉間者,具以名聞。癸巳(二十,12. 25),太上皇帝南巡,至於懷州。所過問民疾苦,賜高年、孝悌力田布帛。"[③]獻文帝本來是想對河南六州新民普征租賦,這既是對河南六州主權的進一步宣示,又是爲了擴大政府的財源。而通過使者循行,獻文帝瞭解到"河南七州牧守多不奉法",造成下情不能上達,於是再向這一地區派遣使者進行考察,並採取緩和矛盾的措施。在此基礎上,獻文帝親自南巡,當然之前的遣使和相關措施也可以説是爲獻文帝的南巡鋪路。

由於河南地區的社會局勢並不穩定,獻文帝放棄了最初打算的大規模南討行動,轉而通過遣使及親自南巡等舉措來緩和河南地區的社會矛盾,以穩定當地的社會局勢。次年"十有一月,分遣侍臣循河南七州,觀察風俗,撫

---

①《魏書》卷七上《高祖紀上》,第一册,第 139 頁。

②同上。

③同上,第 139—140 頁。

慰初附”[①]。看來河南地區的形勢在前一年兩次使者巡察和獻文帝南巡之後並未得到根本改觀,故有是舉。在不到兩年時間裏,獻文帝對河南地區給予了如此密切的關注,可以説意味深長,這是北魏統治政策即將發生轉變的一個信號。值得注意的是,在延興三、四年北魏境内發生了範圍較廣的災荒,政府也採取了相應的措施:三年,“州鎮十一水旱,丐民田租,開倉賑恤”;四年,“州鎮十三大饑,丐民田租,開倉賑之”[②]。延興四年波及十三州鎮的大饑荒,究竟是由新的天災所引起,還是前一年十一州鎮的水旱災害引起的連鎖反應,史書中没有明確記載。不管怎樣,北魏政府都採取了“丐民田租,開倉賑恤”雙管齊下的救災措施。當時民衆的負擔除田租外還有貲賦,没有免除貲賦的相關記載,表明貲賦仍需繳納。

延興五年四月“癸未(十九,6.8),詔天下賦調,縣專督集,牧守對檢送京師,違者免所居官”[③]。這是關於賦税徵收輸送方式的一次重大改革,也表明當時民衆對國家的經濟負擔不僅僅是田租,故可推測前兩年的“丐民田租”不會涉及免除貲賦的問題。從上引相關記載推斷,在此之前賦調可能由州刺史負責督集,這次改爲“縣專督集”反映了北魏對地方控制力的强化。以往賦税的徵收輸送方式並無明確記載,但從雜調需“委之州庫”推斷,延興五年前常賦和田租——租賦、賦調可能都要送至京師,民户繳納賦税自然要花費大量的人力和財力,無形中加重了民衆的負擔。《魏書·食貨志》:

> 劉彧淮北青、冀、徐、兖、司五州告亂請降,命將率衆以援之。既臨其境,青、冀懷貳,進軍圍之,數年乃拔。山東之民咸勤於征戍轉運,帝深以爲念。遂因民貧富,爲租輸三等九品之制:千里内納粟,千里外納米;上三品户入京師,中三品入他州要倉,下三品入本州。[④]

---

①《魏書》卷七上《高祖紀上》,第一册,第141頁。

②同上,第140、141頁。

③同上,第141頁。

④《魏書》卷一一○《食貨志》,第八册,第2852頁。

周一良云："粟即未舂之穀"，米（小米）則爲已舂之穀，"唐代未舂之粟一斗舂出小米六升，北魏比例大致應相同，故千里外納米，其運送耗費較納粟可省百分之四十也。"[①]關於"租輸三等九品之制"頒行的具體時間，《食貨志》記載並不明確。《册府元龜·邦計部·賦税》云"獻文以和平六年五月即位，六月詔"，詔文引自《魏書·顯祖紀》。下云："是年，因民貧富，爲租輸三等九品之制：千里外納米，上三品入京師，中三品入他州要倉，下三品入本州。"[②]不僅脱"千里内納粟"之語，同時所載制度實施之時間也是對《魏書·食貨志》上下文誤讀所致。《食貨志》上引記載前的文字是："顯祖即位，親行儉素，率先公卿，思所以賑益黎庶。至天安、皇興間，歲頻大旱，絹匹千錢。"毫無疑問，"租輸三等九品之制"的實行與獻文帝皇興年間平定青齊地域有關，而不是早在和平六年獻文帝即位之初。與《册府元龜》的記載相比，《通典·食貨五·賦税中》載此制，作"莊帝即位，因人貧富，爲租輸三等九品之制"云云[③]，更"可謂張冠李戴"[④]。

北魏"租輸三等九品之制"與延興五年四月癸未所頒詔令之間的關係難以確定，兩者很可能爲同一事。在此之前，除雜調之外民户的租賦全都要送往京師，之後則根據户等高下分别輸入京師、他州要倉和本州，而運輸費用則由納税民户承擔無疑。通過這次改革，中下層民户的負擔應該有較大程

---

①周一良：《〈魏書〉劄記·粟、穀、榆、棗》，《魏晉南北朝史劄記》，中華書局，1985年，第395—396頁。

②（宋）王欽若等撰：《册府元龜》卷四八七《邦計部》，中華書局，1960年，第六册，第5826頁。

③（唐）杜佑撰，王文錦等點校：《通典》卷五《食貨五》，中華書局，1988年，第一册，第94頁。按此又爲（宋）馬端臨《文獻通考》卷二《田賦考二·歷代田賦之制》（上海師範大學古籍研究所、華東師範大學古籍研究所點校：《文獻通考》，中華書局，2011年，第一册，第41頁）、（清）張英、王士禎纂《御定淵鑒類函》卷一三三《政術部一二·賦税一》（《景印文淵閣四庫全書·子部二九一·類書類》，第九八五册，第557頁）所因襲。（宋）吕祖謙撰《歷代制度詳説》卷三《賦役制度》："後魏天安以來，比歲旱饑，重以青徐用兵，山東之民，疲於賦役。顯祖命因民貧富，爲三等輸租之法等，爲九品。千里内納粟，千里外納米，上三品輸平城，中輸他州，下輸本州。"（《景印文淵閣四庫全書·子部二二九·類書類》，第九二三册，第923頁）雖然對制度本身的記載有欠準確，但對制度實施時間的記載則比《通典》和《册府元龜》確切。

④王文錦等點校《通典》卷五《食貨五》校勘記〔四八〕，第一册，第102頁。

度的減輕。然而，在實際執行過程中卻出現了嚴重弊端。《魏書·李訢傳》："未幾而復爲太倉尚書，攝南部事。用范𪯌、陳端等計，令千里之外，户別轉運，詣倉輸之。所在委滯，停延歲月，百姓競以貸賂各求在前，於是遠近大爲困弊。道路群議曰：'畜聚斂之臣，未若盜臣。'"①由此來看，"租輸三等九品之制"當爲獻文帝接受李訢建議而實行的制度，不過《李訢傳》的記載可能存在疏誤②。

三　三大經濟改革法令頒佈前的變化

獻文帝死後，馮太后又一次臨朝聽政，其時距俸禄制、均田制和三長制等改革新政的頒佈衹有十年左右的時間。改革前的財政問題，在支出和收入兩方面均有值得關注之處。就支出而言：太和三年(479)"十有一月癸卯(初五，12.4)，賜京師貧窮、高年、疾患不能自存者衣服布帛各有差"。四年六月丁卯(初二，6.25)，"以紬綾絹布百萬匹及南伐所俘賜王公已下"。七月壬子(十八，8.9)，"詔會京師耆老，賜錦彩、衣服、几杖、稻米、蜜、面，復家人不徭役"。六年二月"癸丑(廿八，4.2)，賜王公已下清勤著稱者穀帛有差"。八年"五月己卯(初七，6.16)，詔賑賜河南七州戍兵"③。在三年半時間裏，北魏朝廷進行了五次賜予，兩次是針對京師地區的特殊人群，兩次是針對王公貴族，一次是針對河南七州的戍兵，以最後一次最爲獨特。僅太和四年六月一次就向王公貴族賜予紬綾絹布達百萬匹之多，相當於五十萬户民户(以每户五口計，爲二百五十萬人)一年的調帛總數，無疑是一筆相當可觀的數

①《魏書》卷四六《李訢傳》，第三册，第1041頁。

②《隋書》卷二四《食貨志》載北齊河清三年令："墾租皆依貧富爲三梟。其賦税常調，則少者直出上户，中者及中户，多者及下户。上梟輸遠處，中梟輸次遠，下梟輸當州倉。三年一校焉。租入台者，五百里内輸粟，五百里外輸米；入州鎮者，輸粟。人欲輸錢者，准上絹收錢。"(第三册，第678頁)這顯然是對北魏獻文帝時期所實行的"租輸三等九品之制"的繼承和變通。由此推測，"租輸三等九品之制"很可能在孝文帝以後仍然繼續實行。

③《魏書》卷七上《高祖紀上》，第一册，第147、148、149、151、153頁。

目。由此可見,當時北魏的國庫已頗爲充盈,這是文成帝以來北魏政府鼓勵農業生産發展,並把農業地區的賦税作爲國家基本財源的政策發揮作用的結果。

就收入而言:太和六年二月辛卯(初六,3.11),詔曰:"靈丘郡土既褊塉,又諸州路沖,官私所經,供費非一。往年巡行,見其勞瘁。可復民租調十五年。"乙未(初十,3.15),詔曰:"蕭道成逆亂江淮,戎旗頻舉。七州之民既有征運之勞,深乖輕徭之義,朕甚愍之。其復常調三年。""秋七月,發州郡五萬人治靈丘道。八月癸未朔(初一,8.30),分遣大使,巡行天下遭水之處,丐民租賦,貧儉不自存者,賜以粟帛。"十二月丁亥(初七,483.1.1),詔曰:"朕以寡薄,政缺平和,不能仰緝緯象,蠲兹六沴。去秋淫雨,洪水爲災,百姓嗷然,朕用嗟愍,故遣使者循方賑恤。而牧守不思利民之道,期於取辦。愛毛反裘,甚無謂也。今課督未入及將來租算,一以丐之。有司勉加勸課,以要來穰,稱朕意焉。"七年正月"丁卯(十八,2.10),詔青、齊、光、東徐四州之民户,運倉粟二十萬石送瑕丘、琅邪,復租算一年"①。這五項措施是在不到一年時間内頒佈的,主要是對民衆困境的優復,頗有集中解決問題的意味,當然也可能純屬巧合。

以上諸項措施中,有兩項是爲了賑濟災荒而減免租賦,涉及所有受災地區。還有兩項僅與靈丘郡有關。太和六年二月辛卯詔顯示,靈丘郡土地比較貧瘠,又地處京師與中原連接的交通樞紐,當地民衆的負擔極爲沉重,不僅要爲"官私所經"提供服務,花費不菲,而且嚴重影響農業生産的正常進行。前一年馮太后和孝文帝一行經靈丘南巡,瞭解到當地的具體狀況,遂有"復民租調十五年"的特殊政策的實行。此舉還有一個目的,就是爲了給數月之後靈丘道的修治提供方便。靈丘道修治動用州郡民衆達五萬之衆,靈丘當地人應該首當其衝,甚至可能幾乎全都要加入到靈丘道的修治或相關的服務中來,同時還要占用一部分耕地,對當地農業生産的負面影響自不待

①《魏書》卷七上《高祖紀上》,第一册,第151、152頁。

言。靈丘當地的社會治安狀況原本就不容樂觀[①],若處理不當,難保修治靈丘道時不會出現問題。不論如何,動用五萬人修治靈丘道,無疑是一個大工程,反映了北魏統治者希望京師和中原地區交通聯繫進一步順暢的目的,這樣既可以保證中原地區的租賦更順利地運送到京師,也有利於加强對中原地區的政治控制。

延興年間太上皇當政期間,曾下詔對河南六州之民普征租調,後雖有"復雜徭"之舉,但並不曾減免租調,而太和六年二月乙未詔對河南七州之民"復常調三年",應該是一次重要的舉措,其背景是南朝政局的變化。當時蕭道成剛剛建立南齊,北魏統治者害怕靠近南朝邊境的河南民衆爲南方新朝的政策所吸引,從而影響邊境地區的穩定,遂有免除這一廣大地域民衆常調三年的優惠措施的頒佈。此舉反映出當時北魏的國庫還是比較充盈的,而這與此前河南七州民衆繳納賦税的貢獻密不可分。太和七年正月丁卯詔四州民户運倉粟送瑕丘、琅邪,顯然是出於軍事需要而向邊地轉運官倉的糧食。此四州之民不僅要承擔人力,而且可能還有路途食宿費用。不管怎樣,民户因承擔國家的勞役而受到免除租算(租賦、常調)的優待,還是頗爲少見的。青、齊、光、東徐四州即屬河南七州,故此舉可能還因爲當時河南七州之民正處在"復常調三年"的優待期。

上述情形顯示,北魏政府的政策不是從如何增加財政收入的角度考慮問題,而是從儘量減輕民衆的負擔方面著眼,這是一個值得關注的重要變化。如上所述,從太武帝太延元年(435)開始,北魏農業人口的賦税爲每户調帛二匹、絮二斤、絲一斤及租粟二十石,還有"調外之費"帛一匹二丈[②];延興三年(473)七月後,"河南六(七)州之民,户收絹一匹、綿一斤、租三十石"。[③] 太和八年

①參見《魏書》卷八九《酷吏·張赦提傳》,第六册,第1922頁。

②此外又有相當於常賦一半的"雜調"作爲"軍國資用",文成帝和獻文帝曾兩度下詔免除雜調,到和平六年(465)六月之後便被徹底廢除。

③《魏書》卷七上《高祖紀上》,第一册,第139頁。

六月丁卯(廿六,8.3),下詔班行俸禄制[①],賦税額度同時做出了相應調整:"户增帛三匹、粟二石九斗,以爲官司之禄。後增調外帛滿二匹。所調各隨其土所出。"[②]所謂"隨其土所出",即絹鄉司、冀、雍等十九州"貢綿絹及絲",麻土幽、平、并等十八州及司、冀、雍等州部分不宜桑蠶的郡縣"以麻布充税"[③]。這樣,民户的賦税額度就變成帛五匹、絮二斤、絲一斤、粟二十二石九斗及調外帛二匹。與之前的賦税額度相比,共計增加帛三匹二丈、粟二石九斗。可以這樣説,獻文帝初年停收的雜調又回到民衆的負擔之中,而且還有了大幅度增加。孝文帝班禄詔有謂,"雖有一時之煩,終克永逸之益"[④]。所謂"一時之煩",是指民衆的負擔暫時的確加重了;所謂"永逸之益",則是指俸禄制實行後官吏貪贓枉法的行爲會受到遏制,從長遠來看民衆會得到更大的實惠,因而具有很大的優越性。這是因爲班禄詔同時還規定:"罷諸商人,以簡民事";"禄行之後,贓滿一匹者死"。也就是説,從北魏政府的主觀願望而言,實行俸禄制後將嚴禁官吏的貪贓枉法行爲,意味著不會再有官吏和商人勾結侵食民衆的狀況發生,故"一時之煩"可致"永逸之益"。雖則如此,但"一時之煩"就在眼前,而"永逸之益"卻是很難達到的。

(作者單位:首都師範大學歷史學院)

①《魏書》卷七上《高祖紀上》,第一册,第153、154頁。

②《魏書》卷一一〇《食貨志》,第八册,第2852頁。同書卷七上《高祖紀上》載班禄詔云:"户增調三匹、穀二斛九斗,以爲官司之禄。均預調爲二匹之賦,即兼商用。"(第一册,第154頁)

③《魏書》卷一一〇《食貨志》。按西魏大統十年(544)蘇綽所爲"六條詔書"中,謂"絹鄉先事織紝,麻土早修紡績"云云[(唐)令狐德棻等撰:《周書》卷二三《蘇綽傳》,中華書局,1971年,第二册,第390頁]。可見當時把"貢綿絹及絲"的地區稱爲"絹鄉","以麻布充税"的地區稱爲"麻土"。

④《魏書》卷七上《高祖紀上》,第一册,第154頁。

被"遺忘"的龍舟

——小議正史書志的書寫策略

孫正軍

一

如所周知,自司馬遷發凡起例、創紀傳體,始立本紀、世家、列傳、書、表五體以來,後世正史之構成大抵不出這五種基本體例。其中,"序帝王"的本紀和"誌人物"的列傳諸史皆有設置,其餘三體則時有所缺[①]。三體之中又以書(後世多稱"志")的設置最爲常見:歷代正史除《三國志》、《梁書》、《陳書》、《北齊書》、《周書》、《南史》、《北史》無志外,其餘均有設置,而考慮到附於《隋書》的《五代史志》已經包含梁、陳、周、齊四朝典制,則缺少史志的實際衹有《三國志》一部,由此也可看出書志在古代正史中的重要位置。

書志,司馬遷自叙其八書關涉"禮樂損益,律曆改易,兵權山川鬼神,天人之際,承敝通變"[②],劉知幾也稱:"志以總括遺漏,逮於天文、地理、國典、朝章,顯隱必該,洪纖靡失。"[③]可見書志所載以各類典章制度爲主,亦即趙翼所

---

①趙翼撰、王樹民校證:《廿二史劄記校證》卷一《各史例目異同》,北京:中華書局,1984年,第2—6頁。

②《史記》卷一三〇《太史公自序》,北京:中華書局,1959年,第3319頁。

③劉知幾撰、浦起龍通釋:《史通通釋》卷二《二體》,上海:上海古籍出版社,2009年,第25頁。

謂“詳制度”者也①。毋庸贅言,保存一代制度文物之盛自然是書志無可置疑的第一功能,但書志的作用僅限於此麽? 近年來,隨著文本研究的推進,古史文獻尤其是正史所蘊含的政治意圖越來越多地被揭示②,那麽書志是否具有類似功能? 如果有的話將如何體現? 這不能不説是一個引人深省的問題。本文將以正史書志的一處“另類”書寫爲線索,嘗試對此提出一點思考。

此一“另類”書寫,簡言之即是龍舟在六朝皇帝輿服相關史志中的缺失。所謂“龍舟”,是指帝王所乘、作爲交通工具之一的舟船。大約從漢代開始,龍舟開始固定地成爲皇帝御乘之舟的統稱(詳下)。六朝正史中載有皇帝交通工具的史志計有以下幾種:《晉書·輿服志》、《宋書·禮志五》、《南齊書·輿服志》、《隋書·禮儀志五》,前三種分别記載晉、劉宋、南齊三代車輿儀制,梁、陳二朝制度則見於隋志。儘管如“輿服”等篇名所見,諸志所記皇帝交通工具當以車駕爲主,不過,“陸行乘車,水行乘船”③,作爲交通工具之一的舟船附載於輿服志,似也無可厚非④。然而披覽六朝史志,竟無一處專門條文涉及皇帝所乘龍舟,而即便不限於皇帝御乘,涉及舟船者也僅有一處,即《宋書·禮志五》記載劉宋孝武帝限制諸王車服儀制時提到,“平乘舫皆平兩頭作露平形,不得擬像龍舟,悉不得朱油”⑤,也不屬於獨立條文。這是什麽緣故呢? 是六朝皇帝不使用龍舟麽?

---

①趙翼撰、王樹民校證:《廿二史劄記校證》卷一《各史例目異同》,第 3 頁。

②古人“以史爲鑒”、“資治”等意識已經顯示出古人對於史書政治意圖的期待,近來更多個案研究進一步深入細緻地揭示了史書這一功能。關於此,參看拙稿《魏晉南北朝史研究中的史料批判研究》,《文史哲》2016 年第 1 期。

③《史記》卷二《夏本紀》,第 51 頁。

④現存唐宋類書中,《藝文類聚》以舟、車同部,《北堂書鈔》、《初學記》、《白孔六帖》、《太平御覽》等雖不同部,但前後相連。又已佚隋代類書《編珠》,“車馬”與“舟楫”二部亦相連。參胡道静:《中國古代的類書》,北京:中華書局,1982 年,第 60 頁。此外,唐《職制律》“御幸舟船有誤”與“乘輿服御物修整不如法”二條,舟船也與車駕並列。參劉俊文:《唐律疏議箋解》,北京:中華書局,1996 年,第 747—753 頁。

⑤《宋書》卷一八《禮志五》,北京:中華書局,1974 年,第 522 頁。

一　六朝皇帝龍舟使用之再確認

答案是否定的。可以肯定的是，六朝皇帝使用龍舟，且比之前任何一個時期使用得都要廣泛。按帝王乘坐舟船，據現有文獻，可以追溯至很早。《吕氏春秋》云“禹南省，方濟乎江，黄龍負舟”①，《嵩山記》、《郡國誌》等也留下禹乘坐之船的記載②。據此，似乎早在傳説中的夏禹時代，帝王即已乘坐舟船。又夏朝末帝桀，據稱其被商湯打敗並放逐之際，亦曾與妹喜等姬妾浮水乘舟③。不過，上述記載多爲傳説，不能作爲彼時帝王已使用舟船的確切證據。

不過，至遲到商代，商王已使用舟船，且從甲骨文記有“王舟”等可知，商朝已出現專供商王使用的舟船④。及至周代，周天子亦使用舟船。《帝王世紀》載昭王南征，因船人使壞，死於乘船途中⑤；《穆天子傳》也記穆王巡遊至㴋上，“乘鳥舟、龍舟浮於大沼”，郭璞注曰：“舟皆以龍、鳥爲形制，今吴之青雀舫，此其遺制者。”⑥從《穆天子傳》可知，彼時周天子已經乘坐以龍鳥爲形、裝飾華麗的舟船，這裏的“龍舟”也是文獻所見帝王乘坐龍舟最早的例子。當然，無論是《帝王世紀》還是《穆天子傳》，或都難以作爲信史依憑，不過據作於西周早期⑦、記載邢侯朝見周王的麥方尊記載，周王曾在辟雍乘舟射雁，

---

①許維遹：《吕氏春秋集釋》卷二〇《恃君覽》，北京：中華書局，2009年，第554頁。又見何寧：《淮南子集釋》卷七《精神訓》，北京：中華書局，1998年，第533頁。

②《北堂書鈔》卷一三七《舟部上·舟揔篇》“嵩高有破舟”條，天津：天津古籍出版社，1988年，第605頁下欄；《太平御覽》卷七七〇《舟部三·舟下》，北京：中華書局，1960年，第3413頁。

③《太平御覽》卷八二《皇王部七·帝桀》引《帝王世紀》，第386頁上欄；又《史記》卷二《夏本紀》正義注引《淮南子》，第89頁。

④宋鎮豪：《夏商社會生活史》，北京：中國社會科學出版社，1994年，第221—225頁。

⑤《北堂書鈔》卷一三七《舟部上·舟揔篇》“膠舡”引，第602頁上欄。

⑥王貽梁、陳建敏：《穆天子傳匯校集釋》卷五，北京：中華書局，2019年，第225頁。

⑦關於麥方尊的製成時間，袁俊傑：《再論麥方尊與賓射禮》（《中原文物》2013年第4期）有總結，請參看。

可見周天子使用舟船應當確鑿無疑[①]。

春秋戰國時代,稱霸一方的諸侯在文獻中亦不乏乘舟之例,如蜀王有鸜鵠舟,吴王夫差乘青龍舟日與西施爲水嬉等[②]。另據《左傳》,吴王有舟名艅皇,吴、楚兩國圍繞此舟曾展開激戰[③]。

進入帝制時代,秦漢皇帝亦使用舟船。秦始皇乘舟雖不見史載,但始皇五次巡遊天下,浮江渡海,必少不了舟船助力。漢代皇帝中,同樣喜好巡遊的漢武帝則爲漢史文獻所見皇帝乘舟之大宗。《漢書・武帝紀》載元封五年(前104)武帝南巡,“自尋陽浮江,親射蛟江中,獲之。舳艫千里”[④],綿延不絶的船隊中當包括武帝御乘之舟。又太始三年(前94)東巡,“登之罘,浮大海”[⑤],大約也離不開舟船。此外,漢武帝《秋風辭》:“泛樓舡兮濟汾河,横中流兮揚素波”,序云:“上行幸河東,祠后土,顧視帝京欣然,中流與群臣飲燕。”[⑥]逯欽立認爲此詩作於元鼎四年(前113)[⑦],如此説不誤,則武帝第一次前往河東汾陰祭祀后土曾使用樓船。事實上,考慮到汾陰后土祠隔在黄河以東[⑧],則武帝此後四次、以及西漢後期諸帝前往汾陰祭祀后土,很可能都需乘坐舟船[⑨]。

除去交通出行外,漢代尚有專供皇帝遊玩的舟船。《西京雜記》載“太液

---

①《殷周金文集成》6015,第11册,北京:中華書局,1992年,第196頁。此點承北京大學中國古代史研究中心韓巍先生提示,謹致謝忱。

②分見《北堂書鈔》卷一三七《舟部上・舟揔篇》“鸜鵠”條,第601頁上欄;任昉:《述異記》卷上,北京:中華書局,1991年,第5頁。

③《左傳正義》卷四八“昭公十七年”,北京:中華書局影印十三經注疏本,1980年,第2085頁上欄。又見周生春:《吴越春秋輯校匯考》卷三《王僚使公子光傳》,上海:上海古籍出版社,1997年,第23頁。

④《漢書》卷六《武帝紀》,北京:中華書局,1962年,第196頁。

⑤《漢書》卷六《武帝紀》,第206—207頁。

⑥《文選》卷四五《辭・秋風辭》,上海:上海古籍出版社,1986年,第2025—2026頁。

⑦逯欽立輯校:《先秦漢魏晉南北朝詩》卷一《漢武帝劉徹》,北京:中華書局,1983年,第95頁。

⑧后土祠的具體位置,李零、唐曉峰認爲在今山西萬榮縣西黄河、汾水交匯處。《汾陰后土祠的調查研究》,唐曉峰主編:《九州》第4輯,北京:商務印書館,2007年,第1—30頁。

⑨關於西漢的后土祠祭祀,參看田天:《秦漢國家祭祀史稿》,北京:生活・讀書・新知三聯書店,2015年,第147—158頁。

池中有鳴鶴舟、容與舟、清曠舟、採菱舟、越女舟”①,這些名稱優雅的舟船或即屬皇帝遊玩之舟。又《漢宮殿疏》載武帝曾在昆明池建豫章大舡,《拾遺記》稱成帝嘗與趙飛燕泛舟太液池②。此外,司馬相如《天子游獵賦》:“怠而後發,游於清池;浮文鷁,揚桂枻,張翠帷,建羽蓋”③,毋庸贅言,這種裝飾華麗的“文鷁”必定也屬於皇帝遊船之一種。

另值得注意的是,龍舟在漢代似乎已經較爲穩定地成爲皇帝舟船之專稱。前引司馬相如《天子游獵賦》,顔師古注引張揖云:“《淮南子》曰:‘龍舟鷁首,天子之乘也。’”④此句雖不見今本《淮南子》,但從《淮南子》論述帝王荒政時列舉“龍舟鷁首,浮吹以娱”不難看出⑤,在《淮南子》的叙述中,龍舟確爲帝王所乘。又班固《西都賦》:“於是後宮乘輚路,登龍舟,張鳳蓋,建華旗”⑥,這裏的龍舟顯然也是帝王乘舟。“龍舟”詞義的這一固化,或在一定程度上反映出舟船在皇帝出行工具中的地位有所提升。⑦

及至魏晉以下,文獻中的龍舟幾乎無一例外均指皇帝御舟,而皇帝乘舟之風也更爲盛行。尤其是位處水路交通便利的江東六朝政權⑧,皇帝乘坐舟船的記載前所未有的豐富。與此前相比,這一時期龍舟有以下幾個特點。

首先,舟船裝飾日益爲人所重視,皇帝龍舟與臣下乘舟在裝飾上形成格差。如前所見,在先秦兩漢文獻中,舟船的形制、裝飾已被關注。《穆天子傳》有“龍舟、鳥舟”,《説苑》有“青翰之舟”⑨,《淮南子》有“龍舟鷁首”,前引

①葛洪:《西京雜記》卷六,西安:三秦出版社,2006年,第264頁。

②分見《太平御覽》卷七六九《舟部二·叙舟中》,第3409頁下欄、3411頁上欄。

③《史記》卷一一七《司馬相如傳》,第3012—3013頁

④《漢書》卷五七上《司馬相如傳上》,第2543頁。

⑤何寧集釋:《淮南子集釋》卷八《本經訓》,第592頁。

⑥《後漢書》卷四〇上《班彪傳附班固傳上》,北京:中華書局,1965年,第1348頁。

⑦當然也有例外,如張衡《思玄賦》“號馮夷俾清津兮,櫂龍舟以濟予”,這裏的龍舟即非帝王乘舟。《後漢書》卷五九《張衡傳》,第1923頁。

⑧六朝對水路交通的重視在正史書寫中亦有展現,如《宋書·州郡志》詳載官方驛道里程,即包括水路在内,且以水路爲主。

⑨劉向撰、向宗魯校證:《説苑校證》卷一一《善説》,北京:中華書局,1987年,第277頁。

《西京雜記》所記西漢太液池中諸舟必然也是形制獨特、裝飾華美，而司馬相如、班固等幾篇名賦對皇帝乘船裝飾的敘述更是不吝筆墨，極盡辭藻之能。及至六朝時代，時人對舟船的裝飾更爲重視。《吴書》載“陸遜破曹休，當還西陵，公卿並會，爲遜祖道。上賜御舡，以繒綵飾之”[①]，所謂“以繒綵飾之”，大約是以彩色的絲織品纏繞船身，以顯示孫權“御船”之精美。《宋書・劉義恭傳》提到宋文帝有“蒼鷹船”[②]，當即以蒼鷹形狀爲船身，猶“龍舟鷁首”之類。又《梁書・陸雲公傳》記載：“是時天淵池新制鯿魚舟，形闊而短，高祖暇日，常泛此舟”[③]，從中亦可看出梁武帝對形制獨特的舟船之喜愛。

上行下效，六朝帝王對舟船裝飾的考究也影響到臣下。東吴大將吕範“舟車嚴整”，甘寧“住止常以繒錦維舟”，賀齊更是“所乘船雕刻丹鏤，青蓋絳襜，干櫓戈矛，葩瓜文畫”[④]，均顯示出對舟船裝飾的重視。劉宋時臧質爲江州刺史、都督江州諸軍事，“之鎮，舫千餘乘，部伍前後百餘里，六平乘並施龍子幡”[⑤]，舟船衆多且不説，六條平乘舫且飾以繪有龍紋的旗幟。

皇帝、臣民舟船裝飾競爲華麗，這在貴賤有序的古代社會勢必引發争議。早在孫吴時期，前見吕範、賀齊即曾因“奢麗夸綺，服飾僭擬王者”，受到他人攻擊[⑥]。駱統也“陳諸將舟舡飾麗，箋云：‘諸將舡舩轉相高上，建立奇功，文以丹漆，雕鏤之巧，諸將好尚滋繁，計其費耗，所損不少。’”[⑦]劉宋時揚州刺史上會稽從事韋詣解，“列先風聞餘姚令何玢之造作平床一乘、舴艋一艘，精麗過常，用功兼倍”[⑧]，何玢之因此還遭罷官處理；而前引臧質“六平乘並施龍子幡”，據孝武帝時柳元景討其檄文，“干謁陳聞，曾無紀極，請樂窮大

①《北堂書鈔》卷一三七《舟部上・舟揔篇》“繒綵飾之”條，第602頁下欄。
②《宋書》卷六一《武三王傳・江夏文獻王義恭傳》，第1645頁。
③《梁書》卷五〇《文學傳下・陸雲公傳》，北京：中華書局，1973年，第724—725頁。
④分見《三國志》卷五六《吴書・吕範傳》注引《江表傳》、卷五五《吴書・甘寧傳》注引《吴書》、卷六〇《吴書・賀齊傳》，北京：中華書局，1959年，第1311、1292、1380頁。
⑤《宋書》卷七四《臧質傳》，第1914頁。
⑥《三國志》卷五六《吴書・吕範傳》注引《江表傳》，第1311頁。
⑦《北堂書鈔》卷一三七《舟部上・舟揔篇》“文以丹漆”條，第602頁下欄。
⑧《太平御覽》卷七七一《舟部四・舴艋》引《宋元嘉起居注》，第3417頁。

予之英，求器盡官府之選”，也被視爲臧質的罪行之一[①]。

劉宋孝建元年（454），在孝武帝“嫌侯王强盛，欲加減削”的背景下，大司馬江夏王劉義恭、驃騎大將軍竟陵王劉誕上表請求改革諸王車服制度，凡九條，後有司又增廣至二十四條，其中提到，“平乘船皆下兩頭作露平形，不得擬象龍舟，悉不得朱油”[②]。管見所及，這是王朝首次對臣下舟船的裝飾進行限制，而借由舟船裝飾的差異，皇帝龍舟與臣下舟船之間形成格差，龍舟在法令上成爲皇帝的專屬舟船。

孝武帝所確立的君臣舟船格差在隋煬帝時期被進一步明確化。大業元年（605），隋煬帝初下江都，“上御龍舟，……文武官五品已上給樓船，九品已上給黄蔑。舳艫相接，二百餘里”[③]。舟船類别與貴賤等級直接聯繫，較之孝武帝祇是簡單地規定臣下舟船形制，無疑更爲細化。案隋代雖出自北朝，但隋煬帝本人篤好南朝文化，輿服儀制亦多取仿南朝[④]，以此而言，隋煬帝進一步明確君臣舟船格差，毋寧認爲是南朝所確立的舟船文化的延續。

如所周知，車駕儀制中車飾的不同正是區分皇帝用車與臣下用車的標準之一[⑤]，六朝時代舟船形制、裝飾爲時人關注，也就意味著舟船獲得了類似車駕的地位。這一點從前引劉宋孝武帝改革諸王車服二十四條也可看出端倪：在限制諸王舟船的前一條正是“車非輅車，不得油幢”，對車駕裝飾進行限制。舟船與車駕比肩，顯示出在六朝時代，舟船已成爲與車駕相當的日常交通工具，皇帝龍舟亦是如此。

---

①《宋書》卷七四《臧質傳》，第1918頁。

②《宋書》卷六一《武三王傳·江夏文獻王義恭傳》，第1648頁。又見於同書卷一八《禮志五》，唯“元年”作“二年”，第522頁。

③《隋書》卷三《煬帝紀上》，北京：中華書局，1973年，第65頁。又見於同書卷二四《食貨志》，第686頁。

④如牛車，隋煬帝在車駕中大規模使用牛車，當即受到南朝影響。參看拙稿《製造士人皇帝——牛車、白紗帽與進賢冠》，北京大學中國古代史研究中心編：《田餘慶先生九十華誕頌壽論文集》，北京：中華書局，2014年，第268頁。

⑤此外還有車形、駕畜種類及數目等。關於此，參看劉增貴：《漢隋之間的車駕制度》，蒲慕州主編：《臺灣學者中國史研究論叢·生活與文化》，北京：中國大百科全書出版社，2005年，第172—188頁。

其次,六朝龍舟用途更爲廣泛。如前所見,秦漢皇帝使用舟船的場合不外乎巡幸、遊玩及用作戰船,這些場合在六朝時期依然存在。遊玩的例子已見前引梁武帝"鯿魚舟"。巡幸如元嘉二十六年(449)宋文帝車駕陸路幸丹徒,回來時則經水路返建康①。此外如大同十年(544)梁武帝巡幸故里,研究者復原其行走路線:大同十年三月甲申從建康出發,經秦淮水,過方山埭,入破岡瀆,至雲陽西城(今丹陽市延陵西),入簡瀆,至曲阿,入江南運河,至陵口,入蕭梁河,至太祖建陵②,所經也是水路,而水路自然離不開乘坐龍舟。至於用作戰船,如東晉立國前夕,王鑒勸司馬睿親征在長江中游作亂的杜弢,云及"高風啓塗,龍舟電舉";蕭梁普通六年(525)梁武帝大舉北伐,聲稱"朕當六軍雲動,龍舟濟江"③。雖然這兩次口頭上的行動最終均未果行,但其中所云"龍舟"屬於戰船,當無疑問。又《南齊書·魏虜傳》載"明年(永明二年,484)冬,虜使李道固報聘,世祖於玄武湖水步軍講武,登龍舟引見之"④,既是講武時所乘,則此處龍舟自然也屬於戰船之列。

要之,秦漢皇帝使用舟船的場合,在六朝時期都得到延續,且後者更不限於這些場合。如前引《南齊書·魏虜傳》所見,齊武帝在龍舟引見北魏使臣。案南北朝使臣接待是一件大事情,不僅接待儀式隆重,銜命接客也多一時之選⑤。以此而言,齊武帝在龍舟接見使臣,不得不説是很另類的。我們認爲,齊武帝如此行事,與其説是接待禮儀上的簡慢,毋寧認爲龍舟已獲得一定的禮儀性内涵,爲禮制所認可,故而能夠充任接待使臣的場所。

六朝時期龍舟爲王朝禮制所認可,還可從如下一則記載中得到印證。

---

①《宋書》卷五《文帝紀》,第97頁。

②轉引自張學鋒:《"齊梁故里"研究中的史料學問題——兼論"晉陵武進縣之東城里"的地望》,《南京曉莊學院學報》2011年第1期。

③分見《晉書》卷七一《王鑒傳》,北京:中華書局,1974年,第1891頁;《梁書》卷三《武帝紀下》,第69頁。

④《南齊書》卷五七《魏虜傳》,北京:中華書局,1972年,第989頁。

⑤王友敏:《南北朝交聘禮儀考》,《中國史研究》1996年第3期;蔡宗憲:《中古前期的交聘與南北互動》,臺北:稻鄉出版社,2008年,第71—232頁;梁滿倉:《魏晉南北朝五禮制度考論》,北京:社會科學文獻出版社,2009年,第560—590頁。

《南齊書·高帝紀下》載蕭道成死後，四月庚寅，"奉梓宫於東府前渚升龍舟。丙午，窆武進泰安陵"，《南史》在此之後又補充了"於龍舟卒哭，内外反吉"①。我們知道，古人載屍一般以車，稱柩車或輀車，皇帝死後，如《宋書·禮志五》所見，"漢制，大行載轀輬車，四輪。……今則馬不虎文，不斥賣；車則毁也"②。漢代以降迄至南朝，都載以轀輬車。然而蕭道成死後，卻以龍舟載屍入陵，這固然與建康至陵寢水路交通便利相關，但另一方面也未嘗不顯示出，在某些場合，龍舟獲得了王朝禮儀制度的接納和認可③。

又六朝時期龍舟有時還與皇帝法駕一同出現。案法駕爲皇帝車駕之一種，《續漢志》稱屬車三十六乘，可見構成當以車爲主④。然而時入六朝，法駕在某些場合似已包含龍舟。東晉義熙元年（405）劉裕等人從桓玄餘黨手裏奪回安帝，劉宋時徐羡之、傅亮等廢少帝后迎立文帝，蕭齊末年蕭衍平定建康迎接身在江陵的和帝，史文皆稱以法駕奉迎，實際均有龍舟參與⑤。又《梁書·王僧辯傳》載王僧辯迎立貞陽侯蕭淵明，"遣龍舟法駕往迎"⑥。這裏的"龍舟法駕"究竟是指由龍舟形成的法駕，還是"龍舟+法駕"之義，由於該詞僅見，尚難確認。不過據《西巡記》"宋孝武度六合，龍舟、翔鳳以下，三千四十五艘。舟航之盛，三代二京無比"，則從舟船類别及規模而言，六朝法駕由龍舟形成，並非絶無可能。退一步言之，即便依從後意，龍舟與法駕密切相

①分見《南齊書》卷二《高帝紀下》，第38頁；《南史》卷四《齊本紀上·高帝紀》，北京：中華書局，1975年，第113頁。

②《宋書》卷一八《禮志五》，第501頁。

③順便説一下，以龍舟載屍在形式上與流行於楚地的魂舟觀念有類似之處，不過二者未必具有聯繫。關於魂舟，參看蕭兵：《引魂之舟：戰國楚〈帛畫〉與楚辭〈神話〉》，載氏著《楚辭與神話》，南京：江蘇古籍出版社，1987年，第13—45頁。又《白虎通義》稱禮有"天子舟車殯"，不過其説出自禮緯，似不被認可。陳立：《白虎通疏證》卷一一《崩薨》"天子舟車殯"條，北京：中華書局，1994年，第551—552頁。

④《續漢書·輿服志上》，第3649頁。

⑤參看《晉書》卷一〇《安帝紀》，第258頁，《魏書》卷九六《僭晉司馬叡傳附昌明子德宗傳》，北京：中華書局，1974年，第2109頁；《宋書》卷五《文帝紀》，第72頁，《宋書》卷六三《王曇首傳》，第1679頁；《南齊書》卷八《和帝紀》，第112頁，《梁書》卷一六《王瑩傳》，第274頁。

⑥《梁書》卷四五《王僧辯傳》，第635頁。

關也是毋庸置疑的[①]。而龍舟與作爲王朝儀制的法駕密切相關，自然也有助於龍舟獲得禮儀性内涵，成爲王朝禮制所認可的皇帝出行工具。

最後，舟船管理機構發展和獨立。漢代舟船管理，有都船、輯濯兩個機構，前者轄屬中尉（執金吾），後者統歸水衡都尉。學者推測，都船多與獄相連稱，故或爲監禁做工，以保證船舶品質，輯濯則可能僅掌管上林苑裏的池沼舟船[②]。據此，漢代舟船管理機構的權限十分有限。

魏世以下，據《宋書·百官志下》記載：

> 都水使者，一人。掌舟航及運部。秦、漢有都水長、丞，主陂池灌溉，保守河渠，屬太常。漢東京省都水，置河隄謁者，魏因之。漢世水衡都尉主上林苑，魏世主天下水軍舟船器械。晉武帝省水衡，置都水使者，而河隄爲都水官屬。有參軍二人，謁者一人，令史減置無常員。晉西朝有參軍而無謁者，謁者則江左置也。懷帝永嘉六年，胡入洛陽，都水使者爰濬先出督運得免。然則武帝置職，便掌運矣。江左省河隄。[③]

從曹魏開始，王朝開始以獨立的機構掌管“天下水軍舟船器械”，此即水衡都尉。及至西晉，又改爲都水使者。都水使者屬官在東晉雖屢有置廢，但其掌管舟船這一基本職能迄至劉宋初未變。

劉宋至蕭梁初年，除了劉宋孝武帝曾短暫以水衡令取代都水使者外[④]，基本沿襲了西晉以來以都水使者掌管舟船的制度。至梁武帝天監七年（508），這一制度才再度發生變化。《隋書·百官志》記載：

> 太舟卿，梁初爲都水台，使者一人，參軍事二人，河堤謁者八人。七年，改焉。位視中書郎，列卿之最末者也。主舟航堤渠。[⑤]

---

①《初學記》卷二五《器物部·舟》“翔鳳”條引陶季直《京邦記》引，北京：中華書局，1962年，第610頁。

②王子今：《秦漢交通史稿（增訂版）》，北京：中國人民大學出版社，2013年，第241—242頁。

③《宋書》卷四〇《百官志下》，第1252頁。

④《宋書》卷六《孝武帝紀》，第113、116頁。

⑤《隋書》卷二六《百官志上》，第726頁。

可以看到,都水使者被升格爲十二卿之一的太舟卿。儘管太舟卿在十二卿中叨陪末座、且有湊數之嫌,但廁身卿班、位居三品,無疑仍表明梁代舟船管理機構較之前地位上升①。

要之,從漢代以降,舟船管理機構經歷了從都船、楫濯到都水使者再到太舟卿的發展歷程,在此過程中,舟船管理機構不僅地位提升,且發展爲一個獨立部門。舟船管理機構的這一變化,與包括龍舟在内的舟船在六朝交通方式中的作用密切相關,正是得益於後者的推動,舟船管理機構變得日益重要。

以上我們從舟船裝飾、龍舟使用場合、舟船管理機構三個方面論述了舟船在六朝時代的發展,確認六朝皇帝不僅乘坐龍舟,且更爲常態,龍舟已然成爲皇帝出行不可或缺的交通工具。事實上,從清人朱銘盤撰南朝四朝會要、有兩部均爲皇帝乘舟單列條目亦可看出,六朝龍舟的使用已很引人注意②。然則六朝皇帝如此倚重作爲交通工具之龍舟,何以這一時期的史志卻不予記載呢? 是史志撰者疏忽遺漏,還是别有用意?

二　史志書寫的傳統

關於古代書志的書寫,劉知幾有如下一段評述:

原夫司馬遷曰"書"。班固曰"志",蔡邕曰"意",華嶠曰"典",張勃曰"録",何法盛曰"説"。名目雖異,體統不殊。亦猶楚謂之"檮杌",晉謂之"乘",魯謂之"春秋",其義一也。

於其編目,則有前曰《平準》,後云《食貨》;古號《河渠》,今稱《溝洫》;析《郊祀》爲《宗廟》,分《禮樂》爲《威儀》;《懸象》出於《天文》,《郡

①這裏需要説明的是,在十八制下,太舟卿爲九班,地位較原先似有下降,不過在官品序列中,太舟卿與其他諸卿一樣位居三品,地位明顯上升。

②朱銘盤:《南朝宋會要・輿服》"御船"條,上海:上海古籍出版社,1984年,第221頁;同氏:《南朝梁會要・輿服》"御舟"條,上海:上海古籍出版社,1984年,第152—153頁。

國》生於《地理》。如斯變革，不可勝計，或名非而物是，或小異而大同。但作者愛奇，恥於仍舊，必尋源討本，其歸一揆也。[①]

亦即在劉知幾看來，書志有一個很强延續性的傳統，大的書志名稱，小到志目設置，此後書志的書寫往往受其約束，很難擺脱這一傳統，故雖小有變革，但“尋源討本，其歸一揆”。

劉知幾的評述主要針對唐代以前的史書而言，且不限於正史，如果站在更長時間段觀察歷代正史，其情形又如何呢？就書志名稱而言，二十五史中《漢書》之後的正史書志，除《新五代史》别出心裁稱“考”外，其餘大抵稱“志”，這也印證了劉知幾所謂“其義一也”的判斷。

至於志目設置，參看下表。

表一　歷代正史志目

<table>
<tr><th>史記</th><th>漢書</th><th>後漢書</th><th>晉書</th><th>宋書</th><th>南齊書</th><th>魏書</th><th>隋書</th><th>舊唐書</th><th>新唐書</th><th>舊五代史</th><th>新五代史</th><th>宋史</th><th>遼史</th><th>金史</th><th>元史</th><th>明史</th><th>清史稿</th></tr>
<tr><td>禮</td><td rowspan="2">禮樂</td><td>禮儀</td><td>禮</td><td>禮</td><td>禮</td><td>禮</td><td>禮儀</td><td>禮儀</td><td rowspan="2">禮樂</td><td>禮</td><td></td><td>禮</td><td>禮</td><td>禮</td><td rowspan="2">禮樂</td><td>禮</td><td>禮</td></tr>
<tr><td>樂</td><td></td><td>樂</td><td>樂</td><td>樂</td><td>樂</td><td>音樂</td><td>音樂</td><td>樂</td><td></td><td>樂</td><td>樂</td><td>樂</td><td>樂</td><td>樂</td></tr>
<tr><td>律</td><td rowspan="2">律曆</td><td rowspan="2">律曆</td><td rowspan="2">律曆</td><td rowspan="2">律曆</td><td></td><td rowspan="2">律曆</td><td rowspan="2">律曆</td><td></td><td></td><td></td><td></td><td rowspan="2">律曆</td><td></td><td></td><td></td><td></td><td></td></tr>
<tr><td>曆</td><td></td><td>曆</td><td>曆</td><td>曆</td><td></td><td>曆象</td><td>曆</td><td>曆</td><td>曆</td><td>時憲</td></tr>
<tr><td>天官</td><td>天文</td><td>天文</td><td>天文</td><td>天文</td><td>天文</td><td>天象</td><td>天文</td><td>天文</td><td>天文</td><td>天文</td><td>司天</td><td>天文</td><td></td><td>天文</td><td>天文</td><td>天文</td><td>天文</td></tr>
<tr><td>封禪</td><td>郊祀</td><td>祭祀</td><td></td><td></td><td></td><td></td><td></td><td></td><td></td><td></td><td></td><td></td><td></td><td></td><td>祭祀</td><td></td><td></td></tr>
<tr><td>河渠</td><td>溝洫</td><td></td><td></td><td></td><td></td><td></td><td></td><td></td><td></td><td></td><td></td><td>河渠</td><td></td><td>河渠</td><td>河渠</td><td>河渠</td><td>河渠</td></tr>
</table>

①劉知幾撰、浦起龍通釋：《史通通釋》卷三《書志》，第52頁。

續表

史記	漢書	後漢書	晉書	宋書	南齊書	魏書	隋書	舊唐書	新唐書	舊五代史	新五代史	宋史	遼史	金史	元史	明史	清史稿
平準	食貨		食貨			食貨	食貨	食貨	食貨	食貨		食貨	食貨	食貨	食貨	食貨	食貨
	刑法		刑法			刑罰	刑法	刑法	刑法	刑法		刑法	刑法	刑	刑法	刑法	刑法
	五行	五行	五行	五行	五行		五行	五行	五行	五行		五行		五行	五行	五行	災異
	地理	郡國	地理	州郡	州郡	地形	地理	地理	地理	郡縣	職方	地理	地理	地理	地理	地理	地理
	藝文						經籍	經籍	藝文			藝文				藝文	藝文
		百官	職官	百官	百官	官氏	百官	職官	百官	職官		職官	百官	百官	百官	職官	職官
		輿服	輿服		輿服			輿服	車服			輿服		輿服	輿服	輿服	輿服
				符瑞	祥瑞	靈徵											
						釋老											
									儀衛			儀衛	儀衛	儀衛		儀衛	
									選舉	選舉		選舉		選舉	選舉	選舉	選舉
									兵			兵	兵衛	兵	兵	兵	兵
													營衛				
																	交通
																	邦交

可以看到,以《新唐書》爲界,歷代正史志目的設置大致分爲兩個階段,前一階段史志相對簡單,大多包括8—9個核心志目,後一階段則在此基礎上增加了選舉、儀衛、兵諸志,志目數量一般多在10個以上。不過總體上看,志目設置沿襲還是很明顯的,如禮樂、律曆、天文、五行、職官、地理、食貨、刑法、輿服等核心志目,在歷代正史中大都存在。據此可見,劉知幾對史志編目“小異而大同”、“尋源討本,其歸一揆”的判斷,同樣適用於更長時段的正史書志設置。

事實上,不僅志目設置受《史》、《漢》傳統的制約,史志具體内容的書寫,也往往是在此前書寫傳統的延長線上。如正史關於皇帝車駕的叙述,自第一部輿服專志《續漢書·輿服志》開始,往往以五輅(玉、金、象、革、木)居先。然而在王朝實際儀制中,五輅在很多時期並不使用,《舊唐書·輿服志》記載:

> 自高宗不喜乘輅,每有大禮,則御輦以來往。爰洎則天以後,遂以爲常。玄宗又以輦不中禮,又廢而不用。開元十一年冬,將有事於南郊,乘輅而往,禮畢,騎而還。自此行幸及郊祀等事,無遠近,皆騎於儀衛之内。其五輅及腰輿之屬,但陳於鹵簿而已。[①]

則在唐代大部分時間内,皇帝騎馬出行,五輅不過“陳於鹵簿而已”。而在劉宋以前,如《宋書·禮志五》“秦改周輅,制爲金根,……漢、魏、二晉,因循莫改。逮于大明,始備五輅”[②]所見,五輅直至劉宋孝武帝時期才由理想走向現實,史志書寫記有五輅的東漢、兩晉,實際都不備五輅[③]。甚而在五輅恢復之後,如《元史·輿服志》所見:

> 至治元年,英宗親祀太廟,詔中書及太常禮儀院、禮部定擬制鹵簿

①《舊唐書》卷四五《輿服志》,北京:中華書局,1975年,第1933頁。

②《宋書》卷一八《禮志五》,第525頁。

③關於劉宋以前不存在五輅,參看黄楨:《中古天子五輅的想象與真實——兼論〈晉書·輿服志〉車制部分的史料構成》,《文史》2014年第4輯。

五輅。以平章政事張珪、留守王伯勝、將作院使明里董阿、侍儀使乙剌徒滿董其事。是年，玉輅成。明年，親祀御之。後復命造四輅，工未成而罷。①

元代在至治元年(1321)以前，也無五輅，此後也僅有玉輅存世。在這種情况下，史家書寫皇帝車駕仍詳載五輅儀制，衹能説囿於史志傳統而不自知了。

以上我們從志目和志文兩個方面確認正史書志有其傳統，這個傳統歷時長久，後世史志書寫往往難以擺脱其影響而另起爐灶。而在這個傳統中，《史記》、《漢書》、《續漢志》等皆不載舟船儀制，然則龍舟在六朝史志中缺失，似也合乎情理。

另一方面，即便不限於正史範疇内，六朝史志之前的輿服書寫傳統中，同樣不見龍舟。輿服記載作爲專志見諸史乘，始於《東觀漢記》，即蔡邕所撰《車服志》。《車服志》久已散佚，所存佚文也僅涉及服制②，從篇名"車服"或可推測，記載交通工具當以車爲主，不及舟船。

《東觀漢記》以下，可以確認設置輿服專志的史乘還有孫吴謝承《後漢書》、東晉王隱《晉書》、蕭齊臧榮緒《晉書》、蕭齊江淹《齊史》等③，可惜今皆不存，無法得知明細。不過，考慮到後二書《輿服志》爲《晉書》、《南齊書》所本，而後者均不記舟船，推測臧榮緒《晉書》、江淹《齊史》也都不記龍舟，恐怕不算無稽。

至於史乘之外的輿服書寫，如曹魏董巴《大漢輿服志》、劉宋徐廣《車服雜注》、蕭梁周遷《古今輿服雜事》等，從僅有的隻字片言來看，極有可能也未記載龍舟。

由此可見，無論是正史書志傳統，還是其他史志傳統，亦或輿服專篇傳統，其對皇帝交通工具的叙述可能都衹涉及車輿。這顯示出，舟船雖在生活

①《元史》卷七八《輿服志一》，北京：中華書局，1976年，第1946頁。

②劉珍等撰、吴樹平校注：《東觀漢記校注》卷五《車服志》，鄭州：中州古籍出版社，1987年，第182—183頁。

③羅秉英：《魏晉六朝時期"佚史"書志的編纂》，《思想戰線》1987年第2期。

層面很早即爲帝王所使用,但在書寫層面卻集體消失。在此傳統下,六朝史志不載龍舟,似乎也就不足爲奇了。

不過,另一方面,史志書寫也並不總是爲傳統所規制。沈約在《宋書·志序》説到:

> 班固《禮樂》、《郊祀》,馬彪《祭祀》、《禮儀》,蔡邕《朝會》,董巴《輿服》,並各立志。夫禮之所苞,其用非一,郊祭朝饗,匪云别事,旗章服物,非禮而何?今總而裁之,同謂《禮志》。①

魏收《前上十志啓》亦云:

> 《河溝》往時之切,《釋老》當今之重,《藝文》前志可尋,《官氏》魏代之急,去彼取此,敢率愚心。②

可見沈約和魏收都强調史書在志目設置上當因時而異。沈約立足於諸志内容的相關性,魏收則著眼“當今之重”、“魏代之急”,二人出發點雖有差異,但對志目設置不必拘泥於此前傳統的認識頗爲一致。事實上,從表一所列正史志目也可看出,歷代史家在志目設置上確存在一定的選擇空間。

志目設置如此,志文更不必説。魏收所提到的《釋老志》前史所無,《官氏志》詳載姓氏也屬首創,其具體文字自然不同於前史。即便是前史已有的書志,如《南齊書·輿服志》所説,“案《周禮》以檢《漢志》,名器不同,晉、宋改革,稍與世異,今記時事而已”③,也當以記載“時事”爲旨歸。由人輓抬、去除車輪的輿或輦屬於車駕異形,《續漢志》不載,但在魏晉以後成爲皇帝常乘,故《晉書》、《宋書》以下詳載其制;宫室至臣民房屋制度,一般不被視作輿服,諸史《輿服志》例不記載,但《宋史》、《明史》卻備録其文④,由此可見,儘

---

①《宋書》卷一一《志序》,第204頁。

②《魏書·前上十啓》,第2331頁。

③《南齊書》卷一七《輿服志》,第333頁。

④分見《晉書》卷二五《輿服志》,第755頁;《宋書》卷一八《禮志五》,第497頁;《宋史》卷一五四《輿服志六》,北京:中華書局,1977年,第3598—3600頁;《明史》卷六八《輿服志四》,北京:中華書局,1974年,第1667—1672頁。

管前史的輿服書寫構成堅實的書寫傳統，但這一傳統並非牢不可破，在皇帝使用龍舟日益普遍的現實狀況下，旨在“記時事”的史志記載龍舟，毋寧説也是被認可的。

又史志書寫還有一個傳統，也可成爲支撑其記載龍舟的依據，這個傳統便是經學。劉知幾叙述史志來源，提出“夫刑法禮樂、風土山川，求諸文籍，出於三禮。及班、馬著史，别裁書志，考其所記，多效禮經”；王鳴盛也認爲，“志則又《周禮》、《儀禮》體也”；章學誠表述雖有不同，但也承認，“書志之原，蓋出官《禮》”①。可以看到，經學尤其是“禮”，被視爲史志的濫觴。事實上，即便《輿服志》自身，也常把自己的起源追溯至諸禮②。

而在諸禮中，天子乘坐舟船是被認可的。《禮記・月令》記載：

> (季春之月)，天子居青陽右个，乘鸞路，駕倉龍，載青旂，衣青衣，服倉玉，食麥與羊，其器疏以達。……命舟牧覆舟，五覆五反，乃告舟備具于天子焉。天子始乘舟，薦鮪于寢廟……③

其中明確提到天子乘舟，且很可能是天子專用的舟船。又《爾雅・釋水》：

> 天子造舟，諸侯維舟，大夫方舟，士特舟，庶人乘泭。④

郝懿行《義疏》云：“釋文引郭圖云：‘天子竝七船。’按禮自上以下，降殺以兩，若以諸侯四、大夫二、士一推之，則天子當竝六船也。又《説文》引此四句作禮，蓋出古禮經之文。”⑤可見，“古禮經”亦有天子乘坐舟船的記載。儘管

①分見劉知幾撰、浦起龍通釋：《史通通釋》卷三《書志》，第51頁；王鳴盛：《十七史商榷》卷九九《綴言一》“正史編年二體”條，上海：上海書店出版社，2005年，第926頁；章學誠撰、葉瑛校注：《文史通義校注》卷七《亳州志掌故例議上》，北京：中華書局，1985年，第811頁。

②《南齊書》卷一七《輿服志》，第333頁；《宋史》卷一四九《輿服志一》，第3478頁；《元史》卷七八《輿服志一》，第1929頁等。

③《禮記正義》卷一五《月令》，北京：中華書局影印十三經注疏本，1980年，第1363頁。

④《爾雅注疏》卷七《釋水》，北京：中華書局影印十三經注疏本，1980年，第2619頁下欄。

⑤郝懿行：《爾雅義疏》卷中之八《釋水第十二》，上海：上海古籍出版社，1983年，第908頁。

對於"天子造舟",後世或釋作浮橋①,但浮橋既以舟船構成,則其説對於天子乘舟當也不排斥。

要之,在史志書寫的傳統内,六朝史志不記龍舟有其合理之處。不過,史志傳統並不具有必然的限制性,而在可爲憑據的經學傳統中,帝王乘舟也被認可。若上述不誤,則在禮學尤明的南朝時代②,史家在書志中記下已然成爲皇帝日程交通工具之龍舟,毋寧説是可能且應該的。

三 輿服志的標準

前一節我們提出,史志的書寫傳統可能是限制龍舟進入史志的因素,而在此之外,史志自身的標準或也對龍舟能否被納入記載產生影響。那麼史志、尤其是與龍舟密切相關的輿服志(或禮志)是以何種標準選擇記述項目的呢?《續漢書·輿服志》的如下表述或可提供啓示。

> 故聖人處乎天子之位,服玉藻邃延,日月升龍,山車金根飾,黄屋左纛,所以副其德,章其功也。③

可以看到,對於皇帝來説,輿服不僅是御用器物,同時還需有"副其德,章其功"的功能,亦即輿服需要爲建構聖人化的皇帝形象服務④。而按照這一標準,龍舟顯然無法與車相比。

在《續漢書·輿服志》中,車的意涵被這樣描述:

> 一器而羣工致巧者,車最多,是故具物以時,六材皆良。輿方法地,

---

①《爾雅注疏》卷七《釋水》,第2619頁下欄;邵晉涵《爾雅正義》卷一三《釋水》,北京:中華書局,2017年,第674—675頁。王子今認爲,非獨天子"造舟",諸侯以下的維舟、方舟、特舟也都指以船架設的不同規格的浮橋。參《"造舟爲梁"及早期浮橋史探考》,《文博》1998年第4期。

②馬宗霍:《中國經學史》,上海:上海書店,1984年,第79—80頁。

③《續漢書·輿服志上》,第3640頁。

④關於輿服的這一功能,參看徐連達、朱子彦:《中國皇帝制度》,廣州:廣東教育出版社,1996年,第33—40、61—68頁。

> 蓋圓象天；三十輻以象日月；蓋弓二十八以象列星；龍旂九斿，七仞齊軫，以象大火；鳥旟七斿，五仞齊較，以象鶉火；熊旗六斿，五仞齊肩，以象參、伐；龜旐四斿，四仞齊首，以象營室；弧旌枉矢，以象弧也：此諸侯以下之所建者也。①

據劉昭注可知，此段文字出自《周禮》。核之《周禮》(《考工記・輈人》)，文字大體相同，可見這類意識起源頗早②。在這段叙述中，車的各個部件被視爲自然界天地日月星辰的象徵，而經由這樣的比擬，車也變得神聖，由此獲得能夠表彰皇帝功德的功能。《周禮》的這段表述流傳很廣，《晉書》、《宋書》、《隋書》、《宋史》輿服相關記載都有摘録③，這顯示出車之上述神聖意涵是被廣泛接受的。

相比之下，龍舟就没那麽幸運了。文獻中以“舟”爲描述對象的文字固不在少數，但或云其功用，或稱其迅疾，或贊其優美，很少將舟與擬人化的“功”、“德”聯繫起來④。僅見的如西晉棗據所撰《船賦》，也衹是將舟船比作君子，與神聖、帝王無關⑤。龍舟既不能像車一樣具有“取法天地”的構成，自然也就不能成爲帝王功德的表彰符號，其在輿服志中缺失，也就不難理解了。

另一方面，如《南齊書・輿服志》所説：“文物煌煌，儀品穆穆。分别禮數，莫過輿服”⑥，輿服乃是區分禮數最重要的標準，這也就意味著，輿服志所載諸項必然是合乎禮的。對交通工具而言，能否納入皇帝車駕似乎是“中

---

①《續漢書・輿服志上》，第3642頁。

②《考工記》成書時間衆説紛紜，聞人軍綜合衆家意見後認爲成於戰國初期。《〈考工記〉成書年代新考》，氏著《考工記譯注》，上海：上海古籍出版社，1993年，第144—153頁。

③分見《宋書》卷一八《禮志五》，第494頁；《晉書》卷二五《輿服志》，第753頁；《隋書》卷一〇《禮儀志五》，第199—200頁；《宋史》卷一四九《輿服志一》，第3477頁。

④如《藝文類聚》、《初學記》等所引詩文。

⑤韓格平等校注：《全魏晉賦校注》，長春：吉林文史出版社，2008年，第254頁。

⑥《南齊書》卷一七《輿服志》，第343頁。

禮”的重要甚至是唯一標準。

表二 《晉書·輿服志》與《中朝大駕鹵簿》[①]對照表

晉書輿服志	五輅	安車立車	金根車	耕根車	輦	戎車	獵車	遊車	雲罕車	皮軒車	鸞旗車	建華車	輕車	司南車	記里鼓車	羊車	畫輪車	屬車	御衣書軺藥車	陽遂四望繐窗皁輪小形車	象車
中朝大駕鹵簿		五時車安車立車	金根車	耕根車	大輦		闟戟車蹋豬車	九遊車	雲罕車	皮軒車	鸞旗車	建華車	輕車	司南車			御四望車	豹尾車	御衣書軺藥車	御四望車	象車

如上所見,《晉書·輿服志》所載二十餘種車型中,除五輅、戎車、記里鼓車、羊車外,其餘均可在反映西晉皇帝大駕鹵簿的《中朝大駕鹵簿》中找到對應。而五輅,西晉時實際並不存在(詳上);戎車,與獵車相仿,記里鼓車,劉宋時列於鹵簿,二者不見於《大駕鹵簿》,應爲失載[②];至於羊車,很可能係受唐代羊車列於鹵簿的影響而記(詳下)。要之,如果排除唐人記述的影響,則《晉書·輿服志》所記諸車均應列於《中朝大駕鹵簿》。

表三 《舊唐書·輿服志》與《大駕鹵簿》[③]對照表

舊唐書輿服志	五輅	耕根車	安車	四望車	指南車	記里鼓車	白鷺車	鸞旗車	辟惡車	軒車	豹尾車	羊車	黃鉞車	屬車

①《晉書》卷二五《輿服志》,第757—761頁。

②《宋書》卷一八《禮志五》,第496—497頁。如學者所論,中朝大駕鹵簿中確有訛誤之處。張金龍:《魏晉南北朝禁衛五官制度研究(上册)》,北京:中華書局,2004年,第258—260頁。

③《大唐開元禮》卷二《序例中》“大駕鹵簿”條,北京:民族出版社,2000年,第20—23頁;《通典》卷一〇七《禮六七·開元禮纂類二·序例中》“大駕鹵簿”條,北京:中華書局,1988年,第2778—2783頁。

續表

大駕鹵簿	五輅	耕根車	安車	四望車	指南車	記里鼓車	白鷺車	鸞旗車	辟惡車	皮軒車	豹尾車	羊車	黃鉞車	屬車

可以看到,《舊唐書·輿服志》所見諸車,無一例外均列於唐代大駕鹵簿。此外,如《續漢書·輿服志》、《宋書·禮志五》所記諸車,雖然無大駕鹵簿可供對應,但都有不少文字强調其列於大駕鹵簿。可見列於皇帝鹵簿,是諸車能夠進入輿服志記載的重要依據。

而在文獻所見歷朝皇帝大駕鹵簿中,始終都未見到龍舟的影子,這也就意味,至少在王朝禮制層面,龍舟大多時候都不是"中禮"的存在。龍舟的這種狀態與騎馬較爲類似①。《宋書·禮志五》記載:"魏、晉御小出,常乘馬"②,可知早在魏晉時期,騎馬即已成爲皇帝出行的常態。及至唐代,如前引《舊唐書·輿服志》所見,"自此行幸及郊祀等事,無遠近,皆騎於儀衛之内"。宋代亦然,皇帝也多騎馬出行③。不過,皇帝騎馬卻從未在鹵簿中出現,西晉《中朝大駕鹵簿》出現的"流蘇馬",以及列於唐宋皇帝大駕鹵簿的"御馬",均非皇帝御乘之馬,而是儀仗用馬,亦即"仗馬"④。這顯示出,儘管唐宋時期皇帝騎馬已較常見,但在王朝禮制層面,似乎仍處於"不中禮"的狀態,士大夫對於騎馬亦不乏批評⑤。明確了這一點,則《續博物志》載唐玄宗更改馬名似乎就别有意味了:

天寶中,大宛進汗血馬六匹,一曰紅叱撥,二曰紫叱撥,三曰青叱撥,四曰黄叱撥,五曰丁香叱撥,六曰桃花叱撥。上乃製名,曰紅輦,曰

①類似的還有奇怪的衣服或妝飾,一般也不見於《輿服志》,而是記於《五行志》"服妖"條下。

②《宋書》卷一八《禮志五》,第497頁。

③張莉:《宋朝出行工具研究》,河南大學碩士學位論文,2015年,第31頁。

④張鑫:《唐乾陵石仗馬的馬具與馬飾——兼談御馬與仗馬》,《文博》2014年第3期;張顯運:《宋代御馬述論》,《農業考古》2012年第1期。

⑤如劉知幾即曾批評騎馬,主張恢復乘車。《舊唐書》卷四五《輿服志》,第1949—1951頁。

紫玉輦,曰平山輦,曰淩雲輦,曰飛香輦,曰百花輦。[①]

案輦自漢代出現並逐漸流行開來之後,被載入輿服儀制,不僅史志有獨立條文,晉、唐大駕鹵簿也載有其制。相比之下,皇帝騎馬雖已屬常態,但在王朝禮制層面缺乏認可,酷愛騎馬的唐玄宗更馬名爲輦,一方面固然出於文學趣味的比附,另一方面或許也未嘗不是爲馬"正名"的一種努力。

唐玄宗的努力没有奏效,此後皇帝騎馬仍未爲王朝禮制所承認,輿服志中也没有記載皇帝乘馬的獨立條文。皇帝乘舟與皇帝騎馬的處境類似,或許正因如此,輿服志中也没有留下龍舟的記載。

不過這裏仍留下一個疑問。如果説龍舟在其他時期因爲"不中禮"而爲史志所遺棄,那麼至少在六朝時期,如前所述,龍舟已在一定程度上爲王朝禮制所認可。然則六朝史志爲何仍不記載龍舟?對此,古人對龍舟的認識或可提供答案。

四 "御舟非帝王之事"

古人如何認識龍舟?《舊唐書·韋安石傳》的如下記載可供參考。

> 中宗嘗幸安樂公主城西池館,公主具舟楫,請御樓船,安石諫曰:"御輕舟,乘不測,臣恐非帝王之事。"乃止。[②]

如上所見,當唐中宗試圖乘坐其女安樂公主所準備的樓船時,大臣韋安石予以了諫阻,提出此"非帝王之事",其理由是"御輕舟,乘不測",亦即在韋安石看來,乘船是不安全的。

披覽史籍可以發現,韋安石的意見絕非孤例,至少從漢代開始,御舟不安全便屢屢成爲臣民勸阻皇帝乘坐舟船的藉口。《漢書·薛廣德傳》記載:

---

①李石:《續博物志》卷四,成都:巴蜀書社,1991年,第60頁。

②《舊唐書》卷九二《韋安石傳》,第2956—2957頁。

> 廣德爲人温雅有醖藉。及爲三公,直言諫争。……其秋,上(元帝)酎祭宗廟,出便門,欲御樓船,廣德當乘輿車,免冠頓首曰:"宜從橋。"詔曰:"大夫冠。"廣德曰:"陛下不聽臣,臣自刎,以血污車輪,陛下不得入廟矣!"上不説。先敺光禄大夫張猛進曰:"臣聞主聖臣直。乘船危,就橋安,聖主不乘危。御史大夫言可聽。"上曰:"曉人不當如是邪!"乃從橋。①

西漢長安城在渭水之南,諸宗廟在渭水之北,二處雖有渭水相隔,但渭水上架設橋梁多處②,往來頗爲方便。不過這一次漢元帝酎祭完宗廟後,心血來潮要乘樓船回宫,御史大夫薛廣德、光禄大夫張猛先後諫阻,從"乘船危,就橋安"一語可以看出,其理由同樣是乘船或有危險。

魏晉以降,儘管造船技術穩步提升③,但帝王乘舟仍不時遭遇反對意見。《江表傳》載孫權新建成大船一艘,想在大風中試乘,左右親信谷利勸云:"大王萬乘之主,輕於不測之淵,戲於猛浪之中,船樓裝高,邂逅顛危,奈社稷何?"又黄龍三年(231),孫權欲親征遼東公孫淵,尚書僕射薛綜諫曰:"漢元帝欲御樓船,薛廣德請刎頸以血染車。何則? 水火之險至危,非帝王所宜涉也。"④不難看出,二人所持論調與韋安石、薛廣德完全相同。

南北朝時期,則可以劉宋劉義恭和北魏高道悦的上表爲例。劉宋孝建三年(456),孝武帝遣沈慶之征討據守廣陵的竟陵王劉誕,沈慶之屢攻不克,遷延日久,孝武帝盛怒之下意欲親征,太宰、江夏王劉義恭上表勸阻,列舉諸理由中,其中一條便是"長江險闊,風波難期,王者尚不乘危,況乃汎不測之水"⑤。高道悦的上表發生在孝文帝遷洛伊始,《魏書·高道悦傳》

①《漢書》卷七一《薛廣德傳》,第3047頁。

②考古工作者已在漢長安城北發現7座渭橋遺址,參陝西省考古研究院等:《西安市漢長安城北渭橋遺址》,《考古》2014年第7期。

③參看席龍飛:《中國造船通史》,北京:海洋出版社,2013年,第108—122頁。

④分見《三國志》卷四七《吴書·吴主傳》注,第1133—1134頁;卷五三《吴書·薛綜傳》,第1253頁。

⑤《宋書》卷七九《文五王傳·竟陵王誕傳》,第2036頁。

記載：

> 時宫極初基，廟庫未構，車駕將水路幸鄴，已詔都水回營構之材，以造舟檝。道悦表諫曰："……又欲御泛龍舟，經由石濟，其沿河挽道，久以荒蕪，舟檝之人，素不便習。若欲委棹正流，深薄之危，古今共慎；若欲挽牽取進，授衣之月，裸形水陸，恐乖視人若子之義。且鄴洛相望，陸路平直，時乘沃若，往來匪難。更乃捨周道之安，即涉川之殆，此乃愚智等慮，朝野俱惑，進退伏思，不見其可。又從羣群僚，聽將妻累，舟檝之間，更無限隔，士女雜亂，内外不分。"①

高道悦列舉了不宜乘舟幸鄴的幾點理由，其中如"修繕非務、舟檝無鄣、士女雜亂"等都遭到孝文帝的否認，唯獨乘舟安全問題被接受，承認"深薄之危，撫後之重，斯則卿之得言也"。這顯示出，乘舟存在危險的認識，在當時應是廣爲接受的。

從上面叙述可以看出，至少在漢唐時代，乘舟不安全的認識乃是一以貫之的，且具有廣泛的接受度：士大夫一方固不必説，從幾個例子中帝王均被成功勸止的結果看，毋寧説帝王一方也不能否認。

固然，帝王乘舟出現危險並不總是經常發生，上述人臣勸阻皇帝乘舟時僅提到一則"反面教材"，即劉義恭所云"昔魏文濟江，遂有遺州之名"。這一事故按照曹魏大臣鮑勛的叙述，大意是在黄初五年（224）曹丕親征孫吴，結果所乘龍舟被風刮後遠隔南岸，以致"聖躬蹈危，臣下破膽"②。此外，東晉末年劉裕等人自江陵迎回晉安帝時，"大風暴起，龍舟沉没，死者十餘人"③。這大約是漢唐時期皇帝乘舟僅有的兩起事故。

另一方面，"昭王南征而不復"的歷史記憶可能也塑造了時人對皇帝乘舟的認識。《史記·周本紀》記載："昭王南巡狩不返，卒於江上。"④這一故

①《魏書》卷六二《高道悦傳》，第1400頁。

②《三國志》卷一二《魏書·鮑勛傳》，第385—386頁。

③《魏書》卷九六《僭晉司馬叡傳附昌明子德宗傳》，第2109頁。

④《史記》卷四《周本紀》，第134頁。

事流傳甚廣,在《楚辭》、《吕氏春秋》、西晉人皇甫謐撰《帝王世紀》、東晉人王嘉撰《拾遺記》乃至西晉時重見天日的《竹書紀年》中均有記載,在漢唐時人的論述中也經常出現。儘管昭王死時的具體細節,諸書記載不一,但昭王死於乘船途中的説法似乎被更多接受①。不難想見,這一集體性歷史記憶的廣泛流傳,當對時人認識皇帝乘舟産生影響。

而從事實層面看,乘舟危險在當時也絶非危言聳聽,船覆人亡事件頻見諸史載。《三國志·杜畿傳》載杜畿"受詔作御樓船,於陶河試船,遇風没"。《宋書·何長瑜傳》記何長瑜爲南中郎行參軍,掌書記之任,赴任途中"行至板橋,遇暴風溺死"②。這一時期甚至還形成與沉船相關的書寫模式,如在孝子諸模式中有一類"静風止浪"模式,即孝子乘船護喪時遭遇風浪,因孝義感動神明而獲免③。這類書寫模式的流行,顯然也與覆船事故多發相關。而鎮護風浪的水神信仰的流行,無疑也正是這類事故頻發的恰當注腳④。

基於上述事實及認知的背景,古人對帝王乘舟極爲謹慎。前引《禮記·月令》稱天子乘舟前,"命舟牧覆舟,五覆五反",《集解》釋云:"覆之以視其底,又反之以視其面,反覆視之,以至於五,恐其有穿漏也。乘舟本危事,而至尊所御,故其慎之如此",《訓纂》也引高誘注《淮南》曰:"天子將乘舟而漁,故反覆而視之,恐有穿漏也。五覆五反,慎之至也。"⑤二説均强調《月令》對天子乘舟的重視。又《北堂書鈔·舟部》"天子造舟"條引《爾雅》曰:"天子造舟。"注云:"造,比舩爲橋,自者亦重慎防危殆也。"⑥儘管校語稱《爾雅》郭璞注無"自者以下",但在時人認識中"造舟爲橋"比浮水乘舟安全當無疑

①劉禮堂:《關於周昭王南征江漢地區有關問題的探討》,《江漢考古》2000年第3期。

②分見《三國志》卷一六《魏書·杜畿傳》,第497頁;《宋書》卷六七《謝靈運傳附何長瑜傳》,第1775頁。

③《宋書》卷五二《謝景仁傳附謝述傳》,第1495頁;《梁書》卷三一《袁昂傳》,第452頁;卷四七《孝行傳·庾沙彌傳》,第656頁;《南史》卷五二《梁宗室傳下·鄱陽忠烈王恢傳附蕭脩傳》,第1298頁。

④王孝廉:《水與水神》,北京:學苑出版社,1995年。

⑤分見孫希旦:《禮記集解》卷一五《月令第六之一》,北京:中華書局,1989年,第431頁;朱彬:《禮記訓纂》卷六《月令》,北京:中華書局,1996年,第234頁。

⑥《北堂書鈔》卷一三七《舟部上·舟揔篇》"天子造舟"條,第600頁下欄。

問,這從前引薛廣德的例子可獲得印證。又孫權給自己新建的大船取名"長安"①,期待"長安"的背後,毋寧説也是對乘舟安全的擔憂吧。

要之,無論是事實層面,還是在認知層面,乘坐舟船在六朝時代均未達到讓人放心的地步,這也影響到時人對皇帝龍舟的認識,"御舟非帝王之事"之説在很長時間内盛行,或許正是時人接受這一認識的結果。

除了安全問題外,舟船的另一個特徵可能也影響到時人對皇帝乘坐龍舟的認識。張璠《漢記》記載:

> 梁冀第池中舡無故自覆,問掾朱穆,穆曰:"舟所以濟渡萬物,不施遊戲也。而今覆者,天戒將軍,當濟渡萬民,不可長念遊戲而已。"②

其中明確提到舟船"不施遊戲"。然而很"不幸"的是,從先秦開始,文獻中所見龍舟,即多供帝王遊玩。周穆王御鳥舟、龍舟浮於大沼,吴王夫差乘龍舟日與西戲爲水嬉,漢武帝泛樓船以濟汾、河,梁武帝引鯿魚舟於天淵池,這些場合下的龍舟都是遊玩之舟。又《西京雜記》言太液池中有鳴鶴舟、容與舟、清曠舟、採菱舟、越女舟,《晉宫閣記》也記載:"天淵池中紫宫舟、升進舡,曜陽飛龍舟、射獵舟,靈芝池有鳴鶴舟、指南舟,舍利池有雲母舟、無極舟,都亭池有華潤舟、常安舟。"③這些置於池苑、名稱雅致的舟船,也都屬於遊玩之舟。以致有學者認爲,龍舟中影響最大的就是供帝王遊幸的龍舟④。

龍舟屬性如此,故文獻中亦不乏從舟船不施遊戲角度否定帝王乘舟的表述。《淮南子・本經訓》指摘帝王荒政諸多表現,其一即"龍舟鷁首,浮吹以娱,此遁於水也",這是管見所記最早的一個例子。又前引北魏高道悦諫阻孝文帝從水路幸鄴,除了列舉龍舟的諸多不便外,還提到"闕永固居宇之

---

①《三國志》卷四七《吴書・吴主傳》注引《江表傳》,第1133頁。

②《北堂書鈔》卷一三七《舟部上・舟揔篇》"以濟萬物"、"無故自覆"條,第600頁下欄、605頁下欄。

③《太平御覽》卷七六九《舟部二・叙舟中》,第3409頁下欄。

④張倫篤:《帝王與龍舟》,《紫禁城》2002年第1期。

功,作暫時遊嬉之用,損耗殊倍,終爲棄物"①,也顯示出對於作爲"遊嬉之用"的龍舟不無微辭。不過,與乘舟不安全相比,這樣的論述並不豐富。這或許顯示出,在形成"御舟非帝王之事"的認識中,舟船不施遊戲並不占主導地位。

事實上,士大夫對於皇帝乘坐龍舟的態度,毋寧説是複雜的。一方面,他們似乎並不排斥皇帝龍舟,且如沈約《郊居賦》、《梁書·陸雲公傳》等所見②,以能陪侍皇帝乘舟爲榮;另一方面,他們又擔心乘舟不安全或批評龍舟多作"遊嬉之用",提出"御舟非帝王之事"。而後者的考慮,或也在一定程度上構成龍舟進入輿服志的阻礙。

五　餘論:史志書寫的三個面向

以上我們檢討了可能導致六朝史志不載龍舟的三個因素,當然,這裏也不排除章學誠、劉咸炘等所説,史志記載並非巨細無遺③——這可能也是致使龍舟不被記載的原因。考慮到六朝史志不載龍舟的真實原因或許今天我們已無法探知,因此上述三個所謂"因素",謹慎一點毋寧説是"要素",三要素固然與史志不載龍舟具有内在聯繫,但三者如何影響後者,卻難以準確把握。

無論如何,上述與六朝史志不載龍舟有著内在聯繫的三要素實際指向了史志書寫的三個面向:傳統、體例與撰述意圖。傳統即《史記》、《漢書》、《續漢志》等創立的具有典範意義的書寫,從志名到志目乃至具體志文,都對後世史志的書寫具有引導和規範作用。體例則包括叙述項如何設置、志文如何安排等,輿服志選擇能夠彰顯皇帝功德以及"中禮"的輿服項目進行書

①《魏書》卷六二《高道悦傳》,第1400頁。

②《梁書》卷一三《沈約傳》,第240頁;《梁書》卷五〇《文學傳下·陸雲公傳》,第724—725頁等。

③章學誠撰、葉瑛校注:《文史通義校注》卷七《亳州志掌故例議上》,第811—812頁;劉咸炘:《史通駁議》,黄曙輝編校:《劉咸炘學術論集·史學編》,桂林:廣西師範大學出版社,2007年,第479頁。

寫，即屬於體例之一。至於撰述意圖，突出的是指書寫的政治目的和功能。三個面向中，傳統和體例學界討論已多，史志的撰述意圖，則還有較大的檢討餘地。

當然，這並不意味學者對此即毫無措意。如對於《史記》"八書"，徐日輝、稻葉一郎均指出其有批評時策之意[①]，而《漢書》諸志，根據班固自己的敘述，《食貨志》是爲了"揚搉古今，監世盈虚"，《郊祀志》是爲了"瞻前顧後，正其終始"，《天文志》是爲了"舉其占應，覽故考新"[②]，可見均包含特定的政治用意在内；此外如《刑法志》，冨谷至亦認爲其旨在宣揚儒家思想[③]。

以上均爲對正史中某志撰述意圖的分析，而對於志文的具體書寫，研究者也指出其可能包含政治用意。如中村圭爾發現漢末六朝正史官僚制敘述中個人任官記録消失，推測其中具有强調王朝秩序整體的更高意圖[④]；徐冲注意到《續漢書・百官志》的《周禮》模擬意識，提出這可能與東漢後期以來士人群體再造、重塑新型皇帝權力結構的意圖相關[⑤]。本文對六朝史志不載龍舟的考察，亦部分著眼於此，試圖在史志志文的具體表述中勾稽其撰述意圖。

那麽，六朝史志不載龍舟的意圖是什麽呢？如果前述不誤，我們推測，這是史家基於"御舟非帝王之事"對於皇帝乘舟所做的否定性暗示。如前所述，史志在選擇記述項目時，是否合乎禮制是其重要標準，這就表示，史志一旦將其納入記載，也就意味著對其禮制意涵的認可，承認其存在具有合法性。而對於龍舟，史家似乎並不"認可"，儘管龍舟已經成爲皇帝日常出行的

---

①徐日輝：《史記八書與中國文化研究》，西安：陝西人民教育出版社，2000年，第25—56頁；稻葉一郎：《中国史学史の研究》，京都：京都大學出版會，2006年，第165—173頁。

②《漢書》卷一〇〇下《叙傳下》，第4242—4243頁。

③冨谷至：《解説》，内田智雄編、冨谷至補：《訳注中國歷代刑法志（補）》，東京：創文社，2005年，第259—260頁。

④中村圭爾：《六朝における官僚制の叙述》，《東洋学報》第91卷第2號，2009年；中譯《六朝官僚制的叙述》，付晨晨譯，《魏晋南北朝隋唐史資料》第26輯，2010年，第269—286頁。

⑤徐冲：《〈續漢書・百官志〉與漢晉間的官制撰述——以"郡太守"條的辨證爲中心》，《中華文史論叢》2013年第4期。

重要交通工具。大約在此認識的支配下，史家選擇將龍舟排除在史志記載在外。要之，六朝史志不載龍舟，從其撰述意圖來説，這是史家刻意處理的結果，亦即史家試圖通過在史志書寫中將龍舟排除在外的方式對皇帝乘坐龍舟進行勸阻。

史家對龍舟的態度，或可與歐陽脩在《新五代史》僅設《司天》、《職方》二考類比。對於《新五代史》爲何不記其他典章制度，歐陽脩説得很明白，“五代禮樂文章，吾無取焉”①，亦即在他看來，五代典章制度不足爲後世法，故不予記載。又《唐六典》、《通典》、《舊唐書・職官志》、《新唐書・百官志》等四大唐代職官書不記或少記使職，據賴瑞和分析，亦是因爲職官書衹記載正規、規範的職事官，使職因“隨事立名”，不屬於“編制内”的規範官職，因而不被收載②。龍舟之於六朝史家，大約就相當於五代典章制度之於歐陽脩及使職之於唐宋職官書的編纂者，在其存在不被認可的意識下，史家遂選擇了棄載。

如果上述推斷不誤，據此可以看出，史家的撰述意圖不僅體現在史書記載時如何書寫，史書之不寫，同様可能附著“言外之意”。而後者正是我們之前研究所忽視的。事實上，正如近年來學者對“集體遺忘”（collective forgetting）的研究所展示的那様，“我們不知道的過去，固然可以稱爲失憶（amnesia），或曰歷史記録的空白，但這種失憶和空白，一定程度上是遺忘（forgetting）造成的，是前人積極行爲的結果，是符合前人預期的。”③以此而言，六朝史志不記載龍舟毋寧説亦是史家積極行爲的結果，而推動此結果出現的，正是史家的預期。

以往我們對史家預期的分析，常常基於皇帝的立場。的確，皇帝在中國

①《新五代史》卷五八《司天考一》，北京：中華書局，1974年，第669頁。

②賴瑞和：《唐職官書不載許多使職的前因與後果》，《唐代高層文官》，北京：中華書局，2017年，第53—74頁。

③羅新：《遺忘的競爭》，《有所不爲的反叛者：批判、懷疑與想象力》，上海：上海三聯書店，2019年，第28頁。

古代的巨大存在,使得史書編纂常常俯伏於皇權之下,爲皇帝權力的獲得和維繫服務[①]。不過,由於史家自身的職業道德,以及史家所出自的士大夫的道統追求[②],使得史書編纂並不總是服務於皇帝,有時也會跳脱皇帝立場,站在士大夫的立場上。《資治通鑑》隨處可見的對於皇帝的規訓和導引即突出顯示了這一點。史書中的遺忘和不書有時亦是如此。杜希德曾説:“編修過程中的關鍵性主觀因素是揀選載入史書的内容以及確定所寫要具體到何種程度;也許更主要的是作出將哪些事件完全排除於記載之外的決斷。譬如,在編修中常傾向於排斥那些有害於士大夫精英階層利益的各個群體,記事録就是由這些精英人士撰寫的——這類群體有宦官、將軍與專業理財的官僚等——上述傾向會通過將他們徹底遺忘、避而不談等方式强有力地表達出來,除非在一些負面的情況下提及他們。”[③]事實上,史家選擇遺忘的不僅是宦官、將軍等,皇帝或皇權亦可能包括在内,皇帝常用的龍舟在六朝輿服相關史志中“缺席”,極有可能正是這類遺忘的一個體現。

附記:本文爲國家社科基金青年項目“漢唐歷史文獻的史料批判研究”(16CZS037)階段性成果之一。本文初稿完成後,曾於2015年5月在首都師範大學舉辦的“綜合的六朝史研究”學術研討會上提交發表,蒙與會師友多所指正,謹此致謝。

(作者單位:首都師範大學歷史學院)

①徐冲對中古皇帝權力起源的研究即深刻揭示了這一點,參徐冲:《中古時代的歷史書寫與皇帝權力起源》,上海:上海古籍出版社,2012年。

②關於中國古代士大夫對道統的堅守,以及在道統與政統之間的抉擇,參余英時:《士與中國文化》,上海:上海人民出版社,2003年;閻步克:《士大夫政治演生史稿》,北京:北京大學出版社,2015年等。

③杜希德:《唐代官修史籍考》,黄寶華譯,上海:上海古籍出版社,2010年,第176頁。

新見唐代于闐地方軍鎮的官文書

榮新江

祝總斌先生是我們 1978 年入學後北大魏晉南北朝史的中堅，亦曾撰寫《高昌官府文書雜考》一文，支持剛剛成立的中國中古史研究中心編纂的《敦煌吐魯番文獻研究論集》①。這篇大文以雄厚的傳世文獻爲基礎，對吐魯番出土文書中的高昌郡、高昌國時期的幾種官府文書做了透徹的解説，是研究高昌官文書的開拓之作，對於敦煌吐魯番官文書的研究，具有指導性的意義。筆者曾捧讀再三，獲益匪淺。今奉祝先生九十大壽，謹以唐朝官府文書爲題，奉獻小文一篇，感謝先生教導之恩。

一 引言

2005 年以來，中國國家圖書館善本部陸續獲得一些來自和田地區的漢文、于闐文、梵文、藏文文書的捐贈。2010 年，新成立的中國人民大學博物館

---

①文載北京大學中國中古史研究中心編：《敦煌吐魯番文獻研究論集》第 2 輯，北京：北京大學出版社，1983 年，465—501 頁；收入祝總斌：《材不材齋史學叢稿》，北京：中華書局，2009 年，407—436 頁。

也獲得一批捐贈,從内容上來看,也是來自和田的漢文、于闐文、梵文、粟特文等語言所寫的文書。從其中的漢文文書内容來看,兩處收藏的文書有著一定的關聯,同時也和斯坦因(M. A. Stein)、彼得羅夫斯基(N. F. Petrovsky)、斯文赫定(S. Hedin)等所得英、俄、瑞典收集品中的和田出土漢文文書彼此相關。

我們知道,唐朝在顯慶二年(657)消滅了西突厥阿史那賀魯的勢力,西突厥各部及其所控制的西域各國領地劃入唐朝版圖,唐朝正式掌握了包括于闐在内的西域各國的宗主權。翌年,唐朝把安西都護府自吐魯番盆地的交河城遷到龜兹國都(今庫車),下設龜兹、于闐、焉耆、疏勒四鎮①,把唐朝的軍事鎮防系統推行到塔里木盆地,以期牢固掌握西域的腹心。但唐軍兵力不足,安西四鎮在吐蕃及西突厥餘部的聯兵夾擊下,在唐蕃間數度易手。長壽元年(692),唐將王孝傑率軍收復安西四鎮,並採取了一項重要的措施,即徵發漢兵三萬人鎮守四鎮地區②,纔比較穩固地控制了安西四鎮下轄的地區。

在中國人民大學博物館收藏的和田出土漢語文書中,有兩件字跡極其難識的文書。一件上有兩種文書疊寫在一起,其中一篇文書的尾部,有"延載貳年臘月日典□□牒",文中的"載"、"年"、"月"、"日"都用武周新字。延載二年爲公元 695 年。同一面的另一篇文書上,有于闐地名"坎城",所以可以確定,這件延載二年的文書也是于闐當地的文書。這是目前發現的最早的于闐當地紀年文書,它不僅可以爲我們解讀文書的内涵提供重要幫助,而且首次出現的唐朝年號也是唐朝勢力進入于闐王國的主要標誌。

張廣達先生曾經指出:"唐朝在天山南北、葱嶺東西設立羈縻州府,并立原來首領或國王爲刺史或都督,目的顯然在於使各自民族首領處理各自的

①關於安西都護府初遷龜兹及四鎮的設立年代,據張廣達:《唐滅高昌國後的西州形勢》,《東洋文化》第 68 號,1988 年,87—89 頁;又張廣達:《文書、典籍與西域史地》(張廣達文集),桂林:廣西師範大學出版社,2008 年,136—139 頁。

②《舊唐書》卷一四八《西戎傳》龜兹條,北京:中華書局,1975 年,5304 頁。

民政。然而，自長壽以來，在各羈縻州府所在地又設統率漢軍兵馬的鎮守使。這就在設有當地民族的都督或刺史的地方，又有節度使派來的節度副使、鎮守使的存在。這樣，一些地方就出現了一種胡漢結合的軍政體制。”①和田新出文書爲探討唐朝軍事系統與于闐王國行政系統的關係，以及六城地區的各級行政建制以及軍事防禦系統，都提供了强有力的幫助。

二　新出文書

新發現的文書主要集中在坎城和傑謝地區，是各個不同等級官府之間的各種往來公文，爲我們瞭解唐朝鎮守軍的各級機構之間，它們與于闐王國各級地方行政部門之間的公文往來提供了信息。這裏舉幾件涉及處理預防吐蕃等敵對勢力入侵于闐的官府文書。

《唐傑謝鎮官王子游帖都巡楊光武》（BH1-5）：

1　傑謝鎮帖都巡楊光武
2　當界賊路等
3　右爲春初雪消山開，復恐外寇侵
4　陵，密來侵抄。帖至，仰當界賊路，
5　切加遠探候，勿失事宜。似有疏
6　失，軍令難舍，三月十五日帖。
7　權知鎮官左武衛大將軍王子游

這是權知（臨時負責）傑謝鎮的鎮官、左武衛大將軍王子游，給“都巡”楊光武的帖文，時間是某年的三月十五日。此時已經是季春時節，山雪融化，道路通行。爲了防止外寇前來侵擾，偷襲抄掠，王子游下帖讓“都巡”楊光武，給所管當界内各條“賊路”上的軍事據點下令，派人到遠處探候，不得有失。如果有了疏失，那就軍法處置。

①張廣達：《唐滅高昌國後的西州形勢》，《文書、典籍與西域史地》，149—150頁。

在唐代的政治運作中，節度使府、州縣乃至軍府、軍鎮等官署都曾廣泛使用“帖”這種下行文書來指揮公事。雷聞《堂帖與諸帖——唐代帖文的形態與運作》一文整理過有關帖的研究史①，這裏暫且借用他的總結：早在1960年，内藤乾吉就注意到吐魯番文書中的幾件帖文殘片，如大谷1038《唐西州天山府下校尉高堅隆團帖》等②；此後，唐長孺在解説《木蘭詩》中“昨夜見軍帖”一語時，追溯了“帖”字的本意，並指出：“帖作爲一種文書形式在南北朝時罕見，而在唐代卻普遍行用。”他還提示了吐魯番阿斯塔那出土的幾件初唐縣帖③。中村裕一也介紹了敦煌、吐魯番兩地出土的數件帖文，並簡要分析了兩地帖文在格式上的差異④。坂尻彰宏則討論了敦煌文書的牓文與“帖”的關係⑤。2007年，樊文禮、史秀蓮發表《唐代公牘文“帖”研究》一文⑥，雖未能注意到前人的研究，且對出土文書注意不夠，但其將堂帖與府帖、州帖、縣帖結合起來討論，可謂頗具慧眼。2007—2008年，赤木崇敏利用敦煌吐魯番文書討論唐代前半期地方官府的文書行政時，對帖文也有所涉及⑦。2009年，荒川正晴又重點討論了新疆庫車、和田等地出土的唐代帖文原件，揭示羈縻制下帖文在物資徵發方面的功能⑧。

新出文書爲唐代公文書之一帖文在西域地區的行用，提供了又一例證。

---

①《中國史研究》2010年第3期，89—116頁。

②内藤乾吉：《西域發見唐代官文書の研究》，《西域文化研究》第三《敦煌吐魯番社會經濟資料（下）》，京都：法藏館，1960年，27—29頁。

③唐長孺：《〈木蘭詩〉補正》，見《唐長孺社會文化史論叢》，武昌：武漢大學出版社，2001年，243—245頁。

④中村裕一：《唐代公文書研究》，東京：汲古書院，1996年，143—145頁、262—265頁。

⑤阪尻彰宏：《敦煌牓文書考》，《東方學》第102輯，2001年，49—62頁。

⑥樊文禮、史秀蓮：《唐代公牘文“帖”研究》，《中國典籍與文化》2007年第4期，8—12頁。

⑦赤木崇敏：《歸義軍時代敦煌オアシスの税草徵發と文書行政》，《待兼山論叢》（史學篇）41號，2007年，27—53頁；《唐代前半期の地方文書行政——トゥルファン文書の檢討を通じて》，《史學雜誌》第117編第11號，2008年，75—102頁。

⑧荒川正晴：《唐代中央アジアにおける帖式文書の性格をめぐって》，土肥義和編：《敦煌・吐魯番出土漢文文書の新研究》，東京：東洋文庫，2009年，271—291頁。此文附録有《帖式文書一覽表》，收入了庫車、和田、吐魯番出土的帖文。

更有進者，是帖文所説的事項，還可以繼續探索。人民大學博物館藏GXW0191號，有《唐傑謝鎮上守捉狀爲巡探事》如下：

1 傑謝鎮狀上
2 　當界賊路三月下旬
3 　　　右得行官陳玉詮等貳人狀，稱：奉帖令至邊
4 　　　界已來巡探，羅截□（得）知動静，迴日速報者。謹
5 　　　依。至削計寧（?）已來，探候羅截，亦無動静。所領
6 　　　筋脚，並平安□□，□[　　　　　]具狀録申守捉
7 　　　聽裁者。謹録[狀上。]
8 牒件狀[如前謹牒。]
9 　　　　　　　　　　　　]毛卜生牒

牒文中比較明顯的缺字，已推補如上。最後一行爲單獨碎片，不確定能否與本件綴合，"毛卜生"的讀法，是根據與此件關係密切的GXW0126號文書上的文字。

這件牒文是傑謝鎮向上級單位的報告，説明三月下旬探巡當界賊路情況。其中説到，接到行官陳玉詮等二人的狀報稱，接到帖令——應當就是上述《王子游帖》或同類的帖文，要求到邊界地帶巡探。羅截是尋找等候之意，説的是在邊界地帶巡查守望，回來時迅速予以報告。陳玉詮等二人謹依帖文之令而行，遠至削計寧（?）以來各處賊路，偵察巡探，没有發現什麽動静。其所率領的人馬（筋脚，筋代指馬，脚代指人①），也都平安無事。傑謝鎮將陳玉詮等人狀文録下，申報給上級守捉，聽取裁決，聽候下一步如何做的指示。文書上有印痕，是正式的官文書。

從内容上看，這件牒文所録的陳玉詮等人的狀，説的就是接到上述王子

①畢波：《和田新發現漢語、胡語文書所見"筋脚"考》，榮新江、朱玉麒主編：《西域考古・史地・語言研究新視野——黄文弼與中瑞西北科學考查團國際學術研討會論文集》，北京：科學出版社，2014年，339—347頁。

游帖文命令後的行動。這個羅截探候的結果,由傑謝鎮再上報到上一級的守捉那裏。這個守捉,很可能是坎城守捉,也就是距離傑謝最近的上一級軍事單位。

以上兩件都未及年代,人民大學博物館藏GXW0171+(+)GXW0126號《唐大曆十年(775)四月兵曹典成公暉牒》或許與上面的帖文、牒狀有關,其文字如下:

1 兵曹

2 當界諸賊路堡鋪等

3 牒奉處分:訪聞焉耆賊軍未解,吐蕃寄情①,慮

4 有曜兵,密來此界劫掠。事須散牒所由,切加提

5 撕,以備不虞。謹以牒陳,謹牒。

6 大曆十年四月日典成公暉牒

7　　　十三日□行[

(後缺)

這裏的"兵曹",可能是于闐軍的兵曹,也可能是節度副使屬下的兵曹。"兵曹"下面省略了收件者的名稱。兵曹的典(吏人)成公暉牒文的主題是關於所管界内各處賊路上的堡、鋪等機構,兵曹奉上級吩咐,因爲打聽到敵人軍隊尚未解焉耆之圍,吐蕃對塔里木盆地南緣的于闐也寄有期望,所以于闐方面考慮到吐蕃可能會有"曜兵"②,偷偷來到于闐界内劫掠。此事應當分散告之當界賊路上的堡、鋪等機構的責任者(所由小吏),讓他們務必加以提防,以備不虞。時間是大曆十年四月,時間上似留存有朱印痕記,據後面官員判詞的時間,是四月十三日③。

---

①"寄"字不敢確定,或釋爲"多"。"多情"二字也頗難理解,或言"性情多變"。

②"曜兵",或言即"躍兵"。按,古文中常見"曜兵",惟多作動詞,指炫耀兵力。

③類似文書的相關研究,參見李吟屏:《發現於新疆策勒縣的唐代漢文文書考釋及研究》,《西域研究》2009年第2期,76—82頁。

按，上面兩件文書説到某年三月，于闐還没有發現賊人的蹤跡。這件文書透露出大曆十年(775)四月時，于闐北境有了敵情。一方面是焉耆被賊軍包圍，一方面是吐蕃有可能來偷襲于闐。漢文史料所記焉耆龍姓王朝的最後一王，是《悟空行記》提到的龍如林[①]，時在788年前後。此前焉耆地區没有什麽特别的戰事，大曆十年時吐蕃尚在河西走廊征戰，十一年攻克瓜州，并進圍沙州，但一直没有强攻，直到貞元二年(786)才迫使沙州投降。吐蕃軍隊由此向西，貞元六年曾一度占領北庭，但經過拉鋸戰，最終被回鶻擊敗[②]。吐蕃軍隊一路向西，才有可能與焉耆接觸。因此，大曆十年時圍焉耆的賊軍，似乎不是吐蕃。這也説明，吐蕃之進入于闐的道路，仍不排除從東面的石城(若羌)、且末而來，因此于闐所要防備的賊路，多在東面一線。本文書可能是于闐軍的兵曹發給坎城守捉下轄的"當界諸賊路堡鋪等"。從時間上講，這件《成公暉牒》無論和上述《王子游帖》、《毛卜生牒》是否一組文書，它們都是傑謝鎮保留的官府文書。

此外，還有一些相關文書斷片，也抄録如下。人民大學博物館藏GXW0126《毛卜生牒》：

1 [傑]謝鎮

2 當界賊路四月十[

3 　　右件[③]押官[

4 　羅截並[ ]□請

5 處分[ ]上

6 牒件狀[如前，謹狀。]

7□

---

①《悟空入竺記》，《大正新修大藏經》卷五一，980頁。

②森安孝夫：《增補：ウィグルと吐蕃の北庭争奪戰及びその後の西域情勢について》，流沙海西獎學會編：《亞洲文化史論叢》3，東京：山川出版社，1979年，226—299頁；T. Moriyasu, "Qui des Ouigours ou des Tibetainsontgagneen 789-792 à Bes-baliq?", *Journal Asiatique*, 269, 1981, pp. 193-205。

③此二字被墨漬所蓋。

8］　　　　　　　□（衛）率毛卜生牒

9　　　］□［ ］□

（後缺）

這是由六個殘片拼成的文書，有些部分還不太能夠確定。如果這個綴合文書可以成立，則這個牒文應當是傑謝鎮在接到上級通報後，對下轄單位的轉達，稱四月十幾日，于闐界内賊路需要加强巡探，以下殘缺過甚，大概是如有違示，軍法處置一類的話。

另外，相關的文書殘片還有人民大學博物館藏 GXW0083《唐殘帖》：

1　帖傑謝賊路行官□［

2　　右檢上件［

（後缺）

這裏提到傑謝地區賊路負責巡探的人員行官，和上面《唐傑謝鎮上守捉狀爲巡探事》中引録的行官狀文相呼應。

人民大學博物館藏 GXW0223《唐殘牒爲吐蕃事》：

1　　　　］□

2　吐蕃賊五十騎［

3 牒被都守捉［

4□表收狀稱［

5　□□□□［

表明吐蕃賊軍的到來，總共五十騎。文書發文單位不明，但文書中提到“都守捉”，應當是傑謝鎮上級坎城守捉的更上級，因此發文單位很可能是較之級别稍高的機構。在提到“五十騎”處有紅色印章殘跡，第一个字爲“毗”，印文可能是“毗沙都督府之印”，則此或爲毗沙都督府給都守捉發的行文。文書時間當在四月下旬，其時已經偵探到吐蕃賊軍有五十騎兵。

三　“賊路”與“探候”

在上引和田出土的于闐軍鎮之間或地方羈縻州官府與唐朝駐守軍之間的往來文書中,可以看出有些用詞並非一般的詞彙,而是唐朝官文書中特有的用詞,這裏舉兩個例子。

1.“賊路”:

《通典》卷一五七《兵典》一〇記:

> 諸軍馬擬停三五日,即須去軍一二百里以來,安置爟烽,如有動静,舉烽相報。其烽並於賊路左側逐要置,每二十里置一烽應接,令遣到軍。其遊弈馬騎,晝日遊弈候視,至暮速作食,喫訖,即移十里外止宿,慮防賊徒暮閒見烟火,夜深掩襲捉將。其賊路左右草中,著人止宿,以聽賊徒,如覺來,報烽煙家,舉烽遞報軍司:如覺十騎以上,五十騎以下,即放一炬火,前烽應訖,即滅火;若一百騎以上,二百騎以下,即放兩炬火,準前應滅;賊若五百騎以上,五千騎以下同,即放三炬火,準前應滅。前鋒應訖,即赴軍,若慮走不到軍,即且投山谷,逐空方可赴軍。如以次烽候視不覺,其舉火之烽即須差人,急走告知。賊路既置爟烽,軍内即須應接。又置一都烽,應接四山諸烽。其都烽如見煙火,急報大總管,云“某道烟火起”,大總管當須嚴備,收拾畜生,遣人遠探。每烽令别奏一人押,一道烽令折衝、果毅一人都押。①

這裏雖然是講行軍中軍馬停駐時的安排,邊防地區直面賊衆,當地的軍鎮守捉烽燧也同樣要在賊路佈防,方式應當與此一致,規定十分仔細,于闐地區位於沙漠地帶,不一定都有烽燧,但走報、應接的方式應當是一樣的。顯然,“賊路”不是普通的道路,而是指賊人可能前來偷襲的道路。

①(唐)杜佑撰:《通典》卷一五七,北京:中華書局,1986年,4029—4030頁。

《通典》卷一五二《兵典》五記:

> 土河,於山口賊路,横斷道,鑿闊二丈,深二尺,以細沙散土填平,每日檢行,掃令净平,人馬入境,即知足跡多少。[①]

土河是一種防禦設施,也是設置在山口賊路,就是在山口賊路經過的地方,挖一個寬二丈,深二尺的坑,用細沙土填平,如果有人馬經過,可以看足跡情形,推測隊伍的多少。這和《王子游帖》説到"雪消山開",要在"當界賊路"加以遠探,正相符合。

2."巡探"、"探候":

《通典》卷一五七《兵典》一〇又云:

> 諸軍營隊伍,每夜分更,令人巡探。人不得高聲唱號,行者敲弓一下,坐者扣三下,方擲軍號,以相應會。當營界探,周而復始。擲號錯失,便即決罰。當軍折衝、果毅,並押鋪宿,盡更巡探,遞相分付;虞候及中軍官人,通探都巡。[②]

這是講行軍隊伍在夜裏扎營時,要有人分更巡探,圍繞軍營巡探,周而復始。進入到節度使體制下的鎮軍時期,像于闐周邊的軍鎮、守捉,夜裏也是要有巡探。而且遇到非和平時期,白天也要派人出巡賊路,往遠處探候。

《册府元龜》卷九九二《外臣部·備禦門》還有一個具體制書保存下來:

> 開元十六年(728)三月丁未制曰:"隴右河西,地接邊寇。雖令團練士卒,終須常戒不虞。如聞吐蕃尚聚青海,宜令蕭嵩、張志亮等審察事勢,倍加防禦,當須畜鋭,以逸待勞。其當賊路,其要害軍縣處,須量加兵馬,任逐便通融處置。仍揀擇有幹略人檢校,明爲探候動静。須知主將已下,若捉搦用心事無不理者,當加重賞,如廢官慢盜式遏乖所者,必寘嚴憲。仍曉示,使各勉職,以副所委。[③]

---

①《通典》卷一五二,3901頁。

②《通典》卷一五七,4031—4032頁。

③(宋)王欽若等編:《宋本册府元龜》,北京:中華書局影印,1989年,4000頁下—4001頁上。

于闐所處的西域地區,與隴右、河西一樣,都是地接邊寇的。所以要在正當賊路之處,增加兵馬,以探候敵方動静。如果有任何疏漏,則當重罰。雖然是從朝廷下達的制書,但涉及到具體的防範措施,就是於賊路探候,這和上引于闐出土文書所見到的情形一致。

《武經總要》卷一五《行軍約束》稱:

> 凡探候得賊事宜,并與鄰道主將密相關報。[①]

這説明探候如果偵查到敵人的情形,還需要立刻向相鄰地區的主將通報,以便協同對敵。

由此也可以知道,于闐文書中的"巡探"、"探候"這些詞彙,是唐朝官府文書中包含確切含義的用詞,其背後隱含著一系列的制度運作。

唐朝對於賊路巡探的規定,我們曾經在吐魯番出土文書中見到鮮活的例子。比如唐開元二年西州蒲昌府文書中,就有很多"長探"的記載,即長期擔任探候的人[②]。美國普林斯頓大學葛斯德圖書館藏《唐西州高昌縣下武城城牒爲賊至泥嶺事》,提供一個典型的例子:

（前缺）

1 高昌縣牒武城城
2 牒:今日夜三更,得天山縣五日午時狀稱:得曷畔戍主張長年
3 等狀稱:今月四日夜黄昏得探人張父師、侯君洛等二人口云:
4 被差往鷹娑已來探賊,三日辰時行至泥嶺浴(谷)口,遥見山頭
5 兩處有望子。父師等即入柳林裏藏身,更近看,始知是人,見兩
6 處山頭上下,始知是賊。至夜黄昏,君洛等即上山頭望火,不見
7 火,不知賊多少。既得此委,不敢不報者。張父師等既是望子,

①(宋)曾公亮、丁度撰:《武經總要》卷一五,《中國兵書集成》3,北京:解放軍出版社、瀋陽:遼瀋書社,1988年,758頁。

②日比野丈夫:《唐代蒲昌府文書の研究》,《東方學報》(京都)第33册,1963年,267—314頁。

(後缺)①

文書上鈐有“高昌縣之印”。陳國燦據文書中“張父師”名與其他文書印證,推測本文書寫成於顯慶元年(656)十二月之前不久。這件文書形象地描述了探候人員探賊的經過,與上述《通典》所記制度規定,一一暗合。

四　結語

本文介紹了幾件和田地區新出土的8世紀下半葉于闐地方軍鎮往來的文書,我們從中可以得知在處理地方軍情時,從唐朝駐守軍的最高機構于闐軍向下級發送公文的綫索:

于闐軍——都守捉——(坎城)守捉——(傑謝)鎮——都巡、堡鋪押官——行官、探子

通過這樣的系統,唐朝鎮守軍的政治命令得以層層下達。

從現存的于闐地方由上而下的官文書來看,不僅牒狀、帖文的文書格式與敦煌、吐魯番保存的唐朝正式州縣官府文書完全一致,而且用詞也都相同,表明于闐當地雖然是西域胡國,但與中原政權運作密切相關的軍政系統文書已經“唐朝化”,與中原内地幾無區别。

更進一步來看,本文所集中討論的有關賊路、探候的幾件文書表明,于闐軍鎮系統的一套防禦體制和做法,完全是按照唐朝制度和令敕文書的規定來運作的,因此,至少從8世紀中葉開始,于闐當地不僅文書表達的格式、用詞已經“唐朝化”,其内涵也和唐朝内地是一致的。

由於目前見到的于闐語和漢語雙語文書較少,我們不清楚透過這些制度而行使的政治權力是否也達到當地的土著居民,Hedin24 是難得的雙語文

①J. O. Bullitt,“Princeton's Manuscript Fragments from Tun-Huang”, *The Gest Library Journal*, III. 1-2, 1989, p. 17, pl. 9;陳國燦:《美國普林斯頓所藏幾件吐魯番出土文書跋》,《魏晉南北朝隋唐史資料》15,武昌:武漢大學出版社,1997年,109—112頁。

書,是毗沙都督府某個官衙的典發送給六城地區相關吏人(所由)的牒[①],這似乎透露出,在唐朝統治于闐的最後年歲里,這種文書制度及其承載的政治權力已經滲透到了于闐的地方社會。

2019 年 6 月 2 日

(作者單位:北京大學中國古代史研究中心)

①榮新江:《漢語——於闐語雙語文書的歷史學考察》,新疆吐魯番學研究院編《語言背後的歷史——西域古典語言學高峰論壇論文集》,上海:上海古籍出版社,2012 年,20—21 頁。

貞觀政治背景與文化淵源

王小甫

618年三月,隋煬帝在江都(今江蘇揚州)被殺,五月,隋恭帝在長安遜位於唐王李淵。李淵即位後改元武德,建立唐朝。武德年間(618—626)接續隋末,大亂未定,唐朝主要忙於削平群雄。幾經反復,至武德七年(624)全國平定重歸統一,於是有"初定令",即國家各項基本制度的頒佈①。然而隨即就發生了"玄武門之變"②,政變後不久李淵的次子李世民繼位,改元"貞觀"(627—649)。真正經濟恢復、政治建設、民生改善等任務是在唐太宗李世民時代進行和完成的,所以稱爲"貞觀之治"。學界公認唐承隋制③,然而隋朝顯然未能很好發揮該制度後來顯現的那些優越性。在這種情況下,貞觀年代的工作重點就是汲取隋亡教訓,大力撥亂反正,因應民生訴求,順應歷史

①參《資治通鑑》卷190,唐高祖武德七年(624),"三月初定令"條,5978頁以下。

②李世民雖然功高,但因身爲次子不能繼承皇位,遂於武德九年(626)六月四日伏兵長安宫城北門玄武門,擊殺其兄太子李建成及其弟齊王李元吉,逼父親李淵立自己爲太子。八月,突厥大軍兵臨城下,李淵又被迫退位稱太上皇,李世民繼位稱帝,是爲唐太宗。次年,改元貞觀(627—649)。

③《隋唐制度淵源略論稿》一《叙論》,上海古籍出版社,1982年,1頁。

發展,因而取得了較好的社會效果。

一　汲取教訓,撥亂反正

當然,貞觀君臣深刻汲取隋亡教訓,針鋒相對地撥亂反正,和他們親歷隋末動亂,“惕焉震懼”的切身體會有密切關係。貞觀君臣論治中的主要人物,唐太宗屬於關隴集團自不待言,衆所周知,進諫最多最活躍的大臣是魏徵①,陳寅恪先生認爲他是山東豪傑的聯絡人②。他們討論最多的話題就是官民關係或者説國民關係,討論過程中經常拿隋煬帝説事,以他的背德言行作反襯來强調問題的重要性③。如《舊唐書·魏徵傳》收有其貞觀十一年④(637)所上四疏,其三中講:

> 且我之所代,實在有隋,隋氏亂亡之源,聖明之所臨照。以隋氏之甲兵,況當今之士馬;以隋氏之府藏,譬今日之資儲;以隋氏之户口,校今時之百姓,度長計大,曾何等級?然隋氏以富强而喪敗,動之也;我以貧寡而安寧,静之也。静之則安,動之則亂,人皆知之,非隱而難見也,微而難察也。鮮蹈平易之途,多遵覆車之轍,何哉?在於安不思危,治不念亂,存不慮亡之所致也。昔隋氏之未亂,自謂必無亂;隋氏之未亡,自謂必不亡,所以甲兵屢動,徭役不息。至於身將戮辱,竟未悟其滅亡之所由也,可不哀哉!

---

①《舊唐書·魏徵傳》:“太宗新即位,勵精政道,數引徵入卧内,訪以得失。徵雅有經國之才,性又抗直,無所屈撓,太宗與之言,未嘗不欣然納受。徵亦喜逢知己之主,思竭其用,知無不言。太宗嘗勞之曰:‘卿所陳諫,前後二百餘事,非卿至誠奉國,何能若是?’”

②《論隋末唐初所謂“山東豪傑”》,收在《金明館叢稿初編》,上海古籍出版社,1982年,227—229頁。

③《舊唐書·魏徵傳》史臣曰:“臣嘗閲《魏公故事》,與文皇討論政術,往復應對,凡數十萬言。其匡過弼違,能近取譬,博約連類,皆前代諍臣之不至者。”

④本傳説:“其年,徵又面請遜位,太宗難違之,乃拜徵特進,仍知門下事。其後又頻上四疏,以陳得失。”據《資治通鑑》卷194,魏徵拜特進事在貞觀十年(636)夏六月。但見於《貞觀政要》和《資治通鑑》的上疏内容均在貞觀十一年。

可以説,貞觀之治之所以取得成功,主要就是糾正隋煬帝的錯誤態度和做法,在國民關係方面因應民衆要求,處理得比較合理,從而爲民衆所接受和擁護。舉一個典型的例子:

《舊唐書·李密傳》收有祖君彦《爲李密檄洛州文》,其中痛斥隋煬帝十大罪狀。這篇檄文是大業十三年(617)春發佈的,時值李密率瓦崗軍開洛口倉(興洛倉)放糧,部衆驟至數十萬,密築壇即位,號魏公,稱元年,諸路義軍來歸,遂圍攻東都,大動亂達到高峰。可信檄文所述反映了當時社會民衆的政治文化訴求。這篇檄文每一段都先標舉一個中國傳統的政治道德信條,隨即痛斥隋煬帝在這方面的倒行逆施,對比明顯,反差强烈,給人印象極爲震撼!而在上述魏徵於貞觀十一年(637)所上四疏中,其二有一段後來被清人收入《古文觀止》,題爲《諫太宗十思疏》,多數内容與前述檄文所標舉傳統政治道德相對應,生動表明貞觀政治就是回應當時民衆的政治訴求,要對隋煬帝進行徹底清算,撥亂反正。下面不吝篇幅將《爲李密檄洛州文》内容按其條舉列爲表格左欄,右欄則將《諫太宗十思疏》相關内容盡可能與左欄對應列出,以便讀者對比認識,聯繫理解:

條目	祖君彦《爲李密檄洛州文》	魏徵《諫太宗十思疏》
序論:國以民爲本	自元氣肇辟,厥初生人,樹之帝王,以爲司牧。是以羲、農、軒、頊之後,堯、舜、禹、湯之君,靡不祗畏上玄,愛育黔首,乾乾終日,翼翼小心,馭朽索而同危,履春冰而是懼。故一物失所,若納隍而愧之;一夫有罪,遂下車而泣之。謙德軫於責躬,憂勞切於罪己。普天之下,率土之濱,蟠木距於流沙,瀚海窮於丹穴,莫不鼓腹擊壤,鑿井耕田,治致昇平,驅之仁壽。是以愛之如父母,敬之若神明,用能享國多年,祚延長世。未有暴虐臨人①,克終天位者也。	凡百元首②,承天景命,莫不殷憂而道著,功成而德衰。有善始者實繁,能克終者蓋寡,豈其取之易而守之難乎?昔取之而有餘,今守之而不足,何也?夫在殷憂必竭誠以待下,既得志則縱情以傲物。竭誠則胡越爲一體,傲物則骨肉爲行路。雖董之以嚴刑,振之以威怒,終苟免而不懷仁,貌恭而不心服。怨不在大,可畏惟人。載

①唐代文獻避太宗諱,“民”避爲“人”,“暴虐臨人”即“暴虐治民”,“可畏惟人”即“可畏惟民”,下同。

②《古文觀止》作“凡昔元首”。

續表

條目	祖君彦《爲李密檄洛州文》	魏徵《諫太宗十思疏》
		舟覆舟，所宜深慎，奔車朽索，其可忽乎？
1、骨肉相殘	隋氏往因周末，預奉綴衣，狐媚而圖聖寶，胠篋以取神器。及纘承負扆，狼虎其心，始曀明兩之暉，終干少陽之位。先皇大漸，侍疾禁中，遂爲梟獍，便行鴆毒。禍深於莒僕，釁酷於商臣，天地難容，人神嗟憤。州吁安忍，閼伯日尋，劍閣所以懷凶，晉陽所以興亂，甸人爲罄，淫刑斯逞。夫九族既睦，唐帝闡其欽明；百世本枝，文王表其光大。況復隳壞磐石，剿絶維城，唇亡齒寒，寧止虞、虢，欲其長久，其可得乎！其罪一也。	君人者，誠能①
2、寵信女眷	禽獸之行，在於聚麀，人倫之體，別於内外。而蘭陵公主逼幸告終，誰謂敤首之賢，翻見齊襄之恥。逮於先皇嬪御，並進銀鐶；諸王子女，咸貯金屋。牝雞鳴於詰旦，雄雉恣其群飛，袒衣戲陳侯之朝，穹廬同冒頓之寢。爵賞之出，女謁遂成，公卿宣淫，無復綱紀。其罪二也。	想讒邪②則思正身以黜惡
3、縱欲廢政	平章百姓，一日萬機，未曉求衣，昃晷不食。大禹不貴於尺璧，光武不隔於支體，以是憂勤，深慮幽枉。而荒湎於酒，俾晝作夜，式號且呼，甘嗜聲伎，常居窟室，每藉糟丘。朝謁罕見其身，群臣希睹其面，斷決自此不行，敷奏於是停擁。中山千日之飲，酩酊無名；襄陽三雅之	恐懈怠則思慎始而敬終

①此段斥責隋煬帝骨肉相殘，這對搞了“玄武門之變”的唐太宗來説是個忌諱。後來魏徵仍對類似問題申明了應有的政治道德信條，《舊唐書·魏徵傳》略云：“十二年(638)，禮部尚書王珪奏言：‘三品以上遇親王於途，皆降乘，違法申敬，有乖儀准。’徵曰：‘殷家尚質，有兄終弟及之義；自周以降，立嫡必長，所以絶庶孽之窺覦，塞禍亂之源本，有國者之所深慎。’於是遂可珪奏。”

②《古文觀止》作“懼讒邪”。

續表

條目	祖君彦《爲李密檄洛州文》	魏徵《諫太宗十思疏》
	杯,留連詎比。又廣召良家,充選宫掖,潛爲九市,親駕四驢,自比商人,見要逆旅。殷辛之譴爲小,漢靈之罪更輕,内外驚心,遐邇失望。其罪三也。	
4、勞民傷財	上棟下宇,著在易爻;茅茨采椽,陳諸史籍。聖人本意,惟避風雨,詎待朱玉之華,寧須綈錦之麗。故璿室崇構,商辛以之滅亡;阿房崛起,二世是以傾覆。而不遵古典,不念前章,廣立池台,多營宫觀,金鋪玉户,青瑣丹墀,蔽虧日月,隔閡寒暑。窮生人之筋力,罄天下之資財,使鬼尚難爲之,勞人固其不可。其罪四也。	將有作則思知止以安人
5、賦役繁重	公田所徹,不過十畝;人力所供,纔止三日。是以輕徭薄賦,不奪農時,寧積於人,無藏於府。而科税繁猥,不知紀極;猛火屢燒,漏卮難滿。頭會箕斂,逆折十年之租;杼軸其空,日損千金之費。父母不保其赤子,夫妻相棄於匡床,萬户則城郭空虚,千里則煙火斷滅。西蜀王孫之室,翻同原憲之貧;東海糜竺之家,俄成鄧通之鬼。其罪五也。	見可欲則思知足以自戒
6、巡遊無度	古先哲王,卜征巡狩,唐、虞五載,周則一紀。本欲親問疾苦,觀省風謡,乃復廣積薪芻,多備饔餼。年年歷覽,處處登臨,從臣疲弊,供頓辛苦。飄風凍雨,聊竊比於先驅;車轍馬跡,遂周行於天下。秦皇之心未已,周穆之意難窮,宴西母而歌雲,浮東海而觀日。家苦納秸之勤,人阻來蘇之望。且夫天子有道,守在海外,夷不亂華,在德非險。長城之役,戰國所爲,乃是狙詐之風,非關稽古之法。而追蹤秦代,板築更興,襲其基墟,延袤萬里,屍骸蔽野,血流成河,積怨滿於山川,號哭動於天地。其罪六也。	樂盤遊則思三驅以爲度

續表

條目	祖君彦《爲李密檄洛州文》	魏徵《諫太宗十思疏》
7、窮兵黷武	遼水之東，朝鮮之地，《禹貢》以爲荒服，周王棄而不臣，示以羈縻，達其聲教，苟欲愛人，非求拓土。又强弩末矢，理無穿於魯縞；衝風餘力，詎能動於鴻毛。石田得而無堪，雞肋啖而何用。而恃衆怙力，强兵黷武，惟在併吞，不思長策。夫兵猶火也，不戢將自焚，遂令億兆夷人，隻輪莫返。夫差喪國，實爲黄池之盟；苻堅滅身，良由壽春之役。欲捕鳴蟬於前，不知挾彈在後。復矢相顧，髽而成行，義夫切齒，壯士扼腕。其罪七也。	念高危則思謙沖而自牧
8、飾非拒諫	直言啓沃，王臣匪躬，惟木從繩，若金須礪。唐堯建鼓，思聞獻替之言；夏禹懸鞀，時聽箴規之美。而愎諫違卜，蠹賢嫉能，直士正人，皆由屠害。左僕射、齊國公高熲，上柱國、宋國公賀若弼，或文昌上相，或細柳功臣，暫吐良藥之言，翻加屬鏤之賜。龍逢無罪，便遭夏癸之誅；王子何辜，濫被商辛之戮。遂令君子結舌，賢人緘口。指白日而比盛，射蒼天而敢欺，不悟國之將亡，不知死之將至。其罪八也。	懼滿溢則思江海而下百川，慮壅蔽則思虚心以納下
9、賣官鬻爵	設官分職，貴在銓衡，察獄問刑，無聞販鬻。而錢神起論，銅臭爲公，梁冀受黄金之蛇，孟佗薦蒲萄之酒。遂使彝倫攸斁，政以賄成，君子在野，小人在位。積薪居上，同汲黯之言；囊錢不如，傷趙壹之賦。其罪九也。	恩所加則思無因喜以謬賞，罰所及則思無因怒而濫刑。
10、言而無信	宣尼有言，無信不立，用命賞祖，義豈食言。自昏主嗣位，每歲行幸，南北巡狩，東西征伐。至如浩亹陪蹕，東都守固，閿鄉野戰，雁門解圍。自外征夫，不可勝紀，既立功勳，須酬官爵。而志懷翻覆，言行浮詭，危急則勳賞懸授，克定則絲綸不行，異商鞅之頒金，同項王之刓印。芳	

續表

條目	祖君彦《爲李密檄洛州文》	魏徵《諫太宗十思疏》
	餌之下,必有懸魚,惜其重賞,求人死力,走丸逆阪,匹此非難。凡百驍雄,誰不讎怨。至於匹夫蕞爾,宿諾不虧,既在乘輿,二三其德。其罪十也。	
附論	有一於此,未或不亡。況四維不張,三靈總瘁,無小無大,愚夫愚婦,共識殷亡,咸知夏滅。罄南山之竹,書罪未窮;決東海之波,流惡難盡。	總此十思,弘兹九德,簡能而任之,擇善而從之。則智者盡其謀,勇者竭其力,仁者播其惠,信者效其忠。文武並用,垂拱而治。①

可以看出,《爲李密檄洛州文》主要是指斥隋煬帝"失民心者失天下",《諫太宗十思疏》重點在勸誡唐太宗牢記"得民心者得天下",兢兢業業,慎始敬終。儘管側重不同,表述略有差别,但兩篇文章所訴諸的政治道德信條是一致的,這就充分揭示了"貞觀之治"發生的理由——隋亡教訓,所要達到的目的——撥亂反正,及其成功的原因——以民爲本。正如《資治通鑑》卷 194,貞觀十一年春正月記載:"上作飛山宫。庚子,特進魏徵上疏,以爲:'煬帝恃其富强,不虞後患,窮奢極欲,使百姓困窮,以至身死人手,社稷爲墟。陛下撥亂反正,宜思隋之所以失,我之所以得,撤其峻宇,安於卑宫;若因基而增廣,襲舊而加飾,此則以亂易亂,殃咎必至,難得易失,可不念哉!'"由此可見,貞觀之治之所以成功,主觀上是要汲取隋亡教訓、撥亂反正,於是客觀上實行了輕徭薄賦、與民休息。

①本文最後這句取《古文觀止》。本傳原文爲:"文武争馳,君臣無事,可以盡豫游之樂,可以養松喬之壽,鳴琴垂拱,不言而化。何必勞神苦思,代下司職,役聰明之耳目,虧無爲之大道哉!"似乎反映出魏徵曾爲道士,有清静無爲思想。大亂之後民生凋敝,實事求是地採用輕徭薄賦、無爲而治——像西漢初年那樣的做法是順理成章不難理解的。本文無意强作解人追究這些政策的性質,故此不作深入討論。

二　貞觀年代的民本思想

貞觀年代據以撥亂反正的主要是中國優秀傳統文化中的民本思想，學界對此已有很多研究。例如《貞觀政要》務農第三十：貞觀二年(628)，太宗謂侍臣曰："凡事皆須務本。國以人爲本，人以衣食爲本，凡營衣食，以不失時爲本。夫不失時者，在人君簡静乃可致耳。若兵戈屢動，土木不息，而欲不奪農時，其可得乎?"王珪曰："昔秦皇、漢武，外則窮極兵戈，内則崇侈宫室，人力既竭，禍難遂興。彼豈不欲安人乎? 失所以安人之道也。亡隋之轍，殷鑒不遠，陛下親承其弊，知所以易之。然在初則易，終之實難。伏願慎終如始，方盡其美。"太宗曰："公言是也。夫安人寧國，惟在於君。君無爲則人樂，君多欲則人苦。朕所以抑情損欲，克己自勵耳。"中國傳統文化尤其是儒家文化主要是一種政治文化。所謂"民本思想"是有關統治者(國君、王者)與民衆關係準則的思考和觀點，所以主要涉及的是對統治者的約束即其應該遵守的政治道德信條，而不是對民衆的要求(所謂教化、治理)。因爲傳統國家是家天下，最高統治者(皇帝、君主)是人格化的國家，即以國家的名義行使權力。傳統社會的國、民關係其實就是統治者(不是階級分析方法中的"統治階級")與被統治者、官方(統治集團)與非官方(民衆、百姓，並不都是階級分析方法中的"被剥削階級")的關係，從上面的引文可以看出，唐太宗對這種關係還是很明白的，是敢於"承擔責任"的。上述引文中的"國以人(民)爲本，人(民)以衣食爲本"，當源自春秋齊國管子的説法："王者以民爲天，民以食爲天"①；《史記・酈生陸賈列傳》的提法是："酈生因曰：'臣聞知天之天者，王事可成；不知天之天者，王事不可成。王者以民人爲天，而民人

①此句不見於今本《管子》。通常所引爲《史記》卷97《酈生陸賈列傳》索隱："《管子》云：王者以民爲天，民以食爲天，能知天之天者，斯可以矣。"但此句索隱不見於中華書局標點本，本文這裏所引爲劉俊文總纂《中華基本古籍庫・史記》。據[日]水澤利忠《史記會注考證校補》卷97第四頁(總第2896頁)，殿本索隱如此。

以食爲天。’”貞觀年代經常見到的載舟覆舟、可畏惟民之類的比喻議論，當然也不是太宗君臣的發明創造，學者認爲應源自《荀子·王制》：“庶人駭政，則莫若惠之。選賢良，舉篤敬，興孝弟，收孤寡，補貧窮。如是，則庶人安政矣。庶人安政，然後君子安位。傳曰：‘君者、舟也，庶人者、水也；水則載舟，水則覆舟。’此之謂也。故君人者欲安，則莫若平政愛民矣。”

現代學者研究認爲，“民本思想是中國古代的統治思想和占主流的政治文化，其影響極其廣泛”，甚至“‘以民爲本’是百家共識”①。陳寅恪先生就明確説：“世傳隋末王通講學河汾，卒開唐代貞觀之治，此固未必可信，然退之發起光大唐代古文運動，卒開後來趙宋新儒學新古文之文化運動，史證明確，則不容置疑者也。”②有説房玄齡等人確曾隨王通問學。然據《舊唐書·魏徵傳》略云：“十二年（638），禮部尚書王珪奏言：‘三品以上遇親王於途，皆降乘，違法申敬，有乖儀准。’徵曰：‘殷家尚質，有兄終弟及之義；自周以降，立嫡必長，所以絶庶孽之窺覦，塞禍亂之源本，有國者之所深慎。’於是遂可珪奏。太宗謂侍臣曰：‘貞觀以前，從我平定天下，周旋艱險，玄齡之功，無所與讓。貞觀之後，盡心於我，獻納忠讜，安國利民，犯顔正諫，匡朕之違者，唯魏徵而已。古之名臣，何以加也。’”那麽，魏徵憑什麽學術識見來輔佐創成“貞觀之治”呢？舊本傳説他：“少孤貧，落拓有大志，不事生業，出家爲道士。好讀書，多所通涉，見天下漸亂，尤屬意縱横之説”；而本傳史臣曰略云：“臣嘗讀漢史《劉更生傳》，見其上書論王氏擅權，恐移運祚，極言而不顧禍患！當更生時，諫者甚多。如梅福、王吉之言，雖近古道，未切事情。則納諫任賢，詎宜容易！臣嘗閲《魏公故事》，與文皇討論政術，往復應對，凡數十萬言。其匡過弼違，能近取譬，博約連類，皆前代諍臣之不至者。其實根於道義，發爲律度，身正而心勁，上不負時主，下不阿權幸，中不侈親族，外不爲朋

---

①見張分田、張鴻：《中國古代“民本思想”内涵外延與芻議》，載《西北大學學報》（哲社）2005年第1期，117頁；並參張分田：《中國古代君主與“民貴君輕”觀念》，載《政治學研究》2007年第2期，93—94頁。

②陳寅恪：《論韓愈》，收入《金明館叢稿初編》，上海古籍出版社，1982年，296頁。

黨,不以逢時改節,不以圖位賣忠。所載章疏四篇,可爲萬代王者法。雖漢之劉向、魏之徐邈、晉之山濤、宋之謝朏,才則才矣,比文貞之雅道,不有遺行乎！前代諍臣,一人而已。"①顯然,魏徵的政見主張更多來自於讀書所獲歷史知識、自身生活經歷和隋末政治文化的道義主張。誠如學者所説:"從政治精神層面看,漢唐以降,儒家民本思想不僅成爲官方學説,而且成爲大衆常識。它的核心理念和基本思路獲得廣泛的認同,乃至成爲全社會普遍政治意識。"②上引史臣曰説魏徵"根於道義,發爲律度,身正而心勁",應該就是這個意思。

進一步看,唐初汲取歷史教訓撥亂反正,特别重視修史工作,衆所周知,廿四史有三分之一都是唐初修的。唐太宗還親自爲新修《晉書》撰寫了四篇史論,故《晉書》曾題作"御撰"③。《舊唐書·魏徵傳》:"初,有詔遣令狐德棻、岑文本撰周史,孔穎達、許敬宗撰隋史,姚思廉撰梁、陳史,李百藥撰齊史。徵受詔總加撰定,多所損益,務存簡正。隋史序論,皆徵所作,梁、陳、齊各爲總論,時稱良史。"除了汲取隋亡教訓和民本思想,魏徵作史論的社會文化觀如何呢？换言之,他如何看待"魏晉以來門第之政治社會制度風氣"(陳寅恪語)呢？如前所述,他是山東豪傑與各政治群體間的聯絡人④,雖然未能如後來山東寒族代表武則天對貴族政治的決絶態度,但與唐太宗李世民所代表的關隴集團在觀念形態上卻是一致的。我們看到,唐初令狐德棻建議高祖修史時曾言:"竊見近代以來,多無正史,梁、陳及齊,猶有文籍。至周、隋遭大業離亂,多有遺闕。當今耳目猶接,尚有可憑,如更十數年後,恐事蹟

①《舊唐書》本傳唐前期部分基本取用唐朝《國史》,玄宗時吴兢曾對《國史》進行修改精簡;而史臣曰中的"臣"字是唐代史官對本朝的自稱。所以,舊《魏徵傳》的史臣曰很可能就是吴兢的手筆,吴兢是《貞觀政要》的編著者,相信他的評價是中肯的。參《舊唐書》中華書局標點本出版説明,以及黄永年:《〈舊唐書〉和〈新唐書〉》,人民出版社,1985年,21—22頁。

②見張分田:《關於儒家民本思想歷史價值的三個基本判斷》,載《天津師範大學學報》(社會科學版)2009年第5期,1頁;並請參同作者:《中國古代民本思想大衆化的主要途徑》,載《山東科技大學學報》(社會科學版)2006年第4期,35頁。

③參《晉書》出版説明,中華書局標點本,1974年,1頁。

④《論隋末唐初所謂"山東豪傑"》,收在《金明館叢稿初編》,227—229頁。

湮没。陛下既受禪於隋，復承周氏歷數，國家二祖（指追尊之太祖李虎、世祖李昞。——引者）功業，並在周時。如文史不存，何以貽鑒今古？如臣愚見，並請修之。"史載"高祖然其奏"[①]，明顯是要爲關隴集團樹碑立傳。官修"五代史"（即上述梁、陳、齊、周、隋史）後來由"秘書監魏徵總知其務，凡有贊論，徵多預焉"[②]，就是要他在思想理論上"把關"，肯定關隴集團搞關中化即"關中本位政策"，衝擊蕩滌"魏晉以來門第之政治社會制度風氣"的歷史功績。"時稱良史"表明魏徵顯然没有辜負其使命，如其所撰《隋書・經籍志》史部類後序明言："自史官廢絶久矣，漢氏頗循其舊，班、馬因之。魏、晉已來，其道逾替。南、董之位，以禄貴遊，政、駿之司，罕因才授。故梁世諺曰：'上車不落則著作，體中何如則秘書。'於是屍素之儔，盱衡延閣之上，立言之士，揮翰蓬茨之下。一代之記，至數十家，傳説不同，聞見舛駁，理失中庸，辭乖體要。致令允恭之德，有闕於典墳，忠肅之才，不傳於簡策。斯所以爲蔽也。"衆所周知，"上車不落則著作，體中何如則秘書"至今仍是人們用以貶斥魏晉南朝高門士族腐朽風氣典型的諺語[③]。

三　貞觀政治文化的歷史淵源

我注意到，舊本傳記載魏徵在討論禮儀時提到"自周以降，立嫡必長"，其所依據並堅持的原則正是《周禮》，所謂"立嫡以長，禮之正也"[④]。在當時的歷史背景下，可以認爲，魏徵的政治主張應該受到了返淳還素、返本開新的"關中化"思想的很大影響[⑤]。或者説，貞觀年代的撥亂反正在精神層面就是想要返璞歸真，回到宇文泰用《周官》（"竊取六國陰謀之舊文"）創立"關

①（後晉）劉昫等撰：《舊唐書》卷73《令狐德棻傳》，北京：中華書局，1975年，2597頁。
②見（唐）劉知幾撰，（清）浦起龍釋：《史通通釋・古今正史篇》，上海古籍出版社，1982年，371頁。
③該諺語原本收在《顔氏家訓》卷3《勉學第八》，由此亦可見魏徵"好讀書，多所通涉"及其思想傾向。
④見《資治通鑑》卷191臣光曰。
⑤參拙文《宇文泰"關中化"政策及其對華夏文化的影響》，《民族研究》2018年第5期，86—98頁。

中本位政策”(擯棄“魏晉家世學術”)的那個傳統原生的狀態,正如李唐取代蜕變的楊隋相當於在政治上爲關隴集團清理門户一樣。無論如何,這至少表明,當時社會的政治文化與西魏北周時代還有很强的連貫性。舊本傳史臣曰:“所載章疏四篇,可爲萬代王者法”,受此提示,我嘗試把該四篇章疏相關内容與《周書・蘇綽傳》所收“六條詔書”内容列表對照,發現其主要内容大致相應,思想精神基本一致,可信有傳承繼襲痕跡:

條目	蘇綽“六條詔書”	魏徵“章疏四篇”
其一,先治心	……治民之要,在清心而已。夫所謂清心者,非不貪貨財之謂也,乃欲使心氣清和,志意端静。心和志静,則邪僻之慮,無因而作。邪僻不作,則凡所思念,無不皆得至公之理。率至公之理以臨其民,則彼下民孰不從化。是以稱治民之本,先在治心。 其次又在治身。凡人君之身者,乃百姓之表,一國之的也。表不正,不可求直影;的不明,不可責射中。今君身不能自治,而望治百姓,是猶曲表而求直影也;君行不能自修,而欲百姓修行者,是猶無的而責射中也。故爲人君者,必心如清水,形如白玉。躬行仁義,躬行孝悌,躬行忠信,躬行禮讓,躬行廉平,躬行儉約,然後繼之以無倦,加之以明察。行此八者,以訓其民。是以其人畏而愛之,則而象之,不待家教日見而自興行矣	【其一】若能鑒彼之所以亡,念我之所以得,日慎一日,雖休勿休。焚鹿台之寶衣,毁阿房之廣殿,懼危亡於峻宇,思安處於卑宫,則神化潛通,無爲而理。德之上也。 【其二】人君當神器之重,居域中之大,將崇極天之峻,永保無疆之休。不念於居安思危,戒貪以儉,德不處其厚,情不勝其欲,斯亦伐根以求木茂,塞源而欲流長者也。 凡百元首,承天景命,莫不殷憂而道著,功成而德衰。有善始者實繁,能克終者蓋寡,豈其取之易而守之難乎?昔取之而有餘,今守之而不足,何也?夫在殷憂必竭誠以待下,既得志則縱情以傲物。竭誠則胡越爲一體,傲物則骨肉爲行路。雖董之以嚴刑,振之以威怒,終苟免而不懷仁,貌恭而不心服。怨不在大,可畏惟人。載舟覆舟,所宜深慎,奔車朽索,其可忽乎? 君人者,誠能見可欲則思知足以自戒,將有所作則思知止以安人,念高危則思謙沖而自牧,懼滿溢則思江海而下百川,樂盤遊則思三驅以爲度,恐懈怠則思慎始而敬終,慮壅蔽則思虚心以納下,想讒邪則思正身以黜惡,恩所加則思無因喜以謬賞,罰所及則思無因怒而濫刑。

續表

條目	蘇綽"六條詔書"	魏徵"章疏四篇"
		【其三】夫守之則易,取之實難,既得其所以難,豈不能保其所以易。其或保之不固,則驕奢淫泆動之也,慎終如始,可不勉歟!
其二,敦教化	天地之性,唯人爲貴。明其有中和之心,仁恕之行,異於木石,不同禽獸,故貴之耳。然性無常守,隨化而遷。化於敦樸者,則質直;化於澆僞者,則浮薄。浮薄者,則衰弊之風;質直者,則淳和之俗。衰弊則禍亂交興,淳和則天下自治。治亂興亡,無不皆由所化也。 然世道凋喪,已數百年。大亂滋甚,且二十歲。民不見德,唯兵革是聞;上無教化,惟刑罰是用。而中興始爾,大難未平,加之以師旅,因之以饑饉,凡百草創,率多權宜。致使禮讓弗興,風俗未改。比年稍登稔,徭賦差輕,衣食不切,則教化可修矣。凡諸牧守令長,宜洗心革意,上承朝旨,下宣教化矣。 夫化者,貴能扇之以淳風,浸之以太和,被之以道德,示之以樸素。使百姓亹亹,中遷於善,邪僞之心,嗜欲之性,潛以消化,而不知其所以然,此之謂化也。然後教之以孝悌,使民慈愛;教之以仁順,使民和睦;教之以禮義,使民敬讓。慈愛則不遺其親,和睦則無怨於人,敬讓則不競於物。三者既備,則王道成矣。此之謂教也。先王之所以移風易俗,還淳反素,垂拱而治天下以至太平者,莫不由此。此之謂要道也。	【其三】《禮》云:"爲上易事,爲下易知,則刑不煩矣。上多疑則百姓惑,下難知則君長勞矣。"夫上易事,下易知,君長不勞,百姓不惑。故君有一德,臣無二心,上播忠厚之誠,下竭股肱之力,然後太平之基不墜,"康哉"之詠斯起。當今道被華夷,功高宇宙,無思不服,無遠不臻。 且夫暇豫清談,皆敦尚於孔、老;威怒所至,則取法於申、韓。直道而行,非無三黜,危人自安,蓋亦多矣。故道德之旨未弘,刻薄之風已扇。夫上風既扇,則下生百端,人競趨時,則憲章不一,稽之王度,實虧君道。 【其四】臣聞爲國之基,必資於德禮;君子所保,惟在於誠信。誠信立則下無二心,德禮形則遠人斯格。然則德禮誠信,國之大綱,在於父子君臣,不可斯須而廢也。故孔子曰:"君使臣以禮,臣事君以忠。"又曰:"自古皆有死,人無信不立。"文子曰:"同言而信,信在言前;同令而行,誠在令外。"然則言而不行,言不信也;令而不從,令無誠也。不信之言,無誠之令,爲上則敗國,爲下則危身,雖在顛沛之中,君子所不爲也。 自王道休明,十有餘載,威加海外,萬國來庭,倉廩日積,土地日廣。然而道德未益厚,仁義未益博者,何哉?由乎待下之情未盡於誠信,雖有善始之勤,未睹克終之美故也。其所由來者漸,非一朝一夕之故。

續表

條目	蘇綽"六條詔書"	魏徵"章疏四篇"
其三，盡地利	人生天地之間，以衣食爲命。食不足則饑，衣不足則寒。饑寒切體，而欲使民興行禮讓者，此猶逆阪走丸，勢不可得也。是以古之聖王，知其若此，故先足其衣食，然後教化隨之。夫衣食所以足者，在於地利盡。地利所以盡者，由於勸課有方。主此教者，在乎牧守令長而已。…… 夫百畝之田，必春耕之，夏種之，秋收之，然後冬食之。此三時者，農之要也。若失其一時，則穀不可得而食。故先王之戒曰："一夫不耕，天下必有受其饑者；一婦不織，天下必有受其寒者。"若此三時不務省事，而令民廢農者，是則絶民之命，驅以就死然。	【其一】若成功不毀，即仍其舊，除其不急，損之又損。雜茅茨於桂棟，參玉砌以土階，悦以使人，不竭其力。常念居之者逸，作之者勞，億兆悦以子來，群生仰而遂性。德之次也。 【其三】以隋氏之甲兵，況當今之士馬；以隋氏之府藏，譬今日之資儲；以隋氏之户口，校今時之百姓。度長計大，曾何等級？然隋氏以富强而喪敗，動之也；我以貧寡而安寧，静之也。静之則安，動之則亂，人皆知之，非隱而難見也，微而難察也。鮮蹈平易之塗，多遵覆車之轍，何哉？在於安不思危，治不念亂，存不慮亡之所致也。昔隋氏之未亂，自謂必無亂；隋氏之未亡，自謂必不亡。所以甲兵屢動，徭役不息，至於身將戮辱，竟未悟其滅亡之所由也，可不哀哉！
其四，擢賢良	天生蒸民，不能自治，故必立君以治之。人君不能獨治，故必置臣以佐之。上至帝王，下及郡國，置臣得賢則治，失賢則亂，此乃自然之理，百王不能易也。…… 凡所求材藝者，爲其可以治民。若有材藝而以正直爲本者，必以其材而爲治也；若有材藝而以奸僞爲本者，將由其官而爲亂也，何治之可得乎。是故將求材藝，必先擇志行。其志行善者，則舉之；其志行不善者，則去之。	【其二】總此十思，弘兹九德，簡能而任之，擇善而從之。則智者盡其謀，勇者竭其力，仁者播其惠，信者效其忠。文武争馳，君臣無事，可以盡豫游之樂，可以養松喬之壽，鳴琴垂拱，不言而化。何必勞神苦思，代下司職，役聰明之耳目，虧無爲之大道哉！ 【其四】今將求致治，必委之於君子；事有得失，或訪之於小人。其待君子也則敬而疏，遇小人也必輕而狎，狎則言無不盡，疏則情或不通。是譽毀在於小人，刑罰加於君子，實興喪所在，亦安危所系，可不慎哉！夫中智之人，豈無小慧，然才非經國，慮不及遠，雖竭力盡誠，猶未免於傾敗；況内懷奸利，承顔順旨，其爲患禍，不亦深乎？故孔子曰："君子或有不仁者焉，未見小人而仁者。"

續表

條目	蘇綽"六條詔書"	魏徵"章疏四篇"
其五，卹獄訟	人受陰陽之氣以生，有情有性。性則爲善，情則爲惡。善惡既分，而賞罰隨焉。賞罰得中，則惡止而善勸；賞罰不中，則民無所措手足。民無所措手足，則怨叛之心生。是以先王重之，特加戒慎。夫戒慎者，欲使治獄之官，精心悉意，推究事源。先之以五聽，參之以證驗，妙睹情狀，窮鑒隱伏，使奸無所容，罪人必得。然後隨事加刑，輕重皆當，赦過矜愚，得情勿喜。又能消息情理，斟酌禮律，無不曲盡人心，遠明大教，使獲罪者如歸。此則善之上也。然宰守非一，不可人人皆有通識，推理求情，時或難盡。唯當率至公之心，去阿枉之志，務求曲直，念盡平當。聽察之理，必窮所見，然後栲訊以法，不苛不暴，有疑則從輕，未審不妄罰，隨事斷理，獄無停滯。此亦其次。若乃不仁恕而肆其殘暴，同民木石，專任捶楚。巧詐者雖事彰而獲免，辭弱者乃無罪而被罰。有如此者，斯則下矣，非共治所寄。今之宰守，當勤於中科，而慕其上善。如在下條，則刑所不赦。	【其三】然言尚於簡大，志在於明察，刑賞之本，在乎勸善而懲惡，帝王之所以與天下爲畫一，不以親疏貴賤而輕重者也。今之刑賞，未必盡然。或申屈在乎好惡，輕重由乎喜怒。遇喜則矜其刑於法中，逢怒則求其罪於事外，所好則鑽皮出其毛羽，所惡則洗垢求其瘢痕。瘢痕可求，則刑斯濫矣；毛羽可出，則賞典謬矣。刑濫則小人道長，賞謬則君子道消。小人之惡不懲，君子之善不勸，而望治安刑措，非所聞也。 昔州黎上下其手，楚國之法遂差；張湯輕重其心，漢朝之刑以弊。人臣之頗僻，猶莫能申其欺罔，況人君之高下，將何以措其手足乎！以睿聖之聰明，無幽微而不燭，豈神有所不達，智有所不通哉？安其所安，不以恤刑爲念；樂其所樂，遂忘先笑之變。禍福相倚，吉凶同域，唯人所召，安可不思。頃者責罰稍多，威怒微厲，或以供給不贍，或以人不從欲，皆非致治之所急，實乃驕奢之攸漸。是知貴不與驕期而驕自來，富不與奢期而奢自至，非徒語也。
其六，均賦役	聖人之大寶曰位。何以守位曰仁，何以聚人曰財。明先王必以財聚人，以仁守位。國而無財，位不可守。是故(五)三〔五〕以來，皆有徵税之法。雖輕重不同，而濟用一也。今逆寇未平，軍用資廣，雖未遑減省，以卹民瘼，然令平均，使下無匱。夫平均者，不舍豪强而征貧弱，不縱	【其一】彼煬帝豈惡天下之治安，不欲社稷之長久，故行桀虐，以就滅亡哉！恃其富强，不虞後患。驅天下以從欲，罄萬物以自奉，采域中之子女，求遠方之奇異。宫宇是飾，台榭是崇，徭役無時，干戈不戢。外示威重，内多險忌，讒邪者必受其福，忠正者莫保其生。上下相蒙，君臣道隔，人不堪命，率土分崩。遂以四海之尊，殞於匹夫

續表

條目	蘇綽"六條詔書"	魏徵"章疏四篇"
	奸巧而困愚拙,此之謂均也。故聖人曰:"蓋均無貧。" ……先時而備,至時而輸,故王賦獲供,下民無困。如其不預勸戒,臨時迫切,復恐稽緩,以爲己過,捶撲交至,取辦目前。富商大賈,緣兹射利,有者從之貴買,無者與之舉息。輸税之民,於是弊矣。 租税之時,雖有大式,至於斟酌貧富,差次先後,皆事起於正長,而系之於守令。若斟酌得所,則政和而民悦;若檢理無方,則吏姦而民怨。又差發徭役,多不存意。致令貧弱者或重徭而遠戍,富强者或輕使而近防。守令用懷如此,不存卹民之心,皆王政之罪人也。	之手,子孫殄滅,爲天下笑,深可痛哉! 【其三】臣願當今之動静,思隋氏以爲鑒,則存亡治亂,可得而知。若能思其所以危,則安矣;思其所以亂,則治矣;思其所以亡,則存矣。存亡之所在,節嗜欲以從人,省畋遊之娱,息靡麗之作,罷不急之務,慎偏聽之怒。近忠厚,遠便佞,杜悦耳之邪説,聽苦口之忠言。去易進之人,賤難得之貨,采堯、舜之誹謗,追禹、湯之罪己,惜十家之産,順百姓之心。近取諸身,恕以待物,思勞謙以受益,不自滿以招損。

比較起來,蘇綽"六條詔書"面面俱到,而魏徵"章疏四篇"涉及"盡地力"、"均賦役"這兩方面的具體内容較少。呈現這種差異的主要原因可能是所處時代背景不同,歷史任務不同,論述的趨向不同。蘇綽處在宇文泰創業時期,"今逆寇未平,軍用資廣,雖未遑減省,以卹民瘼,然令平均,使下無匱",因而他的主題是盡可能提出建設性意見。魏徵處在隋末大亂之後亟需撥亂反正,他的用意是要竭力勸誡唐太宗汲取隋亡教訓,避免重蹈隋煬帝覆轍。所以魏徵是有目的地集中在政治文化方面對最高統治者進諫,而不是提出具體的政策措施①。當然唐太宗在這方面是心領神會的,所以他説:"夫安人寧國,惟在於君。君無爲則人樂,君多欲則人苦。朕所以抑情損欲,克

①如《資治通鑑》卷196,貞觀十六年(642):"上問侍臣曰:'自古或君亂而臣治,或君治而臣亂,二者孰愈?'魏徵對曰:'君治則善惡賞罰當,臣安得而亂之!苟爲不治,縱暴愎諫,雖有良臣,將安所施!'上曰:'齊文宣得楊遵彦,非君亂而臣治乎?'對曰:'彼才能救亡耳,烏足爲治哉!'"

己自勵耳。"這和魏徵的良苦用心可謂相應一致、相得益彰[①]。誠如《舊唐書·太宗紀》史臣曰:"礎潤雲興,蟲鳴螽躍。雖堯、舜之聖,不能用檮杌、窮奇而治平;伊、吕之賢,不能爲夏桀、殷辛而昌盛。君臣之際,遭遇斯難,以至抉目剖心,蟲流筋擢,良由遭值之異也。以房、魏之智,不踰於丘、軻,遂能尊主庇民者,遭時也。"

我們看到儘管趨向不同,兩份文書所訴諸的政治道德信條卻是共同的。文章關注重點的不同乃至於表述差别,除了上面所講的原因外,應該也和兩位作者的身份不無關係。蘇綽出身關中豪族,據《周書》本傳:"綽少好學,博覽群書,尤善算術";"所行公文,綽又爲之條式,台中咸稱其能";爲宇文泰所賞識,"即拜大行台左丞,參典機密。自是寵遇日隆。綽始制文案程式,朱出墨入,及計帳、户籍之法。"明顯是個吏幹之士。自大統"十年,授大行台度支尚書,領著作,兼司農卿",十二年卒於位。傳稱:"綽嘗謂治國之道,當愛民如慈父,訓民如嚴師。"這和"(魏)徵自以無功於國,徒以辯説,遂參帷幄,深懼滿盈"[②],主要致力於文辭進諫還是有些不同。衆所周知,魏徵死後,唐太宗"嘗臨朝謂侍臣曰:'夫以銅爲鏡,可以正衣冠;以古爲鏡,可以知興替;以人爲鏡,可以明得失。朕常保此三鏡,以防己過。今魏徵殂逝,遂亡一鏡矣!"此亦可見魏徵的政治地位與主要作用。當然,貞觀年代並不乏出將入相的經國治理人才,如《舊唐書·太宗紀》"史臣曰:臣觀文皇帝,發跡多奇,聰明神武。拔人物則不私於黨,負志業則咸盡其才。所以屈突、尉遲,由仇敵而願傾心膂;馬周、劉洎,自疏遠而卒委鈞衡。終平泰階,諒由斯道。"我們

---

①如魏徵"章疏四篇"其三曰:"近取諸身,恕以待物,思勞謙以受益,不自滿以招損。有動則庶類以和,出言而千里斯應,超上德於前載,樹風聲於後昆。此聖哲之宏規,帝王之盛業,能事斯畢,在乎慎守而已。夫守之則易,取之實難,既得其所以難,豈不能保其所以易。其或保之不固,則驕奢淫泆動之也,慎終如始,可不勉歟!《易》云:'君子安不忘危,存不忘亡,治不忘亂,是以身安而國家可保。'誠哉斯言,不可以不深察也。伏惟陛下欲善之志,不減於昔時;聞過必改,少虧於曩日。若能以當今之無事,行疇昔之恭儉,則盡善盡美,固無得而稱焉。"見《舊唐書·魏徵傳》,中華書局標點本,2555 頁。

②《舊唐書·魏徵傳》。

從《貞觀政要》十卷共四十類施政鑒誡亦可見其一斑。由此也可以認爲，貞觀之治的實現，在政治文化上也是對魏晉南朝高門士族腐朽風氣——名士空談習氣的清算①。本節最後，引兩段文獻記載有助於讀者管窺貞觀年代政治建設和社會發展之一斑：

1、《新唐書·房玄齡、杜如晦傳》

贊曰：太宗以上聖之才，取孤隋，攘群盜，天下已平，用玄齡、如晦輔政。興大亂之余，紀綱凋弛，而能興僕植僵，使號令典刑粲然罔不完，雖數百年猶蒙其功，可謂名宰相。然求所以致之之跡，逮不可見，何哉？唐柳芳有言："帝定禍亂，而房、杜不言功；王、魏善諫，而房、杜讓其直；英、衛善兵，而房、杜濟以文。持衆美效之君。是後，新進更用事，玄齡身處要地，不吝權，善始以終，此其成令名者。"諒其然乎！如晦雖任事日淺，觀玄齡許與及帝所親款，則謨謀果有大過人者。方君臣明良，志叶議從，相資以成，固千載之遇，蕭、曹之勳，不足進焉。

2、《貞觀政要》卷1《政體第二》

太宗自即位之始，霜旱爲災，米穀踴貴，突厥侵擾，州縣騷然。帝志在憂人，鋭精爲政，崇尚節儉，大布恩德。是時，自京師及河東、河南、隴右，饑饉尤甚，一匹絹才得一斗米。百姓雖東西逐食，未嘗嗟怨，莫不自安。至貞觀三年，關中豐熟，咸自歸鄉，竟無一人逃散。其得人心如此。加以從諫如流，雅好儒術，孜孜求士，務在擇官，改革舊弊，興復制度，每因一事，觸類爲善。初，息隱、海陵之黨，同謀害太宗者數百千人，事寧，復引居左右近侍，心術豁然，不有疑阻。時論以爲能斷決大事，得帝王之體。深惡官吏貪濁，有枉法受財者，必無赦免。在京流外有犯贓者，

①如（南朝宋）劉義慶：《世説新語》卷下之上《任誕第二十三》："王孝伯言：'名士不必須奇才。但使常得無事，痛飲酒，熟讀《離騷》，便可稱名士。'"余嘉錫箋疏，周祖謨、余淑宜整理本，中華書局，1983年，764頁。又《南齊書·劉系宗傳》："明帝曰：'學士不堪治國，唯大讀書耳。一劉系宗足持如此輩五百人。'"

皆遣執奏，隨其所犯，置以重法。由是官吏多自清謹。制馭王公、妃主之家，大姓豪猾之伍，皆畏威屏跡，無敢侵欺細人。商旅野次，無復盜賊，囹圄常空，馬牛布野，外户不閉。又頻致豐稔，米斗三四錢，行旅自京師至於嶺表，自山東至於滄海，皆不齎糧，取給於路。入山東村落，行客經過者，必厚加供待，或發時有贈遺。此皆古昔未有也。

2017 年 5 月 26 日撰於貴陽孔學堂入住教授賓舍
2019 年 6 月 8 日修訂於北京海澱五道口嘉園寓所

（作者單位：北京師範大學歷史學院）

“格”的演變及意義

馬小紅

自商鞅變法以來,直至唐代,律是歷代王朝的主要法律形式。律的特點是具有穩定性和威嚴性,行用時間頗爲長久。自唐代後期始,這種狀況有所變化,律的地位下降,而能及時反映君主意志的變通的法律形式占據了主導地位。如宋代的編敕、元代的條格、明初期的大誥與後期的例、清代的例。這些法律形式儘管名稱各異,但卻有一個共同的特點,即具有變通性和靈活性,能將皇帝的意志及時地法律化。它們是隨時損益皇帝的詔敕,作爲正刑定罪的最高法律規範。由於自唐後期這種法律形式的大量涌現,律退居次要地位。格、敕、誥、例中有所規定的內容,則不用律文,許多律文成爲具文。衹有在無格、敕、誥、例的情況下,律才得以發揮實際作用。由穩定的法律形式——律向變通的法律形式過渡的中心環節是格的確立。因此搞清楚格的演變及意義,對我們深入理解中國歷史上的法律形式與古代社會的關係將有深刻的意義。但是,唐格現在均已散失,而且它又不同於令、式,在史籍中有較爲明顯的標記可以尋覓,所以至今還沒有人作專門的論述,許多問題一直未得到較爲滿意的解決。譬如:格是怎樣出現的? 它與律、令及其他制度的關係如何？它在當時的作用及對後世的影響如何？等等。本文擬就這些問題進行初步的研究，求教於方家。

一 唐代以前的格及其特點

1. 科之概述

《唐六典·卷六·刑部》注文中記“後魏以格代科”，由此可以斷定格與科有相承的關係，格是科的發展與延續。對科的深入研究，有助於對格的正確理解。但是，由於記載科的史料甚少，全面準確地理解科確非易事，而本文主要探討的問題又不在此，故將前輩學者的研究成果加以概述，以正格之源流。

法制史學界的許多先輩認爲科始於漢，如程樹德作《九朝律考·漢律考》中列有“科”的條目。沈家本在《漢律摭遺》中亦論及到漢科。關於科的內容，傳統觀點以爲科是將“比”分類編纂而成的，其作爲輔助律的副法而行用。戴炎輝認爲“一旦有比，則有類似事項，亦予適用，故日後成爲先例或類例，若將這些比、例分類集成（經成規的程式）者，即成爲科，而附於律令内有關條項之下，其例證如‘輕侮法’”[①]。程樹德、陳顧遠及日本的中田熏亦持此觀點。一九五八年日本學者滋賀秀三對以上觀點提出不同意見。首先他批駁了科始於漢的論點，以爲科應始於三國曹魏時期，其次他認爲科在曹魏時是作爲主法而行用的[②]。近年來，粟原益男亦發表文章，認爲科應是曹魏時期的“臨時法典”[③]。

綜合上述兩種觀點，參考有關史料，我認爲科在漢魏間存在著一個演變的過程，從三國以後科的狀況來看，科應爲比之分類，是輔律補律的副法。《唐六典·卷六·刑部》注文中記：“梁易故事，爲梁科三十卷，蔡法度所删

---

①參考戴炎輝：《中國法制史》第一編第二章《漢比及科》，三民書局 1979 年版。

②參考滋賀秀三：《漢唐間法典的二三考證》，載《東方學·十七輯》。

③根據 1985 年《史學雜誌·第五輯》的介紹，未見原文。

定”。又記載删制科的同時“增損晉律爲二十篇”。因此在漢晉及南朝時，科是“分類集成”的判例。而在三國時，科因形勢的需要而成爲主法通行於世①。

2.“後魏以格代科”

後魏初期，科作爲副法而被繼續使用。《魏書·卷二·太祖紀》略云：“（天興元年）十有一月辛亥，詔三公郎中王德定律令，申科禁……禮部尚書催玄伯總而裁之。”《魏書·卷一一一·刑罰志》中也記載“（太祖）約定科令，大崇簡易”。後世以格代科，從其表面形式上推測有兩個原因：

第一，格、科的讀音相近。格，見母。科，溪母。二者一清一濁，古音可以相通。

第二，格、科的字義也十分相近。《説文解字》釋科曰：“程也，條也。”格亦有“條文”之意。《魏書·卷五·高宗紀》“（和平四年）十二月辛丑詔曰：……有司可爲之條格，使貴賤有章，上下咸序，著之於令”。此處所言的“條格”顯然不是以後的法律形式的專用名詞，而是“條款”之意。

《晉書·卷七一·陳頵傳》記：“初，趙王倫篡位，三王起義，制己亥格。”《南史·卷三六·羊玄保傳》又記東晉咸康二年定“壬辰之科”；而劉宋時羊希奏：“依定格條上貲簿”“停除咸康二年壬辰之科。”不難看出，格、科的讀音字意相通，晉代時就有二音混用的現象。

當然，科、格的讀音字意相近，衹是以格代科的表面原因，而更爲主要的原因在於魏是少數民族入主中原的王朝，其不可能像南朝那樣直接承襲漢制“轥其餘軌”，其對漢文化要有一個接受、融化的過程。這個過程決不是單一的漢化過程，而是一個複雜的相互融合更新的過程。在這個過程中，它既

①科在三國時通行成爲主法的主要原因，確如滋賀秀三先生總結的那樣，有三個方面：“第一，如《晉書·刑法志》所記漢代四百年積累的法律文獻加上判決案及諸家釋律之説，條文繁多，以致使人無法遍覽，漢律的使用與修改都是難以做到的了”，“第二，漢和平時期制定的法律無法應付三國時期的混亂狀況”，“第三，主要原因在於魏武帝終生以漢臣爲旗號，無論是修改漢律還是將魏國律自稱爲律令，都有所顧忌，故而創造出與律令相對的科。”參考滋賀秀三：《漢唐間法典二三考證》，載於《東方學·十七輯》。

仿效漢制,又更新漢制,格便是這一更新的產物。

3. 唐代以前的格

唐代以前的格可以分爲三個階段,其發展變化的過程如下:

北魏中期以前爲第一階段。這一階段的格剛從科演變而來,在内容上與漢晉之科幾乎没有區别。它被作爲補律補令的副法而行用。《魏書·卷五八·楊椿傳》記:“廷尉奏,椿前爲太僕卿日,招引細(疑爲佃)人,盗種牧田三百四十頃,依律處刑五歲。尚書邢巒據正始别格奏:椿罪應除名爲庶人,注籍盗門,同籍合門不仕。世宗以新律即頒,不宜雜用舊制,詔以寺斷,聽以贖論。”正始别格,是世宗時制定的律外之文,《魏書·卷一一一·刑罰志》記“(世宗時)尚書門下可於中書外省論律令,諸有疑事,斟酌新舊,更加思理,增減上下,必令周備,隨有所立,别以申聞。”顯然,正始别格是律令之外的副法,其内容是“疑事”判例的集成,以補律令之不周。當律令格三者相矛盾時,從新制。

北魏後期至北齊初是格在唐之前演變的第二個階段。當時階級矛盾、民族矛盾及皇室内部統治者之間的矛盾日趨激化,戰事頻繁。原則性極强的律令條文無法應付多變的動亂形勢,不便於皇帝控制局勢,北魏王朝對此深感不便。孝武帝(出帝)於太昌元年下詔,認爲“前主爲律,後主爲令,歷世永久,實用滋章,非所以準的庶品,隄防萬物。”於是,“令執事之官四品以上,集於都省取諸條格,議定一途,其不可施用者,當局停記。新定之格,勿與舊制相連。務在通約,無致冗滯”①。此時的格取代了律文,成爲當時主要的法律形式。《魏書·卷一二·孝静帝紀》:“先是,詔文襄王與群臣於麟趾閣議定新制,甲寅,班於天下。”陳仲安先生由此認爲:麟趾格的制定“始於魏”,而“作爲正式的法律文書則至東魏才形成。”並認爲這是麟趾格制定之始②。時隔不久,北魏政權分裂,而東魏、西魏、梁三分天下,統治者忙於彼此吞併,更無暇顧及到律令的修纂,斷獄一直沿用北魏末期的格。在東魏十七年的歷

①(北齊)魏收撰:《魏書·卷一一·出帝紀》,中華書局1974年版,第1册,第283頁。

②參考陳仲安:《麟趾格制定經過考》,載於《文史》二十一輯。

史中(公元534—550)没有修定律令的記載,而在興和三年十月頒定了著名的麟趾格[①]。北齊文宣帝時,"議造齊律,積年不成"[②]。又重新刊定麟趾格,作爲正刑定罪的規範。自北魏末至北齊初,格成爲當時的"通制"[③]。此時的格有别於第一時期:首先,在此時期,修訂律令的立法活動已經停止或不了了之,律已成虚設之文,格則作爲主法而被經常檢修、更定。《洛陽伽藍記·卷三·景明寺》中記:"法吏疑獄,簿領成山,乃敕(邢)子才與散騎常侍温子昇撰《麟趾新制》十五篇,省府以之決疑,州郡用爲治本。"《北史·卷二四·封述傳》中亦記:"天平中……增損舊事,爲《麟趾新格》,其名法科條皆(封)述所删定。"其次,這一時期的格以尚書省諸曹名稱爲篇目,開創了格的新體例。《魏書·卷八八·竇瑗傳》中記,東魏天平中,竇瑗上表曰:"臣在平州之日,蒙班《麟趾新制》……臣伏讀至三公曹第六十六條:母殺其父,子不得告,告者死。"總之,由於形勢的特殊需要,格已由輔律補令的副法而上升爲代律令行事的主法,由"疑事"判例的編修變爲正刑定罪的條文。

北齊中後期以後至唐以前爲第三階段。北齊中後期政局相對地穩定下來,格雖爲"通制",但在人們的傳統觀念中終非長久之計,律令才是人們所期待建立的正統制度。北齊初期,司徒功曹張老就上疏,反對廢律用格。他指出:"大齊受命已來,律令未改,非所以創制垂法,革人視聽。"[④]至武成帝即位,頻繁地督促制定齊律,終於在河清三年製成齊律十二篇,"是後法令明審,科條簡要""齊人多曉法律。"[⑤]從《隋書·刑法志》《册府元龜·刑法部》等文獻記載來看,以格代律的局面至此已經結束,格復退爲副法的位置,在律無正條的情況下暫時作爲定刑的依據。

---

①參考陳仲安:《麟趾格制定經過考》,載於《文史》二十一輯。

②(唐)魏徵等撰:《隋書·卷二五·刑法志》,中華書局1973年版,第3册,第704頁。

③(唐)李延壽撰:《北史·卷七·文宣帝紀》,中華書局1974年版,第1册,第247頁:"(天保元年八月)甲午詔曰:魏世議定《麟趾格》,遂爲通制,官司施用,猶未盡善。群官可更論討新令。未成之間,仍以舊格從事。"

④(唐)魏徵等撰:《隋書·卷二五·刑法志》,中華書局1973年版,第3册,第704頁。

⑤同上,第706頁。

就格與律令的關係來説,隋代延續了北齊中後期重律輕格的發展趨勢。當時人們認爲格令章程“憲章踳駁”[①],隋文帝劃一制度時,格便在删繁就簡之例,《册府元龜・卷六一一・定律令三》記:“雜格嚴科並宜删除。”查《隋書・刑法志》《册府元龜・刑法部・定律令》《通典・刑典》,都没有記載隋格的制定與修改狀況。《隋書・經籍志》《舊唐書・經籍志》《新唐書・藝文志》中也均没有隋格的條目。與此相反,隋的律令卻十分發達,著名的《開皇律》是唐律的底本已是衆所周知,自不待言。而據《隋書・刑法志》記載,隋煬帝時也曾制定過《大業律》。在修定律文的同時,對令也多有修訂。由此可以斷定:隋朝雖然“律令格式並行”[②],但格的地位與作用遠遠不能與律令相比擬。

以上所述自北齊中後期至隋的格,是唐以前格發展的第三階段。這一時期的格,就其地位及與律令的關係來説,與第一階段即北魏中期以前有相似之處,它們都是作爲輔律補令的副法而行用。但就其内容來説,其比第一階段要完備得多,而且在制度上也日趨穩定。

二　唐格的發展與演變

唐代,經過太宗的改造,格正式制度化,它的地位也隨之鞏固。唐格的史料較前一時期豐富,因此我們對唐格的内涵也就可以作更細緻的探討。

概括地説,唐格是皇帝詔令的删輯。《唐六典・卷六・刑部》中記:“凡格二十有四篇。以尚書省諸曹爲之目……蓋編録當時制敕,永爲法則,以爲故事。”《貞觀格》就是“删武德以來敕三千餘條爲七百條”而成的[③]。日本學者仁井田陞、滋賀秀三曾對唐格作過一些研究,他們認爲格是律令的補充和

①(唐)李延壽撰:《北史・卷六三・蘇威傳》,中華書局 1974 年版,第 7 册,第 2245 頁。
②(唐)魏徵等撰:《隋書・卷三三・經籍志一》,中華書局 1973 年版,第 4 册,第 974 頁。
③(宋)歐陽脩、宋祁撰:《新唐書・卷五六・刑法志》,中華書局 1975 年版,第 3 册,第 1410 頁。

追加[①]。就唐代某一時期及某一類型的格而言,這種簡要的結論無疑是正確的。但是,在唐代近三百年的歷史中,格是有發展和變化的。在不同的時期,它又有不同的側重點,不同類型的格有不同的作用。這種簡單的結論,概括不了唐格的豐富内涵,衹有具體地、詳實地對格的發展變化加以考察,才能做出比較接近史實的定性。

1.《武德格》

高祖李淵起義至京師後,約法十二條,《唐會要·卷三九·定格令》記:“唯制殺人、劫盜、背軍、叛逆者死。”武德元年“廢隋《大業律令》,頒新格”[②]。武德初期,王朝初立,唐統一天下的大勢已定,新王朝的確需要統一號令、劃一制度、革新法制。但當時畢竟是戰事未息,修訂律令的客觀條件並不具備。在這種形勢下,統治者借用了北魏末至北齊初的法律形式,以格代律。武德初頒佈了五十三條格,《唐會要·卷三九·定格令》中記:“武德元年六月一日,詔劉文静與當朝通識之士因隋開皇律令而損益之,遂制爲五十三條,務從寬簡,取便於時,其年十一月四日,頒下。”武德初年的五十三條格的内容,現已無從考起,但從武德七年“格入於新律”[③]的狀況來看,《武德格》的内容無疑偏重於刑獄。

《武德格》的性質與《麟趾格》基本相同,它們都是在局勢動蕩的情況下,統治者採取的臨時性措施,是在律令失去效用,或者不具備修改律令條件的情況下,出現的一種較爲簡易、靈活的法律形式。

2. 貞觀時格的變化與留司格的確立

留司格是相對於永徽年間出現的散頒格而言的。留司格的名稱始於永徽,但其内容與形式在貞觀時就已經確立了。根據史書記載,有關“曹司常

---

①參考仁井田陞:《中國法制史研究·法與道德·法與習慣》第三部分,東洋史研究會 1965;滋賀秀三:《漢唐間法典二三考證》,載於《東方學·十七輯》。

②(後晉)劉昫等撰《舊唐書·卷一·高祖紀》中華書局 1975 年版,第 1 册,第 7 頁。又《新唐書·卷五六·刑法志》記爲“武德二年”。根據《資治通鑑·卷一八五》《唐會要·卷三九·定格令》《舊唐書·卷一·高祖紀》記應爲武德元年,《新唐書》誤。

③(宋)王溥撰:《唐會要·卷三九·定格令》,中華書局 1955 年版,中册,第 701 頁。

務”“本司行用”的格即爲留司格①。貞觀格“十八卷,留本司施行”②。《通典·卷一六五·刑三·刑制下》注文中記道,貞觀格是“國家程式”③。滋賀秀三考證道:“貞觀格七百條十八卷,是留於本司施行的,其全部都是留司格的性質。”④

留司格較以前的格有兩點不同,第一,其内容偏重於行政制度。第二,其適用範圍是各司官吏,因此留司格並不頒行於天下⑤。各司的格“書於廳事之壁”,以便官吏“俯仰觀瞻,庶免遺忘”⑥。推測留司格的内容主要包括兩個方面:一是各司官吏的工作職責,即“曹司常務”⑦。二是《唐六典·卷六·刑部》與《通典·卷一六五·刑三》所記的各司官吏所應遵循的制度和紀律,既可以“禁違正邪”,又可以“應酬功賞”。

留司格的制度爲太宗所創,是有其歷史原因的。貞觀時,天下已定,但由於長期的戰爭,經濟蕭條,太宗即位,以“安人寧國”⑧爲指導思想,致力於

①參考(宋)王溥撰:《唐會要·卷三九·定格令》,中華書局1955年版,中册,第701—706頁。

②(後晉)劉昫等撰:《舊唐書·卷五十·刑法志》,中華書局1975年版,第6册,第2138頁。

③“國家程式”實質上就是國家的行政制度,其來源於漢初的章程、品式。《漢書·卷一·高祖紀》注云:“如淳曰:章,曆數之章術也。程者,權衡丈尺斗斛之平法也。師古曰:程,法式也。”沈家本認爲:“凡品物之法是也。”“品式章程”“與律令無涉”(《沈寄簃遺書·漢律摭遺一》)。唐貞觀格則具有漢章程品式“與律令無涉”的性質。

④(後晉)劉昫等撰:《舊唐書·卷五十·刑法志》,中華書局1975年版,第6册,第2138頁記:“删武德、貞觀以來敕格三千餘件,定留七百條,以爲格十八卷,留本司施行。斟酌古今,除煩去弊,甚爲寬簡,便於人者。以尚書省諸曹爲之目,初爲七卷。其曹之常務,但留本司者,别爲留司格一卷。”滋賀秀三在《漢唐間法典的二三考證》一文中認爲:“貞觀格七百條十八卷,是留本司施行的,其全部都是留司格的性質……以尚書省諸曹爲之目,初爲七卷,其曹之常務,但留本司者,别爲留司格一卷,在六典中所説的是現行格(開元後格),而不是貞觀格。”根據史料,我同意滋賀秀三的觀點。

⑤(後晉)劉昫等撰:《舊唐書·卷三·太宗紀》,中華書局1975年版,第1册,第46頁:貞觀十一年正月“庚子,頒新律令於天下。”根據《唐會要·卷三九·定格令》《舊唐書·卷五十·刑法志》等,貞觀十一年修訂的是律、令、格、式。《舊唐書·卷三·太宗紀》中祇曰律令頒於天下,可見格式的適用範圍並不是全國。

⑥(唐)杜佑撰:《通典·卷一六五·刑三·刑制下》,中華書局1984年版,第871頁。

⑦(宋)歐陽脩、宋祁撰:《新唐書·卷五六·刑法志》,中華書局1975年版,第3册,第1413頁。

⑧(唐)吴兢撰:《貞觀政要·卷八·務農第三十》,上海古籍出版社1978年版,第237頁。

富民。因此,唐貞觀時的政策與漢初有些相仿,從制度上“約法省禁”,力求無爲形式下的無不爲。前代所遺留的以格斷罪的傳統,顯然不符合此時形勢的要求,因爲“格式既多,官人不能盡記,更生奸詐,若欲出罪即引輕條,若欲入罪即引重條”①。以格定罪,破壞了法律的統一,便於奸吏舞文弄墨,隨意輕重,與唐初統治思想相抵牾,因此有更改的必要。而且此時也具備了取消以格定罪的條件,貞觀時期是封建社會中有名的政治清明時期,上下守法,有刑措之風。《資治通鑑》卷一九三記,貞觀四年時“終歲斷死刑二十九人。東至於海,南極五嶺,皆外户不閉”。在應該更改而又可以更改以格斷罪的情況下,太宗果斷地將格改造爲單一的“國家程式”,留司行用,並明確規定“不可一罪作數種條”②,維護了法令的統一。格自此成了不惟刑部所獨有“以爲通式”③的帶有行政法性質的獨立制度,與律令互相配合,各司其職。

貞觀時期,格的變化與留司格的確立是在“安人寧國”的思想指導下,在良好的社會風氣中産生的。留司格的確立,減少了皇帝對法律的干涉渠道,便於法律的正常實施,同時也便於國家機構行政制度的進一步完善,這也是唐初期形成“貞觀之治”的重要原因之一。

3. 高宗至玄宗時格的完備及散頒格

高宗至玄宗時,政治局勢的主要特點是王朝内部各個集團之間的矛盾激化,鬥争主要波及社會上層,全國形勢基本是穩定的。統治者内部的相互傾軋,十分殘酷,正刑定罪不可能拘泥於律文,而貞觀時的行政制度也不可能一成不變。基於新形勢的要求,格逐漸完備,它演變成具有雙重内容的制度。

首先,它調整法律制度,將皇帝的意志及時地法律化,如《通典卷・一七〇》中所記的《開元格附》即其一例。《開元格附》是判處酷吏來子珣等二十三人流刑的敕令,後編入格内,成爲正刑定罪的依據。來子珣等人的罪名

①(唐)吴兢撰:《貞觀政要・卷八・赦令第三十二》,上海古籍出版社 1978 年版,第 251 頁。

②同上。

③(宋)王溥撰:《唐會要・卷三九・定格令》,中華書局 1955 年版,中册,第 701 頁。

是“殘害宗支,毒陷善修”。查《唐律疏議》並没有這一罪名,故發佈敕令,以補律之不足。這條格及時地反映了統治集團剪除武后勢力的意志,較律更爲靈活有力。

其次,這一時期的格仍然保留了貞觀時期的性質。自永徽始,格分爲兩部分:“曹司常務者爲留司格,天下所共爲散頒格。散頒格下州縣,留司格本司行用。”[①]很明顯,留司格並未廢棄。但從發展趨勢上來看,篇幅日益減少,地位日趨下降。永徽時留司格十八卷,垂拱時六卷,開元時僅爲一卷[②]。

散頒格顯然不同於貞觀時期的格,它與北魏至北齊初的《麟趾格》及全部入於律的《武德格》是一脈相承而又有所變異的。

説其一脈相承,是因爲刑部散頒格完全繼承了《麟趾格》與《武德格》的性質,以正刑定罪爲其主要内容。敦煌文書 P3078 與 S4673 所載“散頒刑部格”,爲神龍散頒格中的一篇[③]。整個文書共存一百二十行十七條目,後部殘缺。内容多爲刑獄之事,如詐僞、贓賄、賊盜、斷獄等。除此之外,《宋刑統》中也記載了大量節選的刑部格,多帶有定罪與處刑的内容,僅舉兩例:《宋刑統·卷十九·强盜竊盜》記:“【准】刑部格,受雇載運官物公案,受領因而隱盜及貿易者,並同監主法。”同書卷二十一記:“【准】刑部格,州縣職(左)〔在〕監臨,百姓尤資禮奉,其有謀殺及毆,并咆悖淩忽者,先決杖一百。若殺皆斬,不在赦原之限。”顯而易見,刑部散頒格是爲了彌補及修正律文不足而定的。由於其直接來源於皇帝的詔敕,所以能及時地反映形勢所需,行用十

①(宋)王溥撰:《唐會要·卷三九·定格令》,中華書局 1955 年版,中册,第 702 頁。

②《唐六典·卷六·刑部》(廣池本):“凡格二十有四篇。”注文:“以尚書省諸曹爲之目,共爲七卷,其曹之常務但留本司者,别爲留司格一卷……開元後格十卷,宋璟等删定。”滋賀秀三在《漢唐間法典二三考證》一文中認爲“共七卷”的“七”字應爲“九”,加上留司格一卷,即爲開元後格十卷。

③(後晉)劉昫等撰:《舊唐書·卷五十·刑法志》,中華書局 1975 年版,第 6 册,第 2149 頁,記:“中宗神龍元年……敕中書令韋安石、禮部侍郎祝欽明、尚書右丞蘇瓌、兵部郎中狄光嗣等,删定《垂拱格》後至神龍元年已來敕,爲《散頒格》七卷。”敦煌文書 P3078 第二行文字有“蘇瓌等奉敕定”等字樣。

分靈活。其相對於律來説，是一種變通的法律形式。武則天時重用酷吏，對反對自己的大臣羅織罪名，"構似是而言，成不赦之罪"①，屢行大獄，刑部地位提高。據《通典·一六五·刑三·刑制下》記，各司的律令格式皆於"刑部檢視"，説明其對刑部散頒格的重視。但是，此時的刑部散頒格也有不同於《麟趾格》與《武德格》之處，即它並不是獨立行使的刑事法律規範，而僅是律的補充和追加。一般斷獄仍以律爲據，或"引疏分析之"。此時斷獄格律並行，當格律相違時，格輕從輕，律輕從律②。不入格的詔敕與不入新編格的舊格都會失去法律效力。《唐律疏議·卷三十·斷獄律》記："諸制敕斷罪，臨時處分，不爲永格者，不得引爲後比，若輒引致罪有出入者，以故失論。"《唐會要·卷三九·定格令》又記："李林甫奏：今年五月三十日前敕，不入新格者，並望不任行限。"説明此時主要的法律形式仍然是律。格的内容衹是一時期内補律修律的臨時措施。

另外，散頒格的確立是對《武德格》與《麟趾格》的發展。因爲散頒格的内容不衹限於正刑定罪，尤其這一時期的散頒格，主要内容是"條流公事"③。正刑定罪衹是散頒格的一個方面，敦煌文書 S1344 爲户部格（或格後敕）前缺後殘，存六十九行，由垂拱至景龍年間十七條敕文組成，敕文的内容多是關於修補田令、賦役令、户令、關市令等方面的，基本不帶有定罪的條例。P4978V 兵部格亦僅修改了兵部檢選勞考制度，也没有正刑定罪的内容。《白氏六帖事類集·卷二四·市》中記："（金部格）敕松、當、悉、維、翼等州熟羌，每年十月已後，即來彭州互市易法時，差上佐一人，替崔關外，依市法致市交易。勿令百姓與行還。"仁井田陞認爲它是唐代關市令的補充。

---

①（後晉）劉昫等撰：《舊唐書·卷八八·韋嗣立傳》，中華書局 1975 年版，第 9 册，第 2867 頁。

②（唐）長孫無忌等撰、劉俊文點校：《唐律疏議·卷四·名例律》，中華書局 1983 年版，第 85 頁："犯時未老疾"條疏議："依《獄官令》：犯罪時逢格改者，若格輕，聽從輕。依律及令，務以輕法，至於老疾者，豈得配流。"

③參考（北宋）王欽若等編：《册府元龜·卷六一二·定律令四》，中華書局 1960 年版，第 7342—7352 頁。

綜上所述，散頒格的内容不僅有律的性質，而且也有令及其他制度的性質。它是各項制度隨時變通的綜合。散頒格爲天下所共有，適用面廣，内容豐富。由於它在形勢多變的情況下能將皇帝及最高統治集團的旨意及時地法律化制度化，因而受到統治者的格外重視。自高宗後，唐幾乎歷代皇帝都有修散頒格的活動。武則天時親自爲散頒格作序①。總之，此時的格集前代之大成，在制度上已經完備，在實際中發揮著重要的作用。

4. 唐代後期的格及格後敕

唐代後期，格的變化主要有二：一是格演變爲格後敕；二是格的内容多偏重於刑獄。

唐代後期，藩鎮割據，宦官專權，朋黨相争，從中央到地方都處在混亂中。擁有雄厚實力的藩鎮“喜則連衡而叛上，怒則以力而相并”②。正刑定罪根本無法按照統一的律文行事。皇帝或當權者常常根據自己的意志及當時的形勢用詔敕斷罪，這就造成了刑法格的發達。但是皇帝的詔敕針對性强，又常常前後矛盾：“其或恩出一時，便爲永式；前後矛盾，是非不同。”③所以無法形成定制。在這種情況下，格也必須隨之演變爲更爲靈活的制度，可及時删簡，靈活變通，及時地將詔敕法律化，以便在動亂的局勢下維護君權的統一和集中。格後敕，就是格根據形勢而作的演化。格後敕始於開元期間：“（開元）十九年，侍中裴光廷、中書令蕭嵩又以格後制敕行用之後，頗與格文相違，於事非便，奏令所司删撰《格後長行敕》六卷，頒於天下。”④從此，格後敕就作爲格的轉化形式而得到了確立並成爲唐代後期主要的法律形式。根據史籍記載，開元後，律的修訂幾乎停止，歷次立法活

---

①（唐）杜佑：《通典·卷一六五·刑三·刑制三》，中華書局1984年版，第871頁：“武太后臨朝，又令有司删定格式……又以武德以來、垂拱以前詔敕便於時者，編爲新格兩卷，太后自制序。”

②（宋）歐陽脩、宋祁撰：《新唐書·卷六四·方鎮表》，中華書局1975年版，第3册，第1759頁。

③（宋）王溥撰：《唐會要·卷三九·定格令》，中華書局1955年版，第705頁。

④（後晉）劉昫等撰：《舊唐書·卷五十·刑法志》，中華書局1975年版，第6册，第2150頁。

動都是以修訂格後敕或格爲中心内容。元和二年定格後敕[①]，元和十三年定格後敕三十卷，太和七年定新編格後敕五十卷，開成四年定刑法格十卷，大中五年定刑法總要格後敕六十卷[②]。推測格後敕的内容範圍應與散頒格相同，而開成年間的刑法格與大中年間的刑法總要格後敕應是專門的刑事法規。在修定開成格時，刑部侍郎狄兼謩稱開成格“以正刑名者”[③]，都説明了開成格的性質[④]。

總之，就内容及性質而言，這一時期的格或格後敕與以前的格相比，有三點不同之處：

第一，由於此時的格後敕及格在删輯、執行上有一套完整的制度，所以其内容更新比較及時。就格具體條文的性質來説，它與《麟趾格》、《武德格》有相似之處，是一種臨時性的措施，但就其整體而言，它已經成爲一個穩定的制度。第二，此時的格後敕及格由於刑獄内容發達，廢立執行改歸刑部掌管。《册府元龜・卷六一二・定律令四》的注文中記：“初以中書門下爲删定格式使，至建中二年罷之。其格令委刑部删定。”《唐會要・卷三九・定格令》記：元和十年刑部尚書權德輿曾上疏請求删輯格令，肅清法紀，他認爲“獄理重輕，系人性命。其元和二年准制删定（格後敕），至五年删定畢，所奏三十卷，歲月最近，伏望且送臣本司。其元和五年已後，續有敕文合長行者，望令諸司録送刑部，臣請與本司侍郎郎官參詳錯綜，同編入本，續具聞奏，庶人知守法，吏絶舞文。”顯然，刑部散頒格在這一時期得到了充分的發展。第三，斷罪不同於前一時期的格輕依格，律輕依律。而是格後敕優於格，格優於律。《宋刑統・卷三十・斷獄律》記：長興二年八月十一日

---

①（宋）王溥撰：《唐會要・卷三九・定格令》，中華書局1955年版，第704頁：“元和二年七月，詔刑部侍郎許孟容……删定開元格後敕。”

②參見（後晉）劉昫等撰：《舊唐書・卷五十・刑法志》，中華書局1975年版，第2150—2156頁。

③（宋）王溥撰：《唐會要・卷三九・定格令》，中華書局1955年版，第705頁。

④《開成刑法格》在《宋刑統》中有其節録。如（宋）竇儀等撰：《宋刑統・卷二・名例律》，中華書局1984年版，第29頁：“【准】開成格，其犯十惡、殺人、監守内盜及略人，受財枉法并强盜、造僞頭首等情狀，蠹害不可與□□□□□□會恩至流者，望請不在官當。”

敕:“今後凡有刑獄,宜據所犯罪名,須具引律、令、格、式……後敕内無正條,即以格文定罪。格内又無正條,即以律文定罪。律、格及後敕内並無正條,即比附定刑。”由此看來,格後敕及格已經成爲唐後期斷罪的主要依據,成爲當時的主要法律形式。

5. 唐格小結

格是唐代重要的法律制度,在唐三百年間的歷史中,格始終存在,並隨著形勢的發展而變化。《武德格》上承《麟趾格》,爲代律行事的權宜之策。太宗時,由於局勢穩定,法律完備,格被改造爲各曹衙門内單行的行政法規。格、律各行其事,互不干擾。唐中期,格的制度發展完備,其作用在於根據形勢的變化和皇帝的意志臨時變通各種制度,使國家的各項制度都能及時地體現統治者的意圖和皇帝的意志。這一時期的格是各項制度與現實形勢的調節,是國家制度與皇權的調節。唐後期格演變爲格後敕,廢立删改更爲及時,内容多偏重於刑獄,這種變化顯然是由於唐後期混亂的局勢所造成的。

從格的演變發展中,我們可以看出封建社會中各項制度都統一於皇權之下,根據皇權及皇帝的意志而變通。

三　格對後代法律的影響

格是一種變通的法律形式及制度,其功能在於及時地反映皇帝的意志,在於根據形勢對現實中的各項制度作及時的調整。這種隨時變通的特性,在一定程度上解決了日益尖鋭的皇權與法律之間的矛盾。這種形式也爲後世統治者所效法,給後世的法律形式帶來了深遠的影響。

宋代的律“恒存乎敕之外”①,格“設於此以待彼……命官之等十有七,吏、庶人之賞等七十有七,又有倍、全、分、厘之級凡五等,有等級高下者,

①(元)脱脱等撰:《宋史・卷一九九・刑法志》,中華書局1977年版,第15册,第4963—4964頁。

皆爲格"[①]。宋代的格顯然不同於唐代的格。真正繼承了唐格變通性質而又作爲當時主要法律形式的是"隨時損益"的編敕。編敕的特點與唐格相同,也是隨時删輯皇帝敕令,宋代的諸位皇帝都頒佈過編敕,可見其之重要[②]。

明代雖然頒佈了律,但統治者以爲律"行之既久,犯者猶衆,故作《大誥》以示民。"[③]《大誥》實際上是判例,即"采輯官民過犯,條爲《大誥》"[④]。它是明初期判案的基本依據,至弘治時"律例並行"[⑤]。

清代繼承明制,定刑斷獄多用例,《大清會典事例・卷五四・刑部》記清代的例是"隨時損益,參酌變通"之制。《清史稿・卷一四二・刑法志》中記:"清代定例,一如宋之編敕,有例不用律,律既多成虚文。"

通過以上論述,可以看出變通的法律形式的確立是有其歷史原因和政治原因的。皇權與法律的矛盾,在封建社會中始終存在,而且越到封建後期,其矛盾就越加突出。格,就是圍繞如何解決這一矛盾而演變的。唐代後期,封建社會發展已有近千年的歷史,統治者的經驗也日趨成熟。像格這種變通的法律形式的確立,正是統治者司法經驗日趨成熟的表現。變通的法律形式較律來説更具有彈性,更便於皇權的加强,這種形式將皇權與法律密切地結合起來,一定程度地解決了皇權與法律之間的矛盾。

然而,應該指出的是,這種法律實施技巧的改進,實際上預示著封建法制走向衰敗。因爲在這種變通的形式下,法律更加附庸於權力,其御用性更

---

①(元)脱脱等撰:《宋史・卷一九九・刑法志》,中華書局 1977 年版,第 15 册,第 4964 頁。

②(元)脱脱等撰:《宋史・卷一九九・刑法志》,中華書局 1977 年版,第 15 册,第 4963—4964 頁:"神宗以律不足以周事情,凡律所不載者一斷以敕,乃更其目曰敕、令、格、式。"編敕明顯取代了律的地位。同書又記:"仁宗嘗問輔臣曰:或謂先朝詔令不可輕改,信然乎? 王曾曰:此憸人惑上之言也。咸平之所删,太宗詔令十存一二,去其繁密以便於民,何爲不可? 於是詔中外言《敕》得失。"説明當時對以敕代律的轉變是有争論的。

③(清)張廷玉等撰:《明史・卷九三・刑法志》,中華書局 1974 年版,第 8 册,第 2284 頁。

④同上。

⑤同上,第 2286 頁。

强。與封建社會前期相比,法律失去了應有的穩定性,因此格主導地位的確立與中國封建社會開始走下坡路是同步的,它是封建法制開始衰敗的一個標誌。

(本文得到祝總斌、蒲堅二位老師的精心指導,在此表示感謝——作者)

本文原刊《北京大學學報》(哲學社會科學版)1987年3期

(作者單位:中國人民大學法學院)

從西安地區唐代喪葬模式看渤海貞惠和貞孝兩公主墓

李志生

西安地區指今陝西省西安市及其周邊地區,這裏曾是唐代京城所在地和京兆府雍州的轄區。從 1949 年至 20 世紀 80 年代,西安地區發掘清理了兩千多座唐代墓葬①,爲探討這一地區的喪葬模式,提供了充分的資料依據②。在研究這些墓葬的基礎上,宿白先生指出:"京城附近的

①參見段鵬琦:《唐代墓葬的發掘與研究》,載中國社會科學院考古研究所編著:《新中國的考古發現和研究》,北京:文物出版社,1984 年,第 581 頁;陝西省文物管理委員會編:《建國以來陝西省文物考古的收穫》,載文物編輯委員會編:《文物考古工作三十年:1949—1979》,北京:文物出版社,1979 年,第 133 頁。

②研究西安地區唐代墓葬模式的主要論著有:宿白:《西安地區的唐墓形制》,載《文物》1995 年第 12 期,第 41—50 頁;孫秉根:《西安隋唐墓葬的形制》,載《中國考古學研究》編委會編:《中國考古學研究——夏鼐先生考古五十年紀念論文集》二,北京:科學出版社,1986 年,第 151—190 頁;齊東方:《試論西安地區唐代墓葬的等級制度》,載北京大學考古系編:《紀念北京大學考古專業三十周年論文集:1952—1982》,北京:文物出版社,1990 年,第 286—310 頁;宿白:《西安地區唐墓壁畫的佈局和内容》,載《考古學報》1982 年第 2 期,第 137—154 頁;李星明:《唐代墓室壁畫研究》,西安:陝西人民美術出版社,2005 年;金蕙涵:《唐代兩京地區出土女性墓葬型制研究》,載臺灣雲林科技大學漢學所編:《漢學研究集刊》第 11 期,2010 年,第 45—96 頁。

墓葬,對當時頒佈的包括喪葬制度在内的各種制度的遵守,比較嚴格,有一定的規範意義。近年各地唐墓的發現,清楚地表明了西安地區唐墓的規範化。它所表現的規範,至少適用於黄河中下游,即一般所謂的中原地區。”[①]以西安地區規範化的唐代喪葬模式,來探討其時渤海地區的喪葬情況,可以從一個側面,更深入地看到唐代中原文化對渤海地區的影響。

渤海政權(669—929)以今吉林省敦化盆地爲中心,1949 年和 1959 年,在吉林敦化六頂山,清理了渤海第三代君王大欽茂第二女貞惠公主墓,此墓爲方形石室墓,甬道内出土墓碑一方[②];1980 年和 1981 年,在吉林延邊和龍縣,又發掘清理了大欽茂第四女貞孝公主墓,此墓爲長方形磚室墓,甬道内也出土墓碑一方[③]。對於貞惠、貞孝兩公主墓葬,學界已有若干研究[④]。從總體上看,貞惠公主墓、特别是貞孝公主墓在埋葬地點、墓葬形制、墓室配置等方面,與唐中原墓葬多有相似之處。雖然如此,對照西安地區唐代規範化的喪葬模式,其墓葬又有明顯的特殊之點。本文將就貞惠、貞孝兩公主墓的陪葬和墓室配置等展開討論。

---

①宿白:《西安地區的唐墓形制》,第 41 頁。

②見王承禮:《敦化六頂山渤海墓清理發掘記》,載《社會科學戰線》1979 年第 3 期,第 200—210、350 頁。對貞惠公主墓誌的考釋,見閻萬章:《渤海“貞惠公主墓碑”的研究》,載《考古學報》1956 年第 2 期,第 69—73、162—163 頁;金毓黻:《關於“渤海貞惠公主墓碑研究”的補充》,載《考古學報》1956 年第 2 期,第 75—78 頁;王健群:《渤海貞惠公主墓碑考》,載文物編輯委員會編:《文物集刊》第 2 集,北京:文物出版社,1980 年,第 208—216 頁;王承禮:《唐代渤海〈貞惠公主墓誌〉和〈貞孝公主墓誌〉的比較研究》,載《社會科學戰線》1982 年第 1 期,第 181—187 頁;羅繼祖:《渤海貞惠貞孝兩公主的墓碑》,載孫進己、孫海主編:《高句麗渤海研究集成 6・渤海卷(三)》,哈爾濱:哈爾濱出版社,1994 年,第 285 頁。

③貞孝公主墓的清理發掘,見延邊朝鮮族自治州博物館:《渤海貞孝公主墓發掘清理簡報》,載《社會科學戰線》1982 年第 1 期,第 174—180 頁。對貞孝公主墓碑的研究,見王承禮:《唐代渤海〈貞惠公主墓誌〉和〈貞孝公主墓誌〉的比較研究》;羅繼祖:《渤海貞惠貞孝兩公主的墓碑》;王承禮:《唐代渤海國〈貞孝公主墓誌〉研究》、鄒秀玉:《渤海貞孝公主墓誌並序考釋》,載《高句麗渤海研究集成 6・渤海卷(三)》,第 291—313 頁、第 314—324 頁。

④見《高句麗渤海研究集成 6・渤海卷(三)》,第 252—339 頁。

一　關於貞惠和貞孝兩公主墓的陪葬

渤海貞惠公主墓誌記:“寶曆七年冬十一月廿四日甲申,陪葬於珍陵之西原,禮也。”[①]貞孝公主墓誌記:“其年冬十一月廿八日己卯,陪葬於染谷之西原,禮也。”[②]兩公主墓誌關於陪葬的這種書寫範式,與一些唐公主的墓誌相同,如高祖女淮南公主墓誌記:“以天授二年正月十二日陪葬於獻陵,禮也。”[③]太宗女臨川公主墓誌也記:“即以其年歲次壬午十二月庚申朔廿五日甲申,陪葬於昭陵之左,禮也。”[④]這表明,渤海貞惠、貞孝兩公主陪葬先人之禮,實源於唐公主陪葬皇陵的禮制。

(一)唐公主陪葬皇陵制度

依中國傳統禮制,妻應祔於夫,而夫則應從其父祖爲祔葬[⑤],至唐代,夫妻合葬“是個普遍而具正規性的習俗”[⑥]。唐代公主不祔夫葬,而陪於父皇之陵,明顯與傳統禮制相左,以此而言,並不能稱爲“禮也”。所以公主陪葬皇陵,當是唐時的一種特殊禮制。

唐朝的皇陵陪葬制度,始於太宗時期。太宗兩度出臺政令,制訂了唐朝的陪葬制度。貞觀十一年(637)十一月,太宗頒《贈功臣陪陵地詔》:

> 同心葉契,在歿以上,故諸侯列葬,周文創陳其禮;大臣陪陵,魏武重申其制。……斯蓋往聖垂範,前賢遺則,……皇運之初,時逢交喪,掃

---

①《敦化六頂山渤海墓清理發掘記》,第205頁。

②《渤海貞孝公主墓發掘清理簡報》,第177頁。

③王其禕、周曉薇:《唐代公主墓誌輯略》,載《碑林集刊》第3輯,西安:陝西人民美術出版社,1995年,第65頁。

④《大唐故臨川郡長公主(李孟姜)墓誌銘》,載吴鋼主編:《全唐文補遺》第1輯,西安:三秦出版社,1994年,第67頁。

⑤參見齊東方:《祔葬墓與古代家庭》,載《故宫博物院院刊》2006年第5期,第26—51、155頁。

⑥參見陳弱水:《隱蔽的光景:唐代的婦女文化與家庭生活》卷下《唐代的一夫多妻合葬與夫妻關係——從景雲二年〈楊府君夫人韋氏墓誌銘〉談起》,桂林:廣西師範大學出版社,2009年,第247頁。

除多難，光啓鴻業。謀臣武將，競進轅門之前；明德異材，争趨魏闕之下。……及密戚懿親，舊勳宿德，委質先朝，特蒙顧遇者，自今以後，身薨之日，所司宜即以聞，並於獻陵左側，賜以葬地，並給東園秘器，事從優厚，庶敦追遠之義，以申罔極之懷。①

貞觀二十年(646)八月，太宗再頒《功臣陪陵詔》：

周室姬公，陪於畢陌；漢庭蕭相，附彼高園。寵錫墳塋，聞諸上代，從窆陵邑，信有舊章。蓋以懿戚宗臣，類同本之枝幹；元功上宰，猶在身之股肱。哀榮之義實隆，終始之契斯允。今宜聿遵故實，取譬拱辰，庶在鳥耘之地，無虧魚水之道。宜令所司，於昭陵南左右廂，封境取地，仍即標誌疆域，擬爲葬所，以賜功臣。其父祖陪陵，子孫欲來從葬者，亦宜聽許。②

太宗的兩次詔令，規定了唐朝皇陵陪葬者的身份，他們是謀臣武將、明德異材、密戚懿親、舊勳宿德及欲陪葬父祖的功臣子孫。而所謂“密戚懿親”，就當包括了公主。

按太宗的詔令，唐朝的陪葬制度源於周、漢、曹魏諸朝。漢時，有高祖女魯元公主陪葬其弟惠帝安陵③，還有文帝女館陶公主陪葬父皇霸陵④、景帝女陽信公主陪葬其弟武帝茂陵⑤。從漢代公主的陪葬皇陵看，至少在漢代中前期，其制度並不十分規範，像魯元公主並未陪葬父皇高祖劉邦，而是陪葬了弟陵，景帝女也陪葬了弟陵。仿照漢代公主陪葬帝陵的唐制，在具體操作過程中，也存在著十分複雜的情況。故而所謂唐朝公主陪葬皇陵之“禮”，也需

①《唐大詔令集》卷六三，北京：學林出版社，1992年，第316頁。

②同上。

③見劉慶柱：《西漢諸陵調查與研究》，載氏著：《古代都城與帝陵考古學研究》，北京：科學出版社，2000年，第211頁；閻崇東：《兩漢帝陵》，北京：中國青年出版社，2007年，第343頁。魯元公主陪葬惠帝安陵，因其爲惠帝后張嫣母。

④見《兩漢帝陵》，第349頁。

⑤見任常泰：《中國陵寢史》，臺北：文津出版社，1995年，第79—80頁。

做具體分析。

(二)唐前期公主的陪葬皇陵

唐公主陪葬皇陵,主要存在於玄宗開元時建造的睿宗橋陵之前。我們先看《唐會要》所記各陵的公主陪葬墓數①(表一):

表一　《唐會要》所記唐皇陵陪葬墓數表

帝陵	陪葬墓數	公主、駙馬陪葬墓數
高祖獻陵	25	公主墓 1
太宗昭陵	155②	駙馬墓 22
高宗、武則天乾陵	16	公主墓 4
中宗定陵	8	公主墓 5,駙馬墓 2
睿宗橋陵	8	公主墓 4
玄宗泰陵	1	無
肅宗建陵	1	無
代宗元陵	無	無
德宗崇陵	無	無
順宗豐陵	無	無
憲宗景陵	4	無
穆宗光陵	2	無
敬宗莊陵	1	無
文宗章陵	無	無
武宗端陵	1	無
宣宗貞陵③	1	無

①《唐會要》卷二一《陪陵名位》,北京:中華書局,1955 年,第 412—416 頁。

②劉向陽指出,目前已確認的昭陵陪葬墓有 194 座。見氏著:《唐代帝王陵墓》,西安:三秦出版社,2006 年,第 59 頁。

③《唐會要》卷二一《陪陵名位》(第 415 頁)、《文獻通考》卷一二五《山陵》(北京:中華書局,1986 年,第 1127 頁)作“正陵”。

續表

帝陵	陪葬墓數	公主、駙馬陪葬墓數
懿宗簡陵	無	無
僖宗靖陵	無	無
昭宗和陵	無	無

上表顯示，太宗規定的功臣密戚陪葬皇陵制度，僅在他死後的昭陵陪葬中盛極一時，至高宗、武則天的乾陵，陪葬墓既已驟減，玄宗以後，更是極少。同時，公主、駙馬陪葬墓，也從太宗時的22座，到玄宗以後的全無。

另外，關於公主的陪葬，雖然現存唐公主墓誌所記與《唐會要》所載有出入，但在大趨勢的變化上，兩者是相當一致的。兹將墓誌所記唐公主陪葬皇陵情況，也清單顯示如下（表二）：

表二　墓誌所記唐公主陪葬皇陵情況表

	公主	父皇	葬年	駙馬	葬地
1	房陵公主①	高祖	高宗咸亨四年（673）	竇奉節，賀蘭僧伽	高祖獻陵
2	淮南公主②	高祖	武則天天授二年（691）	封言道	高祖獻陵
3	長樂公主③	太宗	太宗貞觀十七年（643）	長孫沖	太宗昭陵④

①見《大唐房陵大長公主墓誌銘》，載周紹良、趙超主編：《唐代墓誌彙編續集》咸亨023，上海：上海古籍出版社，2001年，第201頁。

②見《淮南大長公主墓誌》，見王其禕、周曉薇：《唐代公主墓誌輯略》，第64—65頁。淮南公主駙馬封言道墓誌，見岳連建、柯卓英：《唐淮南大長公主駙馬封言道墓誌考釋》，載《考古與文物》2004年第4期，66—72頁。

③見《大唐故長樂公主墓誌銘》，載《唐代墓誌彙編續集》貞觀036，第28—29頁。

④《大唐故長樂公主墓誌銘》關於陪葬皇陵名號缺字。按，長樂公主爲長孫后所生，生前深得父皇太宗寵愛，“帝以長孫皇后所生，故敕有司裝齎視長公主而倍之”（《新唐書・諸帝公主傳》，北京：中華書局，1975年，第3645頁）。再按《唐會要》卷二〇《陵議》，太宗昭陵於貞觀二十三年（649）八月完功（第395頁），但在此之前的貞觀十年（636），長孫后已入葬昭陵葬地（時未稱“昭陵”）。沈睿文認爲，貞觀十一年（637）似應是唐太宗正式經營昭陵的時間（氏文：《關中唐陵陵地秩序研究》，載榮新江主編：《唐研究》第9卷，北京：北京大學出版社，2003年，第380頁）；任常泰（轉下頁注）

續表

	公主	父皇	葬年	駙馬	葬地
4	臨川公主①	太宗	高宗永淳元年(682)	周道務	太宗昭陵
5	蘭陵公主②	太宗	高宗顯慶三年(658)	竇懷哲	太宗昭陵
6	新城公主③	太宗	高宗龍朔三年(663)	長孫詮,韋正矩	太宗昭陵
7	永泰公主④	中宗	中宗神龍二年(706)	武延基	高宗乾陵
8	涼國公主⑤	睿宗	玄宗開元十二年(724)	薛伯陽,温曦	睿宗橋陵
9	鄎國公主⑥	睿宗	玄宗開元十三年(725)	薛儆,鄭孝義	睿宗橋陵
10	金仙公主⑦	睿宗	玄宗開元二十四年(736)	未嫁	睿宗橋陵

唐諸公主墓誌所記,印證了《唐會要》關於公主陪葬皇陵的下限——玄宗時的睿宗橋陵。

睿宗前,陪葬皇陵的公主有 10 位,她們的陪葬,有稱"禮"者,也有未稱"禮"者:

1. 高祖女房陵公主

房陵公主墓誌記:"悼深旒扆,恩隆詔葬,賵贈有加,寔光恒典。即以其年十月四日陪葬於獻陵。"⑧志文未稱其爲"禮"。按,房陵公主兩嫁,先降竇

(接上頁注)也認爲,昭陵的營建始於貞觀十年和埋葬長孫后(氏著:《中國陵寢史》,第 189 頁)。以此,貞觀十七年入葬的長樂公主,極有可能陪葬的是父皇太宗之昭陵。

①見《大唐故臨川郡長公主(李孟姜)墓誌銘》,載《全唐文補遺》第 1 輯,第 66—67 頁。

②見《大唐故蘭陵長公主碑》,載《全唐文》卷一五三,上海:上海古籍出版社,1990 年,第 688—689 頁。

③見《大唐故新城長公主墓誌銘》,載吴綱主編:《全唐文補遺》第 5 輯,西安:三秦出版社,1998 年,第 126—128 頁;張雲:《唐〈新城長公主墓誌〉考》,載《碑林集刊》第 6 輯,西安:陝西人民美術出版社,2000 年,第 33—37 頁。

④見《大唐永泰公主志石文》,載周紹良主編:《唐代墓誌彙編》神龍 027,上海:上海古籍出版社,1992 年,第 1058—1059 頁。

⑤見《涼國長公主神道碑》,載《文苑英華》卷九三三,北京:中華書局,1966 年,第 4908—4909 頁。

⑥同上,第 4910—4911 頁。

⑦見《大唐故金仙長公主志石銘》,載《唐代墓誌彙編續集》開元 145,第 552—553 頁。

⑧《大唐房陵大長公主墓誌銘》,載《唐代墓誌彙編續集》咸亨 023,第 201 頁。

奉節，離異；後降賀蘭僧伽，僧伽先公主卒。竇奉節出高祖竇后家族，父軌爲唐開國功臣；賀蘭僧伽的出身史書無載，汪籛推測，其或出北周一系的胡姓武將之家[①]。房陵公主志未稱其陪葬獻陵爲"禮"，或因駙馬賀蘭僧伽未於公主卒前入葬陪陵。

2. **高祖女淮南公主**

淮南公主墓誌記："即以天授二年正月十二日陪葬於獻陵，禮也。"[②]淮南公主降封言道，先駙馬而卒。封言道父德彝，官至高祖、太宗兩朝宰相。

3. **太宗女長樂公主**

長樂公主墓誌記："以（貞觀）十七年八月十日奄然薨謝，春秋廿三。皇帝悼深夭蕙……粤以其年歲次癸卯九月丁醜朔廿一日丁酉，陪於□陵。"[③]長樂公主降長孫沖，先駙馬而卒，長孫沖後與長樂公主合葬。長樂公主陪葬皇陵不稱禮者，或因公主卒時，父皇太宗尚在，而長樂公主先葬入昭陵之域。

4. **太宗女臨川公主**

臨川公主墓誌記："即以其年歲次壬午（永淳元年）十二月庚申朔廿五日甲申，陪葬於昭陵之左，禮也。"[④]臨川公主降周道務，先駙馬而卒，周道務後與公主合葬。周道務，"殿中大監、譙郡公範之子。初，道務孺褓時，以功臣子養宫中"[⑤]。

5. **太宗女蘭陵公主**

蘭陵公主墓誌記："即以其年歲次巳未（顯慶三年）十月甲辰朔廿九日（闕二字），遷窆於（闕一字，當爲"昭"）陵[⑥]（闕二字）十里安樂原，禮也。"[⑦]

---

①參見汪籛：《唐太宗樹立新門閥的意圖》，載氏著：《汪籛隋唐史論稿》，北京：中國社會科學出版社，1981年，第158頁。

②《淮南大長公主墓誌》，見王其禕、周曉薇：《唐代公主墓誌輯略》，第65頁。

③《大唐故長樂公主墓誌銘》，載《唐代墓誌彙編續集》貞觀036，第29頁。

④《大唐故臨川郡長公主（李孟姜）墓誌銘》，載《全唐文補遺》第1輯，第67頁。

⑤《新唐書》卷八三《諸帝公主傳》，第3646頁。

⑥《大唐故蘭陵長公主碑》記："奉詔，竇氏既是大外家，情禮稍異，特宜陪葬昭陵。"（載《全唐文》卷一五三，第688頁）。

⑦《大唐故蘭陵長公主碑》，載《全唐文》卷一五三，第688頁。

蘭陵公主駙馬竇懷哲,爲高祖竇后族人①。竇懷哲後與公主合葬。

6. 太宗女新城公主

新城公主墓誌殘損,殘志"其葬事宜依后禮"、"□□昭陵,禮也"諸字②。依此,新城公主是按皇后禮陪葬昭陵的,其因是公主降人不淑。新城公主兩嫁,先嫁長孫詮,後降韋正矩,"詮以罪徙巂州。更嫁韋正矩,爲奉冕大夫,遇主不以禮。俄而主暴薨,高宗詔三司雜治,正矩不能辯,伏誅。以皇后禮葬昭陵旁"③。

7. 中宗女永泰公主

永泰公主墓誌記:"粤(神龍)二年歲次景午五月癸卯朔十八日庚申,有制,令所司備禮與故駙馬都尉合窆於奉天之北原,陪葬乾陵,禮也。"④永泰公主,"大足中,忤張易之,爲武后所殺。帝追贈,以禮改葬,號墓爲陵"⑤。永泰公主婿武延基一同被殺,他們的改葬、陪葬乾陵,是中宗糾正武則天統治的舉措之一,具有濃厚的政治背景⑥。

8. 睿宗女涼國公主

涼國公主墓誌記:"(開元十二年)仲冬壬午,陪葬於橋陵。"⑦墓誌未稱其陪葬爲"禮也"。按,涼國公主兩嫁,先降薛伯陽,再降温曦⑧,公主先温曦

---

①竇懷哲的世系史書記載不清,《新唐書·諸帝公主傳》記爲高祖竇后族子(第 3647 頁);《新唐書·宰相世系》記爲竇后曾從孫(第 2293 頁);《大唐故蘭陵長公主碑》記爲竇后孫(《全唐文》卷一五三,第 688 頁)。

②《大唐故新城長公主墓誌銘》,載《全唐文補遺》第 5 輯,第 127 頁。

③《新唐書》卷八三《諸帝公主傳》,第 3649 頁。

④《大唐永泰公主志石文》,載《唐代墓誌彙編》神龍 027,第 1059 頁。

⑤《新唐書》卷八三《諸帝公主傳》,第 3654 頁。

⑥參見齊東方:《唐代的喪葬觀念習俗與禮儀制度》,載《考古學報》2006 年第 1 期,第 63—65 頁。

⑦《涼國長公主神道碑》,載《文苑英華》卷九三三,第 4909 頁。

⑧《唐會要》卷六《公主》記涼國公主兩嫁薛伯陽、温曦(第 64 頁);《新唐書》卷八三《諸帝公主傳》僅記"下嫁薛伯陽"(第 3656 頁);《涼國長公主神道碑》衹記降温曦(載《文苑英華》卷九三三,第 4908 頁)。按,兩《唐書·薛稷傳》明載稷子伯陽尚仙源公主(仙源爲涼國公主舊封),後因父犯罪而配流嶺表,在道自殺(《舊唐書》卷七三《薛收附稷傳》,第 2591 頁;《新唐書》卷九八《薛收附稷傳》,第 3894 頁)。

而卒。薛伯陽爲唐開國功臣薛收四世從孫,父稷爲中宗、睿宗兩朝宰相,外曾祖爲魏徵;温曦高祖爲太宗朝宰相温彦博,父續官至閬州刺史。

9. 睿宗女鄎國公主

鄎國公主墓誌記:"窆穸之禮,一如涼國長公主故事。(開元十三年)夏四月,恩旨陪葬於橋陵,不祔不從,古之道也。"[①]誌未稱陪葬爲"禮也"。鄎國公主兩降薛儆、鄭孝義,薛儆從祖瓘爲太宗女城陽公主駙馬,從祖兄紹爲太平公主駙馬;鄭孝義出身不明,或爲山東五姓高門之一的滎陽鄭氏。

10. 睿宗女金仙公主

金仙公主墓誌記:"以壬申之年建午之月十日辛巳,薨於洛陽之開元觀……越以景子之年(開元二十四年)七月己卯朔四日壬午,啓舊塋而自洛,即陪葬於橋陵,禮也。"[②]金仙公主於太極元年(712)出爲女冠,未嫁。

在如上10位陪葬皇陵的公主中,有6位的陪葬稱"禮",她們是高祖女淮南公主,太宗女新城公主、臨川公主、蘭陵公主,中宗女永泰公主,睿宗女金仙公主。在這6位公主中,金仙公主入道,未嫁,陪葬父皇睿宗橋陵,與唐禮相符。在唐代文化中,女子未嫁而死,一如生前,明確地屬於父母家[③]。新城公主兩駙馬都因罪死於非命,也屬未有夫家可祔者,陪葬父皇太宗昭陵,亦與唐禮相合。淮南公主、臨川公主、蘭陵公主薨時,駙馬都健在,暫無駙馬之墓可祔;且三公主駙馬的政治出身都很高,完全符合功臣子孫陪葬皇陵的條件。永泰公主陪葬皇陵,是中宗爲消除武后影響、復辟李唐天下的手段,並且駙馬武延基也出身顯赫,來自武氏家族(武則天兄元爽孫)。由此,唐公主陪葬皇陵稱"禮"者,一般是死時無駙馬可祔——或未嫁(金仙公主),或駙馬有罪(新城公主),或駙馬卒於公主後(淮南公主、臨川公主、蘭陵公主),且駙馬的出身都很顯赫。因此,唐朝公主陪葬皇陵之禮,實是折衷了傳統的妻

---

①《鄎國長公主神道碑》,載《文苑英華》卷九三三,第4911頁。

②《大唐故金仙長公主志石銘》,載《唐代墓誌彙編續集》開元145,第553頁。

③參見陳弱水:《隱蔽的光景:唐代的婦女文化與家庭生活》卷上《隋唐五代的婦女與本家》,第142—144頁。

祔夫之禮與公主陪葬父皇的特殊制度。

唐朝公主陪葬皇陵的禮制，還可從未稱"禮"的公主墓葬看到。高祖女房陵公主先降竇奉節，"既而琴瑟調乖，如賓敬闕。永徽五年，改封房陵大長公主，降於賀蘭氏"①。房陵公主與駙馬竇奉節離異，再嫁之駙馬賀蘭僧伽，出身並不顯赫且早卒②，公主不祔駙馬之墓或駙馬遷祔於公主之墓，都不可稱爲"禮"。睿宗女涼國公主、鄎國公主都是兩嫁，兩嫁公主與哪位駙馬合葬，實關乎公主喪葬的禮制問題。睿宗女鄎國公主先降薛儆，薛儆早卒，"歸葬於萬泉之孤山，塋於孟仲之次，禮也"③。薛儆未獲陪葬睿宗橋陵，而葬在了祖塋之中④。鄎國公主再嫁鄭孝義，並先鄭孝義而薨，死後陪葬父皇睿宗橋陵，未祔駙馬薛儆墓。張説在爲鄎國公主所撰墓誌中稱，"不祔不從，古之道也"，特别點明了不祔駙馬之墓，從另一側面説明張説對此事的格外留意，也表明了這種作法的有違常禮。再有，鄎國公主墓誌稱，"窆穸之禮，一如涼國長公主故事"。涼國公主也是兩嫁，其薨時，再嫁駙馬也健在。鄎國公主墓誌不言符合常禮（"禮也"），而僅言如涼國公主陪葬之禮，也説明了其喪葬並不符合常禮。

（三）唐後期公主的葬地

肅宗以後入葬的公主，没有一位陪葬皇陵者（見表三），這説明公主陪葬皇陵的制度，至此已實際廢止。

表三　墓誌所記唐後期公主入葬情況表

	公主	父皇	葬年	駙馬	葬地
1	玉真公主⑤	睿宗	肅宗寶應元年（762）⑥	未嫁	萬年縣甯安里鳳棲原

①《大唐房陵大長公主墓誌銘》，載《唐代墓誌彙編續集》咸亨 023，第 201 頁。

②兩《唐書》無賀蘭僧伽父、祖傳，他們極有可能未獲陪葬皇陵資格。

③山西省考古研究所編著：《唐代薛儆墓發掘報告》，北京：科學出版社，2000 年，第 67 頁。

④薛儆祖塋位於山西運城萬榮縣皇甫鄉皇甫村，見《唐代薛儆墓發掘報告》，第 1—2 頁。

⑤玉真公主志文不存，墓誌部分内容見（宋）趙明誠：《宋本金石録》卷二七（北京：中華書局，1991 年，第 636—637 頁）、（宋）陳思《寶刻叢編》卷八引（宋）王厚之《復齋碑録》（《文淵閣四庫全書》本）。

⑥《宋本金石録》（第 637 頁）、《寶刻叢編》記玉真公主志載公主卒於肅宗元年；《新唐書·諸帝公主傳》記玉真公主卒於寶應時（第 3657 頁）；《宋本金石録》認爲"史以爲卒於寶應中，亦（轉下頁注）

續表

	公主	父皇	葬年	駙馬	葬地
2	和政公主①	肅宗	代宗廣德二年(764)	柳潭	萬年縣義豐鄉銅人原
3	郯國公主②	肅宗	德宗貞元三年(787)	張清	咸陽駙馬張清墓
4	紀國公主③	肅宗	憲宗元和三年(808)	鄭沛	長安縣細柳原駙馬墓
5	唐安公主④	德宗	德宗興元元年(784)	未嫁⑤	長安城東龍首原
6	宜都公主⑥	德宗	德宗貞元十九年(803)	柳昱	萬年縣豐義鄉銅人原
7	普安公主⑦	順宗	宣宗大中五年(851)	鄭何	長安縣同樂鄉駙馬鄭何葬地⑧
8	文安公主⑨	順宗	文宗大和二年(828)	未嫁	萬年縣崇道鄉洛女原

(接上頁注)非也"(第637頁)。丁放、袁行霈認爲,玉真公主當卒於肅宗寶應元年(762),見氏文:《玉真公主考論——以其與盛唐詩壇的關係爲歸結》,載《北京大學學報》2004年第3期,第42—43頁。

①見《和政公主神道碑》,載《全唐文》卷三四四,第1543—1545頁。

②見《大唐故郯國大長公主墓誌銘》,載《唐代墓誌彙編》貞元012,第1845—1846頁。

③見《大唐故紀國大長公主(李淑)墓誌銘》,載吴鋼主編:《全唐文補遺》第7輯,西安:三秦出版社,2000年,第81—82頁。紀國公主及其駙馬鄭沛墓誌,見崔庚浩、王京陽:《唐紀國大長公主及夫鄭沛墓誌合考》,載《碑林集刊》第6輯,第64—70頁。

④見《故唐安公主墓誌銘》,載陳尚君:《全唐文補編》卷五四,北京:中華書局,2005年,第659—660頁。

⑤《唐會要》卷六《公主》記唐安公主降韋宥(第65頁),不確。實"將下嫁秘書少監韋宥,未克而朱泚亂,從至城固薨"(《新唐書》卷八三《諸帝公主傳》,第3664頁)。《新書》的記載爲唐安公主志所證實(見《全唐文補編》,第659頁)。

⑥見《唐故宜都公主墓誌銘》,載《唐代墓誌彙編續集》貞元073,第787頁。

⑦見《大唐故普安公主册贈梁國大長公主(李自虚)謚(下闕)》,載吴鋼主編:《全唐文補遺》第8輯,西安:三秦出版社,2005年,第184—185頁。普安公主及其駙馬鄭何墓誌,也見李文英、師小群:《唐普安公主及其夫鄭何墓誌合考》,載《陝西歷史博物館館刊》第8輯,西安:三秦出版社,2000年,第267—271頁。

⑧關於普安公主葬地的具體位置,墓誌缺字,衹記葬於駙馬之域。按普安公主駙馬鄭何墓誌,鄭何葬於長安縣同樂鄉先塋(見李文英、師小群:《唐普安公主及其夫鄭何墓誌合考》,第268頁);再按鄭何母紀國公主、父鄭沛墓誌,紀國公主夫妻葬於長安細柳原(見崔庚浩、王京陽:《唐紀國大長公主及夫鄭沛墓誌合考》,第64—66頁)。普安公主的葬地應爲長安縣同樂鄉細柳原。

⑨見《大唐故文安公主墓銘》,載《唐代墓誌彙編續集》大和011,第887—888頁。

續表

	公主	父皇	葬年	駙馬	葬地
9	岐陽公主①	憲宗	文宗開成三年(838)	杜悰	萬年縣洪原鄉少陵原駙馬父葬地
10	朗甯公主②	文宗	懿宗咸通八年(867)	未嫁	萬年縣崇道鄉夏侯村
11	平原公主③	宣宗	懿宗咸通四年(863)	未嫁	萬年縣崇道鄉夏侯村
12	晉康公主④	懿宗	懿宗咸通七年(866)	未嫁	萬年縣滻川鄉尚傅村

上表顯示,肅宗以後入葬的 12 位公主中,有 6 位未嫁,她們的葬地分别是:

玉真公主:公主墓誌全文未現,據其他史籍記,“肅宗元年建巳月十二日葬萬年縣甯安里鳳棲原”⑤。按,位於京兆府萬年縣的鳳棲原,因風水絶佳,而成爲了唐時的一處著名葬地,史記,“神龍中,相地者僧泓師,與韋安石善,嘗語安石曰:‘貧道近於鳳棲原見一地,可二十餘畝,有龍起伏形勢,葬於此地者,必累世爲台座’”⑥。因此,一些權要紛紛以此爲安葬地,像太子太師顏真卿⑦、衛尉卿兼御史大夫顏杲卿⑧、内侍護軍中尉彭獻忠⑨的祖塋都居於

①見《唐故岐陽公主墓誌銘》,載(唐)杜牧:《樊川文集》第八,上海:上海古籍出版社,1978 年,第 124—127 頁。

②見《唐故朗甯公主墓誌銘》,載《唐代墓誌彙編續集》咸通 045,第 1069 頁。

③見《大唐故贈平原長公主墓誌銘》,載《唐代墓誌彙編續集》咸通 015,第 1044 頁。

④見《故晉康公主墓誌銘》,載《唐代墓誌彙編續集》咸通 039,第 1065 頁。“晉康公主”,《新唐書・諸帝公主傳》作“普康公主”,第 3674 頁。

⑤參見《寶刻叢編》卷八引(宋)王厚之《復齋碑録》。

⑥《太平廣記》卷三八九《韋安石》,北京:中華書局,1961 年,第 3108 頁。

⑦見《秘書省著作郎夔州都督長史上護軍顏公神道碑》、《顏魯公行狀》,載《全唐文》卷三四一、五一四,第 1528、2316 頁。

⑧見《攝常山郡太守衛尉卿兼御史中丞贈太子太保謚忠節京兆顏公神道碑銘》,載《全唐文》卷三四一,第 1532 頁。

⑨見《内侍護軍中尉彭獻忠神道碑》,載《文苑英華》卷九三二,第 4902 頁。

此,左武衛將軍白道生[①]、劍南東川節度觀察使嚴礪[②]、内侍監仇士良[③]、宣宗朝宰相令狐綯[④]等都葬於此。但鳳棲原似非唐皇家葬地,玉真公主葬於此處,或因其受到了玄宗晚年政治鬥争的牽連。玉真公主是玄宗的同母胞妹,開元及天寶初年極有權勢,政治地位頗高;安史之亂後,玄宗被迫讓位,玉真公主成爲太上皇的少數親近之一,在玄宗與肅宗及李輔國的矛盾中,玉真公主受到連累,"玄宗爲太上皇,在興慶宫居,久雨初晴,幸勤政樓,樓下市人及街中往來者,喜且泫然曰:'不期今日再得見太平天子。'傳呼萬歲,聲動天地。時肅宗不豫,李輔國誣奏云:'此皆九仙媛(玉真公主)、高力士、陳玄禮之異謀也。'下矯詔遷太上皇於西内。……既而九仙媛、力士、玄禮,長流遠惡處"[⑤]。玄宗受此打擊很快死去,玉真公主也於次年去世。

唐安公主:唐安公主誌記,"遷神於長安城東龍首原,詔京兆尹李齊運監護,禮也"[⑥]。龍首原,也名龍首山,位於京兆府長安縣,"在縣北一十里"[⑦]。唐安公主卒於興元元年(784),此時正值涇原兵變,公主隨父皇德宗外逃,三月"庚寅,車駕次城固。唐安公主薨,上愛女,悼惜之甚"[⑧]。從現有史料看,未見其他皇室成員葬於龍首原,但唐安公主志稱葬此地爲"禮也",且唐安公主爲德宗愛女,因而不排除龍首原是另一處皇家葬地。

文安公主、朗甯公主、平原公主:葬於萬年縣崇道鄉。萬年縣崇道鄉是唐中晚期一處極重要的皇室墓區[⑨]。

---

①見《左武衛將軍白公神道碑》,載《文苑英華》卷九〇八,第 4779 頁。

②見《唐故劍南東川節度副大使知節度事管内支度營田觀察處置静戎軍等使光禄大夫檢校尚書左僕射使持節梓州諸軍事兼梓州刺史御史大夫鄭國公贈司空嚴公神道碑銘》,載《全唐文》卷四九七,第 2246 頁。

③見《内侍省監楚國公仇士良神道碑》,載《文苑英華》卷九三二,第 4905 頁。

④見《奠相國令狐公文》,載《全唐文》卷七八二,第 3622 頁。

⑤《太平廣記》卷一八八《李輔國》,第 1409 頁。

⑥《故唐安公主墓誌銘》,載《全唐文補編》卷五四,第 659 頁。

⑦(唐)李吉甫《元和郡縣圖志》卷一《關内道》,賀次君點校,北京:中華書局,1983 年,第 5 頁。

⑧《舊唐書》卷一二《德宗紀上》,第 341 頁。

⑨參見尚民傑:《長安城郊唐皇室墓及相關問題》,載榮新江主編:《唐研究》第 9 卷,第 408—409 頁。

晉康公主：葬於萬年縣滻川鄉尚傅村。萬年縣滻川鄉是唐後期一處次要的皇家葬地，此地葬有宣宗子康王李汶、憲宗深王妃崔氏[①]。

唐後期6位未嫁公主中，正常下葬者都入於皇家葬地，這也是秉承著唐代女子未嫁而死、屬於父母家的傳統觀念。

另外，目前可知的唐後期6位出嫁公主的葬地是：

肅宗女郯國公主："以貞元三年八月四日，合祔於咸陽舊塋，禮也。"[②]公主駙馬張清先卒，公主薨後，祔於張清之墓。

肅宗女和政公主、德宗女宜都公主：和政公主降柳潭，宜都公主降和政公主子柳昱。和政公主先駙馬柳潭卒，廣德二年(764)，"處窆公主於萬年縣義豐之銅人原，從理命也"[③]。銅人原是唐皇室的一處葬地[④]，和政公主不入夫家葬地，而葬於此處，應與她對唐王朝的政治貢獻有關，對此，《新唐書·和政公主傳》記：

> 郭千仞反，玄宗御玄英樓諭降之，不聽。潭率折衝張義童等殊死鬥，主彀弓授潭，潭手斬賊五十級，平之。
>
> 阿布思之妻隸掖廷，帝宴，使衣綠衣爲倡。主諫曰："布思誠逆人，妻不容近至尊；無罪，不可與群倡處。"帝爲免出之。自兵興，財用耗，主以貿易取奇贏千萬澹軍。及帝山陵，又進邑入千萬。
>
> 代宗立，屢陳人間利病、國家盛衰事，天子鄉納。吐蕃犯京師，主避地南奔，次商於，遇群盜，主諭以禍福，皆稽顙願爲奴。……廣德時，吐蕃再入寇，主方妊，入語備邊計，潭固止，主曰："君獨無兄乎？"入見內

---

①參見尚民傑：《長安城郊唐皇室墓及相關問題》，第415頁。

②《大唐故郯國大長公主墓誌銘》，載《唐代墓誌彙編》貞元012，第1845頁。

③《和政公主神道碑》，載《全唐文》卷三四四，第1545頁。

④參見尚民傑：《長安城郊唐皇室墓及相關問題》，第412—413頁。

殿。翌日，免乳而薨。[①]

和政公主卒後，代宗稱："余此妹，國之鴻寶……予乃輟朝三日，命京兆尹監護喪事，一以官供，務從優厚。"[②]因和政公主的特殊政治地位，而許其入於皇家葬地。

德宗女宜都公主下嫁和政公主子柳昱，先卒，"以其年（貞元十九年）八月廿四日，遷神於萬年縣義豐鄉銅人原"[③]。柳昱志記：貞元二十年（804），"公終於永興里第……以其年冬十月旬有九日合葬宜都塋，禮也"[④]。宜都公主及駙馬柳昱葬萬年銅人原，祔於父母葬地。

肅宗女紀國公主、順宗女普安公主：紀國公主降鄭沛，普安公主降紀國公主子鄭何。紀國公主墓誌記："（子）少監駙馬（鄭何）痛殷創巨，杖起成喪。以（元和）三年七月二十九日，哀奉裳帷，合祔□□府長安縣細柳原先常侍之舊塋，禮也。"[⑤]紀國公主駙馬鄭沛先卒，"以其年（貞元十二年）建子月三日卜兆於細柳原"[⑥]，紀國公主卒後，祔於駙馬鄭沛細柳原之墓。普安公主墓誌缺字，尚存之誌記："以大中五年五（下闕約廿八字）尉府君之域，禮也。"[⑦]普安公主也祔於駙馬鄭何之墓。關於鄭何的葬地，其誌記，寶曆元年（825），"歸葬於長安縣同樂鄉之先塋，禮也"[⑧]。鄭沛、鄭何父子及其所尚公主，都葬於長安同樂鄉之細柳原[⑨]。

---

①《新唐書》卷八三《諸帝公主傳》，第 3661 頁。

②《和政公主神道碑》，載《全唐文》卷三四四，第 1544 頁。

③《唐故宜都公主墓誌銘》，載《唐代墓誌彙編續集》貞元 073，第 787 頁。

④《大唐故銀青光禄大夫行殿中次監駙馬都尉贈工部尚書河東柳府君墓誌銘》，載《唐代墓誌彙編續集》貞元 078，第 791 頁。

⑤《大唐故紀國大長公主（李淑）墓誌銘》，載《全唐文補遺》第 7 輯，第 81 頁。

⑥崔庚浩、王京陽：《唐紀國大長公主及夫鄭沛墓誌合考》，第 65 頁。

⑦《大唐故普安公主册贈梁國大長公主（李自虚）謚（下闕）》，載《全唐文補遺》第 8 輯，第 185 頁。

⑧李文英、師小群：《唐普安公主及其夫鄭何墓誌合考》，第 268 頁。

⑨按尚民傑《長安城郊唐皇室墓及相關問題》，唐時細柳有三處，一在萬年，一在長安，一在咸陽（第 406 頁），紀國公主及夫鄭沛所葬爲長安之細柳原，見崔庚浩、王京陽：《唐紀國大長公主及夫鄭沛墓誌合考》，第 68 頁。

憲宗女岐陽公主：公主墓誌記，"以開成二年十一月某日薨於汝州長橋驛……某年某月日祔葬於萬年縣洪原鄉少陵原尚書先塋，禮也"①。岐陽公主駙馬杜悰後卒，"開成初，入爲工部尚書、判度支。屬岐陽公主薨，久而未謝"②。岐陽公主入於駙馬杜悰父杜佑葬地。

關於唐公主由前期陪葬皇陵，到後期祔葬駙馬葬地或祖塋的變化的原因，首先是安史之亂後，唐王朝的國力衰弱、財力下降。此時唐皇的權威受到削弱，依附於唐皇的公主不能再像前期那樣，特權突出，喪葬花費無數。關於唐前期皇族喪葬的高花費，如高祖十五子虢王李鳳，他葬於上元二年(675)，其墓誌記："所司備禮，册命陪葬獻陵。賻絹布二千段，米粟一千石，並賜東園秘器。葬日，給班劍四十人，羽葆鼓吹及儀仗，送至墓所往還。葬事所須，並宜官給，務從優厚。"③從這一記載看，陪葬皇陵的"葬事所須"，是需要大量財力支出的。而安史之亂後，唐國力衰微，經濟形勢吃緊，再無力承擔陪葬皇陵的巨大開銷。所以玄宗以後，不僅是公主，親王陪葬皇陵者也寥寥無幾④。

其次，唐後期，出嫁公主祔於夫家先塋或夫之葬地，被視爲守"禮"，這與唐後期時對儒學禮教的重新提倡有關。關於唐後期的儒教，有學者指出："儘管唐代前期儒學的發展狀況與專制政治的發展有不適應之處，但由於統治體制的整體功能較强，思想方面的缺陷就顯得不那麼突出。然而到唐代後期，隨著政治體制失去平衡和中央集權的控制力削弱，儒學不能起到應有的作用，思想方面的缺陷就日益突出出來。在這種情況下，許多人不斷提出復興儒學的要求。"⑤在唐後期復興儒學的大潮下，對於包括公主在内的婦女

---

①《樊川文集》第八，第126頁。

②《舊唐書》卷一四七《杜佑附杜悰傳》，第3985頁。

③《大唐故使持節青州諸軍事青州刺史上柱國贈司徒揚州大都督虢莊王(李鳳)墓誌銘》，載《全唐文補遺》第1輯，第54頁。

④關於唐公主、親王陪葬皇陵之制興衰與唐朝政治局勢、國力强弱的關係，參見尚民傑：《長安城郊唐皇室墓及相關問題》，第421—422頁；親王陪葬皇陵，見同上文，第418—420頁。

⑤張躍：《唐代後期儒學》，上海：上海人民出版社，1994年，第21頁。

的禮教要求提高[①]，公主遵從傳統禮教，開始祔於駙馬或駙馬先人，這是禮教復興對公主生活産生影響的重要表現之一。

（四）渤海貞惠、貞孝兩公主的陪葬

按貞惠公主誌，貞惠公主卒於大欽茂寶曆四年，即唐代宗大曆十二年（777）；再按貞孝公主墓誌，貞孝公主卒於大欽茂大興五十六年，即唐德宗貞元八年（792）。依如上的分析，此時唐公主已無陪葬皇陵者，因此，貞惠公主、貞孝公主的陪葬皇陵，遵從的是玄宗前的公主陪葬制。

又，貞惠公主誌記，"陪葬於珍陵之西原，禮也"；貞孝公主志也記，"陪葬於染谷之西原，禮也"。如前所析，唐前期公主陪葬皇陵制，實折衷了妻祔夫之禮與公主陪葬父皇的特殊制度，唐公主陪葬皇陵稱"禮"者，一般是死時無駙馬可祔（未嫁、駙馬有罪、駙馬卒於公主後）。而渤海貞惠公主、貞孝公主卒時，其駙馬均已亡故，兩公主誌均記："誰謂夫聟先化，無終助政之謨。"[②]如此推測，貞惠公主、貞孝公主陪葬稱"禮"，應是兩駙馬已先入陪葬陵。對此，貞孝公主墓發掘報告記："在清理甬道和墓室的過程中，共採集了三十一件人的骨骼，經鑒定得知，這些骨骼分别爲兩個男女個體的骨骼。……據渤海盛行夫妻合葬的習俗，……男性骨骼應是貞孝公主丈夫之屍骨無疑。貞孝公主墓實際上應是貞孝公主夫妻二人的合葬墓。"[③]關於一嫁、且駙馬先卒的唐公主的陪葬皇陵制度，目前尚無史料，渤海貞孝公主與駙馬的合葬之制，似可補唐史之缺。

貞惠公主和貞孝公主卒時，其父大欽茂尚在，因此兩公主所陪之陵的主人，就成爲學界關注的重點。關於貞惠公主陪葬之珍陵的主人，學界有不同認識，但大多數學者傾向是渤海第二代王大武藝之陵[④]。如果珍陵的主人確

---

①參見李志生：《試析經濟政策對中國古代婦女貞節的影響——兼談唐後期婦女貞節變化的意義》，載鄧小南主編：《唐宋女性與社會》，上海：上海辭書出版社，2003年，第888—890頁。

②《敦化六頂山渤海墓清理發掘記》，第205頁；《渤海貞孝公主墓發掘清理簡報》，第177頁。

③《渤海貞孝公主墓發掘清理簡報》，第179頁。

④見王健群：《渤海貞惠公主墓碑考》，第214頁。

是貞惠公主的祖父大武藝，其喪葬禮制就一如唐永泰公主①。從《唐會要》和其他史料看，唐公主大多陪葬的是父皇，也有姐妹陪葬兄弟者，如高祖女長廣公主、長沙公主、衡陽公主陪葬太宗昭陵②，而公主陪葬祖父之陵，在唐朝並不多見。永泰公主陪葬高宗乾陵，是因公主早薨，改葬時，父皇中宗依然健在，而對於永泰公主的陪葬，其墓誌記："有制，令所司備禮與故駙馬都尉合窆於奉天之北原，陪葬乾陵，禮也。"③由此看，公主陪葬皇祖之陵，是符合唐代陪葬禮制的。而仿照永泰公主陪葬之制，貞惠公主陪葬祖陵，也可稱爲"禮也"。

在貞孝公主墓誌中，未記所陪陵名，僅記"染谷之西原"。對於貞孝公主陪葬的對象，其墓葬發掘簡報稱，"在龍頭山渤海古墓群中，很可能有比貞孝公主身份還高的渤海王室貴族墓"④，而未指明陪葬的對象；另有學者推斷爲貞孝公主的伯父或叔父⑤。但這兩種推斷都與唐制不符，在唐朝，公主未見有陪葬其他皇室成員者。關於染谷的主人，羅繼祖的看法似更合理，他指出，推測染穀所葬爲貞孝公主伯父的看法不確，"既叫陪葬則所陪的非帝即王，如唐朝的陪葬昭陵。染谷應是大欽茂陵墓所在地，不過其時欽茂尚在，未命陵名，仍用染谷舊名"⑥。其他皇室成員先於帝王入葬其陵地，唐朝有先制，長孫后就先於太宗入葬後稱昭陵之域。長孫皇后入葬時，此陵地尚未稱昭陵，對此，《資治通鑑》記："帝復爲文刻之石，稱：'……今因九嵕山爲陵，鑿石之工才百餘人，數十日而畢。"⑦長孫后入葬時，後爲昭陵之地尚稱九嵕山。

---

①這一點已爲學人所指出，見王健群：《渤海貞惠公主墓碑考》，第 214 頁；王承禮：《敦化六頂山渤海墓清理發掘記》，第 208 頁。

②《唐會要》卷二一《陪陵名位》記，陪葬昭陵的有衡陽公主駙馬阿史那社爾、長廣公主駙馬楊師道、長沙公主駙馬豆盧懷讓（第 413 頁）。按唐公主陪葬皇陵及祔葬禮制，公主應與駙馬合葬。

③《大唐永泰公主志石文》，載《唐代墓誌彙編》神龍 027，第 1059 頁。

④《渤海貞孝公主墓發掘清理簡報》，第 180 頁。

⑤見王承禮：《唐代渤海〈貞惠公主墓誌〉和〈貞孝公主墓誌〉的比較研究》，第 183 頁。

⑥羅繼祖：《渤海貞惠貞孝兩公主的墓碑》，第 285 頁。

⑦《資治通鑑》卷一九四唐太宗貞觀十年（636）冬十一月庚午條，北京：中華書局，1956 年，第 6122 頁。

從貞惠公主、貞孝公主陪葬皇陵看,在唐後期的渤海地區,公主一如唐朝前期的公主,地位依然很高,中原安史之亂後,唐公主從駙馬葬的情況,對渤海公主葬禮並未産生影響,也即中原開始重振儒教、重構男尊女卑之序的思潮,尚未波及其東北的渤海地區。

二　關於貞孝公主墓的墓室配置

安史之亂前,西安地區的唐代墓葬有著嚴格的等級制度[①],墓室形制,棺床位置和材料,壁畫的内容、位置等,都有一定之規。唐前期公主的墓葬配置,嚴格遵循著這些規制,後期的公主墓,則體現了西安地區唐後期墓葬規制的某些變化。渤海貞孝公主葬於唐德宗年間,其墓室配置融合了唐前期墓葬的特點和後期墓葬的變化,並帶有自身的特點。

(一)唐公主墓與貞孝公主墓的墓室壁畫配置

關於唐墓壁畫,李星明指出:"唐代墓室壁畫屬於貴族文化,是唐代主流文化的一個方面,它形象地記録了當時的典章制度、社會風俗、宗教信仰、思想觀念等方面的某些文化景觀。它一方面是對現存文獻中相關記載的形象詮釋,另一方面又是對文獻中某些語焉不詳或者空白之處的一種驗證和補充,具有'證史'、'補史'、'糾史'和'寫史'的作用。"[②]渤海貞孝公主的墓室壁畫[③],實際也具有這些特點和作用。關於渤海地區的文字史料原本就有限,墓室壁畫更是稀見[④]。因此,對於研究渤海的社會風俗,貞孝公主墓的墓

---

①參見齊東方:《試論西安地區唐代墓葬的等級制度》,第286—310頁;《唐代的喪葬觀念習俗與禮儀制度》,第59—62頁。

②李星明:《唐代墓室壁畫研究》,第1頁。

③關於貞孝公主墓室壁畫及研究,見《渤海貞孝公主墓發掘清理簡報》及其圖版,第177—178頁;李殿福:《唐代渤海貞孝公主墓壁畫與高句麗壁畫比較研究》,載《高句麗渤海研究集成6·渤海卷(三)》,第328—336頁。

④除貞孝公主墓外,還有貞惠公主墓等少數渤海墓内出有壁畫殘片,參見李殿福:《唐代渤海貞孝公主墓壁畫與高句麗壁畫比較研究》,第333頁。

室壁畫,就具有極重要的價值。

關於貞孝公主墓的墓室壁畫,大陸學界從畫風、内容、人物形象、服飾等方面等方面考察,認爲其明顯具有唐朝墓室壁畫風格①。這一結論無疑是正確的,但若進一步分析並比較唐朝墓室壁畫,也可看到其與唐朝墓室壁畫的若干差别。

依李星明的研究,在已發掘清理的唐代壁畫墓 128 座②,公佈了壁畫内容的唐公主墓 6 座③。兹將這 6 座唐公主墓和渤海貞孝公主墓墓室壁畫的主要内容,清單顯示如下(表四)。

表四　唐公主和渤海貞孝公主墓墓室壁畫主要内容表

	年代	墓主人	壁畫主要内容				
			墓道	過洞	天井	前、後甬道	墓室
1	貞觀十七年(643)	長樂公主④	東西壁:雲中車馬、儀仗隊; 北壁:門樓	一、二:門樓圖	一、二:儀衛; 三、四:内侍	一石門外:男侍; 一、二石門間:侍女	殘存影作木構
2	龍朔三年(663)	新城公主⑤	東西壁:門吏、大門、儀仗隊、鞍馬、簷子、門吏; 北壁:門樓	影作木構; 一:男侍; 二至五:侍女	一:列戟、侍衛; 二至五:侍女	影作木構,侍女	影作木構,侍女

①參見《渤海貞孝公主墓發掘清理簡報》,第 180 頁;李殿福:《唐代渤海貞孝公主墓壁畫與高句麗壁畫比較研究》,第 331—332 頁、第 335—336 頁。

②李星明統計了截止氏著出版前的 128 座唐代壁畫墓。見氏著:《唐代墓室壁畫研究》附《唐代壁畫墓一覽表》,第 409—426 頁。

③據李星明《唐代墓室壁畫研究》,高祖女淮南公主墓也存有壁畫,但内容不詳(第 413 頁)。

④見昭陵博物館:《唐昭陵長樂公主墓》,載《文博》1988 年第 3 期,第 20—25 頁。

⑤見陝西省考古研究所、陝西歷史博物館、昭陵博物館:《唐昭陵新城長公主墓發掘簡報》,載《考古與文物》1997 年第 3 期,第 14—24 頁;陝西省考古研究所、陝西歷史博物館、禮泉縣昭陵博物館:《唐昭陵新城長公主墓發掘報告》,北京:科學出版社,2004 年,第 74—114 頁、附録圖版。

續表

	年代	墓主人	壁畫主要内容				
			墓道	過洞	天井	前、後甬道	墓室
3	咸亨四年（673）	房陵公主①			三：侍女	前、後甬道：侍女	前、後墓室：侍女
4	神龍二年（706）	永泰公主②	東壁：儀仗隊、胡人馬伕； 西壁：存儀仗武士	五：抬簷子圖	一至四：影作木構	前、後：存人物	前、後：影作木構，宫女、男侍、北壁東間似樂隊
5	興元元年（784）	唐安公主③				石門内、外：男侍、女侍	侍女、男侍
6	貞元三年（787）	鄭國公主④		一、二：男侍；	一、二：牽馬侍者、侍女		東壁殘存伎樂人
	唐德宗貞元八年（792年）	貞孝公主⑤				門衛	侍衛、内侍、侍從，西壁繪樂伎

由上表看，在某些方面，渤海貞孝公主墓與唐公主墓的壁畫規制，存在明顯

①安峥地：《唐房陵大長公主墓清理簡報》，載《文博》1990年第1期，第3—5頁。

②陝西省文物管理委員會：《唐永泰公主墓發掘簡報》，載《文物》1964年第1期，第16—18頁、附圖。

③陳安利、馬詠鍾：《西安王家墳唐代唐安公主墓》，載《文物》1991年第9期，第16—20頁、附圖。

④王仁波、何修齡、單暐：《陝西唐墓壁畫之研究》（下），第55頁；李星明：《唐代墓室壁畫研究》，第90頁。

⑤《渤海貞孝公主墓發掘清理簡報》，第177—178頁、圖版。

不同：

首先，從壁畫人物性别及所處位置看，渤海貞孝公主墓與唐朝公主墓不同。貞孝公主墓墓室壁畫人物全爲男性，而唐朝公主墓墓室壁畫人物男、女皆有。且在貞孝公主墓墓室壁畫中，門衛居甬道後部東西壁，墓室東西壁也有對立侍衛各一人；但在唐朝公主墓墓室壁畫中，侍衛、武士居過洞、天井以前，甬道、墓室未見侍衛、武士形象。

關於唐墓壁畫的配置，李星明提出了“初唐京畿模式”，這種模式的特徵之一是：

> 壁畫内容在墓葬中的分佈與墓葬結構所象徵的宅院各個部分是相互對應的。一般來講，墓道象徵宅院（或宫苑）大門之外，東西兩壁繪儀仗出行圖和門吏等，墓門上方（第一過洞南口上方）繪門樓圖（有的已脱落，也有的可能未畫）。過洞象徵過廊，天井象徵院落。靠近墓道的過洞、天井東西兩壁繪儀衛、列戟架或男侍。靠近甬道的過洞、天井表示已接近内宅深處，壁面繪内侍或太監、侍女或宫女。甬道象徵内宅的廊坊，東西兩壁繪侍女或宫女、伎樂，拱券頂多繪藻井圖案。墓室象徵主人的起居室，四壁繪侍女或宫女、内侍或太監、伎樂和舞女、屏風畫等。①

至中晚唐時，這一特徵雖有所簡化②，但“靠近甬道的過洞、天井表示已接近内宅深處”的特徵並未改變。

“内外有别”是儒家社會性别倫理的兩大支柱之一，“初唐京畿模式”實是“内”、“外”有别觀念在墓葬空間的形象體現。“内”、“外”思想源起於先秦，《周易・家人》曰：“女正位乎内，男正位乎外。男女正，天地之大義也。”女/内、男/外思想既指職責，也指空間所在。對於女/内、男/外的空間區隔，

---

①李星明：《唐代墓室壁畫研究》，第56頁。

②如李星明指出：“初盛唐壁畫墓中顯示墓主人身份地位的儀仗場景和列戟架已經不是中晚唐壁畫墓中所强調的内容。”（氏著：《唐代墓室壁畫研究》，第93頁）

雖然唐人還未如宋人那般嚴格①,但在唐人著作中,也可以清晰地看到對這一點的强調。宋尚宫《女論語》就對婦女有如下要求：

> 内外各處,男女異群。莫窺外壁,莫出外庭。
>
> 女處閨門,少令出户。
>
> 有客到門,無人在户,須遣家童,問其來處。客若殷勤,即通名字,卻整容儀,出廳延住。點茶遞湯,莫缺禮數,借問姓名,詢其事務。記得夫歸,即當説與,客下階去,即當回步。
>
> 有女在室,莫出閒庭,有客在户,莫露聲音。②

作爲女教書的《女論語》强調,居"内"的女性,應儘量避免與外來男子的正面接觸。這種"内"、"外"空間區隔的意義在於,"内室界限之内的道德教育和禮貌舉止提供不了抵制外部世界之危險的安全裝置,一個女人如果身處不當之地,人們就不可能認爲她有什麽純潔的意圖"③。在中國傳統社會中,空間上的"内"、"外"之别,是要確保家族女性的貞潔。

在唐朝的墓葬中,靠近甬道的過洞、天井表示已接近内宅深處,列戟以後的部分多繪男女侍從,而無其他男性。按照"内外有别"的理論,列戟以後的空間屬於"内",唐朝公主墓的壁畫配製,也完全反映了這一點。至肅宗以後,"初唐京畿模式"簡化後的唐安公主墓、郯國公主墓,依然未見儀仗、武士進入甬道和墓室。

而從貞孝公主墓的墓室壁畫配置看,這種區隔並不明顯：甬道後部東西壁繪頭戴兜鍪、身著戰袍、身披黑穗魚鱗甲、右手握鐵撾、左手扶劍的門衛;

---

①參見鄧小南:《從考古資料發掘看唐宋時期女性在門户内外的活動——以唐代吐魯番、宋代白沙墓葬的發掘資料爲例》,載李小江主編:《歷史、史學與性别》,南京:江蘇人民出版社,2002 年,第 119 頁;《"内外"之際與"秩序"格局:兼談宋代士大夫對於〈周易・家人〉的闡發》,載《唐宋女性與社會》,第 97—123 頁。

②(唐)宋尚宫《女論語・立身章》、《訓男女章》、《待客章》、《守節章》,載秦淮寓客編:《緑窗女史》卷一《閨閣部・懿範》,臺北:天一出版社,1985 年。

③白馥蘭著、江湄、鄧京力譯:《技術與性别:晚期帝制中國的權力經緯》,南京:江蘇人民出版社,2006 年,第 110 頁。

墓室東、西兩壁南邊繪左手握鐵撾、右手扶劍的侍衛；墓室北壁繪身背弓、腰佩弓箭的侍從；墓室東壁中、北部繪三位手捧物品的男侍。貞孝公主墓墓室壁畫完全不見女侍形象，此墓壁畫的這種配置和性别比例，説明在唐時的渤海地區，對於傳統的儒家"内外有别"觀念及墓葬中的"初唐京畿模式"，並未完全吸納。

而在某些方面，貞孝公主墓與山西唐墓的壁畫配置，卻有幾分相似。山西太原地區曾發掘清理了7座唐代壁畫墓，其中太原南郊金勝村附近的5座墓未有明確紀年，但其特徵與太原郊區董茹莊萬歲登封元年（696）趙澄墓大致相同，因此它們的年代也當屬高宗[①]、武周或其前後[②]；太原晉源鎮發現的温神智（上柱國、吏部常侍）墓，則有明確紀年（開元十八年，730）。兹將這7座墓的墓室壁畫配置情況，清單顯示如下（表五）。

表五　山西地區唐墓墓室壁畫配置表

	墓主人	墓室壁畫[③]
1	趙澄墓[④]	文武侍從，男、女侍，樹下男女老幼圖
2	金勝村第四號墓[⑤]	佩劍持笏門衛，侍女，八扇屏風樹下褒衣人物（高士）圖
3	金勝村第五號墓[⑥]	牛車和車夫，馬夫牽馬和駱駝，八扇屏風褒衣人物圖
4	金勝村第六號墓[⑦]	佩劍持笏侍衛，文吏，侍女，樹（竹）下老人圖

①見山西省考古研究所、太原市文物管理委員會：《太原金勝村337號唐代壁畫墓》，載《文物》1990年第12期，第15頁。

②李星明認爲金勝村第四號墓、第五號墓、第六號墓、焦化廠墓屬同一時期，爲武周及其前後（氏著：《唐代墓室壁畫研究》，第111頁）。

③本文對墓室壁畫内容的描述，省略了墓頂和結構部分。

④山西省人民政府文物管理委員會：《山西文物介紹》二《地下文物》十五《太原市西南郊新董茹村唐墓》，1954年。

⑤山西省文物管理委員會：《太原南郊金勝村唐墓》，載《考古》1959年第9期，第473—474頁。

⑥《太原南郊金勝村唐墓》，第476頁。

⑦山西省文物管理委員會：《太原市金勝村第六號唐代壁畫墓》，載《文物》1959年第8期，第19—22頁、附圖。

續表

	墓主人	墓室壁畫
5	金勝村焦化廠墓①	執劍持笏侍衛，侍女，執鞭胡人與駝、馬，樹下老人圖
6	金勝村 337 號墓②	佩劍侍衛，仕女，女童，樹下老翁圖
7	温神智墓③	佩劍侍衛，侍女群像，牛車圖，舂米圖，六扇屏風樹下褒衣人物圖

由上表看，除金勝村五號墓外，其他 6 墓墓室均有侍衛或侍從、馬夫和樹下老人圖等，在壁畫配置上，與西安地區同時期壁畫墓的人物性别配置不同，男女的空間區隔不明顯。有學者認爲，山西地區這幾座墓的墓室南壁拱券門兩側繪門衛，可能是因墓道没有儀仗之類的圖像，也可能是因墓葬規格偏低④。貞孝以公主身份入葬，而壁畫配置的某些方面，卻類似於山西金勝村較低身份的墓葬，這是此墓的特殊之處。

（二）唐公主墓與貞孝公主墓墓室規制

在西安地區的唐代墓葬中，棺床和伎樂配置也有一定之規。關於墓室規制，宿白先生在《西安地區的唐墓形制》一文中，對西安地區的唐皇室成員和各級官員的墓葬結構（磚室和土洞）、平面和墓室尺寸以及石槨、棺床等設備和等級，有過詳述，並依據這些配置的不同特點，將西安地區唐墓形制分爲四個類型⑤。兹將唐代長樂、新城、房陵、永泰、唐安、鄎國六公主墓和渤海貞孝公主墓的墓室規制，清單顯示如下（表六）：

---

①山西省考古研究所：《太原市南郊唐代壁畫墓清理簡報》，載《文物》1988 年第 12 期，第 50—56 頁。

②《太原金勝村 337 號唐代壁畫墓》，第 11—15 頁、彩色插頁。

③李星明：《唐代墓室壁畫研究》，第 112—113 頁。

④同上，第 112 頁。

⑤宿白：《西安地區的唐墓形制》，第 41—50 頁。關於西安地區唐墓等級，也請參見齊東方：《試論西安地區唐代墓葬的等級制度》，第 286—310 頁。

表六　唐公主和渤海貞孝公主墓墓室規制表

墓主人	年代	墓室形制	墓室尺寸(單位:米)		石門	石槨	棺床	棺床位置	伎樂壁畫位置
長樂公主①	643	弧方	4.2×4.2+?		√		√(石)	墓室西側	
新城公主②	663	弧方	4.74×4.7+4.84		√		√(石)	墓室西壁	
房陵公主③	673	弧方	前室:3.60×3.54+4.44	後室:4.10×4.16+5.20	√	√	√(石)	墓室西側	
永泰公主④	706	弧方	前室:4.7×4.9+5.35	後室:5.3×5.45+5.5	√	√		後室西側	主室北壁東首
唐安公主⑤	784	弧方	4.4×4.4+約3.35		√		√(石)	墓室西側	
鄎國公主⑥	787	弧方	不明		√		√(磚)	墓室西部	墓室東壁
貞孝公主⑦	792	長方	3.10×2.10+約3.40		√		√(磚)	墓室中部	墓室西壁中、北部

上表顯示,目前可知的6座唐公主壁畫墓,可分爲三個等級,第一等爲永泰公主墓和房陵公主墓,她們的墓室規格最高,依宿白先生劃分的唐墓類型,其

①《唐昭陵長樂公主墓》,第10—30頁。
②《唐昭陵新城長公主墓發掘簡報》,第3—24頁。
③《唐房陵大長公主墓清理簡報》,第2—6頁;《唐代帝王陵墓》,第13頁。
④《唐永泰公主墓發掘簡報》,第7—18頁。
⑤《西安王家墳唐代唐安公主墓》,第16—20頁;宿白:《西安地區的唐墓形制》,第42—43頁。
⑥王仁波、何修齡、單暐:《陝西唐墓壁畫之研究》(下),第55頁;李星明:《唐代墓室壁畫研究》,第90頁。
⑦《渤海貞孝公主墓發掘清理簡報》,第174—179頁。

屬Ⅰ型雙室弧方形磚室墓，並具石槨。按唐制，凡使用石槨、石棺者，皆出自殊禮，“凡（五品已上）葬，禁以石爲棺槨者，其棺槨禁雕鏤彩畫，施户牖欄檻者”[①]。房陵公主爲高祖女，卒於高宗咸亨四年（673），關於房陵公主葬具石槨的原因，史書未載[②]。永泰公主爲武則天所殺，中宗以“號墓爲陵”之制爲其改葬，宿白先生言，“號墓爲陵並不即是陵，應比帝陵低一等”，但並“不是依據臣子的品級規定興建的”[③]。

其他4座唐公主墓屬Ⅱ型弧方形磚室墓，在Ⅱ型弧方形磚室墓中，“一至三品似乎可自成一級，墓室尺寸約爲4米多見方，折合唐尺約方14尺；二品以上可使用石棺床、石門，三品以上可設石門。四品、五品墓室尺寸就多下降到3.5米見方以下，折合唐尺約方11尺；衹能砌建磚棺床”[④]。從上表看，長樂、新城和唐安三公主是依常禮入葬——4米見方弘方形磚室墓，使用石棺床、石門。而鄎國公主墓墓室平面成弧方形，穹隆頂，墓室西側爲磚砌棺床，甬道位於墓室南壁東側。甬道和墓室爲磚砌結構。此墓爲斜坡墓道帶天井磚砌弧方形單室墓[⑤]。雖然鄎國公主墓的墓室尺寸不明，但使用磚棺床明顯與常制不符，其墓葬規格明顯低於公主身份，這可能與唐後期墓葬形制中等級成份的淡化有關，此時的墓葬形制與墓主人的級别和官品並不完全相符[⑥]。

渤海貞孝公主墓也屬Ⅱ型，但爲長方形磚室墓，在墓葬形制上，它明顯受到了中原地區的影響，但無論從其墓室規格（3.10×2.10），到其所配磚床及墓室壁畫都可看出，貞孝公主墓的規格與其所稱“公主”身份大不相符，其墓葬等級僅相當於唐朝四、五品官的規格。當然，貞孝公主墓的墓葬規格，

---

①《大唐六典》卷一八司儀署司儀令之職條，廣池千九郎訓點，内田智雄補訂，柏市：廣池學園事業部，1973，第365頁。

②房陵公主墓具石槨，當不是因其輩份，高祖十五子虢王鳳葬於房陵公主後兩年（675），但墓室未發現石槨遺跡（見富平縣文化館、陝西省博物館、文物管理委員會：《唐李鳳墓發掘簡報》，載《考古》1977年第5期，第313—326頁）。

③宿白：《西安地區的唐墓形制》，第42頁。

④同上，第43—44頁。

⑤參見李星明：《唐代墓室壁畫研究》，第90頁。

⑥同上，第93頁。

也可能是受到了唐後期墓葬形制中等級成份淡化的影響①。

另外，從表六看，貞孝公主墓伎樂圖的位置，也與唐永泰、鄭國二公主墓有異。永泰公主墓伎樂圖位於主室北壁東首，棺床位於後室西側；鄭國公主墓伎樂圖位於墓室東壁，棺床位於墓室西部。此兩公主墓伎樂圖和棺床的分佈，與西安地區唐壁畫墓的基本配置相符②。而在渤海貞孝公主墓中，伎樂圖位於墓室西壁的中、北部，棺床位於墓室中部，這種配置在西安地區的墓葬中尚未見到。

山西地區發現的唐墓中未見伎樂圖，並且除温神智墓磚砌棺床靠西壁外，其餘幾座墓葬中棺床所處位置，也與西安地區不同，太原焦化廠墓墓室東西兩側，各有一磚砌長方形棺床，其他幾墓——趙澄墓、金勝村三③至六號唐墓、337號唐壁畫墓棺床都位於墓室北部，而非西部。

對比唐朝公主墓，在墓室形制及内部配置上，貞孝公主墓雖多有承襲唐制之處，但並未全部照搬，由此從另一個方面，使我們看到了墓室壁畫中的“初唐京畿模式”和西安地區的唐墓形制影響和擴散的範圍及程度。

贅　語

關於渤海的文化傳承，東北亞各國及俄國學者有著各自的認識。一些俄國學者從根本上否認渤海與中原的文化聯繫，認爲“中國人的意識形態和文化也未能逾越萬里長城”④。而其他一些學者則從更廣闊的範圍來看待中

①王俠比較了貞孝公主墓與唐揚州大都督府司馬吴賁妻韓氏墓，認爲貞孝墓的墓室與中原磚室墓一致，但因政治、經濟諸條件，較中原貴族墓的規格爲小（氏文：《貞惠公主墓與貞孝公主墓》，載《學習與探索》1985年第4期，第138—143頁）。按，吴賁妻韓氏僅以從四品的等級入葬，但其墓室規制（3.18×2.6+?）還是超過了貞孝公主墓（3.10×2.10）（見宿白：《西安地區的唐墓形制》，第44—46頁）。

②參見李星明：《唐代墓室壁畫研究》，第168頁。

③參見山西省文物管理委員會：《太原南郊金勝村三號唐墓》，載《考古》1960年第1期，第37頁。

④［蘇］Е·И·傑烈維揚科：《黑龍江沿岸的部落》，林樹山、姚鳳譯，長春：吉林文史出版社，1987年，第4頁。

古時期的東亞歷史，學界圍繞“東亞世界”進行了大範圍、多層次的討論，先後形成了“册封體制論”[①]、“羈縻體制論”[②]、“進貢體系論”[③]、“天朝禮制體系論”[④]等代表性學術觀點。

唐時，渤海、新羅、日本等東亞地區或國家因諸種原因，都出現了吸納受容唐文化（唐化）的舉措和改革，因此，在大陸學界的渤海歷史研究中，“唐化”是經常出現的一個名詞[⑤]。渤海的“唐化”，指其大力引進盛唐文明和全面“憲象”中原典章制度，文王大欽茂等人重視文化教育，渴求中原文明，爲使渤海地區成爲文明禮義之邦，積極向内地學習和模仿。唐開元二十六年（738），渤海王大欽茂遣使入唐，抄録各種典籍，“求寫《唐禮》及《三國志》、《晉書》、《三十六國春秋》”[⑥]，又“數遣諸生詣京師太學，習識古今制度”[⑦]。渤海人、起碼是渤海上層人士使用漢字，信奉儒教、佛教，貞惠、貞孝兩公主墓對此有明確的反映。貞惠、貞孝兩公主墓碑全由漢字寫成，並且字裹行間充斥著儒家思想。貞惠、貞孝兩公主墓碑所載大欽茂的尊號爲“大興寶曆孝感金輪聖法大王”，而“金輪”與“聖法”是無疑佛教用語，大欽茂的這一尊號，很可能效法的是唐朝女皇武則天[⑧]；貞孝公主墓上以建塔代替普通建築，也證明了佛教在渤海的傳播[⑨]。另

①［日］西嶋定生：《中國古代國家と東アジア世界》，東京：東京大學出版會，1983年，第397—414頁。

②［日］崛敏一：《律令制と東アジア世界——私の中國史學（二）》，東京：汲古書院，1994年。

③J. K. Fairbank, SY Têng, “On the Ch' ing Tributary System”, *Harvard Journal of Asiatic Studies*, Vol. 6, No. 2(Jun. 1941), pp. 135-246.

④黄枝連：《天朝禮治體系研究》上、中、下卷，北京：中國人民大學出版社，1992、1994、1995年。

⑤如魏國忠等《渤海國史》多次出現“唐化”一詞（北京：中國社會科學出版社，2006年，第429頁、第431頁、第451頁、第463頁、第464頁、第479頁），並且第二章第三節的第二部分，就題爲“事唐恭謹全面唐化”（第103頁）。另一些學者雖未用“唐化”一詞，但也稱學習唐朝爲立國之本，如王俠：《貞惠公主墓與貞孝公主墓》，第142頁。

⑥《唐會要》卷三六《蕃夷請經史》，第667頁。

⑦《新唐書》卷二一九《渤海傳》，第6182頁。

⑧武則天曾加號“金輪聖神皇帝”、“越古金輪聖神皇帝”、“慈氏越古金輪聖神皇帝”、“天册金輪聖神皇帝”（《舊唐書》卷六《則天皇帝傳》，第123—124頁）。

⑨參見王承禮：《唐代渤海國〈貞孝公主墓誌〉研究》，載《高句麗渤海研究集成6·渤海卷（三）》，第291—313頁。

外，渤海的統治機構也大體以唐制爲模式①。

雖然渤海積極吸納受容唐文化，但吸納的程度如何，也還有探討餘地。以貞惠、貞孝兩公主墓爲例，首先，關於兩公主墓的墓葬形制，貞惠公主葬於唐代宗年間(777)，但其墓爲迭澀石室封土墓(俗稱大型石室墓)②，這與唐朝公主的磚室墓迥然有别，這種墓葬形式受到的是高句麗等文化的影響③；關於貞孝公主墓，她的陪葬、墓室壁畫配置、棺床、伎樂圖位置等，也都與唐朝公主墓存在一定差别。其次，一些大陸學者從貞惠、貞孝兩公主的墓誌文字，指出了渤海社會受到的儒家思想影響④，但從貞孝公主墓墓室壁畫配置看，儒家所强調的内、外有别觀念，並未在其中反映出來，這説明儒家思想在實際的運用中，渤海地區與中原還有一定差距。由此筆者以爲，强調唐文化對渤海影響的大前提是完全成立的，但在影響的細節上，西嶋定生所强調的"共通性並非抹殺民族特質"⑤的論點，對我們仍有指導意義。

(作者單位：北京大學歷史學系)

①參見魏國忠等：《渤海國史》附録《渤海與唐三省六部對照表》，第607頁。

②參見孫秉根：《渤海墓葬的類型與分期》，中國社會科學院考古研究所編：《漢唐與邊疆考古研究》，北京：科學出版社，1994年，第205、第208頁。迭澀頂石室封土墓爲渤海王室貴族墓葬形制之一，在渤海的早期、晚期均有使用，見鄭永振：《渤海墓葬研究》，載《高句麗渤海研究集成6・渤海卷(三)》，第238頁、第240頁。

③如劉曉東强調高句麗積石墓的影響(氏文：《渤海墓葬的類型與演變》，載《北方文物》1996年第2期，第36頁)；李蜀蕾認爲受到了高句麗和沃沮文化的影響(氏文：《渤海墓葬類型演變再探討》，載《北方文物》2005年第1期，第40—43頁)。

④參見王承禮：《唐代渤海國〈貞孝公主墓誌〉研究》，載《高句麗渤海研究集成6・渤海卷(三)》，第291—313頁、《中國東北的渤海國與東北亞》，第334—335頁；魏國忠等：《渤海國史》，第423頁。

⑤[日]西嶋定生：《東亞世界的形成》，高明士譯，載劉俊文主編：《日本學者研究中國史論著選譯》第二卷，中華書局，1993年，第88—103頁。

旅順博物館所藏新疆出土孔目司帖及其所反映的唐代賦役制度

孟彦弘

旅順博物館所藏孔目司帖是一件價值頗高的文獻,出土於新疆克孜爾。圖版最早刊佈於《西域考古圖譜》①,録文見於羅福萇《沙州文録·附録》②,但似未引起足夠重視。1988 年北京舉辦"敦煌吐魯番資料展覽",學界方知文書原件藏於旅順博物館,清晰照片也隨之公佈,引起了學界的廣泛關注,相繼刊發了一系列研究成果。現最爲清晰且易於得見的圖版,見於《旅順博物館概覽》,定名爲"孔目司帖",時代則定爲"唐建中五年(784)"。今綜合各家的識讀,迻録如下(括號標出異文。下文將要討論的第 1 行和第 7 行的"匠"字和第 9 行的"抄"字加黑):

1　孔目司　帖蓮花渠匠白俱滿失(尖?)雞(離?)

2　配織建中伍年春裝布壹伯尺。行官段俊俊、

①《西域考古圖譜》,東京:國華社,1915 年。

②《六經堪叢書》本,東方學會排印,1924 年。

3　趙秦（泰？）璧、薛（薩？）崇俊、高崇辿等。

4　右仰織前件布，准例放掏拓、助屯及

5　小小差科，所由不須牽挽。七月十九日帖。

6　　　　孔目官任　選（善？）

……………………………………………………………（紙縫）

7　配織建中伍年春裝布，匠蓮花渠白俱滿地黎

8　壹伯尺了。行官段俊俊、薛崇俊、高崇辿、趙璧

9　等。七月廿日趙璧抄。①

《旅順博物館概覽》對此所作解題稱：

> 紙本，包含兩件文書。現裝裱一處，呈卷軸裝。墨筆行書，共118字。上段（1至6行），内容是絲綢之路上的地方政府設立的税收管理機構官員，即"孔目司"中的"孔目官"爲徵收春裝布所下發的文書，上有三方朱色官印，印迹模糊不清，初步判讀爲"安西大都護府之印"；下段（7至9行），是"行官"趙璧等人徵收完春布後向孔目司呈上的報條。該帖記述了龜兹地區蓮花渠村一位名叫白俱滿央離的織户以布代替夏天差役的事情，它是現存唐代西州地區實行兩税法的唯一物證。

前賢於文書的釋讀、解説和相關事項的考證，均極豐富，似已題無賸義，我祇想就帖文的後半部分（第7—9行）的性質以及該帖所反映的力役問題發表些淺見，希望有助於對這件文書的准確理解。

一　"帖"抑或"抄"？

《旅順博物館概覽》的解題中説："紙本，包含兩件文書。現裝裱一處，呈

①王振芬主編：《旅順博物館概覽》，上海古籍出版社，2015年，16頁。

卷軸裝。"[①]從内容上,它分爲兩部分,但就文書原貌而言,應該是在當時就被粘連成了一件文書(詳下)。粘連綫以前的部分,是"帖"[②];之後的部分被認爲是"抄"[③]。當然,帖的部分,又可細分爲兩個部分。1—3行可以説是事由,4—5行是判辭,第6行是孔目官任某的簽字(判辭就是這位任某寫的)。

帖文説"配織建中伍年春裝布",所以學界多認爲這是建中五年的文書。一般的解説,孔目官任某於七月下帖,令白俱滿失雞織春裝布百尺;相應地,放免其所應承擔的拓掏、助屯及小小差科。四位行官於次日收到白俱滿地黎交納的布百尺後,給付其收領抄(憑據)。但該帖所署日期是"七月十九日";粘連線後的被視爲"抄"的部分,又署作"七月廿日"。七月,已是夏季,如何能配織當年的"春裝布"呢? 錢伯泉首先指出,帖是建中四年下的,是爲籌措來年的春裝布;但認爲在下帖的次日,或因購買,或因家中存有,已將百尺布交上[④]。孟憲實認爲這是建中四年"配織"建中五年即來年的春裝布,但衹是布置了"配織"的任務,並非馬上要繳納[⑤]。這一解説甚是。

如果"配織"的是來年的春裝布,那麽,粘連縫以後的部分,即所謂"抄"

---

①王珍仁《對旅順博物館藏〈唐建中五年孔目司公牘〉的再研究》(《敦煌學輯刊》1998年第1輯)認爲前後兩部分原本是兩件,出土後,近人纔裝裱爲一件的(36頁)。陳國燦《關於〈唐建中五年安西大都護府孔目司帖〉釋讀的幾個問題》(初刊1999年)則認爲出土時即已粘連在一起,是一件文書(《陳國燦吐魯番敦煌出土文獻史事論集》,上海古籍出版社,2012年,589—591頁)。我們認同陳國燦的説法,認爲該文書原本就是粘連在一起的,是一件文書。關於出土地點及帖中人名的對音等,可參慶昭蓉:《第一次大谷探險隊在庫車地區的活動:從探險隊員日記與出土胡漢文書談起》,王振芬、榮新江主編:《絲綢之路與新疆出土文獻:旅順博物館百年紀念學術研討會論文集》,北京:中華書局,2019年,369—435頁,特别是388—400頁。

②小田義久《大谷探檢隊將來の庫車出土文書について》(原刊1993年)識作"帖",《大谷文書の研究》第三章第七節"庫車出土文書",京都:法藏館,1996年,71頁。

③陳國燦《唐建中七年西州蒲昌縣配造秋布花問題》(《斯坦因所獲吐魯番文書研究》,武漢大學出版社,1994年)釋作"抄",認爲白俱滿家爲織造匠户,配織壹百尺了,在他交納後,由行官趙璧發給他一紙"抄"文(133頁)。

④錢伯泉:《〈唐建中伍年孔目司文書〉研究》,《新疆大學學報》21卷3期,1993年,46頁。

⑤孟憲實:《安史之亂後四鎮管理體制問題——從〈建中四年孔目司帖〉談起》,《絲綢之路與新疆出土文獻:旅順博物館百年紀念學術研討會論文集》,554頁。

的那3行,該如何理理解呢？——以前認爲這是完成織布、上繳後所給的收據;如果是布置來年的工作,當然不可能當時就有納布的所謂收據了。孟憲實的解説是:

> 其實,就是第一天去布置,第二天去檢核。……所謂布置,是向基層工作人員"所由"布置,所由再與白俱滿尖離聯繫落實,第二天給行官回話,"配織"的工作布置完成,於是行官鄭重寫入文書,以備下階段工作使用。這件漢文文書,不該是發給白俱滿地黎的,衹能是孔目司繼續保管,"配織"衹能是第一步工作,下面應該還存在核查、收納等環節,而這件孔目司帖的功能還没有最終完成。[①]

據此,則此文書涉及了三層關係,即孔目司→行官→所由[②]。錢伯泉據文獻所見的節度使府中有孔目官,推測此帖的孔目司乃安西大都護府的辦事機構[③];陳國燦據其對文書印文的識讀,亦持此見[④]。但是,孔目司的這份帖,不僅任務很清楚(織來年春裝布百尺),而且任務到人,明確指出這一百尺布是由白俱滿失雞來承擔(該帖是直接下給白俱滿失雞的)。

但據荒川正晴研究,安西都護府之下,有"羈縻都督府→蕃州→城邑→村坊"這樣的管理體系[⑤];安西都護府的孔目司怎麽會越過中間層級,將織百尺布這樣的工作,直接布置給具體的某一位人呢？凍國棟指示不同等級的官府和多種類别的部門,都設置有孔目司,且其職掌極爲繁雜[⑥]。荒川正晴

①《安史之亂後四鎮管理體制問題——從〈建中四年孔目司帖〉談起》,556頁。

②荒川正晴《クチャ出土〈孔目司文書〉考》(《古代文化》49卷3月號,1997年)認爲"所由"是白俱滿失離所在村的"村長"(151頁)。

③《〈唐建中伍年孔目司文書〉研究》,47—48頁。

④陳國燦:《唐建中七年西州蒲昌縣配造秋布花問題》,133頁;《關於〈唐建中五年安西大都護府孔目司帖〉釋讀的幾個問題》,589頁。

⑤《クチャ出土〈孔目司文書〉考》,154—156頁。

⑥凍國棟:《旅順博物館藏〈唐建中伍年孔目司帖〉管見》(初刊1996年),《中國中古經濟與社會史論稿》,湖北教育出版社,2005年,295—304頁。

還依據出土文書，指出了當地（安西）各級官府中孔目司的存在[①]。另外，荒川正晴通過對鎮軍、羈縻州與孔目司的關係的考察，認爲這反映的是安史亂後，當地駐軍直接控制地方以解決其供給；該帖是駐軍的孔目司發出[②]。我想，能不能如此坐實，還可以討論；但有一點可以肯定，本帖中的這個孔目司，不會是都護府這個級别的官府的孔目司，而應是一個級别很低、很基層的某一官府或部門的孔目司。

杜牧《與汴州某從事書》曾言及州縣差夫役事，或可供參考。汴州境内的牽船夫最弊最苦。襄邑縣令李式，"都置一板簿，每年輪檢自差。欲有使來，先行文帖，尅期令至，不揀貧富，職掌一切均同。計一年之中，一縣人户，不著兩度夫役，……一縣之内，稍似蘇息。蓋以承前但有使來，即出帖差夫，所由得帖，富豪者終年閑坐，貧下者終日牽船。今即自以板簿在手，輪轉差遣，雖有黠吏，不能用情"。這是縣這一級。談到州刺史，説"某每任刺史，應是役夫及竹木瓦磚工巧之類，並自置板簿，若要使役，即自檢自差，不下文帖付縣。若下縣後，縣令付案，案司出帖，分付里正"云云[③]。可知差役時，縣令或州刺史可"自置板簿"，直接差派。但尋文意，李式所置板簿，是因爲汴州境内的牽船夫役"最弊最苦"；刺史置板簿，涉及的是"役夫及竹木瓦磚工巧之類"；可以説，這都不是普通的常規役事。多數日常情形，是縣令下帖，由里正具體承擔，於是纔出現具體承辦的"所由"上下其手的情況。事實上，出土文書確實反映了州、縣直接給某人發帖的情況，但多是就具體事務、針對的就是某人（如追喚某人）[④]。换句話説，像配織這樣的常規役事（詳下），安西都護府這個級别的官府，不會下帖給某人直接徵派。

安西四鎮中的龜兹、于闐、疏勒，實行的恐怕是軍政合一的體制，類似派

①《クチャ出土〈孔目司文書〉考》，151—155頁。
②同上，157—160頁。
③《樊川集》卷一三，上海古籍出版社，1978年，198頁。
④參雷聞《唐代帖文的形態與運作》（《中國史研究》2010年第3期）討論州帖、縣帖時所舉文書事目及文書，98—108頁。

役、徵税的公文，既有可能是鎮軍發出，也有可能是羈縻州或城這樣級别的官府發出[①]。即使是由鎮守軍發出，恐怕也不能證明這是安史亂後的新體制——安史亂前，大概已經是這樣，衹是，吐蕃切斷唐王朝與西域的通道，原來有部分或大部分由中央王朝分配、運輸給西域的的物資，現在則需要全靠當地就地解決了。就負擔而言，是加重了，但就徵收税錢、分派勞役的方式來説，應該是一仍其舊吧[②]。

帖文在“配織建中伍年春裝布壹伯尺”之下，即稱“行官……等”，列出了四位行官的名字。從公文格式上看，他們並非聯署，與公文的制成没有關係——從内容來看，這是讓這四位行官去具體布置“配織”工作。如果還需要比行官更低級的“所由”來承擔，行官衹是承上啓下，收到公文、再行布置，爲什麼要列四位呢？因此，我認爲這四位行官就是部置“配織”這一工作的具體承擔者，不會再交“所由”去完成——判辭即第5行所稱“所由不須牽挽”中的“所由”，是泛指，是説白俱滿完成織布任務後，任何辦事的官員都不得再給他們派役了。無論白俱滿失雞與白俱滿地黎是一人還是兩人，似乎都不需要由四位行官一起去承擔這一布置“配職”的工作。但事實上，不僅孔目司所下帖中，明列了這四位行官，當他們完成任務，即“配織……了”之後，在趙壁執筆的回覆中，也同樣列出了包括趙壁在内的這四位行官的名字。這讓我們想到，敦吐文書所反映的，鄉一級乃虚設，一鄉的事務，實際是由五個里正來共同承擔。我揣測，這四位行官，承擔的就是相當於里正的角色[③]——在非唐正州縣的邊地龜兹，對基層百姓的管理，也借鑒、模仿或複制

---

①荒川正晴《クチャ出土〈孔目司文書〉考》依據文書，認爲當地無“縣”這一級行政機構，155頁。

②荒川正晴《クチャ出土〈孔目司文書〉考》認爲8世紀以前少有類似差派的情況，所以他推測這是安史亂後，内地與西域交通斷絶，當地鎮守軍加强自我供給的情形（159頁）。按，8世紀之前少有類似情況，也許與材料存留的情況有關。

③行官設置非常廣泛，地位也並不高，吐魯番文書曾有長行坊差行官點檢草的例子，低級胥吏亦稱“官”，詳參孫繼民：《唐西州張無價及其相關文書》（初刊1988年），《敦煌吐魯番所出唐代軍事文書初探》，北京，中國社會科學出版社，2000年，282—286頁；凍國棟：《旅順博物館藏〈唐建中伍年孔目司帖〉管見》，304—309頁。

了正州縣的鄉里管理方式，衹是這件文書中稱爲行官，未稱里正；是四位，不是五位①。

作爲公文書的"帖"，學界已有不少研究，最新且最具代表性的成果，即荒川正晴和雷聞的研究。前者對出土文書中的帖式文書作了收集和梳理（這可説是作者《クチャ出土〈孔目司文書〉考》工作的繼續），後者則在充分利用文書、特别是注意收集敦煌文書的基礎上，結合文獻記載，對帖這一公文的使用作了全面勾勒，指出了作爲下行文書，"帖"在日常行政事務的處置方面所具有的廣泛性和靈活性②。在討論州帖時，雷聞曾引用了白居易《錢塘湖石記》：

> 若歲旱百姓請水，須令經州陳狀，刺史自便押帖，所由即日與水。若待狀入司，符下縣、縣帖鄉、鄉差所由，動經旬日，雖得水而旱田苗無所及也。③

遇旱時，百姓直接給州刺史陳狀，"刺史自便押帖，所由即日與水"，就是刺史接到陳狀，直接給負責管水的"所由"發帖，避免由州給縣下符、縣接到州符再給鄉下帖、鄉再通知管水的所由放水這樣繁瑣的公文流程。但，"押帖"何謂？是在來人陳狀上批示下發，還是另發一帖呢？圓珍入唐巡禮的公驗或許能給我們一些啓發。

圓珍在日本國内曾取得"大宰府公驗"和"鎮西府公驗"。這兩件公驗未

---

①出土文書反映出，當地有村、坊，參荒川正晴《クチャ出土〈孔目司文書〉考》及劉安志《庫車出土唐安西官府事目考釋》（初刊1997年，《敦煌吐魯番文書與唐代西域史研究》，北京：商務印書館，2011年，322—323頁），但似未見坊正、里正之稱，或許其職責正是由行官來承擔的。另，作爲四鎮之一的于闐，也有鄉里村坊，榮新江《關於唐宋時期中原文化對于闐影響的幾個問題》（《國學研究》第1卷，北京大學出版社，1993年，401—422頁）全面勾勒了中原文化對于闐的影響，這些影響也一定會在安西安都護府治所所在地的龜兹反映出來；鄉里村坊制，見406—407頁。

②荒川正晴：《唐代中央アジアにおける帖式文書の性格をめぐって》，土肥義和編：《敦煌・吐魯番出土漢文文書の新研究》，東京：東洋文庫，2009年，271—292頁；雷聞：《唐代帖文的形態與運作》，89—115頁。

③《白居易集校箋》卷六八，上海古籍出版社，2008年，3668頁。按，文末署長慶四年（824）三月十日。

經粘連,是獨立的兩份。他到唐帝國福州後,上牒福州都督府,請求公驗。福州都督府即在其牒文後批道:"任爲公驗。十四日,福府録事參軍平仲。"因爲紙已不够續寫,於是又粘連一紙。其後又有福建都團練左押衙充左廂都虞候林師廙的批語:"日本國僧圓珍等柒人,往天臺、五臺山,兼往上都巡禮,仰所在子細勘過。玖月拾肆日。"圓珍携此經福建海口鎮時,鎮將檢勘,批道:"福建海口鎮勘日本國僧圓珍等出訖。大中七年九月二十八日,史魏□□,鎮將朱浦。"隨後他先後經温州横陽縣、安固縣、永嘉縣(温州治所),台州黄岩縣、臨海縣(台州治所),到達了開元寺。所至各縣,當地官員都與福州都督府的處理方式相同,即逕於圓珍所上的牒件原件之後,作批:"任爲憑據"、"任爲公驗"、"任執此爲憑"、"任執此爲憑據"等,並依次粘連在一起——都是後一件粘連到前一件之後,粘連處有粘連者的印押①。

這些被學界稱之爲"公驗"的公文,實際就是在圓珍途經各州、縣時所呈當地官府的牒,經當地官府批核後,成爲通關憑證的。各地官府並没有另寫一份,作爲憑證。因此,我推測上文所引白居易所謂"經州呈狀,刺史便自押帖",跟這些地方官在圓珍牒上批核一樣,是在百姓的呈狀上批示,然後直接發給管水所由執行的。

雷聞還舉了浙西觀察使韓皋杖殺湖州安吉縣令孫澥的例子。韓皋因孫澥"判狀追村正沈朏,不出正帖、不用印",即派其衙前虞候安士文前往決杖,致孫澥斃命。元稹爲此上《論浙西觀察使封杖決殺縣令事》,説"孫澥官忝字人,一邑父母,白狀追攝,過犯絶輕",認爲韓皋所爲"典法無文",應"嚴加禁斷"②。所謂"不出正帖",就是指孫澥在沈朏所上狀上直接批示後即下發;連官印都未押,即所謂"白狀追攝"。

與此相關,有没有一個針對上級的處置要求、下級在回覆時也採用這一簡便方式呢?我認爲是有的。旅順博物館收藏的這件孔目司帖反映的

---

①圓珍公驗圖版、録文及解説,見礪波護:《唐代的公驗和過所》(原刊 1993 年),《隋唐佛教文化史》(韓昇、劉建英譯),上海古籍出版社,2004 年,171—189 頁。

②《元稹集校注》卷三八,上海古籍出版社,2011 年,988 頁。校注:元和四年(809)作於洛陽。

就是這一情況。這件帖,是孔目司給白俱滿失雞的,但具體是由段俊俊、趙秦璧、薛崇俊、高崇辿這四位行官來執行的。也就是説,這四位行官是帶著孔目司下發的這道帖,到白俱滿失雞處,部置了織來年春裝布壹伯尺的工作。誠如上引孟憲實文所言,這道帖的後半部分,即紙縫後的第7—9行,就是這四位行官在完成了孔目司交待的任務後,給下帖的孔目司的答覆。

這個答覆,是由四位行官中的趙璧執筆的,稱"配織……了",交待布置某人織布的工作已經完成。執筆者"趙璧"下面的那個被釋作"抄"的字,應該釋作"帖"——這不是白俱滿地黎完成並上繳所織春裝布後行官給他的收據,而是這四位行官完成了布置白俱滿失雞承擔織布任務後、給孔目司的回覆。這是在帖的後面,直接寫了回覆文字①,故稱"趙璧帖"。與原來的帖粘連在一起,成爲一份完整的公文,存檔於官府,作爲將來向白俱滿失雞徵收布的依據。

至此,整件公文的含義,大致是孔目司在建中四年七月十九日給白俱滿失雞下帖,要求他承擔織來年春裝布百尺的任務;相應地,他即不必再承擔掏拓、助屯及小小差科。次日,四位行官持帖給白俱滿失雞布置了這一工作,白俱滿地黎同意承擔這一工作,於是由趙璧執筆,給孔目司回覆,稱"配織建中伍年春裝布……壹伯尺了",即他們四位行官按照帖的要求,完成了安排某人織布的工作。趙璧寫就答覆,粘在原帖之後,上交孔目司,作爲日後徵收布的依據。

雷聞已經强調,帖是下行文書。這是很正確的。趙璧將受命處理的結果,直接寫在孔目司所下帖的後面,這是被動的答覆性文字,與孔目司下發

①類似的文書"簡易處理"方式,在其他文書中也有反映,比如唐開元年間西州都督府的諸曹向録事司領紙時,就是直接在本曹之前的牒文下注明了領取的數額,而没有再單獨另行寫一份收據,詳參雷聞:《吐魯番出土〈唐開元十六年西州都督府請紙案卷〉與唐代公文用紙》,樊錦詩、榮新江、林世田主編:《敦煌文獻·考古·藝術綜合研究:紀念向達先生誕辰110周年國際學術研討會論文集》,北京,中華書局,2011年,436頁及該頁圖4和圖5。

的帖是一體的，並不能構成一份單獨的文書。同時，如上所述，下帖的這個孔目司的地位，似乎也並不比行官要高多少，所以四位行官在孔目帖之後的答覆，也不宜理解成爲上行文書。

民間如社司轉帖的使用方式，很可能就是模仿或學習官府的這種非“正帖”的方式。這跟民間書信格式和用語模仿或學習官府狀文的情形是一樣的①。

二　匠役抑或雜徭？

這件文書的實質内容，是配織布。“配織”性質的確定，便涉及第 1 行和第 7 行的“匠”抑或“近”字的認定。

王珍仁、劉廣堂從羅福萇的釋文，作“近”，但認爲是“當時當地中庸調制方面折合爲紡織品的一種貫用形式”，是在租庸調制的背景下來認識的②。小田義久釋作“匠”，並引《賦役令》，將春裝布百尺折爲若干日的役；這也是將此置於租庸調的制度背景下，視“配織”爲庸③。

陳國燦研究秋花布時，涉及這件文書，此字從小田作“匠”，認爲白倶滿家爲織造匠户；配織春裝布，屬地方性的差科④。凍國棟沿著陳國燦的思路，認爲承擔織布乃匠役，“屬於織匠本行業的勞作”：

> 帖中的“配織”對於織匠而言乃是匠役，屬於織匠本行業的勞作。他所放免的“掏拓、助屯及小小差科”則屬於當地民丁所承擔的雜徭、差役和臨時性的雜役。⑤

---

①關於這一點，可參包曉悦：《論唐五代“私狀”的成立與書信格式之演變》，榮新江主編：《唐研究》第22卷，北京大學出版社，2016年，221—242頁。

②王珍仁、劉廣堂：《新疆出土的“孔目司”公牘析》，《西域研究》1992年第4期，86—89頁。

③《大谷文書の研究》，71頁、75—76頁。

④陳國燦：《唐建中七年西州蒲昌縣配造秋布花問題》，133頁。

⑤《旅順博物館藏〈唐建中伍年孔目司帖〉管見》，293頁。

荒川正晴利用出土文書中的差科簿、諸匠名籍等資料,談了雜役中的匠役①。

王珍仁在 1998 年發表的文章中認爲"'配織'則是另外一種徵繳形式,即將實物租税折算爲布帛罷了"②。陳國燦 1999 年的文章,主要是針對王珍仁此文,又加解説和辨析,認爲"配織"并非徵收租庸調,當時租庸調已被兩税法所取代,明確説,"'配織'實際上是對民間織造匠人的一種專業性配役,帶有臨時差配的性質";征配的春裝布"不是正税,而是一種爲了軍需急用而對專業織造户作的臨時性差配"③。——一方面説是匠人的專業性配役、是臨時性差配,同時又説"不是正税",這實際是將税與役混爲一談了。

就字形來討論這個字究竟應該是"匠"還是"近"字,恐怕不會有進展,雖然第 7 行這個字的走之旁非常清晰。我們衹能從内容上來分析。

如果釋作"匠",是指白失俱滿失雞的身分是匠。這有幾個疑點不易解釋。一,織布不是一個高難度有相當技術含量的工作;春裝布,是軍隊的軍需,也不是高級的布,不需要有專門技藝的工匠來承擔(事實上,在租庸調時代,布是種植桑麻地區每户都需交納之物)。二,如果匠是身份,那麽這個"匠"字,就應該像孔目司所下帖中,放在人名前,作"匠白俱滿失雞",而不應該像粘連在後的第 7 行,把"匠"字置於地名之前,作"匠蓮花渠白俱滿地黎"。三,如果是有匠籍的工匠,織這樣的布又不需要有專門的技藝,那麽這種"匠"從事何種專門行業呢? 四,帖稱:"准例放掏拓、助屯及小小差科,所由不須牽挽。"白俱滿失雞承擔了織布百尺的工作之後,就可以不再承擔掏拓、助屯及小小差科等任務。如果他不同意織這一百匹布,那麽,他就要承擔掏拓、助屯及小小差科。凍國棟已指出,掏拓、助屯及小小差科"屬於當地

---

①《クチャ出土〈孔目司文書〉考》,158—159 頁。

②王珍仁:《對旅順博物館藏〈唐建中五年孔目司公牘〉的再研究》,44 頁。此句殊難索解。如果配織布爲租税,那布帛已經是實物租税了,何以再折算? 大概仍是用租庸調制來解釋吧。又,作者稱"此件文書的内容是對徵繳賦役(春裝布)這一事從開始到結束的完整記述"(45 頁),"征繳賦役"也頗難解。文章對這件公文書所涉及的役、税解説,視白俱滿尖(地)黎(離)爲一種布的堅持,多令人難解,故不作評述。

③陳國燦:《關於〈唐建中五年安西大都護府孔目司帖〉釋讀的幾個問題》,587 頁、593—594 頁。

民丁所承擔的雜徭、差役和臨時性的雜役”。那麼，與此對應的織布工作，也應該屬於“民丁所承擔的雜徭、差役和臨時性的雜役”，而不是所謂匠户所承擔的匠役——對此，凍氏的解釋是，匠户在匠役之外，還要承擔民丁所承擔的雜徭、雜役；承擔織布，即不再被牽挽承擔掏拓、助屯等，是一種補償（如不配織，則須與其他丁夫一樣承擔這些雜徭和雜役）①。匠户之役明顯要比普通百姓爲重。考慮到人身依附關係已明顯鬆弛以及“納資代役”的趨勢，這樣的匠户制，恐怕很難維持吧。

我認爲此字應釋作“近”，指地理方位，即蓮花渠附近、左近。當地不存在專門負責織布的所謂“匠户”；承擔織布者，就是普通百姓。織布，跟掏拓、助屯的性質是一樣的；承擔了織布，即可免於掏拓、助屯，反之亦然。我想，這樣的理解，似乎更爲合理一些。

掏拓、助屯，並非臨時性的差科，而是固定的役目。如果不服役或不需服役，則可折税交納②。織布，與純粹的力役如掏拓、助屯相比，具有特别之處，它既是役（織），同時又要交納實物布③。這也是爲何以往的研究者，把它

①《旅順博物館藏〈唐建中伍年孔目司帖〉管見》，293—294頁。

②見凍國棟：《旅順博物館藏〈唐建中伍年孔目司帖〉管見》，288—289頁；參劉安志：《唐代安西都護府對龜兹的治理》（題作《從庫車出土文書看唐安西都護府府治地的政治、經濟生活》，初刊於2005年，修訂後發表於《歷史研究》2006年第1期），《敦煌吐魯番文書與唐代西域史研究》，303—309頁，特别是308—309頁。和田出土的《唐大曆三年三月典成銑牒》涉及的“雜差科”“差科”“小小差科”，都是交納的賦税（有“今年有小小差科，放至秋熟，依限輸納”語），反映了作爲四鎮之一的于闐也有同類情形，可作參照，詳見張廣達、榮新江：《〈唐大曆三年三月典成銑牒〉跋》（初刊1988年），《于闐史叢考》（增訂本），北京：中國人民大學出版社，2008年，106—117頁，特别是111—112頁。

③孟憲實《安史之亂後四鎮管理體制問題——從〈建中四年孔目司帖〉談起》：“因爲織布需要原料，而不管使用棉還是麻，都應該是大量的，應該有一定的時令性，且當是政府統一供應。”（555頁）按，從庸調布的交納來看，直接交納的就是布。此帖如反映的不是匠户（我們認爲不是匠户，而是普通百姓），那就不太可能由官府提供原料，而是應該像庸調布一樣，要自備原料，織成布交納。劉安志《唐代安西都護府對龜兹的治理》稱，掏拓、助屯，都可以折税交納，因此認爲“白俱滿失雞以配織春裝布而免除‘掏拓、助屯及小小差科’，實際就是一種折納”（308頁）。按，織布、掏拓、助屯是同一類役，要麼織布，要麼掏拓或助屯，或者是承擔所謂其他小小差科，是在幾種役中選某一種來承擔；這種選項，不是折納。

既視作賦税、又當成力役，混二爲一；同時，又將承擔織布者視作匠户，織布又成爲專業性的匠役。這些因素糾纏在一起，治絲愈棼。

我們應該把織布、掏拓、助屯及小小差科這類役制，放到什麼背景下來考慮呢？它是租庸調制度下的雜徭，還是兩税法制度下的役呢？或者，龜兹作爲唐王朝非正州的邊地，實行的是另外的具有邊地特色的役制？這些役是依據什麼標准來徵派呢？我同意劉安志的判斷。他認爲這個地區所出文書中，没有見到實行租庸調和兩税法的内容，並引《舊唐書・食貨志》上："蕃胡内附者，上户丁税錢十文，次户丁税錢五文，下户免之。"執行的是邊地"丁税錢"的規定[①]。就此規定而言，首先是劃户等，劃爲上次下三等；不同户等的丁，交納的税錢是不同的。所以，它是"户等+丁"的制度——徵收的單位是丁；徵收的標准是户等。

我想，役的徵派，也大致如此。户等，決定役的時長、數量和强度；具體承擔者，是丁。明乎此，我們就可以更好地理解這件帖文中所出現的"白俱滿失雞"和"白俱滿地黎"的問題了。如果是同一人的異譯[②]，那就是説，承擔織布的是這家的一個丁；如果是兩人，無論是兄弟還是父子[③]，承擔織布的是這一家的兩個丁。織布的數量，是依據這家的户等來決定的；承擔織布工作，要落實到人（丁）。因此，不管是視作一個人，還是兩個人，都不會影響我們對帖文的認識，不會影響我們對帖文所反映的役制的認識。

---

①《唐代安西都護府對龜兹的治理》，307頁。按，和田出土的漢文文書所反映的安西四鎮之一的于闐的情形，或有助於我們對龜兹賦税情況的認識，見張廣達、榮新江：《聖彼得堡藏和田出土漢文文書考釋》（初刊2002年），《于闐史叢考》（修訂本），267—288頁。

②参錢伯泉：《〈唐建中伍年孔目司文書〉研究》，44頁；荒川正晴：《クチャ出土〈孔目司文書〉考》，151頁及注20。

③陳國燦《唐建中七年西州蒲昌縣配造秋布花問題》認爲是同一家的兩個人（133頁），《關於〈唐建中五年安西大都護府孔目司帖〉釋讀的幾個問題》更明確其爲兄弟關係（588—589頁）。孟憲實《安史之亂後四鎮管理體制問題——從〈建中四年孔目司帖〉談起》依據慶昭蓉對這兩個名字的音義復原，認爲他們是父子關係；這一紡織任務，是以家庭爲單位展開的（556頁）。

三　結語

就這件文書的釋讀而言,“帖”字的釋讀最爲重要,這讓我們了解了這件公文的性質。就文書的考訂而言,文書的運作以及文書涉及的行官、配職、掏拓、助屯及小小差科,最爲關鍵。

就研究史而言,1988年舉辦的“敦煌吐魯番資料展覽”,使旅順博物館所藏的這件文書原件與世人見面,纔引起了學術界的廣泛關注。

王珍仁、劉廣堂《新疆出土的“孔目司”公牘析》是國内較早發表的研究這件文書的文章(因較早接觸了文書實物),指出該文書出土地應爲克孜爾。

小田義久1993發表的文章主要是梳理、公佈大谷探險隊在庫車發現的文書,但對這件文書的考訂占了全文的一半篇幅①。他將此前識作“惟”的字,識作“帖”,並將文書定名爲“建中五年孔目司帖”。這對了解該文書,是一個實質性的進步。“孔目帖”的定名,也爲後來學界的主流意見所認可。對“匠”字的識讀,爲陳國燦、凍國棟、荒川正晴等所接受。當然,小田和王珍仁、劉廣堂都是將此置於租庸調制度之下來解讀配織及其與役的關係,即將配織布視作租庸調制度下的庸;而陳國燦、凍國棟則視之爲專業性的匠户及其所承擔的雜役。大致同時,錢伯泉指出這是建中四年的帖②。

凍國棟1996年發表《旅順博物館藏〈唐建中伍年孔目司帖〉管見》,廣泛徵引文書和文獻,對帖文、兵防健兒冬春衣、配役、掏拓、助屯、小小差科等一系列相關問題作了考證和疏解,特別是對孔目官、孔目司、行官的考證,於理解文書的内容極有助益。

與此同時,荒川正晴《クチャ出土〈孔目司文書〉考》重點考證了“帖”這一公文形式,並利用出土文書,緊扣這件孔目司帖,考察了龜兹羈縻州府—城—坊(鄉村)的統領體系,特別是通過文書,具體勾勒了安西地區的孔目

---

①《大谷文書の研究》,70—82頁。

②《〈唐建中伍年孔目司文書〉研究》,46頁。

司、安西羈縻州府・鎮軍的孔目司,這使我們對孔目帖所涉及的孔目司的理解,不再處於泛泛狀態,而變得深入和具體,從而大大深化了我們對這件帖文書運作的理解。

凍國棟、荒川正晴二氏的文章乃各自完成,彼此未及參考,但研究各有側重,無論是廣度還是深度,抑或所使用的材料,都可謂後來居上。其成果已遠遠超出孔目司帖的釋讀與疏解,而是將此用作材料,來研究相關史事了;特别是荒川的研究,對我們認識安西地區的行政統屬等極有幫助。將來的推進,無疑當以二氏的研究爲基礎。

王珍仁《對旅順博物館藏〈唐建中五年孔目司公牘〉的再研究》對前此各家的釋讀文字作了梳理和比對,貢獻是指出了文書後半部分即第7—9行是行官向孔目司作的報告,但其他意見多不可取。陳國燦《關於〈唐建中五年安西大都護府孔目司帖〉釋讀的幾個問題》主要是針對此文所作的申論和辨析。

孟憲實《安史之亂後四鎮管理體制問題——從〈建中四年孔目司帖〉談起》是他2017年參加於旅順博物館召開的"'絲綢之路與新疆出土文獻'國際學術研討會"時提交的會議論文,即由這件文書而討論安史亂後的四鎮管理體制。關於四鎮管理體制,此處不論;文章認爲這件文書的後半部分即第7—9行,是行官向孔目司報告,他們已完成了布置"配織"的工作,這使我們得以正確理解了文書後半部分的實質。

學術史的梳理,與我們對問題的認識是密不可分的。認識不同,對學術史的梳理和判斷就會不同。比如,我們認爲配職是役,所以我們對與租庸調聯繫起來的解説,就認爲是不對的;我們認爲没有織布的匠户,承擔織春裝布的白俱滿是普通百姓,織布與掏拓、助屯等是同一類役,所以我們認爲"近"釋作"匠"就不可取;文書後半部分,是行官向給孔目官的回覆,所以我們認爲將此視作"抄"(收據)就是錯誤的,原來釋作"抄"的字應釋作"帖";這個回覆,衹是説布置了"配職"的工作,因此我們認爲提前徵收布的理解就不可取。

就中國古代史的研究而言,學術史的梳理和審查,主要側重於四個方面,一是問題的提出,二是核心的觀點和認識,三是資料的收集和使用,四是論證的邏輯。其中,相關材料的收集越廣泛、越豐富,對相關問題的認識就會越具體、越真切。比如,諸家疏解帖文所涉及的掏拓,所用主要資料都是《西域考古圖譜》中的掏拓所文書、檢校掏拓使文書和大曆九年胡子牒。關於孔目司,凍國棟《旅順博物館藏〈唐建中伍年孔目司帖〉管見》側重文獻和金石資料的收集和使用,荒川正晴《クチャ出土〈孔目司文書〉考》所使用的出土文書則異常豐富,使我們得以具體地認識到這件文書出土地的官府孔目司的情形。

就我們的工作而言,衹是在前賢考釋的基礎上,"就文書説文書",認爲文書後半部分的末一句應釋作"帖",像通行公文書末尾作"牒""謹牒"一樣,是表示文書性質的收尾詞——第7—9行是行官給孔目司的回覆"帖",而不是作爲收據的"抄"。其次,是認爲"匠"字仍應釋作"近",是表示方位的附近、左近之義;與此相關,就是指出"配織"是由普通百姓承擔的,跟掏拓、助屯是同一類役,没有所謂的專門負責織布的匠户,也不是匠役。帖文所涉及的織布、掏拓、助屯這類役,不是臨時性的雜役,而是日常固定的役目,反映的是邊地的税、役制度,不能套用租庸調或兩税法來作解説。本文開頭所引的解題"該帖記述了龜兹地區蓮花渠村一位名叫白俱滿央離的織户以布代替夏天差役的事情,它是現存唐代西州地區實行兩税法的唯一物證",是不准確的。

如果爲這件文書擬一"事目",或許可作:

建中四年(783)孔目司帖白俱滿失雞爲配織來年春裝布百尺事

2019-2-27 草成

附記:本文係旅順博物館、北京大學中國古代史研究中心、中國人民大學國學院合作項目"旅順博物館藏新疆出土漢文文書整理與研究",暨"教育部人文社會科學重點研究基地北京大學中國古代史研究中心重大項目(項目編號 16JJD770006)"成果之一。

(作者單位:中國社會科學院古代史研究所)

對唐代皇帝擱置行爲的初步考察*

葉　煒

對中國古代皇權的考察中,在重視君主決策的同時,也不能忽略有限制決策選項作用的不決策行爲。擱置就是這樣的方式之一,本文擬以唐代爲例,對皇帝政務處理中的擱置行爲做一初步考察。

隨著官僚制度、文書制度的發展,對大量機構或官員所上表、狀的處理,是唐代皇帝進行決策的重要内容之一。這些表狀中所包含的意見或建議,均可視爲潛在的議題。唐代皇帝對表狀所含議題的處理方式,主要包括以下四種:下令組織不同層次的討論;交給相關機構按照表狀意見處理;直接否定;不報或留中。所謂"不報""留中",是指皇帝對表狀留而不發、未加批復的處理方式,也就是將議題擱置,暫時不決策。擱置是皇帝在肯定、否定之外的另一種行使權力方式。學界目前對中國古代皇帝擱置行爲的研究較少,其中宋、明兩代皇帝的"留中"獲得學者的關注,宋史學者分析了留中出

---

* 本文是教育部人文社會科學研究規劃基金項目"唐後期以皇權爲主導的制度變遷研究"(批准號14YJA770017)以及2017年度教育部人文社會科學重點研究基地重大項目北京大學中國古代史研究中心"7至16世紀的信息溝通與國家秩序"(批准號17JJD770001)的成果。

現的若干原因,指出皇帝將文書留中不出,是對信息的截留,也成爲其控制朝政的一種手段①。明史學者多認爲“留中”是明朝皇帝怠政的表現,甚至認爲這使國家行政中樞運轉機制被破壞,給帝國的施政效率帶來了嚴重的後果②。本文將要説明的是,至少對唐代而言,皇帝使用擱置手段,並非怠政,暫不決策的本身,其實也是一種決策;對議題的壓制,是皇帝作爲決策者意志的體現,擱置手段的靈活使用,還强化了皇帝對官員群體與政務決策的掌控能力。

一　擱置的表現:疏奏不報與留中

首先需要説明的是,擱置並非皇帝獨有的行爲。即使就唐代上行皇帝的表狀文書而言,文書在不同環節也可能被擱置、攔截而無法上達皇帝。知匭使選擇性上呈投匭文狀,是保證皇帝不被無效信息淹没的必要手段;機構長官、宰相、宦官也有用“屏不奏”“寢不報”“匿不奏”等形式攔截部分上疏的例子,這也是擱置行爲。不過,我們對此暫不考慮,本文討論的是唐代皇帝對已上於御前表狀的處理方式。

疏奏不報之“報”,是指皇帝對大臣或機構上奏文書的批復,漢代以來就是如此。《唐六典》卷八注引東漢蔡邕《獨斷》稱:“報章曰‘聞’,報奏曰‘可’。”③“不報”,則是皇帝對上奏没有批復。東漢丁鴻當襲父爵,但他希望

①李全德:《通進銀臺司與宋代的文書運行》,《中國史研究》2008年第2期。王化雨:《宋代皇帝與宰輔的政務信息處理過程》,收入鄧小南、曹家齊、平田茂樹主編:《文書·政令·信息溝通:以唐宋時期爲主》,北京大學出版社,2012年,356—360頁。

②牟復禮、崔瑞德編:《劍橋中國明代史》,中國社會科學出版社,1992年,559—561頁。蔡明倫、蔡偉:《“報聞”與“不報”:從〈萬曆邸鈔〉看萬歷朝奏疏留中》,《河北師範大學學報》2014年第6期。李佳:《明萬歷朝奏疏“留中”現象探析》,《古代文明》2009年第4期。李福君:《明代皇帝文書研究》,南開大學出版社,2015年,213頁。

③李林甫等撰,陳仲夫點校:《唐六典》卷八《門下省》侍中條,中華書局,1992年,242頁。《抱經堂叢書》本《獨斷》卷上作“章曰報聞”、“奏聞報可”。考慮到《獨斷》單行較晚,是唐代之事(代國璽:《蔡邕〈獨斷〉考論》,《文獻》2015年第1期),故此處引《唐六典》注文。

讓爵與其弟丁盛,便"上疾狀,願辭爵",結果"章不報"。没有得到皇帝的批復,"丁鴻讓國於弟盛,逃去"[①]。

唐代亦同,皇帝對表狀的批復行爲,稱爲"詔報",太宗貞觀十三年(639),房玄齡"頻表請解僕射,詔報曰:夫選賢之義,無私爲本"云云[②]。大臣上疏後獲得的皇帝批復,可以叫做"報詔",所謂"伏讀報詔,不勝悲懼"[③]。唐律規定,"事合奏及已申上、應合待報者,皆須待報而行,若不待報而輒行者,亦同不奏、不申之罪"[④],没有得到皇帝或上級批復而擅自行事者,即"不待報而輒行者",是要受到法律制裁的。"不待報而輒行"的是上奏者,本文討論的"疏奏不報",則是皇帝的行爲。睿宗時,興造寺觀,所費甚多,太府少卿韋湊"上書切諫,疏奏未報"[⑤]。對此結果,《舊唐書·韋湊傳》記作"帝不應"[⑥]。可見"未報",是皇帝在閲讀表狀後,對表狀所提意見或建議没有明確批復或置之不理。正因爲建議没有成爲議題,没有出付相關機構並進入討論或處理程序,所以"疏奏不報"有時也被稱爲"疏奏不出"[⑦]。唐代文獻中的"表寢不出"、"疏寢不報"等,也是同一類情況[⑧]。

唐代"疏奏不報",又常被稱爲"疏奏不省"。由《文苑英華》卷四六六、四六七所收批答類文章可以知道,唐代皇帝對表狀的批復,往往以"省表具悉"或"省表具知"開篇。如僖宗"詔報〔高〕駢曰:省表具悉。卿一門忠孝,

---

①劉珍等撰,吴樹平校注:《東觀漢記校注》卷一五《丁鴻傳》,中華書局,2008年,648頁。

②劉昫等撰:《舊唐書》卷六六《房玄齡傳》,中華書局,1975年,2462頁。

③彭慶生校注:《陳子昂集校注》卷三《爲義興公陳請終喪第二表》:"今某月日,奏事官賫臣所奏表迴。伏讀報詔,不勝悲懼。"黄山書社,2015年,554頁。

④長孫無忌等撰,劉俊文點校:《唐律疏議》卷一〇《職制》"事應奏而不奏"條疏,中華書局,1983年,202頁。

⑤李昉等編:《文苑英華》卷九一四,韋述《唐太原節度使韋湊神道碑》,中華書局,1966年,4810頁。碑文作者,據陳思:《寶刻叢編》(《叢書集成初編》本)卷七引《京兆金石録》,中華書局,1985年,204頁。

⑥《舊唐書》卷一〇一《韋湊傳》,3145頁。

⑦唐文宗開成年間,右補闕魏謩上疏,被擱置,王欽若等編《册府元龜》卷五二〇下《憲官部·彈劾三下》作"疏奏不報",中華書局,1960年,6219頁;《舊唐書》卷一七六《魏謩傳》作"疏奏不出",4568頁。

⑧司馬光編著,胡三省音注,"標點資治通鑑小組"校點:《資治通鑑》卷二〇三《唐紀十九》,中華書局,1956年,6441頁。《册府元龜》卷五四七《諫諍部·直諫一四》,6563頁。

三代勳庸”云云[1]。所謂“不省”，當由此而來。“不省”並非指皇帝不看，而是皇帝閱讀後没有理會。代宗大曆五年(770)，宰相元載上疏，建議將河中府作爲中都，“以關輔、河東等十州户税入奉京師，創置精兵五萬，以威四方”，其目的是“欲權歸於己也”[2]。代宗“探見載意”，結果“疏奏不省”[3]。不省，是代宗通過元載上疏和其他途徑瞭解元載的意圖後而採取的處理辦法。同一内容，《舊唐書·代宗紀》作“疏入不報”，《新唐書·元載傳》作“帝聞，惡之，置其議”。置“與罷同意”[4]，即代宗不滿意元載的提議，將其提議做擱置處理。顯然，“不省”與“不報”“置其議”的意義均相同。又穆宗長慶元年(821)，右拾遺李珏等上疏，反對提高茶葉税，《册府元龜》記爲“‘今者榷茶加税，頗失人情，臣忝職諫司，豈敢緘默。塵黷旒扆戰越伏深’。疏奏不報”[5]。《舊唐書》作“今若榷茶加税，頗失人情。臣忝諫司，不敢緘默”，“疏奏不省”[6]。由李珏上疏的文字差異看，《册府元龜》與《舊唐書》史源不同，這更説明“疏奏不省”等同於“疏奏不報”。

唐代史料中，與疏奏不報、疏奏不省效果類似，表示皇帝對表狀採取擱置方式的，還有一種説法，是“留中”。所謂留中，是指大臣表狀被皇帝留於禁中，没有下發討論或執行。漢代以來即有此意，“謂所論事留在禁中，未施用之”[7]。雖然與“疏奏不報”不能由上奏者自己提出不同，唐代大臣可以從保密的角度，在表狀中向皇帝提出“留中”申請，但是“留中”的決定、執行者衹能是皇帝[8]。唐德宗曾對左散騎常侍李泌説：“卿竟上章，已爲卿留中。”李

---

①《舊唐書》卷一八二《高駢傳》，4706頁。

②《舊唐書》卷一一《代宗紀》，297頁。

③李吉甫撰，賀次君點校：《元和郡縣圖志》卷一二《河中府》，中華書局，1983年，324頁。

④許慎撰《説文解字》“置”下徐鍇注，中華書局，1963年，158頁。

⑤《册府元龜》卷四九三《邦計部·山澤一》，5900頁。

⑥《舊唐書》卷一七三《李珏傳》，4503頁。

⑦范曄撰，李賢等注：《後漢書》卷五四《楊賜傳》注，中書書局，1965年，1784頁。

⑧唐代皇帝還曾頒佈詔書，規定大臣表狀中不得隨意申請留中，見《唐大詔令集》卷九九《釐革請留中不出狀詔》，商務印書館，1959年，503頁。

泌回答“願陛下早下臣章,以解朝衆之惑”[①]。這裏“留中”與“下臣章”對舉,留中,就是不下。故文獻中常常寫作“留中不下”、“留中不出”。文宗大和年間,司門員外郎李中敏上疏云:“仍歲大旱,非聖德不至,直以宋申錫之冤濫,鄭注之奸弊。今致雨之方,莫若斬鄭注而雪申錫。”結果“疏留中不下”[②]。同一事件,《新唐書》作“帝不省”[③]。此外,還有“疏奏不答、留中不下”或“事寢不報、書留不下”等連用的例子[④]。可見“留中”與“不省”“不報”密切關係。皇帝將表狀“留中”以後,其他官員無從看到,自然也無法形成議題,進入討論程式。穆宗時裴度《諫請不用奸臣表》云:“其第一表第二狀,伏恐聖意含弘,留中不行。臣謹再寫重進,伏乞聖恩宣出,令文武百官於朝堂集議。”[⑤]衹有不把表狀“留中”,而是將其“宣出”公佈,纔能進行討論。這些情況都説明,疏奏留中與疏奏不報、不省、不答等所導致未能形成議題的結果是一樣的。理論上説,皇帝從保密角度將表狀留中後,還可以用皇帝個人名義將留中文書所包含議題提出來討論,不過目前尚未見此類實例。

擱置與皇帝對議題的直接否定有什麽差異呢?與擱置不同,直接否定,是一明確的決策,當有相應的詔書發佈。玄宗天寶九載(750),禮部尚書崔翹等上表,請封西嶽,“帝手詔不許曰:輕修大典,所不願爲。時或傳中旨,請紀榮號,何如空云,請封西嶽”。可見,玄宗的否定意見是有詔書的。這一點從不久以後群臣上表中稱“再奉明旨,未蒙允諾”中也可得到印證[⑥]。又如德宗貞元年間,太子右庶子、史館修撰孔述睿以疾上表,請罷官,“德宗不許,詔報之曰:‘朕以卿德重朝端,行敦風俗,不言之教,所賴攸深,未依來請,想宜

---

①《資治通鑑》卷二三一《唐紀四十七》德宗興元元年(784)十一月條,7448頁。

②《舊唐書》卷一七一《李中敏傳》,4450—4451頁。《資治通鑑》卷二四五《唐紀六十一》大和八年六月條作“表留中”,7895頁。

③《新唐書》卷一一八《李中敏傳》,4290頁。

④王溥撰:《唐會要》卷八〇《謚法下》,上海古籍出版社,1991年,1740頁。獨孤及撰,劉鵬、李桃校注:《毘陵集校注》卷四《諫表》,遼海出版社,2006年,84頁。

⑤《文苑英華》卷六二五,裴度《請不用奸臣表》之《第二表》,3240頁。

⑥《册府元龜》卷三六《帝王部·封禪二》,404頁。

悉也。'"[1]孔述睿也得到了德宗明確的否決意見。相對而言,疏奏不報等擱置處理方式,則是皇帝没有表達明確的意見,如前朝人所謂"不賜一字之令,不敕可否之宜"[2],即暫不決策。這給君臣雙方留下了更大的空間。一方面,較之直接否定,"不報"後,有更多的大臣可能會選擇繼續上疏陳請。另一方面,對皇帝來説,擱置的議題,有時候還會被拿出來討論,討論時機由皇帝決定。這裏僅略做提示,下文還將進一步討論。需要説明的是,文獻中還有將皇帝的否定意見記爲"不納""不從""不聽"的現象,因爲難以知道其背後是否存在明確的詔書,即難以區分是直接否定還是擱置,所以謹慎起見,不將其視爲擱置。若對同一事件的處理記載,既有"不報""不省""不答""留中",也有"不納""不從""不聽"等,則根據具體情況,多按擱置處理,也就是將"不報"視爲手段,而將"不納"視爲結果。

唐朝政務或行政機構處理文書有時間規定,謂之"程限"。表狀上呈皇帝之後,多長時間没有獲得批復,就可以稱爲"不報"呢? 從唐代史料看,似無制度性規定,但根據事件重要性、上疏者身份以及上疏渠道不同,"不報"的時間也存在差異。由中央參與決策者提出,事涉重要人事任免以及重要制度安排者,皇帝批復的時間當在一、兩天之内,超過這個時間没有獲得批復,就可認爲是"不報"。貞元元年(785)正月,德宗以盧杞爲饒州刺史,有重新重用的可能。此任命遭到言諫官的反對,"詔下,〔給事中〕袁高執奏",接著"諫官趙需、裴佶、宇文炫、盧景亮、張薦等上疏曰:'……今復用爲饒州刺史,衆情失望,皆謂非宜。……倘加巨奸之寵,必失萬姓之心,乞迴聖慈,遽輟新命。'疏奏不答。諫官又論曰:'……臣昨者瀝肝上聞,冒死不恐,冀迴宸睠,用快群情;至今拳拳,未奉聖旨,物議騰沸,行路驚嗟。人之無良,一至於此。伏乞俯從衆望,永棄奸臣。倖免誅夷,足明恩貸;特加榮寵,恐造禍階。

---

①《册府元龜》卷八九九《總録部·致政》,10649頁。《舊唐書》卷一九二《孔述睿傳》作"詔不許,報之曰",5131頁。

②房玄齡等撰:《晋書》卷八九《忠義·王豹傳》,中華書局,1974年,2304頁。

臣等忝列諫司,今陳狂瞽。'"[1]諫官所謂"昨者瀝肝上聞"、"至今拳拳,未奉聖旨"云云,正是針對"疏奏不答"來説的。諫官先後兩次奏疏的時間,《册府元龜》中恰有記録,分別是正月丁巳(二十一日)和正月戊午(二十二日)[2]。也就是奏疏第二天,諫官便因爲"疏奏不答"而再次上疏,這説明上疏者預期的皇帝批復當在一兩日之内。有的時候,大臣奏疏當日未獲批復,就可稱"未報"。昭宗龍紀元年(889)的一次重要禮典儀式中,兩軍中尉楊復恭及兩樞密等宦官皆著朝服。外朝官員認爲宦官著朝服有違制度,太常博士錢珝、李綽等上疏反對。"狀入,至晚不報。錢珝又進狀曰:臣今日巳時進狀,論内官冠服制度,未奉聖旨"云云[3]。巳時進狀,是在上午9到11點之間,至當晚"未奉聖旨",便稱"不報"。相對來説,非官員通過匭給皇帝的上疏,預期皇帝批復的時間可能要長的多。代宗爲太后營建章敬寺,白衣高郢投招諫匭上書諫,"事寢無報",半個多月以後,没有得到批復的高郢纔再次上書[4]。

總之,唐代史料中的疏奏不報、不省、不答、寢奏、留中等,都是指皇帝在閲讀大臣或機構所上表狀後,一段時間内對表狀留而不發、未加批復的處理方式,也就是皇帝將大臣或機構提出的議題擱置,暫不決策。

二　擱置的決策功能:議題壓制

從唐代實際情況來看,擱置並非皇帝怠政的表現。其實,擱置、暫不決策也是一種決策,有時候甚至是一種相當重要的決策,擱置的功能和意義主要體現在:皇帝以既不公佈表狀、也不就表狀内容明確表態的方式,實現對

---

①《舊唐書》卷一三五《盧杞傳》,3717頁。

②《册府元龜》卷四六九《臺省部·封駁》,5587頁。原作"戊午",誤,今據文淵閣《四庫全書》本改。

③《舊唐書》卷二〇上《昭宗紀》,739頁。

④《新唐書》卷一六五《高郢傳》,5070頁。姚鉉編:《唐文粹》(《四部叢刊》本)卷二七上,高郢《諫造章敬寺書》、《再上諫書》:"九月十二日,草莽臣前鄉貢進士高郢昧死再拜稽首,獻書闕下:……八月二十五日奏書闕下,事寢無報。不知天門深遠愚不得上達歟?聖意所斷臣言不足聽受歟?伏躬待罪旬八日矣。"

議題的壓制，將其排除在決策討論範圍之外，議題因此未能進入討論、處理程序。在此基礎上，衍生出了處理藩鎮問題時採用的策略性擱置。

唐代皇帝以擱置方式壓制的議題，較多涉及官員内部矛盾。武宗會昌元年（841），宰相李德裕、陳夷行、崔珙、李紳等聯名上《請尊憲宗章武孝皇帝爲不遷廟狀》，認爲憲宗有中興之功，請尊憲宗爲“百世不遷之廟”，並提出“伏望令諸司清望官四品以上，尚書、兩省、御史臺與禮官參議聞奏”。對於宰相提出的明確議題與討論建議，武宗以“留中不出”處理[①]，宰相們的議題遭到皇帝壓制。

上述李德裕等人的奏狀中，有“臣等伏聞開成中，文宗嘗顧問宰臣，欲褒崇憲宗功德。其時宰臣莫能推順美之心，明尊祖之義。臣等至愚，切所嘆息”云云，可見，開成中宰相對文宗的建議是不支持的。開成年間宰相構成的大致格局是：開成元年（836）、二年鄭覃和陳夷行用事，開成三年、四年楊嗣復與李珏主政[②]。既然會昌元年上疏者中包括陳夷行，則陳夷行支持憲宗爲“百代不遷之廟”的意見，那麼文宗顧問宰臣，就極可能不是發生在陳夷行當政時期，而是在楊嗣復與李珏主政的開成三年或四年。如所周知，文宗、武宗正處於唐代黨争的激烈時期，楊嗣復、李珏與李德裕、陳夷行、李紳之間的矛盾頗深[③]。若此，李德裕等人的奏狀特别提及前朝宰臣反對此事，並建議高級官員就此討論，便含有朋黨之争、打擊對手的意味。武宗將其留中、不公開討論，或有壓抑朋黨之意。

更多被擱置的，是大臣或機構的表狀中並未提出明確議題，若皇帝下發相關人員討論，則形成議題；若不報、留中，當然無法形成議題。德宗貞元前

---

①《唐會要》卷一六《廟議下》，388 頁。李德裕撰，傅璿琮、周建國校箋：《李德裕文集校箋》卷一〇《請尊憲宗章武孝皇帝爲不遷廟狀》，中華書局，2018 年，211 頁。

②《資治通鑑》卷二四六《唐紀六十二》開成四年五月條，7939 頁。

③《舊唐書》卷一七三《李珏傳》，開成“三年，楊嗣復輔政，薦〔李〕珏以本官同平章事。珏與〔李〕固言、嗣復相善，自固言得位，相繼援引，居大政，以傾鄭覃、陳夷行、李德裕三人”，4504 頁。李紳與李德裕自穆宗時起就關係密切，史稱“李紳與李德裕相表裏”（《資治通鑑》卷二四八大中元年九月條），李紳仕途中也多次遭到牛黨打壓。

期,中書侍郎平章事、兼轉運使竇參與户部尚書、度支轉運副使班宏素有矛盾,竇參選任揚子院官吏,没有徵求班宏的意見,班宏便"數條參所用吏過惡以聞,輒留中"[①]。德宗對這些"惟譏斥人短長"的上奏多置之不理[②]。憲宗元和十三年(818),以皇甫鎛、程异爲相,裴度上疏,極言不可,稱"鎛、异皆錢穀吏,佞巧小人,陛下一旦置之相位,中外無不駭笑",但憲宗"以〔裴〕度爲朋黨,不之省"[③]。牛僧孺和李德裕是文宗時黨争雙方的代表人物,開成二年,李德裕代牛僧孺任淮南節度使,"淮南府錢八十萬緡,德裕奏言止四十萬,爲〔副使張〕鷺用其半。僧孺訴於帝,而諫官姚合、魏謩等共劾奏德裕挾私怨沮傷僧孺,帝置章不下"[④]。以上諸例,都是皇帝在處理涉及官僚内部矛盾的問題時,將表狀留中、議題擱置,避免矛盾進一步加劇。擱置可視爲一種決策處理的手段,也體現了皇帝對於官僚群體的掌控。

除了以擱置方式壓制涉及官員之間矛盾的議題之外,擱置有時候還是處理君臣關係的微妙手段。"憲宗元和十二年淮西平,十三年襄陽節度使李愬奏請判官、大將已下官凡一百五十員。帝不悦,謂裴度曰:'李愬誠有奇功,然奏請過多,使李晟、渾瑊之勳業,又何如哉?'遂留中不下。"[⑤]此例是一難得的將擱置原因記載得比較清晰的例子,值得稍加分析。唐代藩鎮使府僚佐組織有兩個系統,分别是判官、掌書記等文職僚佐與都知兵馬使、都虞候等武職僚佐[⑥]。這些使府幕職僚佐職位,可由節度使、觀察使自行辟署,然後上報中央授予檢校官或憲官官銜[⑦]。按制度,節度使府判官以下的文職僚

①《新唐書》卷一四九《班宏傳》,4803 頁。

②《新唐書》卷一五七《陸贄傳》,4916 頁。

③《資治通鑑》卷二四〇《唐紀五十六》,7753 頁。

④《新唐書》卷一八〇《李德裕傳》,5334 頁。

⑤《册府元龜》卷一八一《帝王部·疑忌》,2179 頁。"奏請過多",《唐會要》卷七八《諸使中·節度使》作"奏請過當",1696 頁。

⑥參嚴耕望:《唐史研究叢稿》第三篇《唐代方鎮使府僚佐考》,龍門書店,1969 年。

⑦參張國剛:《唐代藩鎮研究》(增訂版)第十一章《唐代藩鎮使府辟署制度》,中國人民大學出版社,2010 年。

佐不過二十餘人[①],武職僚佐的規定職位數位雖然未見記載,但李愬一次爲一百五十名手下奏請中央官職的規模顯然是相當大的。憲宗拿來做對比的,是當時已經去世多年的李晟和渾瑊。其中,西平郡王李晟是李愬的父親,他和咸寧王渾瑊都是功勳卓著的名將。憲宗認爲,即使功勞大如李晟、渾瑊,都没有如此大量的爲手下奏請官職,李愬"奏請過多"、"奏請過當"。憲宗雖然没有同意李愬的請求,但是考慮到李愬平定淮西"有奇功",也没有直接否定,而是没有表態,以擱置處理。擱置,既維繫了中央的權威,也爲功臣保留了面子[②]。後李愬得以配享憲宗廟。

以上議題,多出現於決策之前,還有一些議題,是在決策之後提出的。貞觀十七年,太宗做出親征高句麗的決定,"布誥臣下,云自欲伐遼"。在"帝意遂決東"之後,太子賓客褚遂良上《諫太宗親征高麗疏》,提出"涉遼而左,或水潦,平地淖三尺,帶方、玄菟,海壤荒漫,決非萬乘六師所宜行",反對親征高句麗。太宗"鋭意蕩平,不見省"[③]。太宗親征高句麗決策已出,對褚遂良的意見置之不理。刑部尚書張亮、左屯衛將軍姜行本等大臣也對親征高句麗的決定表示反對,他們的意見太宗均未採納[④]。太宗對不同意見的擱置,使得不同聲音不再顯露,加强了内部意見的統一,鞏固了親征高句麗的決策。與此類似,德宗建中元年(780)四月涇原節度裨將劉文喜據城叛,時德宗即位不久,認爲"微孽不除,何以令天下"[⑤],遂決意討伐。即使反對聲音不小,"群臣皆請赦文喜",德宗"皆不省"[⑥]。皇帝對群臣反

①《新唐書》卷四九下《百官志四下》,1309頁。

②參胡先縉《中國人的面子觀》對"留面子"的分析:不作任何評論,可以使人覺得他的過失並没有引起人注意,他的聲譽也可以保留無損。見黄光國、胡先縉等著:《人情與面子——中國人的權力遊戲》,中國人民大學出版社,2010年,60頁。

③《新唐書》卷一〇五《褚遂良傳》,4027頁。《文苑英華》卷六九四,褚遂良《諫太宗親征高麗疏》,3578頁。

④《舊唐書》卷六九《張亮傳》,2515頁。《舊唐書》卷五九《姜行本傳》,2334頁。

⑤《資治通鑑》卷二二六《唐紀四十二》,7281頁。

⑥《舊唐書》卷一一八《楊炎傳》,3423頁。

對意見的漠視，無疑强化了朝廷討伐涇原劉文喜的決心。重大決策做出後，對反對意見進行壓制，使之不成爲議題、不再討論，是決策者意志的體現。同時，以擱置而不是以直接否定的方式處理，避免了將不同意見公之於衆。正是從這個角度看，擱置也是一種決策，這在軍事決策中體現得尤爲明顯。

由於擱置手段對議題的壓制作用，我們還看到一些有價值的建議被擱置而没有進入決策討論程式。中宗景龍年間，御史中丞盧懷慎上疏陳時政，提出"都督、刺史、上佐、畿令任未四考不得遷"，京師員外官數量過多，當選拔其中"才堪牧宰上佐，並以遷授"等建議；睿宗景雲年間，監察御史韓琬分析當時社會問題，指出"往者學生、佐史、里正每一員闕，擬者十人，今當選者亡匿以免"的重要現象；玄宗開元年間，宣州刺史裴耀卿建議改革漕運之法，提議加置武牢、洛口等倉以降低運輸成本；德宗貞元年間，右補闕宇文炫上言，"請京畿諸縣鄉村廢寺，並爲鄉學，並上制置事二十餘件"①。以上建議，涉及政治、社會、經濟方面的一些重要現象，但都被皇帝以"不報"、"不省"處理，未能成爲進一步討論的決策選項。其原因，目前還不清楚。

皇帝以不批復、不明確表態的方式將議題予以擱置，以此爲基礎，衍生出策略性擱置，主要表現爲唐後期中央在處理藩鎮問題時採取的擱置策略。

安史之亂以後，割據型藩鎮的節度使去世後，新節度使的産生或是父死子繼，或是内部自擇將吏，中央難以插手，這一直是困擾中央的問題之一。憲宗時韋貫之稱："每主帥就世，將吏有得其柄者，多假衆怙力，以求代襲。朝廷每不得已，因而命之。"②此後，中央漸漸摸索出了以擱置策略來對付這

①分見《新唐書》卷一二六《盧懷慎傳》，4415頁；《新唐書》卷一一二《韓琬傳》，4164—4166頁；杜佑撰，王文錦、王永興、劉俊文、徐庭雲、謝方點校：《通典》卷一〇《食貨十・漕運》，中華書局，1988年，221頁；《唐會要》卷三五《學校》，741頁。

②《文苑英華》卷八九二，韋貫之《南平郡王高崇文神道碑》，4696頁。此碑撰立時間，據《寶刻叢編》（《叢書集成初編》本）卷八引《京兆金石録》，242頁。

類問題。敬宗寶曆二年(826)四月,横海(滄景)節度使李全略死,其子李同捷"領留後事,重賂鄰藩,求領父節,敬宗持久詔不下"[①]。敬宗對李同捷包括其他藩鎮授予其横海軍節度使請求,採取了長時間擱置的處理方式。李同捷"重賂藩鄰以求纘襲,朝廷知其所爲,經年不問"[②]。敬宗死於寶曆二年十二月,所謂"知其所爲,經年不問",即敬宗瞭解其李同捷的意圖後,一直没有回復其請求。擱置,是朝廷對付河朔割據藩鎮擅領留後者的一種策略。這和一年前朝廷在處理非河朔地區的昭義問題時,左僕射李絳提出"望速賜裁斷"的處理原則頗不相同[③]。

更爲典型的事件,發生在武宗初年。武宗會昌元年九月,幽州盧龍軍亂,偏將陳行泰殺節度使史元忠,陳行泰"邀節制,未報"[④]。不久以後,幽州次將張絳殺陳行泰,"復誘其軍以請〔節鉞〕,亦置未報"[⑤]。朝廷連續兩次對藩鎮要求中央承認的申請採取了擱置方式,其實擱置是一重要決策,我們從決策過程中可以看到。陳行泰殺害史元忠後,"遣監軍傔以軍中大將表來求節鉞",在朝廷對此事的討論中,宰相李德裕表示:"河朔事勢,臣所熟諳。比來朝廷遣使賜詔常太速,故軍情遂固。若置之數月不問,必自生變。今請留監軍傔,勿遣使以觀之。"[⑥]李德裕總結處理河北藩鎮問題的經驗,提出了暫緩批復、甚至數月不問的擱置策略。接著,李德裕又進一步上《論幽州事宜狀》,以書面形式更加完整地闡述了自己的主張,"幽州一方,自朱克融留連中使,不受賜衣,繼以楊志誠累遣將吏上表,邀求官爵,自此悖慢之氣,與鎮、魏不同。今若便與留務,實爲朝廷之耻。伏望且逗留旬月,更候事宜。克恭

---

①《新唐書》卷二一三《李全略傳》,5997頁。李全略的死亡時間,見《新唐書》卷八《敬宗紀》,229頁;《舊唐書》卷一四三《李全略傳》,3906頁。《資治通鑑》卷二四三《唐紀五十九》將其繫於寶曆二年三月條下,7850頁。

②《舊唐書》卷一四三《李同捷傳》,3906頁。

③《資治通鑑》卷二四三《唐紀五十九》寶曆元年十一月條,7846頁。

④《新唐書》卷二一二《楊志誠傳》,5979頁。

⑤《新唐書》卷二一二《張仲武傳》,5980頁。

⑥《資治通鑑》卷二四六《唐紀六十二》,7955頁。

傔回日,伏望不賜詔書,庶全事體”[①]。武宗對陳行泰請求置之不理的舉措,正是對李德裕“伏望且逗留旬月”、“伏望不賜詔書”意見的採納。“未報”的影響很快便顯現出來,正如李德裕幽州“必自生變”的判斷,陳行泰果然被次將張絳所殺。張絳“復求節鉞,朝廷亦不問”,再行擱置的結果,是幽州隨即又一次發生内亂,“幽州盧龍軍逐〔張〕絳”。同時,幽州舊將、雄武軍使張仲武起兵攻擊張絳,“入於幽州”[②]。朝廷以張仲武知盧龍留後,幽州事平。以上可見,處理幽州事件程序中,對陳行泰和張絳的請求,武宗均以“未報”的方式加以擱置,取得了很好的效果,强化了朝廷在幽州的政治權威[③]。在這裏,擱置表現爲中央對藩鎮、特别是對河朔割據藩鎮節度使承襲問題的處理策略,可稱之爲策略性擱置。

三　擱置與唐代皇權

疏奏不報或留中,意味著因皇帝没有批復而造成議題被擱置。對唐代皇帝來説,擱置手段强化了皇帝對政務決策的掌控能力,突出表現爲皇帝個人意志通過擱置而伸張以及皇帝對擱置的靈活運用。

長慶四年正月敬宗即位,三月大赦天下,宣佈停止地方各類進奉,“常貢之外,更不得别有進獻。縱節度、觀察使入朝,亦不得進奉。諸道監軍自今後在本道并入奏,並不得進。天下所貢奇綾異錦、雕文刻鏤,一事已上有涉逾制者,悉斷”[④]。但没過多久,朝廷便頻繁地主動向地方索取貢奉,“制罷奇珍之獻曾未數月,徵貢之詔道路相繼”[⑤]。七月,敬宗“詔浙西造銀盝子妝具二十事進内”,時任浙西觀察使的李德裕奏:“臣伏准今年三月三日赦文,常

---

①《李德裕文集校箋》卷一三《論幽州事宜狀》,276 頁。

②《新唐書》卷八《武宗紀》,241 頁。

③仇鹿鳴:《長安與河北之間:中晚唐的政治與文化》,北京師範大學出版社,2018 年,343 頁。

④《册府元龜》卷九〇《帝王部・赦宥九》,1079 頁。

⑤《册府元龜》卷五四六《諫諍部・直諫一三》,6561 頁。

貢之外,不令進獻。……伏乞聖慈,宣令宰臣商議,何以遣臣上不違宣索,下不闕軍儲,不困疲人,不斂物怨,前後詔敕,並可遵承。"李德裕指出前後詔敕意旨存在矛盾,並提請敬宗命令宰相會議商討地方進獻問題,敬宗以"不報"處理[①]。敬宗對李德裕奏置之不理,李德裕明確提出的議題被壓制。朝廷對地方進奉的要求仍在繼續,不久後,又詔李德裕進繚綾一千匹。如何理解敬宗詔令前後不一問題以及對議題的擱置呢?在唐後期,地方節度使進奉往往不入國家財政而入皇帝的内庫,成爲天子私藏[②]。故減少甚至是取消地方進奉,是唐後期外朝大臣的長期訴求。作爲皇帝的德政,停減地方進奉也時常出現於唐後期的赦文、德音之中。敬宗前後,《穆宗即位赦》、穆宗《疾愈德音》、文宗《大和三年南郊赦》與《開成改元赦》都有相關内容。敬宗少年即位,沉溺享樂,不把國家政務放在心上,史稱敬宗"童年驕縱,倦接群臣","畋遊稍多,坐朝常晚"[③]。因此,敬宗即位伊始停罷地方進獻的赦文,或是對傳統赦文内容的繼承,或是反映朝中部分大臣的意願,而不久後的頻繁宣索,纔是出自敬宗的本意。這樣看來,敬宗對李德裕提議的擱置"不報",是其個人意志的伸張。

主威獨運,還表現於皇帝有了先入爲主的意見後,對其他大臣、甚至是衆多大臣的不同意見擱置不理。

肅宗至德年間,收復兩京,叛將史思明請以范陽歸順。宰相張鎬"揣知其僞,恐朝廷許之,手書密表奏曰:思明凶豎,因逆竊位,兵强則衆附,勢奪則人離。包藏不測,禽獸無異,可以計取,難以義招。伏望不以威權假之",但是此時肅宗"計意已定,表入不省"[④]。又德宗貞元年間,户部尚書裴延齡巧佞奉上,舉朝側目。諫議大夫陽城"尤忿嫉之。一日盡疏其過惡,欲密論奏,以〔李〕繁故人子,爲可親信,遂示其疏草,兼請繁繕寫。繁既寫,悉能記之,

①《舊唐書》卷一七四《李德裕傳》,4511—4513 頁。

②陳明光:《唐代財政史新編》,中國財政經濟出版社,1991 年,286—290 頁。

③分見《舊唐書》卷一七〇《裴度傳》,4429 頁;《舊唐書》卷一五四《劉棲楚傳》,4106 頁。

④《舊唐書》卷一一一《張鎬傳》,3327 頁。

其夕乃徑詣延齡,具述其事。延齡聞之,即時請對,盡以城章中欲論事件,一一先自解。及城疏入,德宗以爲妄,不之省"[①]。以上兩例,都是因皇帝已經有了主意,故對不同意見難以接受,遂直接擱置處理。不僅對個人意見,而且對衆多大臣的意見,皇帝也會採用這種手段。寶曆二年,敬宗"將幸東都,敕檢修東都已來舊行宮。上自臨御以來,常欲東幸,宰臣等無不諫,上意益堅,常正色謂宰臣曰:'朕去意已定。'〔宰相〕李逢吉頓首言曰:'陛下貴爲天子,富有四海,天下一家,何往不可?臣等以爲不可者,以干戈未戢,邊鄙未甚寧,竊恐人心動摇。伏惟稍迴聖慮,天下幸甚。'上竟不聽,乃命檢計,人情大擾。百執事相繼獻疏,亦不省"[②]。在敬宗行幸東都"去意已定"的情況下,敬宗没有接受宰相的意見,對衆多官員的"相繼獻疏",也是置之不理。可見,擱置是皇帝處理與官僚機構矛盾、壓制大臣意見的手段之一。

疏奏不報或留中的擱置行爲由皇帝行使,但擱置的決定也並不一定完全是皇帝個人的獨斷。與前文所述宰相李德裕在會昌平幽州事中建議擱置類似,皇帝運用擱置手段,有些是來自宰相的建議。德宗貞元八年,"嶺南節度使奏:'近日海舶珍異,多就安南市易,欲遣判官就安南收市,乞命中使一人與俱。'上欲從之",並派宦官把這個意思告訴了剛剛擔任宰相不久、頗得皇帝信任的陸贄,"希顔奉宣聖旨宜依者"[③]。陸贄認爲不妥,向皇帝建議:"遠國商販,惟利是求,緩之斯來,擾之則去。廣州素爲衆舶所湊,今忽改就安南,若非侵刻過深,則必招攜失所,曾不内訟,更蕩上心。況嶺南、安南,莫非王土,中使、外使,悉是王臣,豈必信嶺南而絶安南,重中使以輕外使。所奏望寢不行。"[④]"望寢不行",陸贄《論嶺南請於安南置市舶中使狀》作"望押不出",二者意義相同,都是建議德宗對嶺南節度使奏做擱置處理。

---

①《舊唐書》卷一三〇《李繁傳》,3624 頁。《新唐書》卷一三九《李繁傳》作"城奏入,帝怒,遂不省",4638 頁。

②《唐會要》卷二七《行幸》,609 頁。

③《資治通鑑》卷二三四《唐紀五十》,7532 頁。陸贄撰,王素點校:《陸贄集》卷一八《論嶺南請於安南置市舶中使狀》,中華書局,2006 年,575 頁。

④《資治通鑑》卷二三四《唐紀五十》,7532 頁。

此外,在唐代,我們看到一些處理具體政務的例子,擱置是以皇帝爲主導的決策群體小規模討論之後的措施。

玄宗開元十八年(730)歲末、十九年年初,"吐蕃使奏云:'〔金城〕公主請《毛詩》、《禮記》、《左傳》、《文選》各一部。'制令秘書省寫與之"①。制出後,秘書正字于休烈反對,上《請不賜吐蕃書籍疏》,曰:"臣聞戎狄,國之寇也;經籍,國之典也。戎之生心,不可以無備;典有恒制,不可以假人。……臣忝列位職,刊校秘笈,實痛經典,棄在夷狄。昧死上聞,伏惟陛下深察。"玄宗没有理會于休烈的意見,"疏奏不省"②。"不省"的背後,其實存在一個討論決策過程。于休烈通過招諫匭上疏,"表入,敕下中書門下議,侍中裴光庭等曰:'西戎不識禮經,心昧德義,頻負明約,孤背國恩。今所請詩書,隨時給與,庶使漸陶聲教,混一車書,文軌大同,斯可使也。休烈雖見情僞變詐於是乎生,而不知忠信節義於是乎在。'上曰:'善。'乃以經書賜與之"③。針對于休烈的表疏,玄宗命令宰相機構討論,進而採納了宰相的意見,維持成命,賜經書於吐蕃,同時擱置了于休烈的意見。應該説,這個"疏奏不省",是"中書門下議"的結果。

又如憲宗元和八年四月,回鶻"使者再朝,遣伊難珠再請昏,未報"④。對回鶻和親請求的擱置,是從財政角度權衡之結果,回鶻請和親,"憲宗使有司計之,禮費約五百萬貫",考慮到"朝廷方用兵伐叛,費用百端,欲緩其期",故"未任其親"⑤。擱置的背後,也可以看到一個君臣溝通的決策過程。

雖然我們看到唐代皇帝在使用擱置手段時,部分是經過討論的結果,但是將議題擱置之前,是否必須經過討論這一環節,則未見制度性規定。從這

---

①《舊唐書》卷一九六上《吐蕃傳上》,5232頁。

②《文苑英華》卷六九四,于休烈《請不賜吐蕃書籍疏》,3581頁。《舊唐書》卷一九六上《吐蕃傳上》,5233頁。

③《唐會要》卷三六《蕃夷請經史》,778頁。

④《新唐書》卷二一七上《回鶻傳上》,6126頁。

⑤《舊唐書》卷一九五《迴紇傳》,5210頁。《舊唐書》卷一六五《殷侑傳》,4320頁。《册府元龜》卷九七九《外臣部·和親二》繫此事於元和十二年,誤。

個角度來説，擱置的運用，更是强化了皇帝對政務決策的掌控能力。

前文提及，擱置不同於明確否定，擱置給君臣雙方留下了更爲寬闊的措置空間。

雖然唐代也有個别對皇帝運用擱置手段的抱怨，如代宗時獨孤及稱“進匭上封者，大抵皆事寢不報、書留不下，但有容諫之名，竟無聽諫之實”①，憲宗時白居易稱“自貞元以來，抗疏而諫者留而不行，投書於匭者寢而不報”②，但是總體而言，對皇帝擁有並行使擱置手段的權力本身，並無質疑。在此背景下，議題被皇帝擱置後，部分大臣選擇了繼續上疏，在他們的堅持下，意見可能成爲討論的議題。太宗爲高祖修築獻陵，“時限既促，功役勞弊”，秘書監虞世南上封事，建議薄葬，“書奏，不報”。没有得到太宗的批復，虞世南繼續上疏，申述己見。結果太宗“出虞世南封事，付所司詳議”，虞世南的建議作爲議題由相關機構組織討論。經過討論，太宗接受了意見，“山陵制度，頗有減省”③。景雲年間，太府少卿兼通事舍人韋湊上疏，以工程耗資巨大且妨礙農時爲由，諫停造金仙、玉真兩觀，睿宗置之不理，韋湊又奏，“睿宗方納其言，令在外詳議”，討論後“朝廷爲減費萬計”④。在此制度背景下，我們看到崔知温表被高宗擱置後，“知温前後十五上，詔竟從之”⑤。文宗大和七年（833），侍御史李款閤内彈奏鄭注，“奏未報，款連上十餘疏，由是授〔鄭〕注通王府司馬”⑥。

議題被擱置後，皇帝的對議題的處置空間要更大一些。首先，我們看到，出於某些原因，有時候皇帝將議題整體擱置，不再討論，但又採納並實施了其中部分合理意見。憲宗元和六年歲末，前後兩任華州刺史閻濟美、趙昌

①《毘陵集校注》卷四《諫表》，84 頁。

②白居易著，謝思煒校注：《白居易文集校注》卷二七《策林三・達聰明致理化》，中華書局，2011 年，1484 頁。

③《通典》卷七九《禮三十九・大喪初崩及山陵制》，2144—2147 頁。

④分見《舊唐書》卷一〇一《韋湊傳》，3146 頁；《新唐書》卷一一八《韋湊傳》，4266 頁。

⑤《舊唐書》卷一八五上《良吏上・崔知温傳》，4791 頁。

⑥《唐會要》卷六一《御史臺中・彈劾》，1264 頁。

分别奏其下屬華陰縣令柳澗有贓狀,柳澗因此被貶。適逢尚書職方員外郎韓愈路過華州,"知其事,以爲刺史相党,上疏理澗",言"刺史奏縣令罪,不參驗","上疏請發御史辨曲直,方可處以罪,則下不受屈"[①]。韓愈這份奏疏今已不存,但從上引《舊唐書·韓愈傳》和《韓愈神道碑》、《韓愈行狀》的隻言片語可以知道,韓愈奏疏至少包含了指出刺史間官官相護、以未經核實的罪名打壓對手,並建議皇帝派遣御史核查這兩項主要内容。憲宗的處理是:"留中不下。詔監察御史李宗奭按驗,得〔柳〕澗贓狀,再貶澗封溪尉。"[②]憲宗没有認可韓愈的觀點,將奏疏留中,不進行討論,但同時又派遣監察御史核實情況。這説明,擱置,並不意味著皇帝没有注意到奏疏中的具體建議,部分建議甚至被皇帝採納、實施。又"宣宗以政事委相國令狐公,君臣道契,人無間然。劉舍人每訐其短,密奏之,宣宗留中,但以其事規於相國,而不言其人姓名"[③]。相國令狐公是令狐綯,劉舍人是劉蜕。在這裏,一方面宣宗將中書舍人劉蜕對宰相令狐綯的批評"留中",不公開、不討論。另一方面,宣宗顯然認爲劉蜕的批評有一定道理,親自以這些意見規諫令狐綯,衹是不説出意見來源而已。宣宗"不言其人姓名"與將劉蜕奏疏"留中"一樣,是爲了避免加劇官員之間可能出現的矛盾,同時宣宗又接受了劉蜕的具體意見,並以此提示令狐綯。以上的擱置處理方式,凸顯了皇帝行使擱置手段的靈活性。

其次,皇帝對擱置議題處置的空間,還表現於對留中文書的後續處理上。唐代皇帝具有對大臣表狀的優先處置權,控制著重要政務信息的篩選和分配[④]。對留中文書的處理,更爲皇帝所掌控。以宣宗爲例,他既曾把"不

---

①《舊唐書》卷一六〇《韓愈傳》,4196 頁;皇甫湜:《皇甫持正文集》卷六《韓文公神道碑》,《宋蜀刻本唐人集叢刊》,上海古籍出版社,1994 年,93 頁;李翺撰,郝潤華校點:《李翺集》卷一一《故正議大夫行尚書吏部侍郎上柱國賜紫金魚袋贈禮部上疏韓公行狀》,甘肅人民出版社,1992 年,83 頁。

②《舊唐書》卷一六〇《韓愈傳》,4196 頁。

③孫光憲撰,賈二强點校:《北夢瑣言》卷六《劉蜕奏令狐相》,中華書局,2002 年,135 頁。

④參拙稿《信息與權力:從〈陸宣公奏議〉看唐後期皇帝、宰相與翰林學士的政治角色》,《中國史研究》2014 年第 1 期。《論唐代皇帝與中央官政務溝通方式的制度性調整》,《唐宋史評論》第三輯,社會科學文獻出版社,2017 年。

欲左右見”的大臣章表“率皆焚爇”毁棄[①];也曾把特定表狀專門收藏,“命左右於禁中取小樫函以授〔白〕敏中,曰:此皆鄭郎(鄭顥)譖卿之書也。朕若信之,豈任卿以至今日”[②]。以上兩例,都涉及對未公開的留中表狀之處理,或存或毁,均由皇帝決定。因此,被留中的文書、被擱置的議題,皇帝還可以再拿出來討論,時機則掌握在皇帝手中。憲宗時,成德節度使王承宗“上表怨咎武元衡,留中不報”[③]。至元和十年,宰相武元衡上朝途中遇刺身亡,憲宗懷疑是王承宗派遣的刺客所爲,故“帝出〔王承宗〕表示群臣大議,咸請聲其罪伐之”[④]。

四　結語

以上,我們圍繞唐代“疏奏不報”“留中”等擱置現象做了一些探討,現簡要總結。所謂擱置,是指皇帝對大臣或機構的上疏採取留而不發、未加批復的處理方式,也就是將議題擱置,暫不決策。這是皇帝在肯定、否定之外的另一種權力方式——擱置。在唐代,擱置並非皇帝怠政的表現,擱置、暫不決策也是一種決策。

擱置的重要功能是對議題的壓制。重大決策做出後,對反對意見的壓制,使之不成爲議題、不再討論,是皇帝作爲決策者意志的體現。擱置有可能引發或加劇官員内部矛盾的議題,體現了皇帝對官僚群體的掌控能力。擱置既是皇帝處理與官僚機構矛盾、壓制大臣意見的方式之一,也是皇帝處理君臣關係的微妙手段。這種手段,還衍生出對唐後期地方訴求的策略性擱置,特别用於對付割據型藩鎮。

雖然我們看到唐代皇帝運用擱置手段時,部分是小規模討論的結果,但

①王讜撰,周勛初校證:《唐語林校證》卷七,中華書局,1987 年,630 頁。

②《資治通鑑》卷二四九《唐紀六十五》大中五年三月條,8046 頁。

③《舊唐書》卷一五《憲宗紀下》,454 頁。

④《新唐書》卷二一一《王士真傳》,5958 頁。

是將議題擱置之前,是否必須經過討論,則未見制度性規定。而且,皇帝可以在將議題整體擱置的情況下,採納並實施其中部分意見。被擱置的議題,皇帝還可以在其認爲合適時拿出來討論。對擱置的靈活運用,凸顯了皇帝在政務決策中的主導性與對政務決策的掌控。對大臣而言,議題被擱置後也留有一定餘地,疏奏不報後的持續上奏,有時會推動決策的進一步發展。

皇帝擱置手段的運用,並不始於唐代。皇帝對大臣或機構章奏的擱置,漢代已經出現。在壓制議題與調整君臣關係、官員矛盾方面,漢代擱置的表現形式及其功能也與唐代基本相同,意味著在文書政治基礎上,皇帝對政務決策與官僚群體掌控、干預方式的擴展與豐富。漢唐之間,和帝之後的東漢與武則天當政後的唐代是皇帝運用擱置手段比較突出的時期,西晋惠帝、東晋孝武帝期間擱置現象也相對集中。其間皇帝行使擱置權的對象,絶大部分是大臣個人上疏,對機構提議的擱置則少得多。對以上現象的解釋,還需要進一步思考。此外,漢唐之間,雖然也見到個別人對皇帝擱置的抱怨,但是與宋、特别是明代士大夫對皇帝擱置行爲的批評以及將留中章奏"盡付三省公議得失"、"盡付諸曹議行"[①]的訴求不可同日而語。這固然與皇帝使用擱置手段的場合、對象、頻率相關,但是或許與士大夫政治的發展、士大夫群體政治參與意識的變化關係更爲密切。

(作者單位:北京大學中國古代史研究中心)

①分見《宋史》卷一七六《食貨志上四》,中華書局,1977年,4288頁;《明史》卷二一九《趙志皋傳》,中華書局,1974年,5775頁。

武周庭州造像殘石研究

孟憲實

石刻史料,最能彌補文獻記載的不足,這是古史研究盡人皆知的。西域史料,文字記載不足是常見問題,即使隻言片語的新資料,都會令研究者全力以赴。唐朝治理西域,在吐魯番盆地設西州,天山以北設庭州,天山東部設伊州,三州之間互爲犄角,共同守衛這個地區。因爲東部天山是進入西域的門户,所以三州的軍政設施對於維護絲綢之路,也具有不可替代的作用①。本文討論的是庭州發現的武則天時期的佛教造像,相關的不僅有當地佛教問題,也關乎當地人口和駐軍問題。佛教造像,從來以祝福功能爲主,這是人間報恩思想的體現,而感恩不分古今。

一 資料

武周庭州造像殘石,是指武則天萬歲通天年間的一件石刻,因爲是件殘

①有關唐代天山東部地區的軍政歷史研究,最新的成果當屬劉子凡《瀚海天山——唐代伊、西、庭三州軍政體制研究》(中西書局,2016 年),值得參考。

石，原名已然不見，後來的研究者和引用者，多是自己命名。徐松《西域水道記》記載："故城在今保惠城北二十餘里，地曰護堡子破城，有《唐金滿縣殘碑》《唐造像碣》《元造像碣》。"關於這些石刻的内容，徐松採用小字注釋的辦法予以記録，是較早的可考文字[①]。這裏所謂的造像殘石，徐松名之爲《唐造像碣》[②]。

這件殘石由三段構成，應該是一分爲三。清末，被金石學家端方收入囊中，刊進他的《陶齋藏石記》中。端方對這件殘石的命名爲《果毅□□基等造像記並座》。從現有的圖片資料看，造像僅僅殘存了最下面的一條線，文字部分殘留較多，所以這是一件上像下文的佛造像。如果按照今天的石刻命名習慣，應該稱作《武周萬歲通天年間庭州果毅□□基等造像記》。在現在所知的録文中，當以端方的録文最好，根據《陶齋藏石記》，引文如下：

果毅□□基等造像記並座[③]

石高一尺零八分，每行十三字，今直斷爲三，前段存六行又半字，中段僅存五全字六半字，餘俱缺泐，末段中悉磨滅，惟每行首存二字或三字，行尾各存二字。正書。座高三寸，横廣一尺四寸一分。

耳（僅行首存此半字，下俱缺）救沉溺於愛（下缺）功德熟能預於此？今有果毅（缺缺）基等跋涉砂磧，效節邊垂，瀚海愁雲，積悲心於萬里；交河淚下，忽□思於百年。遂鳩集合眷敬造□（缺缺）所，并尊像等剞劂彫琢（下缺。上缺泐九字。以上前段）斯（缺缺）□衆□（中泐五字）□（登字）覺道（缺缺缺）萬歲通天□（缺三字）□（似壹字）日（缺缺　缺。以上中段）七人（中泐七字）□藝□（缺）眷主（中泐八字）仵　迁忠帥（中

①徐松：《西域水道記》卷三，朱玉麒整理，北京：中華書局，2005年，173頁。

②關於殘石的記録，《西域圖誌》《新疆圖誌》和《西域水道記》都有提及，甚至有所不同。長澤和俊先生著《關於庭州的位置》（鍾美珠譯）進行考證，結論是《西域水道記》更可靠。長澤和俊《絲綢之路史研究》，天津古籍出版社，1990年，收入《北庭史論集》（下册），新疆大學出版社，2015年，73—87頁。

③《果毅□□基等造像記並座》，爲端方《陶齋藏石記》卷二十，第十二葉。初刻爲宣統元年（1909）收入《石刻史料新編》第一輯第11册，新文豐出版公司，1977年，8177頁。

泐八字）玄盖豆義帥（中泐八字）明德司兵劉（中泐八字。下兩格無字）司申王□（以下缺。以上末段）[1]

這是端方的録文。首行是標題，體現端方對這件殘石的認識。然後是三行殘石的物理狀態。第四行開始，是他的録文。括弧内文字是注釋。尤其需要注意的是殘石分作三段，端方在括弧中也給予提示。端方的注釋文字並不統一，有的注明缺字數字，有的用一個“缺”字表示缺少一個字。因爲是手寫，可以寫出殘筆劃，對於深入研討，或許有幫助，這是端方録文的優點。録文之後是跋文，介紹了這件殘石的來歷，也表達了對内容的看法。徐松《西域水道記》首次記録了這件石刻，但並没有進行考證，主要是提供了資料。端方的跋文是研究文字，對於石刻的可能背景進行了分析，爲進一步的研究提供了基礎。

根據端方的録文，我們進行重新整理，按照他的提示，分行録文如下。

第一，上段：

1 耳（下缺）

2 救沉溺於愛（下缺）

3 功德熟能預於此今有果毅（下缺）

4 基等跋涉砂磧效節邊垂瀚海愁

5 雲積悲心於萬里交河淚下忽□

6 思於百年遂鳩集合營敬造佛（缺缺）

7 一所並尊像等剞劂雕琢

第二，中段，衹有兩行殘字：

1 衆……覺道

2 萬歲通天□□□□一日

第三，末段：

①《果毅□□基等造像記並座》，爲端方《陶齋藏石記》卷二十，第十二葉。初刻爲宣統元年（1909 年）收入《石刻史料新編》第一輯第 11 册，新文豐出版公司，1977 年，8177—8178 頁。

1　□□人……□藝□

2　□營主……　仵

3　□忠帥……玄蓋

4　豆義帥……明德

5　司兵劉……

6　司申王……

大體看來，上段是正文，下段是名單。所謂中段，"覺道"很像是僧人法號，最後一句最重要，根據殘字筆劃，是"萬歲通天"四字。萬歲通天衹有兩年，即西元 696 與 697 年，而二年通常被後一年號神功元年所占用，所以元年的可能性最大。不過，通常情況下，西域獲得國家的消息要有一個時間差，改元這樣的事也不例外，所以證據不確的時候，稍微模糊一些的處理更合適。其後應該某月一日。

在徐松的《西域水道記》中，同地還有一件石刻，即《唐金滿縣殘碑》。徐松的注釋即爲碑文内容，具體如下：

> 碑石裂爲二，俱高八寸，廣六寸。一石七行，第一行字不可辨；二行曰"周仕珪等雲中輦路"；三行曰"行户曹參軍、上柱國趙"；四行曰"（缺一字）惠敬泰攝金滿縣令"；五行曰"姑臧府果毅都尉"；六行曰"承帝師之"；七行曰"補迦"。一石六行，第一行字不可辨；二行曰"而爲（缺二字）承義郎"；三行曰"登仕郎攝録事"；四行曰"昭武校尉、涼"；五行曰"礻州退魏頁"；六行曰"有隼繩"。①

這裏，根據徐松注釋内容，包括行數與内容，我們分行録文如下：

第一石

1　（空，不可識讀）

2　周仕珪等雲中輦路

3　行户曹參軍、上柱國趙

①徐松：《西域水道記》卷三，朱玉麒整理，中華書局，2005 年，第 173 頁。

4 □惠敬泰攝金滿縣令

5 姑臧府果毅都尉

6 承帝師之

7 補迦

第二石

1 （空，不可識讀）

2 而爲□□承義郎

3 登仕郎攝録事

4 昭武校尉、涼

5 □州退魏□

6 有隼繩

第二石第五行，《西域水道記》用偏旁書寫，最後一個"頁"字，也是偏旁。其實，這樣的字無法識别，所以我們的録文用方框替代。所謂《唐金滿縣殘碑》，也是後來的命名，大約是因爲文中有"金滿縣令"字樣。從所餘文字看，主要是官員記録，有名字有職官，應該是某種碑銘的署名部分。從時代判斷，殘碑的性質最大的可能還是佛教碑銘之類①。

二　萬歲通天刻石的背景

端方《陶齋藏石記》成書於宣統元年（1909），他的跋文不僅叙述了石刻的來源，也表達了自己對石刻歷史背景的看法，文字雖然不多，觀點還是很清楚的。

> 按徐星伯《西域水道記》，是碣在保惠城北二十里地，曰護堡子城，與唐金滿縣殘碑在一處。星伯所録文較今所拓少十餘字，當是倉卒施

①參見王秉誠：《關於金滿縣殘碑若干問題之管見》，原載《西北史地》1990年第2期，收入《北庭史論集》（下册），新疆大學出版社，2015年，695—706頁。

氈椎，紙墨多未精備，故宜有誤字耳。象造於萬歲通天元年。是年三月，王孝傑、婁師德方與吐蕃搆兵，唐兵大敗於素羅汗山。八月，吐蕃復遣使請和親，郭元振以爲宜使其上下猜阻以離間之。是時，孝傑免爲庶人，師德貶辰州司馬，而肅邊道戍兵未撤，故有合營造象，冀邀福祐之舉。咸豐初年，薩恪僖公迎阿由烏魯木齊都統移督陝甘，挈此石入關，復挈之入都，遂藏於家。余與恪僖文孫福芝泉太守同官工部，以余有金石之好，舉以見贈。新疆漢唐石刻及今存者僅數種，此碣文字並勝，尤爲罕覯云。①

端方把庭州的軍隊看作是“肅邊道”行軍的戍兵，是王孝傑、婁師德軍事行動組成部分，雖然唐朝戰事失敗，王孝傑、婁師德都接受了處分，但庭州的軍隊未撤，所以有造像之舉。

有關這次戰事，《資治通鑑》很簡單地給予記述：“三月，壬寅，王孝傑、婁師德與吐蕃將論欽陵贊婆戰於素羅汗山，唐兵大敗。孝傑坐免爲庶人，師德貶原州員外司馬。”②《通鑑考異》還具體討論王孝傑、婁師德處分時間的差異，不過結論依然是三月戰敗並處分了指揮官。

武則天的朝廷發起“肅邊道”行軍，是針對吐蕃的入侵，開始的時間是上一年的七月。《新唐書·則天皇后本紀》：天册萬歲元年(695)“七月辛酉，吐蕃寇臨洮，王孝傑爲肅邊道行軍大總管以擊之”③。轉年即萬歲通天元年，婁師德接受任命：“一月甲寅，婁師德爲肅邊道行軍副總管，以擊吐蕃。”④根據《通鑑考異》的研究，婁師德先是擔任“河源、積石、懷遠軍及河、蘭、鄯、廓州檢校營田大師”，入朝爲秋官尚書并“知政事”，然後“自宰相出爲營田大使”，此時的營田大使婁師德，“不解宰相之職”⑤。吐蕃入侵臨洮，婁師德依

①端方：《陶齋藏石記》卷二十，第十二葉。《石刻史料新編》第一輯第11册，8177—8178頁。

②司馬光：《資治通鑑》卷二〇五，中華書局，1956年，6504頁。

③《新唐書》卷四《則天皇后本紀》，中華書局，1975年，95頁。

④《新唐書》卷四《則天皇后本紀》，96頁。

⑤《資治通鑑》卷二〇五，6504頁。

然衹能擔任副使,配合王孝傑出征。朝廷的這個安排,應該還是看重王孝傑的戰功卓著。“長壽元年,爲武威軍總管,與左武衛大將軍阿史那忠節率衆以討吐蕃,乃克復龜兹、于闐、疏勒、碎葉四鎮而還”[1]。任命王孝傑爲肅邊道大總管的前幾個月,延載元年(694)一月己卯,“武威道大總管王孝傑及吐蕃戰於冷泉,敗之”[2]。現在的王孝傑,幾乎是與吐蕃作戰的常勝將軍,充當統帥毫無問題。至於婁師德,恐怕還是長於營田,因爲長期經營隴右,配合主帥也應稱職。當然,這次作戰似乎是吐蕃以逸待勞,結局是唐軍失敗。

臨洮即洮州,天寶元年(742)改爲臨洮郡,位於隴右偏南,是吐蕃鄰居,南、東和北側分別與疊州、岷州、河州接壤。天寶年間,最高人口數不過一萬五千多,作爲唐朝的邊州,確是多事之地。這裏發生戰争,爲什麼要在遥遠的庭州佈置軍隊呢? 對此,端方并没有申論。其實,端方的結論,應該是推測出來的,查找史書,最近的戰争衹有“肅邊道行軍”,便直接把兩者聯繫起來。這是跋文,没有任何證據,展現了作者的想象而已。

端方爲什麼會産生這樣的聯想,一個很大的可能就是造像的人群是軍事組織,石刻内容雖然不全,但透露出的信息是確實的。既然是軍事組織,又有“跋涉砂磧,效節邊垂”的語句,證明他們都是來自外地的軍人。這一點,令人很自然地聯想到行軍,於是找到了“肅邊道行軍”。這樣的理解有可諒解之處,尤其在清末,有關唐代軍事制度的研究依然停留在傳統的結論中,當時也没有出土資料可資利用,得出這樣結論是正常的。

但是,這個結論産生的影響還是很大的。《西泠印社》2014 年秋季十週年慶典拍賣會(部分精品選),就有原端方所藏這件殘石的介紹,介紹文章的標題令人啼笑皆非,竟然是《萬歲通天、福佑大唐——記唐·武則天有關平定吐蕃之碑刻原石》。文章隨文所附圖片還是很珍貴的[3],但是這標題距離原石刻的内容,實在相去太遠。當然,責任自然不在端方,誰能想到,端方僅

---

①《舊唐書》卷九三《王孝傑傳》,2977 頁。

②《新唐書》卷四《則天皇后本紀》,94 頁。

③本文後附一張圖,便是來自這份資料。感謝朱玉麒教授提供資料,否則無法成文。

僅説這石刻與肅邊道行軍有關，剛過一百年，怎麽就成了“平定吐蕃之碑刻”了。

關於萬歲通天年間的刻石，到底應該怎樣理解才更恰當，至少要從庭州所在的地理位置與戰略功能方面進行思考。貞觀十四年，唐朝出兵平定高昌，同役，迫使駐守可汗浮圖城的西突厥投降，在高昌設置西州的同時，在可汗浮圖城設立庭州。庭州在今新疆天山北麓的吉木薩爾縣，現在留有北庭故城。長安二年年底（703年初），唐朝設立北庭都護府，庭州一變爲都護府，級别與軍事職能都得到升級。現在用語，常常混淆庭州與北庭，就是因爲有這樣一個緣故。

庭州背靠天山，面對北方的准格爾盆地，戰略功能是範圍北方，重點是草原絲綢之路。北庭都護府後來又發展出北庭節度使，而《資治通鑑》在歸納北庭節度使的戰略功能時，使用的是這樣的語句：

> 北庭節度防制突騎施、堅昆，統瀚海、天山、伊吾三軍，屯伊、西二州之境，治北庭都護府，兵二萬人。①

無獨有偶，《舊唐書》也有相似的歸納，其言爲：

> 北庭節度使，防制突騎施、堅昆、斬啜，管瀚海、天山、伊吾三軍。②

由此不難看出，這是唐朝官方語言，是唐朝對各個節度使本職任務的規定。《舊唐書》比《通鑑》多一條“斬啜”，尤其能夠透露出時間特性。斬啜，原名默啜，是中突厥的領袖，在武則天和玄宗開元四年，成爲唐朝北方最强悍的敵手。聖曆元年（698）九月，武則天下令改“默啜”之名爲“斬啜”。從這個角度看，《舊唐書》的這個説法一定是聖曆元年九月之後的語言。突騎施屬於西突厥，堅昆即黠戛斯。總之，北庭的戰略任務是防範突厥等草原勢力，與西南的吐蕃關係不大。

武則天的長壽元年（692），王孝傑統帥的軍隊一舉收復四鎮，即重新把

---

①《資治通鑑》卷二一五，6848頁。

②《舊唐書》卷三八《地理志一》，1385頁。

龜兹、于闐、疏勒、碎葉四鎮變成武周的控制陣地,而對手就是吐蕃。武后曰:"貞觀中,西境在四鎮,其後不善守,棄之吐蕃。今故土盡復,孝傑功也。"①可見,收復四鎮的意義重大。不僅如此,從長壽元年之後,朝廷決定在四鎮屯駐軍隊,成爲常駐軍事力量。後來的歷史證明,四鎮駐軍,很有成效。不僅保證了唐朝對這個區域的控制,也極大地遏制了吐蕃的勢力。《舊唐書·龜兹傳》記載到:

> 則天臨朝,長壽元年,武威軍總管王孝傑、阿史那忠節大破吐蕃,克獲龜兹、於闐等四鎮。自此復於龜兹置安西都護府,用漢兵三萬以鎮之。②

可見,當時吐蕃的勢力範圍存在於天山以南至中亞地區,包括西州、伊州、庭州在内的東部天山和北部天山,吐蕃還無力涉及。長壽元年以後,吐蕃勢力被驅逐出西域,而庭州距離吐蕃勢力更爲遥遠。在庭州地區,武周朝廷擔心默啜是正常的,對於吐蕃則可以置之不理。

所以,當隴右的臨洮發生戰事,武周是没有必要出兵庭州的。端方的推測不僅没有根據,也是不正確的。

三　庭州的問題所在

那麼,這些刻石的文字,能夠給我們提供什麼消息呢?這個問題,得從貞觀十四年平定高昌説起。當唐朝決定出兵高昌時,朝廷内部是有不同聲音的,"時公卿近臣,皆以行經沙磧,萬里用兵,恐難得志,又界居絶域,縱得之,不可以守,竟以爲諫,太宗皆不聽"③。戰後,如何處置高昌,魏徵、褚遂良再次提出不同意見。《舊唐書·高昌傳》有清晰的記載:

---

①《新唐書》卷一一一《王孝傑傳》,4148 頁。

②《舊唐書》卷一九八《龜兹傳》,5304 頁。關於王孝傑復四鎮,《資治通鑑》置此事於元年冬十月,6487—6488 頁。

③《舊唐書》卷一九八《高昌傳》,5295 頁。

> 時太宗欲以高昌爲州縣，特進魏徵諫曰："陛下初臨天下，高昌夫婦先來朝謁。自後數月，商胡被其遏絶貢獻，加之不禮大國，遂使王誅載加。若罪止文泰，斯亦可矣，未若撫其人而立其子，所謂伐罪弔民，威德被於遐外，爲國之善者也。今若利其土壤，以爲州縣，常須千餘人鎮守，數年一易，每及交番，死者十有三四，遣辦衣資，離别親戚，十年之後，隴右空虚。陛下終不得高昌撮穀尺布以助中國，所謂散有用而事無用，臣未見其可。"太宗不從，竟以其地置西州，又置安西都護府，留兵以鎮之。①

魏徵的意見，不是反對教訓高昌，因爲戰後維護會付出重大代價，比如一千多人的鎮守。他認爲這種鎮守不值，而唐太宗覺得值得，所以置西州和安西都護府。褚遂良也反對在高昌設立州縣，主要觀點與魏徵相似，不該用高昌牽連河西，不能用心腹應對手足。"歲調千餘人屯戍，遠去鄉里，破産辦裝"②，得不償失。當然，也没有改變唐太宗的計劃。西州建立，以原來的高昌人口爲基礎，後來雖然有移民，但人口數量依然有限。按照《唐會要》的詳細記載，侯君集攻高昌時，"下其郡三、縣五、城二十二，户八千四十六、口三萬七千七百三十八，馬四千三百匹"③。這就是高昌人口，能否承載唐在西域的戰略壓力，顯然很有問題。所以張廣達先生著《唐滅高昌國後的西州形勢》一文④，專立一節討論"西州人力的緊張"。人力緊張，不僅是西州的基本問題，對於庭州而言，明顯更爲嚴重。

庭州人力緊張，已經到了這樣的程度，以至於有學者懷疑，以庭州的人口狀況，完全不能具備成立庭州的基本條件。薛宗正先生指出："庭州的設置意味著郡縣化在天山北麓的全面推廣，而擁有足夠數量的納税人口則乃

①《舊唐書》卷一九八《高昌傳》，5296頁。

②《資治通鑑》卷一九六，6178頁。

③《唐會要》卷九十五，上海古籍出版社，1991年1月，第2016頁。

④張廣達：《唐滅高昌後的西州形勢》，載日本《東洋文化》第68期。收入《西域史地叢稿初編》，上海古籍出版社，1995年5月，113—173頁。

郡縣化的基本前提。事實表明,凡被唐朝改置州、縣者都是傳統的漢族聚居區。”所以,薛先生努力證明,庭州的設置不是發生在貞觀十四年,最早也是貞觀二十三年。[①] 根據劉子凡的研究,這個懷疑證據不足[②]。但是,庭州人力緊張,確實是個重大問題。那麽唐朝怎樣解決這個問題呢?

一是吸收外來人口

吐魯番出土文書中,有一件《唐貞觀廿二年(公元六四八年)庭州人米巡職辭爲請給公驗事》,内容如下:

1 貞觀[廿][二][　　　　]庭州人米巡職辭:

2 　米巡職年叁拾, 　奴哥多彌施年拾伍

3 　婢婆匐年拾貳 　駝壹頭黄鐵勤敦捌歲

4 　羊拾伍口。

5 州司:巡職今將上件奴婢駝等,望於西

6 州市易。恐所在烽塞,不練來由。請乞

7 公驗。請裁,謹辭。

8 　　　　巡職庭州根民,任往

9 　　　　西州市易,所在烽

10 　　　　塞勘放。懷信白。

11 　　　　　　　　廿一日[③]

這是貞觀二十二年,庭州官府給庭州百姓米巡職的公驗證明。米巡職要到西州貿易,向庭州“州司”提出請求,而州司批准,要求沿路烽塞勘放,即給予放行。從中我們不難看出,庭州政府已經熟練地進行工作。作爲庭州百姓的米巡職,從名字上即可以看出是粟特人,他已經入籍,成爲庭州百姓,

---

①薛宗正:《庭州、北庭建置新考》,原載《中國邊疆史地研究》,1994 年第 1 期。收入吉木薩爾縣文物局編:《北庭史論集》(上册),新疆人民出版社,2015 年,299—316 頁。

②劉子凡:《瀚海天山—唐代伊西庭三州軍政體制研究》,第一章第三節“伊西庭三州軍政體制的建立”,63—72 頁。

③唐長孺主編:《吐魯番出土文書》叁,文物出版社,1996 年,306 頁。

但經營商業的特長没有放棄，他依然在操持舊業。招徠人口，是唐代法律所鼓勵的，而庭州一地，原有居民有限，招徠人口便是一個很好的渠道。

《唐垂拱元年（公元六八五年）康善羅施等請過所案卷》中，涉及到保人，其中我們看到了三個保人，他們的書寫方式如下

1 保人庭、伊百姓康阿了□

2 保人伊州百姓史保年卌□

3 保人庭州百姓韓小兒年卌□①

這裏，康阿了與史保年應該來自粟特地區，韓小兒應該是漢人，他們同時現身一個文件中，而且這種文件具有法律責任與義務，所以他們之間可能是熟悉的鄉鄰關係。在唐代文獻中，"百姓"的身份也是清楚的，就是普通百姓。證明這個時候庭州居住著各色人等。唯一不太明白的是康阿了的行政所屬，爲什麼要寫作"庭、伊百姓"？難道既是庭州又是伊州？

二是來自西州的人力支援

一件出自阿斯塔納一九一號墓的文書，整理者命名爲《唐永隆元年（公元六八〇年）軍團牒爲記注所屬衛士征鎮樣人及勛官議符諸色事》，文書有殘，其中有一條寫作"康祐住年卅三。庭州鎮。樣人康妙達，授囚"。同件文書中，還有一位蘇某，也是庭州鎮。②

一件出自阿斯塔納 501 號墓的文書《唐高宗某年西州高昌縣賈致奴等征鎮及諸色人等名籍》，内容如下：

1　賈致奴　張令洛　張勝君　史歡達　張彌達

2　竹父師　康善生　竹寶達　趙之舊　竹善德

3　一十二　人　庭　州　鎮

4　董海緒　康䭔子　孫住勝　王相才　李力相

5　郭未德　衛君静　康辰君　王默婢　張奚默

6　匡德隆　辛甁（瓶）仁

---

①《吐魯番出土文書》叁，文物出版社，1996 年，349 頁。

②唐長孺主編：《吐魯番出土文書》叁，文物出版社，1996 年，280、282 頁。

7 一 人 先 任 （焉） 耆 佐 史 不還
8 　白孤易奴
9 □ □ 先 替 人 庭 州 鎮
10 □□冨
11 □ 人 疏 勒 ＿＿＿＿①

文書整理者註明是高昌縣文書，而其中最引我們注意的就是前往庭州鎮的人。西州人力緊張，但西州還在不停地支援庭州，用以填補庭州更嚴重的人力空缺。

出自阿斯塔納376號墓的《唐欠田簿》，也是高昌縣的文書，其中六等户中有一位令狐高貞"令狐高貞廿三庭州佐史，户内欠常田三畝，部田三畝"②。可見，西州對庭州的人力支援不限於一般勞力，也包括官吏。

三是中原的軍事支援

中原的軍事支援，在相當長的時間内，都是庭州軍事存在的主要力量。本文的核心資料，表達的正是這一問題。西州建立之後，中原每年調配軍事力量前來支撑，好在西州有自己的府兵力量，可以與來自中原的力量配合使用。而庭州方面没有府兵，至少現在没有發現相關證據，那麼來自中原的軍事力量便顯得更加突出。對此，《通典》有如下記載：

> 初，西突厥遣其葉護屯兵於可汗浮圖城，與高昌爲影響，至是懼而來降。以其地爲庭州，并置蒲類縣，每歲調内地更發千人鎮遏焉。③

由此可知，不管是西州還是庭州，人力緊張問題都是基本問題，唐朝每年派遣軍隊前來支撑，是一個基本的維護方式。

本文討論的核心資料"武周庭州造像殘石"，反映的正是這個背景。來自中原的軍隊，長期駐扎在庭州，對於他們來説，這個行動正是"跋涉砂磧，

①《吐魯番出土文書》叁，385頁。
②同上，293頁。
③杜佑：《通典》卷一九一《邊防典·高昌》，中華書局，1988年，5205—5206頁。

效節邊垂”,離愁别恨很自然,思鄉之情更難免。於是共同出資建立佛像,祈求護佑,身心平安。

造像殘石是由一支軍隊完成的,這應該没有異議。如果進一步考證,果毅某某基應該是這支軍隊的長官,他可能就是另一段石刻上的“營主”。唐朝府兵制度時期,基層的軍事組織爲折衝府,長官爲折衝都尉,兩位副長官分别是左右果毅都尉。造像殘石中的果毅某某基,就是某折衝府的副長官。在原來的折衝府是副長官,但開拔到了庭州,應該就是長官。唐朝的府兵制下,折衝府士兵外出執行軍事任務,通常不是全體出發,而部分出發的時候,就是由果毅帶隊的。《新唐書·兵志》對此有記載:“凡發府兵,皆下符契,州刺史與折衝勘契乃發。若全府發,則折衝都尉以下皆行,不盡則果毅行,少則别將行。”①

府兵在府與出征,是既有聯繫又有區别的兩個時期,出征以後要組建戰鬥部隊,最基本的單位叫做“營”,長官通稱爲“營主”,營主當然就是戰鬥部隊的指揮官。從萬歲通天年間的這通造像殘石,我們可以在末段的石刻中看到軍隊部分官員的署名,營主之外,還有“司兵劉”這樣的稱謂,如同司兵參軍。另外一行寫作“司申王”,很不解,因爲字跡不清,如果是“司胄”就容易理解了。

從《唐金滿縣殘碑》中,我們能看到另外一種情況,即庭州的地方官員,也會來自中原等各地。比如有“姑臧府果毅都尉”,他與攝金滿縣令惠敬泰等同現一碑,肯定也是一個奉佛之舉。因爲兩個殘碑不知道是否同時,但庭州官府中的官員,很多來自中原是可以想象的。再聯想魏徵曾經的説法,支援西州的人力主要由河西地區承擔,來自姑臧即涼州的軍官名單可以證實這一點。貞觀十六年,褚遂良反對西州措施,曾提及罪人移民,看來那也是鞏固邊疆的一個常見辦法。

庭州的軍事力量主要依靠中原,這種情況即使後來升級爲北庭都護府,

①《新唐書》卷五十《兵志》,中華書局,1975年,1326頁。

成立韓海軍,似乎也没能根本好轉。開元初,瀚海軍取得一系列勝利,開元三年三月二十二日,皇帝下勅,授予西州白丁李慈藝等勛官上護軍(十轉,僅次於柱國)稱號。我們在開元四年(716)正月六日的李慈藝告身中發現,與他一同授勛的總數485人,而他們的地域分佈卻主要是關中地區。其中,涇州14人;慶州57人;絳州8人;鄜州1人;延州12人;瓜州1人;坊州16人;晉州1人;蒲州135人;北庭府14人;隴州9人;甘州3人;岐州150人;寧州19人;西州11人;虢州2人;豳州2人[①]。從這些立功人員的州屬分佈,可以窺探出瀚海軍的兵員地域構成。

不過,這裏畢竟出現了北庭府十四人,他們應該屬於北庭當地人士。日本京都藤井有鄰館藏《唐開元十六年庭州金滿縣牒》,是一件與地方人口有關文書資料,内容如下:

1 金滿縣　　　牒上孔目司

2 　開十六稅錢,支開十七年用。

3 合當縣管百姓、行客、興胡,總壹阡柒佰陸拾人,應見稅錢總計當

4 貳佰伍拾玖阡陸佰伍拾文。

5 　　　　　　　　　　捌拾伍阡陸佰伍拾文,百姓稅。[②]

金滿縣是庭州的屬縣,庭州治所正在金滿縣。金滿縣在開元十六年(728)能夠納稅的人頭竟然衹有不足兩千人,其中還包括非户籍人口如行客和興胡。可見,庭州本地人力資源問題,是一直存在的。

四　佛教造像

庭州的軍隊,在武則天時期就有了佛教造像活動,時間是萬歲通天年

---

①唐耕耦、陸宏基編:《敦煌社會經濟文獻真跡釋録》第四輯,全國圖書館文獻縮微複製中心,283—284頁。參見陳國燦:《〈唐李慈藝告身〉及其補闕》,《西域研究》2003年第2期,37—43頁。前者僅僅是告身的部分内容,陳先生進行了填補,大部分内容齊全。

②池田温:《中國古代籍帳研究》,中華書局,2007年,録文與插圖210頁。

間。通常情況下,民衆的奉佛活動,總會與當地的佛教寺院取得聯繫并獲得支持。一方面需要佛教人士的專業指導,另外,佛像完成,也需要特定的空間供養。所以,萬歲通天庭州造像的出現,爲揭開庭州早期佛教史也提供了一個良好的視角。

庭州的佛教遺址,一直存在很久。在丘處機《長春真人西遊記》中還有清晰記録,不僅當時依然有佛教香火旺盛,而且還有歷史叙述:"景龍二年,楊公何爲大都護,有德政,諸夷心服,惠及後人,於今賴之。有龍興、西寺二石刻在,功德焕然可觀,寺有佛書一藏。"[①]關於龍興寺,人所共知是神宗復辟之後,

神龍元年二月,令天下諸州,"各置大唐中興寺觀"[②]。後來有不同意見,至三年二月,重新下令"改中興寺、觀爲龍興,内外不得言'中興'"[③]。所以,庭州的龍興寺,最晚在中宗神龍三年(707)已經建立。[④] 但從萬歲通天年間的造像殘石看,武則天時期,庭州一定已經擁有佛教寺院。這個寺院是否就是龍興寺并不清楚,但能夠爲庭州鎮軍提供佛教服務是没有問題的。

駐扎軍鎮的軍將,遠離故土,守衛邊疆,佛教完成了重要精神慰藉功能。安西四鎮之一的碎葉鎮,可謂最遥遠的軍鎮。1982 年,在那裏發現了高宗末至武則天垂拱二年(686)的《杜懷寶碑》。這是安西副都護、碎葉鎮壓十姓使杜懷寶爲她母親祈福的功德碑,碑座現留文字如下:

1　[安]西副都

2　[護]碎葉鎮壓

3　十姓使上柱國

4　杜懷[寶]上爲

---

①李志常《長春真人西遊記》,見楊建新主編《古西行記選注》,201—202 頁。

②《唐會要》卷四八《寺》,上海古籍出版社,1991 年,992 頁。

③《舊唐書》卷七《中宗本紀》,143—144 頁。

④參見彭傑:《唐代北庭龍興寺營建相關問題新探——以旅順博物館藏北庭古城出土殘碑爲中心》,《西域研究》2014 年第 4 期,63—72 頁。

5 天　　下

6 妣

7 見　　使

8 法界　生普

9 願平安獲其

10 溟福敬造一佛

11 二菩薩[①]

不難看出，這是一座一佛二菩薩的常見功德碑形制。根據考古報告，這裹當然也是佛教寺院所在地，有著名的大雲寺[②]。對於新發現的文物，研究論文已經有多篇，如内藤みどり、周偉洲先生等[③]。

唐代軍鎮之地，幾乎都有佛教寺院，尤其是漢地寺院，這一現象顯然不是偶然的。根據榮新江先生考證，四鎮之地，安西有大雲寺、龍興寺，于闐有龍興寺、開元寺；疏勒有大雲寺；碎葉有大雲寺。榮新江先生認爲，《杜懷寶碑》應該就立在碎葉的大雲寺中[④]。

如此聯繫起來分析，武則天時期庭州的佛教造像石刻的出現，不再是偶

①内藤みどり：《アクベシム発見の杜懷寶碑について》，收入加藤九祚執筆：《中央アジア北部の佛教遺址の研究》，151—158 頁。此文由于志勇編譯成中文，發表在《新疆文物》1998 年第 2 期，102—108 頁。周偉洲：《吉爾吉斯斯坦阿克別希姆遺址出土唐代杜懷寶造像題銘考》，榮新江主編：《唐研究》第六卷，北京：北京大學出版社，2000 年，383—394 頁。這裹的録文參考了周偉洲先生的文章。

②加藤九祚執筆：《中央アジア北部の佛教遺跡の研究》（絲綢之路學研究中心的研究紀要第 4 號），奈良絲綢之路學研究中心，1997 年，148—150 頁。

③内藤みどり：《アクベシム発見の杜懷寶碑について》，收入加藤九祚執筆：《中央アジア北部の佛教遺跡の研究》，151—158 頁。此文由于志勇編譯成中文，發表在《新疆文物》1998 年第 2 期，102—108 頁。周偉洲：《吉爾吉斯斯坦阿克別希姆遺址出土唐代杜懷寶造像題銘考》，榮新江主編：《唐研究》第六卷，北京：北京大學出版社，2000 年，383—394 頁。周偉洲：《吉爾吉斯斯坦阿克別希姆遺址出土殘碑考》，作者著《邊疆民族歷史與文物考論》，哈爾濱：黑龍江教育出版社，2000 年，307—313 頁。

④榮新江：《唐代西域的漢化佛寺系統》，《龜兹文化研究》第一輯，天馬出版有限公司，2005 年，130—137 頁。

然的個别現象。唐朝在鞏固邊疆政策中,不僅重視軍事、行政等實力的建設,同時也善用佛教的軟實力,讓邊疆建設呈現出了整體發展的態勢。

（作者單位：中國人民大學歷史學院）

試論史學著述中的時序問題

——主要以李燾《續資治通鑑長編》爲例

趙冬梅

一 “時序”問題的提出

時序,即事件發生的時間順序,是客觀存在的。在三維世界中,時間不可逆轉,客觀時序無法重現。史家在著述中呈現過去時梳理排比而成的事件順序,本文稱之爲“叙述時序”。叙述時序是主觀對客觀的認識,當以合乎客觀爲最高追求。

在歷史叙述中,時序是否合乎客觀真實,會直接影響到對事件走向和人物品格的判定。司馬遷很早就注意到,衹有正確的“時序”才能導向真實的歷史叙述。《史記》卷六九《蘇秦列傳》“太史公曰”:“蘇秦被反間以死,天下共笑之,諱學其術。然世言蘇秦多異,異時事有類之者皆附之蘇秦。夫蘇秦起閭閻,連六國從親,此其智有過人者。吾故列其行事,次其時序,毋令獨蒙惡聲焉。”蘇秦屬於子貢所謂“君子惡居下流,衆惡歸焉”的歷史人物,附著在他身上的惡事很多。司馬遷要掃清蒙在蘇秦身上的不真實的歷史灰塵，則必須"列其行事，次其時序"，按照時間順序清理出蘇秦真實的人生軌跡。

兩片完全正確的信息碎片，倘若置於錯誤的時序中觀察，則必然得出錯誤的結論。舉一個簡單的例子，宋真宗天禧二年(1018)，宰相向敏中與前任宰相寇準之間曾經有詩唱和。向敏中詩云："九萬鵬宵振翼時，與君同折月中枝。試思淳化持衡者，得到如今更有誰?"寇準詩云："玉殿登科四十年，當時交友盡英賢。歲寒惟有君兼我，頭白猶持將相權。"向敏中與寇準均是太宗太平興國五年(980)進士，淳化末(994)又同在中央擔任宰執。天禧二年，向敏中爲宰相居高位；寇準爲地方官，政治上處於低谷。兩位老同年一唱一和，憶往昔崢嶸，歎人物凋零，舍我其誰，究竟是何意思？倘若寇準吟詩在前，向敏中和詩在後，則可以做出寇準謀求還朝主政，主動向向敏中尋求奥援的結論，從而推論寇準"對相權的眷戀"，"昭然可見"的"入世之心"①。倘若以向敏中詩爲原作，寇準詩爲和作，結論則會完全不同。那麼，天禧二年向、寇之間究竟孰唱孰和？今查，國家圖書館藏"歲寒唱和詩"拓片，天禧二年九月十三日刊石，除上引唱和詩外，還有寇準寫給向敏中的短信："準啓，近者門下相公遠示鈞函，兼貽嘉什，追念平昔，慨然感懷，謹書一絶攀和。"②有此拓片爲證，向敏中、寇準唱和時序可無疑義，寇準即便有"對相權的眷戀"，此時此事，卻不當做過度解讀。

二　叙述時序的主觀性

建立盡量合乎客觀的准確時序，是古今史家的共同追求。在編年體史書中，時序是最核心的叙述綫索，其重要性更是不言而喻的。編年之體，至司馬光《資治通鑑》而臻於完善。司馬光作書教范祖禹分剖史料，爲《通鑑·

①張其凡、劉廣豐：《寇準的宦歷、性格及思想》，北京大學中國古代史研究中心編《鄧廣銘教授百年誕辰紀念文集》，北京：中華書局，2008年第1版，435頁。

②國家圖書館藏拓片，題柯昌泗舊藏"歲寒唱和詩"，編號"各地10413"。

唐紀》做“叢目”,無一語不及時序,舉例言之曰:“假如《實録》貞觀二十三年李靖薨,其下始有《靖傳》,《傳》中自鎖告變事,須注在隋義寧元年唐公起兵時;破簫銑事,須注在武德四年滅銑時;斬輔公祏,須注在七年平江東時,擒頡利,須注在貞觀四年破突厥時。”①

然而,叙述時序終究是一種建構,因此不可避免地帶有著述者的主觀性。首先,就寫作本身而言,爲防枝蔓,史家必須對所述内容進行有意識(合乎體裁約定、符合閲讀習慣)的整理編排。比如司馬光教導范祖禹編《唐紀叢目》,云:

> 請且將新舊《唐書》紀、志、傳及《統紀》《補録》並諸家傳記小説,以至諸人文集,稍干時事者,皆須依年月注所出篇卷於逐事之下。《實録》所無者,亦須依年月日添附。無日者,附於其月之下稱‘是月’;無月者,附於其年之下,稱‘是歲’;無年者附於其事之首尾。有無事可附者,則約其時之早晚,附於一年之下。②

“無日”“無月”“無年”“無事可附”云云,是材料的限制;而“附於”何時何處,則是著者的有意安排。

其次,對歷史意義的追求會影響史家對時序的判定排比。史家著述,比如南宋人寫北宋史,多半屬於塵埃落定之後的追記——事件早成過往,意義——當然不是終極的——業已呈現。對意義的認識和追求引領著叙述時序。作爲叙述者的史家在很大程度上是“全知”或者自以爲是“全知”的,他們按照自己的理解叙述歷史,讓事件鏈條呈現出一種合乎(道德)邏輯的簡單狀態,因此難免淡化事件的複雜性和偶然性。最後,我們看到的叙述時序往往是光滑平順的,因爲對於那些“彼此年月事迹有相違戾不同”的記載,叙述者已經做出了自己的判斷取捨。司馬光給出的取捨原則是:“選擇一證據分明、情理近於得實者修入正文”,“餘者注於其下,仍爲叙述所以取此舍彼

①司馬光:《范夢得書》,《司馬光集·補遺》卷九,李文澤、霞紹暉校點,四川大學出版社,1741頁。
②司馬光:《答范夢得書》,1741—1742頁。

之意"①,作爲"考異"。儘管有"考異"的存在,正文叙述卻是唯一而確定的,而此後相關事實的叙述都將圍繞此唯一選擇展開。周必大説:"前輩云,故事勿語子容(宋頌),今事勿語君實(司馬光)。蓋二公有所聞,必書之册也。然當時士大夫疑以傳疑,未必皆信。後世以二公名德之重,率取法焉。"②"疑以傳疑,未必皆信"的諸多傳聞之一,因爲被"書之於册"而成爲後世取法的"定本",當絶不止於子容、君實所書,而是歷史著述中普遍存在的現象。

承認並重視古代史學著述中叙述時序的主觀性,是今天的中國古代史研究者接近真實的基礎。對於多數斷代而言,中國古代史研究是以著述爲史料的。我們賴以建構叙述時序的基礎,正是古代史家的叙述時序。以筆者所習宋史爲例,學者倚爲"主幹史料",賴以建立宋代歷史時序者,多半是南宋以來的史家著述,比如研習北宋史的第一大書,即南宋李燾的編年體巨著《續資治通鑑長編》(以下省稱《長編》)。相較於《資治通鑑》,《長編》的時間尺度更爲細微,細節也更爲豐富,然而,它的叙述時序並非完全按照客觀時序推展。玆舉兩例加以説明。例一,《長編》卷一七一載:

> (皇祐三年九月)乙卯,武寧節度使、兼侍中夏竦卒,贈太師、中書令,賜謚文獻。知制誥王洙當草制,封還其目曰:"臣下不當與僖祖同謚。"遂改曰文正。同知禮院司馬光言:"謚之美者極於文正,竦何人,乃得此謚?!"判考功劉敞言:"謚者,有司之事也。竦奸邪,而陛下謚之以正,不應法,且侵臣官。"光疏再上,敞疏三上,詔爲更謚曰文莊。③

九月乙卯,是夏竦去世的時間。有關夏竦謚號的争論,從"文獻"到"文正"又到"文莊",王洙封還詞目,仁宗賜謚"文正",司馬光兩次上疏,劉敞三次上疏,顯然經歷了相當長的過程。夏竦謚議啓動和結論的具體時間,李燾並未言及。今考司馬光有《論夏令公謚狀》二,第一狀繫於皇祐四年七月十三日,

---

①司馬光:《答范夢得書》,1743 頁。

②周必大:《文忠集》卷一五《題東坡元祐手録》,《全宋文》卷 5123,第 230 册,第 243—244 頁。

③《長編》卷一七一,中華書局點校本,1992 年 1 版,2004 年 2 印,7 册 4108 頁。

第二狀繫於十日之後,注云"奉聖旨改謚文莊"①。按《宋史·禮志》"定謚"之制:"王公及職事官三品以上薨,本家録行狀上尚書省,考功移太常禮院議定……敕付所司即考功録牒,以未葬前賜其家。"②有關夏竦謚號的討論必須在竦"未葬以前"完成。那麼,夏竦是何時下葬的呢?按王珪所撰《夏竦神道碑》:"五年七月辛酉,葬公於許州陽翟縣三封鄉洪長之原。"③

綜上所述,《長編》皇祐三年九月乙卯條叙事内容,實際上已經跨越了皇祐四年、五年兩個年頭④。有關夏竦謚號争論的客觀時序應當是:皇祐三年九月,夏竦去世。之後,夏家上行狀請謚,初謚文獻,不當;仁宗越過"有司"親改"文正";皇祐四年七月,司馬光、劉敞進行了激烈的抗争,最終,仁宗屈服,改夏竦謚爲"文莊"。五年七月,夏竦下葬,埋銘使用"文莊"謚號。嗣後,王珪奉詔爲作《神道碑》。

例二,《長編》卷一八七,交阯貢異獸事:

> (嘉祐三年六月)丁卯,交阯貢異獸二。初,本國稱貢麟。……既至,而樞密使田況言:"……今交阯所獻……必知非麟,但不能識其名……朝廷本以遠夷利朝貢以示綏來,非以獲麟爲瑞也。請宣諭交阯進奉人,及回降詔書,但云得所進異獸,不言麒麟,足使殊俗不能我欺,又不失朝廷懷遠之意。"乃詔止稱異獸云。⑤

李燾的記載,自"初"以下,重在討論"異獸"的定名過程,展示宋朝君臣崇高的儒學修養和持禮守正的精神。交阯貢"異獸",自入境至抵京,交阯以"麒麟"貢,宋朝以"異獸"答,這中間必定經歷了相當長的過程,六月丁卯究竟處

---

①司馬光:《論夏令公謚狀》《論夏令公謚第二狀》,《司馬光集》卷一六,499—502頁。《宋朝諸臣奏議》下册1023頁同。

②《宋史》卷一二四《禮志二十七·凶禮三》,中華書局校點本,9册2913頁。

③王珪:《華陽集》卷四七《夏文莊公竦神道碑銘》。杜大珪編:《名臣碑傳琬琰之集上》卷二二亦載此碑,文同。

④《夏竦神道碑銘》所載竦薨逝時間,爲"九月乙酉",與《長編》不同。未知孰是。對於《神道碑銘》載夏竦入葬的時間"皇祐五年七月辛酉",按《廿二史朔閏表》,皇祐五年七月戊戌朔,是月無辛酉日。

⑤《長編》卷一八七,8册4515頁。

於哪個時間點？是"麒麟"入境、抵京，還是"異獸"還南？《長編》缺略不言。

六月丁卯條的記事，徑言"交阯貢異獸"，似乎"異獸"之名在當時就已經確定。今考司馬光有《交阯獻奇獸賦》，作於嘉祐三年八月二十七日，又有《進交阯獻奇獸賦表》，九月初三上[①]。《表》云"今月二十五，有詔詣崇政殿觀交州所獻異獸曰'麒麟'者。臣愚不學，不足以識異物。……臣不勝憤悱，謹述《交阯獻奇獸賦》一篇，奉表投狀以進。"據此，八月二十五日，仁宗在崇政殿召集群臣觀賞交阯所貢，當時仍稱"麒麟"，未正"異獸"之名。六月丁卯條稱"交阯貢異獸"則是李燾在事件意義確定之後的追記，"異獸"一詞的使用已經蘊含史家態度。

由此，我們可以將交阯"麒麟"事件的時序復原爲：六月丁卯，交阯"麒麟"入境；大約同時，宋朝方面掀起有關"麒麟"名義的熱議；八月二十五日，仁宗在崇政殿舉行"麒麟會"，反對以交阯貢獸爲"麒麟"的理性聲音達於頂點，其中，影響最大的是樞密使田況的意見，司馬光於八月二十七日作《交阯獻奇獸賦》，九月三日奏上；之後，仁宗接受建議，宣佈交阯所貢止稱"異獸"，不用"麒麟"之名。

上述兩個例子，夏竦謚議、交阯異獸的名義討論都是有較長時間跨度的事件，而《長編》皆系於一點。對於李燾來説，這種叙述時序符合編年體的寫作傳統，毫無問題；而後來的研究者卻很可能因此誤入歧途，對時序做出錯誤判斷。類此之事，不一而足，對叙述時序的辨析，不可忽視。

三　隱含時序

客觀時序既有顯然公開者，又有隱藏深含者。隋義寧元年李靖自鎖告變，武德四年破蕭銑，武德七年斬輔公祏，貞觀四年擒頡利，此等皆已構成所

---

①司馬光：《進交阯獻奇獸賦表》《交阯獻奇獸賦》，俱在《司馬光集》卷一，1—5 頁。上《表》時間，原注"嘉祐八年九月初三日"，點校本已經駁正，2 頁注一。《司馬光集》用"交趾"字樣，今悉從《長編》，用交阯。

謂“事件”，其順序屬於“顯然時序”。而常識告訴我們，同一事件的當事各方獲得事件信息的時間順序並不同一，或早或晚，甚至可能永遠無法獲得部分信息。當事各方根據已獲得信息對事件性質做出判斷，從而采取符合自身利益的對策。各方利益交織碰撞，影響“事件”進程，讓“事件”最終呈現爲後人所看到的結果。這種相關信息在一定範圍内披露的時序，是一種“隱含時序”，它是摻雜了當時當事人主觀意願的客觀存在。“顯然時序”是“事件”與“事件”之間的關係，它展現歷史發展的綫條和輪廓；“隱含時序”是“事件”演變中更深層次的動力。

“顯然”與“隱含”兩種時序客觀存在，叙述者如何處理和表達這兩種時序，則反應了他揭示真實的能力。筆者近年致力於司馬光及其時代的研究和寫作，細讀《長編》，深服李燾對北宋政治史的洞察力，私以爲其書至今仍爲北宋政治史第一書。關於“隱含時序”，李燾有所察覺，但并未正面處理，而是將它“隱含”在“顯然”時序之中。下文謹以陳執中罷相、趙抃—范鎮結怨事爲例，分析《長編》中的“顯然時序”與“隱然時序”，並簡單分析其原因。

（一）“顯然時序”的叙述

宋仁宗至和二年（1055）陳執中罷相，主要是由於御史臺的彈劾，殿中侍御史趙抃攻之尤力。當時唯一在院供職的諫官范鎮並未與御史臺協同行動，趙抃等因此攻擊范鎮袒護陳執中，雙方矛盾愈演愈烈。首先，我們按照李燾的叙述復原事件經過如下。原文較長，不便全抄，謹按時序，略分階段，摘要叙述：

> 1. 趙抃彈劾陳執中。至和元年十二月癸丑，殿中侍御史趙抃彈劾宰臣陳執中家捶撻女奴迎兒致死等事，請求罷免陳執中相位。陳執中隨即居家待罪①。至和二年二月庚子，趙抃言“臣近累次彈劾宰臣陳執中……伏恐陛下猶以臣言爲虚，至今多日，未賜省納”，因此再度上疏，

①《長編》卷一七七，7 册 4296 頁。

"概舉一二明白條陳",列舉陳執中宜罷免者八事,乞正其罪①。

2. 趙抃指責范鎮維護陳執中,范鎮回應二月甲辰,即五日之後,趙抃再言陳執中,同時告知諫院范鎮"妄行陳奏,營救執中"。范鎮聞訊,上疏申辯自己並無奏理陳執中事,同時表明態度,認爲陳執中當罷,然不當以私事(即捶撻女奴致死事)罷,"進退大臣當責以職業"。范鎮回應趙抃的奏狀至少三上,而具體時間不詳②。三月辛巳,范鎮上疏,以天變言小人惑君、政事不決,請求仁宗早下決斷,"速定陳執中進退之勢,以決中外之惑"③。

3. 陳執中復出,御史臺集體集體抗議,同時繼續批評范鎮四月庚戌(二十二日),陳執中復入中書奏事④。丙辰(二十七日),趙抃上疏,以爲是非未決,陳執中遽然趨朝,中外驚駭,請求仁宗明辨是非⑤。五月戊寅(二十一日),仁宗下詔整頓官僚風氣,中有"尻言責者或失於當"之語。御史中丞孫抃上疏彈劾陳執中,並請全臺上殿。仁宗拒絶,"閤門以違近制,不許"。壬午(二十五日),詔孫抃等輪日入對。范鎮反對仁宗的做法,以爲"今拒其請,非所以開言路也"⑥。御史中丞、知雜入對,當面彈劾陳執中。又再上兩劄,以書面形式抗議陳執中不明不白的復出,並彈劾"臣僚中亦有解救者",暗指范鎮⑦。乙酉(二十八日),趙抃上言,抗議戊寅詔書所謂"尻言責者或失其當"之語,請仁宗"早賜宸斷,正執中之罪,復朝廷禮法"⑧。六月戊子朔,趙抃入對,再乞正陳執中

---

①《長編》卷一七八,7 册 4308 頁。

②《長編》卷一七八,7 册 4312—4316 頁。

③《長編》卷一七九,7 册 4325 頁。

④《長編》卷一七九,7 册 4330 頁。

⑤《長編》卷一七九,7 册 4333 頁。

⑥《長編》卷一七九,7 册 4338—4339 頁。

⑦《長編》卷一七九,7 册 4340 頁。

⑧《長編》卷一七九,7 册 4341 頁。

之罪①。

4. 陳執中罷相,趙抃再度攻擊范鎮。六月戊戌(十一日),陳執中罷相。御史臺取得勝利,趙抃得到全體御史臺官的助力,對范鎮攻擊愈力②。

5. 范鎮被任命爲侍御史知雜事,趙抃—范鎮矛盾再度爆發,趙抃以宿怨請調。嘉祐元年八月庚申,朝廷改命范鎮爲侍御史知雜事,成爲御史臺的副長官。范鎮、趙抃即將同臺爲官。甲子(十五日),趙抃上言,舊事重提,要求調離御史臺,以避范鎮:"臣去年春夏間累次彈奏宰相陳執中,乞正其罪而罷免之。是時,范鎮不顧公議,一向陰爲論列,營救執中,上惑聖聽。臣尋與御史范師道抨鎮阿黨之狀。今朝廷除鎮知雜,臣見居臺職。風憲之地,趣向各異,難爲同處。伏望特賜指揮,除臣江浙一州軍合入差遣,且以避鎮,亦臣之私便也。"③

6. 趙抃罷殿中侍御史,范鎮不就臺職。九月癸卯,侍御史范師道知常州,殿中侍御史趙抃知睦州。李燾這樣解釋趙抃罷臺職的原因:"宰相劉沆進不以道,深疾言事官……遂舉行御史遷次之格,滿三歲者與知州";"而抃等又嘗乞避范鎮,各請補外。沆遽引格出之。"④與范鎮的矛盾直接爲劉沆罷免趙抃的御史職位提供了藉口。范鎮一直拒不就任侍御史知雜事,十一月己丑,改任集賢殿修撰。⑤

以上就是《長編》對陳執中罷相以及趙抃—范鎮結怨經過的記載。

(二)范鎮的真實態度

趙抃等攻訐范鎮的理由是認爲范鎮袒護陳執中,那麽,范鎮究竟有無袒護陳執中的實跡呢?范鎮的基本態度是兩點:一,陳執中並非合格宰相,應

---

①《長編》卷一八〇,7 册 4346 頁。

②《長編》卷一八〇,7 册 4352—4353 頁。

③《長編》卷一八三,8 册 4437—448 頁。

④《長編》卷一八四,8 册 4448 頁。

⑤《長編》卷一八四,8 册 4454 頁。

當罷免；二，罷免宰相應當主要看他的施政，而非私德；“人命至重，臺諫官不可不言，然不可用此進退大臣”①，必“使天下之人知陛下進退大臣，不以其家事而以其職事”②。對於御史臺以家事攻擊宰相的做法，范鎮是相當不齒的，他在給同年摯友司馬光的信中自誓：“必欲伺大臣之細故，發其隱微，以市己直，實不能也。”臺諫以隱微細故攻擊大臣的做法，當時已成流弊，此前有文彦博、龐籍之罷相，此後有歐陽脩之罷政。“簿帷之私”，易污而難明，以之攻擊大臣，最能博人眼球，於國事卻毫無裨益。范鎮有意身體力行，對抗這種惡習，一心以“天下之是非”“後世之是非”爲是非，脱出“朝廷之是非”③。

就在御史臺集中火力攻擊陳執中家事的時候，范鎮的關注點卻在國計民生。至和二年四月乙卯，范鎮上疏批評“有司之重斂”，目爲“貪政”。“翌日”又請改變“三權分立”、互不相知的中樞體制，“使中書、樞密院通知兵民財利大計，與三司量其出入，制爲國用，則天下民力庶幾少寬”④。五月乙丑，范鎮又上疏批評河北招兵政策，請求朝廷愛惜民力、通盤考慮財政分配問題⑤。就陳執中家毆殺婢子事件本身，范鎮的看法也不同於御史臺，他引用律文“諸主毆部曲至死者……其有愆犯決罰致死及過失殺者，各勿論”，判定陳執中殺婢無罪當勿論，旨在“明等級而尊天子”⑥。范鎮真正的關注點在於整個社會的等級秩序，在於政治風氣，在於國計民生，非止於一個宰相的去留。他反對陳執中爲相，同時也反對御史臺以家事攻擊宰相的做法。所以，在彈劾陳執中事件的全部過程中，范鎮採取的都是獨立行動的姿態，從未與御史臺協同進退。用他自己的話説，“臣爲諫官，爲御史所恐而遂不言，非所謂爲諫官也”⑦。

---

①《長編》卷一七八，7 册 4313 頁。

②《長編》卷一七八，7 册 4313 頁。

③司馬光《再與范景仁書》，《司馬光集》卷五九。

④《長編》卷一七九，7 册 4333 頁。

⑤《長編》卷一七九，7 册 4335 頁。

⑥《長編》卷一七八，7 册 4314—4315 頁。

⑦《長編》卷一七八，7 册 4315 頁。

綜上所述,單就罷免陳執中這一目標而言,范鎮與趙抃等並不矛盾。

(三)隱含時序

那麼,趙抃"范鎮妄行陳奏,營救執中"的印象是如何形成和强化,以至於自認不能與范鎮同臺爲官的呢? 原因很簡單,范鎮所言,李燾看得見,《長編》的讀者看得見,而趙抃等卻無從得見。范鎮有關陳執中事件的奏疏信息,從未抵達趙抃等御史臺官。而趙抃等彈劾陳執中、攻訐范鎮的奏疏信息卻是公開的。在以顯然時序展開的陳執中罷相、趙抃—范鎮結怨事件的背後,還隱藏著有關信息抵達相關各方的隱含時序,根據李燾所提供的材料,可以整理如下:

1. 殺婢事件之前,范鎮已屢次上疏,批評陳執中非合格宰相。至和元年八月一日、十月九日、十一月八日、十二月九日,范鎮四次上疏批評陳執中的施政方針。

2. 十二月,在責殺奴婢事件發生之後,范鎮再次上疏,指出陳執中當罷,然不當以家事罷。其後,范鎮承擔了接伴契丹使臣的差事,前往河北宋遼邊境。十二月二十四日回京,二十五日覲見,仁宗提到了御史臺彈劾陳執中一事,范鎮表示:"人命至重,臺諫官不可不言,然不可用此進退大臣。"其後,范鎮上疏,論陳執中當罷,而不當以家事罷,並"乞以臣章宣示執中、宣示御史,然後降付學士草詔(明所以罷陳執中之意)"①。此後,范鎮又送伴契丹使臣,再度赴河北出差,二月九日回京,發現御史臺彈劾陳執中的事件已經愈演愈烈,隨即上疏表明態度,"乞以臣章下御史臺,榜於朝堂,……頒於天下,……付於史館"②。

3. 趙抃彈劾范鎮二月十六(甲辰)日,趙抃開始把范鎮納入彈劾對象,"風聞知諫院范鎮妄行陳奏、營救執中",認爲范鎮在"奉使河北中路奏理執中"。趙抃使用"風聞"一詞,表明范鎮之前公開奏疏的要求並未

①《長編》卷一七八,7 册 4312—4313 頁。

②《長編》卷一七八,7 册 4314 頁。

獲得仁宗的允准,趙抃從未讀過范鎮的奏疏,也没有機會跟范鎮就陳執中事件當面交流意見。但是,他知道范鎮在出使途中曾有章疏奏上,儘管無從得知章疏的具體内容,然而既然范鎮並未與御史臺協同彈劾陳執中,那麼,趙抃認爲他有足夠的理由相信范鎮在袒護陳執中。十六日遭到趙抃彈劾之後,范鎮再度上疏"乞以臣章宣示中書、樞密大臣,降付御史臺,並臣前狀,依臣所奏,一處施行"①。十餘日後,范鎮公開奏疏的請求仍然"未見行下"②。换句話説,到二月底三月初,對於范鎮之前的相關言行和真實想法,趙抃仍然基本無知,他對范鎮的判斷仍然是簡單粗暴的。

4. 陳執中罷相,罪名惡毒,范鎮上疏抗議六月十一日,在全體御史的堅持抗議下,仁宗被迫罷免陳執中。在彈劾陳執中的最後時刻,爲了增加火力,御史甚至給陳執中增加了一樁罪狀"私其女子,傷化不道"。與虐殺婢女相比,這一指控簡直堪稱惡毒。仁宗對此甚不以爲然,罷免陳執中之後,曾私下向范鎮抱怨。范鎮隨即上疏,認爲"審如御史言,則執中可誅;如其不然,亦當誅御史",再次請求與御史辯論,"卒不報"③。"自後三奏乞窮究,仍乞劄付御史,亦不蒙施行"④。仍然不獲允准。范鎮與趙抃的嫌隙衹能是越來越深。

5. 嘉祐元年八月,范鎮被任命爲知雜侍御史,趙抃請求回避,被劉沆趁機罷臺職。到此爲止,趙抃對范鎮的真實態度仍然一無所知。范鎮感到憤怒,"臣前後五奏留中,趙抃不知本末,至今交結,毀臣不已。伏乞檢會前奏并今狀付中書,明辨施行,仍劄示趙抃,免致小人陰相架扇,以中傷臣"⑤。

---

①《長編》卷一七八,7 册 4315 頁。
②《長編》卷一七八,7 册 4315 頁。
③《長編》卷一八〇,7 册 4353 頁。
④《長編》卷一八三,8 册 4438 頁。
⑤《長編》卷一八三,8 册 4438 頁。

一言以蔽之，趙抃—范鎮之結怨，就是因爲趙抃根本不知道范鎮説了什麽，他對范鎮在陳執中案中態度的判斷，全憑主觀！范鎮與趙抃同朝爲臣，一居諫院，一居御史臺，竟然隔絶如此，范鎮有關陳執中事件的多次上疏，趙抃竟然無一得見。嫌隙由此産生，矛盾由此激化！簡直令人唏嘘。

（四）李燾之"無語"

在陳執中罷相事件中，有關范鎮態度的真實信息，雖然前前後後有十多篇奏疏，但卻衹有范鎮與仁宗兩人知曉，這些信息從未完整公開地抵達趙抃與御史臺官。這就是陳執中罷相事件中的隱含時序。這一隱含時序暴露了仁宗後期政治的諸多問題，比如皇帝對信息的獨占，范鎮的奏疏，仁宗爲什麽不公開？是不肯，還是不能？這是需要綜合考慮仁宗後期惡劣的健康狀況加以評估的。這種皇帝的信息獨占，放到北宋的政治傳統之中，又該怎樣解讀？宋朝的臺諫官有謁禁，不能隨意會客，但是，在此之前，臺諫官統一行動又是常見現象，范鎮爲什麽没有利用上疏以外的渠道與御史臺溝通，而是有意無意地放任了趙抃等對自己的誤解？種種疑問，已非本文可以容納。這裏衹看李燾的叙事。

對於陳執中罷相事件中所隱含的信息抵達時序，李燾不是没有概念的。他注意到了，"鎮累奏乞與御史辨，不報"[①]；對於范鎮所言不獲公開，蒙受御史臺誤解攻訐的處境，李燾也是同情的。他所引用的范鎮章疏有時篇幅極大，遠超核心叙事。比如，至和二年二月甲辰"殿中侍御史趙抃言"之下，以"先是，知諫院范鎮言"、"於是，鎮又言"、"鎮又言"、"鎮又言"開頭，引用了范鎮的四篇奏疏，一篇上於趙抃此言之前，三篇上於趙抃此疏之後，李燾自注"范鎮累奏不得其時，今附見趙抃劾章後"[②]。儘管如此，《長編》的叙事並未强調這一隱含綫索。李燾的叙事綫索明確，遵循自然順序，以顯然時序展開。這種安排，使得《長編》的叙事脈絡顯得很清楚，但是，有關宋代政治史

①《長編》卷一八〇，8 册 4353 頁。

②《長編》卷一七八，7 册 4316 頁。

實質性内容的揭露力度則弱了很多。

李燾的敘述之所以呈現出這種狀態,既是體裁的需要,也有思想的制約。傳統史家承襲孔子"述而不作"的傳統,比較强調事實的整理,"古代史學以敘述爲主,以解釋、評論爲輔"①。從宋代起,又有學者開始重視"讀史","强調讀史者應該如何理解歷史","'讀史'者已經展現出一個'研究'者的姿態。在他心中,已經有了强烈的'問題意識'"②。這種"讀史者問題意識"的出現,顯然並未改變史學的主流。李燾心中自然有他的問題,不然他不會給我們呈現如此豐富的細節;然而,在敘述中,李燾仍然恪守了傳統。

(作者單位:北京大學歷史學系)

①周一良:《略論南朝北朝史學之異同》,《魏晉南北朝史論集續編》,北京大學出版社,1991 年第 1 版,100 頁。

②胡寶國:《〈史記〉的命運與史學的變化》,《漢唐間史學的發展》修訂本,北京大學出版社,2014 年第 1 版,240 頁。

改革開放40年以來的宋元明禮學研究

楊　英

引　言

禮，是一整套對政治制度、權力分配、社會結構進行整體設計、調適、約束的全方位規範。它淵源古老，從周代起就達到了思想上高卓凝練，結構上宏大精細，細節上歎爲觀止的地步。三《禮》是對周代存在過的禮典、禮制進行書寫、勾勒乃至理想化鋪陳的實録。从漢至唐，三禮訓詁完成了由發蒙到完全成熟的過程，唐孔穎達《五經正義》和賈公彦《周禮註疏》更是成爲官方的權威學説。從宋代開始，禮學發展走出了漢唐"疏不破注"的階段，士大夫們開始暢所欲言地表達自己在這方面的觀點，在宋至明理學極盛的背景下，士大夫的三禮之學并不重視繁文縟節的考證，更重視以禮修身進而改造社會，但是官方掌握權威話語的禮學仍然存在於廟堂。因此，宋至明的三《禮》之學，實際上可分爲"經院禮學"和"士大夫禮學"兩個層面，"經院禮學"是官方用以統一思想的工具,它通過科舉考試向士人腦海滲透;"士大夫禮學"則更多反映了士人的自由意志和改造社會的理想。改革開放 40 年以來,因爲研究領域不再局限於社會分期、政治制度、經濟生活、思想文化等傳統課題,學者們的視野得到極大拓展,原先屬於傳統經學的宋至明三《禮》學研究也開始受到學者矚目。宋明學者的三《禮》訓詁成果也逐漸從《四庫全書》等叢書的塵封中走入學者的案頭,對之的考釋開始拉開序幕,目前出現了一些研究宋至明三《禮》之學的論文。本文不揣簡陋,試圖對改開 40 年來宋元明禮學的研究作些總結,對將來的有關研究前景作些展望,不當之處還望方家批評指正!

一　宋至明的經院禮學研究概況

唐朝建立之後,唐太宗命孔穎達與諸儒撰定《五經》疏,謂之《正義》,並以此作爲取士的標準,其治經方式仍然承襲的是漢代的章句之學。其中有《禮記正義》,此爲經院禮學的標準形式。到宋朝,經院禮學的代表是王安石主持的"荆公新學"。宋神宗熙寧二年(1069)王安石推行新法,爲了尋覓變法的理論依據,王安石親自撰寫《周禮義》並組織王雱、吕惠卿等編撰《詩經義》和《尚書義》,合稱《三經新義》。王安石主導的學術被稱爲"荆公新學",其中的《周禮義》成爲變法之依據。此外,宋代印刷術發達,以圖注經流行於天下,尤其是禮經,以圖注解方能一目了然,頭頭是道,加上宋代博古之風盛行,於是經院禮學中亦出現了此種以圖注經的流派,這些都是跟前朝不同的學術特點。到明代,經院禮學歷經宋元而來的理學化洗禮以及對繁文縟節的進一步忽視,水準比宋代更加跌落,《五經大全》中的《禮記大全》反映了明代經院禮學的一般面貌。改開 40 年來,學者對宋元明經院禮學開始了研究,宋代的禮圖學更是隨著近年圖像學的興起而成爲新的學術增長點,出現了若干具有代表性的優秀論文,但明代的經院禮學研究目前遠未受到重視,詳下文。

一、宋代經院禮學

（一）"荆公新學"研究

宋代經院禮學的代表即"荆公新學"中的《周禮》之學。日本學者吾妻重二對王安石《周官新義》作過考察[①]。中國學者中，王書華考察了《三經新義》産生的背景，認爲《三經新義》的刊行標誌著"荆公新學"進入了一個新的發展時期，王安石正是看到了《周禮》禮法並重，且並不否定法治這一點，所以才親自寫了十餘萬字的《周禮義》作爲新法的理論依據。《三經新義》作爲教科書頒行於太學及地方學校，用以統一士大夫的思想，標誌著荆公新學已成爲北宋社會居統治地位的意識形態，成爲官方哲學[②]。劉豐《北宋禮學研究》（中國社會科學出版社2016年）第二章"《周禮》與北宋儒學的發展"、第三章"政治與學術之間：王安石的《周官新義》"闢出專章對北宋《周禮》學進行考察，較多從禮學思想的角度研究《周官新義》，注意到了《周官新義》和宋代政治文化之間的關係。姜廣輝主編《中國經學思想史》第三卷中，王啓發撰寫的第五十五章"在經典與政治之間——王安石變法對《周禮》的具體實踐"亦探討了這一問題，因爲是從禮學思想角度切入，對《周官新義》文本未免關注不足。李國玲、楊世文從宋代士大夫反對王安石借《周禮》行新法入手，考察了宋代的《周禮》學，認爲宋代的《周禮》學以熙豐變法爲契機，變法之前，尊崇《周禮》是經學史的主流。變法以後，圍繞《周禮》的争論也變得激烈了，宋代士大夫雖然也有幾部遵從王安石《周官新義》，如王昭禹《周禮詳解》、王與之《周禮訂義》、林之奇《周禮講義》等，但更多的是對之的批判，宋儒之中，讚美《周禮》者認爲《周禮》是周公致太平之書，實施《周禮》招致敗亡的歷史事實是用《周禮》者的問題；懷疑者則不承認《周禮》出自周公之

---

①吾妻重二：《王安石〈周官新義〉の考察》，小南一郎編：《中國古代禮制研究》（京都：京都大學人文科學研究所，1995年），後收於《宋代思想の研究》，（大阪：關西大學出版部，2009年），65—119頁。

②王書華：《荆公新學的創立與發展》，《社會科學論壇》2001年4期。

手，並從《周禮》所載制度以及文獻方面尋找證據[①]。這反映了《周禮》之學與北宋黨争之間的密切關係。

王安石《周禮義》曾佚。清修《四庫全書》，館臣從缺本《永樂大典》中録出其殘文，即今之文淵閣《四庫全書》本《周官新義》十六卷附《考工記解》二卷。今人臺灣程元敏在前人的基礎上撰成《三經新義輯考匯評》（華東師大出版社 2011 年），該書（三）爲《周禮》部分，檢閲故書五百餘種，自其中九十五家八十五書中輯獲佚文七百三十八條、諸書所引凡二千三百七十八條、評論二百十九條，其細緻輯佚與周密考辨，使得程氏所輯《周官新義》成爲研究宋代學術史的重要參考資料。除此之外，潘斌考察了王安石對《周禮》的"新義"詮釋，認爲這種"新"既有對《周禮》文字和經義重新詮釋的學術意義，也有借《周禮》等經典爲變法尋求理論根據的現實政治意蘊，更有對聖人之道、先王之法的尊崇，可以清楚地看到他試圖在政治與學術、理想與現實之間尋求一種平衡[②]。潘斌認爲王安石除了撰《周官新義》之外，還很重視《禮記》，并對此作了考察。潘斌還依據南宋衛湜的《禮記集説》、元吴澄的《禮記纂言》等著述，對王安石《禮記發明》作了輯佚 65 條，爲人們認識王安石的《禮記》學和禮學提供了新的資料來源[③]。

以上是宋代經院禮學的研究，因爲現存資料不夠豐富，輯佚工作也未徹底完成，目前的研究還在初期階段。跟當時的政治制度和權力結構之需更是有極大關係，這方面的探討至今還未深入。

（二）宋代經院禮學中的禮圖學研究

宋代禮學與以往不同的一個重要地方，除了走出了"疏不破注"，敢於懷疑經文之外，還有一個顯著之處就是禮圖的發達。宋代金石學盛行，印刷術達於天下，爲圖書的大量出現提供了條件。官方施行禮典需要器物式樣，禮

---

①李國玲、楊世文：《從〈周禮〉一書略説宋代周禮學》，《四川圖書館學報》2005 年 3 期。

②潘斌：《王安石〈周禮〉詮釋的新義》，《唐都學刊》2016 年 6 期。

③潘斌：《王安石佚書〈禮記發明〉輯考》，《古代文明》2010 年 2 期。

圖(尤其是官方經院禮學認可的)在這方面起了指引和圭臬的作用。官方經院禮學對器物樣式的需求帶動了兩宋民間博古之學的興旺,這些都是爲了追索“禮”之本意。官方經院禮學中最有代表性的禮圖學成果是聶崇義於建隆三年(962)表進的《三禮圖》(《宋史・藝文志》有聶氏《三禮圖集註》二十卷)。該書是目前所存最早、最完整的以圖爲主研究“三禮”的著作,也是漢唐以來以圖文形式研究“三禮”的集大成之作。近二十年來該書開始進入學者視野,丁鼎以上海古籍出版社 1985 年影印宋淳熙二年(1175)刻本爲底本,以《四部叢刊三編》影印的蒙古定宗二年(1247)析城鄭氏家塾重校《三禮圖集注》和《四庫全書》繕録清人錢曾“也是園”影印宋抄本爲參校本,對聶崇義《新定三禮圖》作了校釋(清華大學出版社 2006 年),是目前學者使用起來較爲方便的本子。王鍔對該書作了評價,認爲該書集諸本之善,改正訛誤,采衆家之長,解説文字,施加新式標點,對《新定三禮圖》中的圖、文進行合理編排,或左文右圖,或上圖下文,圖文清晰,一一對應,極便讀者閲覽,是目前最完善、方便的讀本①。喬輝發表了多篇論文對聶崇義的生平事跡、《三禮圖集注》的撰作過程、體例、意義作了考釋,他認爲聶崇義歷經後漢、後周、北宋等朝,學識淵博,乃可對此前的禮圖作集大成之搜集②;聶書《三禮圖》的編撰體例將“集注”體和“左書右圖”體融於一書,聶圖徵引諸多舊《圖》,如鄭玄、阮諶、梁正、張鎰等六家《三禮圖》,這些禮圖宋以後皆亡佚,其引舊圖遂成爲後世學者輯佚禮圖的資料庫。作爲“左書右圖”體,聶氏《三禮圖》的出現,爲超越語言表達方面的局限提出了一個很好的佐助方法,清代學者葉適也認爲聶書以圖解經實乃禮學史上一部繼往開來的創新之作。聶圖既是古代圖書編撰的新成果,又爲現代圖書的編撰開啓了一頁新篇章③。喬輝還對唐人張鎰《三禮圖》輯本、宋人楊甲《六經圖》六卷、元人韓信同《三禮圖

①王鍔:《宋聶崇義〈新定三禮圖〉的價值和整理——兼評丁鼎先生整理的〈新定三禮圖〉》,《孔子研究》2008 年第 2 期。

②喬輝:《〈三禮圖集注〉作者聶崇義生平考略》,《蘭臺世界》2015 年 3 月下旬。

③喬輝:《聶崇義〈三禮圖〉編撰體例考索》,《貴州大學學報》2015 年 5 期。

説》作了考察。張鎰《三禮圖》今亡佚,喬輝據清馬國翰《玉函山房輯佚書》輯佚本一卷,認爲張鎰圖作多本鄭注,在梁正、阮諶等舊《圖》的基礎上修訂撰作而成,然亦有與鄭注相砥礪之處①。楊甲《六經圖》以宋版爲底本,結合傳世、出土等文獻,考索《周禮文物大全圖》、《禮記制度示掌圖》,認爲此二圖的部分内容與文獻所言有相符之處,亦有抵牾之處,藉相關文獻以補正其説。楊甲《六經圖》之禮圖,其撰圖方式較之聶崇義、楊復已有不同,聶圖、楊復圖皆附圖於書,以書爲主,以圖爲輔;楊甲圖則以圖爲主,以文爲輔,使得禮書的内容更加具體形象化地呈現出來,複雜的結構内容一經圖示立刻清晰了然。總之,楊甲禮圖撰作提綱挈領,具有系統性、形象性、概括性的特點②。韓信同《三禮圖説》流傳不多,取先儒圖説,考訂異同,持論有據,幾無妄説,是元代禮學研究的重要著作。該書凡十九卷十六個類别,册封、朝會、祭祀、喪葬、養老、冠禮、昏禮、宫室、輿服和樂制等各種禮儀中的器用,它們之所以能被皇室採納,也正在於其爲整個國家禮制提供了一個全面的形制參考③。喬輝、駱瑞鶴還對聶氏《三禮圖集注》中的訛誤作了考證,認爲聶圖的撰作旨在尋找禮圖之本真,然其作雖有疑辯卻缺乏與金石材料的辯證,難免有失當之處④。

隨著研究方法的更新,從圖像學角度對《三禮圖》進行研究是近年出現的前沿嘗試,這方面已出現一些典範論文。黎晟認爲《三禮圖》是對三禮中名物的圖解,以圖像還原古代衣冠、器物的物質外形,因爲宋代經學與金石學研究的發展,宋人圍繞著《三禮圖》與各類吉金圖録,先後形成了兩種既有聯系又有相當大差異的圖像體系:《三禮圖》中器物圖像平面化特徵明顯,器身紋樣繪制簡率,僅按注疏望文生義的圖像不勝枚舉,陳祥道的《禮書》與南宋初年楊甲的《六經圖》都繼承了此一體系;而吕大臨《考古圖》和《宣和博

①喬輝:《張鎰〈三禮圖〉輯佚本考論》,《雲南民族大學學報》2016年6期。

②喬輝:《楊甲〈六經圖〉之禮圖考論》,《南京師範大學文學院學報》2016年3期。

③喬輝:《韓信同〈三禮圖説〉考論》,《中華文化論壇》2018年8期。

④喬輝、駱瑞鶴:《聶崇義〈三禮圖集注〉指瑕四則》,《廣西社會科學》2014年07期

古圖》是另一體系，其中的古代青銅器器形多樣，較好地展現了器物的立體感和各種紋樣。這兩類圖像體系又分別派生出各類仿古器物、圖譜刻本與州縣郡學中的壁畫、禮器碑刻等衍生圖像。此兩體系的圖像後經由中央與地方各種途徑的傳播，成爲一般宋人去理解並重構三代世界的知識基礎。雖然自北宋末年起，《三禮圖》逐漸失去了厘正宫廷禮器樣式的功能，但頗有訛誤的《三禮圖》體系從未完全消失。隨著宋代印刷術的成熟與民間刻書業的發展，刻本成爲地方傳播知識的重要手段。在宋代有關三代時期的畫作中，不但可以觀察到兩種圖像體系的交互出現，更可以窺見宋人如何在舊的知識體系之内接納新圖像，以重構他們對於三代世界的想象。事實上，以實物與文獻作爲認識歷史真相的二重證據法，需要待現代考古學建立後方才可能完全爲人接受①。本文初步理清楚了宋代禮圖學作品的脈絡，以及《三禮圖》在這個脈絡及發展源流中的位置，是一篇以圖像學方法研究經學中的禮圖的前沿作品。石炯亦用圖像學方法對《三禮圖》進行了研究。他認爲自東漢以來，利用並借助圖像解説《三禮》就形成了一個傳統，這一傳統表現爲在學宫繪製禮器以及爲《儀禮》配製“禮圖”。此類學術興起於漢末，在五代、宋初依然延續。聶崇義的《三禮圖》最初就是圖畫於牆壁之上，印刷術普及後才“以版代壁”，流行天下。聶崇義借鑒的是漢唐人的禮圖，他的“集注”與舊禮圖差别很大，頗有新意，《三禮圖》的出現開啓了一個新的禮器圖解範式，《三禮圖》中的禮器思路簡單，錯誤極多，這是因爲漢代以後，儒生通過解經重構古禮，在很大程度上帶有概念化的想象成分。漢儒的歷史經驗不如説是一種信仰，它最終以一種規範的圖形在後世禮書中流傳②。本文注意到了《三禮圖》禮器形式的簡單和古代繪者的望文生義，這對於在當代學術條件下破除對古人經學成就的迷信，回歸客觀理性，并進而探索這種簡單形式之所以出現的原因具有積極意義。

此外，易善炳結合當代考古資料，對《三禮圖集注》中的雞彝圖像作了考

①黎晟：《宋人三代古物圖像知識的形成、傳播與重構》，《民族藝術》2018年1期。

②石炯：《聶崇義的《三禮圖集注及相關問題》，《新美術》2015年1期。

辨，是經學器物圖像個案研究的有益嘗試。他認爲商朝之前少有精美的像生造型禮器，商周同一時期各地都驚現具有華麗裝飾爲特徵的像生造型器物，是由不同歷史時間段，禮制表現方式和禮器規制産生變化而造成——夏朝使用的是以圖像形式爲代表的禮器機制，此後出現了轉化，如，夏侯氏用明器，殷商人用祭器，周人則兩者兼之，這一明顯變化，最高表現出現在春秋戰國①。本文是對“二重證據法”的有益嘗試，惜未曾理清聶崇義《三禮圖集註》的尊經傳統中，有關漢代以來的禮器圖像層層重構的想象過程，以及《禮記》等文獻記載作爲這種經學想象的源頭，跟當代考古實物印證之間的差異。文章對青銅器中的肖形尊在整個青銅器學序列中的位置亦不甚明了，這二者之間對應不上的差距，並非簡單套用“二重證據法”就可以做到，而是需要在熟悉現代青銅器學的前提基礎上，層層剥離古人的經學想象，深入古人在當時政治形勢下進行圖像建構中的目的，才能逐漸深入每一個個案的真實。

禮圖作爲一種注經的方式，跟禮經一樣在東亞文化圈傳播。朱彦以《紹熙州縣釋奠儀圖》爲出發點，考察了宋代禮圖在朝鮮的傳播，作者認爲題名爲朱熹的《紹熙州縣釋奠儀圖》是南宋紹熙年間由中央頒佈給州縣作祭祀釋奠的禮儀規範，其中的“祭器圖説”與《三禮圖》、《考古圖》和《宣和博古圖》存在著一脈相承的聯繫；《釋奠儀圖》在朝鮮時代朱學興盛、禮書廣布的歷史情境下傳入朝鮮，成爲他們相關禮儀活動中採用祭器的主要樣式來源，體現在朝鮮王朝儀軌中具體又可分爲“禮圖系列”及“儀軌系列”，但在不同名目的儀節中，卻根據具體需要有所增益；隨著時代的發展逐漸加入了朝鮮工藝品的裝飾風格，以及從中國進口的祭器文物的形貌；在圖説方面，除了《釋奠儀圖》的標準樣本，也有采自《事林廣記》《陳氏禮書》之類的民間日用類書，這種實用性的圖説其實是一種頗富生命力的經典注疏，也是東亞地區建立社會秩序的重要準則②。

---

①易善炳：《〈三禮圖〉雞彝圖像考辯》，《南京藝術學院學報》2013年4期。

②朱彦：《宋代禮圖的東亞傳播——以〈紹熙州縣釋奠儀圖〉之“祭器圖説”在朝鮮的傳播爲中心》，《新美術》2018年11期。

以上經禮圖之學的考察研究，雖是剛剛起步，卻顯示出了幾位作者相當的經學水準和前沿的圖像學分析能力，這二者相結合目前還是一個大有可爲的新領域，雖然此前延續的經學注疏傳統限制了宋代人用圖詮釋禮的空間，漢唐至宋代層累的經學想象則不可避免地使宋人的以圖證禮寄託了當下以他們想象出的以"禮"治國教民的慾望，禮器是爲這一目的服務的，這些因素在幾篇論文中已被留意到，將來是有廣闊前途的學術新增長點。

二、明代經院禮學——《五經大全》中的禮學

從宋代到明代，理學的興盛導致各種學術中窮究心性之風的盛行，在這種氛圍下，需要探求細節、考據名物禮學水平一再下滑，但是官方的經院學術無論如何都不能缺少了禮學的位置，於是，明代的經院學術集中表現爲《四書大全》《五經大全》《理性大全》三部《大全》的編撰，《五經大全》中，四書以朱子的《集注》爲準，《易》以《程傳》及朱子的《易本義》爲準、《詩》以朱子的《集傳》、《禮記》以陳澔《集説》爲主，同時兼用古注疏，即五經均以古注疏及宋儒爲主幹，但側重於朱子，是對以往儒家典籍的高度綜括合和簡化。《四庫全書總目》禮類有《禮記大全》三十卷，明胡廣等奉敕撰，以陳澔《集説》爲宗，所采掇諸儒之説凡四十二家。而《集説》備受清人批評，《四庫全書總目》卷二一經部禮類三《雲莊禮記集説》四庫館臣評價："明初始定禮記用澔注，胡廣等修五經大全，《禮記》亦以澔注爲主，用以取士，遂誦習相沿。蓋説《禮記》者，漢唐莫善於鄭孔，而鄭注簡奥，孔疏典贍，皆不似澔注之淺顯。"①皮錫瑞評價道：

> 案官修之書，多剿舊説，唐修《正義》，已不免此。惟唐所因者，六朝舊籍，故該洽猶可觀。明所因者，元人遺書，故謭陋爲尤甚。此《五經正義》至今不得不鑽研，《五經大全》入后遂盡遭唾棄也。元以宋儒之書取士，《禮記》猶存鄭注，明並而去之，使學者不睹古義，而代以陳澔之空疏

---

①《四庫全書總目》上册，170頁上欄。

固陋,《經義考》所目爲兔園册子者,故經學至明爲極衰時代。[①]

明自永樂后,科舉考試以《大全》取士,使學術蹈於空疏。《五經大全》中朱子禮學的框架根深蒂固,此風氣帶來學問的不振[②]。因此明代經院禮學水準的確不高。目前學界對明代經院禮學有頗爲有限的研究。王啓發對明代官方禮學的存在方式作了考察,認爲傳統官方禮學的承襲與發展體現在三個方面,一是官方禮制建設和禮書的編纂,二是在科舉制中以唐代以來所確定的包括《禮記》在内的五經爲考試科目作爲官方經學教育,官方編纂《五經大全》,其中有《禮記大全》成爲官方確立的文本;三是在朝廷議禮的活動中,《禮記》、《周禮》的内容常常成爲大臣們稱引和依據之所在[③]。在有限的幾篇考察《五經大全》的論文中,周翔宇、周國林對《五經大全》的篇次作了研究,認爲從編纂思想、實際内容和題名都可以看出,《五經大全》的編纂並非直接解經,而是以幾部宋人權威傳注爲標準,匯輯整理宋學範疇内的各家經説,因此編纂者不按傳統順序排列"五經",而按照宋學體系内的權威性來排列宋元各家"傳注",是與其學術傾向吻合的。作爲明初官方編纂的經學叢書,《五經大全》除了有鞏固明朝統治的政治任務外,還有總結宋元經學的學術任務。這種總結既包括對宋元經説的廣泛收輯,也包括對它們的取捨擇别。因此,編纂者選擇以宋人傳注的影響力爲標準來總結經説,這就讓《五經大全》形成了一種與傳統"五經"排序不同的特殊編次,並使之成爲明初經學的代表。清代學者没有認識到《大全》的編次目的,也不太承認其學術價值[④],是因爲缺乏"同情的理解"所致。

總之,《五經大全》的文獻學研究目前還未全面展開。這是因爲明史的

①皮錫瑞:《經學歷史》,台北:河圖洛書出版社1974年,289頁。

②李康範:《明代〈五經大全〉的纂修背景及其經學史意義》,《中國語文學論集》(首爾:中國語文學研究會2012年第74集)。

③王啓發:《略述明代官方禮學的存在和表現》,《第十一届明史國際學術討論會論文集》,2005年8月。

④周翔宇、周國林:《明代〈五經大全〉編次考辨——兼論當代圖書館對該書的插架問題》,《圖書館工作與研究》2015年2期。

傳統課題集中在制度史、經濟史和社會史領域，明代學術史中注重的是明代的心性之學研究，經學、禮學的研究一直未曾受到重視。實際上，明代經院禮學是“權力的毛細管”（詳下文）中汲汲奔走的養分，經院禮學的僵化正反映了皇權專制的酷盛和自由思想空間的收窄，二者之間關係極爲密切，若這方面加以深入探討，可以獲知明代的專制皇權在利用禮學鉗制社會思想這一過程中的種種細微之處，這些都有待來者的努力和開拓。

二　宋元明士大夫禮學研究概況

從宋代開始，因爲文化教育的日漸普及，士人不獨不迷信傳、注，進而對經文本身也進行了大膽的懷疑，在北宋中期成爲强勁的洪流。唐初以《正義》解釋傳、注，“疏不破注”，至北宋中期，已疑經甚至改經了，諸儒都企圖以自己的主觀認識來把握住“聖人”精神，創新解，立新義，與漢唐經生風格迥異。范仲淹、胡瑗、石介、李覯、張載、二程、王安石、蘇軾、司馬光等横空出世，他們推動經學方法的改革，拋棄漢唐諸儒繁瑣的章句訓詁之學，採用義理之學闡發儒學新義。他們從不同的角度闡發儒學並互相論難，形成了諸多儒學流派。在這樣的背景下，士大夫的三禮之學體現了士人的個性化理解，南宋理學的繁盛更是在三禮之學上打下了深刻的烙印，南宋前、中期一直是理學與“荆公新學”此起彼伏的激烈鬥争時期，朱熹這樣的大師更是通過作《儀禮經傳通解》和《家禮》，寄託他在理學思想框架下，以禮改造社會的理想。元代的士大夫禮學在宋代基礎上有所衰落。《四庫提要》對元人的評價：“元人篤守師傳，有所闡明，皆有心得。明則靖亂以後，耆儒宿學，略已喪亡。胡廣等無可與謀，乃剽竊舊文以應詔”，但繼承宋學餘緒，仍出現了陳澔《禮記集説》、敖繼公《儀禮集説》這樣的作品。這方面研究改開以來的學者們開始有所涉獵，詳下文。

一、宋元：理學下的三《禮》學

(一) 宋代三禮總義詮釋研究

宋代儒學的哲學思維發展到空前的高度，宋代的禮學與之前的兩漢、魏晉南北朝與之後的清代相比，雖然没有出現有影響深遠的三禮注疏作品，也没有清代學者考證辨析之精深、注疏之廣博，但依然自成體系，自有特色，在古代禮學的發展史上是不可或缺的重要環節。目前宋代三禮總義類的文獻學研究已進展到一個新的水平，出現了系統的研究專著。臺灣學者吴萬居《宋代三〈禮〉學研究》（臺北：編譯館1999年）從宋儒的憂患意識和禮俗隳坏、佛教氾濫的起因分析了宋儒隆禮之内因與外緣，並具體考察了宋代的三《禮》之學。夏微考察了宋代周禮學考作者、辨訛缺、闡禮意、詳制度、復古禮的狀況及與王安石變法、熙寧變法之間的關係，認爲宋儒《周禮》學的特色是藉經抒議，闡揚經世思想；宋代《儀禮》學（含《朱子家禮》）則注重實踐，宋代《禮記》學在疑經、駁鄭注、談性理的氛圍下落實禮意。宋代禮學之精神反映在勇於懷疑、經世致用上，其理學的影響則不免讓三《禮》學走上輕視名物訓詁的路子。該書羅列了很多宋人解説《周禮》的資料，但深入討論的地方尚可展開，且有些地方沿襲了朱彝尊《經義考》的誤説[①]。

另一部宋代三禮文獻學研究的代表作是潘斌《宋代"三禮"詮釋研究》（北京：人民出版社2019年）。該書從文獻、學術、思想等多角度、立體地研究宋人的"三禮"詮釋。書分上下篇，以個案研究與專題研究結合的方式來呈現和揭示宋代"三禮"詮釋的基本内容、特點、價值取向、現實啓示。上篇個案研究主要是對宋代"三禮"詮釋的名家名著展開具體探討；下篇專題研究，主要是圍繞宋代"三禮"詮釋之體式，宋代"三禮"詮釋與理學思想體系之建構、修身齊家、治國理政等，展開對宋代"三禮"各家思想的歸納和辨析，肯定了理學家在"三禮"之學上的學術造詣，彰顯"三禮"之學在宋代學術中的

---

①夏微：《宋代〈周禮〉學史》，北京：中國人民大學出版社2018年，15—16頁。

重要地位。本書是潘斌先生多年研究的結晶,文獻學功力深厚,提綱挈領地對宋代三禮學家的成果作了群像式描述,理出了理學烙印下的宋代禮學發展脈絡,填補了多處學術空白。

除了側重文獻學研究外,從義理學考察三禮也有長足進展。宋代禮學最爲顯著的貢獻之一是禮學思想的空前發達,劉豐以二程禮學思想爲中心考察了宋代禮學的新發展,認爲二程對《三禮》提出了一些精闢的看法,在二程的思想結構中,理與禮的關係可以理解爲形而上與形而下的關係,也是體用的關係①。惠吉興《宋代禮學研究》(河北大學出版社 2011 年)對宋代禮學作了通叙性研究,從禮經、禮儀、禮治、禮俗等層面深入闡發了宋代禮學的歷史内涵和文化意藴。本書涉及的子課題極爲繁多,惜作者未能對這些做深入考察。

朱熹作爲宋代理學大家,其禮學思想獨樹一幟,這方面殷慧《朱熹禮學思想研究》(湖南大學博士論文 2009 年)作了充分研究。博論分七章,考察了《朱子家禮》、朱熹的《周禮》學思想、《儀禮》學思想、《禮記》學思想、朱子的祭祀思想的内容,并總結了朱子禮學思想的特點。朱子繼承了北宋理學,建立了集大成的理學思想體系,其禮學思想以《儀禮》爲本經,考證注重義理,强調因時制宜地踐行。它整合了諸多儒者的行爲,既可以在文本環境下對話、交談,又是一種有目的、可以實踐的禮儀方式。這些特點鮮明地體現在其禮學實踐中。具體而言,朱子編撰《儀禮經傳通解》有學術和政治雙層考慮,它並非考禮、議禮制書,而是重在讓學者知禮,最終目的在於能使禮治之工夫和義理適得其所,達到安邦治國的大境界。朱子的《禮記》學思想則以對禮義的理解和詮釋爲中心,繼承了北宋諸儒論禮、理關係的精華,在批評二程後學的基礎上形成了禮理雙彰的思想。朱子還從義理層面論述了祭祀和鬼神的關係,從其道統説的形成與釋奠儀的展開可以看到朱熹學術思想及其心志理念與具體禮儀開展之間交相並進的特點。朱熹論廟祧實踐體

①劉豐:《宋代禮學的新發展——以二程的禮學思想爲中心》,《中國哲學史》2013 年 4 期。

現了其禮學的特色與不足。朱熹還以整頓推行家禮來挽救衰敗的世風。《家禮》的形成最初是建立在朱熹對《祭儀》的考訂基礎上的,是特定時間編輯的一個未定本。博論翔實充分,作者在此基礎上加以補充,出版專著《禮理雙彰:朱熹禮學思想探微》(北京:中華書局 2019 年)。本書内容廣泛精博,在對朱子的學理作鑽研深透的基礎上深入朱子的三《禮》之學,抓住了理學是朱子禮學的靈魂這一核心,將朱熹禮學思想這一往昔没有受到足夠重視的領域的研究推進到一個新水準。

(二)宋代士大夫禮學中的《周禮》研究

宋代有關《周禮》注疏的著作量,據朱彝尊《經義考》收録宋人關於《周禮》的著述有六十餘家。王鍔《三禮研究論著提要》著録的宋代《周禮》學文獻有 106 家,夏微搜集統計認爲大約 120 種,其中 28 種流傳至今[①]。夏微對宋代的《周禮》文獻學研究作出了貢獻,夏微《〈周禮訂義〉研究》(四川大學 2009 年博士論文)對宋人王與之《周禮訂義》作了系統而深入的考察,《訂義》保存了大量宋人詮釋《周禮》的珍貴資料,在一定程度上彌補了宋代《周禮》學文獻嚴重散佚的缺憾,博論對此書的作者生平,撰作流傳,引用漢唐(包括鄭衆、鄭玄、賈公彦)、宋代(劉敞、程顥、張載等十三家)諸家《周禮》的情況作了詳細考察。還考察了三十二家宋人已佚《周禮》作品見於該書的情況,分析了諸家對待《周禮》本經的態度以及對《考工記》補亡《冬官》的見解,從而清晰地展現《周禮訂義》在文獻方面有哪些輯佚和校勘價值,這是全文的重點。最後總結了《周禮訂義》在《周禮》學史上的地位。潘斌也對《周禮訂義》反映出的宋人懷疑精神作了考察,《周禮訂義》引用前人注疏五十一家,唐以前衹杜子春、鄭興、鄭衆、鄭玄、崔靈恩、賈公彦六家,其餘四十五家全是宋人,今人可據其以窺宋代《周禮》學之概況。從《周禮訂義》内容看,它大膽懷疑鄭、賈注疏,多闡發義理而少從事考據,認爲《周禮・冬官》不亡,而是雜於五官。《周禮訂義》還通過“愚案”的形式,對《周禮》的成書和流傳做

---

①夏微:《宋代〈周禮〉學史》,北京:中國人民大學出版社 2018 年,6 頁。

了説明，對部分經文做了重新詮釋，對前人注釋做了補充和闡釋[①]。

夏微的另一部專著《宋代〈周禮〉學史》（中國人民大學出版社 2018 年）以 65 萬字的篇幅，整体梳理了宋代《周禮》學的脈絡、主要作品，分通論性、專題性、個案性三方面介紹了宋代《周禮》學的研究現狀，并分時段介紹了兩宋《周禮》學的發展脈絡，是第一部對宋代《周禮》學進行全面、系統而深入的研究著作。書中對李覯《周禮致太平論》、王安石《周官新義》、王昭禹《周禮詳解》等北宋周禮學個案；黄度《周禮説》、俞庭椿《周禮復古編》、易祓《周官總義》等南宋個案作了研究，并介紹了它們各自的解經特點，還涉及宋人懷疑《周禮》、“冬官不亡”説、《考工記》專門研究等話題，是目前所見資料最爲博瞻，内容最爲詳盡的宋代《周禮》學研究。她認爲宋代的《周禮》學文獻數量明顯增加，大致可分爲傳説、分篇、專著、圖譜四類；對《周禮》一經進行注疏、論説的文獻在宋代《周禮》學文獻中的數量最大，計 94 種；二是就《周禮》中的一官、一篇展開傳説的分篇之作。目前所知此類文獻計有 14 種，《考工記》有 8 種，從一個側面反映了宋代工藝製作、科技研究取得的成就；三是針對《周禮》所載制度進行研究的專著，此類目前僅 3 種。宋人以義理解《周禮》，講求通經致用，訓詁喜與鄭、賈立異，時有新意，時傷穿鑿且有改經、刪經和移易經文之弊。以圖注解《周禮》是宋人《周禮》文獻中不可或缺的組成部分[②]。此爲目前最全面、最前沿的宋人《周禮》成果的文獻學研究。

在宋代《周禮》學中，值得注意的是宋代“冬官不亡”説的出現，它反映了宋儒敢於疑經的自我意識。此説濫觴於胡宏、程大昌，經過俞庭椿、王與之等人的推衍論證，元、明皆有人信從，於是《周官》之學産生了“補亡”一派。楊世文對此專門作了研究，認爲宋人的觀點大多站不住腳，首先他們以後世“官專其職”的制度去衡量周官，難免走入誤區；其次，他們以《古文尚書》中的《周官》去衡量《周禮》，更是難以得出正確的結論。再次，《周禮》六官是

---

①潘斌：《王與之〈周禮訂義〉的宋學特徵及學術價值》，《古籍整理研究學刊》2015 年 6 期。

②夏微：《宋代周禮學文獻述論》，《史學集刊》2008 年 7 月。

否就是三百六十個官職,其實也難以確定。因此,他們的判斷多出於臆測,恢復《周禮》古本的努力最終落得"竄亂聖經"之譏,實屬必然[①]。

宋人的《周禮》研究個案也開始展開。除了夏微的研究外,楊玲、潘斌考察了鄭伯謙《周禮》詮釋的特色,伯謙主張發揮義理而不事考證,他借《周禮》對賦税、理財以及會計的論述,正是南宋江南經濟文化發達的社會現實之反映。鄭伯謙接續葉適的學術取向,其所撰《太平經國書》既重視經典本身,又重視勾考先秦漢、魏晉、唐之史實,從而古爲今用,對於扭轉薛季宣、陳傅良等人以治史言事功的學術方法,以及"永嘉學"詮釋文本的經學化,起到了推波助瀾的作用[②]。葉時《禮經會元》是一部體大思精的研究《周禮》的專題論文集,體現了宋人對《周禮》全面的思考和裁量。劉豐對《禮經會元》與宋代儒學的關係作了考察,葉時認爲《周禮》爲周公之書,《周禮》的主體結構不僅是吉凶賓軍嘉五禮,《周禮》三百六十官所體現的制度、教化、刑罰,都是禮的具體表現。王安石據《周禮》實行新法引起宋代學者的普遍不滿,他們從批評王安石《周官新義》進而到懷疑、批評《周禮》本身,認爲《周禮》不但不是周公致太平之法,而是出於劉歆的僞造。但葉時不同,他肯定《周禮》爲周公所作,即肯定了《周禮》作爲儒家經典不容動摇的地位。葉時還對劉歆、鄭玄均有批評,并認爲《周禮》雖然在後代的流傳過程中有所缺,但不必補亡。葉時的《禮經會元》一書體現了宋代理學中將性理與制度結合起來的努力。這對於不失之片面、具有同情地認識宋代儒學有積極意義[③]。

除了個案研究外,宋人的《周禮》詮釋還打上了深刻的心性之學烙印,并對元明有深刻影響。殷慧、肖永明考察了朱熹的《周禮》學思想,朱熹堅信《周禮》爲周公所作,維護其作爲禮學經典的神聖地位,這一態度既是對宋代《周禮》研究的反思與批駁,也與朱熹的爲學宗旨有著密切的聯繫。從朱熹與王安石、陳傅良、胡宏在《周禮》觀上的分歧,可以看到朱熹《周禮》思想形

---

①楊世文:《宋儒"〈冬官〉不亡"説平議》,《中國典籍與文化》2005年1期。

②楊玲、潘斌:《鄭伯謙〈周禮〉詮釋的特色》,《湖北民族學院學報》2016年第3期。

③劉豐:《葉時〈禮經會元〉與宋代儒學的發展》,《中國哲學史》2012年2期。

成的脈絡與軌跡，而朱熹對王安石《周官新義》的批評，以及他與永嘉學派《周禮説》上的分歧、與胡宏《極論周禮》上的不同意見則反映了朱熹《周禮》學思想形成的脈絡與軌跡。正是出於對制度名物之學與道德性命之學的深刻反思，朱熹的禮學思想才傾向於以《儀禮》爲基礎的修身之學，而非以《周禮》爲憑借的制度之學[①]。

總之，宋人借《周禮》詮釋闡發理政思想，這方面的文獻學研究、個案研究和思想史研究均在展開之中，已有的階段性總結專著則綜合體現了以上三方面取得的成就。

（三）宋元士大夫禮學中的《儀禮》研究

《儀禮》因不是科舉考試範圍，且宋至明人們好談心性，其學在宋至明不興。楊世文、李國玲對宋儒的《儀禮》研究作了叙述，認爲宋儒治學敢於懷疑前人這一點對後世影響很大，如清人毛奇齡、姚際恒、崔述、顧棟高等均受此影響，雖然宋儒《儀禮》方面的著作不多，但也取得了一些成就，比如在文獻考辨方面，宋儒提出了兩點看法：一是否定了《儀禮》爲周公所作的傳統説法，二是認爲《儀禮》可能有後人附益的内容，這兩點結論在《儀禮》學研究史上具有重要意義。文章還考察了已亡佚的陳祥道的《注解儀禮》[②]。

在宋人的《儀禮》註解作品中，李如圭《儀禮集釋》和朱熹《儀禮經傳通解》是最重要的兩部。鄧聲國對《儀禮集釋》的申注特色作了探析，認爲在整個宋代的經學研究史中，李如圭能勤力專治《儀禮》，在承繼漢唐鄭玄、賈公彦爲代表的禮經注疏之學治學風格的基礎上進一步深入探考《儀禮》的詞句訓詁及其儀文節次内容難能可貴。《集釋》的具體禮學創解主要反映在該書的“釋曰”部分，除卷五卷六《鄉射禮》、卷九卷十《大射儀》兩篇無“釋曰”部分外，《集釋》其餘十五篇共分 26 卷，全書計出現 1326 則釋例，這些釋語“窮探博采，出入經傳，以發明前人之未備”，足以啓發清代乾嘉以後一些禮經學

①殷慧、肖永明：《朱熹的〈周禮〉學思想》，《湖南大學學報》2008 年 1 期。

②楊世文、李國玲：《宋儒對儀禮的注解與辨疑》，《四川大學學報》2004 年 4 期。

研究者對於鄭《注》的重視，較之當時學者不復傳習《儀禮》及鄭《注》禮經之學的做法值得稱道和重視①。宋燕的博士論文《李如圭〈儀禮集釋〉研究》（鄭州大學2013年）對《儀禮集釋》作了專題研究，書從《集釋》對鄭注的繼承與發展入手，揭示其申注補經之面貌及體例，認爲《儀禮集釋》是南宋《儀禮》研究的早期代表，其注經方法及體例既能保留傳統漢唐注經模式，又能掙脱“疏不破注”的藩籬，且對先儒之説有所突破。博論認爲《儀禮集釋》全録鄭注，且大量引用秦漢魏晉南北朝文獻，有重要的存古之功；重視名物訓詁，長於推演禮例，校勘成果極爲豐富並且糾鄭注之謬。此二著是直至目前對李如圭《儀禮集釋》最全面的研究。

朱熹《儀禮經傳通解》是朱子窮四十年的研究成果，寄託了朱子以禮改造社會、序列人倫的技術化理想的解經專著。日本學者上山春平對之作過研究②，但更深入的考察是中國學者做的，近年來進步尤爲明顯。殷慧將朱熹《儀禮》學放在宋代儒學重建視野中，對朱子《儀禮經傳通解》從學術層面和政治層面進行了較深入的考察。朱熹痛感王安石罷廢《儀禮》產生的嚴重後果，意識到《儀禮》在國家政治生活中的重要性，基於復興儒學的偉大使命，同時也爲了重新確立《禮記》和《儀禮》的地位，又受到永嘉學者余正父的調整，於是朱熹編撰《儀禮經傳通解》，它並非考禮、議禮之書，並非要人踐履古禮，而是重在讓學者禮，識，最終目的在於能使禮治之工夫和義理適得其所，達到安邦定國的大治境界。《儀禮經傳通解》是朱熹畢生禮學思想的總結與展現，是朱熹應對永嘉、永康學術挑戰的反省與綜合之作③。

此外，潘斌從文獻學角度對朱子《儀禮經傳通解》的編纂緣由和學術影

---

①鄧聲國：《李如圭〈儀禮集釋〉申注特色探析——李如圭禮學研究之解經學考察（二）》，《井岡山大學學報》2011年1期。

②［日］上山春平：《朱子〈禮學〉〈儀禮經傳通解〉》，《東方學報》54册（1982年），上山春平：《朱子の禮學——“儀禮經傳通解”研究序説》，《人文學報（京都大學人文科學研究所）》第41號（1976年3月），及《朱子の《家禮》と〈儀禮經傳通解〉》，《東方學報（京都）》第54册（1982年），後收入《上山春平著作集》第七卷（京都，法藏館，1995年）。

③殷慧：《宋代儒學重建視野中的朱熹〈儀禮〉學》，《湖南大學學報》2012年第6期。

響作了考察,認爲朱子編纂《通解》的原因是爲了繼承和弘揚儒家的禮樂文化,亦是對王安石新政的文化政策所作之回應,並受到吕祖謙、潘恭叔等人禮學觀點的影響。朱子編纂《通解》時對《儀禮》經、注、疏作了校勘和訓釋,這些校勘和訓釋成果有著重要的參考價值。《通解》之體例和編纂原則是其以《儀禮》爲經、以《禮記》爲記的思想,對黄榦、楊復、吴澄、江永、姜兆錫等人的禮書編纂産生了深遠的影響。①

另有兩部博士論文對朱熹《儀禮經傳通解》作了考察。一是孫致文《朱熹〈儀禮經傳通解〉研究》(台灣"中央大學"2003年博士論文),博論從文獻學、朱子的解經理念和方式、在學術史上的意義等角度對《通解》作了較詳盡的考察,作者認爲朱子《通解》在文獻考索、典章制度考據方面跟清人比確有不足,但朱子對《儀禮》的校勘及解經方式、對《通解》的編次均貫穿一定理念,更富有面對當時現實的意義。另一部是李少鵬《〈儀禮經傳通解〉研究》(吉林大學2017年博士論文)。該文將朱子修《儀禮經傳通解》放在其一生的禮學實踐中看待并研究。作者考訂了此書的版本流傳以及特尊《儀禮》的特色,從解經的角度看,對經、注、疏,按需要靈活搭配組合,不拘常例;從政治制度的角度看,《通解》有打通禮制與禮經之間界限的傾向,略有以古化俗,爲後王法的意味,在朱子學内部,此書則透露出明顯的理想主義傾向,與實踐性的《鄉約》《家禮》判若兩途。就方法而言,清代考據學者使用的所有方法幾乎都可在《通解》中找到。《通解》獨創性地將禮學分爲家禮、鄉禮、學禮、邦國禮、王朝禮、喪禮和祭禮七個部分,以《儀禮》爲骨幹,貫通三禮,廣引經史子集,對前人注疏或照録或節改,代表了朱熹禮學的最終成就。朱子早年進行過"以禮化俗"的禮學實踐,中年在參與政治活動中的議郊廟經歷,且朱子生前編此書正值"慶元黨禁",這些均體現了朱子編《通解》的實用思想。《通解》貫通三禮的宏大視野極大地啓迪了清代的三禮學者,對朝鮮和日本也産生了一定影響。但缺點是:1割裂經文,信從雜書,2分類勉强,體例稍

①潘斌:《朱子〈儀禮經傳通解〉的編纂緣由和學術影響》,《四川師大學報》2015年3期。

雜，3考據不密①。該博論的研究比孫致文的更加深入。

元敖繼公《儀禮集説》是一部宋明之間重要的《儀禮》研究作品，因爲敖氏《儀禮集説》十七卷旨在辨明《儀禮》經、傳、記的區别，闡發鄭玄《儀禮注》的得失。敖氏不迷信鄭注，敢於質疑經文及鄭玄注的訛誤疏失，明以後其學術影響逐漸擴大。但到了清代中後期，錢大昕、王鳴盛、曹元弼等人都對其有較爲激烈的批評，其間差别反映了明清治學風氣和取向的不同。孫寶點校本敖繼公《儀禮集説》（上海古籍出版社2017年）據阮刻《十三經注疏》本改正並整理。顧遷的觀點與孫寶近似，認爲敖繼公《儀禮集説》作爲鄭玄之後通解《儀禮》的名著，有其鮮明的個人特色及很高的學術水準，敖繼公的地位曾一度淩駕鄭玄之上。隨著乾嘉以降禮學考據的深入，學者多以恪守鄭學爲範式，貶低敖氏禮説，影響所及直至清末，今日平心審視敖氏《集説》，創見極多，故能於鄭學之外自成家法②。

《儀禮》解經方式的變化及其在宋元明的衰落，反映了自宋代開始名物數度的節文之學不再是士子心目中非其不可的匡世良方，朱子《通解》更多寄託了他以數度節文修身改造社會的理想，理學才是朱子思想的精髓。敖繼公《集説》繼承了宋人敢於疑鄭注賈疏的學術路徑，是宋明間最重要的《儀禮》詮釋作品。改開以來，有關研究目前剛剛展開，雖然成果不集中，但專題性的博論已經出現且水平出色。將來可展開研究的，除了宋元明士人《儀禮》詮釋的文獻學解讀之外，《儀禮》經傳解讀如何以各種曲折的方式影響政治具有廣闊的研究餘地。

（四）宋代士大夫禮學中的《禮記》研究

跟《周禮》言王道思想被宋人托以變法，《儀禮》言節文數度被宋人另外詮釋相比，宋代的《禮記》學最是反映了宋人的學術和思想的多元化。這方面潘斌《宋代〈禮記〉學研究》作了專門考察（吉林人民出版社2011年）。該

①李少鵬：《〈儀禮經傳通解〉研究》，吉林大學2017年博士論文。

②顧遷：《敖繼公〈儀禮集説〉與清代禮學》，《史林》2012年3期。

書40余萬字，分上下兩編，上編採用個案研究，考察了宋代《禮記》學名家李覯、劉敞、關學學者、新學學者、二程、朱熹、魏了翁、衛湜、黄震等20余位，涉及到相關文獻數十種；下編採用專題研究，對宋代《禮記》學在宋型禮樂文化發展形成的重要作用作了專門研究，突出了《禮記》在宋代思辨哲理文化體系建構中的重要地位，並且秉承禮學研究傳統，對宋代《禮記》學家治經態度、注經的方式體例作了考察，將宋代理學思想體系的建構放到"禮記"學這一經學體系中，以經學研究爲本來理解宋代理學思想體系，把後者放在儒家經、史大傳統中進行考察，是本書的一個新研究視角，彌補了以往僅重視宋代哲學和思想義理的研究，不重視宋代經學研究的狀況這一不足①。

宋人之中，吕大臨、衛湜、朱熹等禮學家各有側重。吕大臨是一位以博古著稱的北宋禮學家，他的《禮記解》（保存在衛湜《禮記集説》中）反映了北宋禮學家尊經又企圖致用的特點。劉豐對此作了研究，他以吕大臨的《禮記解》爲切入點，考察了宋代理學發展背景下禮學和理學的互動②。王文娟則認爲吕大臨《禮記解》繼承了以張載爲主的關學"以禮爲教"的特點，具有理學家的氣質風貌，寄予了其回復三代、重構價值世界的理想，其中對"交"尤其是君臣之交的考察體現出他對現實政治的構想。吕大臨的禮學還與心性論相配合，"禮"奠定了儒者生命的基本格調和精神追求③。除了博古學禮家之外，衛湜《禮記集説》是宋人有代表性的解《禮記》作品，潘斌從文獻學角度對此作了研究。《禮記集説》數十萬言，體大思精，條理清晰，正文160卷中徵引了144家解義。《集説》援引宏富，漢宋兼采，以宋學爲重，其學術價值及其影響體現在三個方面：一是宋代《禮記》學文獻輯佚之淵藪，二是後世禮書編纂的資料來源，三是影響了後世禮書編纂的體例④。除此之外，朱熹的《禮記》學更多反映了對理學的彰顯。殷慧博士論文對之作了研究（見前

①楊玲：《宋代〈禮記〉學研究》評介，《中國史研究動態》2013年1期。

②劉豐：《禮學與理學的互動——吕大臨的《禮記解》與宋代理學的發展》，《中國儒學》2013年。

③王文娟：《吕大臨的"禮"論》，《蘭州學刊》2010年6期。

④潘斌：《衛湜〈禮記集説〉探論》，《儒藏論壇》2012年。

文),她認爲朱子綜合了先秦和宋代諸儒的觀點,著眼於批評二程後學提出自己的《禮記》思想。後來的清代學者對朱子新儒家的禮、禮學思想未能同情地理解,較多批評。

陳澔《禮記集説》是宋入元后另一部著名的解《禮記》作品,其書在明代被選爲科舉考試教材,對之的研究成果目前比衛湜《禮記集説》豐富。劉千惠考察了《禮記集説》的版本,因爲陳氏之書是明清科舉考試用書,故刊刻版本甚多,主要可分爲十六卷本、三十卷本、十卷本三个系統。關於《禮記集説》三个版本系統間的源流與異同,明、清書目雖有討論記載,然而衆説紛紜,未有定論。文章主要討論《禮記集説》一書三个版本系統之源流、順序、異同等,期望能對該書的版本有一清晰的認識①。曾令巍考察了宋明理學語境下的陳澔經學思想,認爲《禮記集説》是元儒陳澔在宋明理學語境下注解《禮記》的産物,宋儒與漢儒解經方式不同,陳澔解《禮記》訓詁與義理兼而有之,作者參照《禮記正義》與《朱子語類》,探究陳氏經學的學術特色及他如何推進《禮記》的經學研究②。曾令巍還認爲,在宋明理學和三教融會的學術背景下,理學與經學交錯,進而催生了新的學術研究範式——經學哲學,陳澔《禮記集説》正是在此背景下的産物。陳氏《禮記集説》采諸先儒或宋儒的思想注解《禮記》中的名物、典制,兼具漢學與宋學的治經風格,尤以宋學的治經路徑爲重,並且在解經時以義理黜漢代盛行的讖緯。作爲朱子後學,陳澔自覺宗朱子之説並兼采諸家,他注解《禮記》不僅是在宋明理學的話語系統下進行的,而且是朱子經典詮釋學——訓詁與義理相結合的詮釋路徑的延續。同時,陳澔《禮記集説》又是代表著元代朱子學發展新動向的典型個案,在詮釋的過程中實現了"經學的朱子學化"。《集説》對《禮記》思想的詮釋也多借鑒"四書"思想。由此表明,陳澔《集説》誠爲朱子經典詮釋學——訓詁與義理相結合的接續③。

---

①劉千惠《陳澔〈禮記集説〉之版本析論》,《儒家典籍與思想研究》2010年。

②曾令巍《宋明理學語境下看元儒陳澔經學思想》,《寧夏大學學報》2015年5期。

③曾令巍《陳澔對〈禮記〉的詮釋特色》,《湖南大學學報》2017年2期。

此外有數篇碩士論文對陳澔《集説》進行了考察。蘇成愛《〈陳氏禮記集説〉研究》(南京師範大學2007碩士論文)對陳澔生平作了仔細考辨,校正該書存在的文字錯訛,重新評估《禮記集説》的價值。戴雅萍《陳澔〈禮記集説〉平議》(南京師範大學2012年碩士論文)對《禮記集説》的解經方式、解經特點作了考察,陳澔以朱學爲宗,以義解經,特色是"簡"。同時對王安石"新學"多有繼承,還具有一定的江西地域特色。清人孫希旦《禮記集解》對陳澔有較多繼承。但是,清人對陳氏《禮記集説》提出了批評,四庫提要有《陳氏禮記集説補正》,署名納蘭性德撰。張琪《〈陳氏禮記集説〉研究》(南京師範大學2014年碩士論文)對此作了研究,論文在標點校勘原文的基礎上,對此書的作者歸屬、體例和内容、解經特點及思想、評價及地位等幾方面展開研究,認爲作者不是納蘭性德。重點關注解經及制度特點,闡發了其"疑經"的思想。

總之,宋元《禮記》學研究已經展開,出現了綜括性專著,宋元人的《禮記》詮釋個案也開始有專門書著進行考察。衛湜、陳澔《禮記集説》的文獻學研究已有一定根基,宋人詮釋《禮記》的思想史研究也逐步走向深入。

二、明代士大夫的三《禮》學

明中葉以降,工商業發展,市民階層興起,豐富多彩的物質生活引誘使得勤儉安分之習漸次淩替淡漠,且科舉考試僅以陳澔《禮記集説》爲考試内容,因此明代的三禮學處於偏枯狀態,這是从宋代以來就衰落的延續。《四庫全書總目》將明代的禮學成果多收入《存目》,且對其學術水準評價不高,如評價陳錫仁《重訂古周禮》六卷:"其注釋多剽竊朱申句解,體例尤爲猥雜";評張采《周禮註疏合解》:"此書疏淺特甚,豈亦托名耶?"評價朱朝瑛《讀周禮記》六卷:"其注於漢唐舊説頗不留意";"大概朝瑛涉獵九經,而三禮則用力較淺";評價程明哲《考工記纂注》二卷:"於經義無所發明"①,且研

①《四庫全書總目》上册,184頁,上、中欄。

究明史的學者們一直以來將注意力集中在制度史、經濟史、社會史領域,明代經學的研究直至目前受到的關注一直很少,禮經學的研究更是不足,僅有數篇代表性論文。日本學者小島毅有過籠統的介紹,[①]中國學者中,楊豔秋對明代三禮學作了概況性論述,認爲明代《周禮》學中表現出《周禮》地位的提升、對俞庭椿"冬官不亡"説的附翼發揮與展開批評、義理解經中藴含經世情懷等三大特徵和發展方向。明代《儀禮》著述甚少,郝敬《儀禮節解》是明代《儀禮》學的重要著作。《禮記》學著作中,呈現出章句與講章型應對科舉之作、補正陳澔《集説》並采諸家訓義之作、新解類闡發禮意之作等三種形式[②]。由迅《明代湖北經學研究》(華中師大2017年博士論文)有部分内容涉及到明代湖北的禮學,對明代禮學代表人物郝敬的禮學思想作了通叙式考察,郝敬認爲《周禮》制度瀆亂不驗,非周公所作,且是刑名衰世之學,成書於戰國時期,不可謂"禮";《儀禮》不可爲經,《禮記》才是禮學之正,還著力對鄭玄的觀點進行了批判,提出諸多創見。總之,明代的三禮學有自己的表現方式和時代特徵,並非"衰微"二字可概括,且明代《周禮》學處於上升階段。這是當代學者走出古代經學家如《四庫》館臣、皮錫瑞等的成見后的認識,是非常新穎的觀點。

明代的三禮學研究,直至目前最典範的研究是張學智《明代三禮學概述》。文章分《周禮》、《儀禮》、《禮記》、樂四類,對明代的三禮及樂類著作作了深入介紹和辨析。首先是《周禮》地位的上升。《明史・藝文志》和《四庫全書總目》著録的《周禮》類著述將近40部,明代《周禮》地位的上升離不開官方的推重,尤其是嘉靖年間,禮制改革皆以《周禮》爲其思想源泉。明前期關於《周禮》較重要的著作是何喬新《周禮集注》七卷(《四庫》列爲存目),該書認爲《周禮》乃周公致太平之書,與《尚書》並爲堯舜以來致治之大本大法;並認爲王安石用之於宋而敗,非《周禮》之過,而是用此者徒拘泥其文所致;

---

①[日]小島毅:《明代禮學研究的特點》,載林慶彰、蔣秋華《明代經學研討會論文集》,台北:"中研院"中國文哲研究所籌備處,1996年。

②楊豔秋:《明代三禮學論略》,《山西大學學報》2014年5期。

何喬新還認爲冬官未嘗亡，它散見於其他五官之中。漢儒不知此意，妄補冬官，是繼承了宋人的觀點。《四庫》對何喬新此書沿襲俞廷椿、王與之之説亦大爲不滿。嘉慶中柯尚遷《周禮全經釋原》十二卷是明代《周禮》學之佳作。明中期最大的《周禮》學家爲王應電，著有《周禮傳》十卷、《周禮圖説》二卷、《周禮翼傳》二卷。應電注《周禮》首先不信《冬官》未嘗亡之説，認爲《冬官》確實已亡，但又不欲以《考工記》補之。他注《周禮》第一步是"求聖人之心"，第二步是"溯斯理之源"，第三步是"考天象之文"；《周禮圖説》兩卷共有圖四十餘幅，每幅圖下都有文字説明，此繼承了宋人傳統；《周禮翼傳》共七篇，第一篇爲《冬官補義》擬補以土司空、工師等十八官，但擬補亦多爲揣測。《四庫提要》總評王應電此三書説："大抵三書之中，多參臆説，不盡可從。以《周禮》、《儀禮》至明幾爲絶學，故取長棄短，略采數家，以姑備一朝之經術，所謂不得已而思其次也。"此言可謂深知此書撰著之若心，亦深知明代三禮學之癥結所在。其次是明代《儀禮》的衰落。《四庫提要》於明代《儀禮》類著存目者僅郝敬《儀禮節解》十七卷、張鳳翔《禮經集注》十七卷、朱朝瑛《讀儀禮略記》十七卷三種。明代關於《儀禮》的著作確乎不多。再有就是《禮記》成果的豐富，但大多是科舉用書，衹是分析章句，依照陳澔《集説》闡發義理，全不研究古義，於名物制度亦不作考證，總體上思想價值不高。總之，明代士大夫的禮學雖然不興盛，但出現了有個性的特色，如王應電《周禮圖》雖穿鑿附會，實屬別出心裁；郝敬注《儀禮》並不注重儀文，本文整體理清了明代禮樂學的發展脈絡及水準①。

曾軍從陳澔《禮記集説》自明至清地位的變化出發，考察了經典詮釋的獨特現象及其意義。《禮記集説》是一部詮釋《禮記》的私人著述，以簡便淺近著稱，明初取代鄭注、孔疏成爲科舉考試的官方教材，獨立與學官三百多年。到清代，該書屢屢受到批評，逐漸退出《禮記》詮釋的中心領域，走向邊緣化，並被經學史和思想史淡化甚至遺忘。明、清兩代朝廷對陳澔《禮記集

①張學智：《明代三禮學概述》，《中國哲學史》2007 年 1 期。

説》態度上的差别,既有學術大環境的影響,也有政治上的考慮。陳澔作爲一個民間學者,其解經著述從民間進入官方教育系統,一家之言變爲普遍真理,後又“退至諸家之中”,這在儒家經典詮釋中是一種十分獨特的現象。[1]本文敏鋭地捕捉到了陳澔《禮記集説》在明、清不同的待遇所反映的權力趨向和社會風尚的變化,這方面的深究將有廣闊的空間。

以上論文反映了改開以來明代禮學研究的狀況。明代的三禮經學研究直至目前未全面展開,空白點甚多,比如《五經大全》和明人三《禮》作品的文獻學研究;明前、中、后期禮學隨著世風的變化進入仕途和滲透社會生活的不同方式,等等,雖然已有學者注意到嘉靖年間的大禮議之争促使了禮學的發展和民間立廟制度的深刻變化[2],但這些研究是探討大禮議之争時順帶涉及的,真正意義上的明代禮學研究尚未形成氣候,專門考察明代禮學成果及禮學荒疏原因的論文少之又少,這跟明史學術熱點一直未轉移至此有關係。實際上,明代處在從宋代“禮理雙彰”到清代“以禮代理”的過程中,這個過程中有許多節點和學術事件值得深入考察。雖然明代因皇權通過控制科舉考試範圍使士人不必費勁鑽研禮學,士人藉助三禮表達自我意識的空間在皇權加强的背景下也大大縮小,這些均導致禮學荒疏,但從明代的禮學荒疏到清代乾嘉時期禮學極盛,必有一個漸進的過程,這個過程中,除了明中期以後的商業氣氛讓人們用另外的方式表達自我這一社會原因之外,必然還有禮學内在的原因。清代士人試圖以禮匡正時弊,禮學才臻於鼎盛。在以后的研究中,探索明代作爲宋代“禮理雙彰”到清代“以禮代理”的中間環節,明代禮學在政治、社會等多重因素影響下發生變化的學術節點和事件,將是重要的學術增長點。

---

①曾軍:《從民間著述到官方教材——從元陳澔〈禮記集説〉看經典詮釋的獨特現象及其思想史意義》,華中師範大學學報2007年4期。

②趙克生:《明朝嘉靖時期國家祭禮改制》,北京:社會科學文獻出版社2006年;常建華:《明代宗族祠廟祭祖禮制及其演變》,《南開學報》2001年第3期。

結　語

本文分經院禮學、士大夫禮學兩個層面,對改開40年來宋至明的三禮研究作了歸納總結。直至目前爲止,宋至明的禮學研究仍然在展開中,表現爲:宋代禮學研究已有若干的斷代禮學專著,或從文獻學、或從思想史角度進行;宋元明禮學家的生平事蹟、學術個案研究得到了初成規模的梳理,禮學如何在理學影響下成爲改造社會的理念和良方,也有了完整的研究,禮學的經學層面和思想史層面都受到了關注且均有專著集結。但因爲從二十世紀初至今,傳統經學框架崩潰已久,古今生活方式的巨大變化使得當代學人在面對古禮中的繁文縟節時存在巨大隔膜;且20世紀以來經學與政治分離,經學教育從基礎教育階段的抽離,均使當代學人對古人以研究禮學爲手段,或是積極入世,或是迫於政治壓力而保身寄思的動機十分陌生,這兩個因素使得宋元明禮學著作長期處於乏人問津的狀態,或有問津,目前也難以深入禮學與制度結合的較深層面。潘斌先生在總結20世紀三《禮》學研究時指出這些欠缺和不足:"20世紀中國的'三禮'研究所受到的重視程度遠不及《周易》、《尚書》、《詩經》等儒家經典,'三禮'研究談心性的居多,談禮制的較少。未來的'三禮'研究要想有所突破,應該在傳統經學考證方法的基礎上,轉换研究視角,探索新的研究方法,開拓新的研究領域。"①這切中肯綮地指出了當下三禮研究的不足。就宋元明禮學研究而言,欠缺和不足表現在:

其一,明代禮學研究尤爲薄弱,至今未見系統的研究專著;其二,研究方法主要是文獻學方法,跟乾嘉學者比創新不多,相應地,難以走出古人的禮學話語體系,視野視野也不夠開闊;其三,新研究領域亟待拓展。禮學作爲附著於政治網絡的學術載體和思想控制手段,其存在方式和訓詁内容的前後變化,實際上敏鋭地反映著自上而下的政治脈動,這方面目前尚未有深入

①潘斌:《20世紀中國"三禮"研究的回顧與展望》,《吉林大學學報》2014年5期。

的個案性研究。將來的研究,第一是在打通學者因自身知識結構所限造成的跟古人的隔膜的基礎上,了解古人的禮學著作,觸摸他們或經世、或自娱的動機,繼續進行宋元明禮學的個案研究;第二,在此基礎上,以涵泳於禮學的瀚海爲切入點,了解它依附於當時政治制度、植根於當時基層社會的方式,這方面王汎森《權力的毛細管作用——清代的思想、學術與心態》(北京大學出版社2015年)作出了令人稱許的成績,貢獻了值得參考的當代研究範式。因此有理由相信,宋元明禮學的研究仍然有廣闊的研究空間。

(作者單位:中國社會科學院古代史研究所)

唐兀人朵列禿與元刻本《唐律疏議》《脈經》

党寶海

一

《唐律疏議》是目前我國傳世時代最早的完整法典，是研究中國古代法制的最重要文獻之一。學界公認較爲完整的《唐律疏議》可分爲兩大系統：一是所謂“宋刊本”系統，其代表爲《四部叢刊》影印《故唐律疏議》的底本。經研究，它實爲早期元刊本。另一個是元代“泰定本”系統，包括衆多刻本和抄本。其代表爲中國國家圖書館藏元至正勤有堂據泰定刻本刊印的《故唐律疏議》。泰定年間刊刻的《唐律疏議》對該書的流傳起到了不容忽視的作用[①]。元朝官員唐兀氏朵列禿是此次刊印活動的重要支持者。

清人楊守敬撰《日本訪書志》卷五提到日本刊本《唐律疏議》時，有這樣

---

①《唐律疏議》，岳純之點校，上海：上海古籍出版社，2013年，岳純之撰“前言”，6—8頁；“例言”，1頁。中國國家圖書館藏元余志安勤有堂刻本《故唐律疏議》，已收入《中華再造善本》，便於查閲。

的説明:"目録前多出'議刊官職名氏'一葉,有龍興路儒學某某,與柳贇序云刊於龍興者合,則是此本即泰定初刊本,《故疏義》與《纂例》、《釋文》别行,而余志安乃合刊之,唯柳序稱廉訪使師公,而議刊廉訪使乃是朵州秃,豈師唱於前,而朵爲後任與?"①

楊守敬抄録了這份"議刊唐律疏義官職名氏",首先列出的是廉訪司官,包括:中奉大夫江西湖東道肅政廉訪使朵州秃、奉政大夫江西湖東道肅政廉訪使司事岳出謀、管勾承發架閣庫照磨程志通。然後,列儒學提舉司官,包括:文林郎江西等處儒學提舉贇、承事郎江西等處儒學副提舉高若鳳。最後是龍興路儒學的學官:龍興路儒學教授李鼎孫,學正李時。②

楊守敬文中提到的柳贇序,是泰定四年(1327)七月江西等處儒學提舉柳貫爲即將在江西行省龍興路(治所在今江西南昌)刊刻的《唐律疏議》撰寫的序言,"贇"字爲"貫"的異體字"貿"的誤寫。柳貫序文中提到了大力支持刊刻計畫的江西湖東道(簡稱江西道,治所在今江西南昌)肅政廉訪司官員師某:

> 江西在聲教漸濡之内,諸學經史板本略具而律文獨闕,予間請於廉訪使師公曰:"禮、刑其初一物,出禮入刑之論,固將以制民爲義,而非以囚民爲厲也。吾欲求《故唐律疏議》稍爲正訛緝漏,刊之龍興學官,以庶幾追還時會讀法之遺,公儻有意乎?"公亟謀諸寮寀,咸應曰:"諾。"而行省檢校官王君長卿,復以家藏善本及《釋文》《纂例》二書來相其後。公欣然命出公帑所儲没入、學租錢,以供其費。踰月緒成,因執筆冠篇,而且以識公恤刑之本心,無往而不在也。③

①楊守敬:《日本訪書志》,光緒二十三年(1897)刻本,葉 16a—b。

②同上,葉 16b—17a。

③柳貫:《柳貫詩文集》"輯佚",柳遵傑點校,杭州:浙江古籍出版社,2004 年,433 頁。此文在《全元文》中重複收録,一次在"柳貫"名下,見《全元文》第 25 册,南京:江蘇古籍出版社,1999 年,161—162 頁。另一次,作者寫爲"柳贇",見《全元文》第 51 册,南京:鳳凰出版社,2004 年,44—46 頁。後者誤。"貫"有"貿"的異寫形式,"貿"與"贇"形似致誤。

楊守敬推測,柳貫序中提到的廉訪使師公,與上引"議刊唐律疏義官職名氏"中提到的江西湖東道肅政廉訪使朵州禿爲二人,可能師某倡導在先,朵州禿繼之於後。

事實上,這一推測不確。師公與"朵州禿"爲同一人,而且,人名中的"州"爲"列"字的誤寫。

柳貫《師氏先塋碑銘並序》提到了這位擔任江西湖東道肅政廉訪使的師公。"師氏,寧夏人","名克恭,字敬之。""早用才敏,躋榮仕路。再還而以左右司都事佐河南省,拜南台監察御史,改西台,復以左右司員外郎佐江浙省。召入爲御史,除浙西廉訪副使,遄以右司員外郎召,進兵部侍郎,出牧平江。選爲京尹,遂長二曹。"泰定二年,這位師克恭"由工部尚書出宣慰淮東,升秩二品",在柳貫撰寫《師氏先塋碑銘並序》時,師克恭正擔任江西湖東道肅政廉訪使。[1]

上引文可能給人的印象是師克恭爲漢人。實際上,他的家族屬於西夏的大姓,西夏滅亡後,他的祖父改仕蒙古,並遷居河南濮陽。他的曾祖父"仕夏爲管僧官,在國中稱大姓。"他的祖父"生十四歲,會天兵破滅夏以西,有旨:'戈矛所向,耆髫無遺育。'方被驅,太埒昌王見其姿儀頎慗,髮澤鮮潤,憐而生之,解駝鞍覆上,使伏其下。傳令者再至,太埒不得已,宣言曰:'全定河西一國,不留一童男備貴主炊爨乎?'遂收置邸中。迨長,出銜使命,歸致分賦,有忠實稱。"[2]此處提到的"太埒"爲成吉思汗的妹夫和女婿孛禿,他是亦乞列思部人,先後娶成吉思汗的妹妹帖木倫和成吉思汗的女兒果真[3]。孛禿死後,師克恭的祖父"以其家卜大名之濮陽居焉,又營别業汴之許昌"。師克恭的父親並没有顯赫的仕宦經歷,"尤慎厚尚義,不樂爲浮靡事,平居雖臨皂

---

①前引柳貫:《柳貫詩文集》卷一〇,216—217頁。按,"長二曹"當爲"長工曹"之誤,指任工部尚書。原書未校。

②同上,217頁。

③張士觀:《駙馬昌王世德碑》,收入蘇天爵編《國朝文類》卷二五,《四部叢刊初編》本影印元至正二年西湖書院刻本,葉10—11。

隸，無矜慢，崇重儒術，教子諄切，終身未嘗出一惡言，鄉里號爲德人"①。

由《師氏先塋碑銘並序》，我們知道柳貫在《故唐律疏議序》中提到的廉訪使師公爲師克恭，但並不能證明他和所謂"朵州秃"爲同一人。

上引《師氏先塋碑銘並序》提到師克恭曾任兵部侍郎，後"出牧平江"。平江，今江蘇蘇州。蘇州的碑刻和方志資料對他有詳細記載②。元人楊載至治元年(1321)五月撰寫的《平江路重建儒學記》，提到朵列秃興建當地校舍的事蹟。原碑現存蘇州碑刻博物館，相關文字如下：

> 有元大德二年，治中王都中以殿宇廢久，謀諸前兩浙都轉運鹽使朱侯虎，慨然用其私財撤而新之，則前此所未有也。今僅二十餘年，廟學之屋俱有損者，門廡牆壁日就頹剥。今總管師侯始至，奠謁先聖先賢，周覽徘徊，歎曰："是學也，嘗爲天下之甚盛。幸今未及大壞，承事在予，不亟修葺以遺後人，他日必用力百倍，其困弗能支矣。謂非予之責，不可也。"於是木之朽者悉易之，牆壁之缺者悉作之，廟瓦破漏者多盡代其藉之物而更覆之，增飾塑像而新其藻繪。始事以四月十二日，卒事以五月二十八日。侯屬載爲文以記之，且曰："必歷叙前人之有功者，今日之事則毋庸過褒。"侯意如此，將以勸於無窮也。載承命唯謹，姑記其實。侯之他善政不敢及焉，侯之志也。總管朵列秃，姓師，名克恭，字敬之，寧夏河西人。③

楊載寫於至治二年《尊經閣記》中記載了朵列秃在曹晉之後繼任平江路總管，繼續建造孔廟尊經閣的事蹟。在這篇文章中，他稱呼朵列秃爲師克恭："屬役方殷，曹侯移守毘陵，師侯克恭承之，凡六閱月而閣成。七年六月之晦，是其成日也。"④

---

①前引柳貫：《柳貫詩文集》卷一〇，217頁。

②湯開建已經注意到師克恭和朵列秃爲一人。見湯開建《增訂〈元代西夏人物表〉》，最初發表於《暨南史學》第二輯(2003年)，後收入同作者《党項西夏史探微》，北京：商務印書館，2013年，492頁。

③杜建録：《党項西夏碑石整理研究》，上海：上海古籍出版社，2015年，267—268頁。

④石韞玉總纂：《(道光)蘇州府志》卷二四"學校"，清道光四年(1824年)刻本，葉37b。

據盧熊《(洪武)蘇州府志》記載:"師朵列禿,一名克恭,字敬之,河西寧夏人。延祐七年,由兵部侍郎遷中憲大夫、平江路總管。"①同書又記:"師朵列禿,字〔敬〕之,河西人,中憲大夫,延祐七年三月到任,至治元年十二月改除。"②

根據姓氏、名、字、籍貫、仕宦經歷的高度一致,《平江路重建儒學記》《尊經閣記》《(洪武)蘇州府志》中提到的師朵列禿和柳貫《師氏先塋碑銘並序》無疑爲同一人。據此,師克恭又名朵列禿。文獻中多記述朵列禿爲河西寧夏人、寧夏河西人,或者簡單寫爲河西人、寧夏人。這是因爲朵列禿是西夏人的後裔。雖然他生於河南濮陽,但籍貫仍署河西。西夏人在元朝又稱唐兀人、唐兀氏,屬於色目人群體,地位雖然低於蒙古人,但高於漢人和南人。"元初得天下,惟河西累年不服,最後廼服。世祖以其人剛直守義,嘉之,賜姓唐兀氏,俾附歸籍,次蒙古一等。"③西夏人原有的姓氏開始退居次要的地位,"士宦者皆舍舊氏用新氏。國家尚寬厚,雖占舊氏不禁,然能存者僅一二數。"④在元代,大量原西夏人和他們的後代稱自己爲唐兀氏。不過,朵列禿在很多私人交往的場合會使用他的舊姓氏"師"。

這位朵列禿在楊守敬抄録的"議刊唐律疏義官職名氏"中誤寫爲朵州禿,"州"、"列"形近致誤。

瞭解到師克恭又名朵列禿,我們就能確定他任江西道肅政廉訪使的大致時間。《元史》卷二九《泰定帝紀一》:泰定二年(1325)九月戊申朔,"分天下爲十八道,遣使宣撫。以湖廣行省參知政事馬合某、河東宣慰使李處恭之兩浙江東道,江東道廉訪使朵列禿、太史院使齊履謙之江西福建道"⑤。"江東道"當爲"江東建康道"的簡稱。朵列禿改任江西湖東道廉訪使的時間,不

---

①《(洪武)蘇州府志》卷二五"人物・名宦",明洪武十二年抄本,臺北成文出版社1983年影印《中國方志叢書》本,1068頁。

②上引《(洪武)蘇州府志》卷二十"牧守題名",801頁。

③吴海:《聞過齋集》卷一《王氏家譜叙》,《嘉業堂叢書》本,葉16b。

④同上。

⑤《元史》,中華書局點校本,1976年,659頁。

可能早於泰定二年九月。柳貫《師氏先塋碑銘並序》記載:“泰定二年,今江西湖東道肅政廉訪使師公,由工部尚書出宣慰淮東,升秩二品,按典式,得贈封二代。”①也就是説,泰定二年,師克恭(朵列秃)曾被任命爲淮東道宣慰使。從上引《元史》“泰定帝紀”來看,師克恭可能並未赴淮東之任,或者任職時間很短。

柳貫在泰定元年擢升爲太常博士,泰定三年(1326),改任江西儒學提舉(治所在今江西南昌)②。正是從泰定三年開始,師克恭(朵列秃)和柳貫同在江西工作,合作推動了泰定四年《唐律疏議》的刊刻。

二

朵列秃在擔任江西道廉訪使期間,不僅支持刊刻了《唐律疏議》,還贊助了醫學重要典籍《脈經》的重刊。

三國、西晉時名醫王叔和編撰的《脈經》是我國現存最早的診脈學著作。這部醫書曾在北宋熙寧元年(1068)由國子監刊行大字本,紹聖三年(1096)國子監又刊行了小字本。南宋時,有廣西漕司嘉定二年(1209)刊本、太醫局何大任嘉定十年(1217)刊本等。但以上諸本的原刻本均已失傳。目前該書最早的刻本是元代泰定四年(1327)江西龍興路醫學重刊的南宋廣西漕司本③。

具體主持其事的是江西行省龍興路醫學教諭謝縉翁。重刊的《脈經》與泰定本《唐律疏議》一樣,也由柳貫作序。在這篇寫於泰定四年九月二十五日的序言中,柳貫又提到了師克恭(朵列秃):“予至江右之明年,與醫學教授謝

①前引柳貫:《柳貫詩文集》卷一〇,216—217 頁。

②宋濂:《元故翰林待制承務郎兼國史院編修官柳公行狀》,收入前引柳貫《柳貫詩文集》“附録”,490—491 頁。

③馬繼興:《中醫文獻學》,上海:上海科學技術出版社,1990 年,146 頁。原文誤將江西龍興路儒學寫爲河南龍興道儒學。

君縉翁論古書之廢，慨然欲以《脈經》刊置學宫，使人知古昔聖賢開示醫道之源委，未嘗遺外於理者如此。間請於廉訪使師公，公曰：'醫之有經，取以利人，利焉而傳，是焉可泯。子盍謀諸。'會承命稽覆學食錢，得其羨贏，以屬宗濂書院山長董天衢，聚工計庸，付之剞劂，既月告成。"①

同書收録了泰定四年閏九月龍興路醫學教授謝縉翁的序言，其中提到："縉翁先世藏《脈經》官本及廣西本，竊嘗誦而習之。後又得鄉人黄南牖家本校讎無誤，揭來豫章，幸受知憲使師公、儒學提舉柳先生，間請刻之儒學，以惠久遠。二公不鄙其言，慨爲成之。"②憲使師公即江西道廉訪使師克恭（朵列秃），儒學提舉柳先生即江西儒學提舉柳貫。

泰定本《脈經》除了柳貫序、謝縉翁序、宋校定脈經序、熙寧元年劄子、紹聖三年劄子外，還收録了一篇泰定四年江西湖東道肅政廉訪司的指揮。這份公文是朵列秃簽署的。全文如下：

皇帝聖旨裏，江西湖東道肅政廉訪司：

來申：備龍興路醫學申："教授謝縉翁關：'切惟儒學以仁義立教，扶植綱常，使天下不犯刑憲。醫學以仁心立教，拯救疾病，使生民不致夭瘥。故醫之《素問》《難經》與儒之六經相爲表裏，皆古聖人以利天下後世爲心者也。醫經之中，王叔和《脈經》十卷誠爲醫門不易之法，如蒙將《脈經》刻布流傳，誠可裨國朝好生之一端也。緣醫别無錢糧，如將上項《脈經》於儒學内支用有餘錢糧刻布傳遠，幸甚。保結關請照驗。'准此，申乞照詳。"得〔此〕，參詳：醫學申請刊雕《脈經》，若於合屬學院有餘錢糧去處約量撥支工價，顧匠刊雕成書，從本司收貯印行，似爲便益。未敢懸便，申乞照詳施行。

得此，准申。憲司合下，仰照驗不妨本職，從省計料合用工匠物價鈔，估體見數，就行龍興路學羨余子粒錢内支撥刊雕，申司施行。須至

①本文所用《脈經》爲明成化十年（1474）畢玉根據泰定本刊刻的十卷本。中國國家圖書館藏，善本書號 12616。卷首，葉 1b。

②前引成化十年刻本《脈經》，卷首，葉 2b。

指揮。

右下江西等處儒學提舉柳文林准此。

泰定四年六月初四日,中奉大夫江西湖東道肅政廉訪使朵列秃、書吏劉伯貞。①

文中提到的柳文林就是柳貫。文林是他的散官階文林郎。在這篇公文的後面,有龍興路醫學教謝縉翁的説明文字:"《脈經》皆依宋監本及廣西本校定刻布,其中疑處並系元本,不可輒改,序中已言之矣。今再取二本元刻本末及今憲司准申指揮,並刻之,庶讀者知其原云。廬陵謝縉翁重識。"所謂"今憲司准申指揮"就是上引江西湖東道肅政廉訪司的公文。

這份江西湖東道肅政廉訪司的指揮,基本寫明了《脈經》的刊刻始末和經費來源。由於龍興路醫學没有經費,先由該校教授謝縉翁提出申請,用儒學剩餘的經費資助刊刻《脈經》。謝縉翁的申請以關文的形式交龍興路醫學,龍興路醫學根據謝縉翁的關文,向江西儒學提舉司提交了申文。儘管在公文中並没有寫明龍興路醫學申文的上行機構,但江西湖東道肅政廉訪司的指揮是發給江西等處儒學提舉柳貫的,那麼公文開頭的"來申",一定來自江西等處儒學提舉司。儒學提舉司的意見是同意醫學的意見,從儒學剩餘經費中撥款,雇傭工匠刊刻印行。儒學提舉司向江西道廉訪司提交了申文。廉訪司同意,決定使用龍興路儒學的剩餘經費辦理此事。批准者是廉訪司的長官朵列秃,具體草擬文件的是廉訪司的書吏劉伯貞。

餘 論

朵列秃(師克恭)不僅重視治下地區的文化事業,他也關注自己家族子侄對儒家經典的研習。他的兒子師晉"國子生,公試入等,承事郎、同知泗州事";另一子師升,也是國子生。他的侄兒孛羅,"登泰定元年進士第,承事

①前引成化十年刻本《脈經》,卷首,葉5b—6b。

郎、同知浚州事”；他的外甥安兒，“國子高等生，起家承務郎、江州彭澤縣達魯花赤”；外甥丑閭，泰定四年進士，滑州白馬縣丞[①]。

朵列禿的這些子侄大多和大儒柳貫有師承關係。柳貫曾提到：“昔貫以博士教國子，晉、升、孛羅執經席間，審知公立朝大節。”[②]

元泰定刻本《唐律疏議》《脈經》在中國古代法律文獻、醫學文獻的出版史上有重要地位。元朝江西行省龍興路儒學、龍興路醫學具體完成了兩部著作的重刊。它們的刊印都得到了當地監察機構長官、江西湖東道肅政廉訪使、唐兀人朵列禿/師克恭的有力支持。這在元代是有積極意義的文化活動。學界對此鮮有論及，故不揣淺陋，表而出之。

（作者單位：北京大學歷史學系）

①前引柳貫：《柳貫詩文集》卷一〇《師氏先塋碑銘並序》，218頁。

②同上。

中國古代的本命禁忌

張　帆

我們都知道中國民俗中有所謂“本命年”的禁忌。凡遇生肖屬相與本人所屬生肖相同的年份,也就是周歲逢十二的倍數,都被稱爲“本命年”①。人們在自己的本命年,日常行爲要謹慎小心,應當儘量避開危險或不吉利的事情,以防遭遇災禍。這種習俗是古代本命禁忌的遺存。中國古代的本命禁忌,表現形式要比現代“本命年”複雜得多,受重視程度也更高。本文在此搜集了一些相關史料,希望對這一題目進行初步梳理②。

一　“本命”的概念

中國古代的“本命”概念與今天不完全相同。今天所説的“本命”,通常是指某人的生肖屬相或生年地支。古代的“本命”則有廣義、狹義兩種概念。

---

①參閲宋德金:《説本命年》,載《學林漫録》十五集,中華書局,2000年。

②我在以前發表的文章中,對這個問題進行過一些討論。見張帆:《元朝皇帝的“本命日”——兼論中國古代“本命日”禁忌的源流》,《元史論叢》第十二輯,内蒙古教育出版社,2010年。

廣義概念與今天大致相當，兹不贅言。狹義概念則兼指某人的生年干支。例如宋人徐子平《珞琭子三命消息賦注》云："以四柱論之，本命、生月、生日、生時，四柱也。"①《珞琭子三命消息賦》大約成書於唐代，是一部講八字算命法的書，"專以人生年、月、日、時八字推衍吉凶禍福"②。所謂"八字"，就是某人出生的年、月、日、時，轉换爲四個干支，一共八個字。這四個干支合稱"四柱"。徐子平的注文，以"本命"代指生年，結合八字算命理論來看，這個"本命"顯然不是僅指生年的地支，而是兼指干支。

無論"本命"是指生年地支（或屬相）還是生年干支，它作爲一個概念都衹能在干支紀年習慣産生後才能形成。一般認爲，中國古代早在商朝即以干支紀日，但以干支紀年則始於東漢。就現有史料來看，"本命"概念在東漢末年已經出現。它起初主要在廣義上使用，後來漸漸用於狹義。與"本命"相關的禁忌，因而也可以分爲廣義、狹義兩種。

二　廣義本命禁忌

廣義本命禁忌，也就是針對生年地支（屬相）的禁忌，出現較早，持續時間也較長，現代的本命年禁忌就屬於這個範圍。但古代的廣義本命禁忌並不止"本命年"一種類型。具體而言，主要有以下四種情况：

（一）五行禁忌

按照古人的説法，十二地支與五行中的木、火、金、水四行具有直接對應關係，上述四行又分别代表東、南、西、北四方，因此人們在日常生活中要對自己生年地支所對應的"四行"及其相應方位特别留意，謹防衝犯。具體對應關係如下表：

---

①徐子平：《珞琭子三命消息賦注》卷上，《文淵閣四庫全書》本，第1b頁。

②《四庫全書總目》卷一〇九《子部術數類二》"徐氏珞琭子賦注"提要，中華書局，1965年，第926頁。

五行	木	火	土	金	水
方位	東	南	中	西	北
地支	寅、卯、辰	巳、午、未		申、酉、戌	亥、子、丑

這方面較早的事例見於西晉末年。著名士族、後來成爲東晉重臣的王導，此時正在建鄴（東晉改稱建康，今南京）做官，久病不愈。術士戴洋分析認爲：王導的本命在申（王導生於丙申年，即晉武帝咸寧二年，276），申在五行中屬金，方位爲西。現在建鄴城西面的石頭城設有冶煉場，造成"金火相爍"，火能尅金，又恰好位於王導的西方，病情就是這樣產生的。王導接受戴洋的建議，遷居到建鄴城東南的東府（一説將冶煉場移到建鄴城南的冶城），避免使"金火相爍"現象出現在與自己本命相對應的西方，就逐漸痊癒了①。

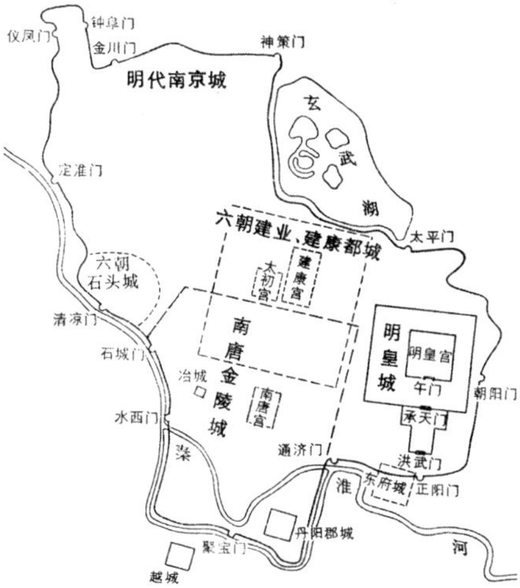

建鄴城及其周邊示意圖

（録自蔣贊初《南京史話》，江蘇人民出版社，1980 年）

①《晉書》卷九五《藝術・戴洋傳》，中華書局，1974 年，第 2470 頁。在這個故事的另外一種版本中，王導自己並没有遷居，而是將冶煉場移到了建鄴城南的冶城。見《太平寰宇記》卷九十《江南東道二・昇州》，《宋本太平寰宇記》，中華書局，2000 年，第 96 頁；《世説新語・輕詆第二十六》注引王隱《晉書・戴洋傳》，余嘉錫：《世説新語箋疏》，中華書局，1983 年，第 827 頁。後者載戴洋謂王導語曰"君侯命在申"，誤脱"本"字。

唐朝也有一位屬於“金命”的名人，即唐玄宗。他出生於乙酉年（武則天垂拱元年，685）。酉與申同屬金，方位在西，因此將五嶽中的西嶽華山尊爲本命神，立碑加封祭祀①。玄宗在位後期，兩名宰相李林甫、李適之争權。李林甫私下告訴李適之説：“華山有金礦，采之可以富國，上未之知。”李適之不知是計，就正式向玄宗提出這一建議。玄宗諮詢李林甫時，李林甫卻説：“臣知之久矣。然華山陛下本命，王氣所在，不可穿鑿，臣故不敢上言。”玄宗恍然大悟，對李適之十分不滿，最終將其罷免②。在這個事例裏，李適之不僅要在西嶽華山動土，而且還是採金，兩方面都觸犯了玄宗的本命五行禁忌，所以獲罪。

（二）方位禁忌

這裏所説的“方位”，與上文提到通過五行間接對應的方位不完全相同，是指古代用六壬式等方法占卜時所標識與十二地支直接對應的方位③。它不僅涉及東西南北等正方位，而且牽涉到東偏南、南偏東之類偏方位。

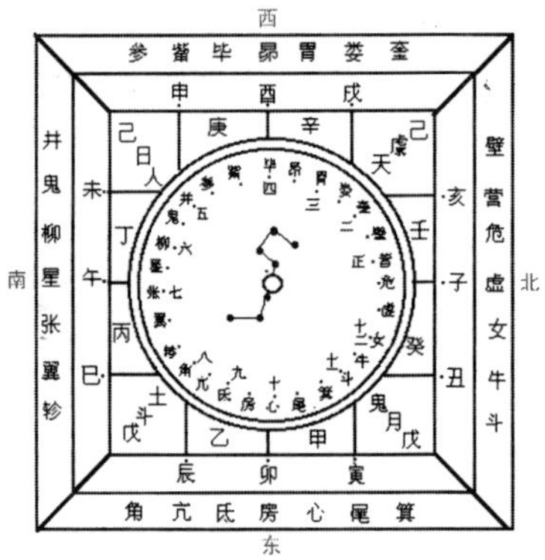

六壬式盤上十二地支與方位的對應關係

（録自陳居淵《中國古代式占》，九州出版社，2008年）

①《舊唐書》卷二三《禮儀志三》，中華書局，1975年，第904頁。

②《舊唐書》卷九九《李適之傳》，第3102頁。

③關於六壬式，參閲李零：《中國方術考（修訂本）》第二章《式與中國古代的宇宙模式》，東方出版社，2000年。後代用於測定風水的羅盤，其方位標識即來源於六壬式所用的“地盤”。

此類事例可舉出唐代宗、德宗父子在位時的兩起事件。代宗出生於丙寅年(唐玄宗開元十四年,726),寅在六壬式占中方位爲東偏北。貴妃獨孤氏去世後,代宗下令在長安城東的章敬寺北面修建陵寢,右補闕姚南仲上疏諫諍,提出幾條反對理由。其中第一條就説:章敬寺北面位於長安城的東方偏北,"當帝城寅山之地,陛下本命之所在,其可穿鑿興動而建陵墓乎?"①結果他的意見得到了採納,工程停止。後來代宗去世,德宗爲他發喪,又遇到了類似的問題。德宗出生於壬午年(唐玄宗天寶元年,742),午在六壬式占中方位爲正南。當代宗的靈車走出皇城南門承天門時,并没有沿道路中間向正南方直行,而是"稍指午、未間",即基本向南而略微偏西。有關官員對德宗解釋説:"陛下本命在午,故不敢當道。"因爲是辦喪事,讓靈車走向德宗本命對應的方位當然是不吉利的。德宗聽後大哭説:"安有枉靈駕而謀身利?"仍令"直午而行"②。德宗出於對亡父的孝心,不惜觸犯自己的本命方位禁忌,此舉頗受後人讚譽③。

(三)屬相禁忌

十二地支與十二生肖屬相有對應關係,因此廣義本命禁忌也會表現在本人屬相的相關動物身上。這一類禁忌是最容易理解的,但也往往顯得更加荒唐可笑。早在東漢末年,張仲景叙述肉食禁忌時,就有"父母及身本命肉,食之令人神魂不安"的説法④。所謂"本命肉",指的就是屬相動物之肉。後代在本命屬相禁忌方面,頗有一些著名的事例。

第一例是五代時的前蜀皇帝王建。何光遠《鑒誡録》記載:王建晚年病

①《唐會要》卷二一《皇后諸陵議》,《叢書集成初編》本,第410頁。參見《舊唐書》卷一五三《姚南仲傳》,第4081—4082頁。

②《舊唐書》卷一三〇《李泌傳》,第3623頁。

③《資治通鑑》卷二二六大曆十四年十月己酉條在記載上述事件後,以讚賞的口氣寫道:"(唐)肅宗、代宗皆喜陰陽鬼神,事無大小,必謀之卜祝……上(德宗)雅不之信。"中華書局,1956年,第7273頁。清人周召《雙橋隨筆》卷三也稱讚德宗此舉"超出古今",《文淵閣四庫全書》本,第24a頁。

④張仲景:《金匱要略方論》卷下《禽獸魚蟲禁忌并治第二十四》,人民衛生出版社,1973年,第82頁。

重,適逢地方進貢白鷹和白兔。大臣們商議説:“聖上本命是兔,鷹兔至甚相刑,貢二禽,非以爲瑞。退鷹留兔,帝疾必痊。”王建没有同意,結果當年就病死了①。王建生於丁卯年(唐宣宗大中元年,847),生肖屬兔。鷹能捕兔,所以地方進貢白鷹,被認爲對王建不吉利。

第二例是宋徽宗。他出生於壬戌年(宋神宗元豐五年,1082),屬狗。當時大臣范致虚上書建議:“十二宫神,狗居戌位,爲陛下本命。今京師有以屠狗爲業者,宜行禁止。”於是朝廷頒佈命令,禁止殺狗,告發者賞錢二萬。可能由於此舉波及面較廣,影響了民間日常生活,因此并不被大家所認可,招來不少非議。有人將徽宗與其父神宗比較説:“神宗生戊子年(宋仁宗慶曆八年,1048,屬鼠),當年未聞禁畜貓也。”還有人批評説:“狗在五行,其取類自有所在。今以忌器諛言,使之貴重若此!”②

第三例是元仁宗。他出生於乙酉年(元世祖至元二十二年,1285),屬雞。據元人楊瑀記載:仁宗在位時,“都城有禁,不許倒提雞,犯者有罪。蓋因仁皇乙酉景命也”③。景有大的意思,景命在此即指皇帝的本命。

第四例是明武宗。他出生於辛亥年(明孝宗弘治四年,1491),屬猪。正德十四年末,武宗在以“欽差總督軍務威武大將軍總兵官後軍都督府太師鎮國公朱(壽)”的名義南巡途中發佈命令,禁止民間養猪,并禁貨賣、宰殺,“如若故違,本犯并當房家小,發極邊永遠充軍”。其禁猪理由,除犯其本命外,還因爲他的朱姓與“猪”字同音④。照武宗的命令,既不准殺猪,又不准賣猪和養猪,民間的猪如何處理就成了問題。結果百姓爲避免麻煩,紛紛暗中將猪屠殺殆盡。這道命令執行三個多月,引起不小的騷動,“人心惶駭,莫測其由”⑤。明朝後期人將此事與宋徽宗禁屠狗並稱爲“古今最可笑事”、“今古

①何光遠:《鑒誡録》卷六“怪鳥應”條,《叢書集成初編》本,第41頁。

②朱弁:《曲洧舊聞》卷七,《叢書集成初編》本,第56頁。

③楊瑀:《山居新語》卷三,中華書局(與《玉堂嘉話》合刊),2006年,第222頁。

④沈德符:《萬曆野獲編》卷一《列朝·禁宰猪》,中華書局,1959年,第32頁。

⑤楊廷和:《請免禁殺猪疏》,載《明經世文編》卷一二一,中華書局,1962年,第1161頁。

怪事堪作對者”。[1]

(四)年份禁忌

廣義本命禁忌表現在年份上,就是現代所謂“本命年”。但實際上,“本命年”概念在古代經歷了一個發展變化過程。在相當長時間内,其含義與現代不同,不屬於廣義本命禁忌,而屬於狹義本命禁忌。因此放在後面一併討論。

三 狹義本命禁忌

狹義本命禁忌是針對生年干支的禁忌,它的出現要比廣義本命禁忌晚一些。大致有下面幾種類型:

(一)五行禁忌

如前所述,十二地支分别與五行對應,實則十天干也同樣如此。廣義本命禁忌應用在五行上,衹考慮地支,而不考慮天干。但在中國古代,五行除與十天干、十二地支分别對應外,也還存在另外一種與六十干支的對應關係,其特點是先將六十干支分屬宫、商、角、徵、羽五音,繼而分别對應土、金、木、火、水五行,被稱爲“納音五行”。這方面較早的表述,見於東晉葛洪《抱朴子》。葛洪在用“納音五行”理論對六十干支進行分類的同時,也闡述了相應的五行禁忌,稱:“若本命屬土,不宜服青色藥;屬金,不宜服赤色藥;屬木,不宜服白色藥;屬水,不宜服黄色藥;屬火,不宜服黑色藥。以五行之義:木尅土,土尅水,水尅火,火尅金,金尅木故也。”[2]此處所説的“本命”,指的不僅是地支,而是干支,這已經屬於狹義的本命禁忌。納音五行與五音和六十干

①沈德符:《萬曆野獲編》卷一《列朝・禁宰猪》,第 32 頁。參閲李洵:《明武宗與猪禁》,載氏著《下學集》,中國社會科學出版社,1995 年。

②葛洪:《抱朴子内篇・仙藥》。見王明:《抱朴子内篇校釋》,中華書局,1980 年,第 190 頁。

支的對應關係如下表[①]：

五行	五音	干支
木	角	戊辰、戊戌、己巳、己亥、庚寅、庚申、辛卯、辛酉、壬午、壬子、癸丑、癸未
火	徵	甲辰、甲戌、乙亥、乙巳、丙寅、丙申、丁酉、丁卯、戊午、戊子、己未、己丑
土	宫	庚子、庚午、辛未、辛丑、丙辰、丙戌、丁亥、丁巳、戊寅、戊申、己卯、己酉
金	商	甲子、甲午、乙丑、乙未、庚辰、庚戌、辛巳、辛亥、壬申、壬寅、癸卯、癸酉
水	羽	甲寅、甲申、乙卯、乙酉、丙子、丙午、丁未、丁丑、壬辰、壬戌、癸巳、癸亥

後代狹義本命禁忌在五行上的表現，可舉唐人尚獻甫爲例。尚獻甫通曉天文，被武則天授以渾儀監之職（由太史令更名），"數顧問災異，事皆符驗"。長安二年，獻甫上奏説："臣本命納音在金。今熒惑犯五諸侯太史之位，熒，火也，能尅金，是臣將死之徵。"武則天因而將他調任水衡都尉，説："水能生金，今又去太史之位，卿無憂矣！"但調職並未能避禍，尚獻甫還是在這一年秋天去世了[②]。尚獻甫的出生年份和去世年齡不詳。"納音在金"的干支共有甲子等十二項，暫時無法判定哪一項是他的"本命"。

（二）日期禁忌——本命日

與某人生年干支相符的日期，被稱爲他的"本命日"。這一概念在南北朝已經出現。南朝道士陶弘景《真誥》講述旨在"令魂魄保守，長生神仙"的"太上祝生隱朝胎元之道"，其方法就是在"本命之日"向對應的五行方位叩齒再拜，念咒祈禱[③]。隋代巢元方《諸病源候論》引隋以前成書的《養生方》，則提到在"本命日"叩齒誦咒以治療牙痛的法術[④]。或許還不能完全肯定上

---

①同上。關於"納音五行"概念，參見蕭吉：《五行大義》卷一《明數·論納音數》，劉國忠：《五行大義研究》附録五，遼寧教育出版社，1999 年，第 164—167 頁；沈括：《夢溪筆談》卷五《樂律一》，胡道静：《夢溪筆談校證》，中華書局，1959 年，第 247—251 頁；錢大昕：《潛研堂文集》卷三《納音説》，《嘉定錢大昕全集》，江蘇古籍出版社，1997 年，第 46—48 頁。

②《舊唐書》卷一九一《方伎·尚獻甫傳》，第 5100—5101 頁。

③陶弘景：《真誥》卷十《協昌期第二》，《文淵閣四庫全書》本，第 21a-b 頁。

④巢元方：《諸病源候論》卷二九《牙齒病諸候·齒痛候》，人民衛生出版社，1982 年，第 155 頁。

述兩條資料中的“本命”是狹義概念，即專指生年干支，不僅指生年地支。但《隋書・蕭吉傳》記載術士蕭吉向隋文帝上書有云“辛酉之日，即是至尊本命”①，亦即辛酉日是隋文帝的本命日（隋文帝生於辛酉年，西魏文帝大統七年，541），這就肯定是狹義概念了。

本命日禁忌的流行，與道教關係很大。《道藏》裏有一部《太上玄靈北斗本命延生真經》，大約成書於唐朝，是專講本命日的。其中説“凡人性命五體，悉屬本命星官之所主掌”。就是説，每個“本命”（狹義概念，指干支）都對應著一個“星官”。這位本命星官“每歲六度降在人間，降日爲本命限期”。例如主管甲子的本命星官，每遇甲子日都會降臨人間，此時凡是本命爲甲子、亦即甲子年出生的人，都應當小心謹慎，齋戒祈禱。“若本命之日能修齋醮，善達天司”，就會“三生常爲男子身，富貴聰明，人中殊勝”，“消災懺罪，請福延生，隨力章醮，福德增崇”。即使是“無力修崇”的窮人，衹要“能酌水獻花，實心望北極稽首禮拜，念本命真君名號”，“亦不虚過本命限期，皆得延生注福，繫系人身，災厄蠲除，獲福無量”。反之，如果對本命日不加重視，“不設齋醮，不修香火”，那就會“輕生迷本，不貴人身，天司奪禄，減算除年，多致夭喪”②。由於這種説法的影響，自晚唐五代到宋元，本命日祈禳活動十分活躍。具體情況，我在以前的研究中已有詳細討論，兹不重複。到明朝，本命日禁忌趨於衰微。著名將領戚繼光在其《練兵實紀》中論述“時日吉凶”時就説：“今人但求日吉，而不知本命衝尅所犯，是宜詳察。”③其間原因，還有待進一步研究。

（三）月份禁忌——本命月

古代的月份也可以用干支表示。與生年干支相同的月份，就稱爲本命月。本命月資料不多，主要見於宋代，應當是從本命日概念中推衍出來的。

---

①《隋書》卷七八《藝術・蕭吉傳》，中華書局，1973 年，1774—1775 頁。

②《太上玄靈北斗本命延生真經》，見《正統道藏》，臺灣藝文印書館，1977 年，第 14721—14722 頁。

③戚繼光：《練兵實紀》雜集卷三《將官到任寶鑒》，見《中國兵書集成》第 19 册，解放軍出版社、遼沈書社，1994 年，第 511 頁。

周必大《文忠集》載有兩首爲宋高宗（太上皇）本命月撰寫的祈禱文[①]。高宗出生於丁亥年（宋徽宗大觀元年，1107）。凡遇天干乙、庚之年的十月，即爲丁亥月，也就是高宗的本命月。周必大的兩篇青詞分别用於孝宗乾道六年（庚寅）十月和淳熙二年（乙未）十月，其月份干支均爲丁亥。本命月的禁忌内容，史無詳載。

（四）年份禁忌——本命年

在古代大多數場合，"本命年"專指與生年干支相同的年份，亦即某人的"花甲"之年（虚歲六十一歲），而并非泛指與生年地支（屬相）相同的年份。例如白居易詩《七年元日對酒五首》之四："今朝吴與洛，相憶一欣然。夢得君知否？俱過本命年。"自注："余與蘇州劉郎中（按指劉禹錫，字夢得）同壬子歲，今年六十二。"[②]陳師道《代醮青詞》："天運有叙，六十余而一周；人心所歸，五千言之大典。惟此庚辰之歲，是爲本命之年。"[③]與本命日一年大約遇到六次、本命月五年遇到一次相比，本命年六十年才遇到一次，一生衹會有一個本命年。加上古人年壽相對較短，因此史料中提到本命年時，似乎禁忌色彩不很明顯，而慶祝的意義較爲突出。元人胡祗遹在本命年的春節寫詩説："白髮蕭蕭覆領巾，今年六十一年人。日高坐受鄉鄰賀，隨例門開萬象春。""人道今年本命年，側身修行合拳拳。吉凶悔吝生乎動，一静由人匪自天。"[④]所謂"側身修行合拳拳"，僅是泛泛言之，並不像碰到本命日那樣緊張。而"日高坐受鄉鄰賀"，則是在本命日不會發生的。陸游晚年有詩云："清静全勝欲界天，逍遥不減地行仙。衆中莫怪人嫌老，十五年前本命年。""不學空門不學僊，端居胸次自超然。絳人甲子君休問，新歲吾兒本命年。"[⑤]炫耀

①周必大：《文忠集》卷一一四《萬壽觀純福殿開啓太上皇帝丁亥正本命月道場青詞》、《萬壽觀純福殿開啓太上皇帝丁亥正本命長生月道場青詞》，《文淵閣四庫全書》本，第13a–14a、20a–b頁。

②《白居易集箋校》卷三一，朱金城箋校，上海古籍出版社，1988年，第2099—2100頁。

③陳師道：《後山先生文集》卷十七，上海古籍出版社，1984年，第774—775頁。

④《胡祗遹集》卷七《丁亥元日門帖子》，吉林文史出版社，2008年，第147頁。

⑤《劍南詩稿校注》卷三九《致仕後即事》，卷七四《歲晚》，錢仲聯校注，上海古籍出版社，1985年，第2491、4070—4071頁。

長壽的意味就更明顯了。

本命年中"本命"取廣義概念、即指生年地支或屬相的例子，在清朝以前很少見。《遼史》記載，遼代皇帝有一種名爲"再生儀"的禮儀，具有紀念誕生、希望保持年輕等寓意，每十二年一次，例於"皇帝本命前一年季冬之月"擇吉日舉行①。此處的"本命"爲十二年一遇，與唐宋的本命年含義不同，或許與北方民族原本流行十二生肖紀年有關。

清朝的"本命年"概念已與今天比較接近，不僅限於"花甲"之年，而以與生年地支相符爲准。例如順治帝於順治十七年十一月發佈上諭，稱"明年歲次辛丑，值皇太后本命年，普天同慶"，因而下令對監獄裏關押的犯人減刑②。皇太后，即清孝莊文皇后博爾濟吉特氏，她生於癸丑年（明神宗萬曆四十一年，1613），到順治十八年（1661）辛丑爲虛歲四十九歲。又如雍正四年（1726）有人提出，當年是皇帝的"本命之年"，因此"京城不宜動土"③。實際上雍正帝生於戊午年（清聖祖康熙十七年，1678），到雍正四年丙午也是虛歲四十九歲。這樣的年齡，在唐宋元明諸朝還没有見到被稱爲"本命年"的事例。

（作者單位：北京大學歷史學系）

①《遼史》卷五三《禮志六》，中華書局，1973年，第879頁。

②《清世祖實録》卷一四二順治十七年十一月壬子朔，中華書局，1985年，第1090頁。

③《世宗憲皇帝上諭内閣》卷七六雍正六年十二月初十日，《文淵閣四庫全書》本，第6a頁。

古地圖上的"博南古道"

李孝聰

祝總斌老師是北京大學歷史系德高望重的一位老先生，當我還在北大歷史系念書的時候就不斷聽到有人贊許祝先生對中國典籍文獻稔熟於胸，而爲人談吐卻至爲謙虚。畢業後鄧廣銘先生留我在北京大學中國中古史研究中心任教，主要參與宋代《國朝諸臣奏議》的點校工作，時值祝先生任歷史系副主任，曾多次叮囑我既要認真做好鄧先生交給的古籍整理工作，也一定要在歷史系給本科生上課，才有可能立足於北京大學歷史系。當祝先生在瞭解我上大學以前曾經在西藏地質隊工作多年，而且喜歡田野考察之後，建議我將田野考察所見引入到正在歷史系講授的歷史地理課程中，這也啓發了我後來開設"中國區域歷史地理"新課程，許多内容取自個人讀書、考察之心得。祝先生常以"做現代的徐霞客"激勵我將所學知識、所讀文本與田野觀察結合，用於自己的歷史地理學研究，著實受益匪淺。

2017 年 9 月 28 日，應復旦大學中國歷史地理研究所、雲南永平縣人民政府的盛情邀請，參加"南方絲綢之路文化高峰論壇"，並實地考察"博南古道"。會後，又在《保山日報》范南丹、刁麗俊老師的引導下與永平縣文聯等同志一起考察滇西瀾滄江上的古橋遺跡。本文依據文獻史料、古地圖並結合田野考察所見，對“博南古道”略做鉤沉。適值祝總斌老師九十華誕，謹以拙文呈給老師指教，兼乞方家教正。

一　文獻史料記載中的“博南古道”

東漢明帝永平十二年(69)，哀牢王柳貌遣子率種人内屬，東漢王朝轄境向西南展拓，以其地置哀牢、博南二縣，割益州郡西部都尉所領六縣，合爲永昌郡。《續漢書·西南夷列傳》載：“始通博南山，度蘭倉水，行者苦之。歌曰：漢德廣，開不賓。度博南，越蘭津。度蘭倉，爲它人。”這是博南(今永平)立縣之始。永昌郡初治嶲唐縣(今雲南雲龍縣西南70里漕澗鎮)；建初元年(76)，郡治移至不韋縣城(今保山市東北22里金雞村)。哀牢縣城，位於今雲南省盈江縣境；**博南縣城**，最初建址於今永平縣城西南24里花橋。東漢王朝在哀牢山以西設郡立縣的目的除了爲有效管理原哀牢王屬地，還有更深一層含義，就是保障西漢時已經開通的“蜀—身毒道”(即“西南絲綢之路”)的暢通。博南縣、哀牢縣分別選址於瀾滄江、大盈江流域的河谷盆地，既有當地農業産品的支撐，又能控制翻越博南山的關隘和渡過瀾滄江的津渡。

博南縣在東晉南朝時期幾經廢置，改名永平縣，縣址在江東村(今永平縣東門口村)。唐朝南詔蒙氏於此地置勝鄉郡，後爲大理段氏因之。蒙古滅大理，憲宗七年(1257)，廢郡，於老街(今永平縣博南鎮)置永平千户所。由於此地四水交匯，盆地相對寬闊，適宜農耕，便於維繫南下站路之暢通，至元十一年(1274)復置永平縣，隸屬永昌府(今保山市)。明朝因之，爲便利驛路的交通，沿途設驛鋪，新建或重修橋樑。截止於20世紀末尚能夠見到橋址的有：

太平橋，在永平縣治東半里，跨銀龍江修建，後改名昌平橋。長40丈，高2丈5尺，廣2丈，以木爲之，覆以瓦亭十二楹。嘉靖十七年(1538)，千户趙輔重修；三十年（1551），指揮王合重修①。

霽虹橋，橋址位於古驛路過瀾滄江的渡口處，以竹索爲之，跨瀾滄江而建。明洪武間，鎮撫華嶽鑄二鐵柱於岸以維舟。後架木橋，尋毁。弘治十四年（1501），兵備王槐重修。萬曆二十七年（1599），爲順寧猛酋所焚，兵備副使邵以仁重建。二十八年，復毁，兵備副使杜華先、分巡按察使張堯臣捐俸再修，知府華存禮請於兩岸設弓兵守之。

清乾隆二十四年（1759），銀龍江爆發山洪，位於東岸的永平縣城被洪水沖圮。於是遷永平縣治於今縣城西山東麓的新城，相距十五里，但是多數永平縣城的居民仍然住在舊縣城内。經筆者當地踏查：乾隆朝所遷永平縣治遺址位於西山東麓，即今永平一中校址，依地勢自東向西拾階而上。"永平一中"牌坊以東百余米，横跨溪流建有"桂公橋"。現存單孔石拱，長約10米餘，寬僅3米，兩端已經被民居侵占，橋下小溪寬不足5米，幾近乾涸。

同治十年（1871），復遷永平縣治於今縣城南10里的曲硐，現存昔日縣衙、文廟舊址；光緒十八年（1892），永平縣治又遷回老街。

清王朝被推翻以後，1912年永平縣治復遷回曲硐，在此期間永平縣先隸屬於雲南騰越道，1929年改爲直屬雲南省政府管轄；1936年，永平縣政府又遷回老街，迄今未再移治。

"**蜀—身毒道**"（"西南絲綢之路"），指的是古代聯通中國四川經雲南、緬甸到印度的重要的陸路交通道路。根據史料記載，至少在公元前2世紀張騫出使西域，西北陸路"絲綢之路"和南方"海上絲綢之路"開通之前，就已經有人不斷行走而形成了。以翻越博南山而得名的"博南古道"是"蜀—身毒道"（"西南絲綢之路"）中最爲重要的一段，而且漢晉以後，史料中往往以"博南道"代替"蜀—身毒道"的稱謂。據前人研究：這條道路是漢武帝於元封六年（前105）前後下令開鑿的，漢、晉稱"**滇緬永昌道**"。那麼，廣義的"博南古道"東端的起始點是今祥雲縣的雲南驛。因爲東漢時期，以雲南驛爲

①（明）劉文征撰、古永繼校點：《滇志》卷之三地理志第一之三橋梁，雲南教育出版社，1991年，第130頁。

界,雲南驛以東區域屬於益州郡,雲南驛以西屬於永昌郡,“博南古道”自然應以所屬永昌郡政區轄境内的路程來計算,即以雲南驛爲起點向西,經下關、漾濞、至永平縣,再越博南山,渡瀾滄江而至保山市。

明代崇禎十四年(1641),徐霞客入滇旅遊,曾登蒼山臨洱海,自下關經永平縣、永昌府去騰越州,沿途所見記述甚詳。在其筆下的具體路線是這樣走的:潭子鋪、核桃箐、茅草房、四十里橋、合江鋪(今平坡鄉)、亨水橋(天生橋)、金牛屯、藥師寺、漾濞驛、磯頭村、漾濞街(今漾濞縣城,有鐵索橋)、白木鋪、舍茶寺、橫嶺鋪、太平鋪、打牛坪(驛)、勝備村(涉亭橋)、黄連堡、叫狗山、白土鋪(今北斗鋪)、松坡民哨、萬松仙景寺、天頂鋪、梅花哨、永平縣。入永平縣東街,徐霞客記:“銀龍江界其中,當縣治東,有橋跨其上,其處即爲市而

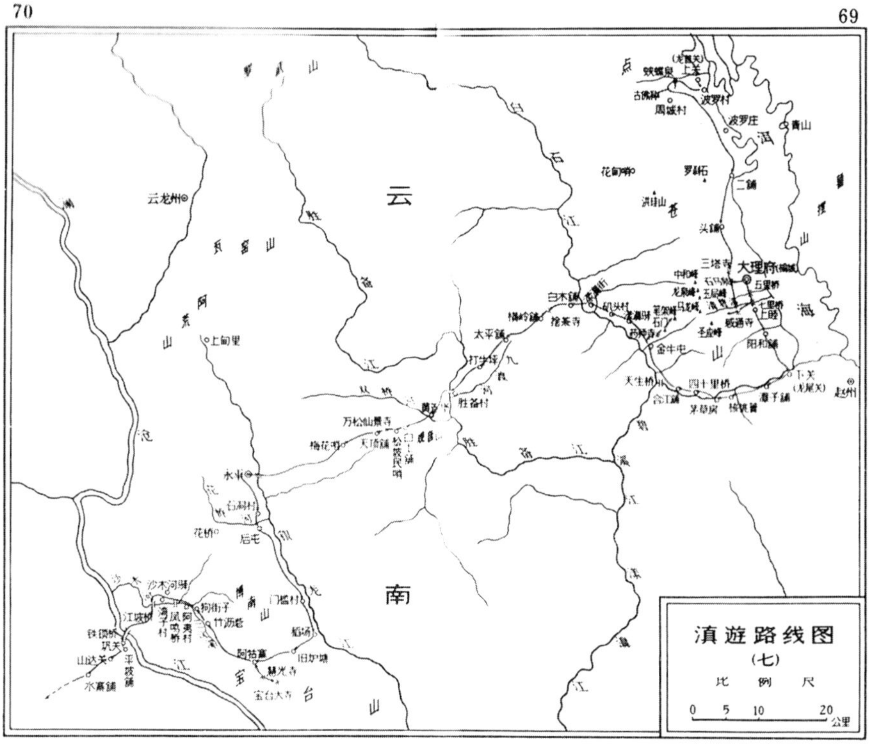

徐霞客“滇遊路線圖”博南道段

(轉引自《徐霞客遊記》卷八上滇遊日記八,上海古籍出版社)

無城；其北有城堞略具，乃守禦所，而縣不在其中也。銀龍橋之西，有橋名普濟；橋下小水東南入銀龍江。大道由縣治西，沿西山而南，至石洞村西，西南入山……不二里，即花橋大道。”①以下逐段路程是：後屯、門檻村（門檻橋）、稻場、舊爐塘、阿牯寨、竹濡寨、狗街子、阿夷村、丁當關、沙木河驛（鳳鳴橋）、灣子村（江坡橋）、瀾滄江鐵索橋（霽虹橋）；過瀾滄江橋以後，經鞏關、平坡鋪、山達關、水寨鋪、天井鋪、葫蘆邑、板橋，入永昌府城。

徐霞客所走之路並非全部沿著“博南古道”，而且是官道與間道兼行，凡地名爲“鋪”、“驛”，則屬於官方驛路。其在漾濞縣境内的路程與今國道223和國道227基本一致。學界一般認爲“博南古道”的路線是從大理往西，經順濞橋進入永平縣境；經黄連鋪、叫狗山、北斗鋪、萬松庵、天津鋪、杉松哨、梅花鋪、寶豐寺入永平縣城（今博南鎮）；又經曲硐、桃園鋪、石子坡、小花橋、大花橋，翻越博南山，至杉陽街（今杉陽鎮）；再經鳳鳴橋、江頂寺，過霽虹橋進入保山境内。

“博南古道”渡過瀾滄江以後，在永昌府（今保山市）境内的走向是：經山塔關、水寨、天井舖、倒馬坎、關坡、金雞村，入永昌府城。

據《徐霞客日記》記載：“博南古道”沿途多豎立牌坊，榜文即題詠景色，兼爲路人指明路徑。其實今日可以選擇若干昔日牌坊所在之處給予重建，以作古道之標誌。

到清朝時期，“博南古道”始終是溝通清廷與緬甸王朝之間的交通孔道，政務外交、邊境商貿、使節往來絡繹不絶。據《清高宗實録》卷一千三百七十二載：乾隆五十六年（1791）二月壬子，“雲貴總督富綱奏：雲南永昌府屬騰越州、保山縣、龍陵廳、永平縣，順寧府屬順寧縣、雲州、緬寧通判等。因籌辦邊務，於乾隆三十五、六、七、八等年，奏准加買常平谷石，自十一萬石至六七千石不等。雖照例同原額，常平同時出借，但出易無多，霉變堪虞，因邊儲未敢更張。今緬甸歸化，開關通市。此項谷石，若照舊長存。”奏文所述騰越州

———————

①（明）徐弘祖著，褚紹唐、吴應壽整理：《徐霞客遊記》卷八上滇遊日記八，上海古籍出版社，1980年，第933—956頁。

（今騰沖市）、保山縣（保山市）、龍陵廳（今龍陵縣）、永平縣，剛好排列在“博南古道”一線上。而順寧府順寧縣（今鳳慶縣）、雲州（今雲縣）、緬寧通判（今臨滄縣）則屬於從“博南古道”向南分途，經西雙版納進入緬甸境内的另一條道路。

不過，徐霞客所記側重自然地理景致、寺院廟觀等名勝古跡，當地社會、政治、經濟等情況叙述不多。時隔200多年之後的清朝末葉，另有一人也曾自大理府下關沿“博南古道”南行，將沿途所見逐日記述下來，此人即江西人黄楙材。黄楙材，江西上高縣人，熟悉大地測量製圖之學。時值英國爲了在中國西藏、雲南擴張勢力，製造事端，光緒二年（1876）藉口馬嘉理案强迫清政府訂立《煙臺條約》（“滇案條約”、“芝罘條約”）。光緒四年（1878）五月，黄楙材奉四川總督丁寶楨之命遊歷西藏、印度查看情勢，測量經緯度並繪製成圖上報朝廷。事後黄楙材將其進藏、入滇、曆緬、入印的行程經歷寫成《西輶日記》，日記中記述其經歷“博南古道”的行程甚詳，並描述了沿途所見當地政治、軍事、社會、經濟等情況。特摘録於下并附考察注記：

光緒四年（1878）十二月，黄楙材離開西康（今屬四川省）巴塘，順金沙江南下，經中甸廳（今香格里拉市）、麗江府、劍川州、鄧川州（今洱源縣鄧川鎮），至大理府城（今大理鎮）。

光緒五年（1879）正月“二十二日出南門，三十里過**下關**（今大理市），設有税局釐卡，較上關爲繁盛，雉堞數重，尤扼喉吭。關外分三大道，左三十里往趙州（今大理市鳳儀鎮），爲進滇省之路；前九十里往蒙化（今巍山彝族回族自治縣），爲通迆南之路；右側爲達騰永之路也。

二十三日，折向西北循行江岸，上下坡凹，山徑崎嶇，水流湍急……六十里宿**漾濞**（今漾濞縣城），爲蒙化所轄，有巡檢司。隔一溪三里許爲永平所轄，有汛防千總。

二十四日，北行二里許過**石橋**，有溪水從蒼山之麓流出，曲曲如抱弓，南入於漾濞江，爲蒙化、永平分界。又經汛防，過**鐵索橋**，長六十步。轉西向少南，踰小溪，上高坡，石徑狼藉。三十里至坡頂，有塘防。下坡三十里，宿太平(今漾濞縣太平鄉)。……有汛防外委一員。

二十五日,西南行,上坡凹,四十五里過**鐵索橋**,長五十步,即勝備河也。……過橋行山肋間,路繚而曲。十五里,宿**黄蓮鋪**(今永平縣黄連鋪)。有汛防把總一員。

二十六日,辨色而起,上下斜坡,日昳至**永平縣**(今永平縣博南鎮),計程百一十里。附郭田疇十數里,居民數十家而已。**永平**,古博南縣,有**舊城**(今永平縣老街)在銀龍江東岸,被潦水沖圮。乾隆間,乃遷治於西岸之山麓,相距十五里,其居民多在舊治。

二十七日,西南行,上高坡兩次,七十里,宿**杉陽**(今永平縣杉陽鎮),爲保山所轄。有巡檢、把總各一員。

二十八日,西南行,上下陡坡,之字迂迴十數折。二十五里,過**霽虹橋**,即瀾滄正幹也。兩山壁立,聳拔千仞,因石基以建橋,長七十五步,用十六鐵絙,上鋪平板,頗爲穩固。摩崖多刻擘窠大字,皆明以後款識。過橋復上峻嶺,石磴陡滑,高入霄漢,不亞於象嶺、飛越矣。山頂有**水雲寺**,二十里,宿**水寨村**(今保山市隆陽區水寨鄉)。落數十家,形如釜底。

二十九日,下坡六十里至**板橋**(今保山市隆陽區板橋鎮),又二十里至永昌府附郭**保山縣**(今保山市城區)。西有大保山,東有青華海,南北平疇,綿延數十里,與大理相仿佛。……

二月初四日,南行七八里,轉西過斜坡,宿**蒲縹驛**(今保山市隆陽區蒲縹鎮),計程七十里。有汛防外委一員。

初五日,西北行十餘里,遠過山嘴,轉向東南,復折而西北,至**潞江橋**(今保山市隆陽區道街壩雙虹橋),計程六十里。河寬二十余丈,中流立墩,建鐵索橋二段。……橋頭有小市,五日一集,茆棚攤子,大半漢人。是日因過渡耽擱,不及趕站,遂宿於此。……

初六日,西向上陡坡,三十里和木柱,……再西南上坡,尤爲陡峻,三十五里至山巔,逼近霄漢。踰嶺,盤折而下,夾道皆細竹密箐,陰寒逼人。十五里,宿**太平塘**(今騰沖縣太平鋪烽火臺)。僅塘兵數户而已。計程八十里,入夜甚冷。

初七日,下坡三十里,過**龍川江鐵索橋**(今騰沖縣老橋頭),有汛防把總一員。又五里,宿**橄欖寨**(今騰沖縣芒棒鎮橄欖寨),有税局釐卡。

初八日,西行,上下斜坡,六十里至**騰越**(今騰沖市城區)。……自大理至騰越十三站,計八百七十里。

十六日,由騰越起程。九點鐘出南門,迆西過平岡,三十里至小河底。沿大盈江而下,又三十里,過**曩宋關**(今梁河縣曩宋阿昌族鄉),有一水自西北會。又三十里,至**左營**(今梁河縣老沙壩),有土城,都、守各一員駐防。又五里,至**南甸**(今梁河縣九保鄉),宿土司衙門。一路平坦,田疇沃衍,人户稠密,刁氏世襲宣撫司,爲七司之領袖。

十七日,南甸宣撫司派土練十名護送南向,上下斜坡,轉西沿河而行,八十里抵**干崖**(今盈江縣新城鄉)。若由南甸過**覽轉橋**,行大盈江之西岸,較爲便捷,然山徑崎嶇兼有野人出没無常也。盈江之口水勢漫衍,彌望砂礫茫無畔岸,析爲無數小支,西流入於檳榔江。**舊城**(今盈江縣舊城鄉)在大盈江之陰,設有税局釐卡,爲商旅往來之大道;**新城**在檳榔江之東、大盈江之陽,依於山麓。宣撫司亦姓刁氏,自前明洪武三年立功賜姓,迄今承襲二十三世矣。……

十八日,**干崖宣撫司**换派土練五十名護送,仍涉盈江而南。循行隄岸三十里,至**蠻掌街**(今盈江縣拜掌),有茅店二十餘家。又數里過渡,水淺而寬,刳木爲舟,可容十許人。既濟,轉西北向,行平壩二十餘里,至**盞達**(今盈江縣城)。宣撫司姓穌氏,傳襲十九世。商旅往來則由干崖舊城,宿於弄章街(今盈江縣弄璋鎮),不必過江也。三土司之地皆平疇腴壤,頗有富饒之象,非滇省内地州縣所及也。土民俱係擺夷……沿途店市多係漢人。

十九日,**盞達土司**换派土練三十名護送南行,三十里至**太平街**(今盈江縣太平鎮),有漢人開店,野人亦有負薪買菜者……又二十里至江邊,轉西行,平壩二十餘里,至**蠻允**(今盈江縣芒允鄉),爲南甸土司所轄。借住於關神廟,有小市三四十家,**此地爲中國之極邊**。既無漢官,亦無土司,番夷雜處，逋逃藪澤，過此即化外野人境，非大衆結伴不敢行，因停十餘日以待之。

二十九日，十點鐘起身，大幫結伴三百餘人，騾馬千匹，向西北行。上斜坡三十餘里，野宿。既無帳幕，亦無樹林，夜間寒風料峭，冷露悽楚。

三十日，辨色而起，三十里過户宋河；又三十里宿火焰山谷口，是日過三野寨。

三月初一日，乙巳朔，早起，過火焰山，上下陡坡約四十里。鳥道逼仄，單騎纔通，林木陰森，猿猱嘯聚，有野人寨踞於山脊。

初二日，下坡，歷三野寨，三涉紅奔河，三十里至平壩。折而向南行蘆葦中，三十餘里抵蠻慕，如脱虎口，人人額手相慶矣。蠻慕有一土酋，世職爲緬甸所轄，居民數百家，編竹爲樓房，離地三尺。土酋亦裸袒，但圍布一幅而已。地勢砥平，田疇沃衍，二月插秧，四月收穫。米粒甚長，炊飯腴美，每斤米值銀一分。交易用銀錢，重三錢二分，上鑄鶴形零星小物，則以米易之。遍地薪柴，任人取用，皆係夏潦漲發之時，從野山沖來者。河幹有漢人街，二三十家，俱騰越人，爲寄屯貨物之所。

初五日，雇緬船，其船用大木刳成，兩舟相聯而空其中，上鋪竹篾，可載棉花五十駝。水手九人，前後三槳。有茆棚，僅可睡余一人，餘俱露處。沿途派有槍兵一二名護送，所至遞换，如内地塘鋪然。午間解纜，向西南行三十餘里停泊。

初六日，約行六十里之程，午後抵新街（今緬甸八莫，該處爲清朝自緬入滇大路），寓於關廟。騰越鎮廳會銜字寄新街緬官公文已於十日前遞到，此次復自帶陳司馬致大藴官一函，交許客長投之。晚間派來五人守夜。新街當檳榔江之口，水陸交通，商貨雲集，緬國設藴幾一員爲頭等大官，有屬官五人。英國設領事一員，曰亞葉板，有洋兵三十名駐防。緬人所居皆板屋，或編竹爲之結構，草草不日可成。惟漢人街頗有瓦屋，滇人居此者四五十家，而往來商旅常有數百人。建關神廟爲會館，迴廊戲臺規模巨集敞。”①

---

①（清）黄楙材：《西輶日記》，載王錫祺：《小方壺輿地叢鈔》第十秩，杭州古籍書店影印版，第12册，第418—431頁。

清末和民國前期,雲南省政府沿著“博南古道”的走勢,不斷維修和改建從省城昆明至緬甸新街(今緬甸八莫)的迤西大道,爲後來滇緬公路的形成奠定了基礎。截止到20世紀30年代,民國雲南省政府開始勘測規劃從昆明至騰沖的鐵路,在地圖上預定鐵路線路與公路線路幾乎並行。與此同時,英國勢力也從緬甸不斷滲入我國,鐵路已經修到騰沖。

1937年,日本侵華戰爭全面爆發以後,因滇西抗戰的需要,繞行博南山的滇緬公路永平段竣工通車,大批戰略物資和資訊不再經由博南古道馬幫馱運,連接印度、緬甸和中國雲南的國際陸路運輸線由古西南絲綢之路轉移到滇緬公路上,但博南古道仍然是民間運輸的要道。因此,無論明、清王朝時代繪製的古地圖,還是民國時期根據測繪資料編繪的地圖,自下關經漾濞、永平、保山、騰沖,連接緬甸的道路,基本走向没有太大的改變,改變的祇是適合現代汽車行駛的局部路段。

二　古地圖顯示的“博南古道”

我們借助清朝和民國時期繪製的地圖,可以同上述文獻記載中的“博南古道”進行比對,更清晰地顯示西南絲綢之路的路徑。

康熙皇輿全覽圖

康熙五十二年(1713),西方來華傳教士費隱(Xavier-Ehrenbert Fridelli,1673-1743)、山遥瞻((Guillaume Bonjour Fabre,1669-1714)被派往四川、雲南進行測繪製圖,測圖先從四川北部與陝西接壤的保寧府屬廣元縣起始,至東川府畫完四川全省地圖;隨後由東川府入雲南省境測繪畫圖,雲南地圖繪畢,再轉入貴州測圖。不料第二年(1714年12月25日)山遥瞻病死於雲南孟定。康熙五十四年(1715)三月二十四日,雷孝思(Jean Baptiste Régis,1663-1738)奉命去雲南接手完成該省測圖。康熙六十年(1721)最終完成《皇輿全覽圖》。在雲南境内共計30個實測點,位於“博南古道”上的測點有:下關、永平縣、沙木河、永昌府、蒲縹站、騰越州、猛送、盞達宣撫司、銅壁關。

乾隆内府輿圖

乾隆平定厄魯特蒙古準噶爾部，天山南北悉入版圖，乾隆二十六年(1761)編繪成《西域圖志》。翌年(1762)，在康熙、雍正《皇輿全覽圖》的基礎上增補新疆、西藏測繪新資料，編制《乾隆内府輿圖》，在分幅上以緯度每差5度爲一排，共分十三排，故又稱乾隆十三排圖。此圖在"博南古道"沿途標誌府州縣符號的點僅有：永平縣、永昌府和騰越州，其餘汛站、土司皆未標符號。

(乾隆)騰越輿圖考

圖藏北京大學圖書館。乾隆五十四年(1789)，墨繪設色長卷，包括文本《騰越輿圖考》，圖繪"騰越州屬地輿圖"、"緬甸地輿圖"，圖説"騰越州管轄諸族圖像"、"緬甸所轄諸族圖像"。時值清廷與緬甸戰事期間，經楊應琚、明瑞、傅恒三次進軍入緬作戰，事平。此圖係雲貴總督富綱奏請騰越州通緬甸各要路分設塘汛、安兵巡哨之附圖，描繪自騰越州入緬水陸路程里數，沿途的塘汛名稱、里距，分設官兵數目，以及各土司分佈狀況。反映"西南絲綢之路"騰沖至緬甸段的走向。

"騰越州屬地輿圖"、"緬甸地輿圖"二圖在長卷上首尾銜接，而據圖題可知"騰越州屬地輿圖"描繪清朝境内，"緬甸地輿圖"則表現境外。圖内用墨點線表示道路，沿途標繪鋪屋插紅色旗杆者爲塘汛，現據各塘名稱逐程復原自永昌府保山縣至緬甸王城的道路。

自永昌府保山縣地方起，永昌底塘十五里至臥帥窩塘，臥帥塘二十里至冷水箐塘,冷水箐塘二十里至蒲漂塘,蒲漂塘二十里放馬廠塘,放馬廠塘三十里至潞江邊塘,潞江邊塘二十五里磨盤石塘;經潞江渡口過江,磨盤石塘二十里至蒲蠻哨塘,蒲蠻哨塘十里至分水嶺塘,分水隘係永昌府與騰越州交界;分水嶺塘二十里至太平鋪塘,太平鋪塘十五里至竹笆鋪塘,竹笆鋪塘二十里至橄欖坡塘,經龍川江關索橋過江;橄欖坡塘二十里至赤土鋪塘,赤土鋪塘二十里至芹菜塘,芹菜塘十五里至矣北塘,矣北塘十里至底塘,入騰越州城。自永昌府城至騰越州城塘路合計二百八十里。

出騰越州城南門,去緬甸的官道有兩路,分别沿小梁河(今大盈江南底河)東、西兩岸而下。西岸塘路由騰越底塘西去,過小梁河橋,至界丙塘。界丙塘二十五里至線多塘,線多塘二十里至邦獨塘,邦獨塘五十里至猛送塘,猛送塘五十里至干崖塘①,干崖塘六十里至盞達塘,入干崖宣撫司土司刀鴻業衙門,至此離騰越州城一百六十里。從干崖宣撫司東渡河,與東岸塘路匯合於南甸宣撫司。

東岸塘路由騰越州城南門外來鳳山麓八保街道至黄果樹塘,黄果樹塘二十里至曩宋關塘,曩宋關塘二十里至南甸塘,南甸塘四十里至龍抱樹塘,入南甸宣撫司土司刀恩賜衙門,離騰越州城一百里,較西路近便。

入緬境塘路繼續南行,龍抱樹塘三十里至羅崗塘,羅崗塘八十里至火燒寨塘,火燒寨塘五十里至翁水塘,入隴州宣撫司土司多世臣衙門。

自翁水塘四十里至遮砍塘,遮砍塘六十里至猛卯汛,由此汛西南行,經鐵壁關翻越崇山峻嶺,入緬甸境。“騰越州屬地輿圖”卷尾至此接“緬甸地輿圖”卷首,緬甸境内仍以墨點表示道路,但是不再標繪插紅色旗杆的鋪屋,僅畫圓圈注記地名。

在緬甸境内的道路起自蠻暮地方官屯,距虎踞關三百餘里,係緬甸總會馬頭。經那弄、渡口、猛惱、半個朶,入猛密司城,離官屯五百餘里;再經馬得腊,離猛密司一千六百餘里,渡江而最終抵達緬甸城。

---

①干崖,圖内注記爲“千崖”,係繪圖人不諳地名而誤書。

乾隆年間的“騰越州屬地輿圖”與“緬甸地輿圖”所繪自永昌府經騰越州入緬的道路，與光緒時期黄楙材《西輶日記》日記所述塘站幾乎一致，衹是里程略有出入。

(乾隆)全滇輿圖

圖藏中國國家圖書館。乾隆三十五年(1770)，彩繪輿圖兼具圖説，其中大理府圖、永昌府圖覆蓋整個“博南古道”，沿途除下關、合江鋪未標符號，有符號標注者：黄連鋪、黄連堡、永平縣、沙木汛、永昌府保山縣、潞江宣撫司、騰越州、南甸宣撫司、猛送、干崖宣撫司、盞達副宣撫司、翁冷、銅壁關，圖上在龍川江上繪鐵索橋。

(光緒)永昌府入緬京道里圖

圖藏中國國家圖書館。光緒二十年(1894)彩繪本，描繪自永昌府入緬甸王國首都的路程。圖内永昌府注記“由永昌府至緬甸城約二千五百四十餘里”，分三途：一路沿潞江東岸，經芒市入緬；一路沿潞江西岸，渡江後與東路會合，經木邦(今緬甸臘戍北面的興威，又名登尼)、錫箔(今緬甸昔卜)、宋賽、鬼子、得冷子、猛密司，入緬京(今曼德勒)。

1910年新體中國地理附圖

圖中用雙線條畫了一條從雲南省城(昆明)向西，經楚雄、蒙化(今巍山)、永昌(今保山)、騰越(今騰沖)，直通緬甸新街(八莫)的公路規劃路線。值得注意的是這條規劃中的公路在蒙化與永昌之間段，没有經過洱海南岸的下關，而是從蒙化直接通到永平縣，然後折向西南方向。永平縣在圖中衹標誌圓形縣級符號，没有注記名稱。這是迄今爲止，繪製時代比較早表現滇緬公路選線的一幅地圖。

1917年雲南省全圖

在這幅全省地圖上，用雙線條顯示從省城昆明至騰沖的大路，很明顯的是與1910年地圖相比，綫路已經發生改變。楚雄向西不再經過蒙化，而是從鎮南(今南華縣)西去彌渡，再折向西北，經鳳儀、下關、大理(太和城)、漾濞，(此段似規劃的鐵路，太和城至漾濞縣從未貫通過)復轉向西南，經永平，渡瀾滄江至保山,西止於騰沖。在"博南古道"段,圖内標注沿途各地名依次是:漾濞縣城—濫壩—太平鋪—勝備橋—永定—白土鋪—永平舊治—永平縣城(曲硐)—杉木和—江波寺(渡瀾滄江橋)—官坡—板橋—保山縣—蒲縹—竹板箐—惠人橋—江邊街—龍江橋—橄欖站—騰沖縣,多處地段與古道一致。

由此圖可知,英國人已經將鐵路從緬甸八莫修到雲南騰沖。

1933 年中華最新大地圖

此圖用雙線表現雲南至緬甸預定修築的鐵路,從昆明經安寧、楚雄、下關、大理、永平、保山、騰沖、蠻允至緬甸八莫,反映當年中緬三條大通道思想的初步體現。

1942 年印度到中國陸路圖(LAND ROUTES INDIA TO CHINA)

這是第二次世界大戰期間美國軍方繪製的印緬中戰區地圖,用紅色線條勾勒出滇緬公路的走向:緬甸八莫—南坎—畹町—龍陵—保山—雲南驛—昆明。滇緬公路的選線没有完全與"博南古道"吻合,而是避開騰沖盆地兩側"野人山"的崇山峻嶺,選擇從南坎沿著瑞麗江河谷北上至保山的線路,保山至大理下關段則幾乎沿著"博南古道"的主線路而開闢,使"博南古道"歷史價值與現實意義充分得到了體現。

餘論:保護與利用人類歷史文化遺産"古道路"的意義

"博南古道"經過兩千多年人類不斷地行走,積澱了濃厚的歷史文化,衆多的文物古跡使博南古道的旅遊資源十分豐富。今後應該進一步提煉南方絲綢之路的文化特質,展現和弘揚雲南兩千多年以來形成的開放、包容、和諧的多民族文化風采。雖然今天交通工具愈加科學便捷,新的高速公路以及將來的中緬高鐵已經脱離當年的古道,地區商貿經濟和人員往來也冷落了"博南古道",但是卻給"西南絲綢之路"的維護帶來了新機遇。

爲此我們應當開展對具有歷史價值的遺跡:古道、驛鋪、寺廟、橋渡、碑碣、摩崖石刻的研究,組織國内外學者邊考察邊討論。開拓視野,用比較的眼光審視我國各地的古代道路,與世界上同類型古道相比較,分析古道具有的共同點與區域獨特性,闡釋古代道路作爲世界遺産的價值標誌。對古代道路的保護性建設,主要目標是整舊如故,而不是整舊如新,包括古道和沿途建築。要讓來到此地的人們感受歷史,觸摸歷史,玩味歷史,而不是低層次的娱樂。譬如考察途中所見霽虹橋、太平橋雖然均屬新建或異地重建,皆應保持原來的材料、結構和樣式,最好配上舊照片加以説明。另外,沿途豎立古道地圖,注記道路前後的里程、座標、海拔、歷史遺跡、過往歷史上著名人物的事蹟,讓人們能夠對比和聯想,如此古道才更具吸引力。

(作者單位:北京大學中國古代史研究中心)

讀《兩漢魏晉南北朝宰相制度研究》

陳蘇鎮

祝總斌教授所著《兩漢魏晉南北朝宰相制度研究》是近年史學界出現的又一部力作。宰相及其機構是中國古代國家機器的核心與樞紐。不斷發展、變化的宰相制度是中國古代史研究的重要課題。學界對此歷來十分重視,但往往停留在粗線條的理解上,缺乏深入具體的研究。特别是漢唐之際的宰相制度,連哪些官職是宰相、哪些部門是宰相機構,都衆説紛紜,在細節内容上更存在許多模糊和錯誤的看法。祝先生此書將這項研究大大推進了一步。

兩漢魏晉南北朝是宰相制度由三公制向三省制過渡的時期。後人研究這一過程,大多根據隋唐三省分權"並相"的特點,追溯三省操權之始和權重之時,以求三省成爲宰相的上限,並每每將萌芽形態誇大爲成熟形態,將一時的現象混同於穩定的制度,將君權的引申即近臣、佞幸之權誤認爲相權。於是有東漢以降的尚書長官是宰相、魏晉的中書長官是宰相、北朝的門下長官是宰相、南朝的中書舍人是宰相以及"魏晉以來,宰相……無有常官"等説法。關於宰相制度變化的主要原因,則大多從最高統治集團的内部矛盾著眼,用君主與宰相的權力之争加以解釋,認爲“君主感到相權發展過重,‘威脅’自己,於是有意採取措施,削奪相權,從而導致了一系列制度的變化”。

祝先生在《前言》中首先從理論上和史實上分析了傳統説法的矛盾,進而從宰相權力的基本内容出發,提出判定是否宰相的標準應包括兩項條件,即宰相必須擁有“議政權”和“監督百官執行權”,二者“缺一不可”。並指出,“古代官吏和後代學者往往重視第一個條件,而忽視第二個條件,從而造成宰相稱謂上許多混亂”。又從更高角度著眼,指出“在最高封建統治集團中,君主、宰相是不可或缺的。君主固然最重要,但如果缺了宰相,對國家的治理便無法有效地進行”。以上是本書立論的基本角度,同舊説相比,顯然更加全面,也更具普遍意義,不僅可用來研究兩漢魏晉南北朝的宰相制度,對研究其他時代的宰相歷史也有重要參考價值。

從上述角度出發,全書正文對兩漢魏晉南北朝的三公、尚書、門下、中書等官職和機構的名稱、職權、發展過程、相互關係、變化原因等問題,逐一進行詳細深入的考證和論述,並多有創獲和突破。

描述該時期的宰相制度,首先要弄清許多細節問題。爲此,祝先生廣泛搜集史料,進行了一系列考證。如西漢三公的稱呼、職權、屬官及其變化,東漢三公“分職授政”的具體辦法,曹魏三公的權力狀況,西晉以後三公、八公的職權、特點和作用,西漢“中朝官”的特點和職權,尚書機構的形成和發展,領尚書事制度的特點和權力,東漢尚書六曹的名稱和分工,魏晉尚書的權力狀況和行使方式,東晉録尚書事的權力狀況和“録尚書六條事”的含義,南北朝録尚書事和尚書令、僕的權力狀況,尚書上、下省的區别,“朝堂”的位置及“朝端”、“朝右”等稱呼的來源,漢代“門下”的含義,“禁中”的範圍,侍中寺的職掌和變化,魏晉以後門下省的地理方位,晉代的“門下三省”及其職權,南北朝門下省機構和權力的變化,西漢中書機構的特點和職掌,魏晉中書省的權力狀況,東晉南朝的“西省”,南朝中書舍人的權力性質,等等。其中許多環節都是前人未能弄清或存在誤解的。祝先生的考證多發前人未發之覆,填補了一系列空白,爲進一步的分析奠定了基礎。

在細節考證的基礎上,本書勾畫出該時期宰相制度演變的清晰線索:兩漢三國的三公皆握有議政和監督百官執行權。其中西漢初至成帝綏和改制前,以丞相爲主,三公地位與權力不平等;成帝改制後至曹魏前期,三公鼎立,地位與權力相等;蜀漢前期及孫吴皆以丞相爲主。兩晉南北朝的録尚書事、尚書令、僕射皆有議政和監督百官執行權。其中西晉以令、僕爲主;東晉以録尚書事爲主;南朝録尚書事權力削弱,令、僕權力擴大;北魏、北齊令、僕權重,録尚書事權力更重。此外,對與宰相制度密切相關的其他官職和機構的發展過程也做了明確交待:漢武帝時中朝近臣充當皇帝的參謀、顧問,並"分平尚書奏事",擁有部分議政權;昭帝以後發展爲"中朝官"和"領尚書事"制度;成帝時尚書分爲五曹,機構有所擴大;東漢時中朝官制度漸廢,尚書制度進一步發展,逐漸侵奪了三公的部分議政權;曹魏尚書權力進一步擴大,魏晉之際又獲得監督百官執行權。漢末三國的侍中"省尚書事",並參與謀議和諫争,取得部分議政權,至西晉形成門下省;東晉南朝詔令須經門下審署後下達;北朝門下又有"覆奏"制度,事權甚重。曹魏設中書省掌起草詔令並"典尚書奏事",其長官一度權力甚重,後期漸衰;西晉以後中書監、令獲得部分議政權;東晉監、令漸被架空,草詔權轉歸中書侍郎;南朝侍郎又失其職,草詔權轉歸中書舍人;舍人憑藉皇帝寵倖,一度侵奪了部分議政權,但始終未形成法定制度;北朝中書省唯"掌詔誥",無議政權。隋唐以前,中書、門下的機構、權力和地位不斷發展,但始終未獲得監督百官執行權。最後得出如下結論:"漢代宰相是三公,而尚書台長官不是,儘管他們在某些方面或某個時期權力極大。魏晉南北朝宰相是尚書台(省)長官,而中書監、令和門下侍中不是,儘管他們也是在某些方面或某個時期權力極大。"

對上述演變的具體原因,本書也依次做了探討,並大多得出與傳統看法不同的結論。如:漢武帝任用近臣和尚書,不是爲了剥奪丞相權力,而是"爲了彌補宰相、大臣才幹之不足";昭帝時形成中朝官和領尚書事制度,不是昭帝欲奪宰相之權,而是輔政的霍光"處理、調整與宰相、大臣的關係"的一種手段；成帝用鼎立的三公取代獨重的丞相，不是爲了“輕相權”和“分相權”，而是爲了更好地發揮宰相的作用；東漢初堅持三公鼎立制度並發展尚書制度，是爲了加强君權、防範大臣和提高統治效率，不存在收三公之權交尚書的指導思想；章帝以後擴大尚書權力，是爲了更好地行使君權，幫助“皇帝或太后保證統治效率與品質”，而無防範大臣的用意；曹魏三公權力進一步向尚書轉移，不是因爲皇帝猜疑三公，衹是因爲魏初三帝“政自己出”，其後曹爽、司馬懿等大臣又代替皇帝專執朝權，而通過尚書行使君權比通過三公更爲方便；魏晉以後中書、門下二省的形成和發展，一是因爲尚書漸成宰相，負責全國政務，皇帝需要另設機構幫助處理尚書奏事，二是因爲有些皇帝獨攬大權，往往不經尚書而直接做出重大決策，需要中書、門下官吏參與謀議和諫争，以保證決策的正確性；等等。從而概括出如下觀點：君相之争雖是宰相制度變化的原因之一，但不是“問題的本質”，“主要原因是爲了在新形勢下更有效地進行統治。在這發展、變化進程中，君主、宰相的協調、統一是基本的。”

本書立論的兩個基本角度是從“我國兩千多年的宰相歷史”中概括出來的，既“有兩漢魏晉南北朝大量史料爲依據”，又“符合隋唐以下關於宰相的情況和觀點”，而非出於憑空假設，或取自某種理論學説。在行文中它們是分析的開端，在實際研究過程中卻是最終的成果，其中包含著超出本書範圍的大量工作。因此，它們不僅新穎，而且實在，不僅有較强的解釋力，也符合中國宰相制度固有的特點。

本書十分重視史實的考訂，對重要環節和資料的分析更是一絲不苟。如《西漢的三公（上）》一章，對成帝以前丞相、御史大夫、太尉的職權、地位和相互關係，“三公”稱呼的來源及其在西漢時的含義，丞相府各屬官的職掌、地位等，分别做了詳細考證。其中“三公”概念來自“戰國以後的學説”，用以泛指宰相，並非一定要有“三”人，亦無“鼎立”之意；宰相不直接干預具體事務，而以“調和陰陽”、“輔佐天子管好全國大事”爲主要職責；丞相和御史大夫行使議政權和監督百官執行權的具體方式；御史大夫除輔佐丞相理事外，又負責起草詔令和傳遞、保管各類文書;丞相府各曹“衹對中央和地方直接理事的有關機構進行監督”,“一般並不直接判案、捕人”等結論,都有新意。書中精彩的考證很多,是本書的基本特色,也是祝先生功力深厚的表現。

書中所論三公、三省之權力的形成、發展、轉移等大多有一個漸進過程,其中既有量變,也有質變。適當估計它們在不同階段的權力狀況,是個很難把握、易受主觀傾向性左右而產生偏差的問題。祝先生於此始終堅持客觀立場,在充分估計的前提下,力避誇大,並著意糾正各種言過其實的舊説。如前人大多認爲漢代尚書自武帝時已初具規模,至東漢便基本取代了三公。祝先生詳細考察了漢代尚書權力的發展過程,指出:西漢初尚書唯“掌通章奏”,“談不上有什麼權力”。武帝時通過尚書交皇帝處理的文書大量增多,尚書增加了保管文書的任務,但“平尚書事”和“領尚書事”之權皆屬中朝官,並不意味著“尚書權力的膨脹”。昭帝以後皇帝或執政大臣常遣尚書越過宰相直接干預官吏的任用、考核、彈劾等,使尚書獲得部分議政權。但這“僅僅是開始”,尚未形成制度,且“偏重於人事”,“對之絶不能誇大”。東漢尚書的議政權進一步擴大,“不僅人事,而且也涉及重大決策、措施”,但並未取代三公。在更多情況下,議政仍是三公的職責。至於監督百官執行權,東漢一代“仍屬三公,尚書基本不管”。對漢末仲長統的三公“備員”之説和安帝時陳忠的“選舉誅賞,一由尚書”之説,祝先生則根據當時具體背景和他們提出上述説法的直接目的,證明二人一是“故意誇大”東漢“三公之失權”,一是“極力誇大尚書之權”,都存在很大片面性。對其他類似過程,書中也做了同樣細緻的考察和恰當、公允的分析。

在探討制度變化的原因時,祝先生著重對當時的政治背景特别是統治者的政治需要和指導思想進行了深入剖析。如有人認爲東漢採用三公鼎立制度並擴大尚書權力,“是漢光武嫌三公權重,有意收其權交近臣尚書”的結果。祝先生則以大量史料證明“漢光武明確的指導思想,衹不過是防範大臣,要把權力緊緊握在自己手中”,“説他存在收三公之權交尚書的指導思想,卻無史料根據”。因此,光武帝分散、削弱三公權力的直接結果,是他“政不任下”,“躬好吏事”,是君權的加强,而非相權的轉移。“然而這一高度集中之權力的行使,又不能不通過具體機構”,於是尚書機構“任務增加,權力擴大”。但這種“權力”衹是皇權的引申。“當時的尚書没有一個不是老老實實按漢光武意旨辦理具體事務的”,既無“與人主參決”資格,也無獨立處理政務的權力。這一見解比傳統看法深入了一步。類似的分析還見於其他有關各節。這也是本書的一個特點。

在皇權專制體制下,宰相及其他秘書、諮詢機構的權力狀況,往往同它們與皇帝的空間距離有關。因此,本書也對兩漢魏晉南北朝的宫禁制度及所論各機構的地理方位進行了探討,並大體弄清了它們的相對位置。如西漢的丞相府在皇宫之外,御史大夫寺在最外一道宫門内,中丞所掌“蘭台”在未央宫殿中。成帝以後三公府皆在皇宫之外。兩漢魏晉的尚書台在最内一道宫城内,南北朝時尚書各曹移至最内一道宫城外。魏晉以後中書、門下則在最内一道宫城禁中内,等等。宫禁制度十分複雜,資料又零散。祝先生在這方面顯然花費了不少心血,並基本上揭示出君權、相權和近臣之權的空間結構,爲我們理解其間複雜而微妙的相互關係提供了重要背景。

祝先生長期從事中國古代史和秦漢魏晉南北朝史的教學與研究,尤以法律和政治制度史見長。他治學嚴謹,實事求是,善於做細節考證和個案研究,也重視上下貫通的宏觀分析。《宰相》一書則是他多年教學和科研的成果之一,不僅有很高的學術價值,在學風和方法上也值得我們學習和借鑒。

原載《北京大學學報》1991 年第 3 期

（作者單位:北京大學中國古代史研究中心）

記祝總斌先生

——寫在《兩漢魏晉南北朝宰相制度研究》新版之際

孟彦弘

祝總斌先生的《兩漢魏晉南北朝宰相制度研究》新近由北京大學出版社印行了新版。承責編張晗兄寄贈一册,裝幀、印製均極好。這應該是第三版了。第一版是 1990 年由中國社會科學出版社印的,小 32 開,鎖綫平裝,任意從哪兒翻開,都會自然展開,不會合上,更不會斷開;惟一美中不足,就是有 4 張"夾心紙",但有 2 張在書末,所以并不太顯。後來,中國社科將此書歸入"社科文庫",印成了較爲講究的大 32 開,但打開卻有些費勁;打開了,不用東西壓著,就會自然合攏。北大的這一版,精裝,鎖綫,用紙好,排版也好——疏朗、美觀。與中華書局 2009 年爲祝先生印製的《材不材齋史學叢稿》可相媲美。這樣的印製,才配得上這樣的書。宰相制度,是中國古代制度中最爲重要的一項内容。有關這個問題的論著很多,但論深度、論貢獻,我覺得,這部書是最優秀的;套用一句朋友的話,"没有之一"。

至少從 20 世紀 50 年代到 80 年代,學界都將宰相制度作爲理解中國古代制度的一個關鍵。這跟學術界討論專制主義、中央集權、皇權等問題密切相關,跟所謂中國封建社會的長期延續的問題,也有點關係。學術界在相當長的時期,對中國制度的發展有個認識,那就是皇權越來越加强、專制主義越來越嚴重;分析秦漢到隋唐的中央政治制度的演變——皇帝身邊的内臣及機構,不斷外化爲朝廷的機構。祝先生這本書所著重分析的尚書、中書、門下,正是這樣一個過程;到了唐初,這三省的長官成了"當然宰相",參加政事堂會議——認爲其動力或根本的原因,就是皇帝與宰相的矛盾,或謂之君相矛盾。這成了一個基本的分析框架。對明清的中樞體制演變的分析,也基本是這個框架。受港臺影響比較大的一些學術論著,基本是對材料的收集、梳理,甚至是堆砌,延續的是50年代以前的學術脉胳——主要是政治系出身的學者的研究理路。祝先生認爲,首先要對"宰相"下一個定義,即具有什麽樣的權力的人或機構,才能稱之爲"宰相"——他認爲,必須具有兩項權力,一是參政議政權,主要是能與皇帝議事,參與決策;二是監督百官執行權,即能直接領導政府部門進行行政運作。不能同時具有這兩項權力,即不能被視作"宰相"。我們知道,所謂"宰相",在中國古代大多數時候是個泛稱;如果不進行定義,問題就無法進行深入討論。有時説了半天,争了半晌,其實大家并不在一個平臺上,是各説各話,這當然不利於對問題的討論。這個定義,在宰相研究史上,我認爲具有里程碑的意義。這使得宰相制度的研究,提升到了一個更高的平臺上。當然,這個定義是不是能貫徹到兩千年的帝制當中,還可以再討論。我傾向於把宰相視作介於皇帝與行政或政府部分之間的一個機構(這個機構,有時是由幾個相關的部門共同組成;就人員而言,有時是一個人,有時是幾個人),它當然要參與最高的國是決策、重要人事任免的討論;但對政府或行政部門的指使或領導,又具有彈性,有時是直接而有力的,有時是間接而較軟弱、甚至無權直接下發指令。皇帝的終身性、世襲性,決定了這個"中間機構"存在的必要性;帝制的特點,又決定了皇帝的權力具有彈性。所以,不同時代、不同情景,宰相作用的發揮、權限的大小各有不同,需要"具體問題具體分析";這倒未必能説明皇權或專制程度等問題。

對祝先生這部書所具體研究的兩漢魏晋南北朝，即漢到隋以前的七百年間的宰相制度的分析，除了用他的定義，具體而細緻地研究了三公、尚書、中書、門下這幾個重要的機構，是不是宰相機構，是在什麼時候、怎樣一步步成爲或不再是宰相機構的。所謂“具體而細緻”，是指他將相關材料、特别是官文書，放到具體的政事運行過程中來加以分析和考辨。這正是近年學界所極力倡導的“活的制度史”的研究方法。正因爲是這樣的研究方法和研究視角，就導出了他在理論上的一個貢獻，即這七百年間宰相制度演變的原因或動力，不是所謂君相之争，而是出於當時的政治需要。這就使原來的那種邏輯的飄浮的解釋，落到了實處；不是“事外求理”，而是體現在具體的運作中的“理在事中”。周一良先生曾高度評價此書，説：“祝總斌研究漢晋到南北朝的宰相制度，以這段時期皇權相權的相互關係爲綫索，追溯了從漢代三公到唐代三省之間的演變，把八百年間中樞政權所在作了細緻深入的分析。”[①]關於此書的具體、中肯、準確的學術評價，可參祝先生高足陳蘇鎮先生的書評[②]。

北大歷史系中古史老先生的課，我幾乎都旁聽過；但聽的最多的，是祝先生的課。我聽過他開的史學史、法制史、兩漢魏晋南北朝宰相制度史等等。新版的這部書，就是他當年的授課講義。1990年初版《後記》中，祝先生説：“這是我多年講授的專題課‘兩漢魏晋南北朝制度史’中，有關宰相制度的一部分内容，經過整理、擴充，1987年秋撰成此稿。”我在北大三教旁聽這門課時，這部書正在印製過程中。課間請益時，祝先生曾説此書出版，送我一部。但印出來，没趕上祝先生開課，所以没能像其他學生一樣，得其賜贈。他的學生韓樹峰兄跟我最熟，力勸我拜謁索討，我實在有點不好意思，於是，自購一册，并隨手寫了一則題記：“一九九一年購於鼓樓社科出版社服務部。前此則於三教聽祝先生授此課也。”據北大的同學説，田餘慶先生很樂於給學生贈書，但不大願請學生吃飯；祝先生則正好相反。我得田先生賜書甚

①《畢竟是書生》，北京十月文藝出版社，1998年，第146頁。

②初刊於此書初版伊始的1991年，收入其《兩漢魏晋南北朝史探幽》，北大出版社，2013年。

多,幾乎每出一部即蒙他賜贈一部,但確實没吃過田先生的飯(在他晚年,某年元宵節前後與韓樹峰、侯旭東二兄趨謁,閑聊間,蒙師母賜食湯圓。這不能算)。祝先生日後也曾賜予其論著,但我卻也從没吃過他的請。所以,這等傳言,大概衹有與他很親近的嫡傳生徒才能證明吧。

祝先生八十歲生日,正逢中華書局出版其《材不材齋史學叢稿》,中古史中心爲他舉辦了賀壽座談會。會上祝先生説,自己早年定的一個目標,就是能完成百萬字的成果。他説,自己70年代從法律系轉入歷史系,主攻魏晋南北朝史,但連盧弼的《三國志集解》都没用過。我想,這個“量化”的指標,是他對自己的鞭策和要求。况且,那時大家哪能知道“文革”何時結束,什麽時候教學、科研能真正走上正軌呢。他在《我與中國古代史》[①]中所説,“開始一段時間,可以説是不得其門而入;逐漸摸索出一點門徑的過程中,大量旺盛精力又被迫消耗在無謂的‘運動’‘文革’之中。改革開放,好日子到來了,已垂垂老矣。”可謂真實寫照。這個指標,在當時看來,實在也是不易達到的。2006年,在各出版社經濟效益不是太好、大家都不太願意印行學術論著時,張國安兄積極張羅,幾經努力,終於請三秦出版社爲祝先生印行了兩册(分别名爲“中國古代史研究”、“中國古代政治制度研究”)、共計七十餘萬字的《材不材齋文集》。在《後記》裏,祝先生説:“這是我1982年以來教學之餘,所寫古史文章的結集,内容上起先秦,下及明清,而以魏晋南北朝和古代政治制度史爲主。”他在《我與中國古代史》中,也説:“從我的經歷看,應該説直到八十年代五十歲時,才真正進入中國古代史‘角色’,發表反映自己觀點的文章。”從1982年到寫這篇《後記》的2004年,也不過二十年的時間,加上1990年印行的近三十萬字的《兩漢魏晋南北朝宰相制度研究》,正好百萬字。在進入“角色”這麽短的時間内,能完成百萬字的學術論著,並不容易。何况,論集所收,均爲專門性的艱深研究,没有一篇是常識性的介紹。就研究所涉及的内容來説,既有法制史,又有史學史,還有思想史甚至文學史(他本

①《學林春秋二編》,朝華出版社,1999年。

是學文學出身);既有他所傾力專攻的兩漢魏晋南北朝,也有宋代、明代和清代。無論是斷代,還是研究内容,跨度都很大,這也意味著作者必須付出更多的精力,才有可能真正掌握相關問題的基本史料和相關領域研究的基本狀況(在一個領域裏的深耕細作,與跨出領域之外的開墾,投入的精力是成幾何倍增長的)。周一良先生在《我和魏晋南北朝史》中,曾從宏觀上總結過祝先生的成果:"祝總斌先生研究秦漢魏晋南北朝史能够觀其會通,誠如司馬遷説'通古今之變',他的宰相制度的研究是其一例。"①

祝先生雖謙稱自己"真正進入中國古代史'角色'"較晚,但事實上,他的知識面卻很寬,特别是在小學方面下過大功夫。這在歷史系他的師友中是有共識的。他的藏書也很多。他有一九七二年以後的整套《考古》。這在一個以研究文獻見長的學者的書齋中,是少見的。

俗語稱"文如其人""字如其人"。這放在祝先生身上,是再合適不過了。他的字,精瘦有力,一絲不苟。講課時的板書,尤爲好看和醒目。文字表達,精幹乃至於有些硬。邏輯清晰、嚴密,常常是一二三、甲乙丙、123。這有點像語言學的論文,當然還没有到語言學論文每一段落都加標序號的程度。寫作時,他常愛自設問句,但回答時,常用一"否"字。比如"實際情况是不是這樣呢? 否!"然後,詳引史料,一一切加辨駁,清晰透徹,令人信服。

八九十年代的北大歷史系,中古史最强。以魏晋南北朝史的研究來説,老一輩是出生於1913年的周一良先生,中間是出生於1924年的田餘慶先生,最年輕的就是出生於1930年的祝總斌先生。田餘慶先生在《周一良先生周年祭》②中説:"周先生在《畢竟是書生》中説到八十年代以來他在歷史系與祝總斌先生和我三人'形成系内魏晋南北朝史方面鬆散而親密的聯盟'。此事是我與祝先生出於對周先生的敬重,希望他能領著我們開展研究而向周先生提出的,多少有拜師的意味。周先生當時用'鬆散的聯盟'五個字一錘定音。至於'親密'一詞,是他根據後來十餘年來我們在科研方面的

---

①《郊叟曝言》,新世界出版社,2001年,第83頁。

②《師友雜憶》,海豚出版社,2014年。

聯繫而加上的,準確反映了實際情況,表達了他自己的感受,對我來説,也是榮幸。"這實在是一個難得的可遇而不可求的學術小環境。三位先生治史各有擅長。祝先生以研究制度史知名。事實證明,這也確實是非常適合他的一個領域。有像《兩漢魏晋南北朝宰相制度研究》這樣的成果,可謂良有以也,雖然,祝先生總有些予人以"掩映"在周、田兩位先生之下的感覺。研究的課題,有難易和重要與否之别,但無好壞之分;能找到自己喜歡、同時又適合自己專長的學術專攻,實在是很重要的。

祝先生的爲人,可謂"有口皆碑"。這不是形容,不是泛稱,而是實録。私下聊天,他也極少月旦人物、評説是非。我是覺得,"人人背後都説人、人人背後都被説",説人與被人説,是常態。我很樂意説人;人説我,我也無所謂。反正這又不是裝入檔案袋中的組織部門的評鑒,既不會影響一個人的地位和前程,也不會削減他的成就和貢獻。本著這樣的目的,跟祝先生請益聊天,我就難免覺得"不帶勁"。説的話,可以給任何人聽,那就不容易有親近感(我這是典型的"小人之交")。祝先生即使是對學生,也"不隨便",聊天時甚至讓人感到他有些拘謹。同時,他又極爲客氣。我們趨府拜謁,他必定送下樓,有時還會陪著走至小區門口,方才轉回。我總覺得,常去拜謁會增加他的負擔。

他的謙退、平和,是出了名的。我聽他的一位老學生説,某次到外地參加學術會議,説好是隨田先生一道去的;臨了,田先生有事還是身體不適,不能成行,他也隨之取消了行程。問他,他説,有田先生,自己就可以不説話、不發言;田先生不去,他就得説話、發言,於是,就索性不去了。那時,我聽了這事,頗有些不以爲然——田先生去了,固然由田先生發言;田先生不去,自己發言,又有何妨呢。現在痴長了幾歲,終於可以"感同身受"了。場面話,不能精采,那就不如不説。會議,規模越大,規格越高,儀式性就越强;參加會的人,主席臺就坐的,也有不少是"陪客",坐在台下的,就更像是民工。我曾玩笑,這種會議,主辦方完全可以雇民工坐台下充數,氣氛會更熱烈,成本還要更低,何樂而不爲呢。至於宣讀論文,更不必在意;有價值的論文,一定很快就會公開刊布(特别是現在這種考核,找部手稿都難,更不用説藏之名山了),實不必非與會才行。

祝先生直接指導的研究生并不算多,但通過聽課受他影響的學生卻比較多。甚至一些并非以秦漢魏晋南北朝爲專攻的學生,也認爲自己在學業上受了他很大的影響。祝先生對學生的鼓勵、提携也是出了名的。據説,他跟田先生都參加某博士生的答辯,面對幾十萬字的論文,田先生説,這其中有多少東西是心得呢;祝先生説,就是抄成這麽多(那時還是手寫,既不能檢索,也不能拷貝),也不容易。是否實有其事,姑置不論,這確實反映了兩位先生的性格。平心而論,這部日後正式出版的書,確有心得,但也確有史料堆砌、表達囉嗦、行文枝蔓的毛病,所謂有水份是也。年輕學子,得老師鼓勵,自然容易對學問産生興趣。但對學生鼓勵太多,有時也未必是好事;這很容易讓學生飄起來,於學問不知深淺,以爲變成鉛字就是成果,雖然這與老師當初的鼓勵已無必然關係了。

我很榮幸,參加了祝先生八十華誕的座談與賀宴;也很慶幸,有機會參與了他的兩部論文集的編校工作。本書出版時,祝先生年近花甲,但身體卻猶爲壯年,編校等一切瑣事均親力親爲,没有機會爲先生效力;現謹以此小文,藉已成名著的《兩漢魏晋南北朝宰相制度研究》新版,恭祝先生身體康健,壽登期頤!

日前隨韓樹峰兄往中關園拜謁祝先生。除因胯骨損傷(他説這是因他個子小,長期騎 28 自行車,車座較高所致。我疑心與他七十年代在江西鯉魚洲勞動,常扛百五十斤乃至二百斤的麻袋重體力勞動有關。他那時的體重也才一百來斤吧),不良於行,手有些顫抖(病因不明),他的精神狀態甚好,頭腦十分清晰,耳朵也特好,談話反應極靈敏。這次聊天,知道了他早年的一些情況。他出生於 1930 年,1949 年入華北革大,1953 年畢業後分配到中央幹部政法學院工作(曾短期至昌黎參加甄别志願軍的“三反”。在阜寧一帶調查,爲安全,得佩槍。他風趣地説,也曾在訊問資本家時,拍著胯上的盒子槍,威脅“不老實交待,斃了你”,但卻惴惴然,生怕走火。與同事“破一大案”,所謂某人貪污數百萬,乃子虛烏有也)。1954 年調入北大法律系,教法制史;1972 年調入歷史系工作。“文革”結束,拔亂反正,鄧廣銘先生任系主任,他任副主任,協助鄧先生工作,曾受命接洽外請老師如王利器、劉乃龢、胡如雷、寧可等先生來北大講課。長期從事魏晉南北史的教學與研究,直至離休。他指導研究生,總是帶著學生讀《通鑑》,現在這似乎成了魏晉南北朝史方向研究生的“必選科目”。

2017 年 5 月,於新都槐蔭室

(作者單位:中國社會科學院古代史研究所)

跟祝總斌先生學習做“研究”

蘇亦工

一

我是1984年秋季學期開始到北京大學法律學系攻讀中國法制史碩士學位的。那一年正趕上建國35週年大慶，爲避開“十一”紀念大典，我們一直延遲到10月4日才開學。由於同門師姐和我是蒲堅先生開始招收的第一屆碩士生，系裏特别重視。爲了加强法制史專業的教學力量，特别邀請了歷史系的祝總斌先生與蒲先生一道擔任我們的指導教師。記得是在10月8日那一天，蒲先生第一次帶我們去祝先生家拜師。行前蒲先生就一再叮囑我們，祝先生的學問、爲人都特别好，跟他是幾十年的老朋友，“我們倆不是兄弟，勝似兄弟”，要我們有什麽問題都可以直接請教祝先生，不要有任何顧慮。

那時蒲先生和祝先生都住在中關園，就隔著一條小道，祝先生家在西邊的那棟樓裏。當蒲先生帶著我們登上五樓，敲開祝先生家門時，祝先生笑容滿面，非常熱情地把我們迎了進去，真令人有如沐春風之感。第一次見到祝先生,便覺得他是一位既隨和平易,又很嚴肅認真的師長。由於我是外校考來的學生,祝先生首先詢問了我本科學習的情況,並給我們開列了本學期的主要閱讀書目和必備的工具書。還記得其中有孔穎達《尚書正義》中的《堯典》《舜典》《吕刑》等篇,孫詒讓《周禮正義》的《秋官・司寇》等篇。今人著作主要是楊寬的《古史新探》。關於工具書,祝先生特別交代,做專業研究要善於利用工具書,有些工具書一定要自備。像《辭源》《康熙字典》或《中華大字典》是隨時要用的。查文言虚詞可以用楊樹達的《詞詮》,清人劉淇的《助字辨略》也不錯,可以參用。經書實際上也是工具書,隨時要查閲,要自己買一套《十三經注疏》備用才行。在那個年代,許多經書還没有點校本,衹能讀綫裝古籍。祝先生説,幸虧你們是在北大,像《周禮正義》這樣的綫裝書都可以從圖書館裹借出來讀,要是在其他地方可就不一定了。記得他還特别詢問過我本科所在學校的古籍收藏情況。我回答説河北師院歷史系的古籍收藏還算不錯,但我們本科生是借不出來的,所以本科期間我幾乎没有直接接觸過綫裝古籍。祝先生説,那你要好好利用北大圖書館,這裹的古籍肯定比河北師院豐富得多,你們研究生是可以借出來閲讀的,因此一定要在研究生期間學會閲讀使用竪排繁體無標點本的綫裝古籍。這次見面,還定下了一個制度,就是在第一個學年裹,我們每週都要有一個下午到導師家裹與兩位導師交流自己讀書、學習的心得體會和疑問困惑等。記得那一年的座談多數是在祝先生家裹。每到約定日期的下午兩點,我們兩人都會準時來到祝先生家中。蒲先生幾乎每次都會早到,往往我們進門時,就已經看到兩位老師坐在西屋靠東的沙發上,邊聊天邊等著我們。

那個時候的北大,教師都没有自己的辦公室,其他學校應該也好不到哪兒去,無論多麽大牌的教授都衹能是在家裹備課、辦公和會客。記得有一次蒲先生帶著我們去拜會鄧廣銘先生,就是騎車到他朗潤園的家裹去見的面。經歷了 1949 年以後的無數次政治運動,特别是長達十年的“文化大革命”,八十年代的中國大學,真可以説是百廢待興,即便是像北大這樣的國家頭牌大學,基礎設施也是殘破不堪。法律史教研室所在的北大老三教,衹不過是個破敗的兩層小樓，打開房門後，撲面而來的是一股發霉的氣味，還夾雜著土腥味，幾張破舊的辦公桌椅擺放在屋裏，積滿了塵垢，有把椅子還是瘸腿的，一不小心坐上去會側歪一下，嚇人一大跳。

不過，那個時候的中國大學，也有讓人欣慰之處。無論是在北大這樣的名牌大學，還是在一些不太知名的小院校裏，許多大師級的學者依然健在。北大不必說了，即便是我本科就讀的河北師範學院歷史系，就擁有張恒壽、王樹民、黄德禄、潘炳皋、胡如雷、苑書義等海内外知名的學者。更可貴的是，那時候的知名學者没有我們現在的“大牌學者”們那麼大的架子，老先生們都很謙遜，你可以隨時上門求教。可惜的是那時候的我還太年輕，完全没有認識到這些大師們的可貴之處，未能及時請益，坐失了太多的好機會，真是後悔莫及呀！

比較而言，今日中國的大學，全都鳥槍换炮了。至少在北大、清華，即便是初級職稱的教師，也都擁有獨立的辦公室。大牌教授們的辦公室，更是寬敞氣派。就連我自己的辦公室，條件也算是很不錯了。唯一令人慚愧的，還是自己的學問不能匹配。記得最初讀到梅貽琦先生那句關於大學、大樓和大師的名言時，覺得他説的是廢話。現在想來，不啻爲一句讖語。當年我們的大學没有什麼大樓，倒是大師雲集；如今大樓林立了，大師反而不見了蹤影！是何原因造成的呢？

閒話少説，還是回歸正題。在我心目中，祝先生最令人景仰之處，還不是他的淵博學識，而是他淡泊名利的高潔人格和認真負責的敬業精神。關於前者，已有不少文章談到了，我這裏僅根據個人的切身感受，重點談談後者。

也是在1984年秋季開學不久的每週一次的見面會上，祝先生問我本科畢業時有没有寫過畢業論文。我説寫過，他便讓我下次拿來給他看看。我的本科畢業論文標題是《淺論唐律的等級精神》，雖然很粗淺，但也洋洋灑灑足有兩萬多字，手寫的八開稿紙，訂在一起有厚厚的一沓，讀起來難免會費點時間。大概是在幾週後的一次下午見面會上，祝先生把我一個人留了下來。他説:你的本科畢業論文我看過了,氣魄很大,文筆也不錯。初聽這話,我還有點沾沾自喜。但先生話鋒一轉,又説:“不過你的文章一看就是本科生寫的,題目太大,分析得不夠深入,材料單調,就參考了那麽幾本書。寫唐律不能衹靠《唐律疏議》,還要利用多方面的材料才能深入下去,要多讀書才行。”

凡是帶過研究生的人都知道,學生的文章,良莠不齊,讀來大多味同嚼蠟;有個别寫得好的,細讀也要花費不少時間。在當今的大學教師裏,像祝先生這樣主動要求閲讀研究生本科時期文章的,縱然不是絶無僅有,恐怕也是鳳毛麟角了。自1999年起,我也開始帶研究生了,可不要説從來没有讀過學生們的本科畢業論文,甚至連學生的博碩士畢業論文都很少從頭到尾讀完。時常有學生把自己的習作拿來讓我提意見,我則大都以手頭事情太多、没有時間細看敷衍了事。與祝先生相比,真感覺愧對“教師”的名號!

二

研一的時候,每週與導師的見面例會,我都會感受到莫名的壓力。每次匯報完上一週的讀書學習情況,祝先生都會問:“發現什麽問題没有?”我則總是爲讀書看不出問題來而苦惱。

祝先生對自己的要求很嚴格,他常説:没有新見就不要寫文章。叙述性的、介紹性的文字可以寫成書,寫成教材,但寫文章就不行了,寫文章一定要有自己的新見(按現在的説法就是創新),一定是深入研究某個問題的成果,没有新見就不能算是研究成果。他還説:寫成一本普通的書可以是叙述性、介紹性的,但是一本研究性著作,其中一定會有一系列的新見,那就一定要有一系列的文章做研究的基礎才行。

祝先生發表的學術文章,在我看來,篇篇都有新見,篇篇都是高質量。衹是以當今的官方標準看,數量還是少了點兒,發表的載體也不見得都能達標。幸好他評職稱的時代不像現在這樣衹看文章發表載體的規格,不問文章本身的水準。若然,他恐怕連副教授都評不上,甚至連留校任教都很難!

傳聞祝先生曾説過,四十歲以前不發文章。但他對我們的要求没有對他自己那麽嚴格,他倒是常常鼓勵我們寫文章,但同樣要求我們寫出來的文章一定要有新見。可歎我當初就是怎麽也不弄明白老師的意思,不知道他老人家要求的“新見”“新東西”“自己的話”到底是些什麽,也不明白文章爲什麽不能寫成“叙述性的”或“介紹性的”。心裏還在想:以前别人没有叙述過某個内容,我把它叙述出來了、介紹出來了,難道就不算貢獻嗎?祝先生可能看出了我内心的“活思想”,就解釋説:“叙述性的、介紹性的文章也不能説毫無貢獻,但是價值不大。畢竟實質性的話别人已經説過了,你再説一遍,無論説得多麽好、多麽光鮮,也還不是你的創見,能有多大意義呢?”

1985年春季學期我選修了祝先生的“兩漢魏晉南北朝政治制度史”一課,祝先生除了要求我們聽課、讀書外,還鼓勵我們練筆寫文章。期末考試的方式就是要求我們自選題目寫篇小文章。爲了配合選修祝老師的這門課,那個學期我重點閲讀了《史記》和《漢書》。《史記》我用的是父親在世時買的中華書局點校本,但家裏没有《漢書》,我就念叨著要去書店裏買一本。祝先生問我想買什麽本子?我説也買中華書局的點校本吧。祝先生説,應該買王先謙的《漢書補注》,並説這本書現在應該有中華書局出版的影印本。他還告訴我:“《史記》光讀中華書局點校本有時也不夠,目前最好的本子是日本人瀧川資言的《史記會注考證》”。讀研的三年裏,我就這樣點點滴滴地從祝先生那兒學到了一些找資料、識版本的技巧。當然,最重要,也是最困難的,還是如何養成讀書發現問題的能力。

讀了一段時間的《史記》《漢書》後,我想寫篇關於西漢廷尉權限的小文章,並將其作爲選修祝先生這門課的期末作業。向祝先生匯報了自己的想法後,祝先生認爲這方面的材料太少,形不成一個定論,不宜寫。好不容易想出來的一個問題點,就這麽一下子給否了。不得已,衹能另起爐灶。大概一週以後,我又選定了《漢武帝與巫蠱之獄》這麽個題目。這一次我動了點兒小心眼兒,想先寫出個草稿來再拿給祝先生看,免得像上次那樣,剛一説出來就給否了。待我將文章草成後,呈請祝先生審閱。祝先生看過後説,你這篇文章“還是敘述性的,把相關史實羅列一遍,没有説出什麽新東西來。哪怕你文章中能有一句話以前没人説過,是由你新説出來的也行啊!”

他見我還是一臉茫然,就説:“你一定要寫這個題目,可以看看田餘慶先生的文章——《論輪台詔》。”他還特别向我介紹了田先生寫作和發表這篇文章的背景:田先生這篇文章早在 1978 年前後就寫出來了,還在教研室裏討論過,但當時不敢發,怕被扣上影射史學的帽子。直到 1984 年才發表在《歷史研究》上。

按照祝先生的指點,我認真拜讀了田先生的這篇大作,感覺確實是像祝先生説的那樣,氣勢磅礴,精彩備至。但是其中也有一些論點略顯牽强,似乎仍有商榷的餘地。

依田先生之見,漢武帝希望衛太子在其身後轉變政策,但由於太子堅持在武帝健在時就推行其守文路線,干擾了武帝的政策,導致了父子間的矛盾激化,最終迫使武帝除掉太子。從相關史料來看,田先生的這個推斷未免把漢武帝與衛太子的關係過於政治化,與中國的傳統和史實本身差距過大。帶著這樣的疑問,我向祝先生匯報了自己的想法,祝先生聽後也認爲我的懷疑是成立的。於是我就將這些疑問寫成了一篇小文,題爲《衛太子獄辨》。祝先生看過後説要將我的小文拿給田先生看看,希望他能幫著推薦發表。後來祝先生告訴我説田先生看過後未置可否,推薦的事當然也就無從提起了。不過從這時開始,我似乎對做研究和寫文章有點開竅了。

也是在這個學期,蒲先生接受了《清會要》的編纂工作。據説此事最初係由北大歷史系商鴻逵先生首倡,不料商先生於 1983 年去世,遂改由中央民族學院王鍾翰先生主持全盤,蒲先生負責其中的《刑法篇》部分。蒲先生要求師姐和我協助他搜集資料。由於師姐入學前已在北大中古史研究中心跟隨王永興先生從事過兩年的唐史研究,畢業論文自然也會從唐代選題;而我此前從没有斷代研究的經驗,因此祝先生就提議我在幫著蒲先生收集資料的同時,考慮把自己的碩士論文主題定在清代。

聽了祝先生的建議,我當然是心悦誠服地接受,並很快開始搜集和閱讀清代法制史料。北大圖書館的收藏非常豐富,蒲先生在聯繫了圖書館的張敏孚老師後,帶著我們去圖書館九層大庫找資料。我看到有大量的線裝古籍堆放在書庫的水泥地板上,尚未整理。其後的近兩年時間裏,我查閱並抄録了許多清代法制史料。

1985 年秋季學期,北大圖書館文科教師研究生閱覽室開放了一間古籍書庫,其中僅《古今圖書集成》就占了整整一面牆,其餘書架上擺放的,大多是明清人文集,還有一些叢書,這些材料此前我從來未接觸過,於是便帶著好奇心抱出幾函來隨便翻翻。無意中竟邂逅了不少涉及清代法制的材料,譬如姚文然的《虛直軒外集》、王士禛的《居易録》、潘耒的《遂初堂集》、程廷祚的《青溪文集》、秦瀛的《小峴山人文集》等,尤其是袁枚《小倉山房文集》中的《答金震方先生問律例書》,闡釋清代的律例關係,極爲精闢。我學著閱讀這些明清人文集,就彷彿將自己面前的學術高墻打開了一道缺口一般,雖尚未得其門而入,但畢竟得以略窺其"室家之好"了。

最初我是一函一函地翻看這些文集,一卷一卷地查找材料,看到了相關的内容就隨手記在筆記本上,儘管效率很低,但同時也讀到許多與清代法制不直接相干,卻很有趣也很有益的文章。後來,又看到了王重民、楊殿珣先生編的《清代文集篇目分類索引》,借助這部工具書,查找起清人文集中的法制史料可就便捷了許多。

北大圖書館二層文科借書處對面有個參考諮詢室,記得房號好像是210,平時常是大門緊閉,有一次路過時門竟然開著,我見裏面没有人,但擺放著很多卡片目録櫃,便冒著膽進去拉開小抽匣翻看裏面的目録卡片。這裏面的卡片目録都很陳舊,書號上打著"×"號或"+"號,從書名上看絶大多數應該都是古籍,至少也是 1949 年以前的舊書。我試著在索書單上寫了幾本書名遞到大臺上去借,居然真的借了出來。從藏書章看,這些書都是老燕京大學的舊藏,許多是非常珍貴的古籍。就這樣,我又發現了一個更大的寶庫,比文科教師研究生閱覽室的開架古籍不知要豐富多少倍。

在我借閱到的清代史料中,有許多是刑部審案的第一手資料,如《刑部説貼》《説貼類編》《刑部直隸各省重囚招册》《刑案匯覽》《駁案彙編》《刑案新編》等。這其中的許多判決都援引了《大清律例》中的律文,當然也有律例並舉的,與《清史稿・刑法志》所説的"蓋清代定例,一如宋時之編敕,有例不用律,律既多成虛文,而例遂益滋繁碎",好像有點出入。記得考研時閲讀的幾種法制史教材,包括當時最權威的統編教材①,以及前不久剛剛讀過的任啓珊先生的文章②、瞿同祖先生的文章③,好像也都認爲清代的審判是以例代律,律已變成了虛文云云。

到底是該信史料呢,還是該信這些學者們的説法? 帶著這個疑問,我又查考了許多材料,撰成了一篇小文,命名爲《清代律例關係小議》,呈遞給祝先生審閲。祝先生讀過以後説寫得還不錯,並主動表示要幫我投遞給《北京大學學報》。後來祝先生真的將我的小文交給了學報的編輯,編輯也表示過會根據版面情況擇機發表,可惜最終還是未能發出來。

不過,有了祝先生的肯定,我對自己的研究能力也開始有了點兒信心。我後來的畢業論文題目定爲《試論清代法律形式的發展和運用》,主要就是探討清代的律和例這兩種法律淵源的地位、作用及其相互關係,實際上就是這篇小文的擴大版。

三

一晃到了 1986 年下半年,我要撰寫畢業論文了。祝先生的研究領域雖然主要是在魏晉南北朝,但他的知識非常淵博,態度又特别認真,指導我寫作關於清代法制的論文,也是一絲不苟,極其嚴格。首先是對我的選題,過問得非常仔細。記得我曾提出過一個題目是"清代法制上的幾個問題",祝

①法學教材編輯部《中國法制史》編寫組編著:《中國法制史》,群衆出版社 1982 年版,第 303 頁。

②任啓珊:《番例考》,載《社會科學論叢季刊》第三卷第一期(民國二十六年)。

③瞿同祖:《清律的繼承和變化》,載《歷史研究》,1980 年第 4 期。

先生説:“你能把一個問題説清楚就不錯了,還‘幾個問題’。學生論文最忌諱選這樣的題目了。”後來我又提出過幾個選題,也都被否了。就這樣,思來想去,總是找不到個恰當的題目,時間已經到了8月8日,不能再拖下去了,想想乾脆回到原來做過的律例關係的那篇小文,將其内容擴大。但是祝先生認爲把“律例關係”作爲畢業論文的主題還是有點小。怎麼辦呢? 無奈之際,就考慮把與律例相關的其他幾種不同的法源也扯進來,做個鋪墊;進而再以律例關係爲核心,分别討論律、例各自的地位和作用。經過這樣一番調整,論文的架構和内容就顯得比較豐滿、充實了。後來我體會祝先生對選題的要求,似乎可以歸納爲三點:一要選題適中,不大不小,可以深掘;二要内容熟悉,可以駕馭;三要資料充實,足以支撑主題。

除了選題,祝先生對材料也特别重視。他常説,一篇好的論文,首先看觀點,然後就要看材料了。材料不行,觀點也立不住。九月初的一天,我去祝先生家裏匯報論文寫作的情況。祝先生問我,除了北大圖書館,北圖去過没有? 我説還没有。祝先生説,那要去看看;接著又問我,看過明清檔案館的材料没有?

研究清代歷史,向來重視檔案資料,學界的這個風尚,我也是知道的。但是由於北大距離中國第一歷史檔案館比較遠,騎車去的話,單程將近一個小時,很是辛苦。加之我當時自以爲收集的材料已不算少了,不用檔案材料,也可以成文了,不太願意去檔案館受那份累。祝先生得知我的心思後,很温和但又很嚴肅地告誡我説:“你做清代的研究,不用檔案史料,人家可能會懷疑你文章的質量和水平。一定要去看看。”蒲先生聽説後,告訴我時任一史館領導的徐藝圃先生是他和祝先生教過的學生,並特地給徐先生寫了封信介紹我去查檔案。

師命難違,再懶也得打起精神來。其後的幾個月裏,我騎車去過幾次位於柏林寺(雍和宫附近)的北京圖書館古籍部,更經常去的還是位於西華門的第一歷史檔案館。那時的檔案館,門户很嚴,每次進門都得查證件,而且要單位介紹信和學生證雙料具備。不僅如此,其調檔速度很慢,還要提前一兩個小時申請；而且檔案目録非常籠統，查閲起來簡直像在大海裏撈針，要想找到點兒有用的資料衹能憑運氣。此外，抄録檔案也有嚴格的限制，不許用鋼筆，抄録後必須經過審查才能帶走。饒是這樣，我還是查到了一些非常珍貴而又難得的材料。譬如清初張惟赤的奏疏，此前曾在北大圖書館收藏的康熙刻本《入告編》裏見到過，没想到在一史館裏居然看到了它的原件。那時候調閲的檔案，都是真件，與現在衹能在電腦上閲讀掃描件不同，看到後能獲得直觀的感受。譬如説奏摺吧，雖然早就聽説過這個術語，但是衹有在檔案館看到真件後，才能感受到原來所謂的奏摺是這個樣子啊。

查閲檔案的最大收穫，或許還不在於爲我正在撰寫的畢業論文增補多少材料，而是爲我畢業後從事的學術研究工作奠定了堅實的基礎。1987 年 8 月我分配了到中國社會科學院法學研究所法制史研究室工作，到所後承擔的第一項任務就是撰寫《中國近代警察制度》一書中的清末部分。由於初次觸碰警察史，完全不瞭解這方面的資料應從哪裏搜集。幸好在讀研時期對一史館的情況已經有所瞭解，知道一史館收藏的善後協巡總局檔案、巡警部檔案和民政部檔案中應該會有警察史料。其後的一年多時間裏，我經常泡在一史館中抄録資料。後來陸續出版的《中國近代警察制度》和《中國近代警察史》兩書中的清末部分，就是以一史館收藏的清末檔案爲主幹史料寫成的。中華民國部分原定由同室的常兆儒先生負責，但常先生不幸患病去世，他負責的那一部分改由我和另外兩位同事撰寫。民國警察史我更是生疏，不知該從何處下手，能夠想到的，還是利用檔案資料，於是我又與韓延龍先生去南京第二歷史檔案館搜集和抄録檔案。

1997 年香港回歸以後，法學所領導安排我去香港大學法學院訪學，並指示我研究香港法制史。經過三個月左右的資料摸底，我感覺香港法制史範圍太寬，絶大多數制度移植自英倫，資料也以英文爲主，憑我的學術根底，很難深入，但是所裏指定的任務又不能不做。經過反復思慮，決定還是要以我爲主，將香港法制史的研究與我已經有一定基礎的清代法制研究聯繫起來。這樣，以後的五六年時間，我專注於香港保留的清代法律和習慣的研究，也取得了一些成果。其中有關香港華人遺囑和香港習慣調查的研究,就主要是利用香港歷史檔案館收藏的檔案。能夠學會查找和利用檔案資料,確實使我數十年從事的研究工作大受裨益！推原其始,也要歸功於祝先生的敦促和鞭策！

三年的時光過得飛快,一眨眼間就到了畢業季。1987 年 3 月 21 日,我將剛剛草成的畢業論文初稿呈送給祝先生審閱。其後的兩個多星期裏,内心一直有點忐忑不安,我知道其他老師不會有太多的挑剔,可對於能否過祝先生這一關,實在是一點把握都没有。可是醜媳婦終須見公婆呀,待到 4 月 7 日這一天,我還是硬著頭皮去了祝先生家聽候裁判,那時的心情真是緊張極了。祝先生説,你的論文寫得還不錯,不過還是要壓縮修改一下。聽了這句話,我心裏的石頭總算是落了地。接下來祝先生又説:“你的文章錯别字太多了,好多材料也前後不銜接,我對了一下,抄漏了不少。你也太粗心大意了！寫文章怎麽能這個樣子呢!”

祝先生的批評讓我感到很難堪。待回到宿舍後翻開祝先生批閲過的論文稿,看著祝先生一個個校正的錯别字和打著問號的地方密密麻麻,真讓我汗顔不已。直到現在我還記得其中的一個錯别字是“化洽中外”的“洽”字,我寫成了“恰”。更没想到的是祝先生居然會親自核對我文章中引證的材料。他説的銜接不上的地方,是我引證光緒《大清會典事例》中的一段,確實漏掉了將近半頁紙,難怪祝先生那麽生氣。

1987 年的 6 月 18 日是個難忘的日子,我的畢業論文答辯終於順利通過了。三年的讀研生涯就要結束了,同時也確立了我後來學習和工作的基本方向。

回首那三年的學習經歷。毋庸贅言,我的確從祝先生那裏學到了很多很多,譬如閲讀古籍、查找資料、重視版本、利用工具書、發現問題及深化主題等等。但最重要的還不是這些,而是對學術的一顆敬畏之心。毫不誇張地説,如果當年没有遇見祝先生這樣的嚴師,没有他那樣不厭其煩,手把手地教我,我在後來的工作崗位上根本就無法立足,更不要説濫廁至今了。

祝先生師德高尚,爲人謙遜,他雖然爲培養我們這些外系弟子付出了極大的心血,但卻總説是在爲法律系幫忙,從不以導師自居。可在我心底裏,一直是將他老人家視作自己的導師的。明年1月13日,將迎來祝先生九十壽辰,追憶往事,感念師恩,無以爲報,僅以此文,聊表寸心!

(作者單位:清華大學法學院)

祝總斌先生的書與人

王　鏗

祝總斌先生的《兩漢魏晉南北朝宰相制度研究》由北京大學出版社再版了。承責任編輯張涵先生賜書，並囑寫幾句，拉雜爲此小文。不算是全面介紹（已有陳蘇鎮先生詳盡的書評），衹是個人的一些零散感想與回憶。

祝先生在北大歷史系曾開過多年的"兩漢魏晉南北朝宰相制度研究"專題課，此書便是在他講義的基礎上形成。記得當年祝先生講課時，總是穿一件半舊、洗得有些發白的藍布中山裝，第一個扣子系得嚴嚴實實，個子雖然瘦小，但往講臺上一站，雙目炯炯有神，聲音響亮，口若懸河，氣場很大，很能鎮住一干聽衆。並且講課内容豐富，邏輯嚴密，觀點、史料，一樣一樣擺出來，一環扣著一環，聽衆很難思想開點小差，否則就會跟不上趟。加上祝先生板書龍飛鳳舞，遒勁有力，非常好看，因此此課深受好評。尤其讓學生歡迎的是，祝先生上課，從不拖堂，基本上到下課時正好講完，戛然而止。那個時候，北大食堂不多，到飯點時非常擁擠，去晚一點，就没啥菜了。所以老師一旦拖堂，學生們往往會用飯盆（當時都自備碗筷）發出各種聲響，以示提醒或抗議。記得有一次在階梯教室上大課，過了時間老師還意猶未盡地講得起勁,坐在後排的某同學便將自己的搪瓷飯盆順著臺階滚了下去,發出驚天動地的聲響,引起哄堂大笑,嚇得老師趕緊打住下課。對祝先生的課,大家覺得既能學到很多東西,又不拖堂影響吃飯,所以一致讚揚。

宰相一詞,中國歷史上除遼代以外,一直是個慣用語,並非正式官名,因而對於歷代哪些官是宰相,一直衆説紛紜。祝先生引《後漢書·陳忠傳》"入則參對而議政事,出則監察而董是非"之語,指出:宰相必須同時具備兩項權力,即議政權與監督百官執行權。以往衹注意前一項權力而忽視後一項權力。但如果没有監督百官執行的權力,那做出的決策等於一紙空文或大打折扣。根據這一定義,祝先生指出:兩漢時衹有三公,魏晉南北朝衹有尚書台(省)長官算是宰相。祝先生此説並非憑空而來,而是在考察了中國二千多年宰相制度的基礎上總結出來的,是宏觀考察的結果。

此書最大的特點,我以爲是實事求是。祝先生不受舊説束縛,一切從史料出發,認真細緻地研究史料,實事求是,得出了很多新的見解。比如,對於《通典》中魏官品的時間問題,雖然有日本著名學者宫崎市定魏官品成立於曹魏建立的220年的觀點,但祝先生深入史料,通過與《三國志》所載曹魏前期諸臣的歷官、升遷次序的對比,認爲其絶非曹魏前期制度,並通過魏官品中五等爵制的記載,認爲魏官品的成立時間不早於魏元帝咸熙元年(264年)。宫崎先生在其1956年出版的《九品官人法研究》一書中,有一著名觀點:鄉品與官品同時成立於220年,兩者之間具有一定的對應關係。因此,如果魏官品成立的時間與鄉品成立的時間(220年)至少差44年的話,宫崎先生的結論將不得不重新討論。因爲當一方尚未成立的時候,另一方是無法與之對應的。

另外,此書還有一點令人印象深刻,即祝先生對很多問題的解釋往往從技術層面或者説實際操作層面來進行。比如對於宰相制度的變遷,以往多從君相之争的政治性角度來解釋。祝先生認爲,有這方面的因素。比如東漢初,光武帝鑒於王莽篡漢的教訓,爲了防範大臣,政不任下,造成了"事歸台閣",尚書台大發展的局面。但另一方面,往往也有實際操作方面的因素。

比如曹魏初年,並不存在君相之争,設立中書省,是出於在當時戰争頻繁的形勢下能儘快形成並執行政令的目的。皇帝與大臣之間,由於朝見制度的障礙(比如漢宣帝時,五日一朝)及宫禁制度的阻隔,使得問題發生時迅速形成並執行決策並非那麽容易,因而皇帝身邊(主要指空間距離)的秘書諮詢機構尚書、中書、門下便應運發展起來,漸次成爲宰相機構。書中對於尚書、中書、門下機構與宫城的空間位置關係做了很多細緻的考證,指出這種空間關係與權力的相關性,非常具有啓發意義。在分析了大量事例的基礎上,祝先生指出:如何使政權能夠高效運轉以提高統治品質,這方面的技術性要求,是宰相制度變遷的基本動力。

祝先生此書,既有俯瞰二千多年的觀察,又有細緻入微的史料細節考據,是宏觀、微觀緊密結合的産物,是制度史研究的力作。

記得此書第一版的出版社中國社會科學出版社當初是通過北大歷史系的丁一川先生來跟祝先生約稿的。當時祝先生回答説:"先問問别的老師吧,我是不爲天下先的。"而當時上個世紀八十年代末,個人學術著作的出版是非常困難的。淡泊名利,不爲天下先,這正是祝先生個人風格的真實寫照!

(作者單位:北京大學歷史學系)

祝總斌先生簡歷與論著目録

1948 年:北平華北文法學院中文系二年級肄業。

1949—1952 年:華北人民革命大學學習,留校工作。

1953 年:中央政法幹部學校理論教研室成員。

1954—1971 年:北京大學法律系國家與法律歷史教研室教員、講師。

1972—1997 年:北京大學歷史系中國古代史教研室副教授、教授,博士生導師。

1978—1983 年:北京大學歷史系副系主任。

1998 年:離休。

專著、文集

《兩漢魏晉南北朝宰相制度研究》,中國社會科學出版社,1990 年。

《材不材齋文集:中國古代史研究》,三秦出版社,2006 年。

《材不材齋文集:中國古代政治制度研究》,三秦出版社,2006 年。

《材不材齋史學叢稿》,中華書局,2010 年。

單篇論文

1.《"八王之亂"爆發原因試探》,《北京大學學報(哲學社會科學版)》,1980年06期。
2.《劉裕門第考》,《北京大學學報(哲學社會科學版)》,1982年01期。
3.《高昌官府文書雜考》,《敦煌吐魯番文獻研究論集》第二輯,1983年。
4.《略論晋律的"寬簡"與"周備"》,《北京大學學報(哲學社會科學版)》,1983年02期。
5.《素族、庶族解》,《北京大學學報(哲學社會科學版)》,1984年03期。
6.《關於漢代御史中丞的"出外"、"留中"問題》,《中國歷史大辭典通訊》1983年04期。
7.《略論晋律之"儒家化"》,《中國史研究》,1985年02期。
8.《試論東晋後期高級士族之没落及桓玄代晋之性質》,《北京大學學報(哲學社會科學版)》,1985年03期。
9.《簡評晉武帝在統一全國中的作用》,《文史知識》1985年5期。
10.《評晉武帝的民族政策——兼論匈奴劉猛、鮮卑樹機能反晉之性質》,《魏晉南北朝史研究》,成都:四川社會科學院出版社,1986年。
11.《晋恭帝之死與宋初政争》,《北京大學學報(哲學社會科學版)》,1986年02期。
12.《西漢宰相制度變化的原因》,《歷史研究》,1986年02期。
13.《一部别開生面的讀史札記——簡評周一良〈魏晋南北朝史札記〉》,《書品》,1986年03期。
14.《從〈宋書·蔡興宗傳〉看封建王朝的"廢昏立明"》,《北京大學學報(哲學社會科學版)》,1987年02期。
15.《試論我國封建君主專制權力發展的總趨勢——附論古代的人治與法治》,《北京大學學報(哲學社會科學版)》,1988年02期。
16.《都督中外諸軍事及其性質、作用》,《紀念陳寅恪先生誕辰百年學術論文集》,北京:北京大學出版社,1989年。
17.《“律”字新釋》,《北京大學學報(哲學社會科學版)》,1990年02期。
18.《魏晋南北朝尚書左丞糾彈職掌考——兼論左丞與御史中丞的分工》,《文史》第32輯,1990年。
19.《關於我國古代的“改法爲律”問題》,《北京大學學報(哲學社會科學版)》,1992年02期。
20.《關於北魏行臺的兩個問題》,《周一良先生八十生日紀念論文集》,北京:中國社會科學出版社,1993年。
21.《陶淵明田園詩産生的歷史、文化背景》,《北大史學》第1輯,1993年。
22.《評田餘慶著〈東晋門閥政治〉》,《歷史研究》,1993年01期。
23.《馬援的悲劇與漢光武》,《北京大學學報(哲學社會科學版)》,1993年02期。
24.《有關〈史記〉崇儒的幾個問題》,《國學研究》第二卷,1994年。
25.《有關〈史記〉歌頌漢王朝的幾個問題》,《國學研究》第三卷,1995年。
26.《試論魏晋南北朝的門閥制度》,《中國通史》第五卷上册,1995年。
27.《〈四書〉傳播、流行的社會、歷史背景》,《慶祝鄧廣銘教授九十華誕論文集》,石家莊:河北教育出版社,1997年。
28.《略論中國封建政權的運行機制》,《中西封建社會比較研究》,上海:學林出版社,1997年。
29.《〈史記〉導讀》,《中國大學人文啓思録》第2卷,武漢:華中理工大學出版社,1998年。
30.《諸葛亮隱居地贅考》,《諸葛亮躬耕何處——有關史料和考證》,武漢:武漢大學出版社,1998年。
31.《試論我國古代吏胥的特殊作用及官、吏制衡機制》,《國學研究》第五卷,1998年。
32.《我與中國古代史》,《學林春秋二編》下册,北京:朝華出版社,1999年。
33.《〈史記〉神農氏、炎帝爲一、爲二説考辨》,《北大史學》第7輯,2000年。

34.《試論我國古代吏胥制度的發展階段及其形成的原因》,《燕京學報》新9期,2000年。
35.《論八股文取士制不容忽視的一個歷史作用》,《求是求真永葆學術青春》,鄭州:河南人民出版社,2001年。
36.《正確理解顧炎武八股文取士"敗壞人才"説》,《文史知識》,2001年02期。
37.《正確認識和評價八股取士制度》,《國學研究》第九卷,2002年。
38.《試論明代内閣制度的非宰相性質——兼略説明代以前秘書諮詢官員權力的特點》,《文史》,2002年03期。
39.《〈梁書·何敬榮傳〉"宰相皆文義自逸"句考釋》,《國學研究》第十五卷,2005年。
40.《關於魏晉南北朝"棄市"刑爲絞刑説》,《黎虎教授古稀紀念中國古代史論叢》,北京:世界知識出版社,2006年。
41.《王荆公詩"作賊"説質疑——試探唐宋及其以前指斥詩歌剽竊的標準問題》,《國學研究》第十八卷,2006年。
42.《評魏晋宋齊"儒教淪歇"及"近世取人,多由文史"説》,《文史》,2006年01期。
43.《董小宛入宫説始於何時——兼略探吴梅村《清涼山贊佛詩》的創作意圖》,《北京聯合大學學報(人文社會科學版)》,2007年01期。
44.《銅鉦與懸鼓——蘇東坡詩一個"出典"的商榷》,《文史》,2007年04期。
45.《古代皇太后"稱制"制度存在、延續的基本原因》,《北京大學學報(哲學社會科學版)》,2008年02期。
46.《關於朱熹〈答陳齊仲(書)〉》,《中華文史論叢》,2008年02期。
47.《戴震的理欲説應該重新評價——試論其對程朱理欲説的歪曲與妄評》,《鄧廣銘教授百年誕辰紀念論文集》,北京:中華書局,2008年。
48.《史佚非作册逸、尹逸考》,《文史》,2009年01期。
49.《關於〈紅樓夢〉研究的幾個問題》,《明清論叢》第九輯,2009年。

50.《從“佛狸”的“佛”字注音説起》,《學林漫録》第十七集,2009年。
51.《唐初宰相制度變化原因試探》,《北京大學學報(哲學社會科學版)》,2009年05期。
52.《試論戴震理欲説與其人品的關係》,《北大史學》第15輯,2010年。
53.《〈後漢書·黨錮傳〉太學生“三萬餘人”質疑》,《中華文史論叢》,2010年01期
54.《略論朱熹〈戊申封事〉的特色和宋孝宗的度量》,《北京聯合大學學報(人文社會科學版)》,2010年02期。
55.《説宰相》,《文史知識》,2012年01期。
56.《“須”義“面毛”辨:試析〈説文解字注〉》,《文史》,2012年03期。
57.《試析關於宋孝宗“憎恨”宋高宗的兩條資料》,《中華文史論叢》,2012年04期。
58.《説“涿”——〈三國志·張裕傳〉的一個考釋》,《北大史學》第17輯,2012年。
59.《説〈史記〉——兼試論司馬遷〈史記〉的得名問題》,《田餘慶先生九十華誕頌壽論文集》,北京:中華書局,2014年。
60.《〈蘭亭集序〉再議》,《中國國家博物館館刊》,2014年04期。
61.《關於王通的〈續六經〉與〈中説〉》,《中華文史論叢》,2015年02期。
62.《東漢士人人數考略》,《北大史學》第19輯,2015年。

北京大學中國古代史研究中心叢刊

朗潤學史叢稿	鄧小南　著
《春秋》與"漢道"——兩漢政治與政治文化研究	陳蘇鎮　著
輿地、考古與史學新説——李孝聰教授榮休紀念論文集	北京大學中國古代史研究中心　編
中國中古的族群凝聚	王小甫　著
舊史輿地文録	辛德勇　著
田餘慶先生九十華誕頌壽論文集	北京大學中國古代史研究中心　編
契丹小字詞匯索引	劉浦江　主編
石室賸言	辛德勇　著
祭獺食蹠	辛德勇　著
朱熹禮學基本問題研究	葉純芳　喬秀岩　著
新出魏晉南北朝墓誌疏證(修訂本)	羅　新　葉　煒　著
出土文獻與中古史研究	孟憲實　著
正統與華夷:中國傳統政治文化研究	劉浦江　著
宋遼金史論集	劉浦江　著

文化權力與政治文化——宋金元時期的《中庸》與道統問題

[德]蘇費翔　[美]田　浩　著

宋本群經義疏的編校與刊印　　李　霖　著

遼金史論　　劉浦江　著

瀚海零縑——西域文獻研究一集　　朱玉麒　著

版本源流與正史校勘　　聶溦萌　陳　爽　編

祝總斌先生九十華誕頌壽論文集

北京大學中國古代史研究中心　北京大學歷史學系　編